CONTROLADORIA ESTRATÉGICA E OPERACIONAL

3ª edição
revista e atualizada

Dados Internacionais de Catalogação na Publicação (CIP)
(Câmara Brasileira do Livro, SP, Brasil)

Padoveze, Clóvis Luís
Controladoria estratégica e operacional : conceitos, estrutura, aplicação / Clóvis Luís Padoveze. - 3. ed. rev. e atual. - São Paulo : Cengage Learning, 2023.

5. reimpr. da 3. ed. rev. e atual. de 2012.
Bibliografia
ISBN 978-85-221-1230-2

1. Controladoria 2. Planejamento estratégico
I. Título.

12-01238 CDD-658.151

Índice para catálogo sistemático:
1.Controladoria: Empresa: Administração econômica 658.151

CONTROLADORIA ESTRATÉGICA E OPERACIONAL

Conceitos - Estrutura - Aplicação

3ª edição
revista e atualizada

Clóvis Luís Padoveze

CENGAGE

Austrália • Brasil • México • Cingapura • Reino Unido • Estados Unidos

CENGAGE

Controladoria Estratégica e Operacional
Conceitos – Estrutura – Aplicação
3ª edição revista e atualizada

Clóvis Luís Padoveze

Gerente Editorial: Patricia La Rosa

Supervisora Editorial: Noelma Brocanelli

Supervisora da Produção Editorial: Fabiana Albuquerque

Revisão: Rosângela Ramos

Diagramação: Megaart Design

Capa: MSDE | Manu Santos Design

ISBN-13: 978-85-221-1230-2
ISBN-10: 85-221-1230-4

Cengage
WeWork
Rua Cerro Corá, 2175 – Alto da Lapa
São Paulo – SP – CEP 05061-450
Tel.: (11) +55 11 3665-9900

Para suas soluções de curso e aprendizado, visite **www.cengage.com.br.**

Impresso no Brasil
Printed in Brazil
5. reimpr. – 2023

Este livro é dedicado à minha família. Com muito amor, ofereço esta obra à minha querida esposa Cida, que, ao longo dos nossos 25 anos de casamento, nunca fraquejou no seu irrestrito apoio ao meu trabalho acadêmico, com infinita paciência, amor e compreensão. Dedico também aos meus queridos filhos, Amilcar, Ariane e Amanda, que sempre puderam compreender as horas de ausência do pai.

AGRADECIMENTOS

Este trabalho é fruto de vários anos de pesquisa e discussões sobre Controladoria. Nele procuramos apresentar uma visão teórico-prática, com o escopo da maior abrangência que conseguimos enxergar, decorrente da nossa vivência como professor, pesquisador e profissional da área.

Contudo, todo trabalho realizado, assim como toda a vida vivida, nunca é obra de um só indivíduo. Ao longo dos anos, cada indivíduo incorpora experiências, conhecimentos, conceitos, visões das inúmeras pessoas que com ele conviveram direta ou indiretamente. Essas experiências internadas refletem-se na obra que emerge ao final de um projeto.

Muitas pessoas marcaram nossa vida acadêmica e profissional. Algumas de forma especial, a quem gostaríamos de deixar aqui nosso reconhecimento e agradecimento. Primeiramente, nosso agradecimento a Ivo Antonio Bignotto, que nos introduziu no fascínio da ciência contábil e financeira, dando-nos as primeiras oportunidades de realização profissional e mostrando o aspecto gerencial da contabilidade. Ao Dr. Cyro Galvão do Amaral, colega de estudos jurídico-tributários, pela sua visão formal, lucidez, raciocínio linear, embasamento histórico, e, acima de tudo, quando nos mostrou que é preciso manter a capacidade de indignação. A Odair Corrêa da Silva, que nos mostrou como utilizar o bom-senso, o equilíbrio entre os aspectos formais e gerenciais da ciência contábil. Finalmente, queremos expressar nosso agradecimento a duas pessoas que nos marcaram pelo profundo conhecimento da ciência contábil aplicada: Prof. Dr. Armando Catelli, na nossa opinião o maior nome de Controladoria no país e no exterior, de quem tivemos a honra de ser aluno e orientando, e Sr. Álvares Romi, cientista empírico, que nos permitiu desenvolver durante todo esse tempo o estudo da ciência contábil em conjunto com as atividades profissionais.

Queremos agradecer também ao Prof. Geraldo Vitório Biaggi, pela revisão de todos os tópicos ligados a métodos quantitativos, e ao Prof. Jaime Augusto de Campos, pelo auxílio nos temas de Economia e nos relatórios apresentados no Capítulo 13. À Erika Baptistella da Silva, nosso especial agradecimento pela execução de todas as figuras e da revisão geral da formatação deste trabalho.

SUMÁRIO

PREFÁCIO À TERCEIRA EDIÇÃO

Renovamos nossa satisfação por termos a oportunidade de atualizar nosso trabalho. Para nós, é um grande indicativo da continuidade da aceitação de nosso livro, tanto em relação ao público acadêmico quanto ao público profissional.

A estrutura original do livro foi mantida, já que as alterações não motivaram nenhuma modificação estrutural. Salientamos, contudo, que fizemos inserções significativas, que, temos certeza, será de utilidade para todos.

As principais alterações nesta edição foram as seguintes:

a) Adaptação das nomenclaturas das demonstrações financeiras nos diversos capítulos para a nova estrutura contábil brasileira nos padrões internacionais (*IFRS – International Financial Reporting Standards*);

b) Como consequência desse evento, apresentamos, no Capítulo 31 – Análise Global do Resultado, um resumo das principais alterações ocorridas em função das novas práticas contábeis brasileiras, bem como dos novos critérios introduzidos para avaliação dos ativos e passivos. Também está inserido um quadro da nova estrutura de apresentação do Balanço Patrimonial;

c) Introduzimos, no Capítulo 4 – Controladoria, o conceito de Qualidade dos Lucros, tendo como referência a missão do *controller* do compromisso com a mensuração correta do lucro, o foco condutor da controladoria com enfoque em gestão econômica;

d) O Capítulo 11 – *Balanced Scorecard* foi expandido com o conceito de *KPI – Key Performance Indicators* – Indicadores Chaves de Desempenho para dar um caráter mais generalista aos modelos de acompanhamento da estratégia por indicadores;

e) Alteração significativa foi feita no Capítulo 24 – Fundamentos de Contabilidade de Custos, com a inclusão de um novo item *Custos de Serviços,* com um painel resumido adaptando o custeamento dos produtos industriais para serviços;

f) No Capítulo 29 dedicado às principais análises de custos, cobrimos uma lacuna, que já nos incomodava, com a inserção de um novo tópico *Custos para Servir (Cost to Serve)*, para deixar clara a necessidade da expansão do conceito de custo de produto, indo até o cliente, para obter a rentabilidade por cliente;

g) Outra inclusão que julgamos oportuna foi a inserção, no Capítulo 31, de uma análise mais aprofundada do modelo *EBITDA*, na qual inserimos seus objetivos e limitações, ao mesmo tempo que procuramos mostrar os cuidados na utilização desse modelo de avaliação em situações específicas, para não enviesar a avaliação de desempenho de gestores divisionais;

h) Neste mesmo capítulo, no tópico Análise de Geração de Lucros, foi feita a inclusão dos modelos de Fluxo de Caixa Livre, para a empresa (*OFCF – Operating Free Cash Flow*) e para o acionista.

As recomendações de alterações recebidas de colegas foram todas inseridas. Agradecemos novamente a oportunidade de reapresentarmos nosso trabalho e estamos à disposição para sugestões para as próximas edições.

Clóvis Luís Padoveze
cpadoveze@yahoo.com.br

PREFÁCIO E PLANO DA OBRA

Temos notado recentemente um crescente interesse pela área de conhecimento da Controladoria. A base científica da Controladoria é a contabilidade, a ciência em que repousam os fundamentos da gestão econômica. Temos verificado, todavia, que há entendimentos diferentes do que seja Controladoria. Alguns a entendem como sendo o conjunto de procedimentos do plano orçamentário, com ênfase no controle entre o real e o orçado. Há quem entenda a Controladoria como um órgão de assessoria da diretoria da empresa, gerando relatórios gerenciais com base na contabilidade. Outros entendem-na como controle interno, auditoria interna e normalização de procedimentos administrativos, incluindo até o setor responsável pela autorização de pagamentos.

Nosso entendimento é que Controladoria é o órgão administrativo responsável pela gestão econômica da empresa, com o objetivo de levá-la à maior eficácia. O foco da Controladoria é a criação de valor para o acionista, valor este que será obtido pelos gestores das diversas atividades desenvolvidas dentro da empresa, inseridas em um processo de gestão claramente definido. A medida da eficácia empresarial é o lucro, e, portanto, ponto-chave da Controladoria e da correta mensuração dos resultados empresariais.

A Controladoria caracteriza-se por ser um órgão de apoio, não de assessoria. Tem papel ativo, com a responsabilidade bem definida de assegurar a obtenção do resultado planejado. Portanto, é sua função apoiar todos os gestores empresariais, em todas as etapas do processo de gestão.

Podemos sintetizar a função de Controladoria nos seguintes aspectos:

- Responsável pela gestão econômica do sistema empresa; portanto, gestão com foco em resultados.
- Apoio a todos os gestores das atividades empresariais.
- Construção de um sistema de informação que auxilie os gestores em todo o processo de gestão.

O processo de gestão caracteriza-se pelo ciclo planejamento, execução e controle. O planejamento apresenta-se em três aspectos temporais distintos: planejamento estratégico ou de longo prazo, planejamento operacional (médio e curto prazos) e programação (curto prazo). A execução diz respeito às ações realizadas para efetivar o planejado. O controle é o instrumento administrativo necessário para mensurar a execução das transações realizadas e garantir a retroalimentação e eventual correção de rumos.

Toda empresa tem uma série de obrigações criadas pela legislação que devem ser atendidas sob pena de impedir a continuidade do empreendimento, tais como obrigações legais, societárias, fiscais etc. Parte significativa dessas obrigações deve ser executada pela Controladoria, pois é o órgão que mais capacitação tem para uma série de atividades regulamentares. Desta maneira, além das atividades de gestão econômica, cabe à Controladoria desenvolver uma série de atividades consideradas regulamentares.

Plano da Obra

O objetivo deste trabalho é apresentar uma visão completa de Controladoria, tanto em seus aspectos conceituais e estruturais, como em seus aspectos de utilização prática, dentro de uma arquitetura organizada, objetivando a não dispersão dos conceitos e técnicas.

Escolhemos como elemento condutor desta obra o processo de gestão, pois, como já mencionamos, é nosso entendimento que a Controladoria deve participar de todas as etapas do processo de gestão das atividades empresariais.

Desta maneira, o livro foi organizado em sete partes, compreendendo:

Parte I – Conceitos, Objetivos, Estrutura

Nesta parte inicial, o objetivo é apresentar as teorias que fundamentam a Controladoria, os principais conceitos, os objetivos, a função do *controller*, a estrutura administrativa da Controladoria, com ênfase nos sistemas de informações.

Parte II – Estrutura Contábil e Atividades Regulamentares

Nesta parte, estudaremos outras gestões complementares que pertencem às atividades regulatórias a que a Controladoria não pode se furtar.

Partes III a VII – A Controladoria no Processo de Gestão

Aqui apresentamos os conceitos e técnicas que fundamentam a atividade de Controladoria em todo o processo de gestão, planejamento, execução e controle.

Parte III – A Controladoria na Estratégia

Expomos o que entendemos por escopo da Controladoria estratégica: é a área da Controladoria que subsidia o planejamento estratégico. Abordamos nesta parte os fundamentos do planejamento estratégico, sistema de informação para a estratégia e o controle de metas estratégicas (*balanced scorecard*). Apresentamos também os fundamentos para avaliação de outros investimentos, bem como os princípios para a construção de um sistema de gerenciamento de risco.

Parte IV – A Controladoria no Planejamento Operacional

Apresentamos nesta etapa do livro os conceitos de Controladoria identificados com o planejamento operacional. O planejamento operacional caracteriza-se por dar corpo às estratégias definidas a serem postas em curso. Basicamente o planejamento operacional consubstancia-se no planejamento de unidades de negócios e seus produtos e serviços. Portanto, o foco da Controladoria nesta etapa do processo de gestão são os modelos decisórios para estruturação de ativos e passivos das unidades de negócio, bem como de suas modificações operacionais subsequentes.

Parte V – A Controladoria na Programação

A programação compreende o planejamento das necessidades e ações para o próximo exercício. É representada basicamente pelo processo orçamentário, tópico este desenvolvido nesta obra com um grau de detalhe que julgamos adequado, tanto em conceito quanto em aspectos práticos.

Parte VI – A Controladoria na Execução

Aqui o objetivo é apresentar os modelos de decisão mais avançados para a etapa da execução. A base conceitual utilizada nesta parte da obra foi extraída do Sistema de Gestão Econômica – GECON, trabalho desenvolvido na Fipecafi/USP liderado pelo Prof. Armando Catelli, na qual apresentamos os fundamentos para a gestão e mensuração dos principais eventos econômicos.

Parte VII – A Controladoria no Controle

Apresentamos nesta parte da obra o conjunto de teorias e conceitos para gestão do custo e preços dos produtos e serviços. Sabemos que o conceito de controle não é apenas de custos, mas a contabilidade de custos é que se caracteriza pelos critérios de gestão mais detalhados, razão por que os desenvolvemos conjuntamente nesta parte do trabalho.

Parte VIII – Avaliação de Desempenho e Investimentos

Complementando as necessidades de planejamento e controle, apresentamos na última parte do livro os principais métodos, conceitos e critérios de avaliação de resultados, desempenho e investimentos. Compreende a avaliação patrimonial e de lucratividade, tanto da empresa como um todo como das unidades de negócios.

Exemplo Integrado

Para fundamentar os aspectos práticos de toda a Parte V – Plano Orçamentário, construímos um exemplo numérico completo e integrado. Procuramos utilizar o mesmo exemplo em todos os tópicos dos capítulos subsequentes que possibilitavam o seu uso, sempre no intuito de evidenciar os aspectos de aplicação dos conceitos, de forma integrada e sistêmica.

Esperamos que nosso trabalho seja de utilidade e um referencial para o estudo estruturado da Controladoria.

PARTE I

CONCEITOS, OBJETIVOS, ESTRUTURA

O objetivo desta parte do trabalho é apresentar a base conceitual em que se fundamenta a Controladoria, para, em seguida, apresentar a sua estrutura administrativa e sua missão dentro da organização.

O foco do processo de gestão, do qual a Controladoria deve participar em todas as etapas, é apresentado após análise da empresa dentro do enfoque sistêmico. Com isso, é possível definir a missão da Controladoria e o seu elemento condutor, que é a criação de valor por meio da otimização dos resultados empresariais.

Dentro desta parte do trabalho apresentamos os fundamentos para implementação da Controladoria, sua estrutura administrativa, bem como os elementos indispensáveis de tecnologia da informação, como instrumento maior do *controller* no processo de monitoramento gerencial.

Atenção especial será dada ao processo empresarial de criação de valor e aos conceitos necessários para o modelo de gestão da Controladoria com foco nos resultados empresariais e no valor da empresa.

Capítulo 1

A Controladoria como Ciência

1.1 Controladoria

Segundo Mosimann e outros[1]

> "... a controladoria consiste em um corpo de doutrinas e conhecimentos relativos à gestão econômica. Pode ser visualizada sob dois enfoques:
>
> a) como um órgão administrativo com uma missão, funções e princípios norteadores definidos no modelo de gestão e sistema empresa e,
>
> b) como uma área do conhecimento humano com fundamentos, conceitos, princípios e métodos oriundos de outras ciências." (Mosimann, p. 85)
>
> "Sob esse enfoque, a Controladoria pode ser conceituada como o conjunto de princípios, procedimentos e métodos oriundos das ciências da Administração, Economia, Psicologia, Estatística e principalmente da Contabilidade, que se ocupa da gestão econômica das empresas, com o fim de orientá-las para a eficácia." (Mosimann, p. 96).

Para esses autores, a Controladoria é uma ciência autônoma e não se confunde com a Contabilidade, apesar de utilizar pesadamente o instrumental contábil. Consideramos questionável este aspecto da definição. Em nossa opinião, a Controladoria pode ser entendida como a ciência contábil evoluída. Como em todas as ciências, há o alargamento do campo de atuação; esse alargamento do campo de abrangência da Contabilidade conduziu a que ela seja mais bem representada semanticamente pela denominação de Controladoria.

A Controladoria pode ser definida, então, como a unidade administrativa responsável pela utilização de todo o conjunto da Ciência Contábil dentro da empresa. Como a Ciência Contábil é a ciência do controle em todos os aspectos temporais – passado, presente, futuro –, e como a Ciência Social exige a comunicação de informação, no caso a econômica, à Controladoria cabe a responsabilidade de implantar, desenvolver, aplicar e coordenar todo o ferramental da Ciência Contábil dentro da empresa, nas suas mais diversas necessidades.

A Controladoria é a utilização da Ciência Contábil em toda a sua plenitude.

Controladoria e Contabilidade – Definições

Tendo em vista a grande interação com a Contabilidade e a pouca informação sobre Controladoria como ciência, passamos, primeiramente, a apresentar a Contabilidade como ciência, e existem diversos estudos, artigos e obras sobre o assunto.

As pesquisas sobre Contabilidade como ciência levam-nos à escola de pensamento contábil italiana, já que a escola americana não se preocupa profundamente com o assunto. Esta última busca tratar a Contabilidade mais como ferramenta administrativa e sua utilização nas empresas.

A seguir, apresentamos definições selecionadas sobre a ciência contábil e damos, primeiramente, algumas definições que refletem a visão da escola italiana.

> "Contabilidade é a ciência que estuda e pratica as funções de orientação, controle e registro relativos aos atos e fatos da administração econômica." (Francisco D'Áuria apud D'Amore,[2] p. 50)
>
> "Considerada em seu aspecto teórico, é a ciência que estuda e enuncia as leis do controle econômico das empresas de todas as classes e deduz as normas oportunas a seguir para que esse controle seja verdadeiramente eficaz, persuasivo e completo. Considerada em sua manifestação prática, é a aplicação ordenada

[1] MOSIMANN, Clara Pellegrinello e outros. *Controladoria: seu papel na administração de empresas*. Florianópolis: UFSC, 1993.

[2] D'AMORE, Domingos e CASTRO, Adaucto de Souza. *Curso de Contabilidade*. 14ª ed., São Paulo: Saraiva, 1967.

das ditas normas." (Fábio Besta apud D'Amore, p. 51)

"A Contabilidade, como ciência autônoma, tem por objeto o estudo do patrimônio aziendal sob o ponto de vista estático e dinâmico. Serve-se da escrituração como instrumento para demonstrar as variações patrimoniais. A Contabilidade não se confunde, nem com a organização, nem com a gestão." (Herrmann Jr.,[3] p. 29)

Da escola americana, destacamos as seguintes definições:

"Contabilidade é um processo de comunicação de informação econômica para propósitos de tomada de decisão tanto pela administração como por aqueles que necessitam fiar-se nos relatórios externos." (Hendriksen,[4] p. 100)

"Contabilidade é o processo de identificação, mensuração e comunicação de informação econômica para permitir formação de julgamentos e decisões pelos usuários da informação." (A.A.A. 1966, apud Glautier,[5] p. 2)

Dessas definições apresentadas, podemos verificar duas vertentes conceituais sobre a Contabilidade: a primeira enfoca o conceito de controle econômico do patrimônio e de suas mutações (controle estático e dinâmico), e a segunda enfatiza o conceito de processo de comunicação de informação econômica.

Contabilidade e Controle

O conceito de controle econômico está fundamentalmente ligado à escola italiana, precursora da contabilidade como ciência, e o de comunicação de informação econômica está mais ligado à escola norte-americana, que é entendida como a abordagem da comunicação da Contabilidade (veja Iudícibus,[6] p. 24).

De acordo com Catelli,[7] a Controladoria tem por objeto a identificação, mensuração, comunicação e a decisão relativas aos eventos econômicos.[8] Ela deve ser a gestora dos recursos da empresa, respondendo pelo lucro e pela eficácia empresarial.

Tomando como referencial a definição de Mosimann e outros sobre a Controladoria

"...que se ocupa da gestão econômica das empresas, com o fim de orientá-las para a eficácia..."

a definição de Fábio Besta sobre Contabilidade

"...que estuda e enuncia as leis do controle econômico das empresas de todas as classes e deduz as normas oportunas a seguir para que esse controle seja verdadeiramente eficaz, persuasivo e completo"

e a visão de Catelli sobre Controladoria

"...identificação, mensuração, comunicação e a decisão relativos aos eventos econômicos (...) respondendo pelo lucro e pela eficácia empresarial"

e entendendo que a gestão econômica se faz precipuamente por meio da decisão sobre os eventos econômicos, podemos compreender que, na realidade, Contabilidade e Controladoria têm o mesmo campo de atuação e estudam os mesmos fenômenos. Podemos confirmar isso pelas colocações de outros autores sobre a ciência contábil. Na concepção de Viana,[9]

"...o controle assume maior amplitude no que diz respeito à administração econômica, isto é, às ações que visam à obtenção, à transformação, à circulação e ao consumo de bens. O órgão que acompanha toda a atividade

---

[3] HERRMANN JR., Frederico. *Contabilidade superior.* 10ª ed., São Paulo: Atlas, 1978.

[4] HENDRIKSEN, Eldon S. *Accounting theory.* 3ª ed., Homewood: Richard D. Irwin, 1977.

[5] GLAUTIER, M. W. E. e UNDERDOWN, B. *Accounting theory and practice.* Londres: Pitman, 1977.

[6] IUDÍCIBUS, Sérgio de. *Teoria da contabilidade.* São Paulo: Atlas, 1980.

[7] CATELLI, Armando. *Apontamentos de sala de aula.* Disciplina Controladoria. Doutorado, São Paulo: FEA/USP, jun. 94.

[8] Evento econômico é uma ocorrência no ambiente da empresa, tanto interno como externo, que tem uma significância econômica para os tomadores de decisão da empresa. COLANTONI, Claude S. et al. A Unified Approach to the Theory of Accounting and Information Systems. The Accounting Review, January 1971. É uma ocorrência que modifica a estrutura patrimonial da empresa e é uma representação genérica do processo maior da execução das atividades empresariais.

[9] VIANA, Cibilis da Rocha. *Teoria geral de contabilidade.* 3ª ed., Porto Alegre: Sulina, 1966, p. 48-9.

econômica, que estuda os fenômenos que lhe são inerentes, suas causas e seus efeitos, pondo-os em evidência, que demonstra os efeitos da administração sobre o patrimônio da 'azienda' e que desta forma constrange os órgãos da administração a atuarem em consonância com o programa estabelecido, denomina-se o órgão de contabilidade, ou seja, aquele que exerce a função da contabilidade."

É interessante notar, nesta conceituação, uma visão muito abrangente e objetiva sobre o que se entende por Controladoria.

Para Herrmman Jr. (p. 31),

> "... Fayol enquadrou a Contabilidade entre as seis operações administrativas fundamentais, emitindo a esse respeito os seguintes conceitos: É o órgão visual das empresas. Deve permitir que se saiba a todo instante onde estamos e para onde vamos. Deve fornecer sobre a situação econômica da empresa ensinamentos exatos, claros e precisos. Uma boa contabilidade, simples e clara, fornecendo uma ideia exata das condições da empresa, é um poderoso meio de direção."

As funções de controle econômico constituem, consoante Besta, o objetivo principal da Contabilidade. Subdividem-se nas seguintes espécies: antecedente, concomitante e subsequente.

Vê-se que a visão italiana, por intermédio de um de seus maiores expoentes, é extremamente abrangente, positiva e de largo alcance da Contabilidade, antevendo o que se convenciou hoje chamar de Controladoria.

1.2 Contabilidade/Controladoria como Ciência – As Raízes da Teoria Contábil

Uma ciência pode ser confirmada fundamentalmente pelas suas teorias. Das teorias contábeis e de controle, destacamos a visão de Glautier, apresentada a seguir de forma sintetizada. Glautier e Underdown (pp. 30/38) identificam as raízes da teoria contábil como sendo a teoria da decisão, da mensuração e da informação.

A **teoria da decisão** é tida como o esforço para explicar como as decisões realmente acontecem; para a tomada de decisões, ela objetiva solucionar problemas e manter o caráter preditivo por meio de um modelo de decisão. A tomada de decisões racionais depende de informações ou dados.

A **teoria da mensuração** trabalha com o problema de avaliação dos dados e por isso é importante que esta seja estabelecida corretamente.

A **teoria da informação** vem de acordo com o seu propósito, que é possibilitar a uma organização alcançar seus objetivos pelo eficiente uso de seus outros recursos. Em um sentido muito abrangente, a ideia de eficiência é expressa na relação entre *inputs* e *outputs*.

Teoria da Decisão

Conforme Glautier, nos últimos 20 anos, mudanças nas atitudes sociais, desenvolvimentos na tecnologia da informação, métodos quantitativos e das ciências comportamentais combinaram-se para mudar o foco de atenção da contabilidade da teoria do lucro para a teoria da decisão.

A teoria da decisão é parcialmente descritiva, pois é um esforço para explicar como as decisões são atualmente tomadas, e também parcialmente normativa, quando ela é um esforço para ilustrar como as decisões deveriam ser tomadas, isto é, com o estabelecimento de padrões para as melhores ou ótimas decisões. A teoria da decisão deve se preocupar, fundamentalmente, com a questão da solução de problemas e a subsequente necessidade de tomada de decisão. Isso envolve, portanto, informações para previsões e uma metodologia científica para elaborar tais previsões.

Dessa forma, dentro da teoria da decisão encontraremos os instrumentos desenvolvidos para o processo de tomada de decisão, bem como o desenvolvimento de modelos de decisão que atendam as mais variadas necessidades gerenciais. A construção de modelos vem facilitar a aplicação do método científico para o estudo da tomada de decisão.

Os modelos de decisão dentro da teoria contábil podem e devem atender as necessidades gerenciais sobre todos os eventos econômicos, para qualquer nível hierárquico dentro da empresa. Assim, é possível a construção de modelos de decisão bastante específicos para decisões operacionais, e de caráter mais genérico para decisões tidas como estratégicas. Conforme Glautier, até a

> "... estrutura completa da contabilidade é um modelo para descrever as operações de um negócio em termos monetários."

Teoria da Mensuração

Decisões racionais dependem de informações ou dados.

A teoria da mensuração deve solucionar os seguintes problemas:

- Quais eventos ou objetos devem ser medidos.

- Quais padrões ou escalas devem ser usados.
- Qual deve ser a dimensão da unidade de mensuração.

A natureza de decisões particulares determinará que objetos ou eventos devem ser mensurados e em qualquer tempo: passado, presente e futuro. Mensurações são necessárias não apenas para expressar objetivos como metas definidas claramente sobre quais decisões devem ser tomadas, mas elas também são necessárias para controlar e avaliar os resultados das atividades envolvidas no alcance daquelas metas.

O padrão de mensuração contábil é a unidade monetária. É um dos grandes trunfos da Ciência Contábil, pois consegue traduzir todas as operações e a vida da empresa em um único padrão de mensuração. Contudo, temos de ressaltar que apresenta algumas desvantagens quando são necessárias metas como: moral do pessoal, especialização de mão de obra etc.

A dimensão da unidade de medida está ligada à confiança e à acurácia do padrão utilizado, que é a unidade monetária, e que, em princípio, deve ser constante. Contudo, sabemos que a unidade monetária sempre é dependente da estabilidade econômica. Assim, na ocorrência de inflação, valores de períodos diversos de tempo podem não ser comparáveis. Além deste aspecto, a própria questão da valoração como critério de mensuração envolve a necessidade de conceituação e fundamentação teórica, haja vista as possibilidades de diferentes critérios de atribuição de valor (baseado em custo, em valor esperado etc.).

Teoria da Informação

O propósito da informação é possibilitar que uma organização alcance seus objetivos pelo uso eficiente de seus outros recursos, isto é, homens, materiais, máquinas e outros ativos e dinheiro. Como a informação é também um recurso, a sua teoria considera os problemas de seu uso eficiente. Esse uso como um recurso é considerado como o confronto entre os custos associados com a produção da informação contra os benefícios derivados de seu uso. Tais custos são aqueles envolvidos na coleta e processamento de dados e a distribuição da saída de informação.

O valor da informação reside no seu uso final, isto é, sua inteligibilidade para as pessoas que tomam decisões e sua relevância para aquelas decisões. O valor da informação é baseado na redução da incerteza resultante dessa informação. Em suma, a teoria da informação centra-se na questão da relação custo da produção da informação *versus* o provável benefício gerado pela sua utilização.

Em termos de posicionamento conceitual, em relação à informação e à construção de sistemas de informações, o contador deve estar menos preocupado com minimizar o custo da informação e mais preocupado em descobrir o nível ótimo de produção de informação.

A Ciência Controladoria

Nas definições apresentadas sobre a Contabilidade, identificamos duas visões conceituais sobre ela: a primeira enfoca o conceito de controle econômico do patrimônio e de suas mutações (controles estático e dinâmico) e a segunda enfatiza o conceito de processo de comunicação de informação econômica.

A Controladoria é ciência e, na realidade, é o atual estágio evolutivo da Ciência Contábil. Como bem conceituou Glautier, a Contabilidade saiu, nas últimas duas ou três décadas, da teoria do lucro (mensuração, comunicação de informação) para a teoria da decisão (modelos de decisão e produtividade). Com isso, unindo esses conceitos, podemos entendê-la como ciência e como a forma de acontecer a verdadeira função contábil.

Ao utilizarmos as considerações sobre ciência para a Contabilidade, explicitada por Tesche e outros,[10] podemos também afirmar (as frases entre parênteses são nossas inserções):

> "... a Contabilidade (Controladoria) é uma ciência, visto apresentar as seguintes características:
> - ter objeto de estudo próprio;"
> (os eventos econômicos e as mutações patrimoniais)
> "- utilizar-se de métodos racionais;"
> (identificação, mensuração, registro - partidas dobradas, comunicação)
> "- estabelecer relações entre os elementos patrimoniais, válidas em todos os espaços e tempos;
> - apresentar-se em constante evolução;
> - ser o conhecimento contábil regido por leis, normas e princípios;"
> (teorias contábeis)
> "- seus conteúdos evidenciarem generalidade;"
> (os mesmos eventos econômicos reproduzidos nas mesmas condições provocam os mesmos efeitos)
> "- ter caráter preditivo;"
> (por meio dos modelos de decisão)
> "- estar relacionada com os demais ramos do conhecimento científico;

[10] TESCHE, Carlos Henrique; e outros. *Contabilidade: ciência, técnica ou arte?* RBC nº 74, 1991.

- a construção lógica do pensamento ser o fundamento das ideias e estas ensejarem os conteúdos das doutrinas;
- apresentar o caráter de certeza na afirmação de seus enunciados."
(comprovados por evidências posteriores)

Podemos dizer que a Controladoria seria a Ciência Contábil dentro do enfoque controlístico da escola italiana. Pela escola americana, a Contabilidade Gerencial é o que se denomina Controladoria.

Os Princípios Contábeis Geralmente Aceitos introduziram o conceito de Contabilidade Financeira, ofuscando provisoriamente as reais funções da Contabilidade como sistema de informação para as empresas na administração econômica. Note-se que os autores italianos não falam em princípios contábeis, mas em administração econômica da azienda. Assim, a escola americana, depois de sair da Contabilidade Gerencial, que era a vigorante até 1925,[11] retomou o tema sob o nome de Contabilidade Gerencial por intermédio da função de Controladoria.

Assim, parece-nos mais uma questão de semântica. Primeiro, não há razões teóricas ou científicas para distinção entre Contabilidade e Contabilidade Gerencial, pois, na sua essência, a Contabilidade é gerenciamento e é sistema de informação. Segundo, o nome de Contabilidade Gerencial é para a disciplina que apresenta todos os aspectos da Contabilidade dentro de um Sistema de Informação Contábil e seu fundamento como ação administrativa, que, funcionalmente dentro da organização, é exercida nas empresas no mais das vezes pelo nome de Controladoria.

A Informação Contábil e a Teoria Contábil

Os sistemas tradicionais de informação contábil estão voltados a armazenar a informação segundo os critérios contábeis geralmente aceitos. Em um sistema de informação contábil ampliado (gerencial), é necessário, em muitos casos, estudar qual o **modelo de informação contábil** (qual o tratamento contábil a ser dado) para registrar as transações no sistema de informação.

Para qualquer dos níveis de atuação da empresa (operacional, tático ou estratégico), é bastante provável que se tenha de modelar a informação contábil diferentemente do tradicional/fiscal para o uso gerencial da informação contábil. Por exemplo: o consumo de materiais a preço médio histórico, em ambiente inflacionário, não tem nenhuma utilidade gerencial, mesmo para o nível operacional (como: custos e controle orçamentário).

Apesar de os princípios contábeis geralmente aceitos serem tradicionalmente conhecidos como a fonte da teoria contábil, esta, como se sabe, é muito mais antiga que os princípios. Como já dissertamos, a Contabilidade nasceu para o controle das operações de uma entidade, portanto, de caráter puramente gerencial. A sua utilização para usuários externos (governo, bolsas de valores etc.) deu-se *a posteriori*, de onde se originou a necessidade de padronização de informações externas. A teoria contábil propriamente dita tem soluções de modelação das informações contábeis para os fins a que realmente se destinam, ou seja, o gerenciamento das empresas. Assim, conceitos mais avançados (e não aceitos de forma integral pela contabilidade fiscal e comercial) de mensuração dos eventos econômicos (os fatos contábeis) podem ser incorporados aos subsistemas gerenciais do sistema de informação contábil, tais como:

- ativos a preços de reposição;
- ativos a preços de mercado;
- ativos e passivos com valor à vista;
- ativos com fluxos futuros de caixa descontado etc.

As práticas contábeis brasileiras atuais, em linha com as normas internacionais de contabilidade (IFRS – International Financial Reporting Standards), permite, em determinadas situações (normalmente para reduzir o valor dos ativos) a utilização dos conceitos acima mencionados.

De qualquer forma, a informação contábil deve atender as três raízes teóricas contábeis: a da decisão, a da mensuração e a da informação.

Desta maneira, a informação contábil no sistema de informação contábil tem de atender os seguintes aspectos:

- A produção da informação deve estar em um nível ótimo em termos de quantidade, dentro da qualidade exigida, a um custo compatível com o valor de sua utilização.
- Deve ter um modelo de mensuração que uniformize todos os dados envolvidos, dentro dos conceitos necessários para o usuário.
- Deve estar de acordo com o modelo de decisão do usuário para cada evento econômico, para ter o caráter preditivo.

[11] KAPLAN, Robert S. e JOHNSON, H. Thomas. *Contabilidade gerencial*. Rio de Janeiro: Campus, p. 109, 1993.

- Deve permitir o processo geral de controle patrimonial e suas mutações.

A Solução Primária: Banco de Dados e/ou Funcionalidade Multidimensional

Fundamentalmente, vemos a solução para que o sistema de informação contábil atenda todos os aspectos e todas as necessidades informacionais da empresa (fiscais, legais, comerciais e gerenciais) por meio de dois conceitos básicos de estruturação:

- O uso do conceito de banco de dados – que está relacionado com a possibilidade existente da tecnologia da informação, que permite uma flexibilidade muito grande de formas de armazenamento de informações e registros. Assim, pode-se construir um sistema de informação contábil em que os dados dos lançamentos e contas sejam partilhados em diversos bancos de dados, sendo criados diversos bancos de dados que atendam aos diversos usuários.
- O desenvolvimento do conceito de multidimensionalidade dentro da metodologia contábil – que é similar e está ligado de tal forma que cada transação (que representa um fato contábil/administrativo, ou evento econômico, como hoje é denominado) tenha uma série de características, atributos, qualidades e mensurações; essa multidimensionalidade deve estar totalmente captada no lançamento e, subsequentemente, no sistema de plano de contas contábeis.

Características da Informação Contábil

Mensuração econômica

O ponto forte da informação contábil é a mensuração econômica das transações. É o processo contábil de atribuir um ou mais valores a todos os eventos que acontecem na empresa e têm significado patrimonial. Tudo será medido em termos de valor monetário.

Com isso, a Contabilidade consegue reunir e interpretar as transações da empresa sob uma única ótica, que é o valor econômico. Todos os seus dados são traduzidos em expressão monetária, tornando-se, assim, um grande sistema de informação monetária/financeira. A Contabilidade, com a mensuração econômica (pelo Sistema de Informação Contábil), é o único sistema de informação que consegue mostrar a empresa como um todo, pois é a única que atribui valor a tudo. Essa qualificação é que permite o processo de gestão global de um empreendimento.

Portanto, a característica da mensuração monetária possibilita tornar a informação contábil e o Sistema de Informação Contábil como os mais importantes dentro da empresa.

Outras características necessárias

Para que a informação contábil seja aceita por todos dentro da empresa, é preciso que ela possua outras qualidades, objetivando a tomada de decisão pelos usuários, quais sejam:

- A informação deve trazer mais benefício que o custo de obtê-la.
- Deve ser compreensível.
- Deve ter utilidade para o decisor.
- Deve possuir relevância e confiabilidade.
- Dentro da relevância, ela deve ter os seguintes aspectos:
  . oportunidade;
  . valor preditivo;
  . valor de *feedback*.
- Dentro da confiabilidade, deve ter os seguintes aspectos:
  . verificabilidade;
  . confiança representacional;
  . neutralidade.
- Deve ter consistência (possibilitar a comparabilidade).

1.3 Fases da Contabilidade

Glautier e Underdown (p. 3) apresentam uma evolução histórica da Contabilidade, que, em nossa opinião, contribui para o esclarecimento das funções contábeis e de controle, bem como do permanente processo evolutivo da Ciência da Contabilidade ou Controladoria.

Contabilidade do Proprietário

A primeira fase (*Stewardship Accounting*) é a visão contábil de um instrumental ligado diretamente ao dono do empreendimento. Essencialmente, envolvia o registro ordenado das transações dos homens de negócios para proteção de sua riqueza. Desenvolvida desde os tempos históricos até a Revolução Industrial.

Contabilidade Financeira

Teve sua origem na Revolução Industrial, em consequência dos grandes negócios e da alteração pelos quais passaram a ser financiados. Com essa fase, é associada à emergência dos relatórios contábeis (Balanço Patrimonial e Demonstração Anual de Lucros) relacionados com a prestação de contas para a sociedade capitalista a fim de redirecionar os investimentos para os projetos mais rentáveis.

Contabilidade Gerencial

É também associada ao advento do capitalismo industrial e apresentou um desafio para o desenvolvimento da Contabilidade como uma ferramenta de gerenciamento industrial. Surgiu da necessidade do gerenciamento contábil interno em função das novas complexidades dos processos de produção, objetivando informações para tomada de decisão.

A Contabilidade Gerencial mudou o foco da Contabilidade, passando dos registros e análise das transações financeiras para a utilização da informação para decisões, afetando o futuro.

Contabilidade de Responsabilidade Social

Fase inteiramente nova no desenvolvimento da Contabilidade que deve seu nascimento à revolução social que está tendo lugar no mundo ocidental nos últimos anos.

A contabilidade de responsabilidade social alarga o escopo da Contabilidade por considerar os efeitos sociais das decisões dos negócios, bem como seus efeitos econômicos. A esse respeito, a utilidade da Contabilidade como ciência social depende dos benefícios que ela pode trazer para a sociedade, que devem prevalecer sobre as vantagens que ela pode conferir aos seus membros individuais (Glautier, p. 2).

Como exemplos do enfoque da Contabilidade como responsabilidade social, que vão exigir necessidades de informações adicionais dentro do Sistema de Informação Contábil, estão os seguintes temas: balanço social, valor adicionado e balanço ecológico.

1.4 Contabilidade Gerencial e Contabilidade Financeira

Alguns teóricos são radicalmente contra a divisão atualmente estabelecida entre Contabilidade Gerencial e Contabilidade Financeira. A Contabilidade Financeira, que podemos denominar de Contabilidade Tradicional, é entendida basicamente como o instrumental contábil essencial para a feitura dos relatórios para usuários externos e necessidades regulamentadas. A Contabilidade Gerencial é vista principalmente como supridora de informações para os usuários internos da empresa.

Esses teóricos, acertadamente, deixam claro que, sendo a Ciência Contábil a ciência do controle econômico, ela só poderia ser restrita pelos aspectos econômicos que traduzem a verdade dos fatos (os eventos econômicos contábeis). Assim, cada evento econômico deve ser identificado, mensurado e informado pela Contabilidade na exata dimensão em que reflete a realidade da transformação patrimonial, já que o evento econômico é provocar uma variação no patrimônio.

Desta maneira, regras ou princípios contábeis que violentem a mensuração econômica adequada não deveriam existir. Nesse sentido, não haveria necessidade da existência de duas variantes de informações contábeis: as baseadas nos princípios contábeis, obrigando a determinados conceitos de mensuração, e as gerenciais, que devem refletir adequadamente o valor da empresa sob aspectos econômicos.

Porém, a realidade do mercado é outra. Fatores importantes como normalização, necessidades auditoriais externas etc. têm levado as empresas à necessidade de sistemas de informações contábeis que permitam atender às necessidades legais e sociais, pela Contabilidade Financeira, bem como sistemas de informações que privilegiem as necessidades internas da administração.

Contabilidade Gerencial

Vejamos algumas de suas definições.

No entender de Sérgio de Iudícibus[12] (p. 15),

> "A contabilidade gerencial pode ser caracterizada, superficialmente, como um enfoque especial conferido a várias técnicas e procedimentos contábeis já conhecidos e tratados na contabilidade financeira, na contabilidade de custos, na análise financeira e de balanços, etc., colocados numa perspectiva diferente, num grau de detalhe mais analítico ou numa forma de apresentação e classificação diferenciada, de maneira a auxiliar os gerentes das entidades em seu processo decisório."

Robert N. Anthony[13] (p. 17) é bastante sintético em sua caracterização da disciplina:

---

[12] IUDÍCIBUS, Sérgio de. *Contabilidade gerencial*. 4ª ed., São Paulo: Atlas, 1987.

[13] ANTHONY, Robert N. *Contabilidade gerencial*. São Paulo: Atlas, 1979.

> "A Contabilidade Gerencial, que constitui o foco deste livro, preocupa-se com a informação contábil útil à administração."

Para a Associação Nacional dos Contadores dos Estados Unidos (NAA), por meio de seu relatório nº 1A,

> "Contabilidade Gerencial é o processo de identificação, mensuração, acumulação, análise, preparação, interpretação e comunicação de informações financeiras utilizadas pela administração para planejamento, avaliação e controle dentro de uma organização e para assegurar e contabilizar o uso apropriado de seus recursos."

Atkinson e outros assumem e resumem a definição da NAA:

> "Contabilidade Gerencial é o processo de identificação, mensuração, reporte e análise de informação sobre os eventos econômicos das organizações."[14]

Contabilidade Financeira

Está essencialmente ligada aos princípios de Contabilidade geralmente aceitos. A Contabilidade Gerencial está ligada à necessidade de informações para planejamento, controle, avaliação de desempenho e tomada de decisão.

A Contabilidade Financeira, presa aos princípios contábeis, é objeto de muita crítica, uma vez que nem todos os princípios utilizados são necessariamente vistos como os mais corretos em nível conceitual (princípio do custo histórico, da realização da receita etc.). Nesse sentido, a Contabilidade Financeira, apesar de cumprir o seu papel regulamentar, é tida como "fraca" conceitualmente, para fins de gerenciamento empresarial, e até indutora de erros na gestão empresarial.

Dessa forma, alguns entendem que a verdadeira Contabilidade, que realmente auxilia os gestores empresariais, é a Contabilidade Gerencial. Nessa linha de raciocínio, entendem que a Contabilidade Financeira é uma ciência diferente da Contabilidade Gerencial, que seria outra ciência e que receberia o nome de Controladoria.

Podemos resumir a Contabilidade Financeira ou Tradicional nos seguintes pontos:

- Vinculada aos Princípios Contábeis geralmente Aceitos (Princípios Fundamentais de Contabilidade, como são chamados em nosso país).
- Contabilidade utilizada para fins fiscais.
- Contabilidade utilizada para fins societários e regulatórios (Lei das S/A, CVM, legislação comercial).
- Base de escrituração de dados passados.
- Controle *a posteriori*.
- Mensuração em moeda corrente.

Mas, em nosso entendimento, esses dois segmentos da Contabilidade fazem parte de um todo só, que é a Ciência Contábil, que nasceu, sobretudo, para gerar informações para controle e tomada de decisão sobre empreendimentos negociais e de quaisquer outras entidades.

A sua utilização para fins de relatórios externos e a consequente fixação de determinados princípios de normalização e padronização para fins regulamentares são decorrentes da grande vantagem do Sistema de Informação Contábil sobre outros sistemas de informação, que é a mensuração econômica de todos os eventos operacionais em um único sistema e em uma única base: a monetária.

Portanto, a Contabilidade Financeira é um subsistema do Sistema de Informação Contábil, que precipuamente nasce da necessidade de controle, no sentido mais amplo possível, das operações empresariais ou de qualquer entidade.

Outrossim, também não se pode "culpar" a Ciência Contábil pela fraca utilização, ou visão restrita, que eventualmente é feita pelos próprios contadores. Quando se diz que a Contabilidade é um simples registro econômico de fatos passados, servindo apenas para fins legais e fiscais, significa apenas despreparo técnico de quem emite ou aceita tal afirmativa. A Ciência Contábil é ampla e nasceu para auxiliar a gestão empresarial em todos os seus segmentos. Essa é a verdadeira missão da Contabilidade. Classificar a Contabilidade Financeira dos Princípios Contábeis geralmente Aceitos como uma ciência diferente de uma suposta Contabilidade Gerencial é desconhecer os fundamentos da ciência e das teorias contábeis.

Comparação entre a Contabilidade Gerencial e a Contabilidade Financeira

Os métodos da Contabilidade Financeira e da Contabilidade Gerencial foram desenvolvidos para diferentes propósitos e diferentes usuários das informações financeiras. Há, no entanto, numerosas similaridades e áreas de sobreposição entre os métodos da Contabilidade Financeira e da Contabilidade Gerencial, a qual é

[14] ATKINSON, Anthony A.; e outros. *Management accounting*. 2ª ed., Upper Saddle River, New Jersey: Prentice-Hall Inc., 1997, p. 3.

Tabela 1.1 Comparação entre a Contabilidade Gerencial e a Contabilidade Financeira

Fator	Contabilidade Financeira	Contabilidade Gerencial
Usuários dos relatórios.	Externos e internos.	Internos.
Objetivos dos relatórios.	Facilitar a análise financeira para as necessidades dos usuários externos.	Objetivo especial de facilitar o planejamento, controle, avaliação de desempenho e tomada de decisão internamente.
Forma dos relatórios.	Balanço Patrimonial, Demonstração dos Resultados, Demonstração das Origens e Aplicações de Recursos e Demonstração das Mutações do Patrimônio Líquido.	Orçamentos, Contabilidade por Responsabilidade, Relatórios de Desempenho, Relatórios de Custo, Relatórios Especiais não-Rotineiros para facilitar a tomada de decisão.
Frequências dos relatórios.	Anual, trimestral e ocasionalmente mensal.	Quando necessário pela administração.
Custos ou valores utilizados.	Primariamente históricos (passados).	Históricos e esperados (previstos).
Bases de mensuração usadas para quantificar os dados.	Moeda corrente.	Várias bases (moeda corrente, moeda estrangeira, moeda forte, medidas físicas, índices etc.).
Restrições nas informações fornecidas.	Princípios Contábeis geralmente Aceitos.	Nenhuma restrição, exceto as determinadas pela administração.
Característica da informação fornecida.	Deve ser objetiva (sem viés), verificável, relevante e a tempo.	Deve ser relevante e a tempo, podendo ser subjetiva, possuindo menos verificabilidade e menos precisão.
Perspectiva dos relatórios.	Orientação histórica.	Orientada para o futuro, a fim de facilitar o planejamento, controle e avaliação de desempenho antes do fato (para impor metas), acoplada com uma orientação histórica para avaliar os resultados reais (para o controle posterior do fato).

relacionada com o fornecimento de informações para os administradores – isto é, aqueles que estão dentro da organização e que são responsáveis pela direção e controle de suas operações. Ela pode ser contrastada com a Contabilidade Financeira, que é relacionada com o fornecimento de informações aos acionistas, credores e outros que estão fora da organização.

Controladoria e Ciência Contábil – um Resumo

A Figura 1.1 procura mostrar um resumo da relação da ciência da Controladoria com a contabilidade. Cabe à Controladoria, como unidade administrativa e órgão de linha, efetivar a utilização do conjunto completo da Ciência Contábil dentro das entidades. O conjunto completo da Ciência Contábil compreende a Contabilidade Financeira e a Contabilidade Gerencial, que devem ser realizadas dentro das entidades de maneira completa e eficaz, de forma concomitante, pelo responsável pela Controladoria, normalmente denominado *Controller*.

Reconhece-se que os fundamentos da Contabilidade Financeira diferem em muitos aspectos dos fundamentos da Contabilidade Gerencial, e, em muitas situações, são conflituosos, até antagônicos. Desta maneira, impõe-se

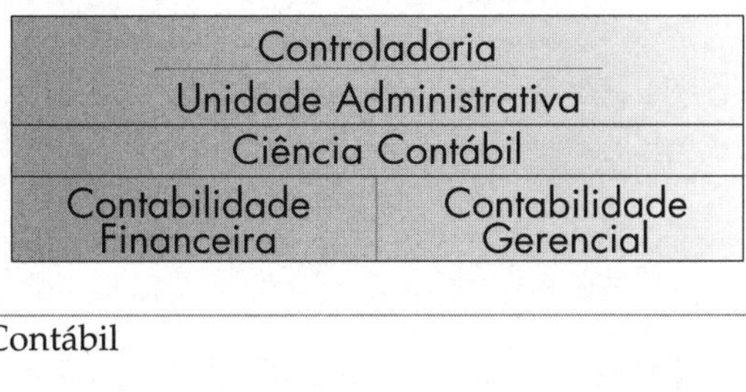

Figura 1.1 Controladoria e Ciência Contábil

ao profissional responsável pela Controladoria uma atuação que denominamos de paradoxal simultânea, que consiga transitar permanentemente entre esses dois conjuntos diferentes de necessidades informacionais, sempre tendo como foco a otimização dos resultados e a máxima eficácia operacional.

Questões e Exercícios

1 Identifique:

a) Argumentos para justificar que Controladoria e Contabilidade são a mesma ciência.

b) Argumentos para justificar que são ciências distintas.

Faça e justifique a sua visão específica entre as duas possibilidades apresentadas.

2 Uma mercadoria em estoque foi vendida por R$ 5.000. Os seguintes valores podem ser associados a essa mercadoria:

a) O custo contábil médio ponderado, segundo os princípios contábeis, era de R$ 2.500.

b) Entre a data da contabilização e a da venda houve uma inflação no País de 2%.

c) O custo de reposição da mercadoria no momento da venda era de R$ 2.590.

d) O preço de venda, estimado antes de sua realização, era de R$ 5.020.

Construa um modelo decisório, de informação e mensuração, de tal forma que evidencie todas as etapas de realização de resultados ocorridos até a venda definitiva.

3 Conceitue com suas palavras o que vem a ser controle econômico.

4 Na sua opinião, o arcabouço da Contabilidade Financeira é suficiente para o processo de gestão empresarial? Por quê? Quais seriam os seus pontos fortes e fracos?

5 Na sua opinião, quais são os pontos principais que diferenciam a Contabilidade Financeira e a Contabilidade Gerencial? Justifique.

Capítulo 2

O Sistema Empresa com o Objetivo da Eficácia

As organizações empresariais interagem com a sociedade de maneira completa. A empresa é um sistema em que há recursos introduzidos, que são processados, e há a saída de produtos ou serviços. Uma empresa é considerada um sistema aberto em razão de sua interação com a sociedade. Essa interação provoca influência nas pessoas, aumento nos padrões de vida e o desenvolvimento da sociedade.

> *Toda empresa tem uma missão em relação à sociedade e a missão das empresas corresponde aos seus objetivos permanentes, que consistem em otimizar a satisfação das necessidades humanas.*[1]

Conforme Bio,

"...os sistemas abertos envolvem a ideia de que determinados *inputs* são introduzidos no sistema e, processados, geram certos *outputs*. Com efeito, a empresa vale-se de recursos materiais, humanos e tecnológicos, de cujo processamento resultam bens ou serviços a serem fornecidos ao mercado."[2]

Essa visão da empresa como um sistema aberto, conforme mostra a Figura 2.1, ressalta as diversificadas e enormes pressões a que o ambiente submete a empresa. Catelli classifica as pressões ambientais, dentro do ambiente remoto e do ambiente próximo, em variáveis e entidades. A seguir, mostramos uma representação esquemática da empresa como sistema aberto, baseada em Bio e na visão de Catelli:

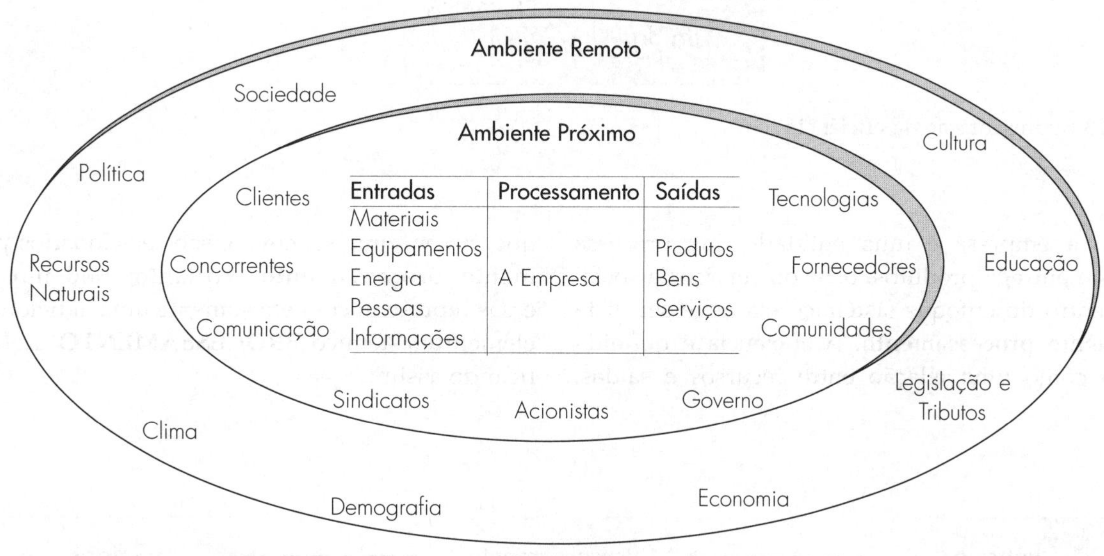

Figura 2.1 A Empresa como um sistema aberto

Como a empresa deve procurar o desenvolvimento da sociedade, ela tem de devolver produtos ou serviços (as saídas do sistema) com valor superior aos dos recursos introjetados para processamento (as entradas do sistema), uma vez que os recursos consumidos exaurem o meio ambiente. Ackoff diz:

[1] CATELLI, Armando. *Apontamentos de sala de aula*. Disciplina Controladoria. Doutorado em Controladoria e Contabilidade. São Paulo: FEA/USP, 1994.

[2] BIO, Sérgio Rodrigues. *Sistemas de informação: um enfoque gerencial*. São Paulo: Atlas, 1985, p. 19.

> "A riqueza produzida por uma corporação é a diferença entre os consumos por ela possibilitados e seu próprio consumo."[3]

Desta forma, a eficiência empresarial é componente de sua missão. Podemos definir eficiência como a relação existente entre o resultado obtido e os recursos consumidos para conseguir aquele resultado. Citam Horngren, Foster e Datar:

> "Eficiência: a importância de entrada usada para atingir um dado nível de saída."[4]

Assim, podemos entender a afirmação anterior de Ackoff como uma visão da eficiência da empresa. Esta questão é importante porque não há mais dúvidas de que a sociedade exige de todos que dela participem, e nisso as empresas não são excluídas, um comportamento compatível com a utilização dos recursos naturais existentes, sob pena de deterioração do ambiente e prejuízo ao futuro da sobrevivência da sociedade.

A visão clássica do funcionamento de um sistema, como já vimos, é a seguinte:

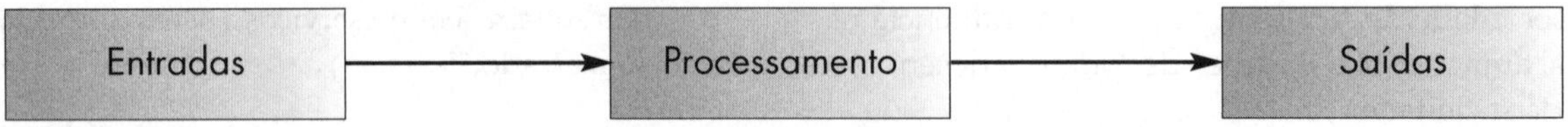

Figura 2.2 Funcionamento básico dos sistemas

A definição de eficiência pode ser evidenciada da seguinte maneira:

$$\frac{\text{Entradas}}{\text{Saídas}} = \text{Eficiência}$$

Figura 2.3 Representação da eficiência

Como a empresa é uma entidade que processa recursos e entrega produtos, bens ou serviços à sociedade, dentro do enfoque sistêmico ela deve ser vista no elemento **processamento**. A eficiência é definida também como uma relação entre recursos e saídas, que, no enfoque sistêmico, são relacionados pelo elemento **processamento**. Portanto, podemos fundir essas representações em somente uma, adicionando ao elemento sistêmico **PROCESSAMENTO** a eficiência, ficando assim:

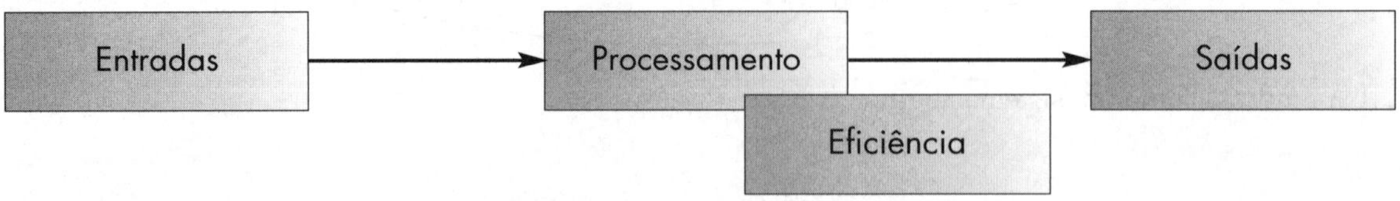

Figura 2.4 O processamento do sistema e eficiência

---

[3] ACKOFF, Russel L. *Creating the corporate future*. John Wiley & Sons, Inc. 1981, p. 32.

[4] HORNGREN, FOSTER e DATAR. *Cost accounting: a managerial emphasis*. 8ª ed., Englewood Cliffs, New Jersey: Prentice-Hall, 1994, p. 237.

2.1 Eficiência e Eficácia

Não podemos aqui deixar de retomar a questão da eficácia *versus* eficiência. Uma das premissas de nosso trabalho é que o lucro é a melhor medida da eficácia empresarial e que a empresa, como um investimento, deve apresentar um lucro a seus proprietários e à própria comunidade. Ainda conforme Horngren, Foster e Datar (p. 237), a

> "... eficácia é o grau de que um predeterminado objetivo ou meta é atingido."

Sobre o assunto, assim se expressam Gibson, Ivancevich e Donnelly:

> "O fato de as sociedades criarem organizações que fornecem bens e serviços implica que seu bem-estar será determinado, em larga escala, pela maneira como elas levam a cabo suas tarefas. Isto é, as sociedades esperam de suas organizações um **desempenho eficaz.**"[5] (grifo nosso)

Ainda segundo esses autores

> "... do ponto de vista da sociedade, a eficácia é o grau segundo o qual as organizações atingem suas missões, metas e objetivos – dentro das restrições de recursos limitados (...) nesse sentido, devemos introduzir o conceito de eficiência; ele se refere ao processo pelo qual a organização maximiza seus fins com um uso mínimo de recursos."

A empresa como um sistema aberto tira recursos do ambiente, processa-os e devolve-os transformados ao ambiente onde se insere. Dentro deste enfoque sistêmico, os conceitos de eficiência e eficácia entrelaçam-se, mas são diferentes.

No entender de Oliveira, os elementos de um sistema são: os objetivos, as entradas, o processo de transformação, as saídas, os controles e as avaliações e a sua retroalimentação.[6] A eficácia está relacionada com o elemento **objetivo** do sistema empresa. Conforme Riccio,

> "... os objetivos são representados por tudo aquilo que queremos que um sistema faça, nos dê ou nos permita alcançar."[7]

A eficiência está relacionada com a otimização do uso dos recursos. De acordo com Bio (p. 21),

> "... eficiência diz respeito a método, a modo certo de fazer as coisas. É definida pela relação entre volumes produzidos/recursos consumidos."

Logo, a empresa, para ser eficaz junto à sociedade, ou seja, cumprir sua missão, metas e objetivos, deve ser eficiente no uso dos recursos, por serem eles do ambiente e, portanto, da sociedade.

A sociedade não aceitará uma organização que, para ser eficaz e atingir suas metas, seja ineficiente no uso dos recursos. Para exemplificar, Gibson, Ivancevich e Donnelly (p. 77) dizem que

> "... o monopólio é muito eficaz na consecução dos objetivos de lucro máximo, mas, do ponto de vista da sociedade, ineficaz no uso dos recursos."

Em resumo, uma empresa para ser eficaz deve ser eficiente; eficácia é quando os objetivos preestabelecidos são atingidos como resultado da atividade ou do esforço; eficiência é a relação existente entre o resultado obtido e os recursos consumidos para conseguir aquele resultado.

Na visão sistêmica que apresentamos, podemos dizer que, para ser eficaz, é imprescindível que a empresa tenha eficiência na utilização de seus recursos. Em outras palavras, seria difícil para ela atingir seus objetivos, em relação à sociedade, de forma totalmente ineficiente. Saliente-se que, de um modo geral, a eficiência está ligada a todos os consumos específicos de recursos, ou seja, o processo da ação eficiente permeia todas as atividades da empresa e todas as transações. Busca-se eficiência em cada transação unitária das inúmeras transações que uma empresa necessita para atingir seus resultados, quais sejam: produzir bens, produtos ou serviços.

Já a eficácia reveste-se de um caráter mais abrangente, global, de atuação em maior amplitude. A eficácia é obtida por meio de uma gestão do todo, organizando as partes do sistema empresa. Podemos dizer que um maior grau de eficácia ocorrerá quanto maior a administração das inúmeras possibilidades de ocorrências de eficiência, e que essas ocorrências sejam as mais produtivas possíveis.

Dessa forma, os dois conceitos – eficácia e eficiência – podem até se juntar na visão sistêmica da empresa, como a representante do elemento processamento do sistema.

---

5 GIBSON, James L., IVANCEVICH, John M. e DONNELLY, James H. *Organizações: comportamento, estrutura, processos.* São Paulo: Atlas, 1988, p. 77.

6 OLIVEIRA, Djalma de Pinho Rebouças. *Sistemas, organização & métodos.* 3ª ed., São Paulo: Atlas, 1992, p. 31-32.

7 RICCIO, Edson Luiz. *Uma contribuição ao estudo da contabilidade como sistema de informação.* Tese de Doutoramento, São Paulo: FEA/USP, 1989, p. 15.

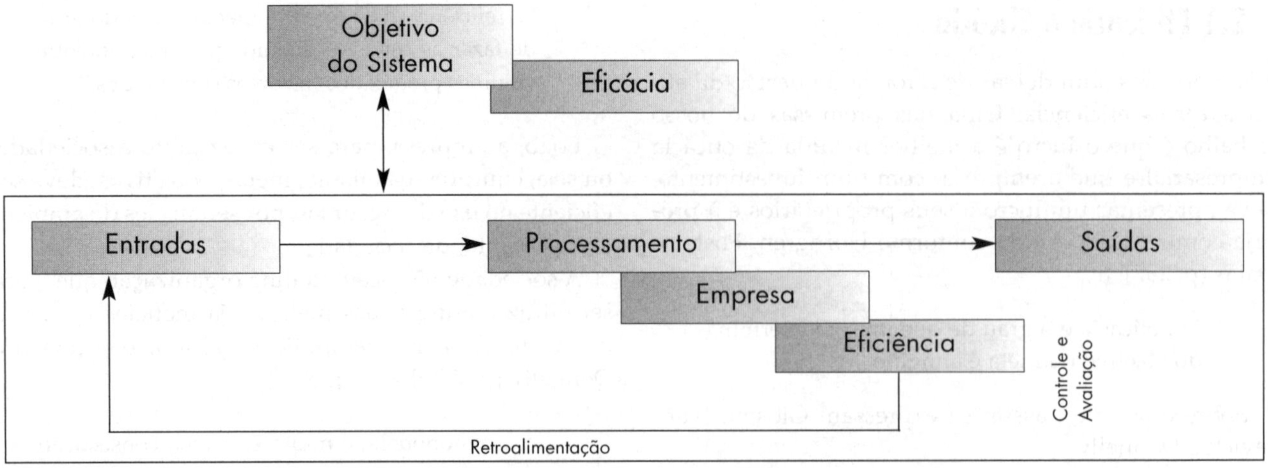

Figura 2.5 A empresa como um sistema aberto e com a missão da eficácia

Critérios de Eficácia Empresarial

Gibson, Ivancevich e Donnelly (p. 81-84) desenvolveram um modelo de eficácia organizacional que, em nosso entendimento, além de atual, está em linha com a visão de nosso trabalho, razão por que o estamos adotando. Esses autores desenvolvem os critérios gerais para a eficácia do sistema empresa, relacionando-o com o aspecto temporal, conforme apresentado na Figura 2.6.

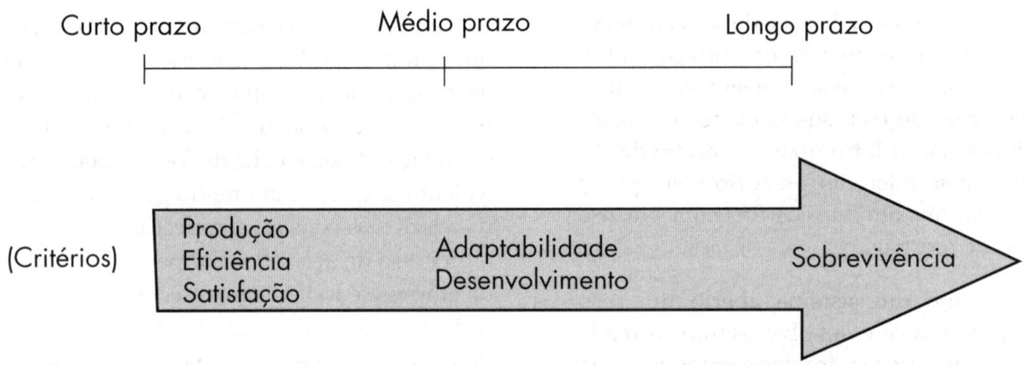

Figura 2.6 Critérios de eficácia organizacional

Para esses autores,

> "...o teste último da eficácia organizacional é sua capacidade de manter-se no meio ambiente. A sobrevivência, portanto, é a medida última e de longo prazo da eficácia organizacional."

A sobrevivência das organizações, relacionada ao aspecto temporal de longo prazo, e a preocupação maior das empresas estão ligadas ao postulado contábil da **continuidade**. Conforme Iudícibus,

> "... as entidades, para efeito de contabilidade, são consideradas como empreendimentos em andamento (*going concern*) (...) basicamente, portanto, a entidade é vista como um mecanismo voltado para adicionar valor aos recursos que utiliza, e seu sucesso é mensurado pelo valor das vendas ou serviços menos os custos dos recursos utilizados (consumidos) no esforço de produzir a receita."[8]

Outros critérios da eficácia são:

- **Produção**: Capacidade de a organização produzir a quantidade e qualidade de bens e serviços exigidos pelos clientes consumidores da organização.
- **Eficiência**: Adequada relação de utilização entre os recursos consumidos e os produtos e bens e serviços produzidos.
- **Satisfação**: Grau de aceitação social dos envolvidos no processo sistêmico, seja dos participantes

[8] IUDÍCIBUS, Sérgio de. *Teoria da contabilidade*. 1ª ed., São Paulo: Atlas, 1980, p. 50.

da organização, seja das entidades externas que se relacionam com a empresa (fornecedores, clientes, governo etc.).

- **Adaptabilidade**: Mecanismo pelo qual a empresa responde adequadamente às mudanças que lhe afetam, seja de origem interna ou externa.
- **Desenvolvimento**: Ligado ao critério da sobrevivência. São os investimentos que a empresa faz em si mesma para aumentar sua capacidade de sobrevivência no longo prazo.

Então, fica evidente que a eficiência é um dos critérios para que uma empresa seja eficaz. De acordo com os autores citados, a eficiência liga-se aos aspectos de curto prazo, ou seja, ela deve estar presente em cada processo de transformação existente dentro da empresa. A eficácia está relacionada com propósitos maiores, ou seja, os objetivos do sistema empresa.

Responsabilidade Social

Não se pode dizer que a administração ignora a responsabilidade social da empresa, como: proteção aos consumidores, pagamento de salários, manutenção de práticas dentro da ética, condições seguras de trabalho, suporte à educação e envolvimento com assuntos ambientais. Todos os interessados na empresa nunca podem ser ignorados; eles incluem os credores, empregados, clientes, fornecedores, comunidades nas quais a companhia opera e outros.

O impacto das decisões sobre esses interessados deve ser reconhecido. A riqueza dos acionistas e da própria empresa depende de sua responsabilidade social. Quando a sociedade age, por intermédio de congresso ou outros corpos representativos da comunidade, estabelecendo as regras governamentais que fazem a ligação entre os objetivos sociais e de eficiência econômica, a tarefa da corporação fica mais clara com relação à sua responsabilidade social. Assim, a empresa pode ser vista como uma produtora de bens ou serviços tanto no enfoque privado como no social, e a maximização da riqueza do acionista, via lucro, permanece um objetivo corporativo viável.

2.2 Os Subsistemas do Sistema Empresa

Podemos dizer que todo sistema é composto de partes, quais sejam, seus subsistemas. O sistema empresa é um dos mais complexos e a sua divisão em subsistemas pode ser enfocada de várias maneiras. Adotaremos em nosso trabalho o enfoque de Catelli e Guerreiro,[9] que dividem o sistema empresa em seis subsistemas, quais sejam:

- Subsistema Institucional.
- Subsistema de Gestão.
- Subsistema Formal.
- Subsistema de Informação.
- Subsistema Social.
- Subsistema Físico-Operacional.

A seguir, uma representação esquemática da empresa e seus subsistemas extraída de Guerreiro:

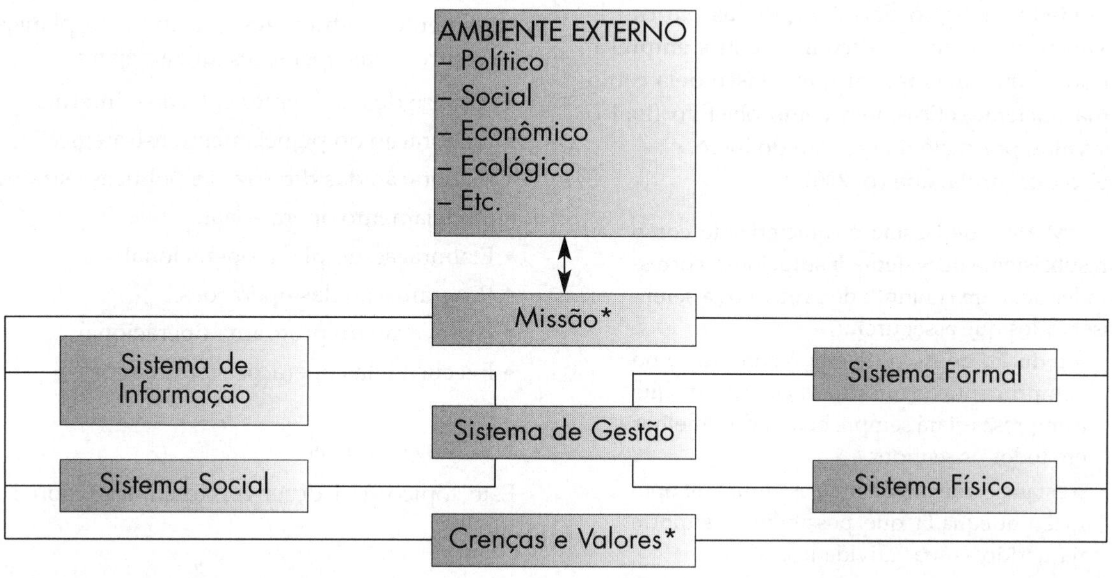

Figura 2.7 Subsistemas empresariais
*Componentes do subsistema institucional.

[9] GUERREIRO, Reinaldo. *Modelo conceitual de sistema de informação de gestão econômica: uma contribuição à teoria da comunicação da contabilidade*. Tese de Doutoramento. São Paulo: FEA/USP, 1989, p. 165.

Subsistema Institucional

É a matriz dos demais subsistemas da empresa e compreende a definição da missão da empresa e as convicções de seus empreendedores traduzidas de suas crenças e valores. Como esclarece Guerreiro (p. 167),

> "... uma empresa decorre da necessidade e/ou desejo de alguém que tem expectativas a serem atingidas e que por isso se dispõe a investir num empreendimento, o seu patrimônio, não só o econômico, mas também o patrimônio moral. São empresários, acionistas, sócios, enfim, empreendedores motivados por um conjunto de crenças, valores, convicções, e expectativas individuais. (...) as crenças, valores e expectativas dos empresários são convertidos em diretrizes que irão orientar todos os demais componentes do sistema empresa para os resultados desejados."

Da missão, crenças e valores a empresa define o seu modelo de gestão. Para Guerreiro (p. 229),

> "... a gestão se caracteriza pela atuação a nível interno da empresa no sentido de otimizar as relações recursos-operação-produtos/serviços, considerando nesse esforço o comportamento das variáveis dos ambientes externo e interno que impactam a empresa e os atributos dos recursos possuídos."

Assim, a empresa tem de definir um modelo de administração, objetivando que todos os envolvidos no seu ambiente interno atuem sob as mesmas linhas de pensamento e o efeito sinérgico da interação das partes (de todos os subsistemas) possa **adicionar valor à empresa**. Nesse sentido, convém enfatizar que a visão dela como um sistema eficiente/eficaz tem como objetivo final o seu maior valor, por meio da geração do lucro.

Guerreiro diz, ainda, que (p. 230)

> "... o Modelo de Gestão é caracterizado como um subsistema do Sistema Institucional, correspondendo a um conjunto de princípios a serem observados que assegurem:
>
> . a redução do risco do empreendimento no cumprimento da missão e a garantia de que a empresa estará sempre buscando o melhor em todos os sentidos;
>
> . o estabelecimento de uma estrutura de operação adequada que possibilite o suporte requerido às suas atividades;
>
> . a orientação geral dos esforços através de um estilo e 'filosofia' de trabalho que criem atitudes construtivas;
>
> . a adoção de um clima motivador e o engajamento de todos, principalmente dos gestores, em torno dos objetivos da empresa e das suas atividades;
>
> . a aferição se a empresa está cumprindo sua missão ou não, se foi feito o que deveria em termos de produtos, recursos e esforços, e se o que não foi está sendo corrigido ou aperfeiçoado;
>
> . o conhecimento do comportamento das variáveis relativas aos ambientes externo e interno e suas tendências, do resultado da avaliação de planos alternativos de ação e das transações/eventos ocorridos em cada período e de onde e no que 'as coisas' não ocorreram satisfatoriamente."

Este tópico terá desenvolvimento adicional no Capítulo 3.

Subsistema de Gestão

É onde as decisões são tomadas. Esse subsistema só pode ser especificado após a definição maior do modelo de gestão. Nele se encontram o processo de gestão e as atividades de planejamento, execução e controle. Está intimamente ligado ao subsistema de informação. Guerreiro enfatiza (p. 173):

> "A condição básica para o desenvolvimento adequado do processo de planejamento, execução e controle das atividades é o conhecimento da realidade, obtido através das informações geradas pelo subsistema de informação."

O subsistema de gestão compreende um conjunto de procedimentos e diretrizes, partindo do planejamento até o controle das operações, quais sejam:

- Análise dos ambientes externo e interno.
- Elaboração do planejamento estratégico.
- Elaboração das diretrizes e políticas estratégicas.
- Planejamento operacional.
- Elaboração do plano operacional.
- Programação das operações.
- Aprovação do programa operacional.
- Execução das operações e transações.
- Controle.
- Ações corretivas.

Este tópico terá desenvolvimento adicional no Capítulo 3.

Subsistema Formal

Corresponde à estrutura administrativa da empresa, de autoridades e responsabilidades. É o subsistema organizacional, em que as tarefas e atividades são agrupadas em setores, departamentos ou divisões.

De acordo com Guerreiro (p. 171),

> "... contempla a forma pela qual a empresa agrupa as suas diversas atividades em departamentos, a definição da amplitude administrativa, o grau de descentralização desejável, a utilização das funções de assessoria, o problema de autoridade e responsabilidade, entre diversos outros aspectos."

É importante ressaltar que o subsistema formal recebe impacto substancial do subsistema de gestão, principalmente no tocante à definição das questões de responsabilidade e autoridade, que, por sua vez, irão impactar o subsistema social. Todavia, grande parte da modelação do subsistema formal será decorrente do subsistema físico-operacional, que, por sua vez, será estruturado levando em conta os produtos ou serviços a serem produzidos, o processo de produção e a definição das atividades a serem internadas na empresa.

Subsistema Social

Compreende os indivíduos que fazem parte do sistema empresa, bem como toda a cultura, características e demais aspectos relacionados às pessoas.

Ainda conforme Guerreiro (p. 171), diz respeito, entre outros aspectos, a:

- necessidades dos indivíduos;
- criatividade;
- objetivos individuais;
- motivação;
- liderança;
- treinamento etc.

Dentro das premissas que consideramos na introdução de nosso trabalho, salientamos que o lucro é maior ou menor segundo o grau de competência empresarial, e a empresa é a reunião de especialidades humanas, que são questões atinentes ao subsistema social.

Subsistema de Informação

Compreende todo o conjunto de necessidades informacionais para a gestão empresarial. Dado que o processo de comunicação requisita ininterruptamente um sem-número de informações, os gestores em atuação obrigam a geração de inúmeros subsistemas de informações específicos, que, entendidos estruturalmente, formam o subsistema de informação.

Nas nossas premissas colocamos que a informação é matéria-prima para os gestores. Porém, não só eles são contemplados com subsistemas informacionais. Todo o processo físico-operacional requer informações que fazem parte do subsistema informacional.

Há tanta relevância na questão da informação que normalmente são criadas atividades específicas para administração de grande parte do subsistema de informação. Como diz Guerreiro (p. 172),

> "... dentre as inúmeras atividades executadas no âmbito da empresa, existem aquelas que objetivam basicamente a manipulação de informações. Elas geram essas informações através da manipulação (processamento) de dados derivados da execução das diversas atividades necessárias ao desenvolvimento das funções empresariais básicas. Essas atividades se caracterizam por três aspectos básicos: recebimento de dados, processamento e geração de informações."

Uma outra premissa que colocamos na introdução é que devemos buscar um **nível ótimo de informações**. Dentro dessa premissa, um dos aspectos cruciais é que as informações são necessárias; mas dentro da empresa, em nosso entendimento, é difícil fazer uma delimitação das necessidades informacionais, haja vista a grande interação de atividades internas e a quantidade de gestores setoriais.

Nessa linha de pensamento, a produção de informações pode gerar até a criação de atividades desnecessárias à empresa ao cumprimento de sua missão. Normalmente, as atividades de controle é que tendem a exigir grande volume de informação. Uma questão vital, por exemplo, é: **Quais são as informações necessárias para o controle**? Assim, o subsistema de informação necessita de uma constante vigilância, sob pena de até ser um elemento redutor da eficácia empresarial.

Subsistema Físico-Operacional

Compreende as instalações físicas e equipamentos do sistema empresa. É importante ressaltar que é no sistema físico-operacional que as transações são executadas e os eventos econômicos acontecem. Para Guerreiro (p. 170),

> "... o subsistema físico corresponde ao 'hardware' do sistema empresa."

A estruturação do subsistema físico-operacional está essencialmente ligada aos produtos e serviços produzidos pela empresa. É o subsistema físico-operacional que possibilita a maior quantidade de ações para obtenção da eficiência e eficácia empresariais. Principalmente, a visão sistêmica da empresa, como processadora de recursos e obtenedora de produtos e serviços, qualifica-se no subsistema físico-operacional.

É no subsistema físico-operacional do sistema empresa organizado em atividades que acontecem as transações e os eventos econômicos. Podemos definir evento econômico como uma representação genérica de uma ocorrência que modifica a estrutura patrimonial da empresa. Dentro da entidade empresarial, o evento econômico expressa-se por um sem-número de ocorrências iguais ou semelhantes. **A cada ocorrência de um evento econômico denominamos de transação.**

Para que as transações ocorram, é necessária a ação sobre os componentes do subsistema físico-operacional, que é exercida pelas pessoas, ou seja, pelo subsistema social, apoiado pelos componentes dos demais sistemas. Nesse sentido, achamos importante explorar um pouco mais o subsistema físico-operacional.

Assim, no entender de Guerreiro (p. 170),

> "... o subsistema físico corresponde ao ferramental que as pessoas (subsistema social), com determinada autoridade e responsabilidade (subsistema formal), municiadas das informações necessárias (subsistema de informações) e condicionadas por determinados princípios (subsistema institucional), interagem no processo de tomada de decisões (subsistema de gestão). Através da interação desses subsistemas são executadas as funções empresariais (compra, venda, finanças, etc.), no sentido de a empresa cumprir a sua missão."

É no subsistema físico-operacional que a empresa se manifesta mais claramente, mediante o conceito sistêmico de processamento de recursos para obtenção de produtos ou serviços.

Figura 2.8 Subsistema físico-operacional

Desta maneira, podemos dizer que os demais subsistemas da empresa canalizam todas as suas funções para o subsistema físico-operacional, objetivando fazer com que as tarefas sejam executadas dentro dos princípios de eficiência e eficácia.

O subsistema físico-operacional, em consonância com o subsistema formal, é segmentado em tarefas, funções, atividades, setores, departamentos ou divisões, sempre objetivando atingir o melhor resultado empresarial, que são produtos e serviços, de modo que atenda a missão da empresa. Essa segmentação que acontece no sistema físico-operacional não é arbitrária, e sim decorrente de uma série de fatores que "obrigam" a empresa a se definir por um determinado composto estrutural do sistema físico-operacional.

Introduzimos em nossas premissas que a empresa é uma reunião de especialidades humanas, as quais, de modo geral, são agrupadas em setores e/ou departamentos ou divisões, para desenvolver as atividades determinadas ou necessárias para a empresa. Dentro das atividades ocorrem as transações (os eventos econômicos); a busca da maior eficiência dos recursos, coordenados sinergicamente, deverá levar a empresa a um padrão de lucratividade, rentabilidade e, portanto, eficácia empresarial.

A seguir, elaboramos uma representação esquemática da empresa, seu ambiente, seus subsistemas, enfocando a questão da eficiência dentro do subsistema físico-operacional.

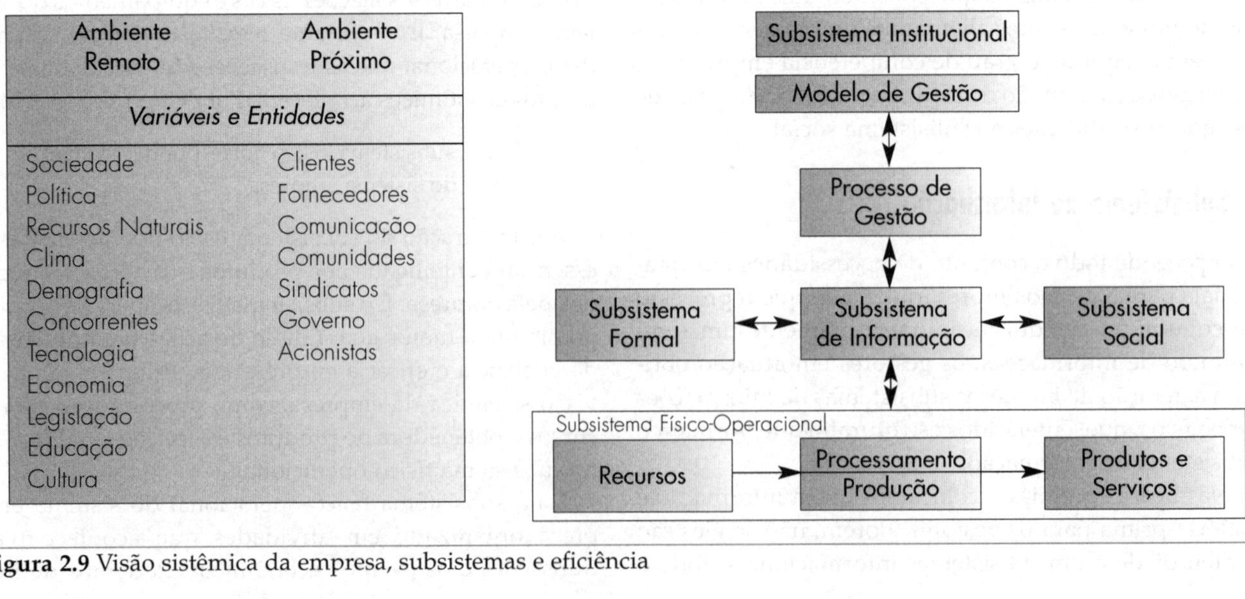

Figura 2.9 Visão sistêmica da empresa, subsistemas e eficiência

2.3 Eficácia e Controladoria: Planejamento e Controle com Enfoque em Resultados

Toda esta obra terá como referencial o conceito de eficácia empresarial e a gestão com enfoque em resultados, resumido na Figura 2.10:

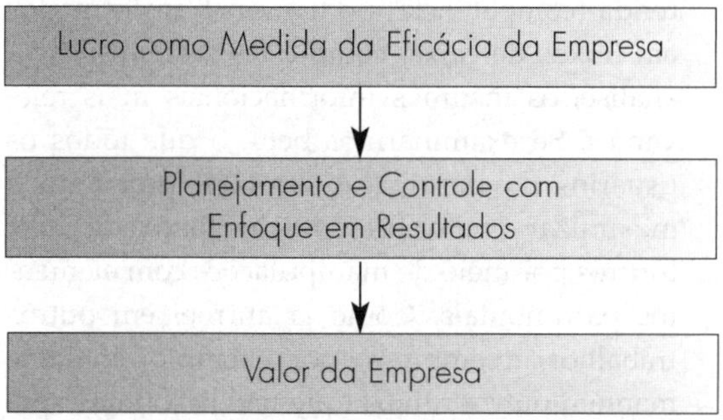

Figura 2.10 Eficácia, planejamento e valor da empresa

Tendo a premissa de que o lucro é a melhor medida da eficácia da empresa, o foco da Controladoria deve ser o processo de gestão baseado em resultados. Consequentemente, todos os esforços empresariais e a missão da Controladoria devem ter como ponto referencial o processo de criação de valor para o acionista, pela mensuração econômica do valor da empresa.

Premissas para a Controladoria com Enfoque em Resultados

Podemos detalhar a seguir as principais premissas do nosso trabalho e que embasam nosso conceito de Controladoria:

- *Lucro como Medida de Eficácia da Empresa.*
- *Lucro como Diferença de Patrimônios Líquidos.*
- *Lucro é Maior ou Menor segundo o Grau de Competência Empresarial.*
- *Os Empreendimentos Empresariais são Investimentos.*
- *Valor Econômico da Empresa.*
- *Mensuração do Valor da Empresa.*
- *Dificuldade de Mensuração da Previsibilidade do Mundo Real.*
- *Planejamento é Necessário.*
- *A Empresa é a Reunião de Especialidades Humanas.*
- *Os Gestores são Responsáveis pela Geração do Lucro.*
- *Informação para Gestão.*
- *Interação Modelar entre as Teorias da Informação, Decisão e Mensuração.*
- *Nível Ótimo de Informação.*

Lucro como Medida de Eficácia da Empresa

Na concepção de Guerreiro,

> "... a empresa é constituída sob o pressuposto da continuidade. A garantia da continuidade da empresa só é obtida quando as atividades realizadas geram um resultado líquido no mínimo suficiente para assegurar a reposição de todos os seus ativos consumidos no processo de realização de tais atividades. Todas as estratégias, planos, metas e ações que a empresa implementa devem objetivar em última instância a otimização do lucro. **O lucro, portanto, é a melhor e mais consistente medida da eficácia da organização.**"[10] (grifo nosso)

Lucro como Diferença de Patrimônios Líquidos

O lucro empresarial é gerado em cada evento econômico, mas pode e deve ser mensurado periodicamente, considerando a diferença em denominador comum monetário do Patrimônio Líquido empresarial do fim do período, menos o Patrimônio Líquido empresarial do início do período, considerando as entradas adicionais de capital e as saídas a título de distribuição de lucros ou retiradas de capital. Adotamos nesta premissa o conceito de lucro econômico, em vez de lucro contábil.

Dentro desta premissa, o lucro (L) deixa de ser a visão restrita de receita (R) menos despesa (D):

$$L = R - D$$

para ser a diferença do Patrimônio Líquido em dois momentos, ou seja, o Patrimônio Líquido final (PLf) menos o Patrimônio Líquido no início do período (PLi):

$$L = PLf - PLi$$

[10] GUERREIRO, Reinaldo. "Um modelo de sistema de informação para mensuração do desempenho econômico das atividades empresariais." *In: Caderno de Estudos FIPECAFI/FEA-USP*, nº 4, março de 1992, p. 13.

O Lucro é Maior ou Menor segundo o Grau de Competência Empresarial

O grau de competência empresarial é o elemento diferenciador das empresas e a garantia da sustentação de sua continuidade e o cumprimento de sua missão. A competência empresarial reflete-se nos resultados empresariais, que são a medida da eficácia gerencial.

A competência empresarial expressa-se nos recursos (custos) por meio da eficiência e/ou eficácia exercida (aplicada e extraída) em cada recurso ou transação em ocorrência ou ocorrida no processo de obtenção da receita de produtos ou serviços.

Os Empreendimentos Empresariais são Investimentos

As empresas com fins lucrativos são investimentos e, portanto, estão sujeitas a incertezas e riscos. Sendo investimentos de capital, os valores nela investidos pelos seus proprietários devem ser retornados a eles sob forma de dinheiro ou caixa. Esta premissa permite enfatizar a questão do planejamento ou da previsibilidade ou não do mundo real, bem como da aplicação do conceito de custo de oportunidade dos acionistas ou donos dos empreendimentos negociais.

Valor Econômico da Empresa

Sendo investimentos, as empresas têm um valor que, pela Ciência Contábil, deve estar refletido na figura do Patrimônio Líquido. Assim, tem como fundamento que a mensuração dos eventos econômicos/resultados empresariais deve conduzir à correta mensuração e avaliação do valor econômico da empresa, sob pena de se obterem modelos de mensuração, informação e decisão incompletos. Adicione-se, ainda, que não deveria existir **mais de um valor** da empresa.

Mensuração do Valor da Empresa

Uma empresa vale o que ela pode render ou que dela se pode esperar. Portanto, o seu valor é decorrente da avaliação do fluxo futuro de benefícios.

Em complemento às duas premissas anteriores, tendo em vista que as empresas são investimentos financeiros e que seus investidores dela esperam um rendimento, podemos entender o fluxo futuro de benefícios refletidos na forma de caixa. Nas palavras de Iudícibus,

"... a curto prazo, no que se refere ao modelo informacional que precisa ser suprido para o modelo decisório, pode parecer que este condiciona modelos diferenciados para aquele, caso estejamos contemplando o usuário interno ou externo. Assim, podemos ter modelos baseados em **fluxos de renda ou de caixa**, conforme o usuário. Mas, a longo prazo, tanto os fluxos de renda (competência) podem ser transformados em fluxos de caixa, como estes são, em última análise, os insumos informacionais mais relevantes. Se examinarmos bem, o que todos os usuários da informação contábil procuram é maximizar o valor presente dos fluxos de caixa futuros por meio de manipulações com elementos patrimoniais. Como já afirmei em outros trabalhos, a empresa, por exemplo, somente mantém outros ativos (que não caixa) na esperança de obter mais caixa no futuro. Assim, basicamente, pensamos que não existe grande diferença nos objetivos decisórios de usuários, os mais variados. **A maximização do fluxo de caixa é um objetivo comum.**"[11] (grifos nossos)

Dificuldade de Mensuração da Previsibilidade do Mundo Real

A dificuldade da mensuração da previsibilidade do mundo real é um fato e não permite aos gestores o domínio das expectativas na sua totalidade. Os fundamentos para o exercício da competência empresarial, além da capacitação técnica, são a intuição e a capacidade de percepção.

O Planejamento é Necessário

Partindo do pressuposto de que um empreendimento é um investimento e este só é feito após o estudo de expectativas, o fundamental para atingir o maior nível de eficácia é o processo contínuo de mensuração econômica dessas expectativas. Para tanto, a capacidade de percepção, associada a um processo contínuo de planejamento e projeções econômicas, é fator condicionante da eficácia empresarial.

A Empresa é a Reunião de Especialidades Humanas

O capital é o recurso que consegue reunir num único empreendimento pessoas de diversas capacitações e

[11] IUDÍCIBUS, Sérgio de. "Por uma teoria abrangente de contabilidade". *In: Boletim do IBRACON.* Ano XVII, nº 200, janeiro de 1995, p. 6.

especializações, objetivando atingir os resultados propostos pela entidade empresarial. Esta reunião de especialidades dentro da empresa possibilita que esta entregue à sociedade produtos e serviços com qualidade, com custos seguramente inferiores aos que teriam se fossem produzidos individualmente por esses especialistas. O capital é o elemento que consegue promover a maior eficácia dos recursos humanos dentro de uma organização e, portanto, este deve ser remunerado pelo lucro empresarial.

Em linhas gerais, as diversas especialidades humanas – do conhecimento humano dentro da empresa – são aglutinadas em setores, departamentos ou áreas, que denominaremos genericamente por atividades. Assim, o capital é o elemento necessário para unir os processos ou atividades transformadoras do produto ou serviço.

Normalmente as atividades são coordenadas por algum responsável, que denominamos gestor.

Os Gestores são Responsáveis pela Geração do Lucro

Conforme Guerreiro,

> "... os gestores são responsáveis pela eficácia da empresa. Como o próprio nome esclarece, os gestores são os responsáveis pela gestão, administração ou processo de tomada de decisão. A gestão corresponde analiticamente ao processo de planejar, executar e controlar."[12]

Para Catelli e Guerreiro,

> "... o lucro é gerado pelas diversas atividades e a responsabilidade pela geração do lucro é exatamente dos responsáveis pelas diversas atividades, ou seja, dos gestores."[13]

Informação para Gestão

No entender de Guerreiro (p. 14),

> "... os gestores têm uma grande dependência do recurso 'informação'. A informação é a matéria-prima do processo de tomada de decisão. A informação útil é aquela que atende as necessidades específicas dos gestores, segundo as áreas que atuam, operações que desenvolvem e conceitos que lhes façam sentido lógico. Os sistemas de informações contábeis devem ser configurados de forma a atender eficientemente as necessidades informativas de seus usuários, bem como incorporar conceitos, políticas e procedimentos que motivem e estimulem o gestor a tomar as melhores decisões para a empresa."

Interação Modelar entre as Teorias da Informação, Decisão e Mensuração

Para que os modelos tenham um caráter integrativo e sejam coerentes no seu conjunto para os tomadores de decisão, é necessário que na construção dos modelos de informação estes estejam coerentes com o modelo de mensuração adotado, e estes, por sua vez, integrados com o processo de gestão adotado pela empresa.

Nível Ótimo de Informação

A informação é um recurso imprescindível para o processo de gestão empresarial e, portanto, como todo recurso, tem um custo. Uma informação é válida na medida em que tenha uma adequada relação custo/benefício. Conforme Oliveira (p. 4),

> "... o Sistema de Informação Gerencial deve apresentar uma situação de custo abaixo dos benefícios que proporciona à empresa."

Porém, tão importante quanto o custo da informação é a quantidade de informação. Assim, concordamos com Glautier e Underdown (p. 39) quando se referem ao **nível ótimo de informações**:

> "O contador deve estar menos preocupado com minimização do custo da informação e mais preocupado com o descobrimento do nível ótimo de produção de informação."

Questões e Exercícios

1 Explique com suas palavras resumidamente cada um dos subsistemas do sistema empresa.

---

[12] GUERREIRO, Reinaldo. "Um modelo de sistema de informação contábil para mensuração do desempenho econômico das atividades empresariais". *In: Caderno de Estudos FIPECAFI/FEA-USP*, nº 4, março de 1991, p. 14.

[13] CATELLI, Armando e GUERREIRO, Reinaldo. "Sistema de informação de gestão econômica: uma proposta para mensuração contábil do resultado das atividades empresariais". *In: Boletim do CRC-SP*, setembro/1992, p. 11.

2 Tome como referência uma empresa que você conheça e identifique e descreva os principais componentes de cada subsistema dessa empresa.

3 Conceitue com suas palavras eficiência e eficácia e seu relacionamento no sistema empresa.

4 A classificação das variáveis e entidades que afetam o sistema empresa entre ambiente próximo e ambiente remoto não é a mesma para cada empresa. Tome como referência uma empresa de:

a) rede de supermercado;

b) usina de açúcar e álcool;

c) usina siderúrgica;

d) fabricação de computadores;

e) rede de alimentação *fast-food*;

f) serviços de consultoria empresarial.

Pede-se: reclassifique as variáveis e entidades para cada tipo de empresa, se são de características mais próximas ou mais remotas em relação a cada uma delas.

5 Tomando como referência os mesmos tipos de empresa apresentados na questão anterior, analise e evidencie como as variáveis abaixo podem afetar cada uma delas:

a) Tecnologia.

b) Clima.

c) Recursos naturais.

d) Sindicatos.

e) Cultura.

f) Demografia.

g) Concorrentes.

h) Sociedade.

6 Tomando como exemplo empresas do tipo das listadas a seguir, descreva resumidamente como pode funcionar o subsistema físico-operacional de cada uma delas:

a) fabricante de televisores;

b) montadora de veículos;

c) fabricante de tintas industriais e para construção civil;

d) fabricante de cerveja.

Capítulo 3

O Modelo de Gestão e o Processo de Gestão

3.1 Visão Geral da Empresa: Missão, Crenças e Valores

Para desenvolver a visão geral da empresa e a organização do planejamento estratégico – componentes do Subsistema Institucional da empresa –, devemos observar e desenvolver os seguintes aspectos:[1]

- **Declaração de valores**: Um conjunto de crenças e princípios que guiam as ações e atividades da empresa.
- **Declaração de visão**: Uma ou duas frases que anunciam aonde a empresa quer chegar ou traça um quadro amplo do futuro que se deseja para ela.
- **Declaração de missão**: Uma declaração do propósito da empresa, definindo o que ela faz e o que não faz.
- **Metas e objetivos**: Uma lista com todas as principais metas que foram definidas para a empresa, juntamente com os objetivos que precisa alcançar para cumpri-las.

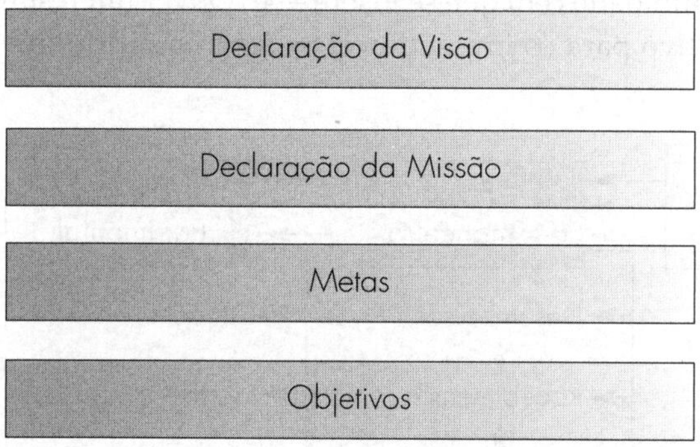

Figura 3.1 Hierarquia do planejamento dos negócios

A **declaração de valores** é um conjunto de crenças e princípios que orientam as atividades e operações de uma empresa, independentemente de seu porte.

A **declaração de visão** é um conjunto preciso e bem elaborado de palavras que anunciam para onde a empresa está caminhando ou traçam um quadro do que ela deseja ser ou aonde quer chegar.

A **declaração de missão** da empresa visa comunicar interna e externamente o propósito da organização e do seu negócio. Ela deve ser breve e reunir em poucas palavras as atividades da empresa, os mercados que quer atingir, os produtos e serviços que quer fornecer à comunidade, sua diferenciação e o seu papel em relação a seus concorrentes e às principais conquistas que a empresa quer atingir.

As **metas** correspondem ao itinerário básico para chegar ao destino que a empresa deseja. Normalmente, elas são expressas em termos de intenções gerais da empresa. São resultados abrangentes com os quais a empresa assumiu um compromisso definitivo. As metas devem criar um elo indissolúvel entre as ações da empresa e sua missão.

Os **objetivos** são declarações específicas que se relacionam diretamente a determinada meta e fornecem detalhes sobre o que deve ser feito e quando. É comum os objetivos serem associados a números e datas.

Para metas, o comum é o uso de palavras, e para objetivos, devemos usar números, complementando com detalhes específicos.

Exemplos de declarações de valores, visão, missão, metas e objetivos:[2]

- **Valores** – *Johnson & Johnson* – Nossa primeira responsabilidade é para com os médicos, as enfermeiras e os pacientes, as mães e as demais pessoas que usam nossos produtos e serviços. Estes devem ser de alta qualidade, com preços razoáveis e feitos ao menor custo. Nossos clientes devem ser atendidos rapidamente e ter condições de lucros justos. Somos responsáveis pelas comunidades nas quais vivemos e trabalhamos e pela comunidade mundial. Nossa responsabilidade final é para com os acionistas, porque as empresas devem gerar lucros sólidos.
- **Visão** – *Apple Computadores* – Mudar o mundo por meio da tecnologia.
- **Missão** – *Elevadores Otis* – Nossa missão é oferecer a todos os clientes um meio de locomoção a pequenas distâncias para pessoas e cargas, com um grau de confiança superior aos produtos oferecidos por empresas semelhantes no mundo inteiro.

[1] Adaptado de TIFFANY, Paul e PETERSON, Steven D. *Planejamento Estratégico*. Rio de Janeiro: Campus, 1999, e WARD, Keith. *Strategic Management Accounting*. Oxford: Butterworth-Heinemann, 1996.

[2] Extraídos de TIFFANY e PETERSON. Op. cit.

- **Metas** – Tornar-se líder de mercado e criar valor excepcional para nossos acionistas.
- **Objetivos** – Ter 55% de participação no mercado do nosso produto principal e alcançar uma rentabilidade do investimento não inferior a 20% ao ano.

3.2 Modelo de Gestão

As crenças e valores são conceitos que formam a cultura organizacional, que, por sua vez, interagem e conduzem a criação do modelo conceitual a ser adotado para gerir a empresa, o que denominamos de **modelo de gestão**.[3]

O modelo de gestão ideal deve ser estruturado considerando os seguintes aspectos:

- O processo de gestão do sistema empresa: Planejamento, execução, controle.
- A avaliação de desempenho das áreas e dos gestores: Responsabilidade pelos resultados das áreas de suas responsabilidades.
- O processo decisório: Centralização ou descentralização.
- O comportamento dos gestores: Motivação – empreendedores.

Modelo de gestão é produto do Subsistema Institucional e pode ser definido como o conjunto de normas e princípios que devem orientar os gestores na escolha das melhores alternativas para levar a empresa a cumprir sua missão com eficácia.

O Aspecto Tridimensional da Gestão Empresarial

A gestão empresarial é segmentada em três aspectos: o operacional, o econômico e o financeiro.

Em cada atividade desenvolvida pela empresa, observam-se três aspectos interdependentes. O primeiro diz respeito a qualidade, quantidade e cumprimento de prazo, que denominamos de operacional [...] aos recursos consumidos e aos produtos e serviços gerados, podem ser associados valores econômicos [...] o que caracteriza o aspecto econômico da atividade. Finalmente, as operações envolvem prazos de pagamentos e recebimentos, o que caracteriza o aspecto financeiro da atividade.[4]

O fator tempo está especialmente ligado ao aspecto operacional das atividades, ou seja, ao cumprimento dos prazos do processo de produção e comercialização. O aspecto financeiro também evidencia o fator tempo, pois trata de prazos de recebimentos e pagamentos.

A Figura 3.2 reflete os efeitos econômico, financeiro e também patrimonial do aspecto temporal de execução operacional das atividades, evidenciando o elo de ligação entre a avaliação do tempo gasto pelas atividades e o resultado econômico gerado por elas.

A Missão da Empresa e o Processo de Criação de Valor

A empresa só poderá cumprir sua missão – que, em última instância, é satisfazer as necessidades humanas das comunidades em que se insere – se obtiver um resultado atrativo para os investidores, ou seja, os supridores dos

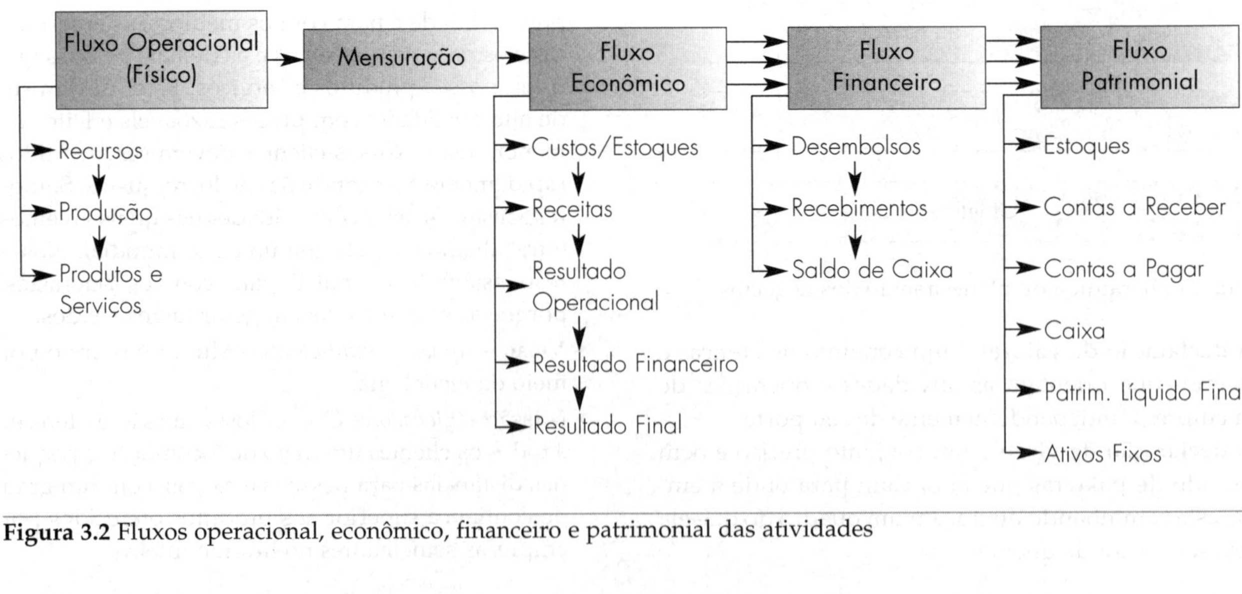

Figura 3.2 Fluxos operacional, econômico, financeiro e patrimonial das atividades

[3] CROZATTI, Jaime. "Modelo de gestão e cultura organizacional – conceitos e interações". *In: Caderno de Estudos Fipecafi*, nº 18, maio/agosto/1998.

[4] CATELLI, Armando e GUERREIRO, Reinaldo. "Gecon – sistema de informação de gestão econômica: uma proposta para mensuração contábil do resultado das atividades empresariais". *In: Boletim do CRC-SP*. setembro/1992, p. 12.

recursos financeiros para o empreendimento, de tal forma que mantenha sua sobrevivência ao longo do tempo.

Nesse sentido, a maximização do valor da empresa, por meio do processo de criação de valor, é entendido como objetivo financeiro fundamental do empreendimento. O processo de criação ou adição de valor decorre, basicamente, do processo produtivo na produção de bens e serviços por ela oferecidos. A maximização do seu valor decorre dos lucros auferidos no processo produtivo e que suplantem o custo de capital de oportunidade dos investidores no empreendimento, tornando a empresa permanentemente atrativa.

Modelo de Gestão e o Processo de Gestão

O modelo de gestão é a matriz do subsistema de gestão, que é traduzido na empresa dentro de um processo orientado que permita a ordenação de sua administração para o fluxo do processo de tomada de decisão em todos os planos empresariais e níveis hierárquicos, denominado de **processo de gestão**. Este tem por finalidade permitir à empresa alcançar os seus resultados dentro de um conjunto coordenado de diretrizes, para atingir as metas e objetivos explicitados na declaração da visão empresarial.

O processo de gestão não se limita ao **planejamento**, inicia-se nele e incorpora todas as etapas da **execução** das atividades, bem como do **controle** da execução das atividades. O controle, por sua vez, não se limita a eventos passados, mas deve permitir controles antecedentes e posteriores aos eventos realizados.

Processo de Gestão e Sistemas de Informações

O processo de gestão é necessariamente assistido por informações, que, por sua vez, se encontram registradas e acumuladas nos sistemas de informações, os quais fornecem subsídios para todas as etapas do processo de gestão, sejam eles sistemas operacionais ou de apoio à gestão.

Os sistemas operacionais contêm as informações dos aspectos operacionais das atividades, sejam de quantidade ou prazo de execução destas, e auxiliam na necessidade de quantificação do processo de gestão. Os sistemas de apoio à gestão auxiliam o processo de gestão no tocante às informações que caracterizam os aspectos econômicos, financeiros e patrimoniais das atividades.

Os sistemas de informações financeiros e de Controladoria são os melhores exemplos de sistemas de apoio à gestão e devem estar totalmente integrados na cadeia completa do processo de gestão.

Este tema será desenvolvido no Capítulo 5.

3.3 O Processo de Gestão

Também denominado de processo decisório, é um conjunto de processos decisórios e compreende as fases de planejamento, execução e controle da empresa, de suas áreas e atividades. Por processo entende-se a sucessão de estados de um sistema, que possibilita a transformação das entradas do sistema nas saídas objetivas pelo mesmo sistema.

O planejamento subdivide-se em duas fases: Planejamento Estratégico e Planejamento Operacional. O Planejamento Operacional incorpora uma etapa adicional, que é a que finaliza o planejamento das operações, denominada Programação.

Na Figura 3.3 podemos visualizar todo o conjunto do processo de gestão.

Necessidade de Planejamento

Uma das premissas deste trabalho é que o planejamento é necessário. Entretanto, algumas correntes entendem que o planejamento não tem eficácia e que o mais

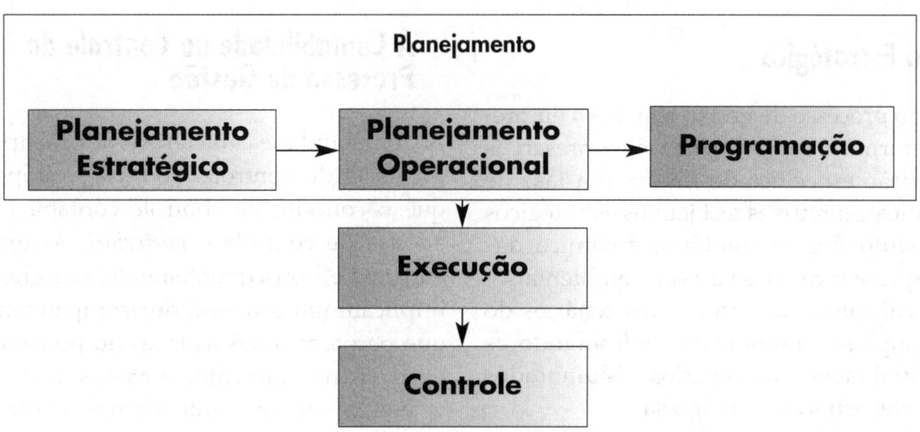

Figura 3.3 Processo de gestão

importante é a gestão contínua das operações. Nesse sentido, adotamos a posição de Glautier e Underdown, em obra já citada, quando dizem:

> "Há duas escolas de pensamento conflitantes a respeito da extensão do quanto a empresa tem domínio de seu próprio destino. A teoria do mercado postula que a empresa está unicamente ao sabor das forças sociais e econômicas prevalecentes, de modo que o sucesso da administração depende da habilidade de 'ler' o ambiente. Em contraste, a teoria do planejamento e controle assegura que a administração tem controle sobre o futuro da empresa e acredita que o destino da firma pode ser manipulado e, portanto, planejado e controlado. Nessa visão, a qualidade das decisões do planejamento e controle administrativo é um fator chave para o sucesso. Na realidade, as organizações de negócios normalmente operam de alguma forma entre esses dois pontos de vistas extremos: muitos elementos, tais como os preços de matérias-primas, estão completamente fora de seu controle; por outro lado, alguns elementos, tais como os preços de venda de seus produtos, são determinados pela própria organização. O planejamento é essencial para todos os fatores que afetam a organização, a despeito de serem controláveis ou não controláveis."

Planejamento é a definição de um plano para ligar uma situação desejada com a situação atual.

Conforme Russel Ackoff, planejar eficientemente não é saber onde você quer estar no futuro e, então, traçar uma linha entre os pontos A e B para chegar até lá. Planejar é trabalhar do ponto aonde você quer chegar (B) e fazer o caminho para trás, para alcançar o lugar em que você está (A): não no futuro, nem no passado, mas no presente.

Planejamento Estratégico

É a etapa inicial do processo de gestão, em que a empresa formula ou reformula suas estratégias empresariais dentro de uma visão específica do futuro. É a fase de definição de políticas, diretrizes e objetivos estratégicos e tem como produto final o equilíbrio dinâmico das interações da empresa com suas variáveis ambientais.

Nesta etapa, realizam-se as leituras dos cenários do ambiente e da empresa, comumente confrontando as ameaças e oportunidades dos cenários vislumbrados com os pontos fortes e fracos da empresa.

Abordaremos este tópico com mais profundidade no Capítulo 9.

Planejamento Operacional

Define os planos, políticas e objetivos operacionais da empresa e tem como produto final o orçamento operacional. Geralmente se realiza por meio do processo de elaboração de planos alternativos de ação capazes de implementar as políticas, diretrizes e objetivos do plano estratégico da empresa e do processo de avaliação e aprovação deles.

Programação

É a fase do processo de planejamento em que se replaneja a curto prazo, adequando-se às expectativas, diante das alterações dos ambientes externo e interno. Consiste na ordenação das necessidades, meios, recursos, ações, programas, análises e interações operacionais necessárias para executar o plano operacional adotado.

Execução

É a etapa do processo de gestão em que as coisas acontecem. A execução deve estar em coerência com o planejado e programado.

Controle

É um processo contínuo e recorrente que avalia o grau de aderência entre os planos e sua execução, compreendendo a análise dos desvios ocorridos, procurando identificar suas causas e direcionando ações corretivas. Além disso, deve observar a ocorrência de variáveis no cenário futuro, visando assegurar o alcance dos objetivos propostos. Dentro do enfoque sistêmico, o controle faz também o papel de *feedback* ou retroalimentação do sistema.

A Contabilidade no Controle do Processo de Gestão

A Contabilidade caracteriza-se, principalmente, por ser a ciência do controle. Todavia, é importante ressaltar que o conceito de controle contábil não é o conceito apenas de controle *a posteriori*. A função contábil na empresa e, consequentemente, sua grande importância implicam um processo de acompanhamento e controle que perpassa todas as fases do processo decisório e de gestão e, seguramente, as etapas do planejamento.

Nesse sentido, entendemos controle conforme a abordagem controlística da Ciência Contábil. As funções de controle econômico constituem, segundo Fabio

Tabela 3.1 Processo de gestão – visão resumida

Fases do Processo	Finalidade	Produto
Planejamento Estratégico	Garantir a missão e continuidade da empresa	Diretrizes e Políticas Estratégicas
Planejamento Operacional	Otimizar o resultado a médio prazo	Plano Operacional
Programação	Otimizar o resultado a curto prazo	Programa Operacional
Execução	Otimizar o resultado de cada transação	Transação
Controle	Corrigir e ajustar para garantir a otimização	Ações Corretivas

Besta (in Viana,[5] p. 53), o objetivo principal da Contabilidade. Subdivide-se nas seguintes espécies: antecedente, concomitante e subsequente.

Jucius e Schlender[6] (p. 128) denominam essas atividades de controle ao longo do tempo em: controle preliminar, controle concorrente e pós-controle.

Essa abordagem implica que dentro do próprio Planejamento Estratégico há uma função de controle, denominada antecedente ou preliminar. O termo controle normalmente se aplica ao processo de execução. No entanto, entendemos que, dentro do processo de estabelecimento de diretrizes, construção de cenários, já há um processo de controle implícito, identificando e priorizando as variáveis em relação aos objetivos maiores do sistema empresa.

A título de exemplo de como a Contabilidade está presente controlando e avaliando dentro do processo de Planejamento Estratégico, são os subsistemas contábeis de informação das variáveis da conjuntura social, econômica, setorial e de mercado que devem ser acumulados e tratados de forma sistêmica e que são parte dos subsídios para o processo gestional da estratégia.

Em suma, a Contabilidade está presente em todas as etapas do processo gestional, seja nas fases de planejamento, execução ou propriamente controle.

O Processo de Gestão: Visão Analítica

A Figura 3.4 mostra com mais detalhes todo o processo de gestão empresarial.

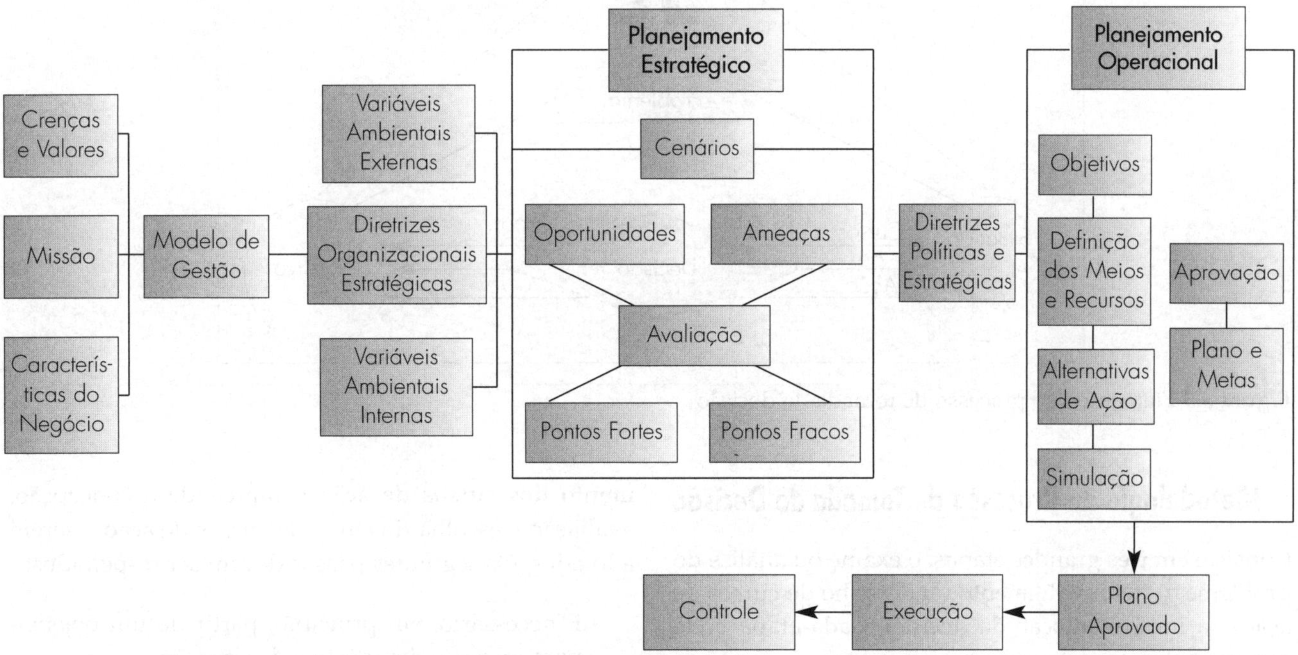

Figura 3.4 Processo de gestão: visão analítica

[5] VIANA, Cibilis da Rocha. *Teoria geral da contabilidade.* 3ª ed., Porto Alegre: Sulina, 1966.

[6] JUCIUS, Michael J. e SCHLENDER, William E. *Introdução à administração.* 3ª ed., São Paulo: Atlas, 1990.

3.4 O Processo de Tomada de Decisão

Todo o processo de gestão é caracterizado pela necessidade de tomada de decisões, que também é um processo, pois consiste numa série de procedimentos que culminam com a tomada de decisão.

Há necessidade de decisões em toda a fase do processo de gestão: decisões no Planejamento Estratégico, no Planejamento Operacional, na Programação, na Execução e no Processo de Controle.

Neste tópico, apresentaremos analiticamente o processo de tomada de decisão ou resolução de problemas, como também é chamado, e, a seguir, algumas definições básicas para o processo de tomada de decisão:[7]

- **Objetivo**: Resultado, atributo ou situação desejada, para os quais se pretende exercer alguma ação consequente.
- **Problema**: Lacuna entre uma situação atual ou projetada e um objetivo. Entende-se por situação projetada aquela que pode ocorrer independentemente do objetivo.
- **Resolução de problemas**: Curso de ação que corrige a lacuna entre a situação atual ou projetada e o objetivo; aquilo que permite alcançar o objetivo.
- **Decisão**: Escolha de um curso determinado de ação entre vários cursos de ação alternativos. O curso de ação escolhido pode compreender um conjunto de vários cursos de ação.

Num sentido abrangente, os conceitos de "resolução de problemas" e "tomada de decisão" são sinônimos, uma vez que ambos representam um mesmo processo. De fato, a resolução de qualquer problema requer a tomada de decisão; e vice-versa, toda decisão implica necessariamente a existência prévia de um problema a resolver.

Elementos Essenciais no Processo de Tomada de Decisão

Em adição às definições básicas apresentadas anteriormente, coloca-se o ser humano, que representa o sujeito ou sujeitos que enfocam o problema, captam ou projetam a situação, estabelecem os objetivos, concebem e avaliam os cursos de ação alternativos e tomam a decisão.

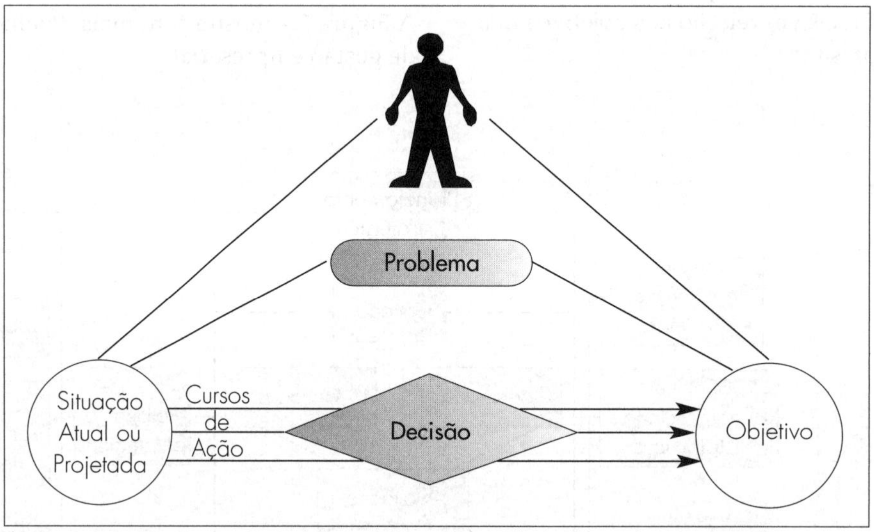

Figura 3.5 Elementos do processo de tomada de decisão

Metodologia do Processo de Tomada de Decisão

Consiste em três grandes etapas: o exame ou análise do problema, o desenvolvimento ou desenho de cursos de ação e a implementação da decisão. Cada etapa pode compreender diversos passos.

O **exame do problema** inclui a identificação do objetivo inicial e o diagnóstico da situação. O **desenvolvimento dos cursos de ação** compreende a concepção, avaliação e escolha do curso ou cursos de ação a serem adotados. Os seguintes passos devem ser respeitados:

- É necessário, em princípio, partir de um objetivo para iniciar o diagnóstico da situação.
- A identificação do objetivo inicial e o diagnóstico da situação permitem especificar o problema a

[7] LAZATTI, Santiago. RP/TD: *El proceso decisorio*. Buenos Aires: Ediciones Macchi, 1997.

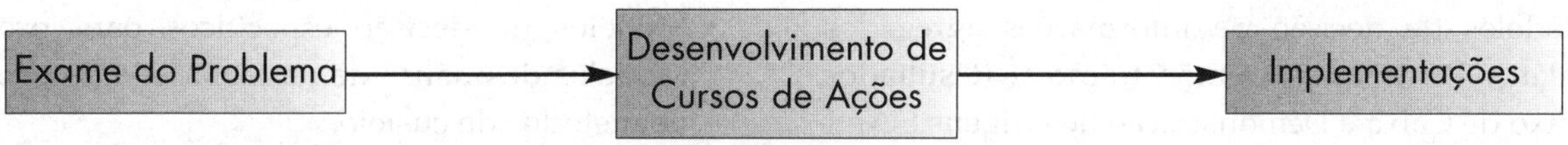

Figura 3.6 Metodologia do processo de tomada de decisão

resolver, o qual é condição prévia para abordar os cursos de ação que levem à solução.

- É conveniente encarar a concepção de cursos de ação antes de sua avaliação. Quanto mais cursos de ação se considerarem, maior será a probabilidade de escolher o melhor.
- É aconselhável avaliar devidamente os cursos de ação alternativos a fim de optar por um deles (a decisão).
- A decisão, finalmente, para ser efetiva deve vir acompanhada de uma adequada implementação.

Tomada de Decisão e o Processo de Gestão

Como vimos, o processo de tomada de decisão permeia todo o processo de gestão. Na Figura 3.7 vemos que a análise de problemas específicos, tanto do Planejamento Estratégico quanto das outras etapas do planejamento, deve ser a metodologia de tomada de decisão.

	Protótipo da Problemática	Etapas I	Etapas II	Etapas III
	Problema	Análise do Problema	Descrição da Solução	Implementação da Solução
Planificação	Estratégia	Análise Estratégica	Formulação da Estratégia	Implementação da Estratégia
Planificação	Mudança Organizacional	Diagnóstico da Estratégia Atual	Descrição da Estratégia Desejada	Implementação da Mudança
Planificação	Outros tipos de Planificação	Análise do Problema	Descrição da Solução	Implementação da Solução

Figura 3.7 Aplicação da metodologia da tomada de decisão no processo de gestão

Tomada de Decisão e Modelo de Decisão[8]

Conforme Beuren, um modelo representa ou descreve os elementos relevantes de um processo ou de uma situação e as interações existentes entre eles. Caracteriza-se como uma importante ferramenta para conceber algo e representar, simular ou idealizar essa realidade por meio de objetos, fluxos, ideias ou palavras, pois ele sumariza os efeitos e relacionamentos mais relevantes de determinada situação ou problema específico.

O **modelo de decisão** deve ser significativo para o tomador de decisão e atender ao seu processo lógico e específico para cada natureza do evento ou problema a ser resolvido. Esse modelo incorpora, ainda, dois outros necessários para complementar o processo decisório: um de informação e um de mensuração.

O **modelo de informação** é estruturado com base em modelos de decisão e mensuração e tem como característica básica apresentar a resultante do processo decisório de forma compreensível para o decisor e os demais interessados na implementação do curso de ação escolhido.

O **modelo de mensuração** deve estar coerente com o de decisão e, portanto, do gestor; é o principal elemento que fundamenta a decisão da escolha de um curso de ação após avaliação das diversas alternativas levantadas. No âmbito da Controladoria, esse modelo prima por ser um modelo de avaliação econômica, e dentro das nossas premissas o modelo de mensuração deve ter como referência básica a avaliação em termos de resultados e valor da empresa.

Como exemplos de modelos de mensuração, informação e decisão mais comuns adotados pela Contabilidade e Controladoria podemos citar os seguintes:

[8] BEUREN, Ilse Maria. *Gerenciamento da informação*. São Paulo: Atlas, 1998.

- Modelos de decisão de informações agregados: Balanço Patrimonial, Demonstração de Resultados, Fluxo de Caixa e Demonstração de Origens e Aplicações de Recursos.
- Modelos de decisão de Resultados de Eventos e Áreas de Resultado: Modelo de Margem de Contribuição.
- Modelos de decisão específicos para produtos: Modelos de análise de rentabilidade de produtos, de métodos de custeio.
- Modelos de decisão para estudos detalhados e pontuais: Modelos de comprar ou fabricar etc.

Na Figura 3.8 apresentamos a interação entre tomada de decisão e os modelos de informação, mensuração e decisão.

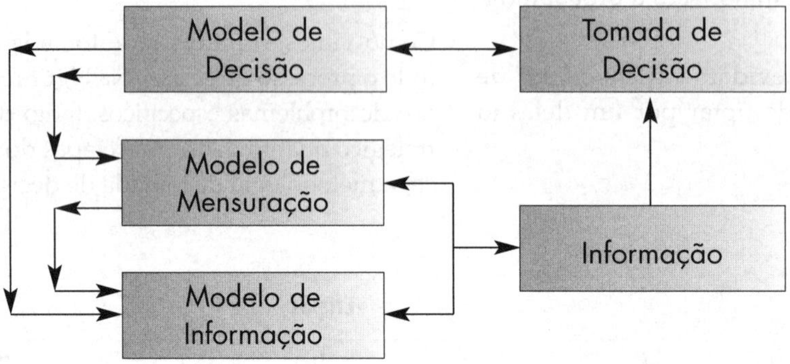

Figura 3.8 Interação entre tomada de decisão e modelos de decisão, mensuração e informação

Questões e Exercícios

1 Tome uma empresa qualquer como referência, ou uma empresa fictícia, para a qual você poderia determinar o modelo de gestão e:

a) Quais as crenças e valores que você procuraria introduzir nessa empresa.

b) Que missão estabeleceria para ela.

2 Com os eventos econômicos listados a seguir, assuma valores e quantidades e identifique os aspectos operacionais, econômicos, financeiros e patrimoniais de cada um deles:

a) Compra a prazo de mercadoria para estoque.

b) Venda a prazo.

c) Contratação de funcionários.

d) Compra financiada de ativo imobilizado.

e) Pagamento de serviço de consultoria.

3 Dê um ou mais exemplos de atividades que se inserem em cada etapa do processo de gestão.

4 A seguir, damos várias situações em que se pode encontrar para a tomada de decisão. Descreva resumidamente para cada uma delas: o exame do problema, os diversos cursos de ação possíveis que você consegue identificar e qual a implementação da solução escolhida a ser adotada:

a) Implantação de um sistema de informação de logística.

b) Aquisição de uma empresa concorrente.

c) Comprar à vista ou a prazo.

d) Implantação de um sistema de remuneração variável.

Capítulo 4

Missão e Estrutura da Controladoria e o Papel do *Controller*

4.1 Missão da Controladoria

Controladoria é a unidade administrativa dentro da empresa que, por meio da Ciência Contábil e do Sistema de Informação de Controladoria, é responsável pela coordenação da gestão econômica do sistema empresa.

Conforme Catelli, a missão da Controladoria é assegurar a eficácia da empresa por meio da otimização de seus resultados.

A visão de Controladoria, segundo Heckert & Willson, parece-nos extremamente esclarecedora. Segundo esses autores, à Controladoria não compete o comando do navio, pois esta tarefa é do primeiro executivo; representa, entretanto, o navegador que cuida dos mapas de navegação. É sua finalidade manter informado o comandante quanto à distância percorrida, ao local em que se encontra, à velocidade da embarcação, à resistência encontrada, aos desvios da rota, aos recifes perigosos e aos caminhos traçados nos mapas, para que o navio chegue ao destino.

Dessa forma, podemos explicitar a missão da Controladoria: dar suporte à gestão de negócios da empresa, de modo que assegure que esta atinja seus objetivos, cumprindo assim sua missão (Peleias,[1] p. 65).

É interessante ressaltar aqui a grande proximidade da visão de Heckert & Willson e de Fayol. Os primeiros compararam o controlador com o navegador, que mantém o capitão permanentemente informado sobre o navio e a viagem. Fayol disse que a Contabilidade

> "... deve permitir que se saiba a todo instante onde estamos e para onde vamos."

Ao mesmo tempo, é a visão do controle e do alerta permanentes. Controlar, informar, influenciar, para assegurar a eficácia empresarial, nunca é uma posição passiva, mas ativa, sabendo da responsabilidade que tem a Controladoria de fazer acontecer o planejado.

O *Controller* e suas Funções

Introduzindo, adotamos a posição de Horngren[2] (p. 9) sobre o *controller*.

> "O Controller. O título de controller se aplica a diversos cargos na área de contabilidade, cujo nível e cujas responsabilidades variam de uma empresa para outra (...) Neste livro, o termo controller (às vezes escrito com *p*, comptroller, derivado do francês, compte, que quer dizer conta) significa o principal executivo da área de contabilidade administrativa. Já vimos que o controller moderno não faz controle algum em termos de autoridade de linha, exceto em seu próprio departamento. Contudo, o conceito moderno de controladoria sustenta que, num sentido especial, o controller realmente controla: fazendo relatórios e interpretando dados pertinentes, o controller exerce uma força ou influência ou projeta uma atitude que impele a administração rumo a decisões lógicas e compatíveis com os objetivos."

A essência da função de *controller*, para Heckert & Willson[3] (p. 9), é uma visão proativa, permanentemente voltada para o futuro.

> "Essencial para a compreensão apropriada da função de controladoria é uma atitude mental que energiza e vitaliza os dados financeiros por aplicá-los ao futuro das atividades da companhia. É um conceito de olhar para a frente – um enfoque analiticamente treinado, que traz balanço entre o planejamento administrativo e o sistema de controle."

Conforme os mesmos autores (p. 13-17), as funções do *controller* são as seguintes:

- planejamento;
- controle;

---

[1] PELEIAS, Ivan Ricardo; e outros. *O processo de planejamento e a controladoria*. RBC nº 77, out./dez./1991.

[2] HORNGREN, Charles T. *Introdução à contabilidade gerencial*. 5ª ed., Rio de Janeiro: Prentice/Hall, 1985.

[3] HECKERT, J. Brooks e WILLSON, James D. *Controllership*. 2ª ed., Nova York: Ronald Press, 1963.

- reporte;
- contábil.

Horngren e outros (p. 14) entendem que as funções do *controller* incluem:

- planejamento e controle;
- relatórios internos;
- avaliação e consultoria;
- relatórios externos;
- proteção dos ativos;
- avaliação econômica.

Peleias assim procura resumir as funções do *controller*:

> "Podemos dizer que hoje é a Controladoria a grande responsável pela coordenação de esforços com vista à otimização da gestão de negócios das empresas e pela criação, implantação, operação e manutenção de sistemas de informação que deem suporte ao processo de planejamento e controle."

4.2 A Controladoria na Organização

De acordo com Francia[4] (p. 27),

> "... o Controller é uma posição de apoio incluída na alta administração da empresa. O controller é responsável por todo o processamento da informação contábil da organização."

Ainda segundo Francia (p. 9),

> "... o Controller deve responder ao diretor ou vice-presidente administrativo e financeiro, e tem suas funções diferenciadas do responsável pela aplicação e captação de recursos, que denomina de tesoureiro."

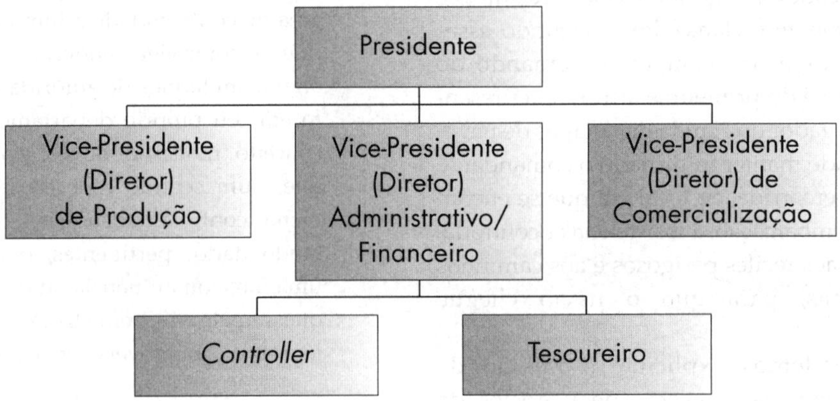

Figura 4.1 A Controladoria na organização

Controladoria e Tesouraria

Concordamos com a posição do *controller* separada do responsável pela tesouraria. A função de Tesouraria ou Finanças é uma atividade de linha e operacional, que, basicamente, tem como função o suprimento de recursos para as demais atividades desenvolvidas internamente na companhia, atividade essa que deve ser avaliada igualmente às demais pela Controladoria, como podemos ver na Figura 4.2.

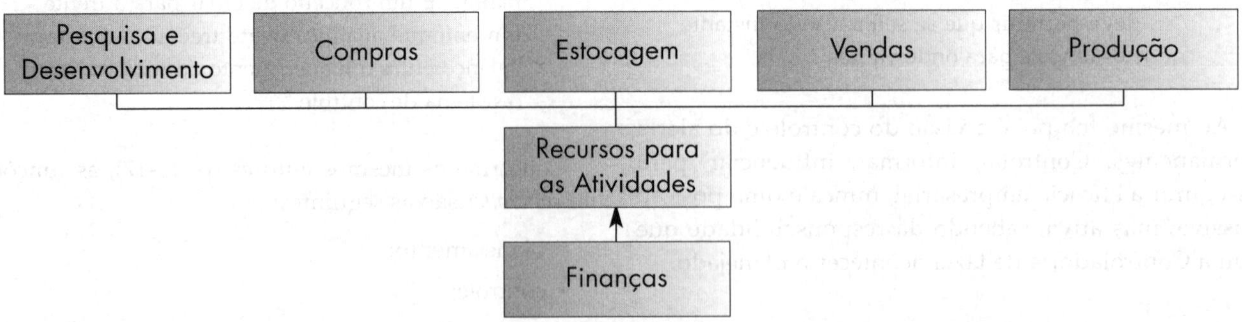

Figura 4.2 A atividade de finanças como supridora de recursos financeiros às demais atividades operacionais da empresa

[4] FRANCIA, Arthur J.; e outros. *Managerial accounting*. 9ª ed., Houston: Dame Publ., 1991.

As principais atividades ou funções de Tesouraria, também denominada de Diretoria ou Gerência Financeira, são as seguintes, conforme evidenciado na Figura 4.3:

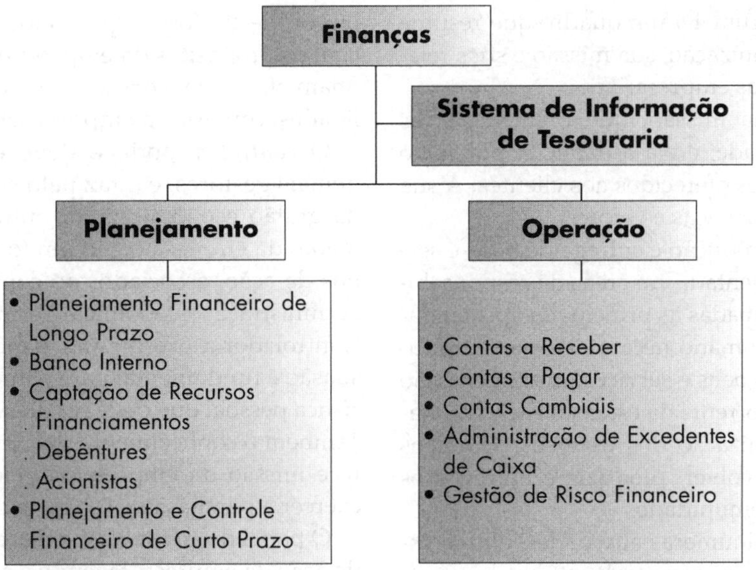

Figura 4.3 Estrutura da Tesouraria ou atividade de finanças

Note-se que, dentro dessa estrutura, o responsável pela Tesouraria tem uma função operacional, que, inclusive, deve gerar resultado positivo para a empresa e ser avaliado pelo seu desempenho por meio dos resultados alcançados.

Missão da Controladoria

Com relação à questão de a Controladoria ser um órgão de *staff* ou de linha, concordamos com a posição de Horngren e outros (p. 12) quando dizem:

> "... as organizações estão enfatizando a importância de equipes para alcançar seus objetivos. Essas equipes podem incluir tanto administração de staff como de linha, resultando que as tradicionais distinções entre staff e linha são menos claras do que foram a décadas atrás."

Assim, a Controladoria, que tem uma missão específica, e, por conseguinte, objetivos a serem alcançados, não pode ser entendida como um órgão de *staff*. A unidade administrativa de Controladoria caracteriza-se como uma atividade operacional, e, portanto, de linha. Dentro do conjunto de suas responsabilidades, está a atividade de apoio a todos os gestores internos da organização, mas isso não significa *staff* nem assessoria, nem consultoria. A missão Controladoria, como asseguradora

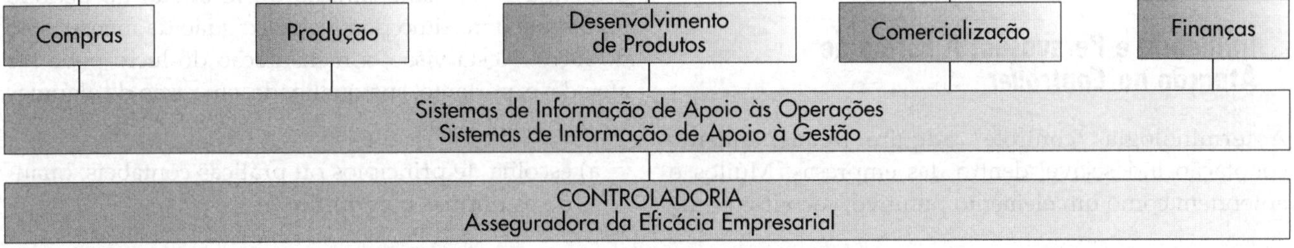

Figura 4.4 Missão da Controladoria e as demais áreas da empresa

da eficácia empresarial, é uma atividade absolutamente comprometida com os resultados da entidade, e, portanto, sua atuação é operacional.

Apresentamos na Figura 4.4 um quadro que resume a Controladoria na organização, sua missão e suas relações com as demais áreas empresariais.

A empresa tem uma missão, que é satisfazer as necessidades da sociedade; e ela a explicita por meio dos produtos ou serviços oferecidos aos clientes. A sua missão decorre de suas crenças e valores.

Para o processo de produção e entrega de bens e serviços, a empresa é segmentada em áreas de responsabilidade, em que são agrupadas as principais especialidades do conhecimento humano necessárias para produzir e comercializar esses bens e serviços. A segmentação em diversas áreas é decorrente da especialização humana, que permite a otimização dos diversos processos necessários para desenvolver, produzir e entregar os produtos e serviços à comunidade.

Para desenvolver as inúmeras atividades, ela necessita de informações que, em termos de enfoque sistêmico, é o subsistema de informação, o qual, por sua vez, pode ser classificado em duas grandes áreas:

- Os sistemas de informação de apoio às operações, que privilegiam as informações necessárias ao planejamento, execução e controle das atividades operacionais.
- Os sistemas de informações de apoio à gestão, que têm por objetivo o controle econômico da empresa.

A Controladoria tem como missão suportar todo o processo de gestão empresarial por intermédio de seu sistema de informação, que é um sistema de apoio à gestão. O sistema de informação de Controladoria é integrado com os sistemas operacionais e tem como característica essencial a mensuração econômica das operações para planejamento, controle e avaliação dos resultados e desempenho dos gestores das áreas de responsabilidade.

Cabe à Controladoria o processo de assegurar a eficácia da empresa, mediante o controle das operações e seus resultados planejados. Quando do planejamento das atividades empresariais, a empresa espera atingir determinados objetivos econômicos para satisfazer os acionistas do empreendimento, e esses objetivos são o ponto central de atuação da Controladoria.

Influência e Persuasão: A Forma de Atuação do *Controller*

A terminologia "controle" adquire frequentemente conotação indesejável dentro das empresas. Muitos o entendem como um elemento punitivo, coercitivo e até desagregador. Não é esta a forma de o *controller* exercer o controle. A sua atuação deve ser no sentido de informar, formar, educar, influenciar e persuadir, nunca impor, de tal forma que todos ajam coordenadamente com os propósitos da empresa e, por conseguinte, obtenham eficiência e eficácia nas suas áreas de responsabilidades; com isso, a empresa será lucrativa e eficaz.

O *controller* pode e deve exercer influência nos demais gestores, e o faz pelo conhecimento da ciência da gestão econômica. Em outras palavras, o conhecimento da empresa como um todo e o conjunto dos planos de ação, associados ao conhecimento científico da administração econômica, permitem ao profissional de Controladoria exercer um papel influenciador. A persuasão é fundamental para a influência e é uma característica pessoal que deve ser desenvolvida pelo *controller*. Também o conhecimento da Ciência Contábil, da cultura e missão da empresa são elementos que permitem exercer a persuasão e o convencimento.

O papel do *controller* é o de monitoramento do plano de ação da empresa, fazendo a avaliação coordenada da atuação de todos os gestores, sempre com foco no desempenho e resultados, global e setorial. É importante ressaltar que ele não é o responsável pelo alcance dos resultados planejados. Os gestores é que o são pela geração dos resultados de cada uma de suas áreas. À Controladoria cabe o monitoramento desses resultados em relação aos números planejados. A sua função é de apoio, mas não da responsabilidade final pela obtenção dos resultados setoriais. Podemos dizer, então, que ela não toma decisões operacionais, exceto as necessárias para condução de sua área de atividades.

Assim, o papel do *controller* pode ser resumido em:

- Monitoramento dos sistemas de informações gerenciais.
- Apoio aos demais gestores.
- Influência.
- Persuasão.
- Não toma decisões operacionais, exceto as da sua área.

Qualidade dos Lucros[5]

O conceito "qualidade dos lucros", em linhas gerais, remete à tentativa de assegurar que a informação do lucro evidenciada na demonstração do resultado do período represente o máximo possível a exatidão da mensuração do lucro. Nesta visão, a mensuração do lucro pode ser afetada, e, portanto, sua qualidade, em razão de algumas variáveis, tais como:

a) escolha de princípios ou práticas contábeis, quando as normas o permitirem;

[5] Adaptado de STICKNEY, Clyde B. e WEIL, Roman L. *Contabilidade Financeira*. São Paulo: Ed. Atlas, 2001, p. 876.

b) cálculo das estimativas, na aplicação das práticas e princípios contábeis, tais como ajustes a valor justo ou de mercado, cálculo da depreciação, cálculo das provisões etc.;

c) escolha da época da realização de algumas transações, tanto de despesas quanto de receitas, principalmente para itens não recorrentes, no lucro do período etc.

A expressão qualidade dos lucros também é aplicada quando se vislumbra a possibilidade de que a mensuração do lucro possa ser afetada por decisões administrativas, tais como:

a) postergação de gastos com manutenção indispensáveis ao bom funcionamento futuro da empresa;

b) postergação de gastos com treinamento etc.

Também a qualidade dos lucros pode ser vista, por alguns, apenas do ângulo do tipo do negócio, tais como:

a) distância de tempo entre a venda e o recebimento da venda;

b) distância de tempo entre a compra e o pagamento da compra;

c) relevância de certos tipos de investimentos (*leasing*, compras alavancadas, aquisição de empresas com expressivo *goodwill* etc.) etc.

As práticas e princípios contábeis existentes, aplicadas corretamente, permitem um grau forte de acurácia da mensuração do lucro. Contudo, reconhece-se que aspectos subjetivos podem induzir a mensurações menos confiáveis, já que diversas práticas dependem de julgamentos específicos, tais como:

a) utilizar o fluxo de caixa descontado para calcular o valor justo;

b) falta de acurácia na determinação da vida útil dos bens para cálculo da taxa de depreciação;

c) falta de acurácia na determinação do valor residual dos bens para determinação do valor depreciável;

d) atribuição de custo incorreto no ativamento de bens etc.

Nesse sentido, é fundamental o papel do contador, como responsável final pela elaboração das demonstrações contábeis, bem como do analista contábil no papel de entendimento das demonstrações contábeis básicas, uma vez que da análise das demonstrações contábeis é que decorre a maior parte das decisões fundamentais para a administração da empresa.

Compromisso com a Mensuração Correta do Lucro

Temos convicção que este compromisso é fundamental para que o *controller* exerça seu papel dentro das organizações. A Contabilidade, por meio da Controladoria, é um sistema de informação de prestação de contas, tanto para usuários internos como externos. Assim, uma vez que a Controladoria tem como foco a eficácia da empresa por meio da otimização de seus resultados, torna-se imperativo que esse *resultado* (lucro ou prejuízo) *seja corretamente medido.*

Além dos aspectos técnicos citados no tópico "Qualidade dos Lucros", surgem os aspectos dos conflitos das diversas necessidades da empresa ao longo do tempo, bem como os conflitos decorrentes das possíveis diferenças de visões econômicas e financeiras dos gestores internos. O conflito de agência, ou teoria da agência (*agency theory*), há muito estudado na teoria de finanças empresariais, é um dos exemplos clássicos. Os objetivos dos administradores podem, em determinados momentos, divergir dos objetivos dos acionistas e sócios, provocando pressões na mensuração do lucro.

Cabe ao *controller* administrar essas pressões e não permitir que determinadas situações momentâneas ou interesses específicos prejudiquem a mensuração correta do lucro. Portanto, o *controller* tem este papel central de preservar a mensuração correta do resultado, utilizando os critérios técnicos e agindo com sabedoria, integridade e equilíbrio, para que sua missão seja cumprida adequadamente.

4.3 Estrutura da Controladoria

A Controladoria basicamente é responsável pelo Sistema de Informação Contábil Gerencial da empresa e sua função é assegurar o resultado da companhia. Para tanto, ela deve atuar fortemente em todas as etapas do processo de gestão da empresa, sob pena de não exercer adequadamente sua função de controle e reporte na correção do planejamento.

Ela não pode se furtar das suas funções de execução das tarefas regulamentares. Assim, além das funções gerenciais, deve assumir as funções regulatórias, normalmente vinculadas aos aspectos contábeis societários e de legislação fiscal. Além disso, a sua estruturação deve estar ligada aos sistemas de informações necessários à gestão.

Assim, podemos, primariamente, estruturar a Controladoria em duas grandes áreas:

- A área contábil e fiscal: que é responsável pelas informações societárias, fiscais e funções de guarda de ativos, tais como: demonstrativos a serem publicados, controle patrimonial e seguros, gestão de impostos, controle de inventários etc.
- A área de planejamento e controle: que incorpora a questão orçamentária, projeções e simulações, custos, e a contabilidade por responsabilidade. Dentro da Controladoria, é imprescindível um setor que se

responsabilize pelo que denominamos de acompanhamento do negócio. Esse setor é responsável pelos dados estatísticos para análise de mercado, análise ambiental, análise conjuntural e projeção de cenários, elaboração e acompanhamento de projetos, análise de investimentos etc. Utiliza-se pesadamente dos sistemas de informações de apoio às operações e é o setor que possibilita ao *controller* sua efetiva participação no processo de Planejamento Estratégico.

Como complemento da participação no planejamento estratégico, a Controladoria deve estruturar outros dois sistemas de informação para esta etapa do processo de gestão: um sistema que permita antecipar as oportunidades e ameaças do ambiente externo, hoje caracterizado como gerenciamento do risco corporativo (ERM – *enterprise risk management*[6]) e um sistema de acompanhamento, por meio de indicadores, das metas delineadas no planejamento estratégico, consolidado sob o conceito de *Balanced Scorecard*.

A questão tributária, em razão da enorme e crescente complexidade em nosso país, requer hoje muito mais que uma pura contabilidade tributária. Além da apuração dos tributos e o monitoramento das relações com as autoridades tributárias, impõe-se também um modelo de gestão antecipatório, objetivando a otimização da carga tributária, de gestão e planejamento tributário. Assim, alocamos na área contábil e fiscal a apuração tributária, e na área de planejamento e controle, a gestão tributária.

A atividade de relações com investidores, dentro do conceito de governança corporativa, não é uma função específica do *controller*, mesmo que algumas empresas atribuam a ele também essa função. Cabe à Controladoria, outrossim, a estruturação do sistema de informação para o atendimento da atividade de relacionamento com os investidores.

Na estrutura apresentada na Figura 4.5, colocamos a questão do Sistema de Informação Gerencial como responsabilidade direta do *controller*. Objetivando um sistema de informação integrado, a administração do Sistema de Informação Gerencial deve ter o monitoramento permanente do *controller* para alcançar essa integração. Partindo dos dados, em sua maior parte coletados pela área de escrituração da Controladoria, é importante que não exista a duplicação das informações existentes a serem utilizadas pela área de planejamento e controle.

Desenvolveremos o tema do sistema de informação da Controladoria no próximo capítulo.

Controle Interno e Auditoria Interna

A nossa concepção é que o papel da auditoria interna nas empresas está ligado essencialmente ao controle interno – ou seja, cabe ao setor administrativo de auditoria interna, por meio de seus conceitos, sistemas e procedimentos, avaliar permanentemente a aderência das pessoas, setores, departamentos e atividades – e ao perfeito cumprimento das normas, instruções e

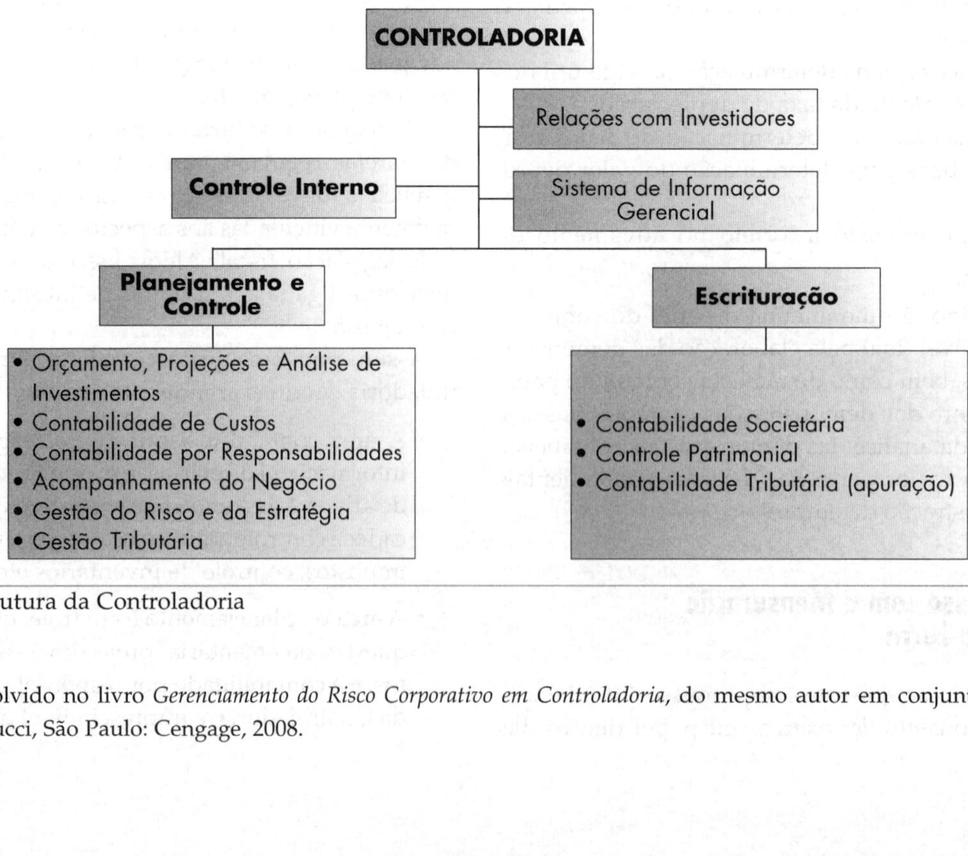

Figura 4.5 Estrutura da Controladoria

[6] Tema desenvolvido no livro *Gerenciamento do Risco Corporativo em Controladoria*, do mesmo autor em conjunto com Ricardo Galinari Bertolucci, São Paulo: Cengage, 2008.

procedimentos constantes do sistema de controle interno da companhia.

Dentro do conceito atual de integração dos sistemas de informações, em que todos os sistemas especialistas são unidos por processos de integração e redes de comunicação, grande parte dos conceitos de controle interno já está incluída dentro dos sistemas de informações operacionais. Os conceitos de automação de escritório – *interoffice, workflow alert, intranet, internet* etc. – têm substituído os antigos conceitos de Organização & Métodos, bem como de grande parte da necessidade de Manuais de Procedimentos.

Dentro de sua função de monitoramento do controle interno, cabe à Controladoria avaliar permanentemente a observância de todas as etapas e procedimentos para os processos embutidos nos sistemas de informações operacionais.

Controle Interno[7]

Para Peleias, controle interno é um conjunto de normas, procedimentos, instrumentos e ações adotados de forma sistemática pelas empresas, que devem estar em constante evolução, assegurando o atingimento dos resultados conforme objetivos preestabelecidos, protegendo o patrimônio e garantindo transparência às operações. Esse conjunto deve garantir a eficiência operacional e permitir a melhoria dos processos empresariais e seus resultados.

Objetivos na implementação do controle interno

- Proteger o patrimônio empresarial.
- Aumentar a exatidão, fidedignidade e tempestividade dos relatórios contábeis e gerenciais e outras informações de natureza operacional.
- Auxiliar a administração na condução eficiente e ordenada dos negócios.
- Promover e avaliar a eficiência operacional de todos os aspectos das atividades empresariais.
- Comunicar diretrizes administrativas e estimular seu cumprimento.

Importância do controle interno

- Gerar relatórios e informações para o controle eficiente das operações e transações que permitam refletir e analisar a complexidade do sistema empresa.
- Procedimentos, critérios e ações que garantam a responsabilidade administrativa pela salvaguarda dos ativos da empresa e pela prevenção contra o mau uso dos recursos.
- Procedimentos, critérios e ações que permitam a melhor proteção que a empresa possa ter contra as falhas humanas intencionais ou não.

Princípios de controle interno

- Deve haver uma clara delegação de autoridade.
- A execução das transações deve ser segregada de seu registro contábil.
- As transações devem ser realizadas mediante autorização.
- As transações devem ser consubstanciadas em documentário hábil, de origem externa ou interna, avalizado segundo os procedimentos e autorizações.
- Nenhum funcionário da organização deve ter todo o ciclo da transação sob seu controle.
- As instruções devem ser escritas e os procedimentos registrados, em papel ou meio computacional.
- Utilizar o máximo possível recursos computacionais, com procedimentos internos integrados e sequenciais.

Parâmetros para Estruturação e Atuação da Auditoria Interna e as Funções de Controladoria

Como concepção básica, a auditoria interna deve ter a menor estrutura possível, pois, em essência, é uma atividade que refaz tarefas e procedimentos. Dentro da empresa, na busca da máxima eficiência e eficácia, nada deveria ter uma atuação em duplicata; portanto, a auditoria deve ser minimizada ao máximo, sob pena de serviços e tarefas serem executados repetitivamente.

Além disso, uma auditoria interna de proporções significativas pode induzir a uma cultura em que sempre alguém estará revendo certas tarefas e, inconscientemente, inibindo responsabilidades e induzindo ineficiências.

Dentro do âmbito da Contabilidade e da Controladoria, sempre se deve pensar que a auditoria interna *é* desnecessária. Não há nada que o auditor interno deva saber a mais que o responsável pela Controladoria e que necessite de uma revisão. A atividade de Controladoria é função do *controller*, e ele não deve imaginar que algo possa ser revisto ou corrigido.

No entanto, como há possibilidades de imperfeições nos procedimentos gerais da empresa e mesmo das diversas pessoas que atuam sob comando hierárquico, admite-se a atividade de auditoria interna, mas dentro do conceito de estrutura mínima possível.

---

[7] Condensado de PELEIAS, Ivam Ricardo. "Falando sobre controle interno". *Temática Contábil e Balanços – IOB – Informações Objetivas*. 1ª semana, nº 9, março de 1999.

Controles Complementares

No Capítulo 7 apresentamos as principais gestões complementares da área de Controladoria relacionadas a impostos e controle patrimonial.

4.4 Estrutura Administrativa

Na Figura 4.1 colocamos as unidades administrativas da Controladoria e da Tesouraria sob um responsável pela área administrativa e financeira, que é a estrutura mais usada e aceita. Como na introdução do tema o objetivo era a questão das responsabilidades pela gestão econômica das empresas, deixamos de mencionar outras áreas administrativas que nelas existem, já que, na sua essência, não são responsáveis pela gestão econômica ou financeira da companhia.

As outras atividades administrativas que existem dentro das empresas e que, normalmente, também estão subordinadas ao responsável geral pela administração da companhia são as seguintes:

- Gestão de Recursos Humanos.
- Gestão da Tecnologia de Informação.
- Gestão de Suprimentos ou Compras.
- Gestão de Logística.
- Administração Geral.

Apenas raramente, algumas dessas áreas podem ser geridas cumulativamente pelo *controller* juntamente com as suas funções essencialmente econômicas. Mesmo as atividades de Tesouraria podem ser de responsabilidade do profissional denominado *controller*. O importante não é exatamente distribuí-las por unidades administrativas específicas, mas sim saber que são funções que existem dentro das empresas e que devem ser executadas por profissionais.

Dependendo do tamanho ou da estrutura da empresa, é possível que seja suficiente que uma só pessoa assuma todas as funções. Dependendo da complexidade ou do tamanho da empresa, talvez seja necessário redistribuir essas funções.

Gestão de Recursos Humanos

É bastante distinta da atividade de Controladoria. Às vezes, em uma empresa de menor porte, pode também ser desenvolvida por esse profissional. É óbvio que a gestão dos recursos humanos de cada área é de exclusiva responsabilidade do gestor responsável pela área.

Mas o plano geral dos recursos humanos, os conceitos da empresa sobre esses recursos, decorrente de suas culturas e valores, deve ser monitorado de forma centralizada, sob pena de se criarem privilégios dentro das empresas. Além disso, as características específicas desta atividade exigem que sejam desenvolvidas por especialistas nas áreas.

Atualmente, com o conceito de Capital Intelectual, haverá uma integração ainda maior com a Controladoria, já que a inteligência da empresa, contida nos seus recursos humanos, é hoje considerada o maior dos ativos empresariais.

No Capítulo 22 apresentamos uma proposta de modelo de mensuração econômica para avaliação do desempenho dos recursos humanos.

Gestão da Tecnologia de Informação

O conceito de tecnologia de informação está se sobrepondo hoje aos conceitos anteriores ligados à informática (Departamentos de Processamento de Dados, de Sistemas e de Informática).

Os sistemas de informação são apenas uma parte de um conjunto maior de ferramentas tecnológicas, que é a tecnologia de informação. A associação de sistemas de informações com as novas tecnologias de transmissão de dados e novos conceitos de comunicação (telecomunicações, satélites, internet etc.) gerou a necessidade de um executivo responsável pela gestão dessa atividade, que chega a ser uma das mais relevantes dentro de algumas empresas.

Muitas vezes, o *controller* também é o responsável pela gestão da Tecnologia de Informação da empresa. Novamente, insistimos que essa função tem características próprias e nada impede de ela ser gerida pelo *controller* dentro de empresas de menor porte e menos complexidade; porém, não é necessariamente uma função dele. Sob sua responsabilidade específica está o Sistema de Informação de Controladoria.

Gestão de Suprimentos ou Compras

É comum que a atividade de compras esteja subordinada ao responsável geral pela área de produção. Algumas empresas, com uma participação de materiais comprados de muita relevância no produto final, têm posicionado esta área no mesmo nível das áreas de produção, comercialização e finanças, considerando-a estratégica.

Em outras empresas, esta atividade, juntamente com a área de estoques de materiais, fica subordinada ao responsável pela administração. É possível que esta função seja desempenhada pelo *controller* em empreendimentos de menor porte e complexidade. Nesses casos, é comum que a administração da área de compras fique com um especialista, e a administração geral dos estoques, com a Controladoria.

Gestão de Logística

A logística desenvolveu-se a partir do transporte e manuseio de materiais e produtos. Entretanto, com as possibilidades de informação e comunicação abertas pela tecnologia e a necessidade constante de reduções de custos, a atividade inicial de transporte e manuseio, principalmente em empreendimentos de grande complexidade, desenvolveu-se extraordinariamente, chegando ao que hoje é conceituado como logística.

O conceito de logística baseia-se na procura dos melhores processos de transporte, manuseio e distribuição e no encadeamento lógico desses processos, objetivando a otimização de seus custos. A logística hoje integra diversas áreas e responde por todo o conjunto de procedimentos, atividades e processos de:

- transporte de matérias-primas e componentes;
- transporte interno de materiais e produtos;
- distribuição dos produtos finais;
- integração da cadeia de suprimentos;
- integração da cadeia de distribuição;
- integração das cadeias de suprimentos, transporte interno e distribuição;
- escolha dos meios e processos adequados às integrações;
- monitoramento informático dos processos de transporte e manuseio de entradas e saídas de materiais e produtos.

Portanto, a logística hoje pode ser entendida como uma função independente, que busca a otimização dos custos de transporte, manuseio e distribuição e que permeia as atividades de compras, estocagem, produção, comercialização, marketing e finanças, usando pesadamente a Tecnologia de Informação.

Administração Geral

Uma das figuras mais significativas no passado era a do administrador-geral. Sua função era coordenar e implementar sistemas, normas e procedimentos para utilização em toda a empresa, normalmente por intermédio das atividades de O&M – Organização e Métodos.

A Tecnologia de Informação e os novos sistemas integrados de informações têm internado dentro dos sistemas a maior parte dos procedimentos e métodos que devem ser adotados e utilizados para atender os principais ciclos administrativos, que são:

- **Compra ao pagamento** (*purchase to pay*): Compreende as cotações, pedidos de compras, recebimento físico, recebimento fiscal, qualidade no recebimento, estocagem, custo médio de estoque, contabilização das entradas, contas a pagar e pagamento.
- **Pedido ao recebimento** (*order to cash*): Compreende o pedido do cliente, configurador de pedido, apropriação do pedido às ordens de produção ou estoque de produtos acabados, expedição, emissão de nota fiscal, escrita fiscal de saídas, faturamento, contabilização das saídas, contas a receber e recebimento.
- **Produção à venda** (*make to demand*): Compreende estrutura de produto, roteiros de fabricação, programa mestre de produção, planejamento da capacidade, planejamento e controle de produção, MRP, emissão de ordens de produção, estoque de produtos em processo, chão de fábrica, fechamento das ordens de produção e estoque de produtos acabados.
- **Recursos humanos**: Compreende desde o recrutamento e seleção de pessoal, treinamento e desenvolvimento, gestão dos recursos humanos, benefícios e folha de pagamento.

Além desses grandes ciclos, existem outros menores, como: contabilização, serviços pós-venda, qualidade, controle patrimonial etc.

Desta maneira, as funções de administração geral, no formato tradicional, foram reduzidas significativamente. Ainda restam atividades administrativas de coordenação e organização, tais como: segurança patrimonial, gestão de tráfego empresarial e coordenação de atividades eventuais, como eventos, projetos etc. Essas atividades poderiam tanto ser desenvolvidas por um especialista subordinado à Controladoria, como pelo próprio *controller*, dependendo da magnitude dentro da empresa.

4.5 Fundamentos para Implementação de uma Controladoria

Os conceitos e a estrutura apresentados neste capítulo são os elementos básicos e suficientes para a implementação de uma Controladoria eficaz. Mas podemos apresentar o tema de implementação de uma Controladoria partindo do pressuposto de que esse setor não esteja totalmente organizado na empresa, ao mesmo tempo que sugerimos uma metodologia mínima do processo de implementação.

Diagnóstico sobre a Empresa

A primeira etapa consiste em uma análise de toda a empresa, tendo como referência sua organização e os sistemas de informação existentes, para que o *controller* possa fazer um diagnóstico das necessidades de informações para os modelos decisórios, de forma que estruture seus sistemas de informações de apoio à gestão. Os seguintes elementos mínimos devem ser analisados, identificados e classificados.

Estrutura organizacional

Analisar e entender a estrutura hierárquica da empresa, classificando basicamente as áreas de produção, administração e comercialização, verificando eventual necessidade de alteração da sua representatividade nos sistemas de acumulação de informações contábeis e gerenciais.

Unidades de negócios e/ou processos operacionais

Identificar as unidades de negócios existentes já definidas. Identificar e classificar os principais processos operacionais de cada unidade de negócio. Este tópico é muito importante, pois consiste em entender as operações da empresa e os macroprocessos geradores de resultados, que vão fundamentar a Contabilidade por atividades e unidades de negócio.

Dependendo da organização, ela está dividida em unidades de negócios, dentro das quais existem os processos operacionais, que, por sua vez, podem ser caracterizados como subunidades de negócios e, consequentemente, ter responsáveis e necessidade de apuração de resultados. Outras empresas são organizadas em plantas, assim, consolidando o resultado de todas essas plantas, teremos o conceito de unidades de negócios.

Produtos e serviços; linhas de produtos

Identificar os produtos e serviços e – provavelmente será necessário – classificá-los em linhas de produtos. Este tópico é muito importante, pois, apesar de parecer óbvio, não é fácil identificar e classificar produtos e serviços, objetivando sua codificação e inserção no Sistema de Informação Contábil.

Vejamos, por exemplo, uma usina de açúcar e álcool. Aparentemente, teríamos apenas dois produtos: açúcar e álcool. Mas podemos ter álcool de várias graduações, álcool vendido a granel ou em diversos tipos de embalagens etc. Podemos ter o mesmo com o açúcar: a granel, granulado, bruto, refinado, em sacarias, para exportação, em pacotes etc. Além disso, a empresa pode ter outros produtos e serviços, como: venda de bagaço, aproveitamento de borras, venda de cana *in natura*, outros produtos agrícolas plantados para descanso da terra etc.

Desta maneira, o processo de identificação e classificação do produto é sumamente importante, pois, dentro do sistema de informação, será elemento fundamental para análise de rentabilidade por produto, dentro das unidades de negócio.

Eventos econômicos

O passo seguinte é identificar e caracterizar os principais eventos econômicos da empresa. Cada uma delas tem um modo de caracterizar seus eventos econômicos, que são adequados às necessidades de informações dos gestores. Essa necessidade impõe-se para que os lançamentos contábeis das transações dos eventos aconteçam conforme as diversas necessidades gerenciais.

Para determinada empresa, por exemplo, o evento venda tem uma série de características que devem ser realçadas nos sistemas de informações. Uma venda para uma concessionária de veículos exige, provavelmente, uma caracterização muita ampla no lançamento, enquanto a venda de produtos de massa, como alimentação rápida, não necessita de muitos elementos caracterizadores.

Tecnologia e sistemas de informação

Avaliar a tecnologia de informação empregada e os sistemas de informações e comunicações existentes. Isto inclui a compreensão da qualidade de integração dos processos dentro da arquitetura do sistema de informação geral da empresa. A Tecnologia de Informação é um elemento condutor de estratégias de Controladoria, uma vez que por intemédio dela poderão ser identificados os métodos, relatórios e práticas gerenciais existentes.

Áreas a Serem Atendidas

O sistema de informação de Controladoria deverá ser estruturado para atender, basicamente:

- **a empresa**: informações para o gerenciamento global e consolidado da organização;
- **as divisões ou unidades de negócios**: informações para o gerenciamento do resultado setorial e avaliação de desempenho dos gestores divisionais;
- **os departamentos**: informações para o gerenciamento de cada responsável por custos e/ou receitas controláveis, bem como para conduzir o processo orçamentário;
- **os produtos e serviços**: informações para o custeio, gestão de preços e análise de rentabilidade dos produtos e linhas de produtos e serviços;
- **as atividades**: informações para o gerenciamento das atividades principais das divisões ou unidades de negócios, seja em termos de custos, seja em termos de resultado;
- **as transações**: informações para o processo de execução das transações e auxílio aos gestores operacionais responsáveis pelos principais eventos econômicos da empresa.

Estruturação do Sistema Contábil Tradicional

Feitos o diagnóstico da empresa, sua estrutura organizacional, unidades de negócios, produtos e serviços e tendo em mente as diversas áreas que o Sistema de Informação de Controladoria deve atender, o próximo passo é estruturar o sistema contábil tradicional, matriz de todos os demais Sistemas de Informação de Controladoria.

Relatórios básicos

O foco em gestão econômica naturalmente implica a avaliação da empresa e que suas partes estejam fundamentadas nos principais relatórios contábeis, que são: o Balanço Patrimonial, a Demonstração de Resultados, o Fluxo de Caixa e Origens e Aplicações de Recursos. Assim, toda a estruturação do sistema deve ser canalizada para que esses relatórios apresentem o resultado geral e consolidado da empresa.

Plano de contas fiscal e gerencial

Para que os relatórios básicos tenham sua aplicação estendida aos demais subsistemas de Controladoria, é mister que o plano de contas, além de atender as necessidades fiscais e legais, atenda, em primeira mão, as necessidades gerenciais. Em outras palavras, a estruturação deste plano deve privilegiar a parte gerencial, acoplando as necessidades legais. O outro fundamento é que deve atender às estruturas, atividades e produtos da empresa.

Conta contábil fiscal e gerencial

A construção do banco de dados de informações, por meio do plano de contas, se dá pela estruturação da conta contábil, que deve ser integrada à organização, às atividades e aos produtos da empresa. Desta maneira, a estrutura da conta deve privilegiar a parte gerencial, acoplando a parte legal, uma vez que os lançamentos deverão conter todas as informações para os modelos decisórios dos gestores dos diversos eventos econômicos da empresa.

Flexibilidade

O fundamento de atender a condição de estrutura fiscal e gerencial ao mesmo tempo centra-se na necessidade de que a estrutura básica de informações contábeis seja flexível, íntegra e precisa, providenciando, além da agilidade, a não-redundância de dados.

Análise e orçamento

É necessário que o sistema faça uma análise periódica. Uma outra característica é que as contas contábeis devem ser totalmente integradas e acopladas ao sistema orçamentário.

Estruturação do Sistema Contábil Gerencial

Uma adequada estruturação do sistema contábil tradicional permitirá facilidades e leveza dos sistemas gerenciais. Assim, a próxima etapa é estruturar os demais subsistemas contábeis gerenciais, que são:

- Sistema de Custos, Inflação da Empresa, Preços de Venda.
- Contabilidade por Responsabilidade e Unidades de Negócio.
- Orçamentos e Projeções.
- Informações para a Estratégia.
- Gestão Tributária.

Questões e Exercícios

1 Alguns estudiosos entendem que a Controladoria é uma posição de *staff* na empresa e outros defendem a sua atuação como área operacional. Tendo como referência este capítulo, faça sua análise e apresente argumentos que justifiquem sua posição sobre o assunto.

2 Discorra sobre as funções que existem e são necessárias dentro das empresas e a possibilidade do exercício dessas funções por uma ou mais pessoas ou diferentes pessoas.

3 Alguns estudiosos entendem que o setor de Controladoria deve situar-se hierarquicamente acima de todas as outras funções operacionais. Apresente argumentos a favor e contra essa colocação. Faça sua opção.

4 Dê alguns exemplos de como a Controladoria pode apoiar os gestores operacionais no processo de condução de suas atividades.

Capítulo 5

Sistema de Informação de Controladoria[1]

5.1 Sistema de Informação

Podemos defini-lo como um conjunto de recursos humanos, materiais, tecnológicos e financeiros agregados segundo uma sequência lógica para o processamento dos dados e tradução em informações, para com o seu produto, permitir às organizações o cumprimento de seus objetivos principais.

Os sistemas de informação classificam-se em: Sistemas de Informações de Apoio às Operações e Sistemas de Informação de Apoio à Gestão.

Sistemas de Informações de Apoio às Operações

São aqueles que nascem da necessidade de planejamento e controle das diversas áreas operacionais da empresa, estão ligados ao sistema físico-operacional e surgem da necessidade de desenvolver as operações fundamentais da firma. Podemos dizer até que são criados automaticamente pelas necessidades de administração operacional. Como exemplo, citamos: os sistemas de informações de controle de estoque, de banco de dados de estrutura de produtos, de processo de produção, de planejamento e controle da produção, de compras, controle patrimonial, controle de recursos humanos, carteira de pedidos, planejamento das vendas, acompanhamento de negócios etc.

Os Sistemas de Apoio às Operações têm como objetivo auxiliar os departamentos e atividades a executar suas funções operacionais (compras, estocagem, produção, vendas, faturamento, recebimentos, pagamentos, qualidade, manutenção, planejamento e controle de produção etc.).

Sistemas de Apoio à Gestão

Classificamos como tal aqueles sistemas ligados à vida econômico-financeira da empresa e às necessidades de avaliação de desempenho dos administradores internos. Eles são utilizados principalmente pelas áreas administrativa e financeira da empresa e pela alta administração da companhia, com o intuito de planejamento e controle financeiro e avaliação de desempenho dos negócios. São exemplos: o sistema de informação contábil, o sistema de custos, de orçamento, de planejamento de caixa, planejamento de resultados, centros de lucros etc.

Os sistemas de apoio à gestão preocupam-se basicamente com as informações necessárias para a gestão econômico-financeira da empresa, tendo como base as informações de processo e quantitativas geradas pelos sistemas operacionais. O Sistema de Informação Contábil é de apoio à gestão, juntamente com os demais sistemas de Controladoria e Finanças.

É importante salientar, contudo, que os dois grandes grupos de sistemas de informações devem agir em conjunto. Assim, podemos dizer, de forma genérica, que os sistemas de apoio à gestão são a expressão econômico-financeira dos sistemas de apoio às operações.

Integração entre os Sistemas de Apoio às Operações e os Sistemas de Apoio à Gestão

Para que o sistema global de informações empresariais funcione adequadamente a um custo aceitável, é necessária a perfeita integração desses dois grandes grupos de sistemas. Deste modo, a mensuração econômica dos eventos gerados e controlados pelos Sistemas de Apoio às Operações deve ser feita com base neles mesmos. Exemplificando, o método de mensuração de um sistema de custos deve estar totalmente fundamentado nos sistemas de estrutura do produto e do processo de fabricação. Isso significa uma perfeita interação entre os sistemas operacionais e os Sistemas de Apoio à Gestão.

Sistemas de Informação de Apoio à Decisão

Como refinamento dos sistemas de apoio à gestão, existem sistemas específicos desenhados para um auxílio direto à questão das decisões gerenciais. São denominados normalmente de DSS – *Decision Suport Systems* (Sistemas de Suporte à Decisão), EIS – *Executive Information Systems* (Sistemas de Informações Executivas) e BI – *Business Intelligence* (Inteligência nos Negócios). Eles se utilizam da base de dados dos sistemas

[1] Para maior detalhamento, consultar do mesmo autor *Sistemas de Informações Contábeis.* 5ª ed., São Paulo: Atlas, 2007.

operacionais e dos Sistemas de Apoio à Gestão e têm como foco flexibilizar informações não estruturadas para tomada de decisão.

Podemos definir sistemas de suporte à decisão como sistemas em extensão dos modelos de Contabilidade Gerencial para manuseio de problemas de planejamento semiestruturados e estratégicos, tais como: adicionar ou abandonar linhas de produtos, decisões de fazer ou comprar, de alugar ou comprar, de canais de distribuição etc. É possível fazermos a seguinte representação da integração sistêmica entre os três tipos de sistemas de informação.

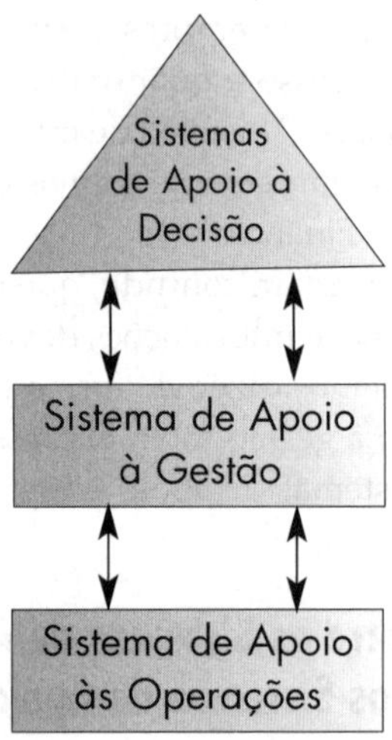

Figura 5.1 Estrutura e integração dos sistemas de informações

Os Sistemas de Informações de Apoio à Gestão necessitam constantemente de informações qualitativas e quantitativas que são capturadas nos Sistemas de Apoio às Operações, como, por exemplo: número de funcionários e de horas trabalhadas, quantidades produzidas, estocadas, vendidas, de pedidos, de desenhos, de refugos, de reclamações etc. Essas informações são alocadas nos Sistemas de Apoio à Gestão e analisadas com o impacto econômico-financeiro que elas apresentam.

Além disso, informações semiestruturadas e não estruturadas – tais como: tamanho de mercado, concorrentes, previsão de crescimento do PIB, população, importações etc. – são colocadas nos Sistemas de Apoio à Decisão, que, mais as informações capturadas dos Sistemas de Apoio à Gestão, permitem aos executivos e à alta administração da companhia efetuar estudos e simulações que permitam orientá-los no processo de tomadas de decisões de maneira mais flexível.

5.2 Sistemas Integrados de Gestão Empresarial (Sige)

O atual ambiente tecnológico tem apresentado como solução para a maior parte dos sistemas de informações necessários para as empresas o conceito de Sistema Integrado de Gestão Empresarial (Sige). São assim denominados os sistemas de informações gerenciais, que têm como objetivo fundamental a integração, consolidação e aglutinação de **todas** as informações necessárias para a gestão do sistema empresa. Os Sistemas Integrados de Gestão Empresarial também têm sido denominados de *ERP – Enterprise Resources Planning* (Planejamento de Recursos Empresariais).

Esses sistemas unem e integram todos os subsistemas componentes dos sistemas operacionais e dos Sistemas de Apoio à Gestão, por meio de recursos da tecnologia de informação, de forma tal que todos os processos de negócios da empresa possam ser visualizados em termos de um fluxo dinâmico de informações que perpassam todos os departamentos e funções. Com isso, permitem uma visão horizontal e de processo em oposição à visão tradicional verticalizada da hierarquia funcional das empresas. O Sistema de Informação Contábil deverá estar completamente integrado ao Sistema de Gestão Empresarial.

Fatores que Conduzem ao Sige

Podemos citar três principais fatores que levam as empresas a implantar um Sige:

- Movimento de integração mundial das empresas transnacionais, exigindo tratamento único e em tempo real das informações.
- A tendência de substituição de estruturas funcionais por estruturas ancoradas em processos.
- A integração, viabilizada por avanços na tecnologia de informação, dos vários sistemas de informação em um sistema único.

Integração Interfuncional: Os Processos de Negócios

A possibilidade de uma completa integração entre os subsistemas de informação, sejam eles operacionais ou de apoio à gestão, faz com que os Sistemas Integrados de Gestão Empresarial permitam o que se denomina de **integração interfuncional**, focalizando os processos de negócios.

A base da integração interfuncional é o que denominamos de **visão de fluxo**. Todos os subsistemas que têm necessidade de se comunicar com outros subsistemas devem fazê-lo de forma total, independentemente de quais áreas, setores ou departamentos sejam responsáveis por determinadas informações ou mesmo subsistemas.

Com isso, o que prevalece é a visão funcional e dos processos de negócios, em vez de setores, departamentos ou divisões. Em outras palavras, a base do Sige é a integração horizontal, que se sobrepõe à hierarquia da empresa, ou seja, a disposição vertical.

A Figura 5.2 traz uma apresentação gráfica exemplificativa da integração funcional.

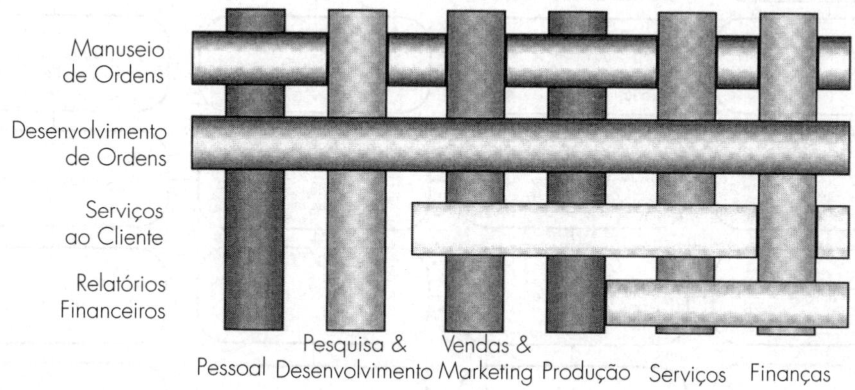

Figura 5.2 Processos de negócios

Abrangência do Sige

Como introduzimos neste capítulo, a proposta do Sige é a construção de um sistema de informação que atenda a empresa como um todo dentro de um conceito de integração total. Obviamente, nem tudo será possível, pois existem especificidades em uma empresa que necessitarão de sistemas de informação complementares. Porém, na apreciação geral, um Sige só pode ser concebido nessa visão de abrangência total. Assim, todos os subsistemas de informação necessários para a gestão do sistema empresa deverão ser cobertos pelo Sige, que integrarão todas as áreas e necessidades informacionais da produção, comercialização e administração.

Novamente, ressalte-se que, como proposta do Sige, todos os subsistemas deverão ser integrados e, portanto, estarão interligados computacionalmente, por meio do conceito de banco de dados e outros conceitos computacionais que permitam a navegabilidade dos dados e a sua reestruturação em termos de informação útil por meio dos Sistemas de Apoio à Decisão.

O Sige é segmentado em diversos subsistemas especialistas para cobrir todos os setores e necessidades informacionais da empresa. Todavia, dependendo da visão e da arquitetura do sistema, alguns subsistemas poderão estar aglutinados e outros estarão divididos.

Apresentamos a seguir um quadro orientativo, buscando evidenciar os principais sistemas que devem compor um Sige. Basicamente, a proposta do Sige parte da necessidade de acompanhar todas as operações e procedimentos que são necessários para a operação e gestão do sistema empresa.

5.3 A Contabilidade dentro do Sige

A Ciência Contábil se traduz naturalmente dentro de um sistema de informação. Poderá ser arguido que fazer um sistema de informação contábil com a Ciência da Contabilidade é um vício de linguagem, já que a própria Contabilidade nasceu sob a arquitetura de sistema informacional. O papel da Contabilidade e, por extensão, do Sistema de Informação Contábil dentro de um Sistema Integrado de Gestão Empresarial (Sige) é reforçado pelas próprias características da Ciência Contábil e da função do setor contábil.

Tendo em vista que, para a empresa cumprir sua missão, é preciso a sua continuidade e, para tal, a realização de lucros que satisfaçam plenamente todos os envolvidos com o sistema empresa (acionistas, credores, diretores, funcionários, governo etc.); a parametrização do Sige deve ser feita com base nas necessidades informacionais dos gestores sobre os eventos econômicos realizados pelas diversas áreas e atividades empresariais, considerando as características do negócio e da organização.

Em outras palavras, todas as ações da empresa, dentro das áreas de produção, comercialização e finanças, devem conduzir a resultados econômicos positivos (lucros). Sendo a Ciência Contábil a única especializada em avaliar economicamente a empresa e seus resultados, todas as ações terminam por convergir para o Sistema de Informação Contábil, que é, essencialmente, um sistema de avaliação de gestão econômica.

Analisando o fluxo de informações dentro da empresa, verifica-se que, em linhas gerais e de alguma forma e em

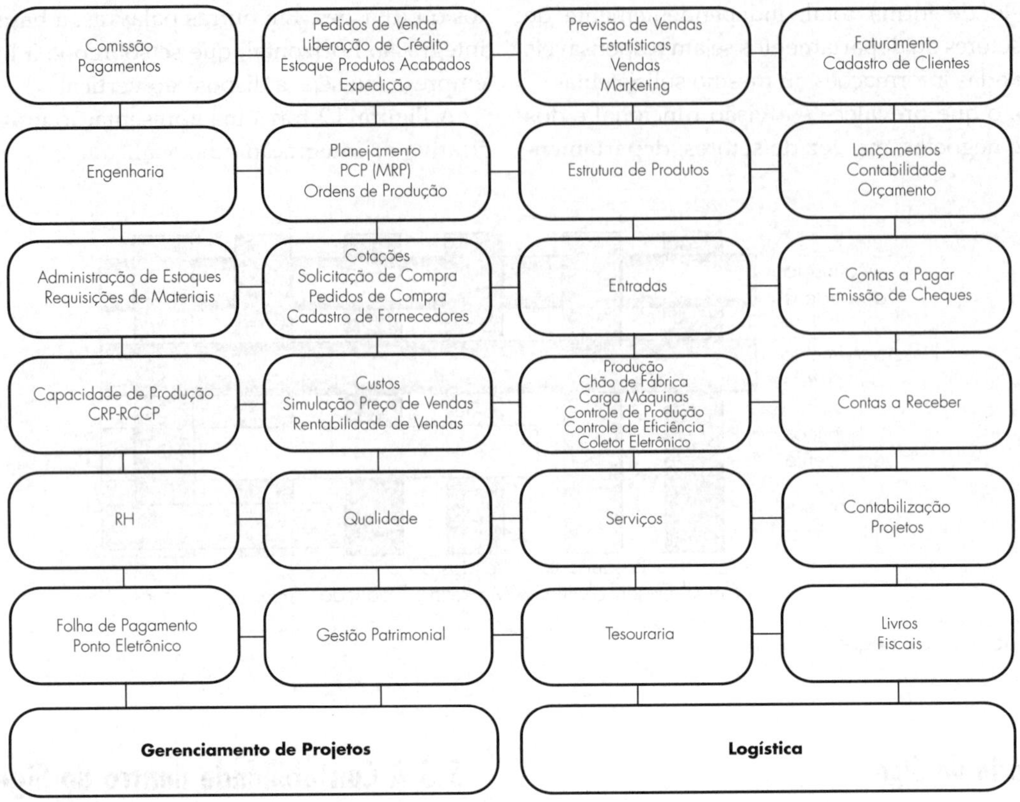

Fonte: Folheto Oracle
Folheto Microsiga

Figura 5.3 Abrangência e subsistemas de um Sige

algum momento, todas as informações existentes ou geradas na empresa terminam por convergir para a Contabilidade, para o processo de mensuração dos eventos econômicos a que elas pertencem. A Contabilidade, por meio da sua metodologia de registro – o lançamento –, mensura os eventos econômicos, classifica-os e incorpora-os ao seu sistema de informação, fazendo seu papel de controle e avaliação econômica do sistema empresa.

Modelação das Informações dos Sistemas Operacionais e a Contabilidade

A parametrização das informações para os setores, áreas e sistemas operacionais ou de apoio à gestão deve ser feita dentro de modelos que incluam a totalidade das necessidades informacionais contábeis. Tanto em nível de sintetização como de detalhamento de informações, de identificação, classificação e acumulação, elas devem respeitar tais necessidades, por serem elas a última instância do processo operacional e de gestão.

5.4 Sistema de Informação de Controladoria

O Sistema de Informação Contábil ou o Sistema de Informação de Controladoria é o meio que o contador-geral, contador gerencial ou o *controller* utilizarão para efetivar a Contabilidade e a informação contábil dentro da organização, para que a Contabilidade seja utilizada em toda a sua plenitude.

Para tanto, há necessidade de aplicar ao sistema de informação contábil o enfoque sistêmico, pois, além de ser um sistema de informação, a Contabilidade, como um sistema aberto, está inserida dentro do ambiente do sistema empresa.

Objetivos do Sistema de Informação Contábil ou de Controladoria

Podemos resumi-los apresentando a definição oficial dos órgãos de classe que sumaria adequadamente o tema:

> "A Contabilidade é, objetivamente, um Sistema de Informação e Avaliação destinado a prover seus usuários com demonstrações e análises de natureza econômica, financeira, física e de produtividade, com relação à entidade objeto de contabilização. Os objetivos da Contabilidade, pois, devem ser aderentes, de alguma forma explícita ou implícita, àquilo que

o usuário considera como elementos importantes para seu processo decisório." CVM-Ibracon-Ipecafi

5.5 As Informações no Sistema de Informação Contábil

Este tópico presta-se para resolver as seguintes questões fundamentais na estruturação de um sistema de informação contábil gerencial:

- Quais as informações que devem estar no Sistema de Informação Contábil?
- Como o gestor sabe ou deve proceder para definir quais informações irão ser incorporadas no sistema?

A definição de quais informações devem constar do Sistema de Informação Contábil parte das necessidades informacionais da alta administração da empresa, que são, em última instância, os responsáveis pelo sistema empresa. Isso será feito por meio de um processo interativo de definição de objetivos pela administração, bem como da influência do gestor do sistema, que é o especialista e o conhecedor da Ciência Contábil.

5.6 Modelo Conceitual de Estruturação do Sistema de Informação Contábil no Sige[2]

O modelo conceitual para estruturar um Sistema de Informação Contábil no Sige deve seguir o enfoque sistêmico, ou seja, partindo da análise do ambiente externo até a definição das necessidades informacionais para que as saídas do sistema sejam coerentes com os objetivos do sistema contábil. A ênfase para a estruturação do sistema contábil deve ser o enfoque gerencial. Além disso, deve buscar a otimização da utilização das demais informações já existentes nos demais sistemas de informação operacionais, tornando-se imperiosa a total integração com os demais módulos do Sige. A Figura 5.4 mostra o fluxo seguido para a estruturação adequada do Sistema de Informação Contábil e a correlata adaptação dos demais módulos do Sige.

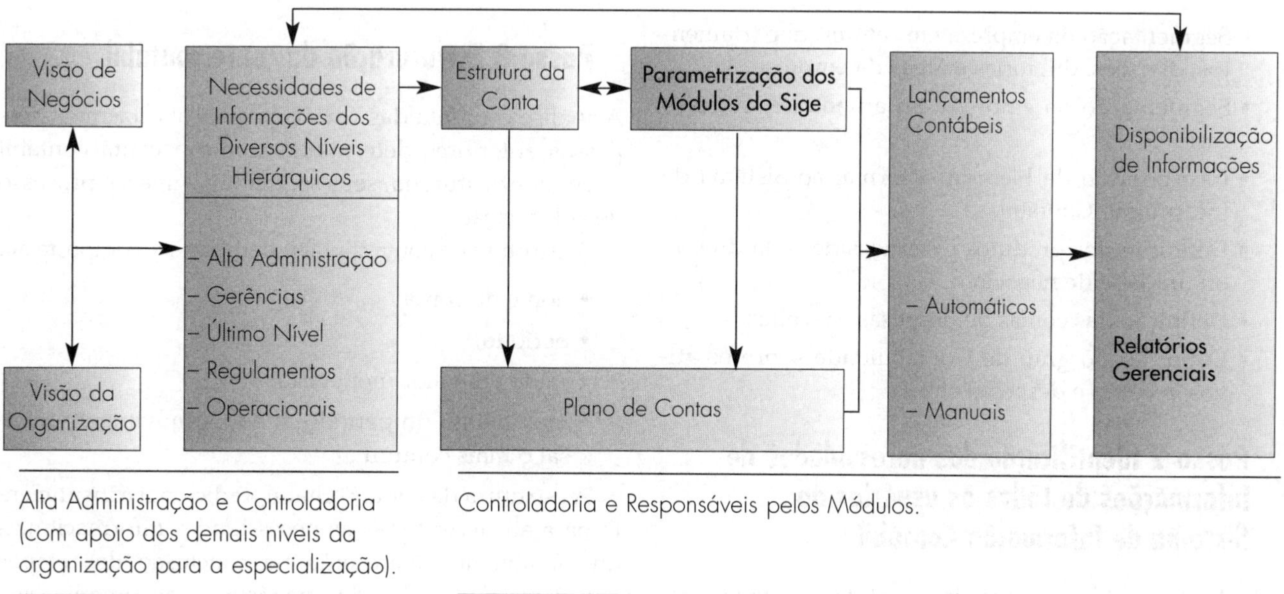

Figura 5.4 Método conceitual de estruturação do sistema de informação contábil no Sige

[2] Adaptado de PANTAROTO, José Carlos. "Modelo conceitual e processo de estruturação do sistema de informação contábil no sistema integrado de gestão empresarial". São Paulo, Dissertação de Mestrado em Administração, Centro Universitário Nove de Julho, outubro de 2002.

Passo 1 Estudo da empresa, obtendo-se a visão dos negócios e da organização

Esta etapa qualifica-se como estratégica, uma vez que aborda e apreende todos os conhecimentos necessários da organização, que determinarão a maneira como ela deverá ser suportada pelo Sistema de Informação Contábil Gerencial. Nesta etapa, emergem os seguintes aspectos principais, a serem captados pelo responsável pela modelação do Sistema de Informação Contábil:

Visão dos negócios

O conhecimento profundo dos negócios é necessário para definição dos seguintes elementos a serem incorporados no Sistema de Informação Contábil:

- Produtos, linhas de produtos e subprodutos das diversas unidades de negócios.
- Materiais e principais insumos dos produtos e unidades de negócio.
- Processos básicos de produção e comercialização utilizados para os produtos nas unidades de negócio etc.

Visão da organização

O conhecimento da estrutura e funcionamento da organização é o caminho para a definição dos seguintes elementos a serem incorporados ao Sistema de Informação Contábil:

- Segmentação da empresa em setores, departamentos, divisões, diretorias e áreas da empresa.
- Segmentação da empresa em atividades, se for o caso.
- Incorporação da hierarquia formal ao Sistema de Informação Contábil.
- Definição dos produtos e serviços de cada divisão ou unidade de negócio.
- Definição das contas de despesas e receitas.
- Definição do grau de Contabilidade sobre os ativos, receitas e despesas etc.

Passo 2 Identificação das necessidades de informações de todos os usuários do Sistema de Informação Contábil

Obedecendo a todas as premissas obtidas na etapa anterior, este passo caracteriza-se por detectar todas as informações necessárias e desejáveis que o Sistema de Informação Contábil deverá modelar e disponibilizar. A responsabilidade por essas duas primeiras etapas é primariamente da alta administração e do setor de Controladoria, com o apoio dos demais responsáveis dos outros níveis da organização.

Esse profissional deve, mediante contato com a alta administração, identificar quais informações a empresa necessita do Sistema de Informação Contábil. A alta administração é que vai informar ao contador o grau de detalhamento da informação, a quantidade de departamentos ou centros de custo ou atividades, os tipos e formas de relatórios a serem extraídos do sistema contábil, as formas de agrupamento de informações (centros de lucro e de custo, ordem de execução, produtos etc.), os tipos de moeda, os prazos das informações etc.

Isso deverá ser feito mediante um processo interativo de definição de objetivos pela administração, bem como da influência do contador, que é o especialista e o conhecedor da Ciência Contábil. Depois de definidas essas informações, o contador deverá procurar o próximo nível gerencial, agindo de maneira idêntica: definir objetivos e necessidades informacionais dos gestores intermediários, auxiliar no processo de decisão de quais informações devem constar e ser liberadas pelo Sistema de Informação Contábil.

O contador repetirá esse processo até o menor nível decisório da empresa, desde que se observem as decisões das hierarquias maiores. Enfim, ele não pode deixar de observar as necessidades externas (bancos, acionistas, governo, legislação, auditorias etc.), assim como os recursos necessários (hardware, comunicações, equipamentos de telefonia, redes, aplicativos específicos etc.) para operacionalização dos subsistemas contábeis (custos, gestão patrimonial, orçamento, escrituração etc.).

Passo 3 Estruturação da conta contábil

A análise conjunta das variáveis que conduzem os dois passos anteriores determinará como a conta contábil deve ser estruturada, seus segmentos, níveis e processo de aglutinação.

A estrutura da conta contábil tradicional é composta de:

- nome da conta;
- período;
- saldo em valor monetário;
- movimento do período, sendo o movimento mensal o mais comum.

A estrutura da conta contábil tradicional é insuficiente para absorver todas as necessidades informacionais que fatalmente aparecerão na conclusão das etapas anteriores de análise dos negócios e da organização. Desta maneira, torna-se necessário um conceito de estrutura de conta mais abrangente e de maior escopo, denominado de **conta gerencial** ou **ampliada**.

Após o levantamento das necessidades de informações junto à alta administração até o menor nível decisorial da empresa e dos usuários externos, o contador inicia a estruturação da conta contábil, cuja estrutura é constituída de segmentos, cada um dos quais poderá receber de outros módulos do sistema empresa uma ou mais modalidades de informações por meio dos registros contábeis. Mediante tecnologia da informação, o conceito de estrutura de conta contábil tem sido ampliado, permitindo que os softwares de Contabilidade absorvam o conceito de lançamento contábil ampliado.

Podemos criar quantos segmentos da conta forem necessários, visando, ao máximo, a capacidade de armazenamento dos dados contábeis para fins legais e, ao mesmo tempo, gerenciais. Essa estrutura receberá todos os lançamentos contábeis da empresa e os armazenará em bancos de dados que servirão para consulta e emissão de relatório. Não existe um número-limite de segmentos, nem um número fixo de posições nesses segmentos, mas são criados quantos forem necessários. Na Figura 5.5 reproduziremos um exemplo da estrutura da conta contábil ampliada:

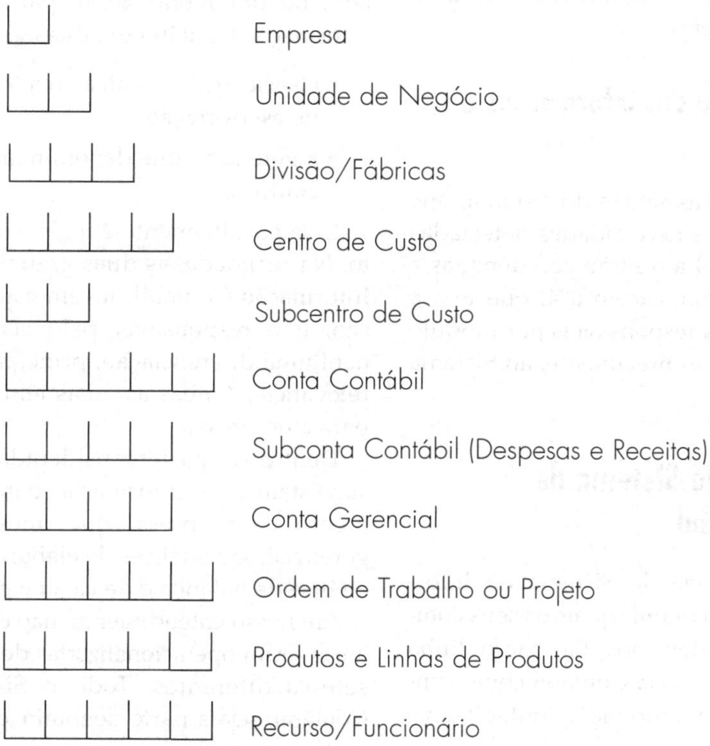

Figura 5.5 Estrutura da conta contábil ampliada

Conforme visto na Figura 5.5, a estrutura da conta contábil é formada pela união de vários segmentos e cada um deles tem uma determinada função.

Passo 4 Parametrização dos demais módulos do Sige

Nesta etapa, o contador deverá verificar se cada módulo do Sige está preparado para fornecer as informações necessárias para o Sistema de Informação Contábil, bem como para fazer a adequação de cada módulo à estrutura da conta contábil. Com base nas necessidades informacionais dos gestores sobre as atividades da empresa, deve ser feita a parametrização dos módulos do Sige no que concerne às necessidades contábeis, de tal forma que permita o adequado processo de integração, bem como o processo de extração e transferência de dados para o Sistema de Informação Contábil.

O impacto contábil de cada transação processada em cada módulo do Sige deverá ser parametrizado dentro de cada um destes módulos, segundo orientação da Contabilidade, que, por sua vez, seguirá as orientações definidas nas etapas anteriores.

Passo 5 Plano de contas e operacionalização dos lançamentos

Com os dados dos passos 3 e 4 estruturam-se os planos de contas e complementares e define-se como os lançamentos serão executados. O princípio para a elaboração dos planos de contas é o mesmo do lançamento, ou seja, deve ser uma informação que leve à ação. O plano de contas é considerado uma ferramenta básica e indispensável ao atendimento e implementação de um eficiente sistema de informações para a elaboração de relatórios gerenciais.

Os planos de contas contábeis deverão ser construídos tendo em vista os relatórios futuros que dele se originarão e a necessidade da integração de todo o Sistema de Informação Contábil por meio da navegabilidade dos dados. Esses planos normalmente procuram atender as necessidades legais. Contudo, as necessidades gerenciais sobrepõem-se às necessidades legais; e, para isso, deverá ser feita uma estruturação que atenda todas as necessidades detectadas nos passos anteriores, sempre com o objetivo voltado aos usuários finais de cada informação ou relatório contábil.

Passo 6 Disponibilização das informações e relatórios gerenciais

Etapa final que corresponde às saídas do sistema, que devem estar coerentes com as necessidades detectadas nos passos 1 e 2. As etapas 3 a 6 serão coordenadas e executadas pela Controladoria, exceto a 4, que terá a primazia da participação dos responsáveis por módulo do Sige integrado, direta ou indiretamente, ao Sistema de Informação Contábil.

5.7 Os Subsistemas do Sistema de Informação Contábil

Para configurar a abrangência do Sistema de Informação Contábil, ou seja, para definir quais os seus componentes ou subsistemas, devemos ter como linha norteadora a concepção da Ciência Contábil como controle patrimonial e que toda a informação contábil deve ser útil à administração.

A Ciência Contábil, mesmo considerando a unicidade de seu arcabouço teórico, ao longo de seu desenvolvimento no correr dos séculos, especializou-se em diversas áreas, segmentando o seu sistema de informação para atender adequadamente os diversos usuários e as diversas necessidades informacionais.

Essas segmentações deram origem a ramos específicos da Contabilidade, que têm características peculiares que devem ser corretamente contempladas para atender seus objetivos. Os segmentos do sistema contábil são os componentes do sistema maior, que é a Contabilidade.

Subsistemas Contábeis Legais e Gerenciais

Mesmo que a Ciência Contábil propugne uma sistematização única para a informação contábil, as empresas têm, de um modo geral, partilhado os Sistemas de Informação Contábil em duas grandes áreas:

- a societária e fiscal, a área legal, que denominamos de **escrituração**;
- a gerencial, que denominamos de **planejamento e controle**.

Esse partilhamento é mais para fins de entendimento. Na realidade, as duas grandes áreas do Sistema de Informação Contábil devem estar em perfeita integração, e o responsável pelo sistema não deve fazer nenhuma diferenciação, principalmente na questão da relevância. Ambas as áreas têm a mesma importância para a empresa.

Dentro da parte considerada legal existem alguns subsistemas de informação para o primeiro gerenciamento da empresa, que, mesmo tendo conotação gerencial, são análises de elaboração rotineira, tal como análise de balanço e de caixa e gestão dos impostos.

Em nosso entendimento, não é necessário que as duas áreas sejam operacionalizadas de forma diferente ou por setores diferentes. Todo o Sistema de Informação Contábil, seja a parte denominada legal, seja a denominada gerencial, deve ser operacionalizado como um todo, sem dar maior ou menor importância a determinada área ou subsistema.

A escrituração dos lançamentos é tão importante como a mais profunda análise de custo ou projeção de resultados.

Podemos apresentar o Sistema de Informação Contábil em três grandes áreas e nos seguintes principais subsistemas:

Quadro 5.1 Áreas e Subsistemas do Sistema de Informação Contábil

Sistema de Informação Contábil		
Área Legal/Fiscal	**Área de Análise**	**Área Gerencial**
• Contabilidade Geral	• Análise de Balanço	• Orçamentos e Projeções
• Correção Monetária Integral	• Análise de Fluxo de Caixa	• Custos e Preços de Venda
• Contabilidade em Outras Moedas	• Gestão de Impostos	• Contabilidade por Responsabilidade
• Consolidação de Balanços		• Centros de Lucros e Unidades de Negócios
• Valorização de Inventários		• Acompanhamento do Negócio e Gestão do Risco e Estratégia
• Controle Patrimonial		

A Escrituração como Fonte dos demais Subsistemas Contábeis

O cerne do Sistema de Informação Contábil é o subsistema de Contabilidade Geral (ou Contabilidade Financeira, como é também chamada), que tem como pano de fundo as necessidades legais, societárias e fiscais.

As áreas de análise e gerencial podem ser elaboradas e operacionalizadas com base no subsistema de Contabilidade Geral. Em termos práticos, as áreas gerencial e de análise tendem a ser construídas com procedimentos contábeis complementares. Por exemplo, a Contabilidade Geral tem como referencial, para fins de custo, o princípio de custo como base de valor. Se a empresa decidir, para fins gerenciais, trabalhar com o custo de reposição para fins gerenciais (custo, formação de preço de venda, análise de rentabilidade de produtos), serão feitos registros complementares da diferença entre o custo histórico e o de reposição para as áreas gerencial e de análise, sem interferir diretamente no banco de dados da Contabilidade.

A importância do lançamento contábil

O cerne do Sistema de Informação Contábil é o subsistema de Contabilidade Geral, que, por sua vez, tem como cerne o lançamento contábil, ou seja, o processo de escrituração contábil. Desta maneira, para ter um bom Sistema de Informação Contábil de cunho gerencial, é fundamental toda uma atenção especial ao registro da informação contábil por meio do lançamento.

O Fundamento do Lançamento Contábil: Informação que Leva à Ação

Todo sistema de acumulação contábil começa com o lançamento. O método é o das partidas dobradas, e a acumulação das informações se dá nas contas contábeis. Mas a base, o fundamento de todo o sistema de acumulação contábil é o lançamento.

Cada lançamento deverá ser feito de forma extremamente cuidadosa, pois é ele que representará o fato contábil ou a transação de um determinado evento econômico. Após isso, é o lançamento que possibilitará o efeito científico preditivo da informação contábil.

O lançamento deve possibilitar a ação. Tanto quanto, ou até mais que as informações acumuladas nas contas contábeis, ele evidencia, no seu maior grau de detalhe, tudo o que aconteceu e, seguramente, possibilitará uma ação para o futuro. Portanto, ele deve ser completo e ter todas as informações que mostrem o evento acontecido sem dúvidas. Lançamentos de forma aglutinada só serão possíveis ou aceitos sob condições extremadas, ou quando a grande quantidade de dados, aglutinada num único lançamento, não prejudique o entendimento do evento econômico daquele momento.

Nunca um usuário da informação contábil deverá ver um lançamento nas suas contas e no seu relatório que não entenda, ou que necessite de uma informação complementar. O lançamento contábil, como veículo da Ciência Contábil, deve atender as funções teóricas da informação contábil, que são:

- a teoria da mensuração: o lançamento contábil deve medir corretamente o fato, nas dimensões desejadas e necessárias para cada um dos eventos econômicos;
- a teoria da informação: deve conter todos os requisitos de uma informação útil;
- a teoria da decisão: deve possibilitar a tomada de decisão.

Esta é, desse modo, a razão de o lançamento contábil ser instrumento para a posterior tomada de decisão. Portanto, será uma informação que leva à ação, pois contém todos os elementos elucidativos do evento que quer representar.

Modelo de Informação Contábil

A base para a modelação da informação contábil é o lançamento contábil. Cada tipo de evento econômico deve ser estudado em termos de modelos de decisão, e, consequentemente, ser criado um modelo de informação contábil a ser aplicado em todas as transações de cada evento econômico, visando a sua utilização dentro do modelo de decisão.

Modelo de decisão

Os modelos de decisão escolhidos pela empresa e os usuários da informação contábil serão a base para a modelagem da informação contábil – para a modelagem do lançamento contábil. Para tanto, o potencial do lançamento contábil deve ser explorado ao máximo.

Modelo de decisão, banco de dados e o lançamento contábil

Objetivando a potencialização da informação contábil e do Sistema de Informação Contábil como instrumento decisório, é necessária uma revisão do registro contábil.

Utilizando-se o conceito de banco de dados, devemos incorporar ao lançamento contábil todos os elementos e dados que serão necessários para dar as informações para os modelos de decisão dos principais eventos econômicos da entidade.

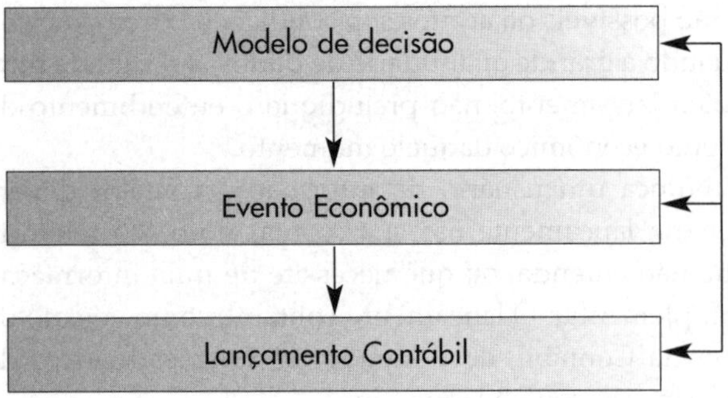

Figura 5.6 Lançamento contábil, evento econômico e modelo de decisão

O Conceito de Lançamento Multidimensional

É a possibilidade de ter **múltiplas medidas quantitativas** e não uma única medida de valor. Assim, o lançamento conteria os dados para registrar as atividades que causaram as mudanças nos recursos, bem como as possibilidades de mensuração diferenciadas.

O conceito de **lançamento multidimensional**, ou lançamento multipartite, propõe a incorporação do elemento quantitativo no lançamento, ou outras medidas de atividade que possam refletir adequadamente o fato contábil.

Isso conduz a um novo conceito de lançamento contábil, que denominamos de lançamento contábil ampliado, cuja operacionalização está diretamente ligada ao conceito de banco de dados, e todos os componentes do lançamento poderão ser explorados e potencializados.

Os Subsistemas de Informação Contábil – Visão Geral

Na Figura 5.7 apresentamos uma visão geral e compacta do Sistema de Informação Contábil, seus principais subsistemas e suas interligações, bem como a interligação com os principais sistemas operacionais. Esses subsistemas serão analisados mais profundamente na Parte III deste livro.

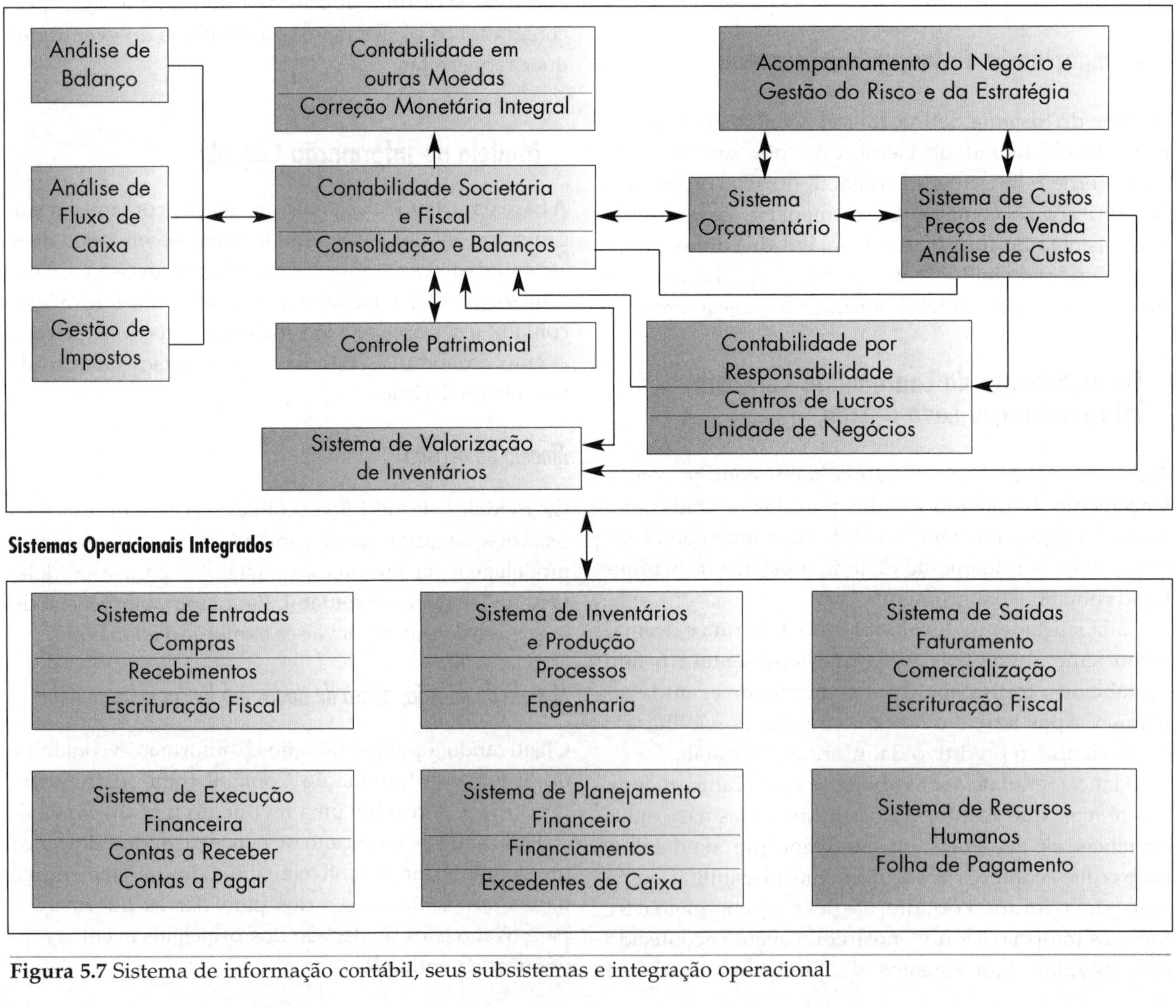

Figura 5.7 Sistema de informação contábil, seus subsistemas e integração operacional

Sistema de Informação de Contabilidade e a Estrutura da Controladoria

Os subsistemas de informações de Controladoria, como podemos verificar na Figura 5.3, são os subsistemas necessários para que ela exerça suas funções e atenda sua estrutura básica, que representamos na Figura 4.5. Os subsistemas das áreas Legal/Fiscal e de Análise são os subsistemas que abastecem a estrutura de Escrituração da Controladoria. Os subsistemas de área gerencial são os que abastecem a estrutura de Controladoria para o Planejamento e Controle.

Subsistemas Contábeis de Escrituração e Análise

O coração do Sistema de Informação da Controladoria é o Subsistema de Contabilidade Societária e Fiscal. Este sistema é abastecido pelos lançamentos contábeis, feitos diretamente no sistema dentro do setor de Contabilidade, ou por meio de integrações ou interfaces de outros sistemas operacionais ou de gestão. Todos os demais subsistemas de Controladoria são interligados ao subsistema de Contabilidade Societária e Fiscal. Dentro do Sige, este módulo é denominado de Contabilidade ou GL – *General Ledger* (Razão Contábil).

Os subsistemas de Consolidação de Balanços, Correção Monetária Integral e Contabilidade em outras Moedas em geral são acoplados ao módulo do GL; eventualmente, podem ser desenvolvidos por módulos semi-independentes.

O subsistema de Controle Patrimonial é destinado ao controle das movimentações físicas e avaliação econômica do Ativo Permanente. Geralmente, nas empresas, este subsistema fica sob a responsabilidade do *controller*. Este módulo inclui, ainda, o controle das movimentações econômicas do Patrimônio Líquido, cujo tópico desenvolveremos no Capítulo 7.

O subsistema de Valorização de Inventários tem como finalidade básica o processo de mensuração econômica dos estoques de materiais, produção em processo e produtos acabados. Ele é abastecido pelos subsistemas operacionais de Controle de Estoques, MRP, Estrutura de Produtos, Roteiros de Fabricação, Custos, Compras e Entradas Fiscais, Expedição e Emissão de Notas Fiscais. O objetivo é a mensuração dos estoques para fins de elaboração do balanço societário/fiscal. É um dos sistemas que mais exigem do *controller*, além do que a correta mensuração econômica dos estoques será indispensável para a correta mensuração do lucro societário/fiscal. Este subsistema também é denominado de Custo Contábil.

Os subsistemas de Análise de Balanço e Análise do Fluxo de Caixa são essenciais para o acompanhamento primário e periódico dos resultados da companhia e da sua posição econômico-financeira. Também são subsistemas que podem estar acoplados ao subsistema de Contabilidade Societária e Fiscal ou ser desenvolvidos de forma integrada ou interfaceada.

O subsistema de Gestão de Impostos é destinado ao acompanhamento periódico da geração e recolhimento dos tributos da empresa, suas bases de cálculo e impostos pendentes ou parcelados. Desenvolveremos este tópico no Capítulo 7.

Subsistemas Contábeis para Planejamento e Controle

O subsistema Orçamentário deve, em princípio, ser acoplado ao subsistema de Contabilidade Societária e Fiscal, pois o seu produto final é o Controle Orçamentário, caracterizado pelo relatório de Análise das Variações Orçamentárias – Real × Orçado. Este subsistema desenvolvido de forma isolada fatalmente provocará duplicação e redundância de dados.

Na fase de introdução dos dados do orçamento para o próximo ano, o subsistema Orçamentário poderá ser auxiliado por Sistemas de Suporte à Decisão, em que, após estudos de cenários alternativos e a escolha de um deles, precipitará os lançamentos de orçamento no subsistema de Contabilidade Societária e Fiscal (módulo GL).

O subsistema de Custos é destinado à apuração dos custos unitários dos produtos e custos dos processos e das ordens de produção. Este sistema deverá permitir o processo de Formação e Gestão de Preços de Venda, bem como informações para todas as análises de custos e rentabilidade de produtos. Via de regra, este subsistema é formatado segundo as necessidades da empresa, sendo de difícil generalização, ou seja, é difícil construir um subsistema de Custos que atenda todas as empresas, já que, neste particular, cada empresa tem sua própria visão de Custos.

O subsistema de Contabilidade por Responsabilidade pode ser desenvolvido independentemente, com integração ou interfaceamento com o GL, ou pode estar acoplado ao GL. Este subsistema é necessário para o processo de avaliação de resultados setoriais, bem como do processo de avaliação de desempenho dos gestores das divisões, unidades de negócios, centros de lucros, departamentos ou atividades da companhia. Identicamente ao subsistema de Custos, este subsistema será formatado especificamente segundo a visão da empresa sobre Contabilidade Divisional, sendo difícil sua construção para utilização genérica em qualquer empreendimento.

O subsistema de Acompanhamento do Negócio registra, acumula e fornece informações, de forma rotineira, para o processo de Planejamento Estratégico e acompanhamento da estratégia. Por suas próprias características, é comum ser ele desenvolvido dentro da empresa, com banco de dados específicos, parcialmente alimentado pelos subsistemas operacionais e pelos próprios subsistemas contábeis. Desenvolveremos este tópico no Capítulo 10.

Os subsistemas de Gestão de Riscos e *Balanced Scorecard* são necessários para o processo antecipatório das ameaças e oportunidades, e para o controle das metas estratégicas determinadas pela empresa, respectivamente.

5.8 O Sistema de Informação Contábil/ Controladoria no Processo de Gestão

Como já frisamos anteriormente, à Controladoria cabe acompanhar todo o processo de gestão, desde o Planejamento Estratégico, passando pelo Planejamento Operacional e Programação, até a execução e o controle. Desta maneira, o Sistema de Informações de Controladoria, por meio de seus subsistemas, deve acompanhar todo esse processo.

Na Figura 5.8 veremos como todas as etapas do processo de gestão são acompanhadas e alimentadas pelos principais subsistemas de informação de Contabilidade e Controladoria.

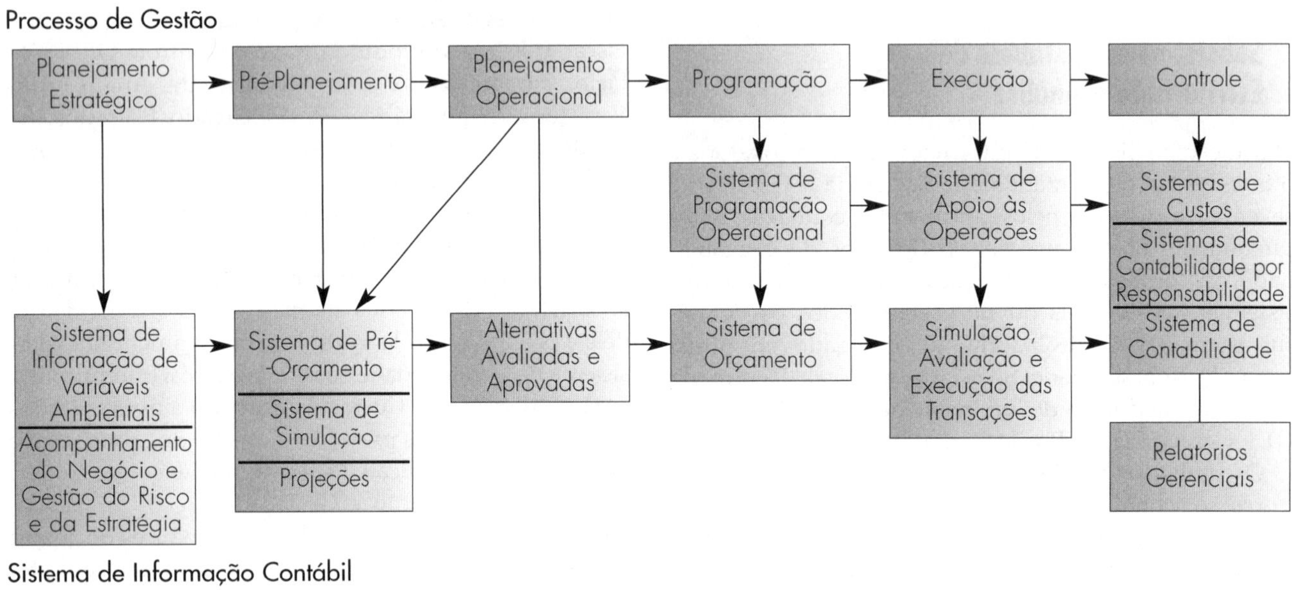

Figura 5.8 O processo de gestão e o sistema de informação contábil

Questões e Exercícios

1 Conceitue Sistemas Operacionais, de Apoio à Gestão e Apoio à Decisão. Faça uma estruturação esquemática.

2 Quais os conceitos fundamentais de um Sige?

3 Qual o tipo de abordagem que você acha que a Contabilidade deve tomar em relação aos usuários?

4 Qual a missão básica do Subsistema de Informação Contábil?

5 Uma empresa de prestação de serviços, dentro de um grupo que deve ter seu balanço consolidado, presta serviços de auditoria externa contábil, consultoria tributária e consultoria de custos. Nas três atividades, presta serviços contínuos e especiais no Brasil e no exterior. Ela tem a seguinte constituição organizacional:

- Presidência.
- Gerência Comercial, dividida entre Setor de Marketing e Setor Comercial.
- Gerência Administrativa, dividida em Setor de Finanças, Setor de Controladoria e Setor de TI.
- Gerência Operacional, dividida nas três atividades já citadas.

Pede-se:

a) Elaborar a estrutura básica da conta contábil codificando-a.

b) Elaborar um plano de contas codificado de receitas e despesas (contendo pelo menos dez tipos de despesas). Se desejar, use o conceito de tabelas.

Nota: O objetivo é que os dois itens atendam as necessidades mínimas de informações fiscais e, principalmente, gerenciais.

6 Elaborar:

a) uma estrutura de conta contábil (fiscal e gerencial);

b) um plano de contas de despesas e receitas;

c) tendo como referência os seguintes tipos de empresa:

- uma empresa que desenvolve uma atividade de **concessionária de veículos autorizada** (que também comercializa veículos importados, além de todas as atividades já conhecidas: venda, financiamento, revenda, oficina, filiais etc.);
- uma empresa que desenvolve uma atividade de **bufê de serviços de grande porte** (que também comercializa veículos, salgadinhos, refeições, bebidas, locação de equipamentos e utensílios para restaurantes, eventos etc.);
- uma empresa que desenvolve uma atividade de **revendedora de pneus para qualquer tipo de veículos** (que também comercializa amortecedores, rodas e, eventualmente, outros itens correlatos, além de prestar serviços de consertos, alinhamento, balanceamento etc. e tem algumas filiais);
- uma empresa que desenvolve uma atividade de **rede de lojas de departamento – Lojas Cem, Casas Bahia etc.** (que inclui centro de distribuição, marketing e transporte próprio).

Para tanto, identificar, desenvolver e descrever os seguintes pontos:

a) A **visão de negócios** da organização, que compreende a descrição dos mercados, principais tipos de clientes, produtos/serviços e linhas de produtos/serviços que uma empresa deste ramo deve ter.

b) A **visão da organização**, que compreende uma descrição da estrutura hierárquica da empresa e dos setores/atividades/departamentos/divisões em que é constituída, utilizando, preferencialmente, o conceito de organograma.

c) As principais **necessidades de informações gerenciais** que os três níveis da hierarquia gerencial devem requerer (cúpula, nível gerencial, último nível de decisão).

Apresentar:

a) uma estrutura codificada da conta contábil que atenda os três pontos anteriores, incluindo, necessariamente, os conceitos de produtos/serviços e unidades de negócios/divisões;

b) tabelas sumariadas exemplificando os segmentos da conta e sua relação com os negócios e a organização;

c) um plano de contas sumariado de despesa e receitas, considerando os mesmos aspectos.

Capítulo 6

Valor da Empresa: O Foco da Controladoria

O atual foco das pesquisas sobre a missão das entidades empresariais está centrado no conceito de criação de valor, associando dentro do mesmo escopo o processo de informação gerado pela Contabilidade para que as entidades possam cumprir adequadamente sua missão.

Mais especificamente na administração financeira, Van Horne inicia seu último trabalho dentro do mesmo enfoque quando diz:

> "O objetivo de uma companhia deve ser a criação de valor para seus acionistas. O valor é representado pelo preço de mercado da ação ordinária da companhia, o qual, por outro lado, é uma função das decisões de investimento, financiamento e dividendos da empresa (...) Por todo este livro, o tema unificante é a criação de valor."[1]

Ross, Westerfield e Jaffe ilustram bem a questão:

> "No linguajar financeiro, seria feito um investimento em ativos, tais como estoques, máquinas, terrenos e mão-de-obra. O dinheiro aplicado em ativos deve ser contrabalançado por uma quantia idêntica de dinheiro gerado por algum financiamento. **Quando começar a vender, sua empresa irá gerar dinheiro. Essa é a base da criação de valor**. A finalidade da empresa é criar valor para o seu proprietário. O valor está refletido no modelo básico da empresa, representado pelo seu balanço patrimonial."[2] (grifo nosso)

Em resumo, o conceito de criação (ou adição) de valor na Contabilidade Gerencial, como em Finanças, está ligado ao processo de **geração de lucro para os acionistas.** O objetivo desta parte da obra é discutir o conceito de criação de valor e suas variantes, buscando sua validação, sua interação com a Contabilidade e o papel da Contabilidade no processo de geração de valor dentro do ambiente empresarial.

6.1 O Processo Empresarial de Criação de Valor

As empresas criam valor pela obtenção de lucro na realização de suas transações de produção e vendas de seus bens e serviços. Tendo em vista que todo empreendimento é financiado, esse lucro tem de ser superior ao custo financeiro dos financiamentos para obtenção do lucro líquido final. Este é o processo empresarial clássico de criação de valor, resumido em duas vertentes:

- Criação de valor por meio dos produtos e serviços produzidos e vendidos.
- Criação de valor cobrindo o custo do financiamento do capital empregado no empreendimento.

6.2 Criação de Valor – A Atividade Produtiva e Valor Agregado

A Ciência Econômica é responsável pelo conceito-base de adição ou agregação de valor. Conforme Rossetti,

> "... a produção deve ser vista como um processo contínuo de entradas (*inputs*) e saídas (*outputs*). O produto deve ser entendido como a diferença entre o valor das saídas e o valor das entradas, o que equivale a dizer que o conceito de produto corresponde ao valor agregado pelas empresas no decurso do processamento da produção."[3]

Rossetti (p. 85) complementa:

> "... devemos ter presente o significado do valor agregado, que expressa, como já vimos, a diferença entre o valor bruto da produção e a soma dos valores de todos os bens e serviços intermediários utilizados quando do processamento dessa mesma produção."

---

[1] VAN HORNE, James C. *Financial management and policy*. 11ª ed., Upper Saddle River, New Jersey: Prentice-Hall, 1998, p. 3.

[2] ROSS, Stephen A., WESTERFIELD, Randolph W. e JAFFE, Jeffrey E. *Administração financeira*. São Paulo: Atlas, 1995, p. 26.

[3] ROSSETTI, José Paschoal. *Contabilidade social*. 7ª ed., São Paulo: Atlas, 1994, p. 81.

Dentro do processo de agregação de valor, fica claro que as empresas são as entidades que se responsabilizam pelos processos intermediários de agregação de valor; conforme Rossetti:

> "... cada uma das empresas integrantes do aparelho de produção da economia será considerada, sob um ponto de vista sistêmico, como uma unidade processadora dependente de fornecimentos originários de outras empresas."[4]

A Ciência Contábil incorporou o conceito de valor agregado no seu escopo, com o desenvolvimento do conceito de **valor adicionado**. Conforme De Luca

> "... podemos definir Valor Adicionado como sendo a diferença entre o valor da produção/faturamento e os consumos intermediários (compras a outras empresas) nesse período, ou seja, a mesma definição utilizada pela economia."[5]

Atividades Internas e o Processo de Apropriação do Valor Agregado Gerado

O valor agregado máximo possível de ser obtido pela empresa pela gestão operacional de seus investimentos é a diferença entre o valor da venda dos produtos e serviços a preços de mercado menos o valor da compra dos insumos a preços de mercado.

Entre esses dois extremos há o processo de transformação dos insumos, que são os processos e as atividades internas desenvolvidas pela empresa para geração e venda dos produtos e serviços. Se o custo de todos esses processos for igual ao valor agregado pelos produtos e serviços, a empresa não terá lucro nem prejuízo, ou seja, não criará valor a ser disponibilizado para o acionista. Se o custo for menor, a empresa criará valor para o acionista, se for maior, ela destruirá valor por meio do prejuízo operacional.

Desta maneira, o modelo de gestão econômica centra-se na gestão da eficácia das atividades desenvolvidas internamente. Se todas as atividades gerarem lucro, a empresa se apropriará de parcela do valor agregado dado pelos produtos ou serviços. Se todas as atividades gerarem prejuízo, a empresa deixará de se apropriar do valor agregado dado pelos produtos ou serviços.

Portanto, o foco da gestão econômica é construir modelos de decisão que permitam aos gestores das atividades internas da empresa se apropriar, o máximo possível, do valor agregado dado pelos produtos e serviços. Quanto menor for o custo das atividades internas e maior a sua eficácia em termos de receita, maior será a possibilidade de a empresa, operacionalmente, apropriar-se do valor agregado dado pelos produtos e serviços.

O Conceito de Atividades que *não Adicionam* Valor na Contabilidade Gerencial

Warren, Reeve, Fess e outros autores têm apresentado assim esses conceitos:

- Uma atividade adiciona valor quando é necessária para atender às exigências do consumidor.
- Uma atividade não adiciona valor quando não é exigida pelo consumidor, mas existe em função de erros ou inadequações do processo produtivo.[6]

Uma série de argumentos indica que esses conceitos não são adequados à correta gestão econômica. Vejamos os principais:

- Na realidade, o consumidor não sabe as atividades desenvolvidas internamente pela empresa e sua atitude é de irrelevância quanto a isso.
- A ele apenas interessam os serviços e a utilidade que o produto ou serviço adquirido lhe presta.
- Além disso, não se concebe que a empresa desenvolva internamente atividades que sejam desnecessárias.
- Todas as atividades desenvolvidas internamente têm seu preço e valor.
- Portanto, todas as atividades têm valor.
- Nenhuma atividade agrega valor ao produto final, pois seu preço é dado pelo mercado.

É óbvio que as empresas devem procurar:

- desenvolver o mínimo de atividades necessárias para produção e entrega dos produtos;
- pagar o menor preço pelas atividades desenvolvidas;
- desenvolver as atividades no menor tempo possível;
- buscar a maior eficiência, produtividade e eficácia em cada atividade desenvolvida internamente.

Atividades que Adicionam Valor e Valor Agregado

Apesar de similares, os conceitos de valor agregado e adição de valor podem ser distinguidos. O conceito de valor agregado é macroeconômico e fundamenta-se na

---

[4] ROSSETTI, José Paschoal. Op. cit., p. 80.

[5] DE LUCA, Márcia Martins Mendes. *Demonstração do valor adicionado*. Dissertação de Mestrado. FEA/USP, 1991, p. 39.

[6] WARREN, Carl S., REEVE, James M., FESS, Philip E. *Contabilidade gerencial*. São Paulo: Pioneira Thomson Learning, 2001, p. 447.

transferência de bens ou serviços entre as empresas. O conceito de adição de valor relaciona-se com as atividades internas da empresa e seu processo de apropriação do valor agregado dado pelos produtos e serviços.

Há ligação entre os dois conceitos, obviamente. Partindo do pressuposto que as atividades desenvolvidas internamente não são mais do que subprocessos de uma atividade maior, nas transferências entre as atividades internas há a adição ou agregação de valor. Podemos ilustrar ambos os conceitos como na Figura 6.1.

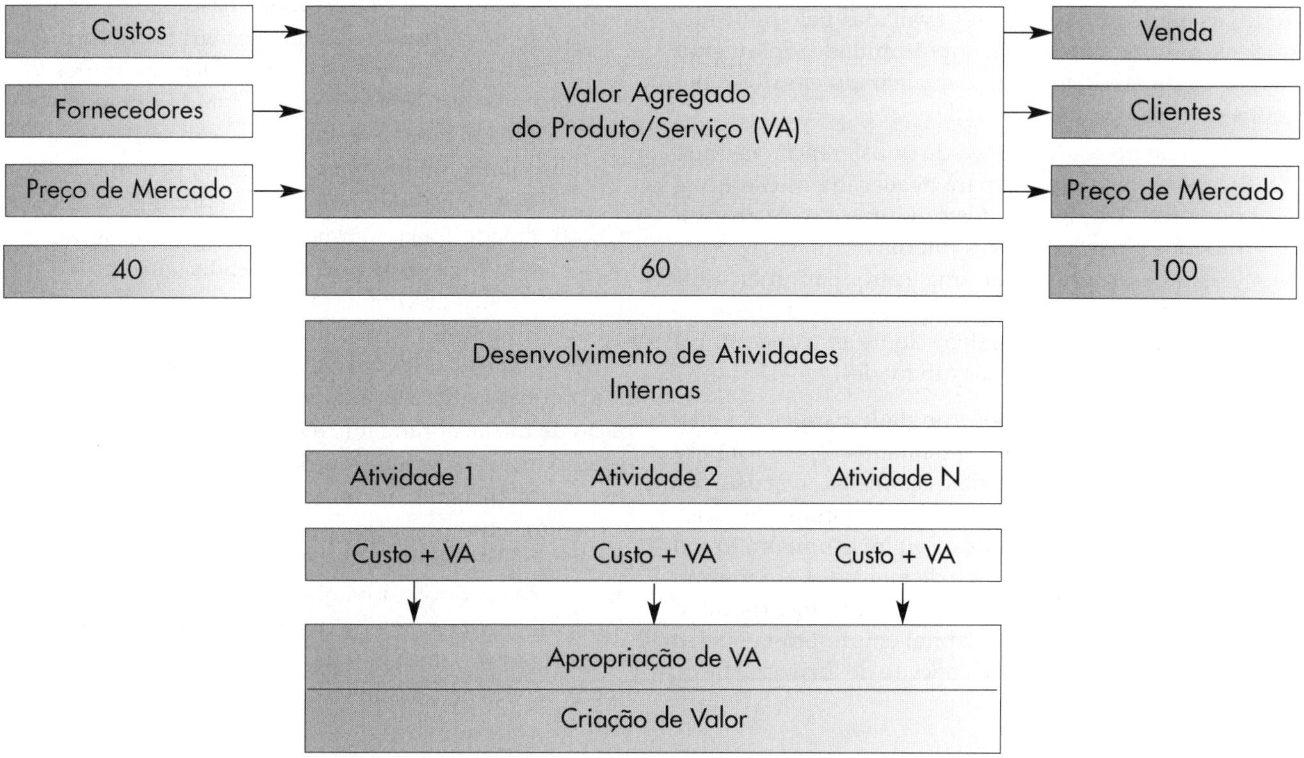

Figura 6.1 Valor agregado do produto e processo de apropriação do valor

Outrossim, é importante ressaltar que as adições internas de valor têm um limite que é o valor do produto final entregue ao mercado. Todas as adições dentro da cadeia interna de atividades da empresa não conseguem exceder ao valor do produto final vendido aos clientes, que é o preço de mercado. Assim, por mais que as atividades internas possam ter condições de adicionar valor, o produto final tem um valor agregado limítrofe, ou seja, um valor que não pode ser ultrapassado, que é o valor da diferença dos preços de mercado dos materiais e serviços adquiridos de terceiros, e do valor do produto final entregue aos seus clientes. Desta maneira, ganhos internos de adição de valor, podem ser perdidos pelas restrições impostas pelo mercado.

6.3 EVA – *Economic Value Added* (Valor Econômico Adicionado)

Dentro da área de Finanças, mais ligada à análise de investimentos, surgiu o conceito de EVA/MVA – *Economic Value Added/Market Value Added* (Valor Econômico Adicionado/Valor de Mercado Adicionado). Conforme Atkinson, Banker, Kaplan e Young

> "... recentemente, um número de analistas e consultores tem proposto o uso do valor econômico adicionado como uma ferramenta para avaliação do desempenho da organização (...) o analista ajusta o lucro contábil, corrigindo-o com que os proponentes do valor econômico adicionado consideram para sua visão conservadora. Por exemplo, os ajustes incluem a capitalização e amortização de custos de pesquisa e desenvolvimento e custos significativos de lançamento de produtos. A seguir o analista computa a importância do investimento na organização e deriva o valor econômico adicionado como segue:
>
> *Valor Econômico Adicionado = Lucro Contábil (-) Custo de Capital × Nível de Investimento."*[7]

[7] ATKINSON, BANKER, KAPLAN e YOUNG. Op. cit., p. 478-9.

Na realidade, podemos dizer que o conceito do EVA nada mais é do que uma aplicação do conceito de **custo de oportunidade** do capital e do conceito de manutenção do capital financeiro da empresa.

Custo de Oportunidade

Todas as atividades devem ser avaliadas pelo mercado, que representa o custo de oportunidade de manter determinada atividade. Isto é explicitado em dois conceitos de custo de oportunidade:

- Preço de mercado e preço de transferência baseado no preço de mercado, para avaliação dos estoques, dos produtos finais e dos produtos e serviços produzidos pelas atividades internas.
- Custo de oportunidade financeiro, para mensurar e avaliar o aspecto financeiro das atividades e do custo de oportunidade dos acionistas, fornecedores de capital à empresa e às atividades.

A adoção do custo de oportunidade para os acionistas implica criar uma área de resultados específica para mensurar a rentabilidade dos acionistas. O custo de oportunidade dos acionistas é o lucro mínimo que eles deveriam receber para justificar seu investimento (o seu custo de oportunidade, a preço de mercado). Ao mesmo tempo, a adoção deste conceito permite incorporar o conceito de manutenção do capital empresarial e, nesse sentido, estamos adotando o conceito de lucro de Hicks, que conceitua o lucro como

> "... a importância que uma pessoa pode consumir durante um período de tempo e estar tão bem no fim daquele período como ele estava no seu início."[8]

O conceito de custo de oportunidade dos acionistas permite uma visão correta de lucro distribuível, ou seja, só distribuir o excedente à manutenção do capital financeiro e, com isso, dar as condições econômicas para o processo de sobrevivência do sistema empresa e, portanto, sua continuidade. O conceito de custo de oportunidade, acoplado a conceitos de mensuração relacionados com o fluxo futuro de benefícios, configura o conceito de lucro econômico em oposição ao conceito tradicional de lucro contábil.

Lucro Econômico *Versus* Lucro Contábil

O resultado apurado segundo os princípios contábeis geralmente aceitos é denominado de **Lucro Contábil**. Denominamos de Lucro Econômico o resultado apurado segundo os conceitos de mensuração não atrelados ao custo original como base de valor, e sim em valores de realização ou de fluxo futuro de benefícios, decorrente da abordagem das atividades para mensuração do lucro.[9]

Iudícibus assim se expressa:

> "... a avaliação conservadora, baseada no custo original, falha, nos demonstrativos financeiros, como elemento preditivo de tendências futuras para os usuários externos (...) Nesse ponto, a Contabilidade a valores de realização seria mais informativa para o usuário, pois, não se sabendo até que ponto irá a 'continuidade' da entidade (pelas normas atuais de avaliação), talvez fosse mais fácil depreender quão próxima está a descontinuidade."[10]

Desta maneira, o conceito de Lucro Econômico é o único que permite ver a aplicação da teoria da mensuração de forma abrangente e integrada com modelos de decisão para os eventos econômicos e as atividades, dentro do Sistema de Informação Contábil. Estamos adotando como premissa que o lucro é obtido pela diferença do valor do Patrimônio Líquido final menos o inicial. Neste sentido, adotamos o conceito de Lucro Econômico como mensuração do resultado empresarial, em acordo com as colocações de Guerreiro,[11] o qual, sobre o Lucro Econômico, assim se pronuncia:

> "Em termos econômicos, o lucro é visto como a quantia máxima que a firma pode distribuir como dividendos e ainda continuar tão bem ao final do período como estava no começo. Continuar tão bem, economicamente falando, é interpretado como manter o capital intacto em termos do valor descontado do fluxo de recebimentos líquidos futuros. O lucro econômico é gerado, portanto, assim que exista um aumento no patrimônio líquido. Por outro lado, para mensurar o lucro como incremento do patrimônio líquido é necessária a avaliação de todos os ativos da empresa, com base nos recebimentos líquidos futuros esperados. O lucro é mensurado através do crescimento do patrimônio líquido, originado pela manipulação dos ativos. Sob esse prisma, os ativos de qualquer natureza são 'recebíveis' esperados para fluir para a empresa período a período."[12]

---

[8] HICKS, James R. *Value and capital*. 2ª ed., Londres: Oxford University Press, 1946, p. 172.

[9] HENDRIKSEN, Eldon S. *Accounting theory*. 3ª ed., Homewood, Illinois: Richard D. Irwin Inc., 1977, p. 143-144.

[10] IUDÍCIBUS, Sérgio de. *Teoria da contabilidade*. São Paulo: Atlas, 1980, p. 58.

[11] GUERREIRO, Reinaldo. "Mensuração do resultado econômico". *In: Caderno de estudos Fipecafi/FEA-USP* nº 3, setembro/1991, p. 1-23.

[12] GUERREIRO, Reinaldo. Op. cit., p. 5.

Lucro Econômico, *Goodwill* e Custo de Oportunidade

Para manter o capital intacto é necessária a adoção do conceito de custo de oportunidade do capital, o qual implica uma rentabilidade mínima de mercado, de tal forma que os investidores sejam remunerados além dessa rentabilidade mínima, sob pena de abandonarem os investimentos na empresa.

Ainda conforme Guerreiro,

> "... em termos práticos, o custo de oportunidade corresponde à remuneração mínima exigida pelos acionistas sobre o seu investimento na empresa."[13]

Assim, dois conceitos de mensuração são fundamentais para a Contabilidade Gerencial, para obter o correto valor da empresa e o resultado econômico correto: custo de oportunidade e fluxo líquido de benefícios futuros.

Nesse sentido, a figura do *goodwill** emerge naturalmente como o valor resultante da mais-valia do valor da empresa sobre a avaliação individual de seus ativos, como diz Martins:

> "O *goodwill* tem sido genericamente aceito como o fruto da existência de diversos fatores que a Contabilidade não aceita formalmente como elementos do Ativo, quer sejam eles a organização interna da empresa, o bom relacionamento com os empregados, a condição monopolística, a localização da firma, ou outros quaisquer."[14]

Como vemos, o conceito de Lucro Econômico é muito mais abrangente, pois permite incorporar as questões fundamentais da mensuração do resultado, eficácia, sobrevivência e valor da empresa, além do que o faz de uma forma integrada e dentro da visão sistêmica.

> * Goodwill: *Valor da diferença obtida entre o valor total da empresa, avaliada por determinados critérios, e o valor resultante da soma aritmética do valor dos ativos e passivos avaliados isoladamente; valor intangível adicional da empresa.*

EVA e Destruição de Valor

O conceito de destruição de valor emerge como conceito inverso ao de adição de valor, considerando o custo de oportunidade de capital. Todas as atividades que tiverem um resultado inferior ao custo de oportunidade do investimento apresentam destruição de valor, pois os acionistas estarão sendo remunerados com rentabilidade inferior ao custo médio de oportunidade do mercado.

A distribuição de resultados nesta condição implicaria um processo de destruição do capital da empresa, pois estaria, na realidade, distribuindo capital dos acionistas e, consequentemente, reduzindo o valor da empresa.

EVA e a Mensuração do Resultado dos Produtos, Atividades e Divisões da Empresa

O conceito de EVA deve ser aplicado não só à avaliação geral do empreendimento, mas também a todas as atividades e divisões da empresa, dentro do processo de avaliação de desempenho dos gestores divisionais. Nessa mesma linha, o processo de análise de rentabilidade dos produtos deve incorporar o mesmo conceito, objetivando a congruência de objetivos específicos, setoriais e globais do empreendimento.

Modelo da Gestão Econômica para Criação de Valor

Os conceitos apresentados podem ser incorporados e resumidos dentro do Balanço Patrimonial. O conceito de valor agregado pela empresa, decorrente da venda dos produtos e serviços a seus clientes, é ligado ao ativo. Em outras palavras, o ativo são os recursos necessários para gerar o valor agregado pela empresa mediante compra, produção e venda de seus produtos e serviços.

O conceito de valor adicionado para os acionistas é ligado às fontes supridoras de capital, no caso, os proprietários da empresa. Desta maneira, os dois conceitos de criação de valor podem ser associados ao Balanço Patrimonial. A criação de valor pela empresa, por meio de seus produtos, é operacionalizada pelo ativo. A criação de valor para os acionistas é parametrizada pelo custo de oportunidade de capital desses acionistas e fica evidenciada na figura do passivo, como mostra o Quadro 6.1.

Quadro 6.1 Criação de valor e o modelo contábil

Ativo	Passivo
Criação de valor pela empresa por meio do valor agregado dado pelos produtos e serviços	Criação de valor para o acionista por meio da adoção do custo de oportunidade de capital

[13] GUERREIRO, Reinaldo. Um modelo de sistema de informação contábil para mensuração do desempenho econômico das atividades empresariais. *Caderno de Estudos Fipecafi/FEA-USP* nº 4, março/1992, p. 17.

[14] MARTINS, Eliseu. *Contribuição à avaliação do ativo intangível*. São Paulo, 1972, Tese de Doutoramento. FEA/USP, p. 78.

Pontos Limítrofes ou Referenciais no Processo de Criação de Valor

Conclui-se, então, que existem dois pontos referenciais na análise do processo de criação de valor:

- O conceito de Valor Agregado, decorrente da Teoria Econômica, que é expresso pelo valor de mercado do produto final entregue aos clientes, menos o valor dos insumos adquiridos de terceiros, também a preços de mercado, ou seja, o conceito de Valor Adicionado adotado pela Ciência Contábil.
- O Custo de Oportunidade de Capital dos Acionistas, que entende como criação de valor o lucro empresarial, que excede o custo de oportunidade do capital sobre o valor dos investimentos no negócio.

A Contabilidade Gerencial e a atividade de Controladoria devem se inserir entre esses dois pontos referenciais. Logo, os conceitos de atividades que adicionam ou não valor também se circunscrevem dentro desses mesmos pontos referenciais; assim sendo, é ilusão entender que uma atividade interna pode agregar valor de forma isolada, já que é limitada pelo valor do bem ou serviço produzido pela empresa.

Nesses pontos referenciais, a Controladoria, no exercício da função contábil gerencial, pode monitorar adequadamente o processo de geração de valor dentro da empresa mediante:

- adoção dos conceitos adequados de mensuração do Lucro Empresarial, que, em nosso entendimento, são derivados do conceito de Lucro Econômico;
- apoio às atividades operacionais no processo de geração de valor, por intermédio do Sistema de Informação Contábil Gerencial.

Os fundamentos do Lucro Econômico são os seguintes:

- O Resultado da Empresa é obtido pela diferença entre Patrimônios Líquidos, Final menos Inicial, excluídos os aumentos e reduções de capital durante o período.
- Ativos avaliados pelo Valor Presente do Fluxo Futuro de Benefícios e, consequentemente, incorporação do conceito de *goodwill*.
- Adoção do Custo de Oportunidade de capital para mensuração do resultado dos produtos, atividades, divisões e da empresa.
- Adoção do Custo de Oportunidade para o processo de distribuição de dividendos e manutenção do capital da empresa.

Nesse sentido, todas as estruturas organizacionais da empresa trabalharão de forma congruente com os acionistas, objetivo maior da entidade e da continuidade do empreendimento. A Controladoria é uma área de apoio dentro das empresas e não tem responsabilidade pelo processo operacional de geração de lucro, salvo os decorrentes de sua própria atuação, pois não é um órgão de linha.

Outrossim, a Controladoria, por intermédio do Sistema Contábil Gerencial, que incorpora os conceitos de Lucro Econômico, dá as condições à empresa de avaliar todo o processo de geração ou criação de valor (geração de lucro para os acionistas). Além disso, considerando que para exercer as funções de Controladoria são necessários recursos, que custam para a empresa, esta função, como toda atividade desenvolvida internamente, deve ser sempre avaliada à luz dos benefícios gerados. Então, cabe ao controlador e à empresa avaliar o exercício da função de Controladoria na relação custo *versus* benefício da produção de informação, como qualquer sistema informacional existente na empresa.

6.4 Valor da Empresa

Sendo o foco da Controladoria a maximização do valor da empresa, por meio do processo de criação de valor, é necessário um processo de avaliação permanente do valor da empresa.

O valor da empresa é o valor que será obtido pela venda da empresa a seus novos proprietários.

O pressuposto para a Controladoria ter sempre o valor da empresa é no sentido de nortear sua missão. A Contabilidade deve mensurar adequadamente o valor da empresa para que os seus gestores, a qualquer momento, possam redirecionar seu planejamento no sentido de manter ou não o investimento; em outras palavras, saber se continuam ou não com a empresa. Terão de continuar caso ela esteja mantendo ou criando valor; deverá haver o descontinuamento com o investimento na empresa, caso ela esteja diminuindo, ou melhor, destruindo valor.

Critérios de Avaliação de Empresas e os Princípios Contábeis geralmente Aceitos

Na Contabilidade Financeira (a contabilidade tradicional regida pelos Princípios Fundamentais de Contabilidade), os critérios de avaliação são centrados no custo como base de valor, tendo como base o postulado da continuidade. Nesse sentido, a avaliação da empresa feita por outros critérios que não o custo (preços de mercado, fluxo futuro de benefícios etc.) pressupõe a descontinuidade da empresa, ou seja, sua paralisação definitiva ou momentânea.

Na nossa visão de Controladoria, em que aplicamos a Ciência Contábil como a ciência do controle econômico, este conceito não é importante. É necessário o valor da empresa segundo critérios econômicos centrados nos fluxos futuros de benefícios; esses critérios não pressupõem, de forma alguma, a descontinuidade empresarial.

Podemos afirmar até o contrário; a obtenção permanente do valor da empresa, segundo critérios econômicos, e sua incorporação no Sistema de Informação de Controladoria são vitais para a continuidade do empreendimento. Se não houver uma avaliação do potencial de benefícios futuros do empreendimento, poderá haver, sim, a descontinuidade. O valor da empresa, que indica se está havendo ou não criação de valor, é substancial para a continuidade do investimento; é ele que determina a atratividade do investimento e, por conseguinte, da empresa para os potenciais investidores, razão pela qual é fator determinante para sua sobrevivência, que é a condição final da eficácia empresarial.

6.5 Principais Critérios para Apurar o Valor da Empresa

O ponto fundamental para a decisão de comprar ou não uma empresa, ou participação acionária, ou avaliar a continuidade do investimento está no valor-base para negociação determinado por alguns critérios de avaliação. No caso de negociação, provavelmente o seu valor final se situará entre os principais critérios aplicados à mensuração econômica do empreendimento. Porém, seguramente haverá a proeminência dos critérios centrados no fluxo futuro de benefícios. De qualquer forma, é importante que a Controladoria ofereça todos os critérios possíveis.

Quanto ao critério de avaliação pelo fluxo futuro de benefícios, alguns o consideram discutível, pois conta com forte dose de subjetividade. Para nós, o profissional de Controladoria tem todas as condições de fazer o melhor, pois tem a Ciência Contábil e outros ramos do conhecimento humano (Economia, Matemática, Sociologia, Administração, Marketing etc.) ao seu dispor. Nessa linha de raciocínio, o valor da empresa será decorrente da competência técnica dos avaliadores. Certamente, não haverá ninguém com melhores condições do que as pessoas dentro da própria empresa para avaliá-la. Os principais critérios de avaliação são:

- Valor Contábil.
- Valor de Mercado.
- Cotação da Ação ou Cota.
- Valor Econômico – Potencial de Rentabilidade Futura.

Valor Contábil

É o valor constante da Contabilidade Financeira, segundo os princípios contábeis geralmente aceitos. Tem como fundamento o princípio do custo como base de valor e o regime de competência de exercícios. Como o valor da empresa na Contabilidade é evidenciado pelo valor total do Patrimônio Líquido, automaticamente o valor de uma empresa, segundo a Contabilidade, é o total do Patrimônio Líquido.

O valor de Patrimônio Líquido de uma empresa é avaliado sob o postulado contábil da continuidade. Assim, os ativos estão avaliados a custos de aquisição ou produção, e os direitos e obrigações estão avaliados com os encargos e direitos até a data do Balanço Patrimonial. Convém verificar a possibilidade da existência de passivos contingenciais não declarados, como: avais, processos judiciais sem depósito, *leasings* etc., bem como de ativos intangíveis ou não declarados, como: impostos a recuperar, *franchisings* etc., que deverão ser excluídos ou adicionados ao valor contábil para obtenção do valor final.

Valor Contábil = Valor do Patrimônio Líquido Contábil

Valor de Mercado

Em geral, ele é diferente do valor contábil, porque as avaliações contábeis, obtidas por meio de critérios gerais de avaliação de ativos e passivos, fundamentadas em documentação existente e valores históricos, por mais acuradas que sejam, dificilmente são iguais ao valor que o mercado pode pagar em determinado momento.

O valor de mercado, outrossim, deve levar em consideração o fato de a empresa estar encerrando suas atividades ou não. Se estiver, provavelmente os valores de seus ativos terão um valor que o mercado pagará como um bem usado. Mas caso a empresa esteja em continuidade, ou seja, em operação, a avaliação do valor de mercado poderá vir a ser diferente.

De qualquer forma, é possível fazer uma avaliação a preços de mercado de todos os ativos e passivos da empresa, cujos valores podem ser maiores ou menores que os constantes da Contabilidade. Nesse critério de avaliação, cada ativo e cada passivo serão individualizados para a feitura das avaliações, no pressuposto de que podem ser vendidos separadamente.

Valor de Mercado = Patrimônio Líquido a Preços de Mercado
(Valor de Mercado dos Bens e Direitos Avaliados Individualmente (-) Valor de Mercado das Dívidas Avaliadas Individualmente)

Tabela 6.1 Valor da Empresa: Valor Contábil e Valor de Mercado

Elementos Patrimoniais	Valor Contábil – $	Valor de Mercado – $	Critério Básico de Valor de Mercado
ATIVO CIRCULANTE	11.480	12.860	
Caixa e Bancos	200	200	Não há ajuste
Aplicações Financeiras	2.200	2.180	Ajuste pelo valor justo, se disponíveis para venda ou negociação (1)
Clientes	3.350	3.280	Ajuste a valor presente – dedução dos juros adicionados nas vendas a prazo
Estoques	5.730	7.200	Ajuste a preços de reposição (materiais) ou preço de venda realizável líquido (produtos acabados)
ATIVO NÃO CIRCULANTE	7.880	9.780	
Realizável a Longo Prazo	110	10	Ajuste a valor de mercado ou provável realização (valor justo)
Investimentos	1.200	1.330	Avaliação a valor de mercado ou potencial de benefício futuro
Imobilizado	9.800	8.140	Preço de Mercado ou de Construção (Imóveis), Valor de Mercado no estado ou valor em uso (máquinas e equipamentos) (2)
(-) Depreciação Acumulada	-2.430	0	Os preços de mercado já evidenciam os bens depreciados
(-) Perdas do valor recuperável	-1.000	0	Os preços de mercado já evidenciam o valor da desvalorização dos bens
Intangível	350	300	Avaliação a valor de mercado ou potencial de benefício futuro
(-) Amortização Acumulada	-100	0	Os preços de mercado já evidenciam os intangíveis amortizados
(-) Perdas do valor recuperável	-50	0	Os preços de mercado já evidenciam o valor da desvalorização dos instangíveis
ATIVO TOTAL	**19.360**	**22.640**	
PASSIVO CIRCULANTE	6.270	6.330	
Fornecedores	2.280	2.260	Ajuste a valor presente - dedução dos juros adicionados nas compras a prazo
Salários e contas a pagar	2.740	2.740	Dificilmente há ajustes, salvo se existirem compromissos atrasados
Impostos a Recolher	1.250	1.330	Ajustes por possíveis multas e juros por atraso
PASSIVO NÃO CIRCULANTE	4.560	4.610	
Empréstimos e Financiamentos	4.560	4.610	Ajustes por contratos de *hedge* cambial, contratos de *swap* etc., se houver, ao valor justo
Patrimônio Líquido	8.530	11.700	
Capital Social	5.000	5.000	Valor de mercado residual, obtido por diferença
Reservas e Lucros Acumulados	3.530	6.700	
PASSIVO TOTAL	**19.360**	**22.640**	

(1) Valor justo: é um valor de mercado, se houver, ou o valor em uso

(2) Valor em uso: valor dos benefícios econômicos advindos de um ativo, calculados pelo fluxo de caixa descontado

No critério de avaliação pelo **Valor Contábil**, o valor da empresa é igual a R$ 8.530, que é o valor total do Patrimônio Líquido pela Contabilidade tradicional.

No critério de avaliação pelo **Valor de Mercado**, o valor da empresa é igual a R$ 11.700, decorrente da avaliação individual dos ativos e passivos a preços de mercado, ficando a diferença como Valor de Mercado Residual ou Patrimônio Líquido a Preços de Mercado.

Cotação da Ação

Neste critério, a empresa vale a cotação da ação ou cota no mercado de bolsa de valores ou de balcão. Este critério é quão mais válido quanto mais o mercado acionário representar a realidade econômica do país e do mercado, bem como o desempenho das empresas, como tende a acontecer nos países onde há grande número de empresas de capital aberto.

Em linhas gerais, sabe-se que os princípios que direcionam o valor da cotação da ação das empresas em bolsas de valores são conceitos econômicos atrelados a fluxo futuro de dividendos ou lucros, sendo, portanto, um critério antecipatório daquele mais recomendado de avaliação de empresas. Nele, para obter o valor da empresa, basta multiplicar a quantidade de ações ou cotas representativas do capital social da empresa pelo valor da cotação ou cota no mercado, por ocasião da negociação ou momento de mensuração do valor da empresa. Obviamente, respeitam-se as diversas classes de ações representativas do capital e suas eventuais cotações diferenciadas. Se as ações preferenciais têm valor diferente das ações ordinárias, essas diferenças devem ser consideradas quanto às respectivas quantidades.

Valor da Empresa pela Cotação da Ação = Quantidade de Ações × Cotação da Ação na Bolsa

Tabela 6.2 Valor da empresa pelo critério de cotação da ação

Cotação da Ação	Ordinárias	Preferenciais	Total
Quantidade integralizada	3.200.000	4.500.000	7.700.000
Cotação unitária da ação no mercado – em R$	1,25	1,45	
Valor da Empresa – Em R$	**4.000.000**	**6.525.000**	**10.525.000**

Valor Econômico

Neste conceito, o **valor atual** da empresa é decorrente de sua **rentabilidade futura**, ou, em outras palavras, do fluxo futuro de benefícios. Em princípio, devemos projetar os lucros da empresa considerando os produtos e mercados atuais, os produtos e mercados futuros e avaliar sua rentabilidade, trazendo-os a valor atual por uma taxa de juros de desconto. Este critério é considerado como o mais adequado para avaliação de uma empresa, pois se fundamenta no cerne da questão empresarial: a capacidade de geração de lucros, que possibilitará o que se busca num investimento de risco: a geração de caixa e, consequentemente, o retorno do investimento. Gerando lucros e caixa, a empresa terá condições de distribuir resultados e, com isso, possibilitará tanto fluxos futuros de dividendos como manterá sua atratividade para os atuais e potenciais acionistas e investidores.

A possibilidade real de dividendos futuros influenciará decididamente na avaliação da ação no mercado, trazendo sua cotação a preços que reflitam o patrimônio da empresa, sua rentabilidade futura e, portanto, seu desempenho empresarial.

Dentro deste critério podemos incluir outros que, em nosso entendimento, são similares:

- Fluxo Futuro de Benefícios.
- Fluxo Futuro de Dividendos.
- Fluxo Futuro de Lucros.
- Fluxo Futuro de Caixa ou Fluxo de Caixa Descontado.

A dúvida que possa existir sobre se devemos utilizar o conceito de lucros futuros ou o de fluxos futuros de caixa é dirimida pelas colocações de Iudícibus, quando diz:

> "A curto prazo, no que se refere ao modelo informacional que precisa ser suprido para o modelo decisório, pode parecer que este condiciona modelos diferenciados para aquele, caso estejamos contemplando o usuário interno ou externo. Assim, podemos ter modelos baseados em **fluxos de renda ou de caixa**, conforme o usuário. Mas, a longo prazo, tanto os fluxos de renda (competência) podem ser transformados em fluxos de caixa, como estes são, em última análise, os insumos informacionais mais relevantes. Se examinarmos bem, o que todos os usuários da informação contábil procuram é maximizar o valor presente dos fluxos de caixa futuros por meio de manipulações com elementos patrimoniais. Como já afirmei em outros trabalhos, a empresa, por exemplo, somente mantém outros ativos (que não caixa) na esperança de obter mais caixa no futuro. Assim, basicamente, pensamos que não existe grande diferença nos objetivos decisórios de usuários, os mais variados. **A maximização do fluxo de caixa é um objetivo comum.**"[15] (destaques nossos)

[15] IUDÍCIBUS, Sérgio de. "Por uma teoria abrangente de contabilidade". *In: Boletim do IBRACON*. Ano XVII, nº 200, janeiro de 1995, p. 6.

Tabela 6.3 Apuração do valor do *goodwill*

A = Valor da empresa pelo critério de potencial de rentabilidade	= R$ 13.127.022
B = Valor da empresa pelos ativos e passivos avaliados individualmente	= R$ 11.700.000
C = Valor do *goodwill* (A – B)	= R$ 1.427.022

Ativos Intangíveis e *Goodwill*

Uma das questões cruciais na avaliação de empresas é determinar o valor dos denominados ativos intangíveis, que são elementos patrimoniais que adicionam valor ao empreendimento negocial, mas que não existem fisicamente nem são mensurados tradicionalmente pela Contabilidade, salvo se já tiver sido objeto de uma negociação anterior.

Alguns conceitos expressam bem os ativos intangíveis, pois eles evidenciam elementos que de fato agregam valor ao negócio, mas não são, via de regra, mensurados; são exemplos: o *goodwill*, fundo de comércio, marca da empresa ou de produtos etc. O conceito de *goodwill* engloba todos esses aspectos e elementos intangíveis, podendo ser entendido como um elemento patrimonial intangível, que possibilita um ganho para a empresa além do normal.[16] É relevante ressaltar que ele não pode ser mensurado isoladamente, só existindo em função de determinados acontecimentos ou aspectos, que fazem com que a empresa consiga ganhos acima do normal. Sem ele, a empresa faturaria e lucraria menos.

O *goodwill* é um elemento que determina o caráter sinérgico da empresa, ou seja, a resultante de uma série de fatores coordenados dentro da empresa, nos seus aspectos de produtos, produção, mercados, administração, localização, cultura empresarial etc., que empurra a empresa para maiores lucros do que os que seriam obtidos após a análise puramente técnica dos elementos tradicionais dos investimentos negociais. O *goodwill* está ligado, então, à empresa como um todo, podendo ser determinado pela diferença entre o valor da empresa como um todo, avaliado pelo potencial de rentabilidade futura, e o valor dos ativos avaliados individualmente, mesmo que estes sejam também avaliados pelo potencial de serviços futuros específico de cada um.

Elementos para Avaliar a Empresa pelo Potencial de Rentabilidade

O valor da empresa no momento, como já vimos, deve ser encarado como sendo o valor atual dos lucros futuros até o horizonte, descontado pelo custo de oportunidade do investimento em cada início de período em que se gerar lucro, somado ao valor de realização do Patrimônio Líquido no início do horizonte (ou o provável valor de realização no final do horizonte de tempo considerado), descontados a uma taxa adequada. Desta maneira, os elementos para este critério de avaliação são os seguintes:

- **Horizonte do empreendimento**, ou seja, o número de anos a serem utilizados para projeção dos lucros futuros (em condições de continuidade, a faixa de horizonte mais utilizada situa-se entre 5 e 10 anos).
- **Lucro projetado ou fluxo de caixa projetado** (para todos os períodos de tempo considerados no horizonte do empreendimento).
- **Investimento inicial ou valor de realização (valor residual) do investimento ao final do horizonte de tempo**; no caso de empresa em andamento, o valor a ser considerado será o valor residual, ou seja, qual o provável valor da empresa após a distribuição dos lucros projetados.
- **Taxa de desconto adequada**, ou seja, a taxa para descontar os fluxos periódicos futuros, dentro do conceito de juro composto, objetivando trazer os valores futuros a valor presente.
- **Surgimento do *Goodwill***, já que, mesmo sob o melhor critério de avaliação individual dos ativos e passivos existentes, emergirá o valor do *goodwill* como aquele que complementa a avaliação global pelo potencial de rentabilidade em relação à avaliação anterior existente.

Os Elementos e seus Problemas

Todos os elementos componentes do critério de avaliação pelo potencial de rentabilidade futura podem ser objeto de críticas, pois têm um grande grau de subjetividade ou de incerteza na obtenção de seus dados. Todos os elementos devem ser trabalhados no sentido de obter a melhor solução, seja com alguns caminhos práticos, seja com o auxílio de métodos quantitativos e probabilísticos.

O **número de anos** a serem considerados para a projeção de caixa ou de lucros é, por si só, um problema conceitual. O valor da empresa em continuidade pressupõe sua eternidade; portanto, não haveria limite de

[16] NEIVA, Raimundo Alelaf. *Valor de mercado da empresa*. São Paulo: Atlas, 1992, p. 63.

períodos. Neste caso, a solução mais objetiva seria considerar um lucro projetado considerado normal e adotar o conceito matemático da **perpetuidade**. Isso é perfeitamente aceitável quando não há previsão de grandes oscilações do lucro no empreendimento ao longo dos anos. Caso isso aconteça, um horizonte de até dez anos pode ser suficiente, porque, como o fluxo futuro é descontado de forma composta, à medida que os períodos vão avançando, é possível que o valor presente dos lucros futuros dos períodos mais distantes tenha menor representatividade.

A **projeção dos lucros ou dos fluxos de caixa** envolve todas as incertezas inerentes ao processo de projeção de resultados por longos períodos de tempo. Deve-se tomar cuidado com as premissas operacionais e de custos financeiros, buscando eliminar o máximo possível das incertezas constantes em todos os itens da demonstração de resultados projetada.

O **valor do investimento** inicial não apresenta grandes problemas. O **valor residual**, ao final do horizonte de tempo, tem os mesmos problemas de incertezas das projeções de resultado.

A **taxa de desconto** a ser utilizada também não é pacífica. O conceito fundamental é o de custo de oportunidade, que pode ser: o custo de oportunidade declarado dos acionistas, o custo médio de capital da empresa, o custo financeiro de investimentos livres de risco mais uma taxa média de prêmio pelo risco da empresa etc.

Mesmo considerando todos esses problemas, o valor da empresa deve ser calculado segundo a melhor competência dos gestores empresariais, lembrando sempre que a importância do valor da empresa está em ter o melhor parâmetro para a gestão de Controladoria, que é o processo de criação de valor.

A seguir apresentamos um modelo numérico de avaliação econômica da empresa sob o conceito de fluxos futuros, na Tabela 6.4.

6.6 Integração do Modelo de Lucro Contábil com o Modelo de Lucro Econômico

Como já vimos, o modelo de apuração do Lucro Contábil, segundo os princípios fundamentais de Contabilidade, é expresso pela equação:

Lucro = Receita (-) Despesas

L = R - D

O modelo de apuração do Lucro Econômico decorre da avaliação do lucro pela diferença entre o Patrimônio Líquido no final do exercício e o Patrimônio Líquido do início do exercício:

Lucro = Patrimônio Líquido final (-) Patrimônio Líquido inicial

L = PLf - PLi

A adoção do conceito de Lucro Econômico implica a mensuração do *goodwill*. Para complementar o modelo de Lucro Econômico com o conceito de criação de valor para o acionista, temos de adicionar o conceito de custo de oportunidade de capital. A fórmula deve, então, ser complementada como segue:

L = PLf – Pli × Custo de Capital

A integração do modelo de mensuração do Lucro Contábil para chegarmos ao modelo de mensuração mais adequado, que é o Lucro Econômico, torna-se possível mediante a contabilização periódica do *goodwill* (que será obtido pelo valor da empresa por meio do potencial de fluxos futuros) e a aplicação do custo de capital ao Patrimônio Líquido inicial. O modelo integrado ficaria como segue:

Tabela 6.4 Exemplo: potencial de rentabilidade futura

Custo de Oportunidade		**10% a.a.**	
Período Considerado		5 anos	
Valor Atual/Residual		6.097.000	
	Rentabilidade Futura	**Taxa de Desconto**	**Valor Descontado**
Ano 1	1.200.000	1,10000	1.090.909
Ano 2	1.500.000	1,21000	1.239.669
Ano 3	1.850.000	1,33100	1.389.932
Ano 4	2.300.000	1,46410	1.570.931
Ano 5	**2.800.000**	1,61051	**1.738.580**
Soma	9.650.000		7.030.022
Valor atual/residual	6.097.000		6.097.000
Valor da Empresa	**15.747.000**		**13.127.022**

Quadro 6.2 Modelo de integração do lucro contábil e lucro econômico

Receitas
(-) Despesas
= Lucro Contábil
(+/-) *Goodwill* do período
(-) Custo de Capital sobre o Patrimônio Líquido inicial
= Lucro Econômico

6.7 Evidenciação nas Demonstrações Contábeis dos Critérios de Apuração do Valor da Empresa

Apresentamos a seguir um exemplo numérico de como poderiam ficar as demonstrações contábeis básicas evidenciando concomitantemente os quatro tipos básicos de avaliação econômica da empresa. Os números são aleatórios, apenas de caráter ilustrativo. Nesse modelo as demonstrações contábeis principais, o balanço patrimonial e a demonstração de resultados seriam apresentados em quatro colunas.

O Balanço Patrimonial passa a incorporar no ativo permanente uma conta para evidenciar o valor do *goodwill* não adquirido. No passivo, no grupo patrimônio líquido, abre-se a conta do resultado do período para abarcar a evolução do resultado decorrente dos quatro critérios de avaliação patrimonial.

Na coluna de Valor de Mercado, os ativos e passivos devem ser avaliados pelo critério de valor de mercado, na premissa de negociação individual. Os principais critérios a serem utilizados são: ajuste a valor presente dos créditos e obrigações, preços de reposição, valor realizável líquido, preços de mercado. No critério de Valor de Mercado Acionário, mantém-se a avaliação do critério anterior, adicionando-se apenas na conta *Goodwill* a diferença positiva ou negativa entre o valor patrimonial a preços de mercado e o valor patrimonial presentemente obtido pela cotação das ações no mercado de bolsa. No caso de empresas que não têm ações cotadas em bolsa, essa coluna é desnecessária.

Na coluna Valor Econômico, os ativos imobilizados devem ser avaliados pelos seus fluxos futuros de serviços. O valor do *goodwill* neste critério será a diferença entre o total dos fluxos futuros de lucros ou caixa descontados, mais ou menos o valor já apropriado para os ativos imobilizados. Nosso entendimento é que não há necessidade de detalhamento do *goodwill*, se proveniente de marca, capital intelectual ou outro intangível, bastando o conceito global de *goodwill*.

Na Demonstração do Resultado insere-se uma conta para evidenciar o resultado adicional obtido pela avaliação de mercado e fluxo futuro de lucros ou caixa. A outra conta a ser inserida é para absorver a contabilização do custo de oportunidade de capital dos acionistas. Exceto para a coluna Valor Contábil, os conceitos de preços de reposição devem ser adotados para atualização das receitas e despesas.

Contabilidade Gerencial *Versus* Contabilidade Financeira

O modelo faz a congruência entre essas duas visões da Ciência Contábil, eliminando um assunto pendente há muito tempo dentro da classe contábil. Não há mais distinção entre uma e outra. Fica claro que a contabilidade é uma só e que critérios de avaliação econômica podem ser discutíveis, mas também podem ser integrados.

Goodwill periódico

A partir do segundo exercício da implantação do modelo, a Demonstração do Resultado do Exercício apresentará a diferença de *goodwill* acumulado de um ano para outro. É de fundamental importância a mensuração periódica deste evento econômico, já que mostrará a tendência do crescimento da empresa e do processo de criação de valor, refletindo os novos impactos das tendências futuras e evidenciando, ao longo dos anos, a possível flutuação do valor econômico da empresa.

Análise de Balanço

O conjunto de informações fornecido pelas demonstrações propostas elimina qualquer necessidade de avaliação adicional dos usuários externos para fazer suas avaliações do empreendimento, já que o modelo-base considerado mais avançado para a análise das demonstrações contábeis, o conceito de geração de lucro, fluxos futuros e valor presente líquido já constam do critério de avaliação do lucro econômico.

Possíveis Desvantagens

Um argumento que pode ser colocado é se o excesso de dados pode comprometer o entendimento das demonstrações, uma vez que se evidenciam os elementos patrimoniais por diversos critérios. Os usuários externos interessados nas demonstrações contábeis têm capacitação suficiente para compreender as possibilidades de avaliação econômica que estamos sugerindo na proposta. São empresários, analistas de investimento, analistas de crédito, fornecedores, clientes, investidores etc.,

Tabela 6.5 Balanço Patrimonial e os critérios de avaliação de empresas

BALANÇO PATRIMONIAL	**Valor Contábil**	**Valor de Mercado**	**Valor de Mercado Acionário**	**Valor Econômico**
ATIVO CIRCULANTE	**44.000**	**45.000**	**45.000**	**45.000**
Disponibilidades	8.000	8.000	8.000	8.000
Clientes	15.000	14.000	14.000	14.000
Estoques	20.000	22.000	22.000	22.000
Outros valores a relizar	1.000	1.000	1.000	1.000
ATIVO NÃO CIRCULANTE	**51.000**	**53.000**	**40.000**	**67.400**
Realizável a longo prazo	1.000	1.000	1.000	1.000
Investimentos	5.000	6.000	6.000	6.000
Imobilizado	44.000	46.000	46.000	50.000
Intangível	1.000	0	0	0
Godwill não adquirido (marcas, capital intelectual, outros intangíveis, fluxos futuros etc.)	0	0	-13.000	10.400
TOTAL DO ATIVO	**95.000**	**98.000**	**85.000**	**112.400**
PASSIVO CIRCULANTE	**15.000**	**14.600**	**14.600**	**14.600**
Fornecedores	6.000	5.800	5.800	5.800
Contas a Pagar	3.500	3.500	3.500	3.500
Impostos a Recolher	2.500	2.400	2.400	2.400
Empréstimos e Financiamentos	2.000	2.000	2.000	2.000
Outros Valores a Pagar	1.000	900	900	900
PASSIVO NÃO CIRCULANTE	**35.000**	**35.000**	**35.000**	**35.000**
Empréstimos e Financiamentos	34.000	34.000	34.000	34.000
Outros	1.000	1.000	1.000	1.000
PATRIMÔNIO LÍQUIDO	**45.000**	**48.400**	**35.400**	**62.800**
Capital Social	30.000	30.000	30.000	30.000
Reservas	10.000	10.000	10.000	10.000
Resultado do Período	5.000	8.400	-4.600	22.800
Resultado Contábil	5.000	5.000	5.000	5.000
Resultado de Mercado	0	3.400	3.400	3.400
Resultado de Mercado Acionário	0	0	-13.000	0
Custo de Oportunidade de Capital	0	0	0	7.260
Resultado Econômico	0	0	0	7.140
TOTAL DO PASSIVO	**95.000**	**98.000**	**85.000**	**112.400**

Tabela 6.6 Demonstração de Resultados e os critérios de avaliação de empresas

DEMONSTRAÇÃO DE RESULTADOS	**Valor Contábil**	**Valor de Mercado**	**Valor de Mercado Acionário**	**Valor Econômico**
RECEITA OPERACIONAL	100.000	110.000	110.000	110.000
(-) Custo das Vendas	-62.000	-71.500	-71.500	-71.500
LUCRO BRUTO	38.000	38.500	38.500	38.500
(-) Despesas Operacionais	-28.500	-30.000	-30.000	-30.000
LUCRO OPERACIONAL	9.500	8.500	8.500	8.500
(+) Receitas Financeiras	1.000	1.000	1.000	1.000
(-) Despesas Financeiras	-3.000	-3.000	-3.000	-3.000
(+/-) Equivalência Patrimonial	1.000	2.000	2.000	2.000
(+/-) Resultado na alienação de permanentes	-1.000	-1.000	-1.000	-1.000
LUCRO ANTES DOS IMPOSTOS	7.500	7.500	7.500	7.500
(-) Impostos sobre o Lucro	-2.500	-2.500	-2.500	-2.500
LUCRO CONTÁBIL APÓS OS IMPOSTOS	5.000	5.000	5.000	5.000
(+/-) Lucro de Mercado/Goodwill não Adquirido	0	3.400	-9.600	9.400
LUCRO DE MERCADO/CRIAÇÃO DE VALOR	5.000	8.400	- 4.600	14.400
(-) Custo de Oportunidade de Capital	0	0	0	-7.260
LUCRO ECONÔMICO	5.000	8.400	- 4.600	7.140

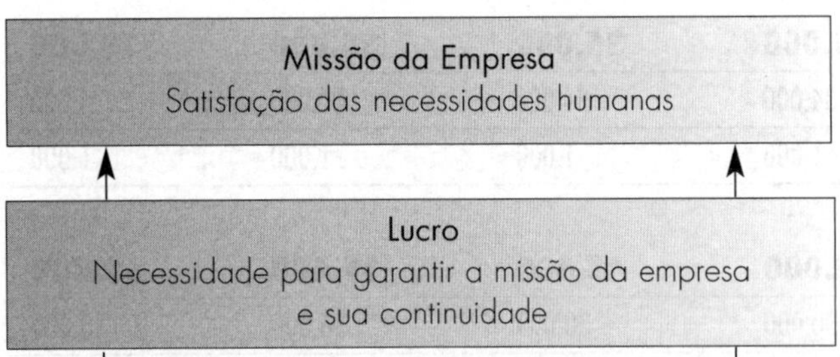

Figura 6.2 Valor da empresa e controladoria

todos com capacitação suficiente para trabalhar num ambiente complexo.

6.8 Valor da Empresa e Condução da Controladoria: Um Resumo

A missão das empresas consiste em satisfazer as necessidades humanas. Para tanto, elas devem ter condições de continuidade ou sobrevivência, que só é possível se obtiverem lucros consistentes para satisfazer as necessidades dos seus acionistas por meio do conceito de criação de valor. Assim, o lucro é o elemento essencial para avaliar a eficácia do sistema empresa. A melhor apuração do lucro é feita por meio da mensuração econômica, ou seja, pelo potencial de rentabilidade e fluxos de benefícios futuros descontados, com a apuração periódica do valor da empresa, constituindo-se este referencial com o foco condutor da Controladoria.

ATIVO CIRCULANTE	Valor Contábil
Cx/Bcos/AF	1.000
Estoques	5.000
Clientes	7.000
ATIVO NÃO CIRCULANTE	
Imobilizado	12.000
(-) Deprec. Acumulada	(2.000)
TOTAL	23.000
PASSIVO	
CIRCULANTE	
Fornecedores	2.700
Contas a Pagar	200
Impostos a Recolher	100
PASSIVO NÃO CIRCULANTE	
Empréstimos	8.000
PATR. LÍQUIDO	
Capital Social	10.000
Lucro Acumulado	2.000
TOTAL	23.000

DEMONSTRAÇÃO DO RESULTADO DO PERÍODO	
Vendas Brutas	9 600
(-) Impostos s/ Vendas	(1.600)
Vendas Líquidas	8.000
(-) CMV	(5.000)
= Lucro Bruto	3.000
(-) Despesas operacionais	(700)
(-) Juros	(200)
(-) Depreciação	(1.000)
= Lucro Líquido	1.100

Questões e Exercícios

1 Uma empresa decide entrar no ramo de leite longa vida e espera vender 5 milhões de litros ao mês. O preço pago pela matéria-prima é de R$ 0,25 o litro, e o preço de mercado do produto final é igual a R$ 1,10. Qual será o valor agregado máximo dado pelo produto em um ano de faturamento? Desconsidere impostos para este cálculo.

2 O gasto estimado para suportar as atividades internas desenvolvidas para fabricar e comercializar o produto do exercício anterior somam R$ 46.500.000 para um ano. Os investimentos necessários para implantação do projeto de leite longa vida são da ordem de R$ 38.000.000. Qual é a rentabilidade anual do investimento?

3 Supondo que os financiadores do projeto tinham em mente um custo de oportunidade do capital de 11% ao ano, qual será a criação de valor para os acionistas estimada anualmente?

4 Considere uma outra alternativa, quando o preço de venda do litro de leite possa crescer 3% e o da matéria-prima apenas 2%. Considere que o custo anual das atividades seja o mesmo, bem como o investimento inicial.

Calcule:

a) o novo Valor Agregado gerado pela empresa;

b) a rentabilidade anual do investimento;

c) o valor criado para o acionista, partindo do pressuposto agora de que o custo de oportunidade dos fornecedores de capital seja de 18% ao ano.

5 Considere os seguintes demonstrativos contábeis de uma empresa:

a) Determine o valor da empresa a preços de mercado considerando as seguintes premissas:

- Os estoques a preços de reposição valem mais 12%.
- Os clientes têm embutido taxas médias de juros de 4%.
- O imobilizado a valor contábil está superavaliado em 20%.
- A depreciação a preços de mercado deve seguir a proporção do valor contábil.
- Os fornecedores têm embutidas taxas médias de juros de 2%.

b) Determine o valor da empresa pelo fluxo futuro de lucros, considerando que nos próximos três anos a empresa lucrará 20% a mais em cada ano, de forma consecutiva e sempre sobre o ano anterior. Considere como taxa de desconto o custo de oportunidade de 10% e um valor residual da empresa de R$ 4.500.

c) Apure o valor do *goodwill*.

6 A projeção do fluxo líquido de caixa de uma empresa para os próximos cinco anos é a seguinte:

	Fluxo de Caixa Projetado (Em R$)
Ano 1	20.000
Ano 2	23.500
Ano 3	24.000
Ano 4	28.000
Ano 5	30.000

Considerando um valor residual de R$ 35.000 e um custo de oportunidade de capital de 13% ao ano, qual será o valor da empresa pelo critério de fluxos futuros?

7 Uma empresa tem um valor atual de mercado de R$ 154,5 milhões. Novas premissas e condições do ambiente indicam que ela tem uma capacidade anual de geração de lucro de R$ 19,2 milhões por ano. Considerando um custo de oportunidade de capital de 12% ao ano, em perpetuidade, qual será o novo valor da empresa e o *goodwill* resultante?

PARTE II

ESTRUTURA CONTÁBIL E ATIVIDADES REGULAMENTARES

O desenvolvimento desta parte do trabalho está ligado à área da Controladoria, que denominamos genericamente de escrituração no Capítulo 4. Compreende genericamente o conjunto da Contabilidade Societária, o Controle Patrimonial e a Contabilidade Tributária.

É atribuição da Controladoria administrar ou executar o processo de aderência às regras e cumprimento de normas legais, denominado genericamente de função de *compliance*. A base dessa função está em:

- analisar e mensurar o impacto das legislações no resultado econômico da empresa;
- atender aos diversos agentes do mercado, seja como representante legal formalmente estabelecido ou apoiando o gestor responsável;
- efetuar o controle interno.

Além dessas atividades, é comum a Controladoria responsabilizar-se pela escrituração e controle do Ativo Permanente, incluindo, eventualmente, os seguros a ele vinculados pelo Sistema de Controle Patrimonial.

A base de toda a gestão de Controladoria é o Sistema de Contabilidade Societária. Não abordaremos este tópico, pois partimos da premissa de que são temas que devem ter sido anteriormente absorvidos. Em linhas gerais, os temas de Contabilidade Societária abordariam:

- os principais eventos econômicos empresariais;
- os conceitos fundamentais para compreensão dos demonstrativos contábeis;
- os relatórios contábeis, quais sejam:
  . Balanço Patrimonial.
  . Demonstração de Resultados do Período.
  . Demonstração de Lucros Acumulados.
  . Demonstração das Mutações do Patrimônio Líquido.
  . Demonstração das Origens e Aplicações de Recursos.
  . Demonstração do Fluxo de Caixa.
  . Demonstração do Valor Adicionado.
  . Balanço Social.
  . Notas Explicativas e Relatório da Administração.
  . Demonstrativos Contábeis Consolidados.
  . Demonstrativos Contábeis em Moeda de Poder Aquisitivo Constante.
  . Demonstrativos Contábeis em outras Moedas.

Desta maneira, esta parte do livro é dedicada a apresentar as atividades de Controladoria na Gestão de Impostos, Gestão Patrimonial e Relações com Investidores. As atividades de controle interno já foram objeto de apreciação no Capítulo 4 da Parte I.

Capítulo 7

Gestões Complementares: Gestão de Impostos e Controle Patrimonial

Este capítulo destina-se a apresentar um painel das principais atividades complementares da Controladoria, dentro da sua estrutura ligada à escrituração e atividades regulamentares. Este capítulo não esgota o tema, uma vez que cada empresa pode apresentar necessidades específicas, fruto de sua estrutura organizacional, produtos ou negócios. Porém, em linhas gerais, a Controladoria tem um papel relevante na gestão, parcial ou total, dos tópicos que serão apresentados neste capítulo.

7.1 Gestão de Impostos

Apesar do forte componente jurídico, o desenvolvimento desta atividade pela Controladoria impõe-se pela natural tendência de a Contabilidade dispor e utilizar as informações relativas aos impostos. Acrescente-se a isto que a maior parte dos impostos permeia as atividades operacionais de compra e venda; portanto, tem um forte componente operacional, impactando todas as atividades da companhia. Como é função precípua da Controladoria o apoio aos demais gestores, é uma tendência natural que as questões tributárias envolvendo as operações tenham a assessoria e monitoramento da Controladoria.

Outro fator importante que faz que esta atividade seja exercida pela Controladoria é que o Sistema de Informação de Controladoria permite uma visão geral de todos os aspectos da empresa e, consequentemente, de todos os impostos. A gestão dos impostos pela Controladoria deve ser feita por um sistema de informação específico.

Gestão de Impostos × Planejamento Tributário

É comum a utilização dessas duas nomenclaturas para atividades semelhantes. Contudo, no nosso entender, há uma diferença significativa.

Podemos conceituar **planejamento tributário** como estudos pontuais e específicos que objetivam melhorar a carga tributária geral da empresa, por meio de contenciosos, reorganizações societárias etc. Basicamente, esta atividade tende a ser desenvolvida pelo setor jurídico da empresa, uma vez que envolve questões de ordem jurídica processual.

Conceituamos como **gestão de impostos** o acompanhamento sistemático de todos os impostos da corporação, empresa e estabelecimentos fiscais. Para tanto, é necessário um sistema de informação. Geralmente, é da gestão dos impostos, feita de forma rotineira, que emergem as questões para o planejamento tributário.

Quando as questões levantadas pelo sistema de gestão de impostos implicam um contencioso ou outra atividade processual, a Controladoria deverá juntar-se ao setor jurídico da empresa e auxiliá-lo na gestão do planejamento tributário levantado.

Comitê de Assuntos Tributários

Dada a natural complexidade do assunto, recomenda-se que a empresa constitua um comitê para discussão dos assuntos tributários, que examine as questões tributárias existentes e a existir de forma periódica. Normalmente, esse comitê deve ser composto com as pessoas que exercem as seguintes funções:

- Diretor ou gerente administrativo financeiro.
- *Controller* ou o contador-geral.
- Responsável pelo setor jurídico da empresa.
- Assessor jurídico externo.

Quando determinadas questões envolverem aspectos operacionais, recomenda-se a participação do principal responsável pela atividade. Exemplo: se a questão é de impostos sobre vendas, recomenda-se a participação do responsável pela emissão das notas fiscais da empresa ou estabelecimento.

Sistema de Informação de Gestão de Impostos

O *controller* é o responsável pela estruturação deste sistema de informação. A base para a existência deste subsistema está na grande quantidade de impostos, taxas e contribuições existentes no país. As bases de cálculo e formas de tributação também se apresentam de muitas maneiras.

Adicionem-se a esses fatores as inúmeras possibilidades de exceções tributárias, como as isenções, suspensões, não incidências, não tributação etc., que tornam necessário um detalhamento adequado sobre os tipos de bases de cálculo (despesas, receitas, resultados, saídas, entradas etc.), de modo que permita um gerenciamento eficaz dos impostos gerados pela empresa, buscando a otimização e a redução do impacto financeiro ocasionado por eles.

Complementarmente, as necessidades informacionais do Balanço Social têm exigido acurácia nas informações dos impostos e contribuições geradas pela empresa.

Tendo em vista a magnitude mais comum para as empresas, podemos seccionar este subsistema em quatro grandes blocos de informações, considerando os diversos tipos de impostos e contribuições:

- Impostos e Contribuições sobre Mercadorias.
- Impostos e Contribuições sobre o Lucro.
- Contribuições sobre Folha de Pagamento.
- Outros Impostos, Taxas e Contribuições.

Objetivos do Subsistema de Gestão de Impostos

O principal objetivo deste subsistema é apresentar as informações sobre as bases de cálculo sobre as quais os impostos foram gerados e também quais as bases de cálculo que, em geral, seriam objeto de tributação, mas que, pelas exceções tributárias, não tiveram a incidência dos impostos, taxas e contribuições.

Os objetivos principais são, então, os seguintes:

- Informar as bases de cálculo de incidência dos tributos.
- Informar as exceções das bases de cálculo dos tributos.
- Permitir a gestão operacional dos tributos, na busca do impacto mínimo para a empresa.
- Permitir a visão do impacto dos tributos sobre todos os estabelecimentos da empresa e das empresas do grupo corporativo.
- Possibilitar o acompanhamento sistemático dos impostos a recuperar, dos créditos tributários pendentes (regulares e contenciosos) e dos impostos parcelados.
- Dar as informações para o Balanço Social.

Atributos e Funções

A principal função do administrador deste subsistema é identificar com clareza e precisão as informações relevantes que serão utilizadas pelos usuários das saídas deste subsistema. A importância dessa função está em que as informações geradas pelo subsistema, após coleta e processamento dos dados de outros subsistemas, devem estar no grau adequado de síntese.

Apresentar todas as bases de cálculo deixarão relatórios longos, que dificultarão o processo de gestão. Sintetização em demasia não permitirá uma gestão adequada. Há de fazer uma condensação suficiente para a tomada de decisão e ação.

Operacionalidades do Sistema

A operacionalidade básica é a alimentação automática do sistema. Como o volume de informações geradas sobre os impostos é muito grande, o subsistema deve ter na integração e interfaceamento abrangente sua principal operacionalidade.

Outra operacionalidade é um processo inteligente de indexação e cálculo de juros moratórios, tendo em vista que os tributos poderão ser objeto de recuperação por vários períodos, ao mesmo tempo que, nos casos de parcelamento de tributos, os pagamentos sofrem o processo de pagamento de juros e multas pela postergação do pagamento.

Informações e Relatórios Gerados

Deverá sair um relatório para cada tributo importante, devendo conter as seguintes informações sobre cada tributo:

- Principais bases de incidência dos impostos.
- Principais bases de não incidência dos impostos.
- Tipos de movimentação mais relevantes (entradas, compras, importações, exportações, transferências, remessas, despesas operacionais, receitas operacionais, receitas financeiras etc.).
- Prazos de recolhimento, indexador legal, se existir, prazo de entrega das guias ou declarações.
- Alíquotas básicas para as movimentações mais relevantes.
- Valor dos impostos, debitados, creditados, aproveitados, postergados, diferidos, a recuperar etc.

Os principais impostos, atualmente, que devem merecer relatórios e análises específicas são:

- Sobre Mercadorias: IPI, ICMS, ISS, PIS, Cofins, Imposto de Importação, Imposto de Exportação, Simples.
- Sobre o Lucro: Imposto de Renda, Contribuição Social, IR na Fonte sobre Juros sobre o Capital Próprio, Lucro Presumido.
- Sobre a Folha de Pagamento: INSS, FGTS, Sesi/Senai/Sest, Seguro Acidente etc.
- Outros Impostos: IR nas Remessas para o Exterior, Imposto sobre Operações Financeiras (IOF), Imposto/Contribuição sobre Movimentação Financeira, IR na Fonte, INSS sobre Autônomos, Imposto Territorial Rural (ITR), Imposto Predial e Territorial Urbano (IPTU), Imposto sobre Veículos Automotores (IPVA) etc.

Exemplos de Relatórios

A seguir, damos três exemplos de relatórios de acompanhamento dos impostos. Os dois primeiros são modelos para acompanhamento dos principais impostos sobre vendas, e o terceiro tem por objetivo apresentar o painel de todos os impostos, especialmente para atender o Balanço Social.

Tabela 7.1 Acompanhamento de IPI e ICMS

	Período 1	Período 2	Período 3 ...	Total
SAÍDAS – BASE DE CÁLCULO/IMPOSTO				
Vendas – Mercado Interno	X.XXX	X.XXX	X.XXX	X.XXX
Vendas – Mercado Externo	X.XXX	X.XXX	X.XXX	X.XXX
Vendas – Isentas	X.XXX	X.XXX	X.XXX	X.XXX
Transferências Remetidas (filiais)	X.XXX	X.XXX	X.XXX	X.XXX
Outras Movimentações	X.XXX	X.XXX	X.XXX	X.XXX
ENTRADAS – BASE DE CÁLCULO/IMPOSTO				
Compras – Mercado Interno	X.XXX	X.XXX	X.XXX	X.XXX
Compras – Mercado Externo	X.XXX	X.XXX	X.XXX	X.XXX
Compras – Isentas	X.XXX	X.XXX	X.XXX	X.XXX
Serviços Tributados	X.XXX	X.XXX	X.XXX	X.XXX
(Energia Elétrica, Comunicações, Fretes)	X.XXX	X.XXX	X.XXX	X.XXX
Transferências Recebidas (filiais)	X.XXX	X.XXX	X.XXX	X.XXX
Outras Movimentações	X.XXX	X.XXX	X.XXX	X.XXX
TOTAL DOS IMPOSTOS				
IPI Debitado	X.XXX	X.XXX	X.XXX	X.XXX
IPI Creditado	X.XXX	X.XXX	X.XXX	X.XXX
IPI a Recolher (ou saldo credor)	X.XXX	X.XXX	X.XXX	X.XXX
ICMS Debitado	X.XXX	X.XXX	X.XXX	X.XXX
ICMS Creditado	X.XXX	X.XXX	X.XXX	X.XXX
ICMS a Recolher (ou saldo credor)	X.XXX	X.XXX	X.XXX	X.XXX
ESCRITURAÇÃO				
Entrega da Guia: dia xx				
Recolhimento: dia xx				
Alíquotas Básicas: xx, xx				
Indexação: xx				

Tabela 7.2 Acompanhamento de PIS e Cofins

	Período 1	Período 2	Período 3 ...	Total
SAÍDAS – BASE DE CÁLCULO/IMPOSTO PIS e Cofins				
Vendas – Mercado Interno	X.XXX	X.XXX	X.XXX	X.XXX
Vendas – Mercado Externo	X.XXX	X.XXX	X.XXX	X.XXX
Vendas – Isentas	X.XXX	X.XXX	X.XXX	X.XXX
Vendas para Controladas	X.XXX	X.XXX	X.XXX	X.XXX
Vendas para Coligadas	X.XXX	X.XXX	X.XXX	X.XXX
Vendas de Serviços	X.XXX	X.XXX	X.XXX	X.XXX
Vendas para Terceirização e Retorno	X.XXX	X.XXX	X.XXX	X.XXX
PIS				
Receitas Financeiras – Variáveis Monetárias	X.XXX	X.XXX	X.XXX	X.XXX
Receitas Financeiras – Juros	X.XXX	X.XXX	X.XXX	X.XXX
Outras Variações Monetárias Ativas	X.XXX	X.XXX	X.XXX	X.XXX
Outras Receitas Operacionais	X.XXX	X.XXX	X.XXX	X.XXX
Outras Movimentações	X.XXX	X.XXX	X.XXX	X.XXX
TOTAL DOS IMPOSTOS				
PIS a Recolher	X.XXX	X.XXX	X.XXX	X.XXX
Cofins a Recolher	X.XXX	X.XXX	X.XXX	X.XXX
ESCRITURAÇÃO				
Entrega da Guia: dia xx				
Recolhimento: dia xx				
Alíquotas Básicas: xx, xx				
Indexação: xx				

Tabela 7.3 Impostos recolhidos

Impostos/Contribuições Imp. Federais Próprios	**Período 1**	**Período 2**	**Período 3**	**Total**
IPI	xxxxx	xxxxx	xxxxx	xxxxx
PIS	xxxxx	xxxxx	xxxxx	xxxxx
IRRF s/Aplic. Financ.	xxxxx	xxxxx	xxxxx	xxxxx
IRPJ	xxxxx	xxxxx	xxxxx	xxxxx
ITR	xxxxx	xxxxx	xxxxx	xxxxx
Imposto Importação	**xxxxx**	**xxxxx**	**xxxxx**	**xxxxx**
SUBTOTAL	xxxxx	xxxxx	xxxxx	xxxxx
Imp. Estaduais Próprios				
ICMS	xxxxx	xxxxx	xxxxx	xxxxx
IPVA	**xxxxx**	**xxxxx**	**xxxxx**	**xxxxx**
SUBTOTAL	xxxxx	xxxxx	xxxxx	xxxxx
Imp. Municipais Próprios				
ISSQN	xxxxx	xxxxx	xxxxx	xxxxx
IPTU	**xxxxx**	**xxxxx**	**xxxxx**	**xxxxx**
SUBTOTAL	xxxxx	xxxxx	xxxxx	xxxxx
Contribuições Próprias				
INSS – Empresa	xxxxx	xxxxx	xxxxx	xxxxx
Sindical Patronal	xxxxx	xxxxx	xxxxx	xxxxx
Cofins	xxxxx	xxxxx	xxxxx	xxxxx
Contribuição Social	xxxxx	xxxxx	xxxxx	xxxxx
CPMF	**xxxxx**	**xxxxx**	**xxxxx**	**xxxxx**
SUBTOTAL	xxxxx	xxxxx	xxxxx	xxxxx
FGTS	xxxxx	xxxxx	xxxxx	xxxxx
TOTAL I	xxxxx	xxxxx	xxxxx	xxxxx
Imp. Federais De Terceiros				
IRRF – Empregados	xxxxx	xxxxx	xxxxx	xxxxx
IRRF – Terceiros	**xxxxx**	**xxxxx**	**xxxxx**	**xxxxx**
SUBTOTAL	xxxxx	xxxxx	xxxxx	xxxxx
Contribuições De Terceiros				
INSS – Empregados	xxxxx	xxxxx	xxxxx	xxxxx
INSS – Autônomos	**xxxxx**	**xxxxx**	**xxxxx**	**xxxxx**
SUBTOTAL	xxxxx	xxxxx	xxxxx	xxxxx
TOTAL II	xxxxx	xxxxx	xxxxx	xxxxx
TOTAL GERAL	xxxxx	xxxxx	xxxxx	xxxxx

7.2 Controle Patrimonial

Esta atividade também tem sido tradicionalmente desenvolvida pelo setor de Controladoria. Um dos principais motivos é que há a necessidade de controle escritural dos bens e direitos do Ativo Permanente, objetivando a sua avaliação econômica, por meio dos critérios de ativamento, reavaliações, depreciações, amortizações e exaustões.

Sistema de Informação de Controle Patrimonial

Este subsistema tem sido necessário em virtude da grande quantidade de itens de Ativos Permanentes, principalmente imobilizados, que devem ser controlados dentro de uma empresa. A par da grande quantidade de itens, o próprio atributo de serem ativos fixos determina um modelo específico de gestão, decorrente desta característica de fixação e imobilidade física e escritural. Adicionalmente, necessidades legais e fiscais determinam toda uma sistemática de cálculos e controles, que, pela sua complexidade, exigem tratamentos contábeis bastante específicos.

Objetivos do Subsistema de Controle Patrimonial

São os seguintes:

- Assegurar o controle físico e escritural de todos os itens considerados como Ativos Permanentes dentro da empresa.
- Permitir o processo de valorização contábil fiscal e gerencial do Ativo Permanente da empresa.
- Permitir o processo de planejamento e controle dos recursos permanentes à disposição da empresa.
- Armazenar todas as informações necessárias para todas as gestões relacionadas ao Ativo Permanente da empresa.
- Permitir o processo de segurança e responsabilidade dos bens e direitos à disposição dos funcionários da empresa.
- Identificar o valor dos ativos à disposição das atividades, departamentos, divisões e unidades de negócio da empresa.

Atributos e Funções

Dentro da administração deste sistema contábil, podemos alinhavar as seguintes atribuições e funções da Controladoria na gestão deste sistema:

Conceito de controle

É a atribuição-chave do administrador deste sistema. Qualquer controle parte de determinados conceitos, que conduzirão a uma série de procedimentos. Teoricamente, podemos ter três grandes variantes conceituais em termos de Controle Patrimonial:

- Controle geral e irrestrito, físico e escritural de todos os itens considerados permanentes.
- Controle apenas escritural e nenhum controle físico.
- Controle parcial físico e escritural dos itens relevantes e controle apenas escritural dos itens classificados como não relevantes.

O mais comum tem sido a adoção do primeiro conceito de controle e, em seguida, do último conceito, ou seja, ou há um controle geral e irrestrito, ou um controle dos itens mais relevantes tanto em termos físicos como escriturais.

Contudo, o conceito de controle apenas escritural, sem controle físico, que, num primeiro momento, parece absurdo, pode ser bastante viável. O que o torna viável é exatamente as características e atributos físicos dos bens e direitos permanentes: a sua fixação e imobilidade.

Se o grande tema do controle geral e irrestrito, físico e escritural é a questão da segurança, esta, na realidade, só pode ser comprometida em itens de pequeno porte. Itens tradicionais, como máquinas, veículos e equipamentos, não conseguirão ser movimentados pelos funcionários responsáveis de forma invisível. Portanto, a segurança está garantida.

Com relação aos itens de pequeno porte e, eventualmente, de grande valor, o problema de segurança está em condições de igualdade com a segurança de qualquer outro item dentro da empresa que não seja permanente, como dinheiro em caixa, itens de estoque etc., que não têm um controle físico e escritural nos moldes tradicionais do Controle Patrimonial.

Deste modo, a adoção de um sistema de controle apenas escritural pode ser viabilizada e trazer resultados econômicos significativos para a empresa, com a simplificação do sistema de controle. Com isso, o subsistema de Controle Patrimonial teria como função básica apenas atender as necessidades legais e gerenciais de forma escritural, como as contabilizações e as transferências e baixas quando houver.

Normalização dos procedimentos dos eventos patrimoniais

Denominamos de evento patrimonial as diversas possibilidades de ocorrências (entradas e saídas) com os bens e direitos permanentes.

Assim, uma atribuição da administração do sistema e uma função do Sistema de Controle Patrimonial são a classificação e normalização dos procedimentos dos eventos patrimoniais.

Considerando a existência de aplicativos genéricos tipo *workflow*, tais procedimentos devem ser registrados no sistema em formato computacional, não apenas relatorial mediante norma escrita.

Os principais eventos patrimoniais são:

- Aquisição de bens e direitos permanentes.
- Transferências de bens entre estabelecimentos fiscais.
- Transferências de bens entre departamentos ou divisões (centros de custos).
- Empréstimos e comodato de bens.
- Doação de bens e direitos.
- Locação e arrendamento mercantil de bens.
- Ativamento interno de bens.*
- Reformas de equipamentos ou aquisições complementares ativáveis.*
- Obras civis (novos edifícios, ampliações e reformas ativáveis).*
- Sinistro de bens.
- Sucateamento e desmanche de bens.
- Bens para museu.
- Venda de bens e direitos.

Critérios de atribuição de valor e depreciações e decisão de ativamento de gastos

Funções do administrador deste subsistema em consonância com o subsistema de Contabilidade Societária e Fiscal.

Determinados eventos patrimoniais exigem critérios para definir o valor a ser registrado no sistema, como os ativamentos internos e obras civis.

Para o cálculo da depreciação também há necessidade de decidir o critério a ser utilizado para o cálculo, seja em termos de taxas, turnos de trabalho, metodologia, alocação da despesa etc.

A decisão de ativamento dos gastos está relacionada com as possibilidades legais e gerenciais de ativamentos de valores de bens ou gastos, incluindo os itens do Ativo Diferido, gastos de manutenção, de reformas etc.

Correção monetária e contabilização das contas do Patrimônio Líquido

A função deste subsistema nasceu em virtude das necessidades legais do passado de Correção Monetária das Demonstrações Financeiras previstas na Lei nº6.404/1976 (Lei das S/A), obrigatórias até 31.12.1995.

Como o Sistema de Correção Monetária de Balanço, como era comumente chamado, exigia a correção monetária das contas do Ativo Permanente e das contas do Patrimônio Líquido, essa função passou a ser incorporada ao Sistema de Controle Patrimonial. Mesmo que no atual momento não exista esta obrigatoriedade de correção monetária no Brasil, é importante que o sistema tenha esta operacionalidade, tendo em vista que existem as necessidades gerenciais de balanços em outros denominadores monetários, como os balanços em moeda estrangeira, nas quais tal atualização monetária seja necessária.

Identificação patrimonial

Função administrativa e complementar do sistema. É o processo de atribuir número de ordem aos bens e direitos internados dentro da empresa. Tradicionalmente, essa identificação tem sido efetuada com as plaquetas de patrimônio, que são acopladas aos bens adquiridos. Com os avanços da tecnologia de informação, como o código de barras, a identificação tem sido feita dessa forma. Esse novo processo facilita necessidades posteriores de reinventário físico dos bens e direitos.

A identificação é necessária tanto para gerenciamento interno dos itens do permanente, como para as necessidades escriturais de controle das depreciações e baixas patrimoniais.

Informações para manutenção

Algumas empresas e alguns sistemas oferecidos no mercado apresentam essa operacionalidade. É a utilização do subsistema de Controle Patrimonial para a gestão das manutenções dos bens da empresa, seja de caráter escritural ou operacional. Dependendo da complexidade da empresa e de seus equipamentos, a gestão da manutenção tem sido feita com softwares específicos para tal atividade.

Gestão dos Recursos Imobilizados

O foco da gestão dos recursos imobilizados consiste em avaliar o desempenho do bem em relação ao investimento nele efetuado. Essa avaliação deve ser feita de forma periódica, sempre com dois objetivos principais:

- Verificar se o valor do investimento será recuperado adequadamente.
- Avaliar se a manutenção do desempenho do equipamento não ultrapassa o benefício por ele prestado.

Nessa linha de raciocínio, o método de depreciação pelo conceito de fluxos futuros de benefícios fornece os conceitos básicos para um modelo de decisão para a gestão dos recursos imobilizados, levando em conta o fluxo de receitas e despesas futuras. Apresentamos na Tabela 7.4 um modelo de informação para a gestão de recursos imobilizados, que incorpora os principais elementos necessários para as gestões operacional, econômica e patrimonial desse tipo de recurso.

* Normalmente contabilizados como Obras em Andamento.

Tabela 7.4 Modelo de informação para gestão de recursos do imobilizado

Discriminação	Patrimônio 1	Patrimônio 2	Patrimônio N	Total
LOCALIZAÇÃO				
Setor				
Departamento				
Unidade de Negócio				
ATIVIDADE				
Tipo				
Quantidade				
Funcionário(s)				
A – RECEITA DOS SERVIÇOS				
Anual				
Fluxo Futuro				
B – CUSTO DOS SERVIÇOS				
I – Materiais e Gastos de Operação				
Energia Elétrica				
Ferramentas				
Dispositivos				
Combustíveis				
Lubrificantes				
Materiais Auxiliares				
Materiais de Expediente				
Soma				
II – Manutenção				
Materiais				
Serviços				
Outros				
Soma				
III – Custo do Equipamento				
Depreciação Contábil				
Depreciação Econômica				
Aluguel/*Leasing*				
Soma				
IV – Total dos Custos				
C – RESULTADO				

Questões e Exercícios

1 Discorra sobre a diferença básica entre os conceitos de planejamento tributário e gestão de impostos.

2 Faça um estudo/pesquisa sobre os encargos sociais tributários que incidem sobre a folha de pagamento de sua empresa (ou de alguma outra que conheça). Elabore um quadro de análise percentual.

3 Faça um estudo/pesquisa sobre os demais tributos que incidem sobre sua empresa ou uma outra que conheça (excetuando sobre folha de pagamento), relacionando:

a) o imposto ou contribuição;

b) a base ou as bases principais sobre as quais ele é aplicado (vendas, compras, receitas financeiras, lucro etc.);

c) a alíquota (ou alíquota média ou principal, caso haja várias alíquotas);

d) os prazos de recolhimento.

4 Uma empresa de um grupo corporativo – a Unidade A – compra materiais por R$ 100.000 e vende o produto final para uma empresa coligada – a Unidade B – por R$ 300.000. Esta, logo em seguida, revende para o consumidor final por R$ 550.000. Calcule o recolhimento de todos os impostos sobre a venda com as alíquotas atuais (IPI, ICMS, PIS, Cofins), bem como o impacto da CPMF em cada empresa e o total do grupo corporativo. Considere que todas as operações foram realizadas à vista.

5 Tendo como base os dados e soluções do exercício anterior, considere que pode haver uma mudança da forma jurídica da empresa coligada – a Unidade B – **que será transformada em filial**, e não mais operará como uma empresa independente. Portanto, em vez de vendidas, as mercadorias serão transferidas entre as empresas. A venda para o consumidor final continuará sendo feita pela Unidade B. Calcule o recolhimento de todos os impostos sobre vendas com as alíquotas atuais, bem como o impacto da CPMF em cada empresa e o total do grupo corporativo. Analise e justifique as eventuais diferenças encontradas com o resultado do exercício anterior.

6 Considere um bem adquirido por R$ 1.000 e que tenha uma vida útil estimada de cinco anos, ao final da qual terá um valor residual estimado de R$ 200. Calcule a depreciação anual pelos seguintes métodos de depreciação:

a) Método das taxas constantes.

b) Método da soma dos dígitos.

c) Método da depreciação geométrica, considerando a manutenção do valor residual.

Capítulo 8

Relações com Investidores

As sociedades anônimas de capital aberto, em nosso país, são obrigadas a manter uma função denominada Diretoria de Relações com os Investidores, cujo objetivo é estruturar um canal oficial de comunicação entre a empresa e os investidores, para que as informações da empresa disponibilizadas no mercado tenham a coerência de uma única fonte de emissão.

Entendem-se por investidores todos os agentes do mercado financeiro (corretoras, bancos de investimento, investidores institucionais, investidores individuais etc.), incluindo:

- as entidades oficiais, como a Comissão de Valores Mobiliários (CVM) e as Bolsas de Valores;
- as entidades patronais, como a Associação Brasileira das Companhias Abertas (Abrasca), o Instituto Brasileiro de Relações com Investidores (Ibri) e o Instituto Brasileiro de Conselheiros de Administração (IBCA);
- as entidades de classe de investidores, como a Associação dos Analistas e Profissionais de Investimento do Mercado de Capitais (Apimec) e o Instituto Brasileiro dos Executivos Financeiros (Ibef) etc.

Não é atividade específica da Controladoria exercer a função de relações com os investidores. Contudo, é clara a sua função em fornecer o painel de informações para que a pessoa investida nesta função exerça-a adequadamente, com informações de cunhos operacional, econômico, financeiro e patrimonial geradas pelo Sistema de Informação da Controladoria.

Os investidores desejam informações sobre a empresa, de modo que possam avaliar o investimento que nela fizeram ou pretendem fazer. Nesse sentido, há um desejo de informações de todo o processo de gestão, desde os planos estratégicos até os instrumentos de gestão operacional e de controle. Os investidores desejam informações que possam vislumbrar o futuro da empresa e o valor da empresa no futuro, bem como avaliar o fluxo possível e provável de dividendos.

O investimento nas empresas caracteriza-se por ser de risco e renda variável, e a melhor maneira de reduzir o risco é ter acesso à maior quantidade de informações úteis que permitam vislumbrar o futuro do desempenho econômico-financeiro e patrimonial da empresa. Portanto, as informações desejadas não se limitam à análise de custos ou dos atuais balanços. Há necessidade de suprir os investidores de informações de caráter estratégico, como produtos, setor de atuação, negócios, parcerias etc.

Os demonstrativos contábeis básicos apresentam uma quantidade de informações de extrema relevância para os investidores, por serem seguras e de qualidade, bem como apresentam-se naturalmente com caráter preditivo, característica intrínseca da informação contábil. Mas, no seu conjunto, são informações históricas. Os aspectos que dizem respeito ao futuro de forma mais clara devem ser expressos por outros relatórios ou meios.

Dentro dos relatórios, especial atenção deve ser dada ao Relatório da Administração, também denominado Relatório Anual, o qual é peça-chave nas demonstrações contábeis publicadas e é o instrumento maior de apresentação de informações relevantes que apresentam a empresa dentro do seu negócio de atuação. Além deste tema, abordaremos neste capítulo outros aspectos das relações com os investidores, bem como um resumo do conceito de governança corporativa.

Lembramos também que, apesar de este tema estar intimamente ligado às sociedades por ações, esses assuntos são necessários e inerentes a qualquer empresa, seja para seus investidores particulares, seja para atender o conceito de responsabilidade social que caracteriza a atividade empresarial.

8.1 Relatório da Administração[1]

Este relatório é obrigatório para as sociedades por ações, sejam elas abertas ou fechadas. É o instrumento oficial de comunicação da empresa com seus investidores. As companhias abertas, além do Relatório Anual, devem elaborar trimestralmente relatórios da administração sobre o desempenho dos três primeiros trimestres do exercício social da empresa.

O objetivo do Relatório da Administração é evidenciar os principais aspectos que motivaram o desempenho da empresa no último exercício, tornando claro como os

[1] Extraído de LAURETTI, Lélio. *Relatório Anual*. São Paulo: Saraiva, 1998.

resultados foram obtidos, e os motivos que levaram a empresa à atual situação, de tal forma que as eventuais dúvidas dos investidores com os números apresentados nos demonstrativos contábeis sejam sanadas.

Nessa divulgação, todas as decisões fundamentais, estratégicas, táticas e operacionais, que foram tomadas pela diretoria da empresa para alcançar os resultados obtidos, devem ser delineadas, bem como a resultante de cada uma delas. Como corolário, a diretoria deve apresentar as perspectivas que possam ser inferidas com clareza, decorrentes das estratégias adotadas ou por adotar. A transparência é a característica principal que deve emergir do relatório da administração.

Apresentamos a seguir os principais aspectos a serem observados para elaboração do Relatório da Administração.

Apresentação Geral

Os seguintes aspectos devem ser observados:

- **Linguagem**: clara, precisa, direta, concisa, com simplicidade.
- **Evitar**: relatórios mudos, temas e modismos das teorias de administração, análises de conjuntura sem correlação com a empresa, omissão de aspectos relevantes, *window dressing* (enfeites desnecessários ou para desviar atenção), exagerada predominância de análise retroativa, apresentação cara, mas não criativa.
- **Enfatizar**: retorno sobre o investimento, capacidade de pagamento, análise da geração de lucros e caixa, informações segmentadas (isto é, detalhamento mínimo do resultado por unidades de negócio), apresentação sumária e concisa das estratégias adotadas, existentes e a adotar, produtividade, aspectos internacionais dos negócios, inovação, tecnologia, alianças estratégicas, fusões e aquisições.

Leitores

Há vários grupos de leitores dos relatórios contábeis. Como regra geral, o Relatório da Administração destina-se, em primeiro lugar, aos acionistas. Portanto, este é o foco da transmissão das informações. No entanto, sabemos que existe uma série de outros usuários dos relatórios contábeis, e convém que, na elaboração do Relatório da Administração, eles percebam a utilidade das informações transmitidas pela diretoria.

Os principais leitores a serem considerados são:

- Acionistas e debenturistas.
- Credores (bancos, governo).
- Analistas de investimentos.
- Órgãos reguladores (ANP, Aneel etc.).
- Fornecedores.
- Clientes.
- Empregados.
- Concorrentes.
- Agências de classificação de risco.

Conteúdo Básico

O relatório deve abordar os seguintes pontos:

- Breve análise da conjuntura econômica do País e do exterior, se for o caso, que, na avaliação da diretoria, refletiu nos negócios da empresa, evidenciando quais foram esses reflexos e, eventualmente, até quantificando os impactos no resultado e no patrimônio empresarial.
- Avaliação da participação dos diversos produtos e serviços, dentro dos mercados de atuação da empresa, e os impactos concorrenciais existentes ou a existir.
- Avaliação do desempenho dos produtos, mercados e dos investimentos nas principais unidades de negócio, não tratando genericamente negócios que têm atuação distinta.
- Avaliação do estado da arte da tecnologia dos produtos e serviços da empresa e as estratégias adotadas ou por adotar na atualização tecnológica.
- Atuação social da empresa.
- Avaliação do desempenho dos títulos da empresa junto ao mercado de investimentos, bem como dos rendimentos gerados para os acionistas.
- Apresentação sumária dos investimentos e das perspectivas para o próximo ano, com ênfase nas estratégias a serem adotadas, dentro do cenário adotado para a conjuntura econômica nacional e internacional.

Exemplo de Relatório de Administração – Empresa Duratex – 3º Trimestre 1999

Cenário e Mercado

O terceiro trimestre de 1999 continuou a apresentar um nível de oferta de bens e serviços superiores à demanda, o que levou a inflação a ficar contida, apesar dos aumentos ocorridos nos preços das tarifas públicas. A desvalorização cambial atingiu 8% no trimestre, acumulando nos nove meses 59%. Essa pressão cambial, aliada a juros ainda elevados,

continua

continuação

não permitiu uma recuperação mais forte da atividade econômica. Mesmo assim, a Duratex obteve uma substancial melhoria do resultado operacional em todos os mercados em que atua.

Gestão Estratégica e Investimentos

Apesar de o perfil dos financiamentos em moeda estrangeira ser de longo prazo e voltado a investimentos fixos industriais, foi adotada, em função da alta volatilidade dos mercados de câmbio, uma política de *hedge*, visando minimizar os efeitos da exposição desses passivos.

Continuando a execução do Plano de Aplicação de Recursos, destacam-se a conclusão das atividades de terraplenagem e o início das obras civis da nova linha de produção de aglomerado em Itapetininga. Até o terceiro trimestre/1999, os investimentos totalizaram R$ 48 milhões.

Operações no Brasil

Divisão Madeira

Nesse trimestre, a Área Madeira manteve um crescimento constante de seu volume de vendas em relação ao mesmo período do ano anterior. O produto Duraflor continuou a apresentar um elevado incremento de vendas tanto no mercado interno quanto no externo, o que levou a unidade de Agudos a colocar em operação o segundo turno de produção.

A Área Madeira apresentou para o mercado a nova coleção de padrões e acabamentos na linha de painéis de madeira, os quais permitirão aos clientes maior flexibilidade e criatividade na confecção de móveis. Por sua participação na Office Solution, a Duratex foi agraciada com o prêmio de melhor estande dentro do segmento de componentes e acabamentos.

Divisão Deca

A Área Deca, comparativamente ao mesmo período do ano anterior, apresentou um crescimento dos volumes de venda tanto no segmento de louças quanto no de metais sanitários. Esse desempenho foi alavancado por uma atuação comercial voltada à ampliação do *market share*, com destaque para a campanha "Deca ao seu Alcance", em que os produtos contemplados tiveram seus preços reduzidos em média 15%, bem como pelos esforços de melhoria de atendimento ao cliente.

Pelo quinto ano consecutivo, a Deca realizou, em São Paulo, a Festa do Instalador Hidráulico, contando com a presença de aproximadamente 3.000 profissionais.

Operações no Exterior

As vendas das subsidiárias no exterior – Deca Piazza, Duratex Europe e Duratex North America – somaram no 3º trimestre US$ 8,1 milhões, acumulando um faturamento de US$ 20,3 milhões durante 1999. As exportações da Duratex atingiram o montante de US$ 11,5 milhões FOB no 3º trimestre e US$ 38,7 nos nove primeiros meses.

Com a continuidade do quadro recessivo apresentado pela economia Argentina, a Deca Piazza concentrou esforços nos programas de racionalização e redução de custos e estoques. Apesar das dificuldades locais, iniciou diversas ações com o objetivo de ampliar sua presença nos pontos de venda e reforçar sua imagem de produtora de uma linha completa de metais e louças sanitárias.

Recursos Humanos

A remuneração aos 5.845 funcionários totalizou R$ 95,7 milhões, acrescida dos encargos legais obrigatórios. A Duratex espontaneamente destinou aos seus funcionários e dependentes benefícios que somaram no período R$ 9,4 milhões em alimentação, assistência médica, transporte, treinamento e previdência complementar, por meio da Fundação Duratex.

Impostos e Contribuições

No período, encerrado em setembro, os impostos e contribuições pagos aos órgãos públicos federais, estaduais e municipais totalizaram R$ 107,3 milhões, correspondentes a 18% do faturamento consolidado.

Desempenho no Período

A receita bruta de vendas acumulou R$ 601,8 milhões, correspondendo a uma receita líquida de R$ 484 milhões. O lucro bruto apresentou um crescimento significativo de 39%, atingindo R$ 173 milhões, comparativamente aos R$ 124,4 milhões apresentados no período anterior.

O resultado de R$ 4,3 milhões já contempla o reconhecimento de 100% das perdas provocadas pela variação cambial, no montante de R$ 94,9 milhões, ocorridas durante este período.

A geração operacional de caixa (EBITDA) foi de R$ 119,2 milhões, apresentando um crescimento de 42% em relação ao mesmo período de 1998.

O Patrimônio Líquido da Duratex S.A. atingiu no período R$ 613,1 milhões, e o patrimônio das Empresas Duratex, incluindo a participação dos acionistas minoritários, somou R$ 665,9 milhões.

São Paulo, outubro de 1999

8.2 Relações com Investidores[2]

Este tópico destina-se a explorar resumidamente os conceitos que devem nortear as relações com os investidores, bem como identificar o conjunto de informações mínimas a serem apresentadas. Os investidores são os agentes determinantes na avaliação da empresa e, portanto, as informações prestadas por ela é que nortearão o seu processo de avaliação econômica. Nesse sentido, o relacionamento com os investidores reveste-se de fundamental importância, devendo este assunto ser tratado de maneira formal e sistêmica.

> *A finalidade das relações com investidores é ajudar a empresa a alcançar o seu justo valor.*

A informação é o ingrediente-chave do processo de avaliação. É a qualidade da informação que faz a diferença entre uma boa ou má decisão de investimento. Os investidores medem o êxito na escolha de investimentos na base do retorno total, o qual é representado pela combinação da valorização das ações ou cotas e dos dividendos e lucros distribuídos. Desse modo, o que realmente vale para os investidores é o desempenho. Entretanto, o que conta não é o desempenho de ontem, mas saber como é que a empresa vai se comportar no futuro.

Os investidores bem-sucedidos reúnem as melhores informações possíveis, conversam com os administradores empresariais e aplicam seus conhecimentos, discernimentos e intuições na formulação de julgamentos sobre como as empresas deverão comportar-se no futuro.

Logo, o foco das relações com os investidores é o desenvolvimento de um sistema de informações coerente, estruturado, voltado ao futuro, que evite julgamentos enviesados, prejudiciais ao futuro da empresa.

Função-Chave: Administração das Expectativas

Os investidores e analistas de investimentos apreciam as empresas que tendem a oferecer um desempenho previsível. A administração de expectativas envolve a geração do melhor conhecimento geral da empresa. Os analistas e investidores utilizam esse conhecimento para a previsão de resultados financeiros, especialmente os lucros. O papel vital da função de relacionamento com investidores é ajudá-los a administrar suas expectativas, gerando o mínimo possível de surpresas desagradáveis.

As relações com os investidores podem ser vistas compreendendo dois componentes relacionados entre si:

- **Comunicação**: isto é, o fluxo de informações valiosas, cujo objetivo é proporcionar aos investidores e analistas os melhores referenciais possíveis para avaliação da empresa.
- **Construção de relacionamentos**: a criação de relacionamentos mutuamente vantajosos é um aspecto-chave das relações com investidores.

Instrumentos e Meios de Comunicação

Diversas são as formas de comunicação com os investidores. O modelo clássico são os demonstrativos contábeis publicados, dentro do qual o Relatório da Administração é destinado especificamente a isto. Porém, é interessante adotar outros meios ou instrumentos de comunicação com os investidores. Relacionamos alguns exemplos:

- Relatório Anual da Administração, dentro dos demonstrativos contábeis publicados em jornais de circulação entre os investidores.
- Relatórios trimestrais resumidos, sejam ou não obrigatórios, distribuídos por mala direta para os acionistas, investidores institucionais, revistas, entidades de investimento e investidores e empresas cadastradas.
- Reuniões periódicas com investidores e instituições (Apimec, bolsas, bancos etc.).
- Organização de visitas de analistas de investimentos e investidores à empresa, com apresentações institucionais.
- Postos de atendimento permanente aos investidores e analistas.

Informações Básicas

Os analistas e investidores desejam saber o máximo de informações sobre a empresa que sejam úteis para o processo de avaliação econômica e financeira do investimento em questão. Podemos arrolar as seguintes informações comumente desejadas por esses usuários:

- Estratégias de negócios.
- Estratégias de organização.
- Controle acionário.
- Tecnologia administrativa e modelo de gestão.
- Mercados de atuação e produtos e serviços principais.
- Estatísticas gerais das vendas.
- Principais clientes e fornecedores.

[2] Baseado em MAHONEY, William F. *Relações com investidores*. Rio de Janeiro: IMF Editora, 1997.

- Tecnologia e estado da arte dos produtos e serviços.
- Participação no mercado (*market share*).
- Principais concorrentes.
- Importações e exportações.
- Ciclo produtivo e financeiro.
- Capacidade operacional e novos investimentos.
- Estrutura de custos e despesas.
- Gestão dos preços de venda.
- Financiamento das vendas.
- Estrutura patrimonial e de liquidez.
- Administração do caixa e *hedges* (proteção de ativos financeiros).
- Perfil do endividamento.
- Competitividade internacional e cambial.
- Competitividade de custos.
- Potencial de resultados futuros, valor da empresa etc.

Modelo de Conjunto de Informações para Investidores

As informações para o processo de atendimento aos investidores devem ser alimentadas pela Controladoria. Sugere-se a construção antecipada de um conjunto de dados que permitam aos investidores enxergar a empresa no seu conjunto, ao mesmo tempo em que lhes permitam dados para que possam inferir suas projeções. Elaboramos uma proposta de relatório, estruturado no Quadro 8.1, que apresenta uma série de dados que normalmente são objeto de necessidade dos investidores e analistas de mercado.

Este tipo de relatório pode ser fornecido para os analistas e investidores no início do encontro, ou ser utilizado como instrumento de apoio ao diretor de relações com os investidores nos seus encontros, apresentações ou entrevistas com analistas, investidores e jornalistas.

Quadro 8.1 Modelo de informações para investidores

Premissas	CENÁRIO ASSUMIDO PELA EMPRESA Ano em Curso		Próximo Ano
Crescimento do PIB	4%		4,50%
Crescimento do Setor	5%		6%
Crescimento da Empresa	8%		10%
Investimentos previstos R$ mil	R$ 10.000		R$ 12.000
	CONTROLE ACIONÁRIO		
Grupo Majoritário	55%		
Principal Parceiro	15%		
Investidores Nacionais	18%		
Investidores Estrangeiros	12%		
	100%		
	PRODUÇÃO E CUSTOS		
Estrutura de Custos	**Produto 1 (em %)**	**Produto 2 (em %)**	**Produto 3 (em %)**
Materiais	50	55	58
Mão de Obra	28	23	20
Despesas Gerais	12	12	12
Depreciação	10	10	10
Total	100	100	100

Quadro 8.1 Modelo de informações para investidores (Continuação)

continua

Quadro 8.1 Modelo de informações para investidores (Continuação)

Materiais Utilizados	**Produto 1 (em %)**	**Produto 2 (em %)**	**Produto 3 (em %)**
Matéria-Prima 1	20	20	20
Componente A	48	48	48
Componente B	12	12	12
Outros	20	20	20
Total	100	100	100
Materiais Utilizados – Origem	**Produto 1 (em %)**	**Produto 2 (em %)**	**Produto 3 (em %)**
Nacionais	70	65	60
Importados	30	35	40
Principais Fornecedores	**Produto 1 (em %)**	**Produto 2 (em %)**	**Produto 3 (em %)**
Cliente 1	5	3	2
Cliente 2	2	3	2
Cliente 3	4	4	1
Outros	89	90	95
Total	100	100	100
Capacidade de Produção	**Produto 1**	**Produto 2**	**Produto 3**
Máxima – Quantidades	100.000	50.000	20.000
Utilização Atual da Capacidade	75%	80%	85%
Utilização Prevista – Próximo Ano	80%	85%	90%
	PRODUTOS E MERCADOS		
Participação nas Vendas	**Geral (em %)**	**Mercado Interno (em %)**	**Mercado Externo (em %)**
Produto 1	20	80	20
Produto 2	30	50	50
Produto 3	35	25	75
Outros produtos	15	100	0
Total	100		
Preços Médios sem Impostos – R$	**Geral – R$**	**Mercado Interno – R$**	**Mercado Externo – R$**
Produto 1	168	180	120
Produto 2	315	350	280
Produto 3	425	500	400
Outros Produtos	–	–	–
Destinação dos Produtos – Mercado Interno	**Produto 1 (em %)**	**Produto 2 (em %)**	**Produto 3 (em %)**
Setor 1	12	40	7
Setor 2	30	12	55
Setor 3	35	23	24
Setor 4	23	25	14
Total	100	100	100

continua

Quadro 8.1 Modelo de informações para investidores (Continuação)

Participação de Mercado – País	Produto 1 (em %)	Produto 2 (em %)	Produto 3 (em %)
Empresa	80	40	20
Concorrente Nacional 1	20	30	20
Concorrente Estrangeiro 1	–	15	33
Concorrente Estrangeiro 2	–	15	27
Total	100	100	100
Financiamento das Vendas – Mercado Interno	**Produto 1 (em %)**	**Produto 2 (em %)**	**Produto 3 (em %)**
À vista	20	20	20
Recursos Próprios - 2 meses	70	70	70
Financeiras	10	10	10
Destinação dos Produtos – Mercado Externo	**Produto 1 (em %)**	**Produto 2 (em %)**	**Produto 3 (em %)**
Estados Unidos	80	70	10
Europa	20	30	30
Ásia	–	–	30
Oceania	–	–	30
Total	100	100	100
Participação de Mercado – Exterior	**Produto 1 (em %)**	**Produto 2 (em %)**	**Produto 3 (em %)**
Empresa	5	3	4
Concorrente Nacional 1	2	3	4
Concorrente Estrangeiro 1	60	50	33
Concorrente Estrangeiro 2	33	44	59
Total	100	100	100
Financiamento das Vendas – Mercado Externo	**Produto 1 (em %)**	**Produto 2 (em %)**	**Produto 3 (em %)**
À vista	20	20	20
Financiamento Governamental	70	70	70
Recursos Próprios	10	10	10
Sazonalidade	**1º Semestre (em %)**		**2º Semestre (em %)**
. Mercado Interno	40		60
. Mercado Externo	55		45
Principais Clientes	**Produto 1 (em %)**	**Produto 2 (em %)**	**Produto 3 (em %)**
Cliente 1	5	3	2
Cliente 2	2	3	2
Cliente 3	4	4	1
Outros	89	90	95
Total	100	100	100

8.3 Governança Corporativa

Mais do que uma instituição, o conceito de governança corporativa representa a participação ativa dos investidores institucionais na administração geral dos negócios da empresa. De um modo geral, representa a necessidade que os acionistas minoritários têm de participar efetivamente da direção geral dos negócios da corporação.

O objetivo da governança corporativa é a criação de valor para o acionista. Ao incorporar este conceito, as empresas deixam de ser administradas exclusivamente pelo grupo majoritário e o conselho de administração eleito por esse grupo majoritário e passam a aceitar interferências de outros investidores institucionais.

As empresas que adotam o conceito de governança corporativa tendem a dar maior transparência de seus negócios e padrões contábeis e financeiros ao mercado, tornando-se empresas com maior aceitação geral e, consequentemente, atrativas para investimentos.

A adoção do conceito de governança corporativa talvez seja um dos melhores instrumentos para o relacionamento com os investidores, uma vez que deixa de tratá-los como acionistas residuais, passando a incorporar suas metas no conjunto de estratégias e objetivos da empresa.

Papéis Característicos

O objetivo da instalação da governança corporativa é a atuação coordenada de todos os investidores, majoritários e minoritários, nos seguintes papéis principais:

- Prover direcionamento geral à corporação e aprovar estratégias.
- Monitorar e avaliar o desempenho da organização.
- Aprovar os objetivos e estratégias financeiras.
- Assegurar que os sistemas monitorem o cumprimento de padrões éticos e legais.

Esses quatro papéis estão ligados, em resumo, ao direcionamento, monitoramento e mensuração da busca pela organização de valor ao acionista. Os demais, apresentados a seguir, estão ligados à provisão de mecanismos externos para mudar a organização caso ela não mude internamente.

- Selecionar, avaliar, compensar e substituir diretores da empresa e assegurar planos de sucessão.
- Avaliar o desempenho do próprio conselho de administração.

Consequências da Adoção da Governança Corporativa

O ativismo dos investidores institucionais na empresa, pelo sistema de governança, dá maior competitividade de gestão e foco na criação de valor, conseguindo:

- tornar os administradores mais focados em resultados e no retorno do investimento;
- maior agilidade de correção de rumos em períodos de menor lucratividade;
- maior transparência e atenção com direitos de minoritários;
- que os investidores em geral se tornem aliados e não ameaças ao controle acionário;
- que a empresa e os investidores se beneficiem desta abordagem.

Questões e Exercícios

1 Por meio de balanços publicados, analise se o Relatório de Administração da empresa escolhida apresenta um mínimo de condições para atendimento das necessidades de comunicação com os acionistas e investidores. Apresente pontos favoráveis, desfavoráveis e alternativas.

2 Com os dados da empresa em que trabalha ou de alguma outra, conhecida, pesquise e elabore um relatório, em formato de caderno de informações, contendo as principais informações que interessariam aos investidores em uma entrevista ou apresentação formal. Estruture e faça a apresentação para a classe de alunos.

PARTE III

A CONTROLADORIA NA ESTRATÉGIA

A participação da Controladoria no Planejamento Estratégico da empresa é um dos temas que mais têm sido objeto de polêmica recentemente. Alguns autores até entendem que deva existir um tipo de Controladoria específica, denominada Controladoria Estratégica.

Para nós, à Controladoria cabe um papel importantíssimo na estratégia. Contudo, não é ela responsável pela estratégia e pelo Planejamento Estratégico. Essas funções dizem respeito ao mais alto nível da hierarquia da organização. Porém, a participação do *controller* e da Controladoria na estratégia é vital e deve ser estudada, e seu escopo, delineado.

Sob esse aspecto, o objetivo desta parte de nosso trabalho centra-se na apresentação dos fundamentos do Planejamento Estratégico, para que possamos introduzir a Controladoria nesta etapa do processo de gestão. Como painel introdutório, apresentaremos um capítulo contendo um amplo conjunto de conceitos de gestão, que, no nosso entender, são necessários e já estão incorporados na vida das empresas.

Complementando a atuação da Controladoria na estratégia, apresentaremos dois capítulos relacionados com Sistemas de Informações da Controladoria para o processo de Planejamento Estratégico da empresa. O primeiro sistema de informação destina-se, basicamente, ao abastecimento de informações para a estratégia, e o segundo, ao processo de controle da estratégia; estamos adotando aqui os conceitos do *balanced scorecard*.

Adicionalmente, compete à Controladoria um modelo de gerenciamento de risco, que deve ser o mais abrangente possível, identificando os elementos patrimoniais sujeitos a riscos, tangíveis e intangíveis, de forma que permita um monitoramento constante das variáveis envolvidas. Este tema complementa a abordagem estratégica da Controladoria.

Capítulo 9

Planejamento Estratégico e Elaboração de Cenários

Falar sobre Controladoria Estratégica pressupõe, de alguma maneira, que o profissional contábil possa exercer este papel com os demais principais gestores de uma entidade que tem esta responsabilidade. Qualquer funcionário de uma empresa é estratégico; nenhuma permitirá, de forma consciente, a presença de algum funcionário, ou mesmo outro recurso, sem que este esteja alinhado com a sua estratégia. Portanto, todos os recursos, humanos ou não, são estratégicos. No entanto, nem todas as pessoas que trabalham na empresa têm condições de participar da elaboração da estratégia da organização.

Sabemos que o processo da estratégia, o Planejamento Estratégico, é reservado a poucas pessoas na organização, normalmente àquelas que são responsáveis pelas funções de cúpula. Em síntese, a função estratégica é para os responsáveis pela alta administração da companhia.

Participar da estratégia empresarial pressupõe um conhecimento adicional para qualquer profissional. Além do conhecimento necessário para efetivar o exercício de sua função, ele deve ter conhecimentos profundos de todos os outros fatores que são necessários para entender e tomar decisões estratégicas.

9.1 Competitividade

O atual momento empresarial caracteriza-se pela questão da **competitividade**. Não podemos deixar de colocar que essa questão não é específica do atual momento empresarial e que sempre esteve presente no mundo dos negócios, com maior ou menor evidência, dependendo do momento e da situação geográfica, política ou cultural em que se situava uma empresa.

Todavia, a globalização dos mercados colocou o enfoque da concorrência e da competitividade em um elevado grau de importância, impactando não só os empreendimentos negociais, mas também afetando intensamente as relações econômicas e políticas entre as nações.

Como conceito de competitividade, assumimos a colocação de um trabalho divulgado pelo Banco Nacional do Desenvolvimento Econômico e Social (BNDES) incluído no trabalho de Nakagawa, *Custos para a competitividade*. O relatório do BNDES diz:

> "Competitividade de uma empresa pode ser definida, em sentido amplo, como sua capacidade de desenvolver e sustentar vantagens competitivas que lhe permitam enfrentar a concorrência. Esta capacidade competitiva empresarial é condicionada por um amplo conjunto de fatores internos e externos à empresa. Em nível interno, a competitividade empresarial resulta, em última instância, de decisões estratégicas, através das quais são definidas suas políticas de investimento, de marketing, tecnológica, de gestão da produção, financeira, de recursos humanos etc. O objetivo de tais decisões deve ser atingir padrões de preço, qualidade e prazo de entrega competitivos com os padrões vigentes nos mercados atendidos pela empresa."[1]

Estratégia Competitiva e Vantagem Competitiva

A **estratégia competitiva** pode ser definida como cursos de ação específicos que são desenvolvidos para criar vantagens competitivas sustentáveis em produtos particulares ou mercados identificados na persecução de objetivos identificados. Consequentemente, as estratégias competitivas devem estar no mais preciso nível do Planejamento Estratégico, uma vez que elas se relacionam com as ações a respeito de produtos e mercados, que devem ser implementadas para encontrar os objetivos mais específicos (isto é, no menor nível) da organização.

A **vantagem competitiva** é distinta e idealmente sustentável sobre os competidores ou concorrentes. É mais do que a ideia de uma estratégia competitiva, que pode ou não ser distintamente comprovada. Porter diz que ela pode provir de:[2]

- **Liderança de Custo**, quando a empresa consegue preços ao redor da média do mercado e lucros

[1] NAKAGAWA, Masayuki. *Custos para a competitividade*. Trabalho apresentado para o Concurso de Professor Titular. São Paulo: FEA/USP, 1993, p. 5-6.

[2] PORTER, Michael E. *Vantagem competitiva: criando e sustentando um desempenho*. Rio de Janeiro: Campus, 1996.

superiores, porque seus custos são menores do que aqueles dos seus rivais;

- **Diferenciação**, quando o valor é adicionado nas áreas de significância real para os clientes que estarão, então, desejando pagar um preço prêmio pela distinção ou diferenciação. Isto é possível por meio de uma faixa de produtos ou serviços diferenciados, cada qual desenhado para dar um apelo a um segmento diferente, assim como focar apenas num único segmento.[3]

Com base no conceito de competitividade como o conceito central para análise do ambiente empresarial, faremos a seguir uma apresentação dos principais conceitos, teorias e técnicas que envolvem a participação da Controladoria na estratégia.

9.2 Controladoria Estratégica

De acordo com Ward,

> "... a administração estratégica tem sido apresentada como um estilo de administração contínua, consistindo num processo interativo de análise, planejamento e controle. Ela também pressupõe que o processo de tomada de decisão estratégica requer o suporte de uma grande quantidade de informações variadas."[4]

Ainda conforme Ward,

> "... se a contabilidade gerencial deve ser de valor para esse processo da administração estratégica, ela deve ser capaz de fornecer as informações requeridas dentro de um tempo apropriado ao nível do tomador de decisão (...) o sistema de contabilidade gerencial estratégico deve ser estruturado para fornecer a apropriada informação financeira para suportar esses requerimentos específicos."

Podemos definir então Controladoria Estratégica como a atividade de Controladoria que, por meio do Sistema de Informação Contábil, abastece os responsáveis pelo Planejamento Estratégico da companhia com informações tanto financeiras quanto não financeiras, para apoiar o processo de análise, planejamento, implementação e controle da estratégia organizacional.

Sob este enfoque, é imperioso que o *controller* faça parte da estratégia administrativa, uma vez que o seu sistema de informação deverá estar alinhado com as estratégicas organizacionais e de negócios.

Estratégia Organizacional: Níveis e Objetivos

De acordo com Thompson, estratégias são meios para fins, e esses fins relacionam-se com os propósitos e objetivos da organização. Elas são as coisas que os negócios fazem e os caminhos a seguir, e as decisões que elas tomam são para alcançar determinados pontos e níveis de sucesso. Administração estratégica é um processo que necessita ser entendido, muito mais que uma disciplina a ser ensinada. É o processo pelo qual as organizações determinam seus objetivos e níveis desejados de consecução, decidem sobre ações para atendimento desses propósitos em uma escala de tempo apropriada e frequentemente em um ambiente de mudança, implementam as ações e asseguram progressos e resultados.[5]

Os três elementos essenciais da administração estratégica são:

- Percepção – conhecimento da situação estratégica.
- Formulação – escolha das estratégias apropriadas.
- Implementação – fazer acontecer a estratégia escolhida.

Para Thompson, há três níveis de estratégias, que são ligados e interdependentes:

- **A estratégia competitiva** – Relacionada com a criação e manutenção de uma vantagem competitiva em cada uma das diversas áreas dos negócios da empresa. Ela pode ser conseguida dentro de uma única função ou em uma combinação de várias funções.
- **A estratégia funcional** – Para cada atividade funcional, tais como: produção, marketing e recursos humanos. É crítico que essas estratégias funcionais sejam planejadas e administradas de um modo coordenado, uma vez que são inter-relacionadas com outras e, ao mesmo tempo, permitindo coletivamente que as estratégias competitivas sejam propriamente implementadas.
- **A estratégia corporativa** – Relacionada com a decisão de quais negócios a organização deve participar e como o grupo de atividades pode ser estruturado e administrado. Uma organização pode escolher focar em um único produto ou serviço, concentrando-se em produtos e serviços que sejam relacionados – seja pela tecnologia, seja mediante marketing –, ou diversificar em negócios não relacionados.

---

[3] THOMPSON, John L. *The cima handbook of strategic management*. Londres: Butterworth Heinemann, 1995.

[4] WARD, Keith. *Strategic management accounting*. Oxford: Butterworth Heinemann, 1996, p. 33.

[5] THOMPSON, John L. *The cima handbook of strategic management*. Op. cit., Introdução.

Um dos pontos imprescindíveis da estratégia é que ela se relaciona com o objetivo do sistema empresa, o qual tem como ponto principal a sua continuidade no ambiente em que se insere. Nesse sentido, uma das estratégias permanentemente vinculadas à corporativa é a **estratégia de sobrevivência**. De acordo com Ansoff

> "... quando qualquer OSA (Organização a Serviço do Ambiente) se confronta com a perspectiva de extinção, concentra toda sua energia na busca de uma estratégia de sobrevivência."[6]

No nosso entender, toda e qualquer organização, para sobreviver e ser aceita no ambiente em que se insere, deve ter como referencial básico a eficácia e, para tanto, a eficiência no uso dos recursos que extrai do ambiente é condição essencial.

Foco de Atuação da Controladoria/Contabilidade Estratégica

Com base em Ward, listamos os principais focos a serem trabalhados nos sistemas de informações contábeis gerenciais para atender os vários tipos de estratégias.

Contabilidade para estratégia competitiva

- Rentabilidade por segmento (*business units*).
- Contabilidade de competidores.
- Contabilidade de rentabilidade de clientes.
- Contabilidade para análise de rentabilidade de produtos.

Contabilidade para estratégia corporativa

- Contabilidade para a estrutura organizacional (centros de custos, de lucros e contribuição e de investimentos).
- Contabilidade de negócios com foco único.
- Contabilidade para estratégias de diversificação.
- Contabilidade de negócios integrados verticalmente.
- Contabilidade para conglomerados.
- Contabilidade para companhias multinacionais e globais.

Contabilidade para desenvolvimento dos negócios (funcional)

- Contabilidade do ciclo de vida dos produtos.
- Estratégias de lançamento de novos produtos.
- Contabilidade para o crescimento dos negócios.
- Contabilidade para análise do risco dos negócios.

Sobre o mesmo tema (o foco da atuação da Controladoria Estratégica), Martins indica os seguintes pontos a serem abordados por esta área de atuação da Contabilidade e Controladoria:[7]

Fundamentos

- Atenção a todos os credores ou depositários (*stakeholders*) (clientes, fornecedores, empregados, acionistas, sociedade em geral).
- Preocupação com o longo prazo.
- Inclusão dos indicadores de aderência ao Planejamento Estratégico.
- Uso de informações monetárias, físicas, de produtividade e de qualidade.
- Foco constante no ambiente externo à empresa.

Informações para a controladoria estratégica

- Custos dos competidores.
- Rentabilidade dos produtos dos competidores.
- Informações sobre o processo de gestão de preços de vendas dos competidores.
- Capacidade produtiva dos concorrentes.
- Satisfação dos clientes em relação à concorrência.
- Motivos dos negócios perdidos.
- Grau de satisfação dos empregados.
- Imagem da empresa perante os recrutadores e funcionários potenciais.
- Índice de absenteísmo.
- Indicadores de produtividade × produtividade esperada.
- Evolução da qualidade dos fornecedores.
- Capacidade produtiva e saúde financeira dos fornecedores.
- Grau de relacionamento e satisfação com os fornecedores.
- Imagem institucional.

---

[6] ANSOFF, Igor H. *Administração estratégica*. São Paulo: Atlas, 1990, p. 22.

[7] MARTINS, Eliseu. *O papel do contador estratégico do futuro – controladoria e contabilidade estratégicas*. 1º Simpósio Nacional IOB de Contabilidade. 19.06.1998 – São Paulo.

- Impacto na empresa das conjunturas econômica, política e social.
- Indicadores do mercado externo, importações, câmbio etc.
- Satisfação dos acionistas.
- Valor da empresa etc.

O *Controller* como Estrategista Organizacional

O papel do contador como estrategista organizacional fica evidente na estruturação da Contabilidade na organização. Dentro da área administrativa e financeira, ele é o responsável pelo processo de planejamento e controle dos resultados empresariais. A sua missão é assegurar o resultado planejado da empresa.

Para cumprir essa missão, ele tem como instrumento fundamental o Sistema de Informação Contábil. Dentro de um sistema integrado de gestão empresarial, verificamos que o sistema contábil tem um papel primordial, por ser ao mesmo tempo a etapa final do fluxo de informações operacionais, mas também o sistema que direciona a parametrização da estruturação dos demais sistemas operacionais, para, posteriormente, enviarem as informações necessárias ao planejamento e controle empresarial.

O Sistema de Informação Contábil deve ser estruturado para atender as necessidades informacionais de todo o processo de gestão da empresa. Desde a etapa do Planejamento Estratégico até o processo final de controle, passando pela programação, o sistema contábil deve estar apto para municiar e receber informações operacionais e financeiras.

Como a continuidade da empresa é decorrente do acerto das decisões estratégicas, a Contabilidade tem se desenvolvido continuadamente no sentido de estar em linha com as estratégias de negócios e da organização. Mostramos as diversas visões de Contabilidade estratégica e apresentamos nossa opção pelas correntes que enfocam como básico do planejamento e controle, com ênfase nos resultados. Nesse sentido, temos como premissa maior que o lucro é a melhor e mais consistente medida de eficácia do sistema empresa e deve ser o parâmetro para avaliação de desempenho das atividades empresariais e de seus gestores.

Desta maneira, a forma pela qual o contador explicita sua atuação estratégica está centrada:

- no processo de mensuração dos resultados corretos das atividades empresariais, permitindo à empresa a tomada de decisão adequada;
- no seu papel influenciador, pelo apoio que presta às demais atividades dentro da empresa, e na sua missão como assegurador da eficácia empresarial;
- em ele ser o responsável pelos sistemas de informações abastecedores do Planejamento Estratégico e do controle das metas estratégicas.

9.3 Sistema de Informação de Controladoria Estratégica

A participação da Controladoria no planejamento estratégico das corporações é considerada elemento fundamental do processo de gestão, subsidiando os gestores nas tomadas de decisões e suprindo o processo estratégico com sistemas de informações. A atuação da Controladoria estratégica influencia o processo decisório da corporação, fornecendo subsídios para as decisões estratégicas a serem tomadas.

Segundo Mosimann e Fisch (1993), para apoio à estratégia, a Controladoria, como administradora do sistema de informações econômico-financeiras da organização, deve interpretar o impacto econômico de possíveis eventos de natureza empresarial. Tais eventos são extraídos de projeções de cenários nos quais a corporação está inserida, devendo considerar seus pontos fortes e fracos.

Neste sentido, a Controladoria estratégica deverá ter a capacidade de captação de informações provenientes do ambiente externo, para as quais será considerada em paralelo a análise dos pontos fortes e fracos da corporação, resultando em diretrizes estratégicas a serem traçadas.

A estruturação dos sistemas de informações de controladoria estratégica parte da necessidade de adicionar aos sistemas empresariais atuais informações de nível estritamente estratégico. Neste sentido, a Controladoria estratégica centra-se na visão da organização como um sistema aberto, pois exerce sua função não somente na identificação dos pontos portes e fracos da organização, mas também na identificação das ameaças e oportunidades nas quais está inserida.

A estruturação proposta é a integração de quatro subsistemas de informações estratégicas que, em conjunto com os sistemas ERP, BI e DW, formam os sistemas de informações de Controladoria estratégica. Esses subsistemas são:

a) Cenários empresariais;
b) Sistema de informação de acompanhamento do negócio;
c) Indicadores de Desempenho e *Balanced scorecard*; e
d) Gestão de riscos.

A identificação desses subsistemas é fruto de uma revisão bibliográfica e sua inserção como a responsabilidade da Controladoria decorre da própria natureza desses subsistemas, que exigem uma forte necessidade de mensuração econômica.

A estruturação do modelo parte da premissa de que a organização assume a necessidade de um sistema integrado (ERP), que possua a característica de unir e integrar todos os subsistemas componentes dos sistemas operacionais e dos sistemas de apoio à gestão. A Figura 26.1 apresenta o modelo de estruturação dos sistemas de informações de Controladoria estratégica.

De acordo com o modelo apresentado, o *Data Warehouse* tem como objetivo armazenar todos os dados que são de interesse da média administração, originários dos sistemas operacionais e de apoio à gestão, constantes do ERP, e mesmo de fontes externas à organização.

Após serem armazenados todos os dados pertinentes à organização, eles serão reorganizados no BI, que tem como objetivo oferecer as informações produzidas com o tratamento de grandes volumes de dados que se encontram no *Data Warehouse*. Os dados, assim que inseridos nos sistemas transacionais, subsidiarão os sistemas de apoio à decisão em informações nas mais diversas formas.

No ambiente estratégico, segundo o modelo proposto, o sistema de informação de Controladoria estratégica é dividido em quatro subsistemas: cenários empresariais, sistema de acompanhamento do negócio, *balanced scorecard* e gestão de riscos.

Esses subsistemas são responsáveis por todas as informações necessárias à alta administração, as quais podem ser originadas de subsistemas específicos de cada área e também do BI, por meio de informações de cunho preventivo à tomada de decisões, permitindo condições de identificar possíveis resultados com antecedência aos eventuais problemas levantados pela alta administração.

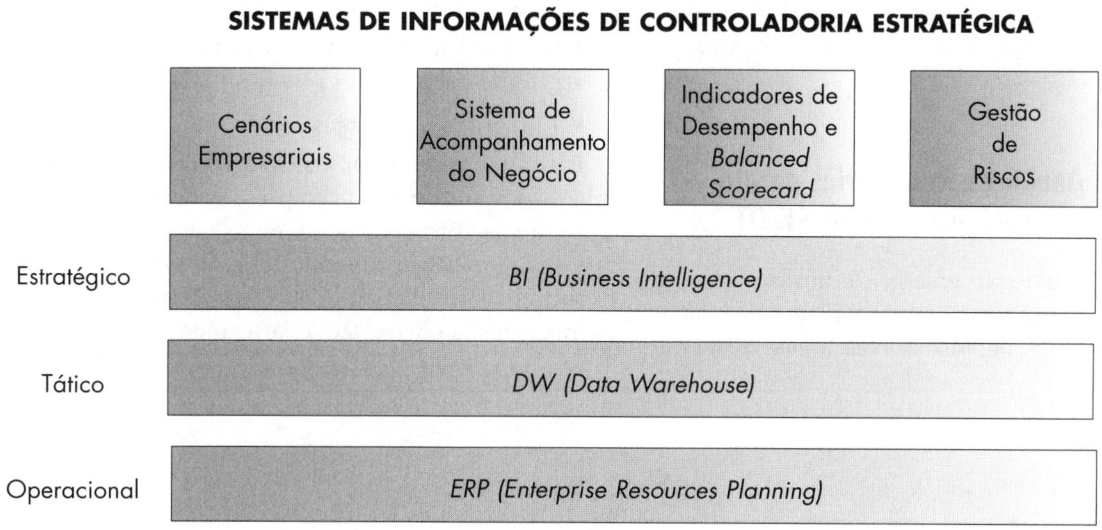

Figura 9.1 Estruturação dos sistemas de informações de controladoria estratégica[8]

9.4 Planejamento Estratégico[9]

Planejar é uma estratégia para aumentar as chances de sucesso de uma empresa em um mundo de negócios que muda constantemente. Planos estratégicos não são garantia de sucesso. O Planejamento Estratégico será tão eficaz quanto as premissas que foram nele incluídas. O foco da Controladoria Estratégica é o Planejamento Estratégico.

> *O Planejamento Estratégico é um processo que prepara a empresa para o que está por vir.*

Fundamentos para Desenvolver o Planejamento Estratégico

Um plano estratégico é uma visão específica do futuro da empresa, que contém as seguintes descrições:

- Como será o setor de atuação da empresa.
- Quais os mercados em que ela irá competir.
- Quais os competidores no mercado.
- Quais produtos e serviços a empresa oferecerá.

---

[8] Extraído de PADOVEZE, SANTOS e SOFFNER. "Estruturação do sistema de informação de controladoria estratégica". *In: Estratégia Organizacional: teoria e prática na busca da vantagem competititiva.* Campinas: Akademika Editora, 2006.

[9] Extraído de TIFFANY, Paul e PETERSON, Steven D. *Planejamento estratégico.* Rio de Janeiro: Campos, 1998, e WARD, Keith. Op. cit.

- Quem são e como são os seus clientes.
- Que valor oferecerá a seus clientes por meio de seus produtos e serviços.
- Quais vantagens ela terá no longo prazo.
- Qual será ou deverá ser o seu porte.
- Qual será ou deverá ser a sua rentabilidade.
- Quanto será agregado de valor aos acionistas.

Processo de Planejamento Estratégico

A estratégia da empresa decorre de seus objetivos corporativos, os quais, por sua vez, decorrem de suas metas, que estão em linha com a missão da corporação. Além disso, o Planejamento Estratégico deve englobar todos os objetivos funcionais e divisionais da empresa, em um processo integrado e interativo. A Figura 9.1 reflete essa integração.

Informações Analíticas Necessárias para o Planejamento Estratégico: Análise *SWOT*

O Planejamento Estratégico emerge de um processo de tradução das informações existentes em planos para atender as metas e objetivos organizacionais. A base de todo o processo está em identificar, coletar, armazenar, mensurar, analisar, entender, interpretar e julgar informações, além de consolidar ideias e conceitos baseados nessas informações para os processos decisórios subsequentes.

O processo recomendado é a análise do ambiente do sistema empresa. Como evidenciamos no Capítulo 2, a empresa é um sistema inserido em outros sistemas maiores e é envolvida pelo ambiente externo, próximo e remoto, bem como tem o seu próprio ambiente interno. Então, um Planejamento Estratégico será tanto ou mais eficaz quanto mais eficaz for a interpretação e julgamento de todas as variáveis e entidades desses ambientes.

A análise dos pontos fortes e fracos, ameaças e oportunidades (análise *SWOT*) é o procedimento mais recomendado.

- *S* – *Strenghts* – Forças – Pontos Fortes
- *W* – *Weaknesses* – Fraquezas – Pontos Fracos
- *O* – *Opportunities* – Oportunidades
- *T* – *Threats* – Ameaças

Essa análise pode ser vislumbrada na Figura 9.2, em relação aos ambientes da empresa (externos e internos).

As forças e fraquezas referem-se aos aspectos internos da organização comparados com a competição e as expectativas do mercado, isto é, se comparativamente os negócios atuais estão relativamente bons ou não.

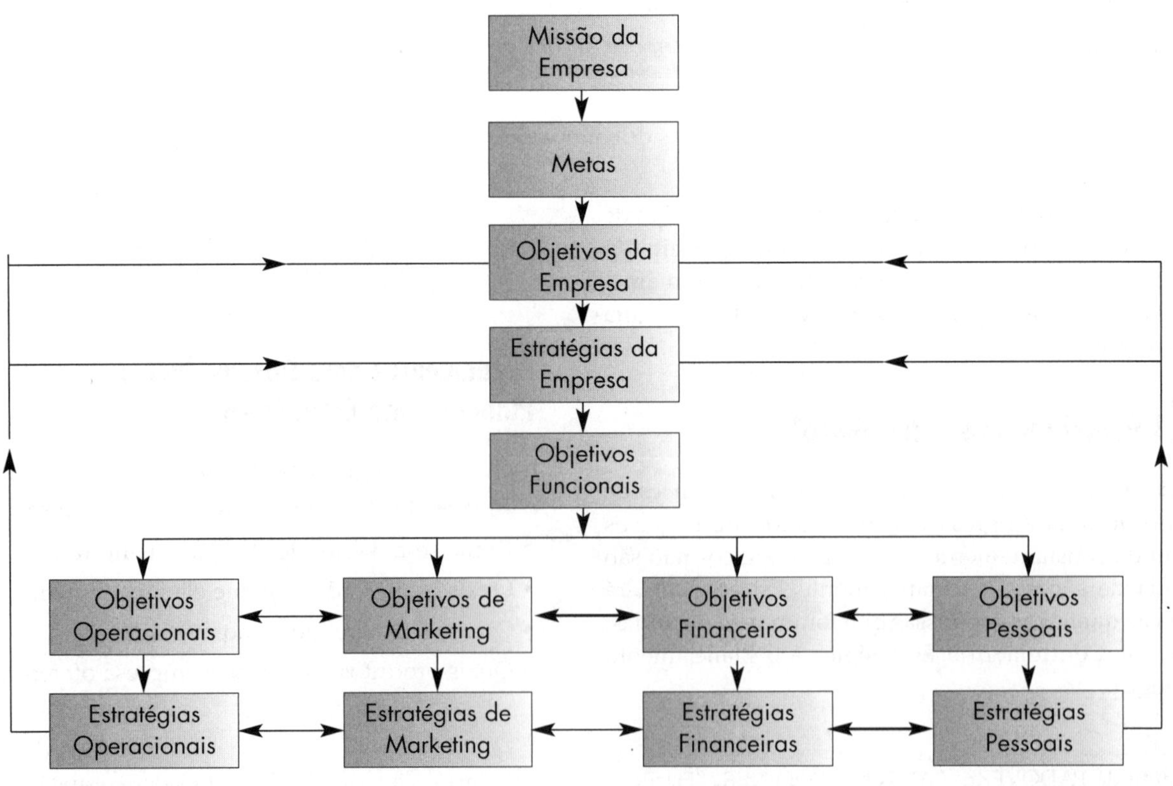

Figura 9.2 Objetivos funcionais e estratégicos

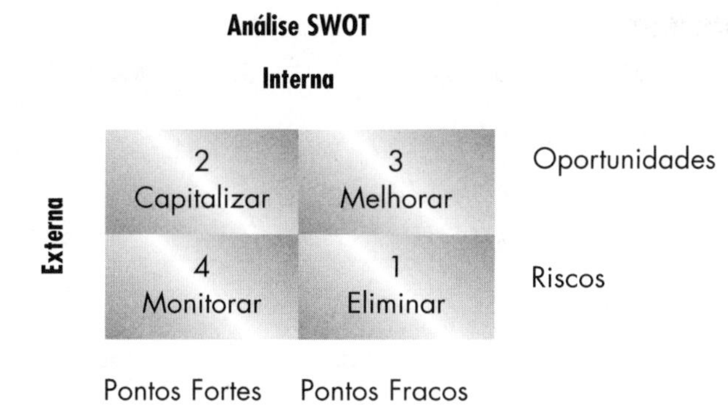

Figura 9.3 Análise SWOT

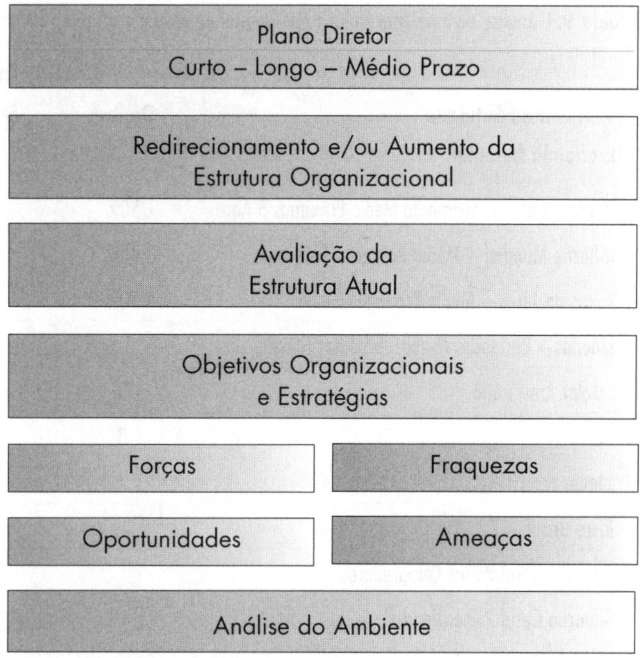

Figura 9.4 Exemplo-resumo de análise do ambiente

Essa análise deve ser confrontada com os objetivos da empresa, que indicará quais áreas de forças ou fraquezas provavelmente serão importantes no futuro.

As ameaças e oportunidades dizem respeito ao ambiente externo e devem identificar potenciais problemas que os fatores ambientais poderão trazer no futuro para a empresa, bem como as oportunidades podem revelar áreas a serem trabalhadas, que podem, inclusive, mudar os objetivos da empresa.

Os principais fatores do ambiente externo são: concorrentes, fornecedores, clientes, mercados, ambientes econômico, social e político, fatores legais e regulatórios, demografia, clima e desenvolvimento tecnológico.

9.5 Leitura do Ambiente e Elaboração da Estratégia

A leitura do ambiente compreende, como já vimos, os ambientes externos e internos e é baseada na análise SWOT, de pontos fortes e fracos, ameaças e oportunidades. Cada componente da leitura deve ser mensurado, salvo se for explicitamente qualitativo ou interpretativo, quando se deve colocar pelo menos uma indicação de tendência ou aceitação.

Apresentamos a seguir um exemplo resumido de como podemos traduzir a leitura dos ambientes num quadro para servir de roteiro para o processo de conclusão da análise estratégica, para feitura e implementação do Planejamento Estratégico. Esse exemplo servirá, posteriormente, para a etapa do controle das metas estratégicas.

Relatório de interpretação da análise do ambiente

O quadro de análise do ambiente da empresa deve ser interpretado pelos responsáveis pelo Planejamento Estratégico por meio de um relatório, não muito extenso, que deixe bem claro como a empresa tem consciência de todos os aspectos que interferem nas suas operações atuais e poderão interferir no futuro, e como, onde e por que poderão interferir.

Cada um dos pontos levantados nesse quadro deve merecer um aprofundamento crítico e resumido em algumas frases dentro do relatório interpretativo. Cabe ressaltar, como já citamos, a consciência de que a empresa tem, por intermédio dos responsáveis pela estratégia, de cada aspecto que a afeta.

Da Análise do Ambiente à Elaboração de um Plano Diretor ou Plano Operacional

A etapa seguinte ao processo de Planejamento Estratégico é a elaboração de planos operacionais, ou plano diretor, como preferem algumas empresas e autores. A Tabela 9.1 mostra as diversas macroetapas do processo de análise do ambiente, para fins de Planejamento Estratégico, até a execução de planos operacionais.

Elaboração da Estratégia: O Plano Estratégico

Depois da interpretação do ambiente em que a empresa está e a consciência de todos os aspectos em que ela está

Tabela 9.1 Análise do ambiente e plano operacional ou diretor

	ANÁLISE DO AMBIENTE						
Variável ou Entidade	**Dado**	**S**	**W**	**O**	**T**	**OK**	**Não OK**
Economia Mundial							
PIB Mundial – Crescimento Médio Próximos 5 Anos	1,50%			X			
Inflação Mundial – Média Próximos 5 Anos	3,00%			X			
Taxas de Juros – Média Próximos 5 Anos	4,50%				X		
Moedas – Paridades Médias Próximos 5 Anos							
. Dólar Americano	1,9			X			
. Euro	1,8			X			
. Iene	1,7				X		
Risco Brasil					X		X
Situação Geral Países Compradores				X		X	
Situação Geral Países Vendedores				X			X
Tecnologia							
Geral dos Produtos – Evolução					X	Acelerada	
Exclusividade					X	Difícil Acesso	
Dos Concorrentes Estrangeiros					X	Acelerada	
Dos Concorrentes Nacionais				X			Fraca
Da Empresa		X		X		Em dia	
Conjuntura Geral Nacional							
Sistema Político Nacional				X		Definido	
Firmeza das Instituições				X		X	
Necessidades Prementes do País							
. Política Fiscal					X		X
. Política Cambial				X		X	
. Política Monetária				X		X	
. Política Tributária					X		X
Forças/Movimentos Sociais							
. Sindicatos					X		Fortes
. Educação					X		X
. Convênios com Universidades				X		X	
. Reforma do Judiciário						X	
. MST					X		X
Conjuntura Econômica Nacional							
Tendência Geral				X		Boa	
Nível de Atividade – Próximos 5 Anos				X		Crescente	

continua

Tabela 9.1 Análise do ambiente e plano operacional ou diretor (Continuação)

	ANÁLISE DO AMBIENTE						
Variável ou Entidade	**Dado**	**S**	**W**	**O**	**T**	**OK**	**Não OK**
Conjuntura Econômica Nacional							
PIB – Crescimento Médio Próximos 5 Anos	3,50%			X			
Índice de Desemprego – Média Próximos 5 Anos	10,00%						
Inflação – Média Próximos 5 Anos	4,00%					X	
Taxas de Juros – Média Próximos 5 Anos	10,00%						
Variação Cambial – Média Próximos 5 Anos	5,00%						
Balança Comercial – Média Próximos 5 Anos	+US$ 5 bi					X	
Outras Variáveis *							
Demografia				X		Crescente	
Recursos Naturais				X		Abundantes	
Clima					X		Aquecimento Global
* Relacionadas com empresa/produtos/mercados							
Mercado do Setor de Atuação							
Concorrentes							
. Quantidade	5			X			
. Situação Geral							Fraca
Importação – Média Últimos 2 Anos	US$ 200 mi		X		X		
Barreiras Alfandegárias Nacionais					X		X
Exportação – Média Últimos 2 Anos	US$ 50 mi			X			
Barreiras Alfandegárias Estrangeiras				X			X
Tamanho do Mercado – Média Últimos 2 Anos	US$ 500 mi			X			
Participação da Empresa no Mercado	30%	X					
Tamanho do Mercado – Tendência	5%					Crescimento	
Produtos Substitutos					X		Crescentes
Estrutura Organizacional							
Capacidade Produtiva	5.000 unid.	X				X	
Possibilidade de Expansão	6.000 unid.	X				Poucos custos	
Meios de Produção			X				Depreciados
Ganhos Médios de Produtividade – Últimos 2 Anos	1,50%	X				X	
Capacidade de Vendas	4.000 unid.		X				No limite
Meios de Comercialização		X				Atuais	
Canais de Distribuição		X				Adequados	
Logística Geral Atual			X				Razoável

continua

Tabela 9.1 Análise do ambiente e plano operacional ou diretor (Continuação)

	ANÁLISE DO AMBIENTE						
Variável ou Entidade	**Dado**	**S**	**W**	**O**	**T**	**OK**	**Não OK**
Estrutura Organizacional							
Estrutura Administrativa		X				X	
Competência Administrativa		X				X	
Marketing							
Conhecimento dos Produtos		X				X	
Conhecimento da Empresa		X				X	
Veículos Promocionais			X				Razoáveis
Financiamento das Vendas			X				Não existe
Relacionamentos							
Clientes		X				X	
Fornecedores		X				X	
Distribuidores		X				X	
Bancos		X				X	
Acionistas		X				X	
Finanças							
Margens de Lucros s/ Vendas			X				Fraca
Rentabilidade para Acionistas			X				Fraca
Tendências de Custos		X				Melhorar	
Acesso a Créditos		X				X	
Estrutura de Capital/Grau de Endividamento			X				Alto
Valor da Empresa		X				Potencial	

Exemplo de Plano Estratégico

A empresa apostará num crescimento das vendas, decorrente das possibilidades de crescimento do país, tanto das possibilidades dos países compradores, como para aproveitar as atuais debilidades dos concorrentes nacionais.

No mercado externo, a empresa buscará um distribuidor na Europa, onde há possibilidades maiores de crescimento das exportações, com os produtos de menor conteúdo tecnológico, pois os concorrentes europeus os estão abandonando em troca de produtos mais complexos. É um nicho de mercado a ser aproveitado. O objetivo é conseguir uma participação de 2% no mercado europeu.

Para os demais países, os atuais produtos, sempre com atualização tecnológica, são suficientes para manter o volume de exportação, podendo a empresa crescer até 3% ao ano, em razão do crescimento normal da economia mundial.

No mercado interno, a empresa desenvolverá uma linha de produtos, com custos competitivos, para fazer face aos produtos similares importados, buscando suprir pelo menos 10% das importações médias atuais.

A empresa se lançará no mercado dos produtos substitutos. Para competir com esses produtos, ela criará um centro tecnológico específico, com o intuito de absorver sua tecnologia, bem como os processos e meios de produção, já que são produtos substancialmente diferentes dos atuais, em conjunto com a universidade com que já tem trabalhado atualmente. Para uma rápida absorção de tecnologia, a empresa buscará parceiros nos principais centros

continua

continuação

desses produtos no exterior, preferencialmente com licença de tecnologia e fabricação, de forma que nos antecipemos aos concorrentes nacionais em dois anos e comecemos a competir com os importados. De início, a empresa já irá fazer acordos de revenda desses produtos substitutos para o processo de aprendizagem dos mercados e de sua força de comercialização.

A empresa investirá US$ 25 milhões para aumentar sua capacidade para 6.000 unidades, bem como para atualizar seus meios de produção, hoje em situação apenas razoável, dentro da melhor tecnologia de fabricação. Não haverá necessidade de novas plantas fabris; será buscado um ganho de produtividade de 2% ao ano.

A empresa investirá US$ 10 milhões para aumentar sua capacidade de vendas, distribuição e logística, com a abertura de três novas filiais nas regiões em que está havendo um maior crescimento das vendas. Os canais de distribuição e o atual sistema de vendas poderão ser mantidos. As promoções deixarão de ser feitas pelo pessoal interno e será terceirizada para especialistas, para alavancar vendas.

A empresa promoverá uma revisão da sua cadeia de fornecedores, orientando-se para aquisição de materiais com maior conteúdo de submontagens, ao mesmo tempo em que deverá haver uma reclassificação qualitativa, objetivando redução do número de fornecedores.

A empresa buscará um acordo com o Banco Nacional do País, para criar uma linha de financiamento das vendas, principalmente para pequenas e médias empresas.

Com essas medidas, ela objetiva um crescimento de mais 7% de participação no mercado interno. A atualização do parque fabril e o aumento pretendido do volume deverão melhorar a margem de lucro em 2,5% e a rentabilidade dos acionistas em 4,5% ao ano.

Para fazer face aos investimentos e preparar a empresa para um menor endividamento, ela buscará financiamentos de longo prazo, de forma que renove os atuais financiamentos com alongamento da dívida. Ao mesmo tempo, 50% dos resultados auferidos serão retidos para investimentos como capital próprio.

envolvida, faz-se mister elaborar a estratégia e traduzi-la num plano formal. A estratégia a ser adotada deve estar em consonância com a missão da empresa, suas metas e objetivos. Basicamente, a estratégia é uma visão de longo prazo, que pode ser até configurada em número de anos.

Não existe um horizonte temporal definido para o planejamento estratégico, mas pensar no mínimo para os próximos dois anos até um horizonte de cinco a oito anos é razoável. No nosso exemplo, estamos imaginando visualizar a empresa para os próximos cinco anos e o que devemos fazer agora para que o que está se vislumbrando possa ocorrer.

O plano estratégico deve conter claramente as intenções que a empresa tem e o que e como ela deve proceder, com o máximo possível de dados quantitativos das metas incorporadas no plano estratégico.

9.6 Elaboração de Cenários Empresariais

Na última década aumentou sobremaneira o ritmo acelerado das mudanças políticas, econômicas, sociais e tecnológicas no mundo, tendo como consequência, frequentes rupturas de tendências que, segundo Marcial e Grumbach (2005), aumentam a incerteza com relação ao futuro das organizações, seja qual for a área na qual atuam. Cenário é o conjunto formado pela descrição coerente de uma situação futura e pelo encaminhamento dos acontecimentos que permitem passar da situação de origem à situação futura.

Considerada uma das atividades essenciais de Controladoria estratégica, o desenvolvimento e acompanhamento dos cenários têm como objetivo verificar a tendência das previsões de organizações especializadas em descrever sucintamente os cenários em que estão inseridos. A construção de cenários empresariais parte da premissa de que os dados não são reais, e sim estimados, assim, torna-se possível prever cenários identificando possíveis tendências. Do ponto de vista de Rattner (1979), a construção de cenários visa a um procedimento sistemático para detectar as tendências prováveis da evolução, numa sequência de intervalos temporais e procura identificar o começo da tensão social nos quais as forças sociais poderiam alterar essas tendências.

Consoante a isso, Marcial e Grumbach (2005) afirmam que existem os cenários possíveis, os cenários realizáveis e os cenários desejáveis, conforme a Figura 9.5:

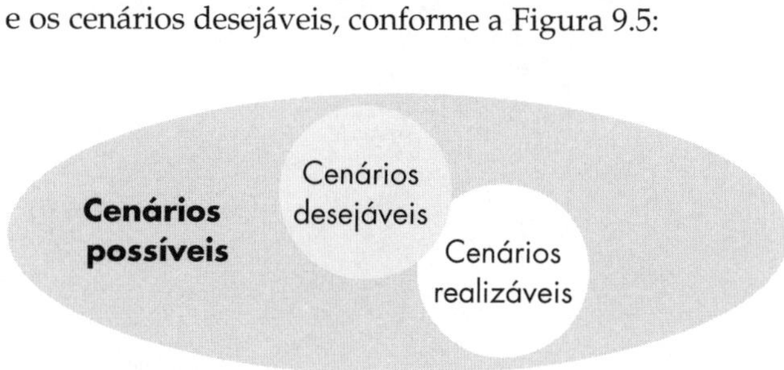

Figura 9.5 Tipos de cenários
Fonte: Marcial e Grumbach (2005, p. 43)

Tabela 9.2 Exemplo de Cenários com Variáveis Macroeconômicas

	I Otimista	II Moderado	III Pessimista
Probabilidade	25%	50%	25%
PIB Mundial Variação	4,5%	4,0%	3,5%
PIB-EUA-Variação	4,0%	2,5%	1,5%
PIB-Brasil-Variação	3,5%	2,5%	1,5%
Balanço de Pagamentos US$ bi	30,0	25,0	20,0
Reservas Internacionais US$ bi	120,0	80,0	100,0
Déficit Público % do PIB	4,0%	4,5%	5,0%
Dívida Externa US$ bi	40	80	120
Juros Nominais %	8%	10%	12%
Taxa de Câmbio %	5%	7%	9%
Inflação Anual IPC %	3%	4%	6%
Taxa Média Desemprego	7,5%	8,5%	9,5%
Crescimento do Setor	+10%	+5%	0%
Crescimento da Empresa	+12%	+7%	+2%

Outra técnica muito utilizada é traduzir as variáveis macroeconômicas em dois ou três cenários mais prováveis (otimista, provável, pessimista, por exemplo), incorporando as probabilidades de ocorrência de cada um. Em princípio, o cenário com maior grau de probabilidade de ocorrência deverá ser utilizado para a sequência dos processos de planejamentos operacionais e orçamentários.

Questões e Exercícios

1 O Planejamento Estratégico não é uma técnica que se limita às grandes empresas, valendo para qualquer tipo de empreendimento. Tomando como referência as que atuam nos setores apresentados a seguir, elabore em grupo de três ou mais colegas uma análise do ambiente e seu relacionamento com a empresa.

a) Empresa de alimentação de rua.

b) Pequena empresa de confecção de roupas.

c) Empresa de fornecimento de alimentação para outras empresas.

d) Empresa de produtos alimentícios (biscoitos, salgadinhos etc.).

e) Empresa de prestação de serviços contábeis.

f) Comércio varejista de armas de fogo.

g) Indústria processadora de plásticos para utensílios (baldes, lixos etc.).

h) Empresa montadora de microcomputadores.

i) Instituição de ensino médio particular.

j) Instituição de ensino particular de nível superior.

k) Empresa de fretes e transportes.

l) Revendedora de automóveis novos e usados.

2 Após o trabalho executado no exercício anterior, prepare:

a) uma conclusão contendo as principais variáveis e entidades que afetam a empresa;

b) um plano estratégico para a empresa;

c) um caderno para uma apresentação formal de plano para diretoria ou investidores.

Capítulo 10

Sistema de Informação de Acompanhamento do Negócio

Acompanhamento do negócio significa a necessidade que a empresa tem de acompanhar o mercado de seus produtos, bem como de se situar na conjuntura econômica do País e do exterior. O acompanhamento do negócio reúne informações para o planejamento estratégico da empresa, para análise das oportunidades e ameaças do ambiente, bem como para enfatizar os pontos fortes e fracos da companhia.

Dentro de um Sistema Integrado de Gestão Empresarial, informações para acompanhamento do negócio, geradas dentro da empresa, estão nos diversos módulos ou subsistemas. Essas informações têm o caráter estatístico e uma tendência de serem trabalhadas em sistemas especialistas, como os Sistemas de Suporte à Decisão (DSS/EIS).

Contudo, para o acompanhamento do negócio, são necessárias outras informações, de origem externa, tais como dados dos concorrentes, da conjuntura econômica etc., que, em nosso entendimento, devem fazer parte de um rol mínimo para essa finalidade. Tais informações devem ser inseridas de alguma forma dentro deste subsistema e, em conjunto com as informações internas geradas, permitirão dar uma visão de acompanhamento do negócio e seus mercados, de caráter contínuo e sistemático.

10.1 Objetivos e Funcionamento do Sistema de Acompanhamento do Negócio

Os objetivos deste subsistema centram-se em coletar e armazenar informações que possibilitem visualizar a empresa no seu ramo de atuação, dentro da conjuntura econômica. Para tanto, o subsistema deve ter informações para:

- acompanhamento periódico do desempenho das vendas, clientes e mercados;
- acompanhamento periódico da situação econômica geral do setor de atuação da empresa;
- acompanhamento periódico da situação econômica geral do País e do mundo;
- acompanhamento dos indicadores de evolução internos *versus* os externos (preços, crescimento das vendas, indicadores de produtividade etc.);
- acompanhamento periódico do desempenho das empresas concorrentes;
- acompanhamento periódico das importações dos produtos concorrentes e substitutos;
- acompanhamento periódico das exportações dos produtos concorrentes e substitutos;
- avaliação do tamanho dos mercados em que a empresa atua (consumo aparente);
- informações para avaliação da participação da empresa no mercado (*market share*);
- informações sobre produtividade, qualidade, recursos humanos, satisfação dos clientes etc.

Atributos e Funções do Gestor do Sistema de Acompanhamento do Negócio

As atribuições básicas do administrador deste subsistema são:

- definição de quais informações devem fazer parte do banco de dados do sistema;
- identificação das fontes das informações, bem como dos meios e processos de coleta;
- definição dos critérios de ajustes das informações externas que devem ser internados no sistema.[1]

Operacionalidades do Sistema

Como já vimos, a estrutura deste sistema assemelha-se fortemente com sistemas de suporte à decisão. Desta maneira, a operacionalidade fundamental é a possibilidade de este sistema coletar, de forma rápida, precisa e automática, as informações de todos os outros sistemas empresariais.

Por conseguinte, uma operacionalidade consequente é a necessidade de o sistema permitir o tratamento

[1] Exemplificando: uma companhia tem vários produtos dos quais apenas um concorre com a empresa. O ajuste seria feito pela escolha de um critério para, com base nos dados da empresa concorrente (o balanço, por exemplo), determinar a parcela que concorre com a empresa.

gráfico-estatístico das informações coletadas, que serão apresentadas, seguramente, em formato visual.

A outra operacionalidade necessária é que este sistema deve ser totalmente aberto para uso da tecnologia de EDI – Troca Eletrônica de Dados, uma vez que grande parte das informações é de origem externa.

Integrações com outros Sistemas

Dentro da empresa, este sistema é abastecido, principalmente, pelo Sistema de Faturamento (Vendas) associado ao Sistema de Cadastro de Clientes para a análise das vendas.

Para análise dos concorrentes, são utilizados critérios do Sistema de Análise de Balanço.

As informações de produtividade, evolução de preços etc. serão calculadas com base nos dados coletados de diversos sistemas operacionais da empresa, para serem comparadas com o setor. As demais informações serão obtidas de sistemas externos à empresa, pela coleta EDI. Este sistema é o grande minuciador do Planejamento Estratégico, fornecendo, pois, informações para o sistema orçamentário, notadamente para o de vendas.

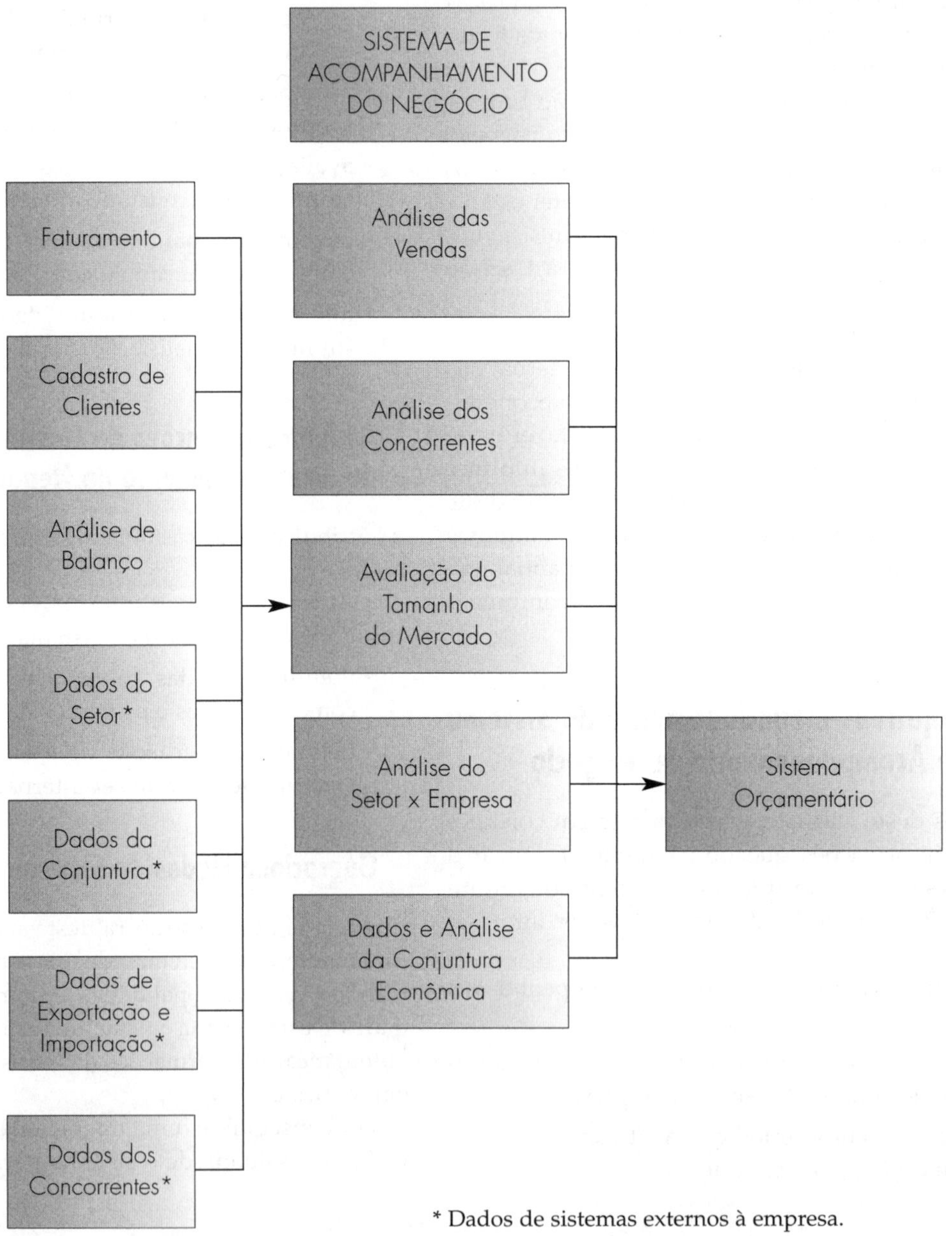

Figura 10.1 Integração do subsistema de acompanhamento do negócio e outros subsistemas

10.2 Informações e Relatórios Gerados

As principais informações e relatórios deste subsistema são:

- Análise percentual e evolutiva dos dados da conjuntura econômica e do setor.
- Análises comparativas e evolutivas entre a empresa e os dados de setor.
- Análise de balanço dos concorrentes e fornecedores.
- Estatística de vendas por regiões, clientes, produtos, mercados etc.
- Estatísticas e gráficos para avaliação do consumo aparente (produção nacional, exportações, importações) etc.

Exemplos

A seguir, faremos uma apresentação exemplificativa das principais informações que devem constar deste sistema, que abastece especialmente o processo de Planejamento Estratégico, basicamente já em formato de relatório.

Acompanhamento da Evolução dos Cenários

Este relatório visa verificar a tendência das previsões de empresas especializadas em delinear cenários. Para tanto, há necessidade de um acompanhamento gráfico.

É importante salientar que os dados que alimentam esse tipo de relatório **não são dados reais, mas sim estimados**. Portanto, os gráficos apenas mostram as tendências das projeções. As informações dos dados dos cenários podem ser obtidas mensalmente em revistas especializadas, como a *Conjuntura Econômica*, da Fundação Getulio Vargas.

Tabela 10.1 Evolução dos cenários

Variáveis	Jan.		Fev.		Mar.		Abr.		Maio		Jun.			Jul.		Ago.		Set.		Out.		Nov.		Dez.	
	X1	X2	X1	X2	X1	X2	X1	X2	X1	X2	X1	X2	X3	X1	X2	X1	X2	X1	X2	X1	X2	X1	X2	X1	X2
Variação do PIB (%)	3,10		3,00		3,10	3,80	3,20	4,10	3,30	4,10	3,30	4,00		3,40	4,00	3,40	4,20	3,70	4,60	3,90	4,30	3,80	4,30	3,90	4,20
IPCA	6,80		6,90		6,80	4,80	6,60	4,60	6,50	4,50	6,30	4,50	3,50	6,00	4,60	6,00	4,40	6,00	4,50	6,40	4,50	6,40	4,60	6,10	4,50
IGP-DI	8,60		8,00		8,10	5,50	7,90	5,00	7,40	5,20	7,30	5,10		7,00	5,00	7,30	5,00	8,20	5,10	9,10	5,40	9,70	5,60	9,90	5,20
Taxa de Câmbio - dezembro (R$ US$)	1,95		1,92		1,92	1,97	1,87	1,93	1,86	1,93	1,85	1,91		1,86	1,92	1,88	1,94	1,87	1,94	1,86	1,92	1,87	1,93	1,90	1,97
Taxa Selic (média)	16,90		17,80		18,00	18,30	17,80	15,60	17,70	15,20	17,90	14,80		17,90	14,70	17,50	14,50	17,10	14,30	17,20	14,00	17,40	14,40	17,40	14,60
Taxa de desemprego (IBGE)	7,50		7,40		7,60	6,90	7,50	7,00	7,40	6,80	7,60	7,00		7,50	7,10	7,80	7,20	7,70	7,20	7,70	7,20	7,70	7,10	7,70	7,20
Saldo da Balança Comercial (US$ bilhões)	3,60		3,50		3,60	5,60	3,40	5,50	3,20	5,60	3,00	5,00		2,30	5,00	1,70	4,10	1,30	2,60	0,60	2,10	0,20	1,40	-0,40	0,90

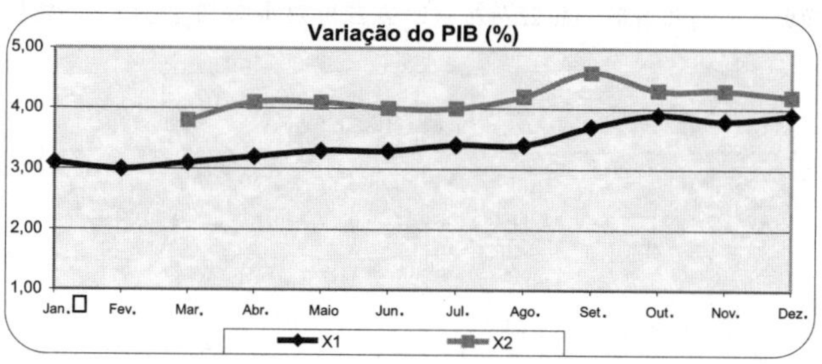

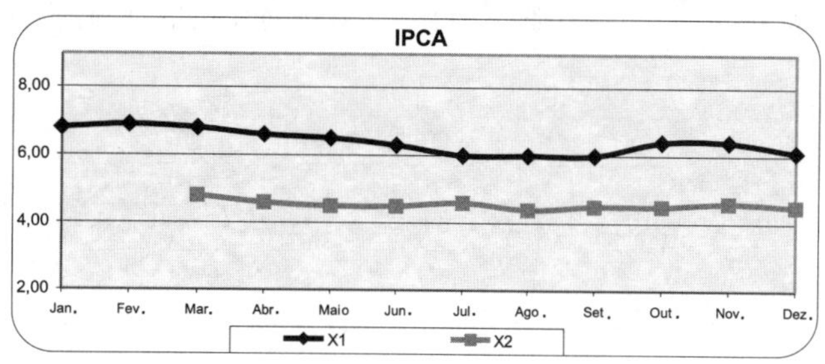

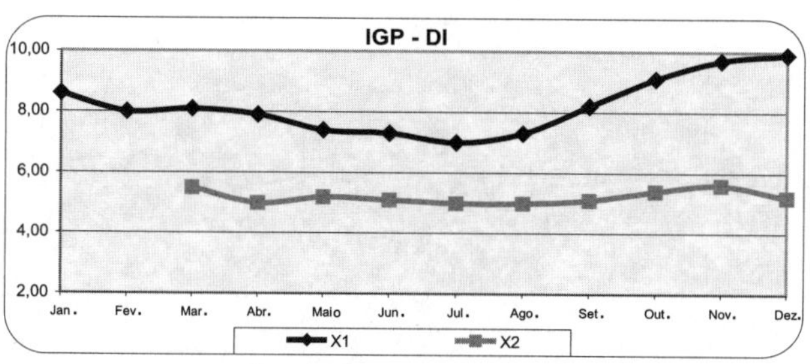

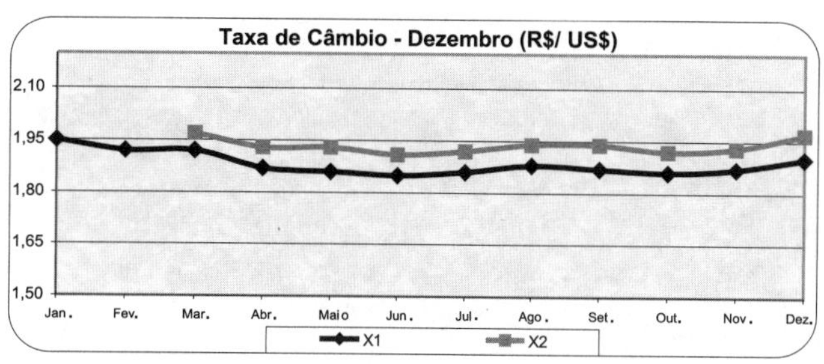

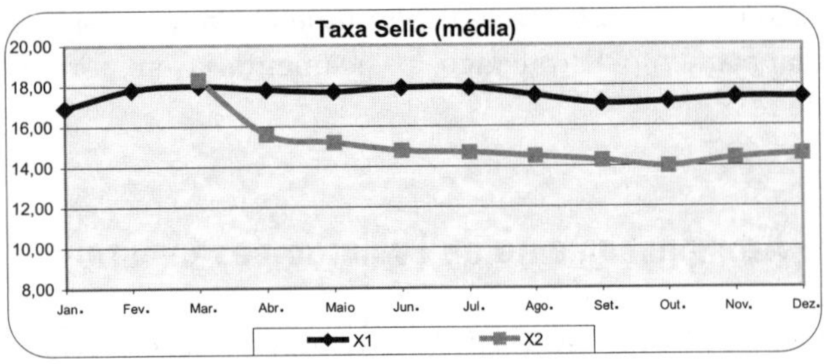

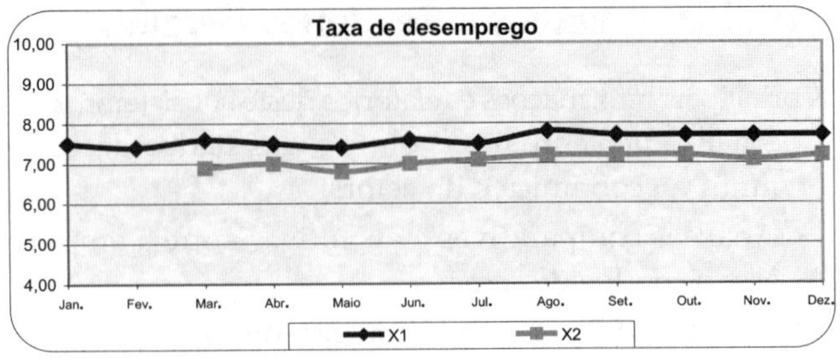

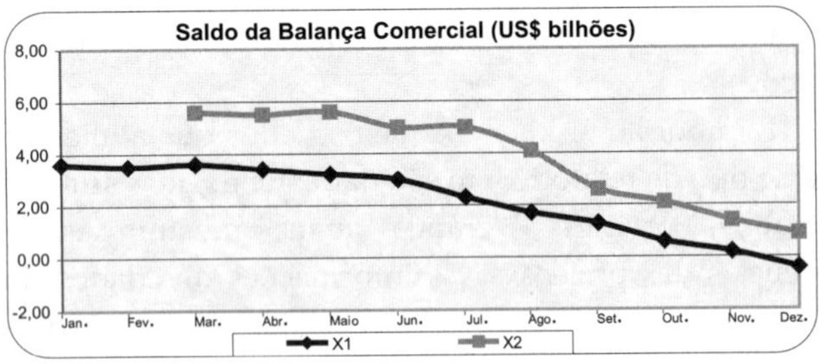

Tabela 10.2 Evolução dos cenários

Variáveis	Jan.		Fev.		Mar.		Abr.		Maio		Jun.			Jul.		Ago.		Set.		Out.		Nov.		Dez.	
	X1	X2	X1	X2	X1	X2	X1	X2	X1	X2	X1	X2	X3	X1	X2	X1	X2	X1	X2	X1	X2	X1	X2	X1	X2
Exportações (US$ bilhões)	53,90		54,40		54,40	59,20	54,50	59,80	55,10	60,60	55,00	54,70		55,20	60,70	53,20	56,30	55,00	59,60	55,60	60,80	55,40	60,30	55,10	59,90
Importações (US$ bilhões)	50,30		50,80		50,80	53,70	51,10	54,30	51,90	55,00	52,00	54,80		52,90	55,70	54,90	60,50	53,70	57,00	55,00	58,70	55,20	58,90	55,50	59,00
Déficit em conta corrente (US$ bilhões)	23,10		23,40		23,40	22,50	22,60	23,00	23,00	23,50	23,50	22,80		23,80	23,00	24,40	23,40	24,70	24,30	24,90	25,20	25,40	26,00	25,20	25,70
Déficit em transações correntes (% do PIB)			3,80		3,70	3,30	3,60	3,30	3,50	3,40	3,60	3,30		3,70	3,40	3,80	3,40	3,60	3,50	3,85	3,50	4,10	3,90	4,10	4,00
Superávit primário do setor público (% do PIB)	3,00		3,00		3,10	3,00	3,00	2,80	3,10	2,90	3,10	3,00		3,10	3,00	3,20	3,00	3,20	3,10	3,20	3,00	3,30	3,00	3,30	3,00
Déficit nominal do setor público (% do PIB)	4,30		4,50		4,20	3,30	4,20	3,20	4,10	3,30	4,20	3,30		4,20	3,30	4,20	3,00	4,20	3,20	3,80	2,80	4,00	2,90	4,00	3,10
Reservas Internacionais líquidas (US$ bilhões)	36,80		34,90		35,40	32,90	33,50	37,40	29,20	30,10	28,20	29,40		27,50	28,10	27,90	29,60	28,90	28,60	28,80	29,70	30,20	30,60	29,50	30,50
Investimento direto (US$ bilhões)	22,30		23,40		23,80	20,50	24,30	21,90	24,80	22,20	24,80	20,00		25,40	21,00	25,40	22,70	26,50	22,60	27,10	23,20	27,50	23,50	27,50	23,60

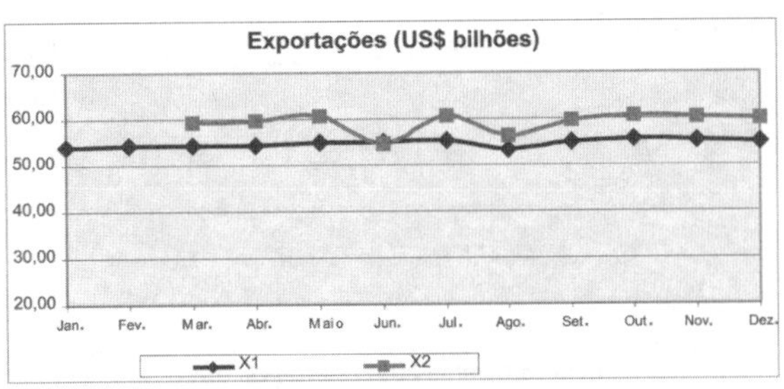

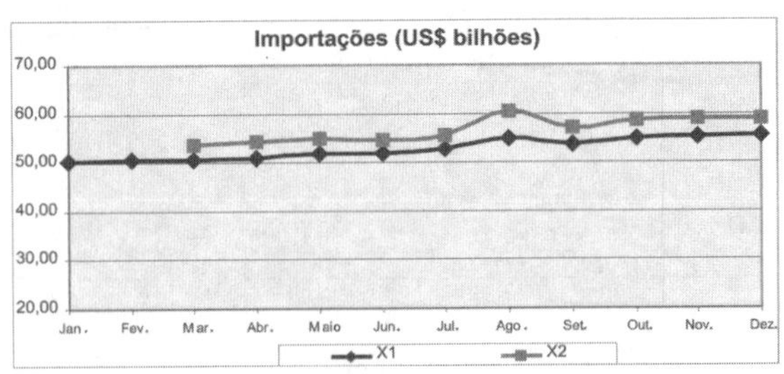

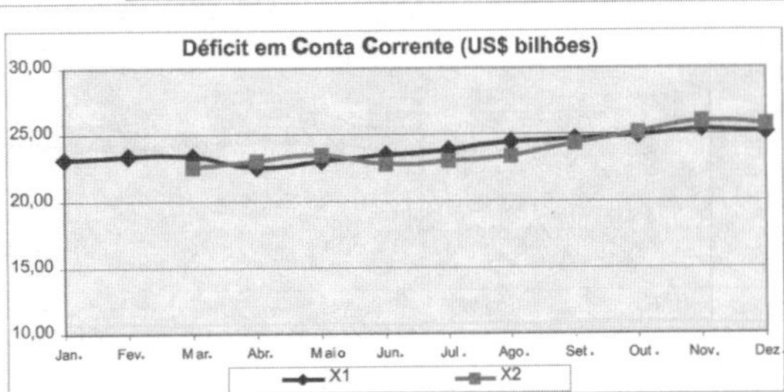

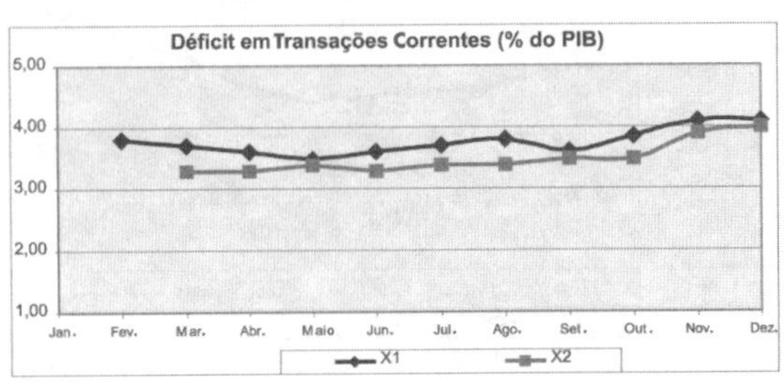

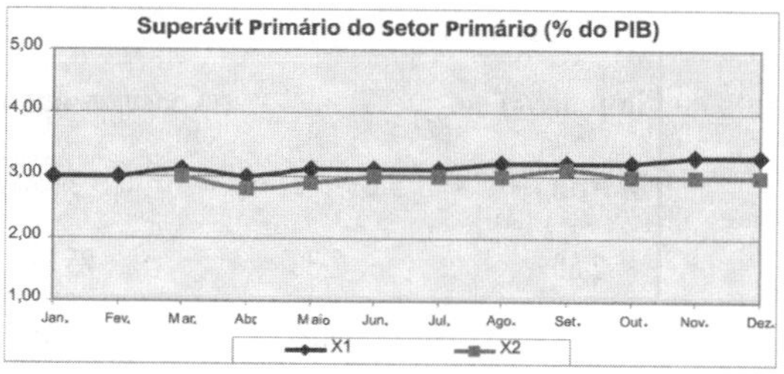

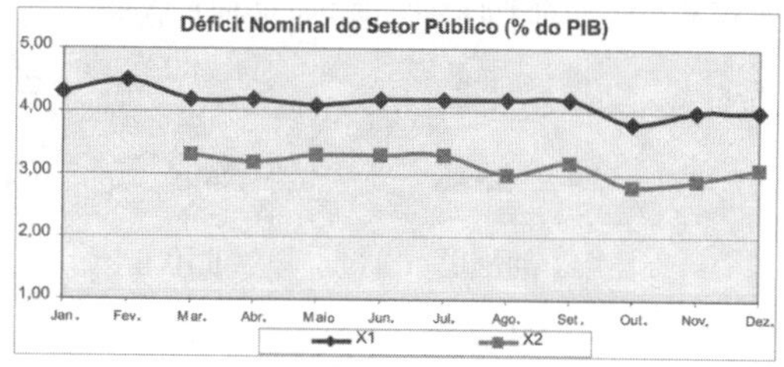

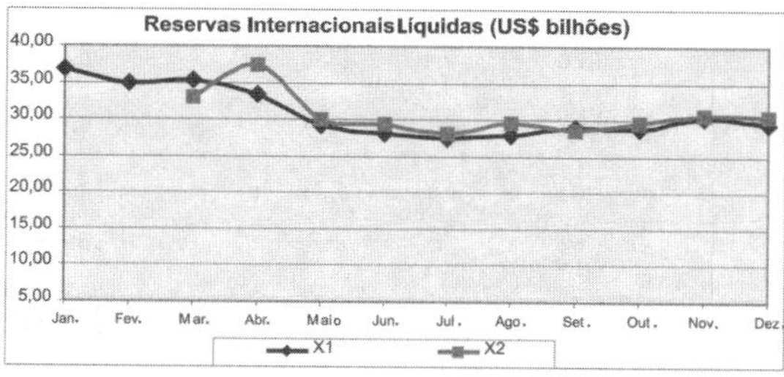

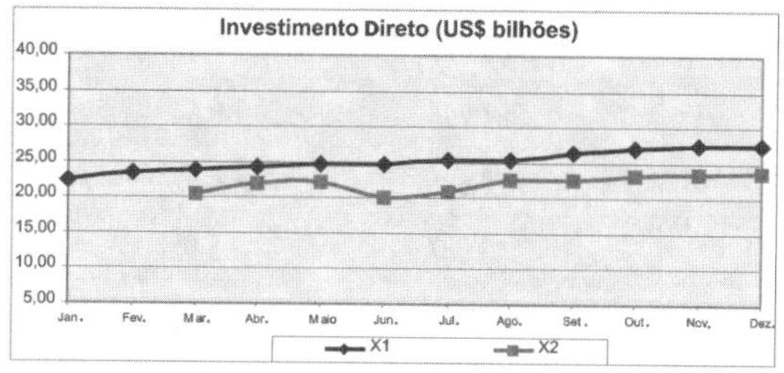

PIB e Setor da Empresa

Informação extremamente necessária para acompanhamento estratégico. Os dados de crescimento do PIB, tanto do País como de outras regiões do Globo, são os dados primários para o Planejamento Estratégico.

Apresentamos a seguir três sugestões de relatórios:

a) Acompanhamento do crescimento do PIB do País em relação aos principais países do mundo.
b) Acompanhamento do crescimento do PIB e do setor de atuação da empresa.
c) Acompanhamento do crescimento do PIB e o crescimento das vendas da empresa.

O objetivo dos relatórios ***b*** e ***c*** é verificar se existe uma correlação entre a variação do nível de atividade da empresa e do setor e o crescimento do País.

Tabela 10.3 Evolução do PIB

PIB – Produto Interno Bruto	1994	1995	1996	1997	1998	1999	2000	2001	2002
Brasil	5,90	4,20	2,70	3,30	0,20	0,80	4,50	1,50	3,50
Estados Unidos	4,00	2,70	3,60	4,20	4,30	4,10	4,10	1,00	3,40
Alemanha	2,30	1,70	0,80	1,50	2,20	1,80	3,00	0,50	2,70
Japão	0,60	1,50	5,00	1,60	-2,50	0,70	2,20	-0,40	0,80
China	12,60	10,50	9,60	8,80	7,80	7,10	8,00	7,30	7,40
Econ. Mundial	3,70	3,60	4,00	4,20	2,80	3,60	4,70	2,40	4,00

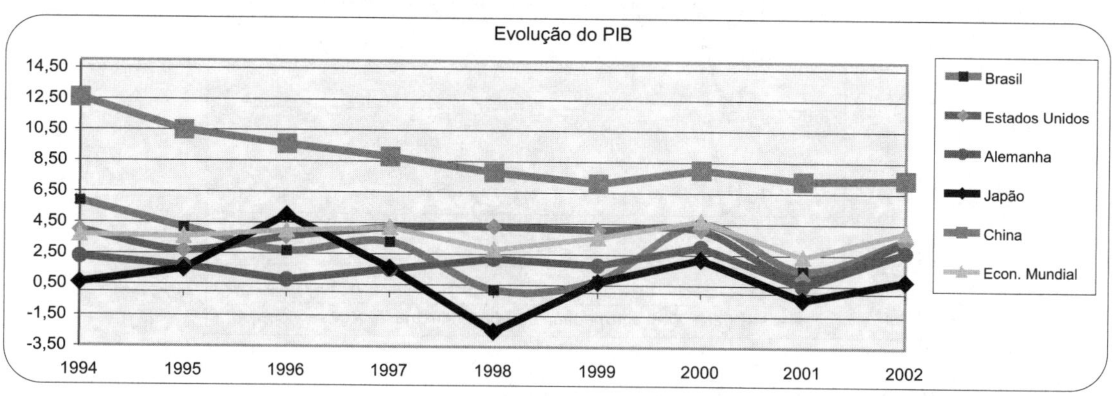

Tabela 10.4 Evolução do PIB e setor de atuação da empresa

Ano	PIB	Taxas de Crescimento do PIB (em %)				Consumo Aparente
	Brasil	Total	Agropecuária	Indústria	Serviços	Setor
1988	307.105	-0,10	0,80	-2,60	2,30	25.170
1989	411.737	3,20	2,80	2,90	3,50	23.560
1990	469.318	-4,30	-3,70	-8,20	-0,80	22.270
1991	405.679	1,03	1,37	0,26	1,96	18.430
1992	387.295	-0,54	4,89	-4,22	1,52	16.450
1993	429.685	4,92	-0,07	7,01	3,21	15.890
1994	543.087	5,85	5,45	6,73	4,73	19.380
1995	705.449	4,22	4,08	1,91	1,30	21.450
1996	775.475	2,66	3,11	3,28	2,26	19.510
1997	807.814	3,27	-0,83	4,65	2,55	21.160
1998	787.889	0,22	1,94	-1,45	1,11	19.700
1999	531.057	0,79	7,41	-1,60	1,89	20.100
2000	594.247	4,36	3,03	4,87	3,71	22.150
2001	503.857	1,51	5,11	-0,58	2,52	22.200

Fonte: PIB = Banco Central/IBGE, Consumo Aparente = Sindicato Patronal

Nota: Taxas de US$ consideradas - 1997 = 1,0847 - 1998 = 1,1640 - 1999 = 1,2087 - 2000 = 1,9554 - 2001 = 2,3204

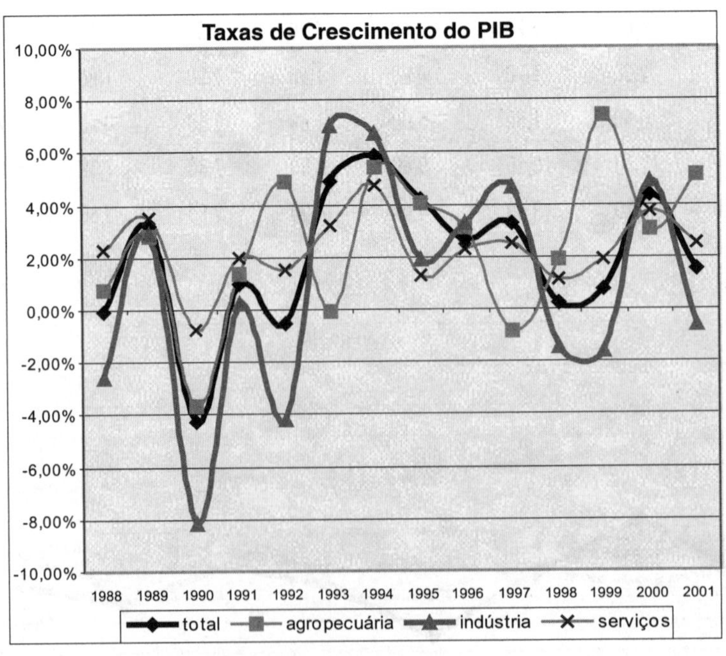

Figura 10.2 Evolução do PIB e crescimento das vendas da empresa

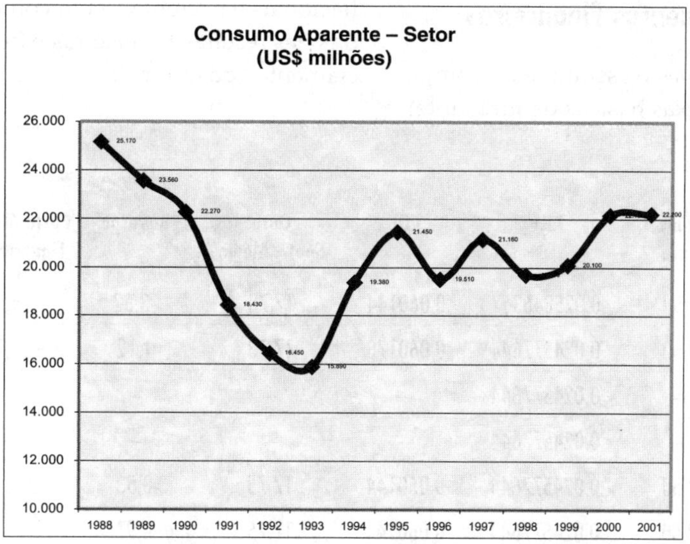
Consumo Aparente – Setor
(US$ milhões)
26.000
24.000
22.000
20.000
18.000
16.000
14.000
12.000
10.000
1988
1989
1990
1991
1992
1993
1994
1995
1996
1997
1998
1999
2000
2001

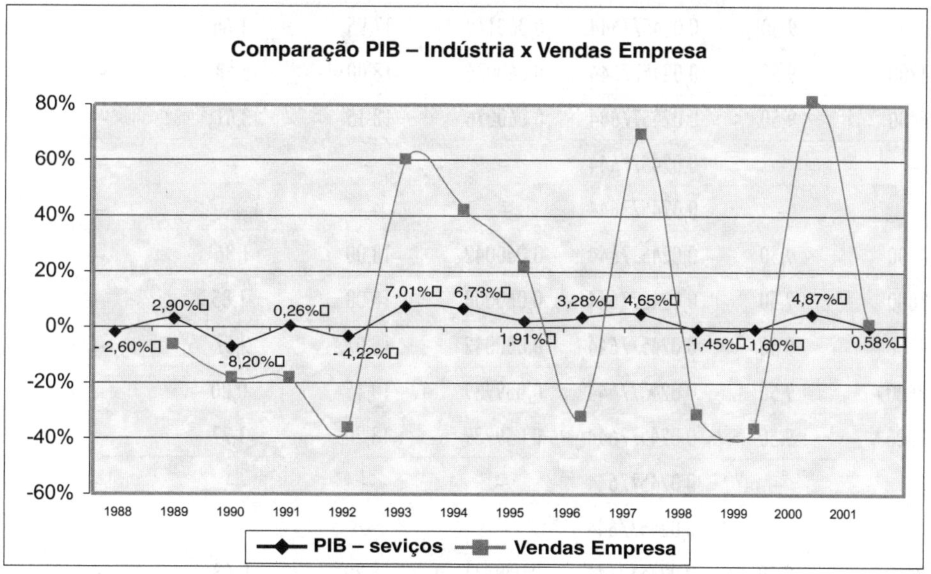
Comparação PIB – Indústria x Vendas Empresa
80%
60%
40%
20%
0%
-20%
-40%
-60%
- 2,60%
2,90%
- 8,20%
0,26%
- 4,22%
7,01%
6,73%
1,91%
3,28%
4,65%
-1,45%
-1,60%
4,87%
0,58%
1988
1989
1990
1991
1992
1993
1994
1995
1996
1997
1998
1999
2000
2001
PIB – serviços
Vendas Empresa

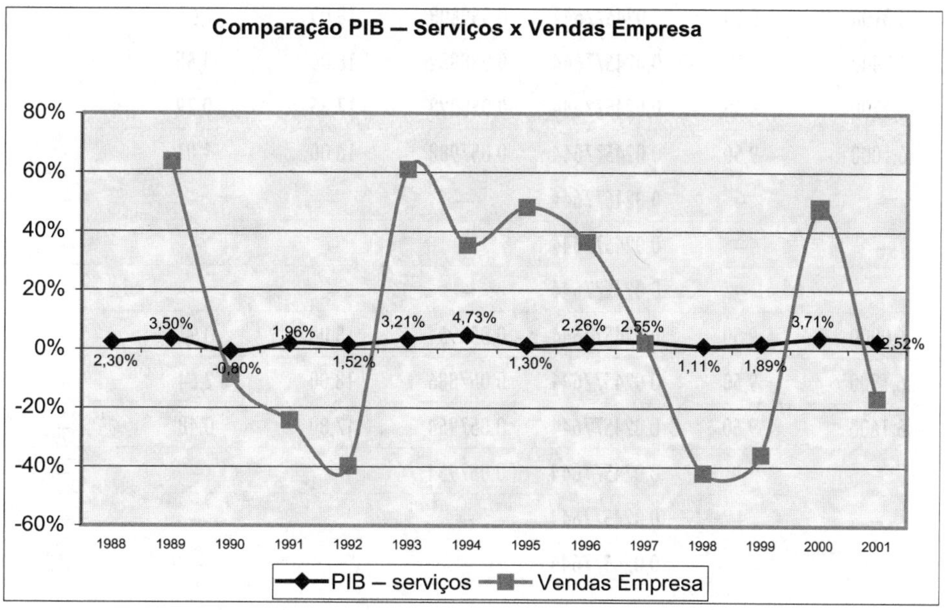
Comparação PIB – Serviços x Vendas Empresa
80%
60%
40%
20%
0%
-20%
-40%
-60%
2,30%
3,50%
-0,80%
1,96%
1,52%
3,21%
4,73%
1,30%
2,26%
2,55%
1,11%
1,89%
3,71%
2,52%
1988
1989
1990
1991
1992
1993
1994
1995
1996
1997
1998
1999
2000
2001
PIB – serviços
Vendas Empresa

Taxas de Juros e Rendimentos Financeiros

O objetivo de relatórios sobre este assunto é o acompanhamento da evolução das taxas básicas de juros internacionais e nacionais, bem como das taxas médias obtidas nas receitas financeiras e do custo médio dos financiamentos da empresa.

Tabela 10.5 Taxas financeiras diárias

Data	LIBOR	Prime Rate	TJLP	CDI	Ouro Spot - Médio	Bovespa	Da Empresa Custo Médio dos Financiamentos	Rendimento Financeiro Médio
31/12/X0	6,5500	9,50	0,025846357	0,060144	17,78	-3,62	1,01	1,21
1º/1/X1	6,5600	9,50	0,024577644	0,060178	17,73	1,12	1,12	1,14
2/1/X1	–	–	0,024577644	–	–	–	–	–
3/1/X1	–	–	0,024577644	–	–	–	–	–
4/1/X1	6,5300	9,50	0,024577644	0,060144	17,75	0,53	–	–
5/1/X1	6,5100	9,50	0,024577644	0,060144	17,75	4,97	–	–
6/1/X1	6,0000	9,50	0,024577644	0,060110	17,95	-1,66	–	–
7/1/X1	6,4200	9,50	0,024577644	0,060076	18,00	3,68	–	–
8/1/X1	6,4400	9,50	0,024577644	0,060076	18,15	3,61	–	–
9/1/X1	–	–	0,024577644	–	–	–	–	–
10/1/X1	–	–	0,024577644	–	–	–	–	–
11/1/X1	6,4200	9,50	0,024577644	0,060042	18,00	1,36	–	–
12/1/X1	6,3800	9,50	0,024577644	0,060008	18,08	-1,85	–	–
13/1/X1	6,4200	9,50	0,024577644	0,060042	18,07	2,57	–	–
14/1/X1	6,3600	9,50	0,024577644	0,059939	18,15	-0,20	–	–
15/1/X1	6,3600	9,50	0,024577644	0,059939	18,20	-1,77	–	–
16/1/X1	–	–	0,024577644	–	–	–	–	–
17/1/X1	–	–	0,024577644	–	–	–	–	–
18/1/X1	6,2400	9,50	0,024577644	0,059871	18,20	0,63	–	–
19/1/X1	6,3100	9,50	0,024577644	0,059803	18,05	1,67	–	–
20/1/X1	6,2800	9,50	0,024577644	0,058982	18,06	-4,65	–	–
21/1/X1	6,2200	9,50	0,024577644	0,058023	17,85	-0,79	–	–
22/1/X1	6,1000	9,50	0,024577644	0,057988	18,00	-1,01	–	–
23/1/X1	–	–	0,024577644	–	–	–	–	–
24/1/X1	–	–	0,024577644	–	–	–	–	–
25/1/X1	–	–	0,024577644	–	–	–	–	–
26/1/X1	6,0900	9,50	0,024577644	0,057954	18,00	0,97	–	–
27/1/X1	6,1900	9,50	0,024577644	0,057886	18,00	2,64	–	–
28/1/X1	6,1600	9,50	0,024577644	0,057954	17,80	0,48	–	–
29/1/X1	–	–	0,024577644	0,057954	–	–	–	–
30/1/X1	–	–	0,024577644	–	–	–	–	–
31/1/X1	–	–	0,024577644	–	–	–	1,12	1,14

Comparação dos Principais Indicadores de Preços

Em geral, essas informações fazem parte de um conjunto de relatórios que abastecem continuadamente a empresa sobre todos os principais indicadores de evolução de preços mais utilizados em toda a empresa. Obviamente, a disponibilização do relatório para os usuários dentro da empresa não precisa ser necessariamente em papel, podendo ser em meio computacional.

A Tabela 10.6 traz o exemplo de um relatório com alguns índices escolhidos.

Tabela 10.6 Indicadores econômicos

	IPCA (IBGE)			INPC (IBGE)			IPC (FIPE)			ICV (DIEESE)		
Período	Índice	Variação %		Índice	Variação %		Índice	Variação %		Índice	Variação %	
		No Mês	No Ano		No Mês	No Ano		No Mês	No Ano		No Mês	No Ano
12/95	1.244,23	1,56	22,40	1.255,58	1,65	21,98	1.282,47	1,21	23,17	1.729,78	1,89	46,19
12/96	1.363,22	0,47	9,56	1.370,05	0,33	9,12	1.411,26	0,17	10,04	1.957,75	0,38	13,18
12/97	1.434,45	0,43	5,22	1.429,51	0,57	4,34	1.479,36	0,57	4,83	2.077,41	0,18	6,11
12/98	1.458,20	0,33	1,66	1.465,07	0,42	2,49	1.452,89	(0,12)	(1,79)	2.087,20	0,15	0,47
1/99	1.468,40	0,70	0,70	1.474,59	0,65	0,65	1.460,15	0,50	0,50	2.116,00	1,38	1,38
2/99	1.483,82	1,05	1,76	1.493,61	1,29	1,95	1.480,74	1,41	1,92	2.140,34	1,15	2,55
3/99	1.500,14	1,10	2,88	1.512,73	1,28	3,25	1.489,03	0,56	2,49	2.161,31	0,98	3,55
4/99	1.508,54	0,56	3,45	1.519,84	0,47	3,74	1.496,03	0,47	2,97	2.163,69	0,11	3,66
5/99	1.513,07	0,30	3,76	1.520,60	0,05	3,79	1.490,50	(0,37)	2,59	2.168,45	0,22	3,89
6/99	1.515,95	0,19	3,96	1.521,66	0,07	3,86	1.489,30	(0,08)	2,51	2.175,82	0,34	4,25
7/99	1.532,47	1,09	5,09	1.532,93	0,74	4,63	1.505,54	1,09	3,62	2.201,71	1,19	5,49
8/99	1.541,05	0,56	5,68	1.541,36	0,55	5,21	1.516,68	0,74	4,39	2.210,08	0,38	5,89
9/99	1.545,83	0,31	6,01	1.547,37	0,39	5,62	1.530,48	0,91	5,34	2.218,26	0,37	6,28
10/99	1.564,22	1,19	7,27	1.562,22	0,96	6,63	1.547,77	1,13	6,53	2.238,89	0,93	7,27
11/99	1.579,08	0,95	8,29	1.576,91	0,94	7,63	1.570,68	1,48	8,11	2.268,89	1,34	8,70
12/99	1.588,56	0,60	8,94	1.588,58	0,74	8,43	1.578,38	0,49	8,64	2.287,04	0,80	9,57
1/00	1.598,41	0,62	0,62	1.598,27	0,61	0,61	1.587,37	0,57	0,57	2.314,26	1,19	1,19
2/00	1.600,49	0,13	0,75	1.599,07	0,05	0,66	1.583,72	(0,23)	0,34	2.309,63	(0,20)	0,99
3/00	1.604,01	0,22	0,97	1.601,14	0,13	0,79	1.587,37	0,23	0,57	2.327,41	0,77	1,77
4/00	1.610,74	0,42	1,40	1.602,59	0,09	0,88	1.588,79	0,09	0,66	2.334,16	0,29	2,06
5/00	1.610,90	0,01	1,41	1.601,78	(0,05)	0,83	1.589,27	0,03	0,69	2.329,49	(0,20)	1,86
6/00	1.614,61	0,23	1,64	1.606,59	0,30	1,13	1.592,13	0,18	0,87	2.332,99	0,15	2,01
7/00	1.640,60	1,61	3,28	1.628,92	1,39	2,54	1.614,42	1,40	2,28	2.382,68	2,13	4,18
8/00	1.662,10	1,31	4,63	1.648,63	1,21	3,78	1.639,44	1,55	3,87	2.413,89	1,31	5,55
9/00	1.665,92	0,23	4,87	1.655,72	0,43	4,23	1.643,87	0,27	4,15	2.423,79	0,41	5,98
10/00	1.668,25	0,14	5,02	1.658,37	0,16	4,39	1.644,04	0,01	4,16	2.423,79	0,00	5,98
11/00	1.673,59	0,32	5,35	1.663,18	0,29	4,70	1.643,21	(0,05)	4,11	2.432,03	0,34	6,34
12/00	1.683,46	0,59	5,97	1.672,33	0,55	5,27	1.647,49	0,26	4,38	2.451,97	0,82	7,21
1/01	1.693,06	0,57	0,57	1.685,20	0,77	0,77	1.653,75	0,38	0,38	2.472,32	0,83	0,83
2/01	1.700,85	0,46	1,03	1.693,46	0,49	1,26	1.655,57	0,11	0,49	2.478,01	0,23	1,06
3/01	1.707,31	0,38	1,42	1.701,59	0,48	1,75	1.664,01	0,51	1,00	2.489,91	0,48	1,55
4/01	1.717,21	0,58	2,00	1.715,88	0,84	2,60	1.674,16	0,61	1,62	2.499,62	0,39	1,94
5/01	1.724,25	0,41	2,42	1.725,66	0,57	3,19	1.677,01	0,17	1,79	2.505,12	0,22	2,17
6/01	1.733,22	0,52	2,96	1.736,02	0,60	3,81	1.691,26	0,85	2,66	2.543,44	1,53	3,73

continua

Tabela 10.6 Indicadores econômicos (Continuação)

	IPCA (IBGE)			INPC (IBGE)			IPC (FIPE)			ICV (DIEESE)		
Período	Índice	Variação %		Índice	Variação %		Índice	Variação %		Índice	Variação %	
		No Mês	No Ano		No Mês	No Ano		No Mês	No Ano		No Mês	No Ano
7/01	1.756,27	1,33	4,32	1.755,29	1,11	4,96	1.711,72	1,21	3,90	2.597,36	2,12	5,93
8/01	1.768,57	0,70	5,06	1.769,15	0,79	5,79	1.731,41	1,15	5,09	2.614,25	0,65	6,62
9/01	1.773,52	0,28	5,35	1.776,94	0,44	6,26	1.736,95	0,32	5,43	2.629,93	0,60	7,26
10/01	1.788,24	0,83	6,22	1.793,64	0,94	7,25	1.749,80	0,74	6,21	2.661,49	1,20	8,54
11/01	1.800,93	0,71	6,98	1.816,78	1,29	8,64	1.760,48	0,61	6,86	2.687,57	0,98	9,61
12/01	1.812,64	0,65	7,67	1.830,22	0,74	9,44	1.764,88	0,25	7,13	2.683,27	(0,16)	9,43

Indicadores Internos X Indicadores Externos

Outro relatório que complementa a análise dos indicadores de preços é a comparação dos principais indicadores externos com os principais indicadores internos (inflação da empresa, aumento de preços de venda etc.).

Isto pode ser visto nas Figuras 10.3 e 10.4.

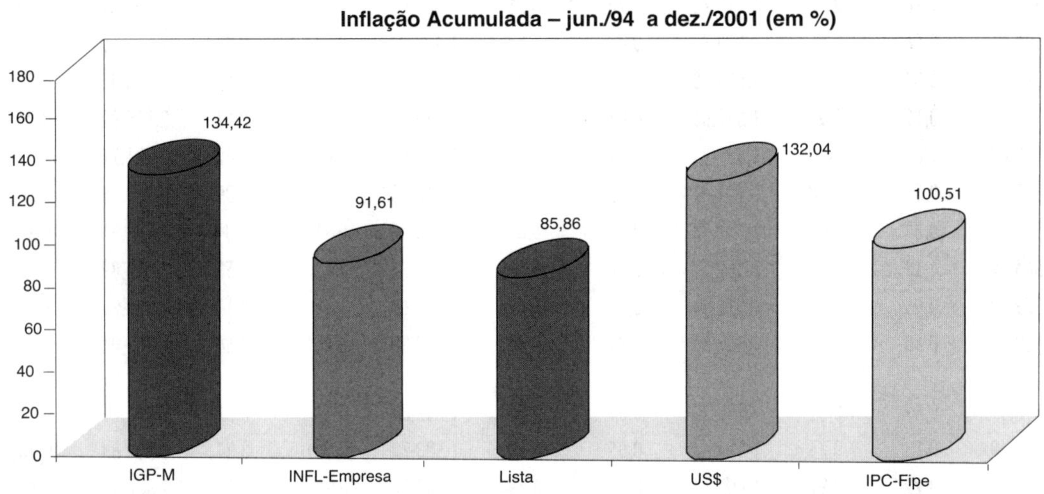

Figura 10.3 Inflação acumulada – jun./94 a dez./01

Figura 10.4 Evolução mensal dos índices – em % acumulada (jun./94 base 100)

Competitividade Cambial

Atenção especial deve ser dada à evolução das taxas de câmbio das principais moedas que envolvem as transações da empresa. As moedas selecionadas devem ser as dos principais países para os quais a empresa exporta e dos países dos principais fornecedores externos da empresa.

Pela definição de algumas datas-base, pode-se extrair informações que indiquem o posicionamento atual da competitividade cambial dos produtos da empresa, para o qual deve ser construído outro relatório.

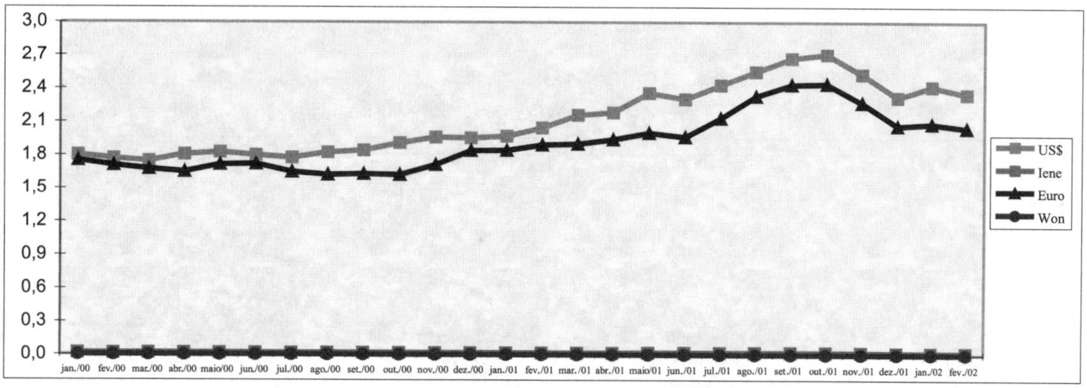

Figura 10.5 Evolução mensal dos índices – em % acumulada – (jun./94 base 100)

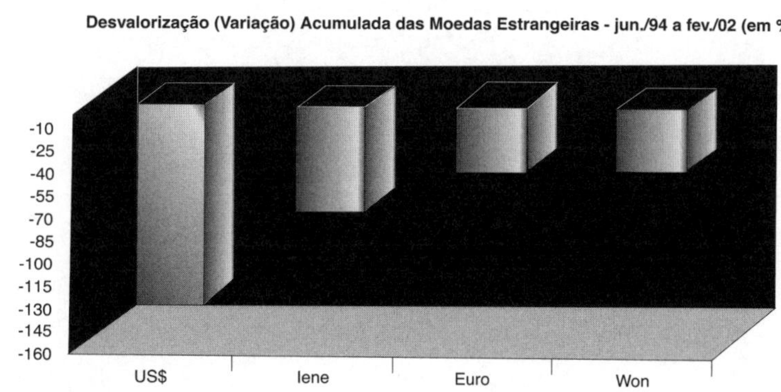

Figura 10.6 Competitividade cambial

Importações e Exportações

Após a avaliação dos principais indicadores externos relacionados com a economia em geral do país e do mundo, é necessário um conjunto de informações para acompanhamento dos principais produtos e mercados da empresa, à luz das concorrências nacional e internacional.

O primeiro passo é acompanhar a movimentação do comércio internacional dos produtos e serviços da empresa, mediante informações de exportações e importações, obtidas nos órgãos oficiais ou entidades de classe. A seguir, apresentamos um exemplo de acompanhamento das importações, com dados obtidos nos órgãos governamentais do comércio exterior.

	ANO	Jan.	Fev.	Mar.	Abr.	Maio	Jun.	Jul.	Ago.	Set.	Out.	Nov.	Dez.
Produto 1	1	1.249	1.944	2.381	2.664	3.027	3.302	3.794	4.005	4.803	5.304	5.362	5.631
	2	228	274	2.102	2.647	2.834	2.948	3.617	3.763	3.805	3.815	4.075	4.097
	3	2.493	2.775	3.141	3.629	3.675	4.258	5.251	6.034	6.195	7.120	7.207	7.349
	4	955	1.197	1.453	1.613	2.033	2.302	2.573	3.013	3.108	3.272	3.411	3.503

	ANO	Jan.	Fev.	Mar.	Abr.	Maio	Jun.	Jul.	Ago.	Set.	Out.	Nov.	Dez.
Produto 2	1	4.268	6.835	9.384	14.195	18.917	21.887	28.580	31.204	34.957	37.746	41.461	45.793
	2	2.766	9.405	13.272	17.034	21.290	30.780	35.701	38.990	39.715	42.430	44.773	50.267
	3	5.611	7.456	8.575	13.744	15.496	16.263	18.136	19.476	23.558	24.649	28.960	32.769
	4	3.626	6.247	10.505	11.816	16.220	20.746	27.003	28.509	31.001	32.755	35.829	37.763

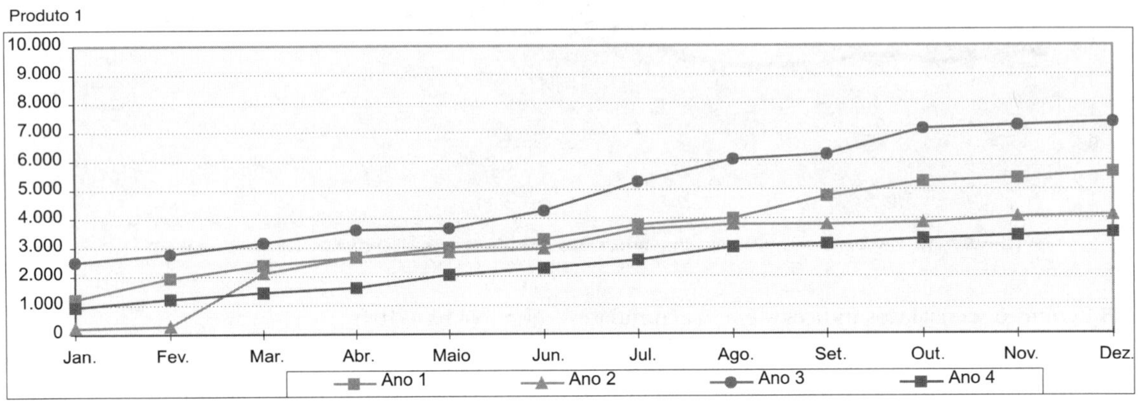

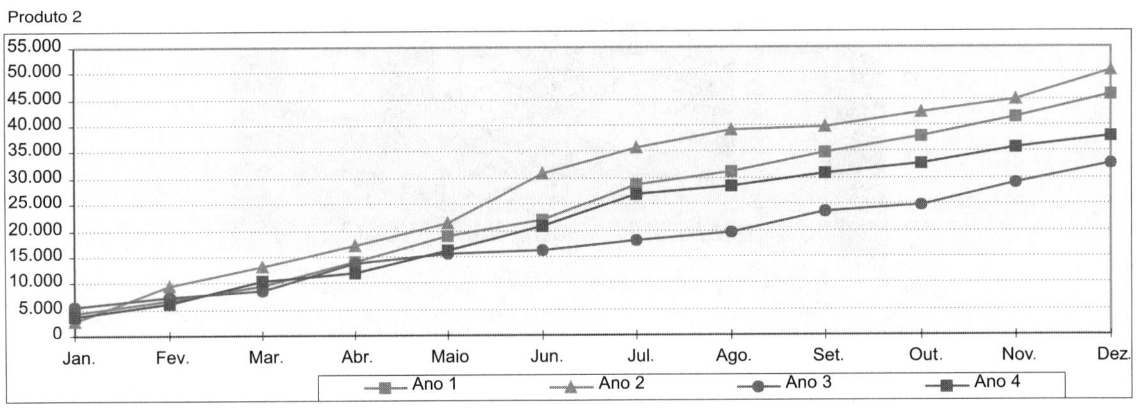

Figura 10.7 Evolução das importações

Consumo Aparente e Participação no Mercado

Talvez esta seja uma das informações mais importantes para acompanhamento do negócio. A determinação da participação que a empresa tem no mercado de consumo de seus produtos e serviços é fundamental para o Planejamento Estratégico da companhia.

Dependendo do setor de atuação da empresa, de seus produtos e serviços, essas informações podem ser obtidas com certa facilidade. Se o setor é concentrado, com poucas empresas competidoras, provavelmente as informações do mercado e da produção e vendas dos concorrentes sejam facilmente obtidas, tais como no setor de cervejaria, montadoras etc.

Quando o setor é muito pulverizado (confecções, por exemplo), as informações provavelmente só serão obtidas por meio das associações patronais de classe. De qualquer forma, é imprescindível a mensuração mais acurada possível do tamanho do mercado – o consumo aparente – e a participação da empresa nesse mercado.

Na Figura 10.8 apresentamos sugestão de um relatório sobre o tema e o gráfico tradicional de participação de mercado (*market share*).

Concorrentes Principais	Receita Líquida	Produtos Concorrenciais		Mercados Externo		Mercados Interno	
Concorrentes Ltda.	100.000	80%	80.000	30%	24.000	70%	56.000
Competidores S.A.	50.000	100%	50.000	12%	6.000	88%	44.000
Mercado & Cia.	50.000	60%	30.000	0%		100%	30.000
Outros Concorrentes	70.000		70.000				70.000
Soma	270.000		230.000		30.000		200.000
A EMPRESA	150.000		150.000	20%	30.000		120.000
TOTAL GERAL	420.000		380.000		60.000		320.000
Consumo Aparente							
Produção do País	380.000	65%					
Exportações	(60.000)	- 10%					
Importações	260.000	45%					
Consumo Aparente	580.000	100%					

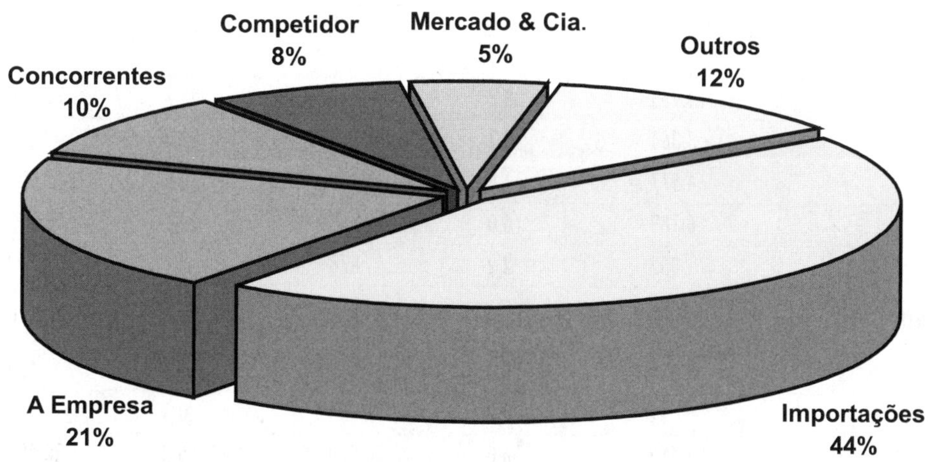

Figura 10.8 Tamanho de mercado/*market share*/consumo aparente

Análise de Balanço dos Concorrentes, Fornecedores e Distribuidores

Para avaliação contínua dos pontos de relacionamentos, a análise financeira ou de balanço é um instrumental mínimo necessário. Apesar de conter elementos estáticos e dentro de período de tempo às vezes demorado (um ano), a análise de balanço permite uma visão geral das companhias com as quais a empresa se relaciona. A análise não deve se limitar aos concorrentes, mas sim aos fornecedores e distribuidores, já que é importante o conhecimento da saúde financeira e patrimonial das empresas com relacionamentos, pois toda a cadeia de suprimentos deve ser preservada e tem valor para a empresa, além de fornecer informações para obtenção e confirmação da avaliação do tamanho do mercado, por meio da informação da receita de vendas.

Esses dados devem estar contidos num relatório de, no máximo, uma página, sobre os relacionamentos mais importantes. Além da tradicional avaliação de balanço, informações sobre clientes, produtos, fornecedores número de funcionários, composição acionária etc. são fundamentais e devem ser incorporadas no relatório de análise de balanço. É necessário que esse tipo de informação tenha um caráter periódico e contínuo.

As informações sobre fornecedores e distribuidores são mais fáceis de obter, dado que o relacionamento é de parceria. Com relação aos concorrentes, isto pode ser feito por meio dos balanços publicados trimestral e anualmente na CVM e bolsas de valores (se os concorrentes forem sociedades anônimas de capital aberto), pelos balanços publicados anualmente no Diário Oficial, ou de institutos particulares de informações cadastrais e avaliação de crédito, como SCI e Serasa, Dun & Bradstreet etc.

Na Tabela 10.7 apresentamos um exemplo de análise de balanço dos concorrentes em um formato sintético, mas suficientemente elucidativo.

Tabela 10.7 Exemplo de análise de balanço sintética

IRMÃOS CONCORRENTES LTDA.		**São Paulo-SP**	
Fundação: 02.03.1942			Principais Fornecedores:
Capital Social: R$ 8.000.000			Rexroth, EFE
Número de Empregados = 385			
Acionistas:	Enif	76,20%	Principais Clientes:
	Semar	23,80%	Gillette, Panther, Docol,
Empresa que participa = Semar da Amazônia Ltda.			Metagal, Corona

Avaliação Serasa: Situação Financeira Satisfatória, Endividamento Moderado, Melhora de Liquidez em 99, Aumento no Giro dos Estoques

Balanços	31.12.00	%	31.12.01	%	31.12.02	%
ATIVO CIRCULANTE	14.976	38,7	16.218	43,7	21.538	51,0
. Aplic. Financeiras	3.364	8,7	1.113	3,0	228	0,5
. Dupl. a Receber	4.577	11,8	3.439	9,3	5.023	11,9
. Estoques	6.183	16,0	10.788	29,0	13.745	32,6
. Outros	852	2,2	878	2,4	2.542	6,0
ATIVO NÃO CIRCULANTE	23.683	61,3	20.935	56,3	20.670	49,0
. Realizável Longo Prazo	1.939	5,0	312	0,8	134	0,3
. Investimentos	92	0,2	94	0,3	109	0,3
. Imobilizado	21.652	56,0	20.529	55,3	20.427	48,4
ATIVO TOTAL	38.659	100,0	37.153	100,0	42.208	100,0
PASSIVO CIRCULANTE	16.020	41,4	14.594	39,3	16.149	38,3
. Fornecedores	4.532	11,7	5.908	15,9	5.981	14,2
. Salários a Pagar	3.347	8,7	3.819	10,3	3.750	8,9
. Outras Contas	456	1,2	285	0,8	177	0,4
. Adiantamentos de Clientes	2.829	7,3	1.712	4,6	2.262	5,4
. Financiamentos	4.856	12,6	2.870	7,7	3.979	9,4
PASSIVO NÃO CIRCULANTE	3.615	9,4	2.409	6,5	4.643	11,0
. Financiamentos	1.265	3,3	664	1,8	1.308	3,1
. Outros	2.350	6,1	1.745	4,7	3.335	7,9

Tabela 10.7 Exemplo de análise de balanço sintética (Continuação)

continua

Financiamentos Totais	6.121	15,8	3.534	9,5	5.287	12,5
PATRIMÔNIO LÍQUIDO	19.024	49,2	20.150	54,2	21.416	50,7
PASSIVO TOTAL	38.659	100,0	37.153	100,0	42.208	100,0
Resultados						
Receita Líquida	43.407	100,0	44.258	100,0	42.041	100,0
Custo Prod. Vendidos	-27.782	-64,0	-30.325	-68,5	-29.367	-69,9
Lucro Bruto	15.625	36,0	13.933	31,5	12.674	30,1
. Despesas Comerciais	-4.606	-10,6	-5.753	-13,0	-4.882	-11,6
. Despesas Administrativas	-4.260	-9,8	-3.954	-8,9	-4.778	-11,4
Lucro Operacional	6.759	15,6	4.226	9,5	3.014	7,2
. Resultados Financeiros	-5.080	-11,7	-3.090	-7,0	-1.788	-4,3
. Outros Resultados	288	0,7	380	0,9	-23	-0,1
. Impostos s/ Lucro	57	0,1	403	0,9	3	0,0
Lucro Líquido	1.910	4,4	1.113	2,5	1.200	2,9
Indicadores						
. Liquidez Corrente	0,93		1,11		1,33	
. Liquidez Seca	0,55		0,37		0,48	
. Endividamento Geral	1,03		0,84		0,97	
. Endividamento Financeiro	0,32		0,18		0,25	
. Prazo Médio Recebimento	38 dias		28 dias		39 dias	
. Prazo Médio Estocagem	80 dias		128 dias		154 dias	
. Giro do Ativo	1,12		1,19		1,00	
. Rentabilidade do PL	10,04 %		5,52 %		5,60 %	

Análise das Vendas

Este segmento do sistema de informações de acompanhamento do negócio objetiva elaborar relatórios e gráficos que permitam a maior visibilidade do mercado consumidor dos produtos e serviços da empresa. Compreende toda a tabulação estatística das vendas da empresa, dos clientes e dos setores que as consumiram, mercados e regiões, classificando-as de todas as formas possíveis. Como exemplo, teríamos relatórios e gráficos evidenciando as vendas:

- por região × produtos;
- por filial × produtos;
- por produto × atividade do cliente;
- por produto × setor do cliente;
- por mercado (interno × externo; varejistas × atacadistas etc.);
- por canais de distribuição;
- por linha de negócios;
- por tipo de compra (à vista, a prazo);
- por tipo de financiamento etc.

Os bancos de dados para este segmento das informações são:

- Cadastro de Clientes.
- Notas Fiscais Emitidas/Faturamento.

O banco de dados do cadastro de clientes deve ser estruturado para apoiar todas as estratégias de marketing e deve ter, além dos dados institucionais dos clientes passados, atuais e potenciais, todas as informações específicas e necessárias para permitir a adequada gestão de marketing da empresa.

O banco de dados de notas fiscais emitidas, também denominado banco de dados de transações, contém, além de todas as informações da nota fiscal, informações dos pedidos dos clientes, que não são necessariamente transcritos na fatura ou no documentário fiscal.

A integração desses dois bancos de dados dá um grande painel de informações estratégicas sobre os clientes, seus potenciais, principais mercados, regiões etc. e se transforma num terceiro grande banco de dados que é específico para análise das vendas e do mercado em que a empresa atua.

A responsabilidade por esse tipo de informação é do setor de marketing ou comercialização. Porém, caso essas informações não estejam disponibilizadas adequadamente dentro da empresa, cabe à Controladoria sua obtenção, geração e monitoramento. Um aspecto importante é o cadastro de clientes. A estruturação dos registros que devem fazer parte desse banco de dados deve passar pelo crivo da Controladoria, sob pena de se construírem cadastros de clientes incompletos ou com informações até conflitantes, prejudicando a análise estratégica das vendas.

Valor da Empresa

Entendemos estratégico um processo rotineiro de mensuração do valor da empresa. Além do valor contábil, obtido diretamente na Contabilidade, deve ser feito um processo rotineiro de avaliação econômica, pelo fluxo futuro de lucros ou caixa. Além disso, caso a empresa tenha ações cotadas no mercado, o valor da empresa será dado pelo valor de mercado das ações multiplicado pela quantidade das ações subscritas.

Assim, temos pelo menos três variantes de valor da empresa, que devem ser monitoradas pelo sistema de informação de acompanhamento do negócio:

- O valor patrimonial, dado pelo valor do Patrimônio Líquido contábil.
- O valor econômico, dado pelo fluxo futuro descontado de lucros ou caixa.
- O valor de mercado, dado pelo mercado acionário.

O relatório que apresentamos na Figura 10.9 é um exemplo de acompanhamento do valor da empresa.

							Em US$
Ano	Ações				Valor da Empresa		
	Quantidade		Cotação		Valor de	Valor	Valor
	Ordinárias	Preferenciais	Ordinárias	Preferenciais	Mercado	Econômico	Patrimonial
1990	2.900.000	3.800.000	0,60	0,76	4.628.000	5.700.000	7.000.000
1991	2.900.000	3.800.000	0,50	0,55	3.540.000	5.000.000	6.800.000
1992	3.000.000	4.000.000	0,45	0,50	3.350.000	6.500.000	6.000.000
1993	3.000.000	4.000.000	0,52	0,58	3.880.000	6.750.000	6.200.000
1994	3.000.000	4.000.000	0,70	0,80	5.300.000	5.700.000	6.600.000
1995	3.000.000	4.000.000	0,77	0,90	5.910.000	6.500.000	7.000.000
1996	3.000.000	4.000.000	0,90	1,02	6.780.000	7.000.000	7.500.000
1997	3.200.000	4.000.000	0,65	0,66	4.720.000	9.000.000	8.000.000
1998	3.200.000	4.000.000	0,70	0,78	5.360.000	4.500.000	7.750.000
1999	3.200.000	4.500.000	0,90	1,09	7.785.000	8.300.000	7.400.000
2001	3.200.000	4.500.000	1,05	1,30	9.210.000	10.700.000	8.100.000
2002-junho	3.200.000	4.500.000	1,25	1,45	10.525.000	9.000.000	8.850.000

Figura 10.9 Evolução comparativa do valor da empresa – mercado X patrimonial

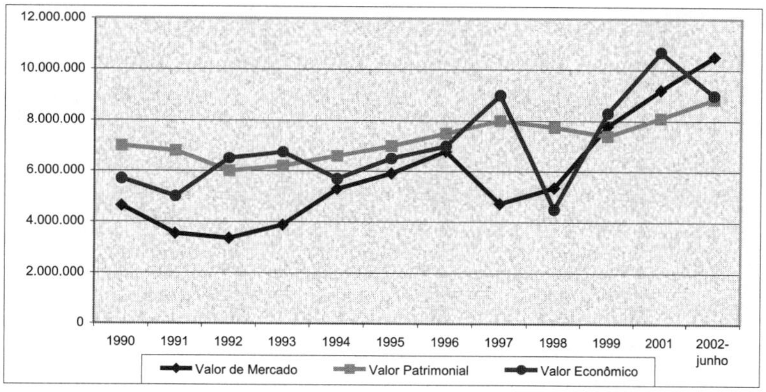

Questões e Exercícios

1 Pesquise e identifique os dados da variação do PIB do Brasil desde 1995. Com o faturamento anual de uma empresa escolhida nesse mesmo período, elabore uma tabela contendo as variações entre um ano e outro, a variação acumulada em todos os anos e uma análise gráfica comparativa.

2 Faça uma análise da evolução mensal da taxa do dólar nos últimos três anos, comparando-a com a evolução mensal do IGP-M nesse período. Procure extrair algumas observações para inferir um futuro próximo.

3 Faça uma pesquisa em jornais e revistas especializadas, ou mesmo no IBGE, e procure identificar o tamanho de mercado brasileiro, para um ano de consumo, para os seguintes setores:

a) produção de aço.

b) cerveja.

c) veículos de passeio.

d) produção de televisores.

e) telefonia móvel (celulares).

4 Faça uma pesquisa e identifique o Valor de Mercado e o Valor Patrimonial de pelo menos cinco empresas sociedades anônimas de capital aberto, com ações cotadas em bolsa, nos últimos três anos. Faça um quadro e gráficos comparativos.

Capítulo 11

Indicadores Chaves de Desempenho (KPI) e *Balanced Scorecard* (BSC)

Uma das críticas mais comuns sobre a eficácia do sistema de contabilidade gerencial é a sua excessiva ênfase nos indicadores financeiros, em detrimento de outros possíveis indicadores para planejamento e monitoramento das operações da empresa. Desta maneira, as empresas complementam as informações financeiras com outros tipos de mensurações, normalmente baseadas em metas, para complementar o conjunto de avaliação das operações e do desempenho dos gestores internos.

11.1 Indicadores Chaves de Desempenho

Podemos definir indicadores de desempenho como um conjunto de medidas financeiras e não financeiras, preestabelecidas pela administração, que servirão como metas a serem alcançadas ou superadas, para controle do desempenho da empresa e dos gestores divisionais.

As empresas sempre utilizaram indicadores ou medidas de desempenho para avaliar seus processos e atividades. De um modo geral, essas medidas eram aplicadas pontualmente para avaliar os processos fabris e comerciais, sem uma preocupação específica em integrá-los com os dados financeiros e com os objetivos estratégicos.

Com a disseminação, a partir dos anos 1970, dos conceitos de controle de qualidade total, baseado fortemente em indicadores não financeiros, houve uma conscientização maior da importância de a empresa utilizar sistematicamente indicadores para mensuração de processos e atividades chaves para complementar as mensurações financeiras.

Ponto referencial na redescoberta da importância de utilizar diversos outros indicadores foi a proposta de Kaplan e Norton[1] para adoção de um conjunto ordenado e integrado de indicadores oriundos do planejamento estratégico para serem utilizados na mensuração do desempenho da empresa e dos gestores denominado pelos autores de *balanced scorecard*, que será tratado nos tópicos seguintes.

O conceito central e fundamental na adoção de indicadores de desempenho é a métrica, a medição. A base conceitual é "*tudo o que não é medido não é gerenciado*". Assim, para o adequado gerenciamento das atividades e processos empresariais e, consequentemente, dos gestores, há a necessidade de traduzir a avaliação em números e, como proposta básica, transformá-los em indicadores parâmetros.

Indicadores chaves de desempenho (KPI)

A possibilidade de construir indicadores de desempenho é muito ampla, uma vez que dentro das empresas a quantidade de processos e atividades é extensa, e se consegue identificar processos de maneira extremamente analítica, podendo chegar a identificar milhares de processos com seus respectivos indicadores.

Como claramente a utilização de muitos indicadores tende a confundir e enviesar a visão adequada dos negócios, o conceito que foi desenvolvido e consolidado foi o de indicadores chaves de desempenho, hoje conhecido pela siga KPI – *Key Performance Indicators*.

Podemos definir KPI como indicadores que medem o nível de desempenho de um determinado processo ou a eficiência da realização de uma atividade. É importante que a escolha dos KPIs seja estruturada e os indicadores coordenados entre si. A escolha de KPIs deve levar em conta alguns conceitos básicos, tais como:

a) devem ser específicos, isto é, ser claros e focados;
b) devem possibilitar acurácia da mensuração;
c) devem ser desafiados, mas passíveis de serem alcançados;
d) devem representar processos e atividades atuais e ter condições de serem obtidos de forma sistêmica.

Alguns exemplos de KPIs são:

a) tempo de tramitação de pedidos;
b) tempo de processamento de notas fiscais;
c) tempo de respostas de chamados de assistência técnica;
d) participação da empresa na demanda do mercado;
e) faturamento do funcionário;
f) satisfação dos clientes;
g) grau de ocupação de capacidade;
h) venda por metro quadrado em lojas de departamento etc.

[1] KAPLAN, Robert S. e NORTON, David P. *A Estratégia em Ação*: Balanced Scorecard. Rio de Janeiro: Campus, 1997.

Sistemas de informações de indicadores de desempenho

São vários conceitos de sistemas de indicadores de desempenho que podem ser acoplados ou não a softwares genéricos ou construídos especificadamente para isso. Os conceitos mais conhecidos de sistemas de gestão por indicadores de desempenho que antecederam ao conceito generalista de KPI são:

1. *TQC – Total Quality Control – Controle da Qualidade Total*

A filosofia básica desse conceito é de que a qualidade deve ser assegurada desde a concepção inicial do produto e em todos os processos por onde passa o produto. O foco é o cliente; assim, os produtos devem ser construídos pensando na satisfação dos clientes da empresa.

2. *ISO 9000*

Os sistemas ISO focam também a qualidade dos produtos e serviços, tendo por referência que os processos devem ser realizados em conformidade com o procedimento estabelecido e com os padrões desenhados para atender as necessidades dos clientes. A diferença básica, na prática, entre TQC e ISO é que a ISO é regulamentada e as empresas tem de ter a certificação oficial para qualificarem seu sistema de qualidade, enquanto TQC é um conceito interno que não exige certificação.

3. *Seis Sigma*:

É também um conceito que tem como referência o sistema de qualidade com a característica adicional que também incorpora um sistema de redução de custos. O fundamento do modelo Seis Sigma é impor padrões rigorosos de qualidade, monitorados por modelos estatísticos, objetivando garantir a completa conformidade dos processos e trabalhos livres de falhas. A palavra sigma representa o desvio padrão da curval normal de probabilidades. Sabe-se que 68% das medidas dentro da aceitação normal estão localizados dentro de um desvio padrão e 95% dentro de dois desvios padrões. Quando se trabalha com conformidade em 6 sigmas, praticamente se busca erro zero, 99,9% dentro do esperado.

O modelo KPI pode conviver com os modelos relacionados com a qualidade, deixando os indicadores de processos analíticos nos sistemas de qualidade e reservando para o modelo KPI os indicadores mais aderentes à estratégica. É o caso da proposta do modelo *balanced scorecard*.

A operacionalização do modelo de KPI pode ser em software específico, mesmo em Excel, como em ambientes de tecnologia de informação mais avançados. Os sistemas mais conhecidos para operacionalizar KPI são DW – *Datawarehouse*, BI – *Business Intelligence* e CPM – *Corporate Performance Management*.[2]

Todos esses softwares utilizam-se de dados dos sistemas operacionais e de gestão, com as características de conterem parametrizações ou algoritmos que permitem transformar os dados em informações para a alta administração para a tomada de decisão.

Indicadores de excelência empresarial

A ideia dos indicadores de excelência empresarial é similar aos indicadores de manufatura de classe mundial, mas aplicados ao negócio como um todo e que permitam caracterizar-se como *benchmarking* (padrões externos de excelência) para as empresas de uma determinada atividade.

Um exemplo bastante conhecido em nosso país é a pesquisa anual feita pela revista de negócios EXAME. Ela utiliza os seguintes indicadores:

a) valor da vendas (liderança de mercado);
b) crescimento das vendas (dinâmica da empresa);
c) valor e crescimento do lucro líquido (produtividade de custos);
d) valor do patrimônio líquido;
e) rentabilidade do patrimônio líquido (produtividade do custo de capital);
f) capital circulante líquido;
g) liquidez geral;
h) grau de endividamento geral e de longo prazo;
i) riqueza criada (valor adicionado);
j) riqueza criada por empregado (valor adicionado por empregado);
k) EBITDA (lucro que gera caixa).

11.2 *Balanced Scorecard* e Relações de Causa e Efeito da Estratégia

Como complemento das medidas de desempenho não financeiras, há a proposta da adoção do conceito de *balanced scorecard* (literalmente: cartão de marcação balanceado), objetivando unir a visão estratégica com as fases de execução e controle do processo de gestão empresarial.

---

[2] Não tem sido comum no mundo dos negócios utilizar traduções para esses nomes. Para *datawarehouse*, a tradução seria *banco de dados de varejo*; para *business intelligence*, seria *inteligência nos negócios*, e para CPM seria *gestão do desempenho corporativo*.

A proposta de Kaplan e Norton[3] parte do pressuposto de que as empresas constroem metas estratégicas, porém não desenvolvem um sistema de acompanhamento para o dia a dia da empresa e dos gestores divisionais. Assim, os autores propõem um sistema simples e eficiente de acompanhamento do desempenho da estratégia da empresa.

Os próprios autores fazem questão de referir que, na realidade, um sistema semelhante é utilizado na Europa, principalmente na França, já há mais de duas décadas, denominado "*Tableau de Bord*", o qual tem por finalidade ajudar a pilotar a empresa mediante a identificação dos fatores-chave de sucesso, principalmente aqueles que podem ser medidos por variáveis físicas.

Ambos apoiam-se no conceito de que "o que não é medido não é gerenciado". Um sistema de indicadores afeta fortemente o comportamento das pessoas dentro e fora da empresa.

A implantação do conceito do *balanced scorecard* pode ser dividida em duas etapas:

- Elaboração e difusão do *balanced scorecard*.
- Elaboração e acompanhamento dos indicadores.

> O **balanced scorecard** é um sistema de informação para gerenciamento da estratégia empresarial. Traduz a missão e a estratégia da empresa em um conjunto abrangente de medidas de desempenho financeiras e não financeiras que serve de base para um sistema de medição e gestão estratégica.

O *balanced scorecard* continua enfatizando a busca de objetivos financeiros, mas também inclui os vetores de desempenho desses objetivos. Procura medir o desempenho organizacional sob quatro perspectivas equilibradas: financeira, do cliente, dos processos internos da empresa e do aprendizado e crescimento.[4]

É interessante notar que apesar da conotação estratégica, o *balanced scorecard* atua fortemente na área operacional, pois grande parte dos indicadores sugeridos são, na realidade, objetivos e metas de cunho operacional. Adicionalmente, convém ressaltar o aspecto sistêmico deste conceito.

O **enfoque financeiro**, que conclui os vetores operacionais e estratégicos, **está relacionado com o objetivo** da empresa e a visão do lucro como medida da eficácia empresarial. Portanto, relaciona-se ao elemento mais importante de um sistema, que é o seu objetivo.

O **enfoque do cliente** claramente **relaciona-se com o componente da saída** do processo sistêmico, pois os clientes é que recebem os produtos e serviços gerados pelo sistema empresa.

O **enfoque dos processos do negócio** relaciona-se com o elemento **processamento** do sistema. Portanto, há de haver indicadores que monitorem os objetivos e metas para gestão dos processos de negócios.

O **enfoque do aprendizado e crescimento** relaciona-se com os elementos das **entradas ou recursos** do sistema. No caso do *balanced scorecard*, a ênfase, como não poderia deixar de ser, é com a capacitação do funcionário, ou, em outras palavras, com o capital humano e intelectual, o recurso mais importante do sistema empresa.

Isto pode ser visualizado na Figura 11.1.

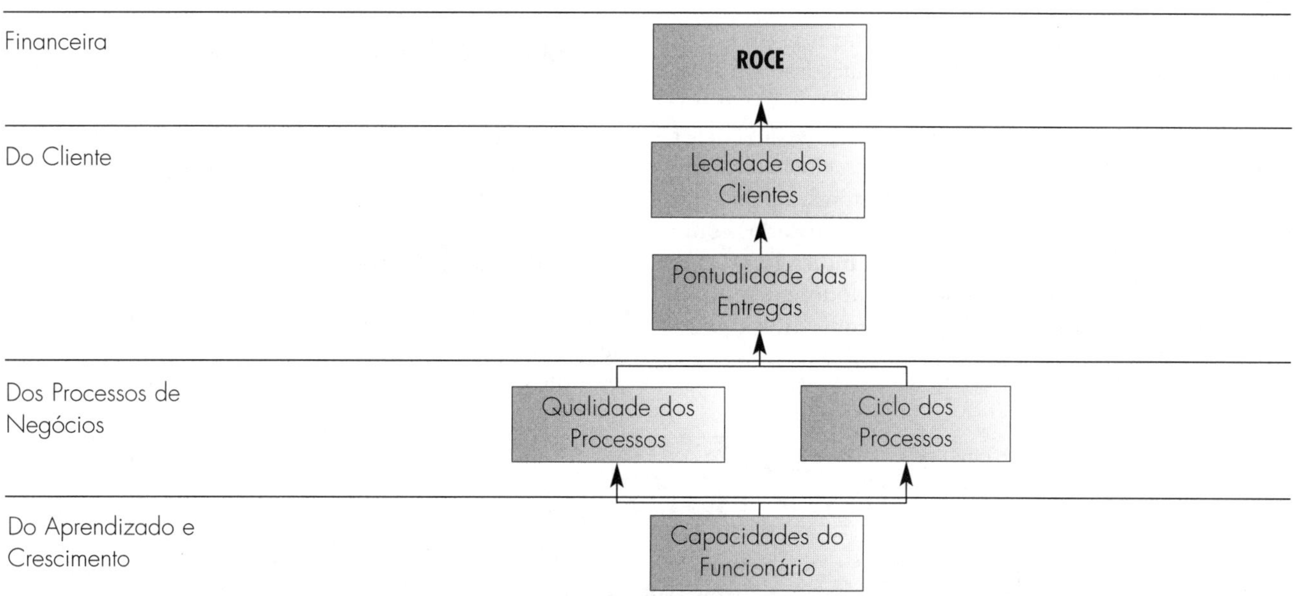

Figura 11.1 Relações de causa e efeito da estratégia

[3] KAPLAN, Robert S. e NORTON, David P. "Using the balanced scorecard as a strategic management system. *In*: *Harvard Business Review*, jan./fev./1996.

[4] KAPLAN, Robert S. e NORTON, David P. *A estratégia em ação: "balanced scorecard"*. Rio de Janeiro: Campus, 1997.

É importante ressaltar a aderência completa do modelo do *balanced scorecard* com a abordagem sistêmica que deve permear toda a gestão de controladoria. A Figura 11.2 apresenta o enfoque sistêmico considerando as quatro perspectivas do *balanced scorecard*. A perspectiva de aprendizado e crescimento está ligado ao elemento entradas no sistema, pois os recursos humanos são considerados dentro dentro do conjunto das entradas do sistema, com a tecnologia, equipamentos etc. A perspectiva dos processos internos relaciona-se completamente com elemento processamento do sistema; a perspectiva de clientes relaciona-se com as saídas do sistema; e a perspectiva financeira, dentro da nossa abordagem de controladoria, relaciona-se com a eficácia do sistema, que deve ser confrontada com o objetivo do sistema.

A Figura 11.3 apresenta um modelo de *balanced scorecard* aplicado,[5] com exemplos de objetivos e metas alocados dentro das quatros perspectivas.

11.3 Os Quatro Processos do *Balanced Scorecard*

O processo de elaboração e difusão do *balanced scorecard* é efetuado em quatro etapas ou processos:

- Tradução da visão.
- Comunicação e comprometimento.
- Planejamento de negócios.
- *Feedback* e aprendizado.

Tradução da visão

É o processo de traduzir a missão da empresa de forma compreensível para os gestores divisionais. Isso ajuda os gestores a formar um consenso em torno da visão e estratégia da organização. As diretrizes estratégicas devem ser traduzidas de forma fácil em termos operacionais e oferecer orientação útil para as ações dos gestores. As declarações da missão empresarial devem ser expressadas como um conjunto integrado de objetivos e indicadores, que descrevem direcionadores de sucesso de longo prazo e que devem ser aceitos por todos os gestores divisionais.

Comunicação e comprometimento

Esta segunda etapa ou processo permite aos gestores comunicar sua estratégia, para cima e para baixo, na organização e ligar os objetivos empresariais aos departamentais e individuais. O *scorecard* proporciona aos gestores uma forma de assegurar que todos os níveis da organização entendam as estratégias de longo prazo e que tanto os objetivos departamentais quanto os individuais estão alinhados entre si.

Planejamento de negócios

Este processo possibilita às empresas integrar seus planos comerciais e financeiros. É nesta etapa que as estratégias e iniciativas da empresa devem ser transformadas em indicadores para os planos dos gestores divisionais, bem como para formar uma base para alocar recursos e estabelecer prioridades.

Feedback *e aprendizado*

O *feedback* e os processos de revisão de foco existentes concentram-se no fato de a empresa, seus departamentos ou seus empregados, isoladamente, terem alcançado suas metas financeiras orçadas. Com o *balanced scorecard* no centro de seus sistemas de gerenciamento, uma empresa pode monitorar os resultados de curto prazo com base em três diferentes perspectivas adicionais – clientes, processos internos de negócios e aprendizado e crescimento – e assim avaliar a estratégia adotada à luz do recente desempenho. Este quarto processo possibilita o que Kaplan e Norton denominam de aprendizado estratégico.

Exemplo de *Balanced Scorecard*

A seguir, daremos exemplo de um conjunto de indicadores de acompanhamento da estratégia, também extraído do trabalho de Kaplan e Norton.

Indicadores Essenciais

Na avaliação de Kaplan e Norton, os indicadores essenciais que devem compor o *balanced scorecard* são os seguintes:

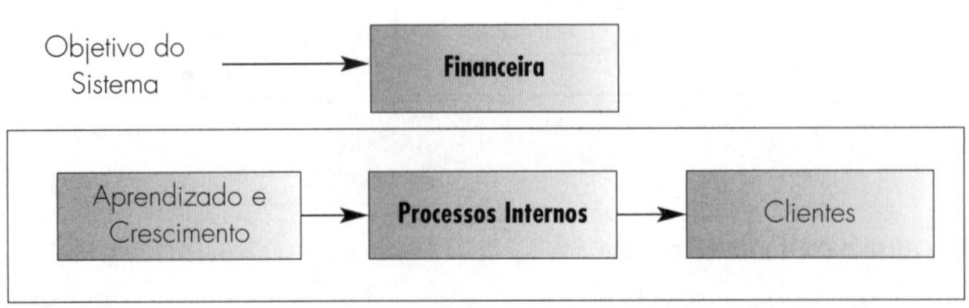

Figura 11.2 As quatro perspectivas do *Balanced Scorecard* (BSC) e o Enfoque Sistêmico

[5] Pesquisa efetuada pelo autor em empresa industrial do ramo mecânica.

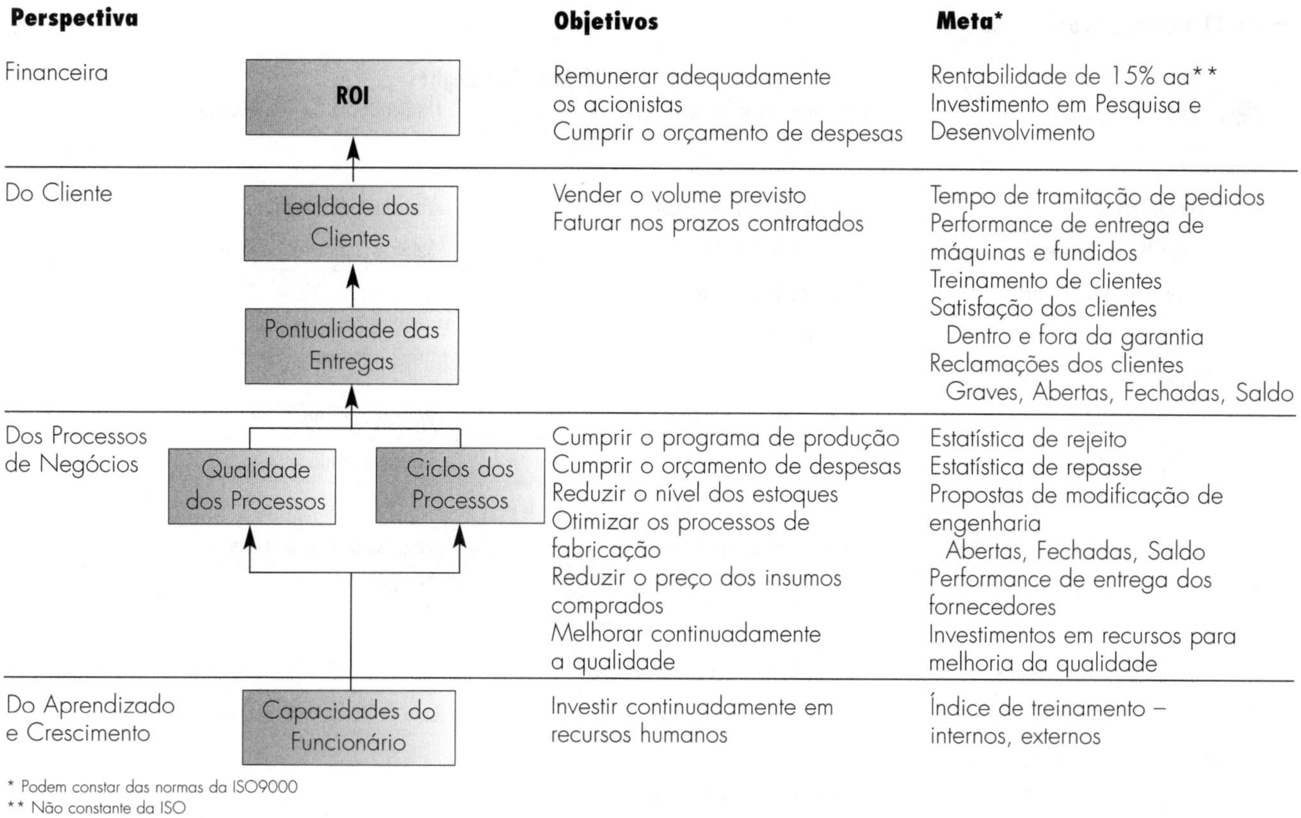

Figura 11.3 *Balanced Scorecard* – Aplicado

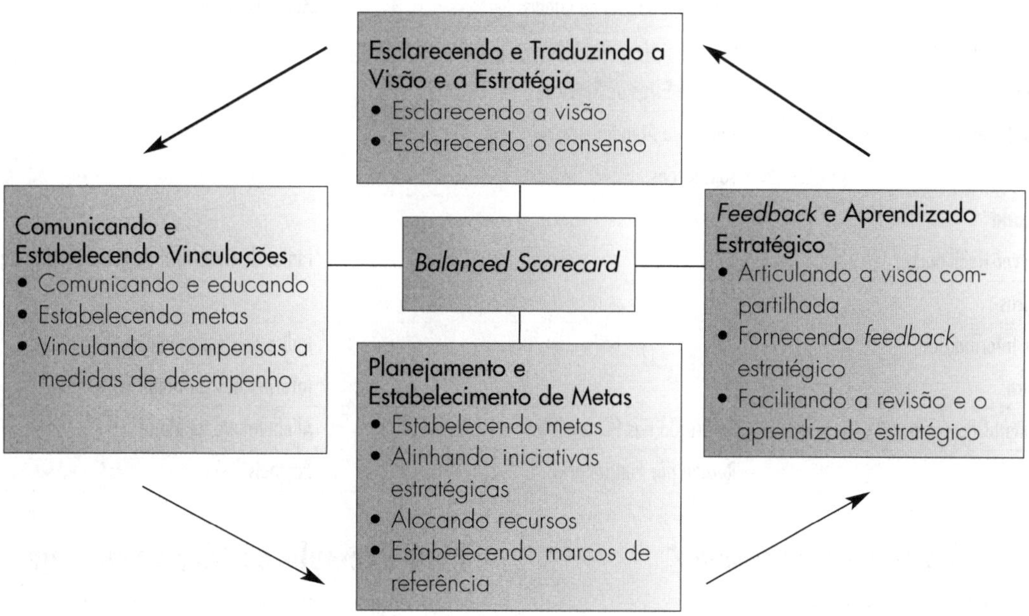

Figura 11.4 Quatro processos do *balanced scorecard*

Indicadores financeiros essenciais

- Retorno sobre o Investimento/Valor Econômico Adicionado.
- Lucratividade.
- Aumento/*mix* de receita.
- Produtividade e redução de custos.

Medidas essenciais dos clientes

- Participação de mercado.
- Aquisição de clientes.
- Retenção de clientes.
- Lucratividade dos clientes.
- Satisfação dos clientes.

Tabela 11.1 Exemplo de *balanced scorecard*

Objetivos Estratégicos	Indicadores Estratégicos (Indicadores de Ocorrência)	(Indicadores de Tendência)
Financeiros		
F1 – Melhorar Lucros	Retorno sobre Investimento	Variedade de Produtos /
F2 – Ampliar *Mix* de Receita	Aumento da Receita	Serviços Geradores de Receita
F3 – Reduzir Estrutura de Custos	Mudança do Custo de	
	Manutenção de Depósitos	
Dos Clientes		
C1 – Aumentar o Nível de	Participação no Segmento	Profundidade do
Satisfação dos Clientes com		Relacionamento
nossos Produtos e Pessoal		
C2 – Aumentar o Nível de	Retenção de Clientes	Pesquisa de Opinião sobre
Satisfação "Após a Venda"		Satisfação
Internos		
I1 – Compreender nossos Clientes	Receita Gerada por Novos Produtos	
I2 – Criar Produtos Inovadores		Ciclo de Desenvolvimento de produtos
I3 – Efetuar a Venda Cruzada dos		
Produtos	Quociente de Venda Cruzada	
I4 – Transferir Cliente para		
Canais Rentáveis	Mudança de *Mix* de Canais	Horas Passadas com o Cliente
I5 – Minimizar Problemas		
Operacionais	Taxa de Erros de Serviço	
I6 – Atendimento Eficiente	Tempo de Atendimento de	
	Solicitações	
Do Aprendizado		
A1 – Desenvolver Habilidades		Índice de Cobertura de Funções Estratégicas
Estratégicas		
A2 – Fornecer Informações		Índice de Disponibilidade de
Estratégicas		Informações Estratégicas
A3 – Alinhar Metas Pessoais	Satisfação dos Funcionários	Alinhamento de Metas
	Receita por Funcionário	Pessoais (%)

Medidas essenciais de aprendizado e crescimento

- Satisfação dos funcionários.
- Retenção de funcionários.
- Lucratividade por funcionário.
- Produtividade por funcionário.

11.4 Exemplo de Mapa Estratégico

O *balanced scorecard* pode ser apresentado em uma visão de mapeamento, sempre tomando como referencial as quatro perspectivas. Apresentamos na Figura 11.5 um exemplo de mapa estratégico de uma empresa varejista de vestuário.[6]

A Figura 11.6 evidencia outro exemplo de mapa estratégico de uma instituição de ensino com fins lucrativos.[7] É importante salientar que o mapeamento

[6] Extraído de NORTON, David P. "Medir a criação de valor, uma tarefa possível". *In*: *HSM Management*. nº 24, jan./fev. 2001, p. 24.

[7] Extraído de OLIVEIRA, Vânia Cristina Sula de. Dissertação de Mestrado, Americana: Centro Universitário Salesiano de São Paulo, 2005.

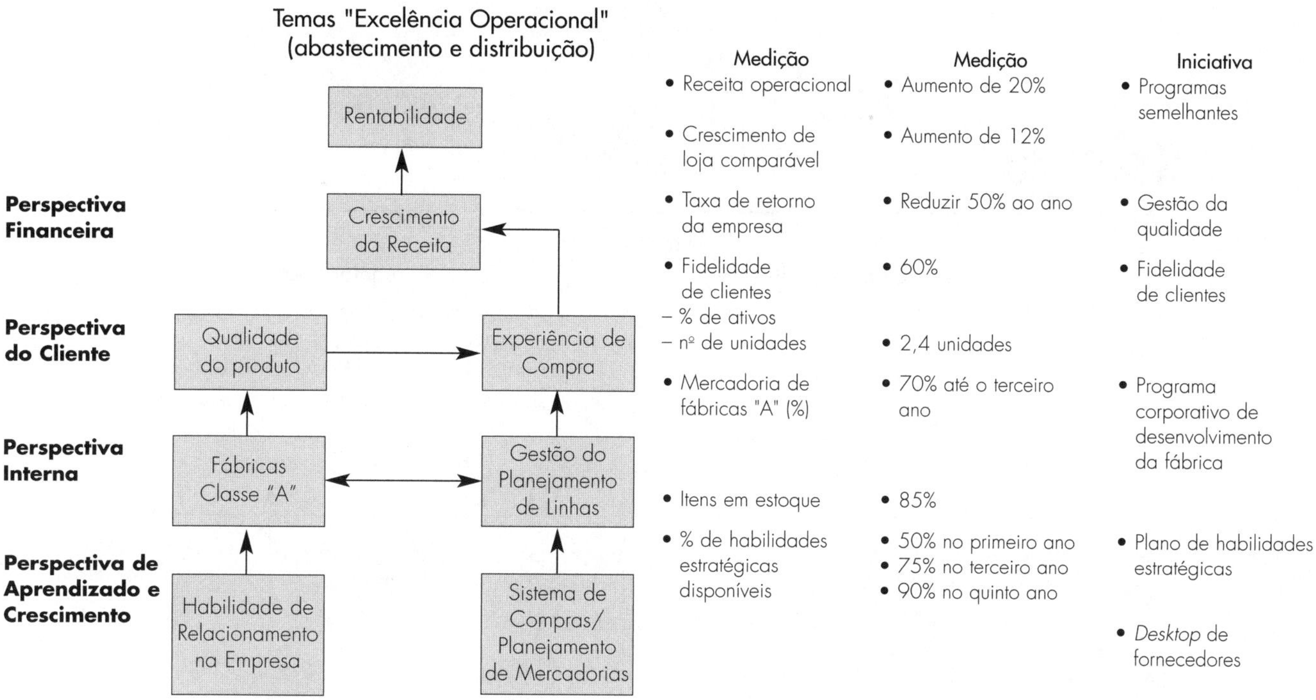

Figura 11.5 Exemplo do mapa estratégico – empresa varejista de vestuário

estratégico, com a indicação das relações de causa e efeito dos objetivos e metas, deve anteceder ao processo de implantação e construção dos indicadores.

11.5 *Balanced Scorecard* e Intangíveis

Uma das preocupações mais importantes dos criadores do *balanced scorecard* é com o acompanhamento e gestão dos intangíveis por meio desse sistema. O objetivo é que o balanced scorecard contenha os objetivos e metas estratégicas para monitoramento da criação e manutenção do capital intelectual da empresa. A Tabela 11.2 mostra um modelo com exemplos de objetivos, metas e indicadores para esta gestão, alocando indicadores para gestão dos intangíveis dentro das quatro perspectivas do *balanced scorecard*, considerando também a relação de causa e efeito entre eles.

11.6 Sistemas de Acompanhamento

As empresas de tecnologia da informação oferecem diversas opções de sistemas de informação de *balanced scorecard*, algumas que procuram estar bastante aderentes às propostas de Kaplan e Norton e outras com abordagens diferenciadas. Os criadores do *balanced scorecard* entendem que o modelo deve contemplar um número não muito grande de indicadores (ao redor de duas dezenas). O mercado de tecnologia tem oferecido sugestões que contemplam até centenas de indicadores, normalmente apresentados pelos conceitos e nomes como *Corporate Performance Management* (Gerenciamento do Desempenho Corporativo) e BI – *Business Inteligence* (Inteligência dos Negócios).

A Tabela 11.3 apresenta um exemplo de monitoramento individual de um indicador do *balanced scorecard*. A Tabela 11.4 apresenta um exemplo de monitoramento do conjunto de indicadores.

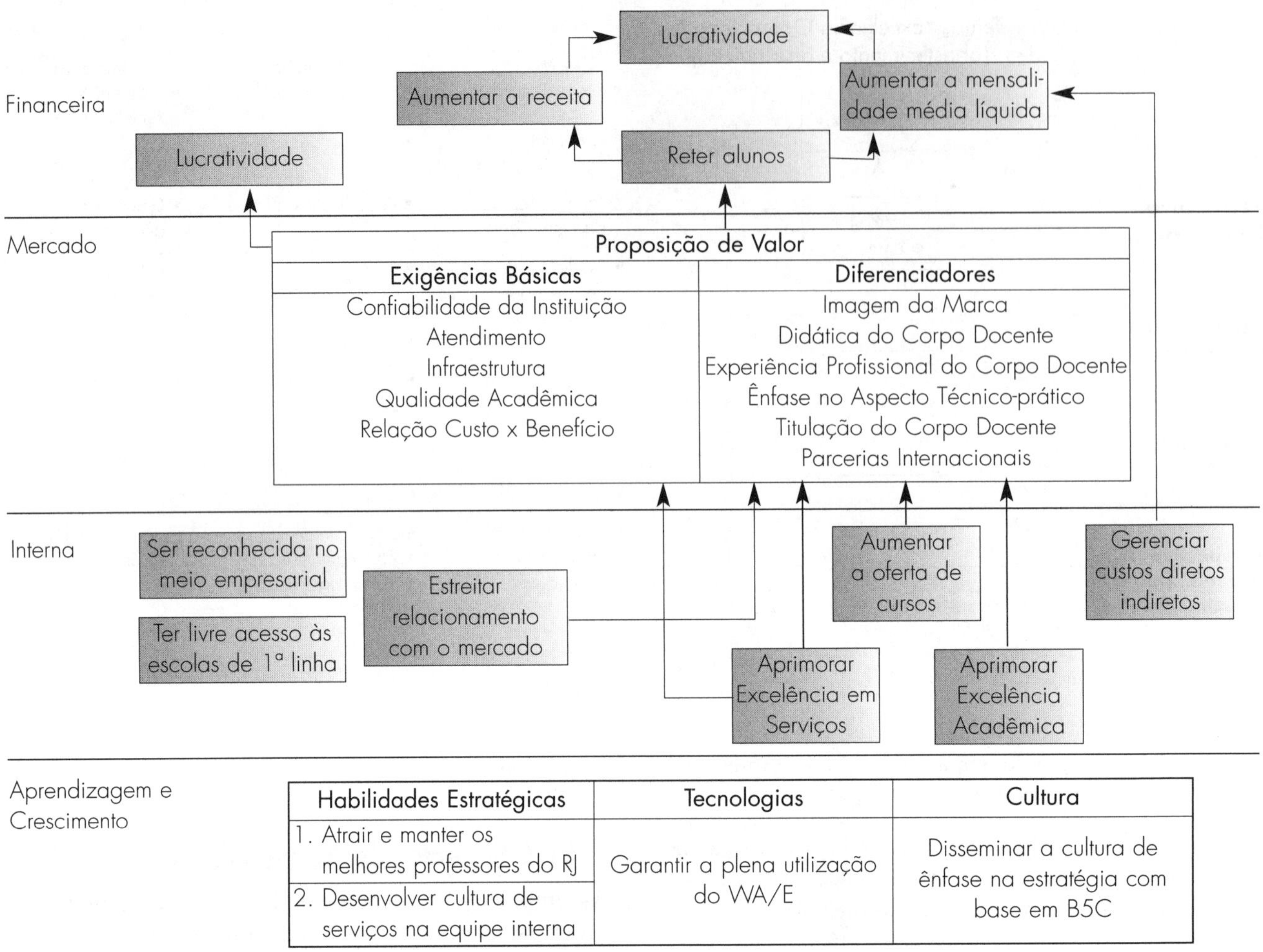

Figura 11.6 Mapa Estratégico – Instituição de ensino com fins lucrativos

Tabela 11.2 ***Balanced Scorecard*** **com Ênfase em Intangíveis**

PERSPECTIVA	Objetivos	Meta 2009	Indicador
Financeira			
1. Valor do Acionista	Maximização do valor da ação	US$ 150 milhões	Número de Ações*Cotação da Ação no Mercado
2. *Goodwill*	Aumento do intangível	US$ 20 milhões	Valor da Empresa (-) Patrimônio Líquido Contábil após *Pay out*
3. EBITDA	Maximização do valor da empresa	Múltiplo de 5 ou mais	Valor Operacional da Empresa/EBITDA
4. Custo de Capital de Terceiros	Maximização da alavancagem financeira	Máximo de 7%	Custo dos Financiamentos/Dívidas Onerosas
5. Rentabilidade	Maximização do retorno do investimento	Mínimo de 12%	Lucro Operacional (-) Tributos s/ Lucro / Ativo Operacional
6. *Pay Out*	Maximização da distribuição de lucros (dividendos + juros sobre o capital próprio)	50% do Lucro Líquido $ 1,20 por ação	*Pay Out* Total / Lucro Líquido *Pay Out* Total / Número de ações
dos Clientes			
1. Lançamento de novos produtos	Aumentar a velocidade de lançamento de novos produtos	20 novos produtos 4 meses	Quantidade de produtos novos lançados Tempo da concepção do projeto até o projeto em linha de produção

continua

Tabela 11.2 *Balanced Scorecard* com Ênfase em Intangíveis (Continuação)

PERSPECTIVA	Objetivos	Meta 2009	Indicador
2. Marca	Maximizar a retenção da marca	Perda de 2 marcas	Tempo de manutenção de marcas em venda
3. Atualização de produtos	Aumentar a participação de novos produtos no faturamento	45%	Faturamento de Novos Produtos / Faturamento Total
4. Relacionamento (carteira de clientes)	Aumentar o número de clientes	Adicionar 2500 novos clientes	Quantidade de novos clientes Faturamento anual dos novos clientes
	Reter o máximo de clientes	Perder no máximo 800 clientes	Quantidade de clientes que não efetuaram compra em 2009 Vendas do ano anterior dos clientes perdidos
5. Participação no mercado	Aumentar a participação	52%	Vendas da Empresa / Tamanho do Mercado
6. Concorrentes	Reduzir a concorrência	3	Número de concorrentes ativos e influenciadores
dos Processos			
1. Tecnologia / *Know How*	Totalmente Atualizada	Estado da Arte	*Benchmarking* com os principais concorrentes e institutos e universidades de pesquisa
2. Processos de fabricação	Velocidade de desenvolvimento	1,4	Média de dias para desenvolver cada processo
3. Tecnologia de fabricação	Totalmente Atualizada	Estado da Arte	Média da idade dos equipamentos
4. Tecnologia de comercialização e logística	Totalmente Atualizada	Estado da Arte	*Benchmarking* com os principais concorrentes e institutos e universidades de pesquisa
5. Tecnologia de informação	Totalmente Atualizada	Estado da Arte	*Benchmarking* com os principais concorrentes e institutos e universidades de pesquisa
6. Tecnologia administrativa	Totalmente Atualizada	Estado da Arte	*Benchmarking* com os principais concorrentes e institutos e universidades de pesquisa
dos Funcionários			
1. Produtividade Intelectual	Aumentar a produtividade intelectual	1,25	Receita dos Funcionários / Investimento nos Funcionários
2. Capital Intelectual	Aumentar o número de patentes	20	Número de patentes registradas
		100	Quantidade de projetos patenteáveis realizados
3. Conhecimento	Aumentar a concentração de conhecimento	0,2 cursos novos por funcionário	Cursos de aumento de graduação realizados / número de funcionários
4. Retenção de funcionários	Transmissão de experiência	0,05 de *Turnover*	Funcionários desligados / Funcionários médios do ano

Tabela 11.3 Exemplo de Monitoramento Individual

	Jan/04	Fev/04	Mar/04	Abr/04	Maio/04	Jun/04	Jul/04	Ago/04	Set/04	Out/04	Nov/04	Dez/04		
Real	2,0	0,9	1,6	0,0	1,4	0,2	0,3	0,1	0,0	0,0	0,3	0,8	1,9	0,6
Limite de Controle	2,0	2,0	2,0	2,0	2,0	2,0	2,0	2,0	2,0	2,0	2,0	2,0	2,0	2,0
Limite Aceito	3,0	3,0	3,0	3,0	3,0	3,0	3,0	3,0	3,0	3,0	3,0	3,0	3,0	3,0

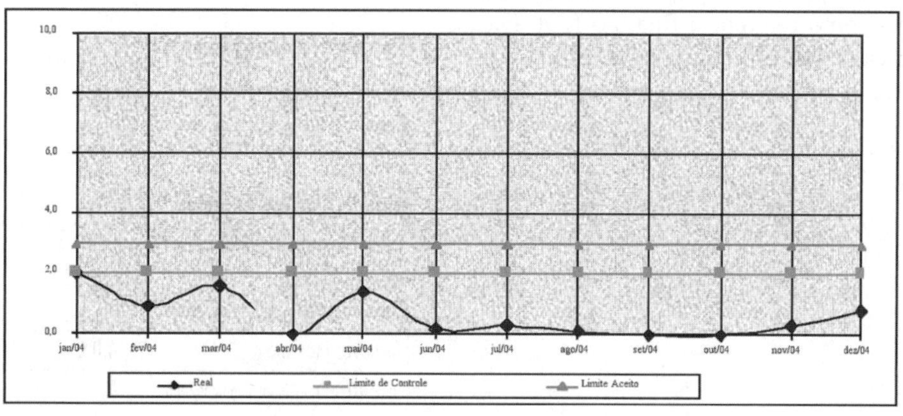

Tabela 11.4 Exemplo de acompanhamento do conjunto de indicadores

PERSPECTIVA	Meta	Mês 1	Mês 2	Mês 3	Mês N	Acumulado	Anualizado	Variação
Aprendizado e Cresimento								
Horas de treinamento – Interno	2.400	120	200	220	180	720	2.160	- 10%
Curso Externos	60	5	4	7	5	21	63	5%
Turnover	0,75	0,8	0,9	0,5	0,7	0,72	0,725	-3%
Processos Internos								
Rejeitos por milhão	1.200	120	100	80	150	450	1.350	13%
Repasse / Horas Padrão – %	1,43	1,5	1,2	1,5	1,3	5,5	1,375	-4%
Fornecedores – dias em atraso	2	4	5	6	4	4,75	4,75	138%
Investimentos em qualidade – %	0,95	1,5	1,2	0,95	0,8	1,1125	1,1125	17%
Clientes								
Dias de tramitação pedidos	2	4	3	2	2	2,7	2,75	38%
Entrega – dias	1	1,5	1,2	1,4	1	1,275	1,275	28%
Treinamento de Clientes – Horas	80.000	5.000	6.000	7.000	7.500	25.500	76.500	-4%
Satisfação de Clientes	98%	90%	85%	88%	92%	0,8875	0,8875	-9%
Reclamação dos Clientes								
Graves	6	1	0	0	0	1	3	-50%
Não Graves	12	1	2	3	2	8	24	100%
Total	18	2	2	3	2	9	27	50%
Não Resolvidos	0	0	1	1	0	0,5	0,5	
Financeira								
Rentabilidade	15%	1,0%	2,0%	1,5%	1,3%	5,8%	17,25%	15%
Margem Operacional	8%	7,0%	10,0%	9,0%	8,0%	8,5%	8,50%	6%

Questões e Exercícios

1 Faça uma pesquisa em empresas da região e identifique as que utilizam o *balanced scorecard* como instrumento de gerenciamento da estratégia. Apresente um quadro-resumo dos indicadores de acompanhamento.

2 Como exemplo, tome uma empresa conhecida que não tenha ainda o *balanced scorecard* e estruture uma sugestão desse instrumento.

3 Analise os indicadores dos anos 1 e 2, compare-os com os indicadores e explique a relação de causa e efeito desses indicadores como referência final ao ROI. Faça uma análise para cada ano e verifique as alterações de um ano para outro.

		Dados reais obtidos	
Indicadores	Meta	Ano 1	Ano 2
Perpectiva financeira			
ROI	18%	16,0%	19,5%
Crescimento das Vendas	8%	8,5%	7,8%
Perspectiva dos Clientes			
Repetição de Vendas/Ano	2,1	2,2	2,3
Reclamações de Clientes/Ano	200	230	190
Perspectiva dos Processos			
Peças com Defeito/Milhão	20	24	18
Produtos Devolvidos (%)	1%	1,1%	0,9%
Perspectiva dos Funcionários			
Horas Extras/Funcionário/Ano	20	30	12
Horas de Treinamento/Funcionário/Ano	60	62	45
Turnover Máximo	4,0%	3,5%	4,1%

Base: 10.000 unidades vendidas/ano.

Capítulo 12

Gerenciamento do Risco

A questão do gerenciamento do risco tem merecido revisões conceituais constantes. A visão tradicional do risco e seu gerenciamento são trabalhados profundamente na teoria de Finanças, com a associação do retorno do investimento. O dilema risco-retorno tem ocupado a maior parte dos capítulos dos livros de administração financeira. Podemos denominar esta visão tradicional de risco financeiro.

Outrossim, a empresa está sujeita a outros tipos de riscos, cujas origens não são estritamente financeiras e devem merecer uma gestão igualmente importante. A relação com clientes, fornecedores, recursos humanos, tecnologia, câmbio etc. envolve riscos e deve ser considerada dentro de um modelo geral de risco empresarial.

Não há dúvida de que todos os riscos que envolvem a empresa impactam os resultados. Portanto, o efeito da exposição da empresa aos diversos riscos é mensurado normalmente pela Contabilidade, por meio da demonstração de resultados e do Balanço Patrimonial. Nesse sentido, os conceitos de mensuração do valor da empresa com base em fluxos futuros são os mais adequados ao modelo de gestão focado em resultados.

Neste capítulo, abordaremos inicialmente a visão geral prevalecente em Controladoria sobre gestão do risco e, em seguida, especificamente, os conceitos de risco financeiro, finalizando com os demais conceitos complementares de risco, com um modelo de informação para o gerenciamento global dos riscos empresariais.

A terminologia internacional tem denominado este sistema de informação de ERM (*Enterprise Risk Management* – Gerenciamento do Risco Corporativo) e tem sido comum nas grandes empresas a contratação de um responsável específico por esta atividade, denominado CRO (*Chief Risk Officer*).

12.1 Gerenciamento do Risco – Conceitos e Visão Geral[1]

O foco da gestão do risco é manter um processo sustentável de criação de valor para os acionistas, uma vez que qualquer negócio sempre está exposto a um conjunto de riscos. Para tanto, é necessário criar uma arquitetura informacional para monitorar a exposição da empresa ao risco.

Esses aspectos podem ser visualizados na Figura 12.1:

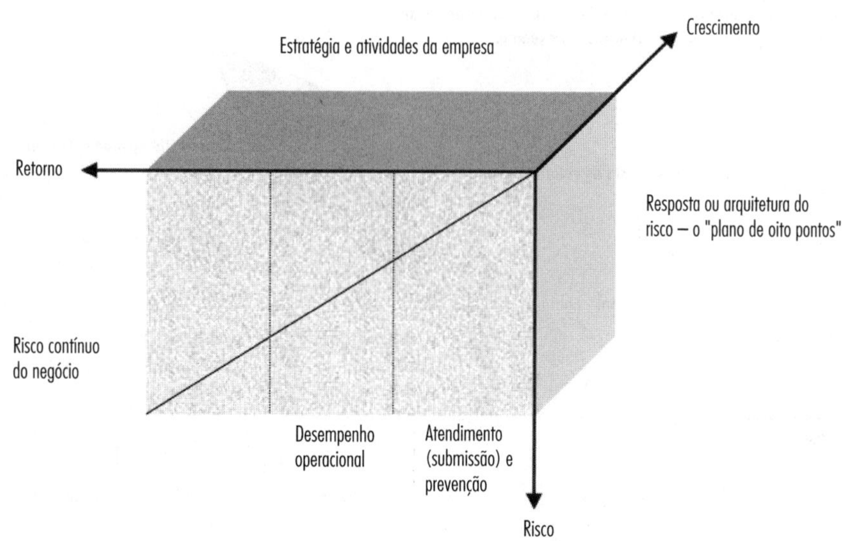

Figura 12.1 Visão integrada – criação de valor/risco contínuo/responsabilidade

[1] Extraído e adaptado do Estudo nº 9 – International Management Accounting Study, da International Federation of Accountants, junho de 1999.

Dentro do conceito geral de risco, pode-se defini-lo como eventos futuros incertos, que podem influenciar o alcance dos objetivos estratégicos, operacionais e financeiros da organização.

A gestão do risco insere-se no conceito sistêmico e pode ser organizada e reconciliada em duas áreas de atuação, em relação aos ambientes interno e externo do sistema. Considerando o ambiente interno, a gestão do risco vê o risco em uma perspectiva de conformidade (perspectiva de *conformance*) e, levando em conta o ambiente externo, vê o risco em uma perspectiva de desempenho (perspectiva de *performance*). Tais perspectivas podem ser vistas na Figura 12.2.

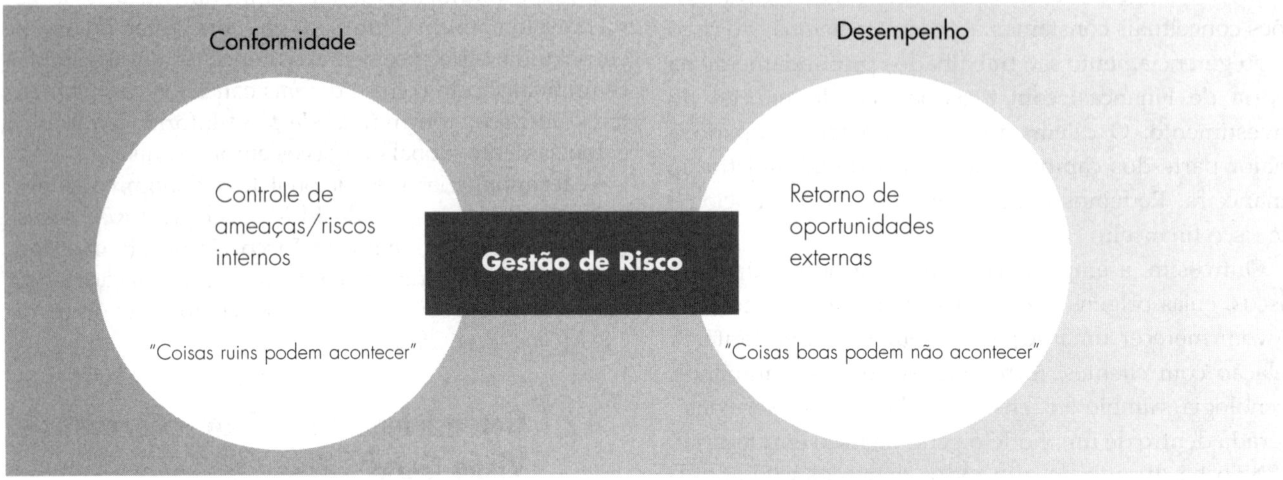

Figura 12.2 Conciliação de duas perspectivas

A importância do relacionamento da gestão do risco com valor para o acionista não pode ser subestimada. Como os administradores estão acautelando-se mais em relação à importância do risco, está havendo um progresso na gestão do espectro do risco que deve ganhar maior sofisticação. Isso pode ser visto na Figura 12.3.

Essa figura demonstra a progressão natural da gestão dos riscos associados com prevenção e *compliance*[2]

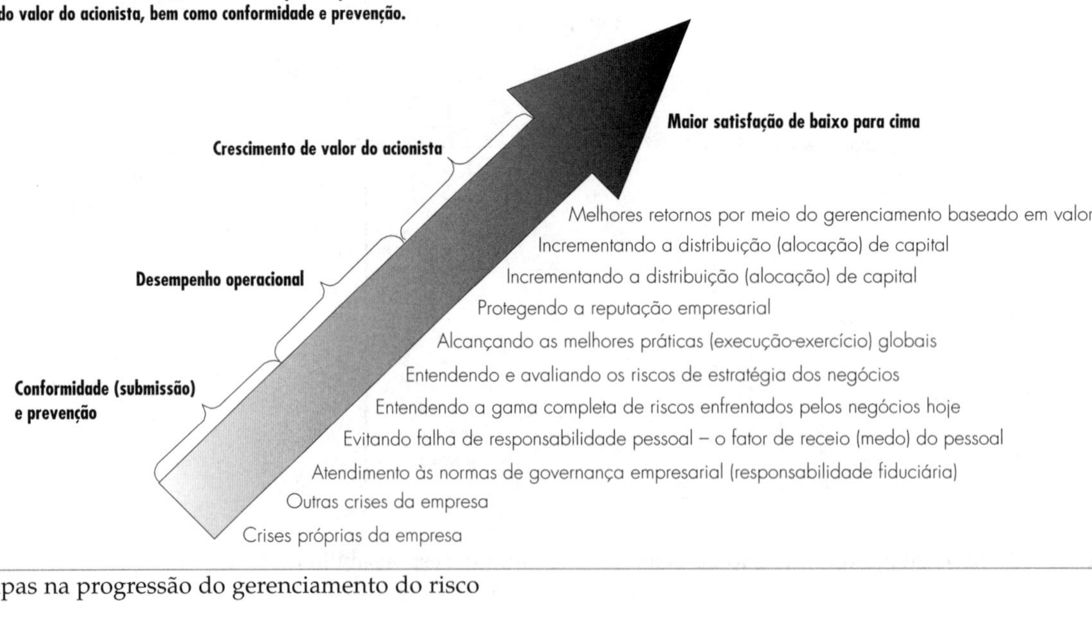

Figura 12.3 Etapas na progressão do gerenciamento do risco

[2] *Compliance* pode ser entendido como o processo de aderência às regras e cumprimento de normas e leis.

(isto é, dentro da empresa) para uma gestão objetivando minimizar os riscos da incerteza do desempenho operacional; movendo-se para o alto nível da gestão dos riscos das oportunidades (isto é, fora da empresa), tem por fim possibilitar um crescimento sustentável de valor para o acionista.

O enfoque mais sofisticado permite:

- melhor alocação de capital para o risco e iniciativas de gestão do risco;
- dar suporte à melhor alocação na gestão do risco dos recursos;
- fornecer melhores indicadores de desempenho e monitoramento das oportunidades;
- dar alguma proteção contra exigibilidades executivas e publicidade adversa ou atenção dos investidores e outras entidades relacionadas;
- melhor nível de informação do risco pela organização.

Para esse direcionamento, para que o desempenho tenha uma aplicação prática, dois conjuntos claros de perguntas devem ser estabelecidos:

- Quais são os direcionadores de valor e como eles podem ser estruturados e manejados?
- Quais os riscos-chave associados com esses direcionadores de valor?

As respostas para tais questões podem ser formuladas por meio de:

- mapeamento dos processos dos direcionadores de valores dentro da organização;
- identificação e análise dos riscos do negócio, estabelecendo as respostas que terão o maior impacto nos direcionadores de valor.

Perfil de Risco da Organização

Cada organização apresenta um conjunto específico de riscos. Para identificar o perfil de cada um deles, é necessário, primeiramente, reconhecer que o seu conceito frequentemente é utilizado em diversas perspectivas, a saber:

- **Risco como oportunidade**: Está implícito no conceito de risco e retorno. Quanto maior o risco, maior o potencial de retorno e, necessariamente, de perda. Neste contexto, a gestão do risco significa utilizar técnicas para maximizar a parte exterior considerando as restrições do ambiente operacional da organização, dada qualquer limitação que exista para minimizar a parte interior.
- **Risco como perigo ou ameaça**: É o que os administradores mais comumente entendem pelo termo. Eles estão se referindo a eventos potencialmente negativos, tais como: perdas financeiras, fraudes, danos à reputação, roubo ou furto, morte ou injúria, falha de sistemas, ou demandas judiciais. Neste contexto, a gestão do risco significa instalar técnicas administrativas para reduzir a probabilidade de eventos negativos sem incorrer em custos excessivos ou paralisar a organização.
- **Risco como incerteza**: Refere-se à distribuição de todos os resultados possíveis, sejam positivos ou negativos. Nesse particular, a gestão do risco procura reduzir a variância entre os resultados antecipados e os reais.

Cada um dos elementos da definição tripartite do risco acima conecta, de forma abrangente, com uma ou mais funções dentro das companhias. Embora ênfase funcional e fronteiras gerenciais sejam inerentemente flexíveis, risco como perigo representa tipicamente a perspectiva de gestores responsáveis pelas atividades de *conformance* (monitoramento do acompanhamento dos procedimentos internos) – especialmente a Controladoria Financeira, auditoria interna, administradores de seguros. Risco como incerteza é uma perspectiva de governança do responsável por administração e finanças e os gerentes de linha responsáveis pelas operações. Risco como oportunidade frequentemente reflete a perspectiva da alta administração e os setores de planejamento. Esses conceitos sustentam o perfil de risco da organização e podem ser ilustrados em termos de um risco contínuo do negócio, conforme apresentamos na Figura 12.4.

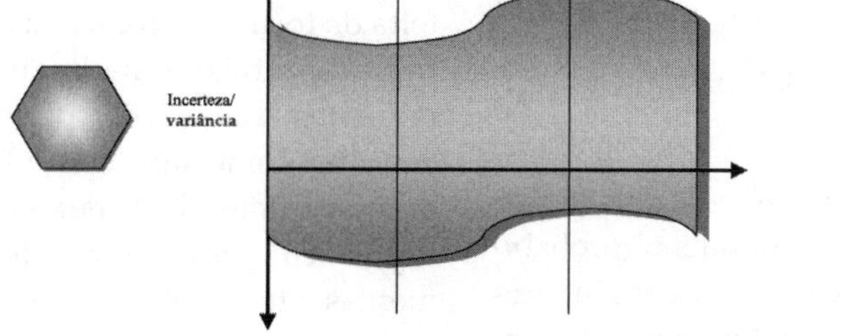

Figura 12.4 Risco contínuo do negócio

Em resumo, a natureza dos três componentes da percepção do risco é assim apresentada:

Quadro 12.1 Natureza dos componentes do risco

Ameaça	Incerteza/Variância	Oportunidade
• Foco tradicional • Defensivo por natureza • O objetivo é alocar recursos para reduzir a probabilidade ou impacto de um evento negativo	• Controle focado na distribuição dos retornos/receitas • Proteção (*hedging*) por natureza • O objetivo é reduzir a variância entre retornos antecipados e resultados reais	• Focado no investimento • Ofensivo por natureza • O objetivo é tomar decisões para alcançar ganhos positivos • Requerimento de uma estratégia de crescimento por causa do relacionamento implícito entre risco e retorno

12.2 Identificação e Avaliação dos Riscos

A **identificação** dos riscos de uma empresa passa sempre por um processo de análise dos ambientes interno e externo e consideração das variáveis e entidades que afetam o sistema empresa. É uma das etapas cruciais no processo de gerenciamento do risco, cada um dos quais deve ser explorado para identificar como ele potencialmente evolui pela organização. É preciso assegurar que o risco está cuidadosamente definido e explicado para facilitar análises posteriores; a sua acurada definição é um elemento crítico para o sucesso da gestão do risco.

Os procedimentos complementares para a sua identificação e análise, não identificados primariamente, podem ser:

- Entrevistas e *workshops*.
- *Brainstorming*.
- Questionários.
- Mapeamento dos processos que envolvem identificação e mapeamento da cadeia de processos e valor dos principais negócios da empresa, além da identificação das dependências dos fatores externos (órgãos reguladores, legislação, clientes, fornecedores de serviços etc.) e dos recursos internos (tais como: pessoal, tecnologia, ativos físicos etc.), que interferem nos processos.
- Comparações com outras organizações.
- Discussão com coligadas.

Para cada risco identificado deve haver uma avaliação do seu possível impacto e correspondente probabilidade de ocorrência, usando parâmetros consistentes que deverão possibilitar o desenvolvimento de um mapa de risco priorizado.

A **avaliação** do impacto e da probabilidade de cada risco normalmente é apresentada da seguinte forma:

– Impacto:

- Alto.
- Moderado.
- Baixo.

– Probabilidade de ocorrência:

- Alta – provável.
- Moderada – possível.
- Baixa – remota.

12.3 Matriz ou Mapa de Risco: A Medida-Chave do Perfil do Risco

É considerado um dos melhores instrumentos para uma visão geral do risco e o seu gerenciamento. Ele incorpora os riscos identificados e sua avaliação. Um exemplo deste tipo de instrumento pode ser visto na Figura 12.5.

Estabelecendo uma Arquitetura de Risco Integrada

A gestão dos diferentes elementos de risco do negócio é uma responsabilidade compartilhada, que pode ser feita de forma centralizada ou delegada. O enfoque centralizado utiliza uma linguagem comum, técnicas, ferramentas e avaliações periódicas do perfil de risco da empresa como um todo. O enfoque delegado permite que cada unidade de negócio ou função crie sua própria linguagem para a gestão do risco e suas próprias ferramentas e técnicas.

A Figura 12.6 evidencia um exemplo de arquitetura de risco contendo um plano de oito pontos.

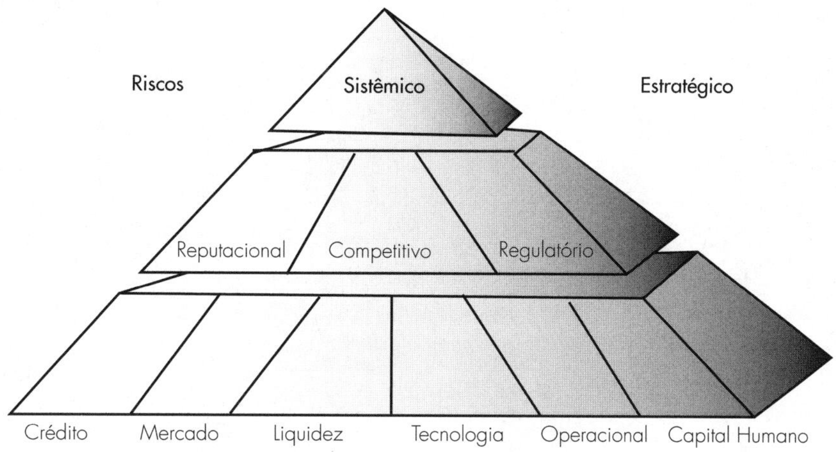

Figura 12.5 Estrutura de gestão de risco do grupo financeiro Royal Bank

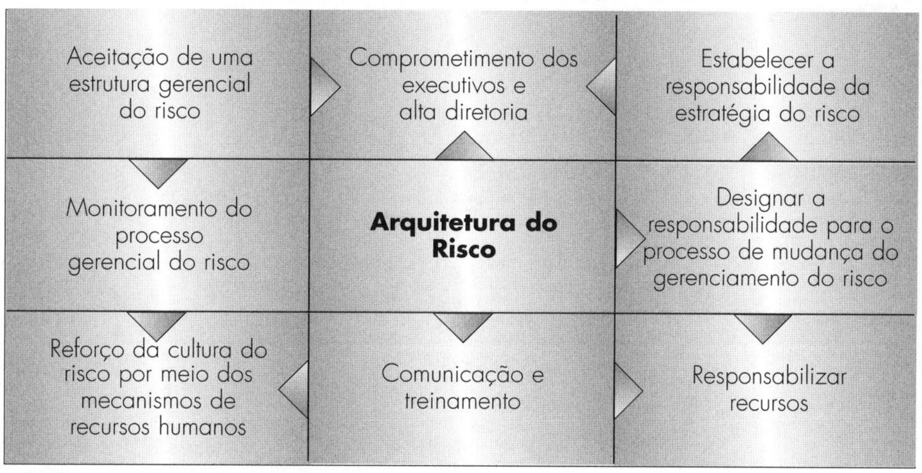

Figura 12.6 Arquitetura de risco – plano de oito pontos

Em linhas gerais, os elementos para a gestão do risco na empresa envolvem quatro elementos:

- **Política de gerenciamento do risco**: Define o enfoque da gestão do risco e sua atitude, ou apetite, em relação ao risco e também as responsabilidades gerais sobre a política, para a revisão do risco e relatórios de acompanhamento necessários.
- **Recursos**: Envolvem a identificação dos recursos necessários para implementar, monitorar e coordenar o processo de gestão do risco, incluindo o processo de obtenção dos relatórios.
- **Implementação**: Implica a formalização dos processos, abrangendo a identificação e definição dos riscos, sua avaliação em termos, probabilidades e impactos, além dos aspectos-chave para os processos de negócios para responder ao risco.
- **Revisão e relatórios**: Incluem a revisão do risco e os relatórios necessários para monitorar todo o processo de gerenciamento do risco.

12.4 Identificando e Mensurando Riscos Específicos[3]

A teoria do risco de rentabilidade tem como base a rentabilidade da empresa e sua relação com a rentabilidade média do mercado, sempre medidas em termos de probabilidades de ocorrência, cenários e variância ou desvio padrão. Contudo, há a possibilidade de fazer um mapeamento mais específico dos riscos da empresa, buscando elementos mais objetivos para mensuração dos riscos identificados.

Dessa maneira, uma metodologia possível seria classificar os riscos possíveis em dois grandes blocos de riscos associados aos:

[3] Para um estudo mais aprofundado dos métodos estatísticos de mensuração dos riscos específicos, veja o trabalho do autor em conjunto com Bertolucci, *Gerenciamento do Risco Corporativo em Controladoria*. São Paulo: Cengage Learning, 2008.

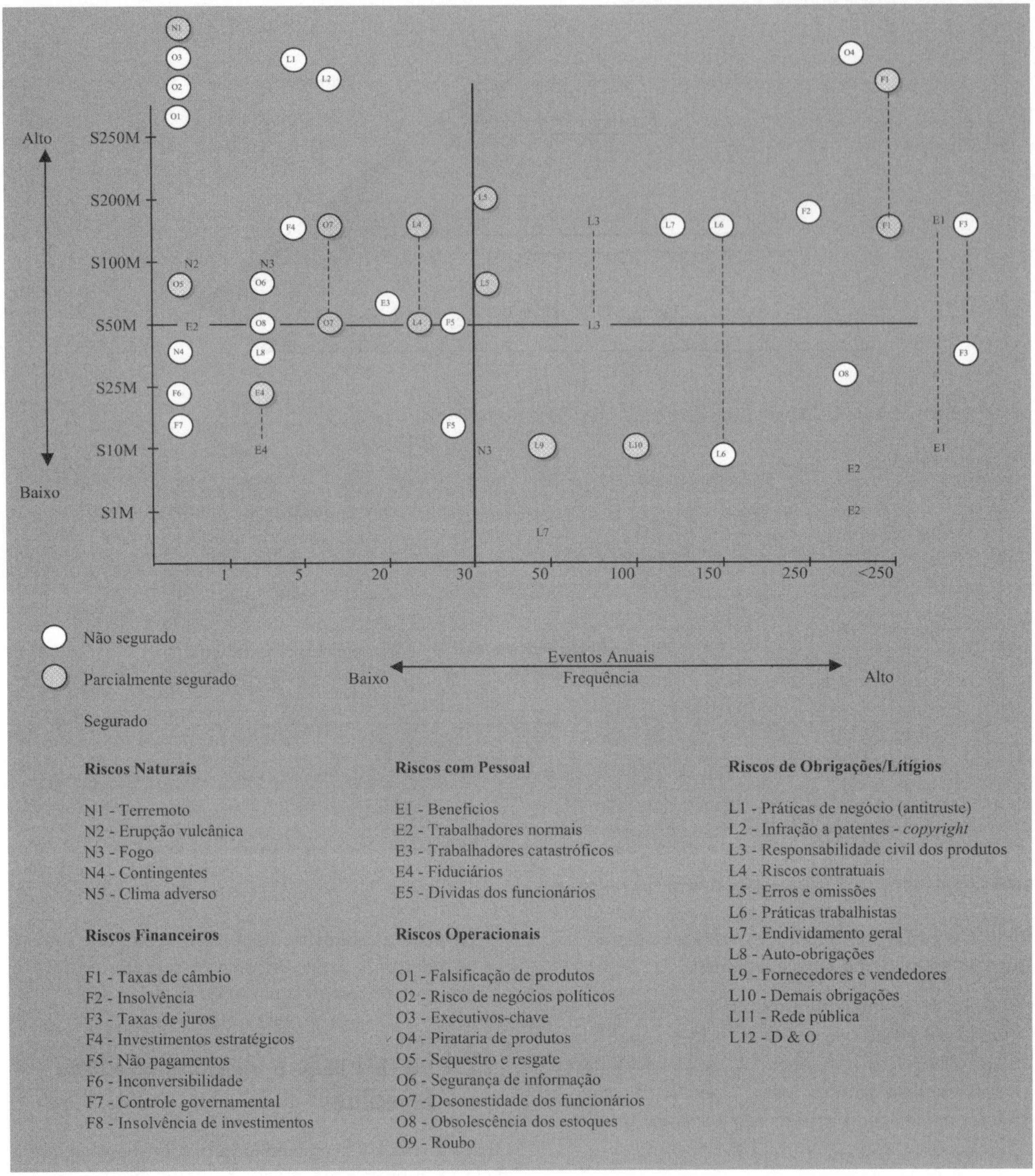

Figura 12.7 Exemplo de mapa de risco – *Microsoft Corporation*

- planos de curto prazo e em andamento;
- fluxos futuros de longo prazo.

Basicamente, este tipo de classificação pode ser visto de outro modo:

- riscos do que existe e em operação;
- riscos do que vai existir.

Os riscos do que vai existir seriam os de longo prazo e estariam intimamente ligados ao Planejamento Estratégico. Os elementos, variáveis e entidades que representam fraquezas da empresa e ameaças do ambiente externo seriam as fontes de identificação desses riscos. Normalmente, podem ser mensurados de forma genérica nos fluxos futuros de lucro de longo prazo.

Exemplos representativos desses riscos seriam os relacionados com:

- a manutenção, criação ou perda de clientes;
- os mercados interno e externo;
- os produtos e seus respectivos mercados e clientes;
- a manutenção, perda ou criação de tecnologia produtiva, comercial e administrativa;
- os concorrentes atuais e potenciais;
- a manutenção, perda ou criação de fornecedores estratégicos etc.

Os riscos do que existe e da empresa em operação são mais visíveis e grande parte deles **pode ser associada ao Balanço Patrimonial e à Demonstração de Resultados**. Como exemplo, poderíamos citar os riscos:

- associados às aplicações financeiras e concentração de operações bancárias;
- associados aos valores em moeda estrangeira e sua exposição à volatilidade das taxas de câmbio;
- de obsolescência de estoques;
- de concentração de vendas para clientes;
- de perdas com inadimplência;
- com passivos trabalhistas e contingências tributárias;
- com tecnologia e obsolescência das plantas fabris;
- com aumentos de custos dos fornecedores de bens e serviços;
- de mudança de políticas tributárias e trabalhistas;
- de perda de controle interno;
- de fraudes etc.

A maior parte dos riscos de curto prazo permite facilidades de mensuração, já que estão relacionados com ativos e passivos e as operações existentes. Pode-se fazer um mapa desses riscos mensurando perdas prováveis. Como modelo geral, sugerem-se o balanço e a demonstração de resultados dentro de um conceito de contas analíticas. Cada elemento patrimonial do balanço e da demonstração de resultados pode ser alinhado e, em cima disso, trabalhadas as possibilidades de perdas para um horizonte de um ou dois anos.

12.5 Modelo de Acompanhamento

Existem no mercado softwares desenvolvidos para auxiliar as empresas no sistema de gerenciamento de riscos, a maioria dando ênfase a riscos de ativos financeiros. A Tabela 12.1 apresenta um modelo genérico de gerenciamento de risco, que pode ser adaptado para qualquer empresa ou entidade, de qualquer tamanho. O modelo foi desenvolvido em Excel e pode ser aplicado a cada grupo de riscos específicos identificados.

Tabela 12.1 Modelo de Relatório de Avaliação dos Riscos

A = Alto M = Moderado B = Baixo				Avaliação					
		Variação	Valor	Probabilidade			Valor do	Sistema de	Contabilização
Riscos Identificados	Dado	Possível	Nominal	Avaliação	%	Impacto	Risco	Proteção	
Riscos correntes									
Patrimoniais									
Aplicações Financeiras			20.000	B	1%	A	200	*Hedge*	Sim
Créditos em moeda estrangeira	2,90	20%	10.000	M	50%	A	-2.900	Securitização	Não
Débitos em moeda estrangeira	2,90	20%	25.000	M	50%	A	7.250	Securitização	Não
Perdas no estoque não contabilizadas			10.000	A	90%	A	9.000	Não	Não
Créditos com clientes concentrados			20.000	B	10%	A	2.000	SIG	Não
Inadimplências – atrasos existentes			5.000	A	99%	A	4.950	SIG	Sim
Imobilizados – passíveis de furtos			2.000	B	10%	B	200	Seguro	Não
Imobilizados – obsolescência			50.000	B	2%	A	1.000	SIG	Sim
Soma			**142.000**				**21.700**		
Contingentes									
Processo Trabalhista 1			4.000	B	2%	B	80	Não	Sim
Processo Trabalhista N			2.500	A	95%	A	2.375	Não	Não
Risco Trabalhista N			30.000	B	5%	A	1.500	Liminar	Não
Risco Procedimento ICMS			50.000	M	50%	A	25.000	Liminar	Sim
Risco Procedimento IR/CSLL			150.000	M	50%	A	75.000	Não	Não
Soma			**236.500**				**103.955**		

continua

Tabela 12.1 Modelo de Relatório de Avaliação dos Riscos (Continuação)

A = Alto M = Moderado B = Baixo				Avaliação					
		Variação	Valor	Probabilidade			Valor do	Sistema de	Contabilização
Riscos Identificados	**Dado**	**Possível**	**Nominal**	**Avaliação**	**%**	**Impacto**	**Risco**	**Proteção**	
Riscos futuros									
Patrimoniais									
Resultados de Controladas	1	20%	200.000	M	50%	A	20.000	SIG	Não
Perda de controle interno	1	2%	800.000	B	20%	M	3.200	SIG	Não
Soma			1.000.000				23.200		
Operacionais									
Aumentos de custos de fornecedores	1	15%	800.000	B	20%	A	24.000	SIG	Não
Perda de *market-share*	1	10%	4.000.000	B	5%	A	20.000	SIG	Não
Soma			4.800.000				44.000		
Total Geral			6.178.500				192.855		

SIG – Sistema de Informação Gerencial

O modelo contempla todos os conceitos recomendáveis. Introduzimos a informação de valor nominal porque entendemos relevante. O valor dos riscos deve ser mensurado utilizando o modelo estatístico mais adequado ao risco (variação, desvio-padrão, probabilidade simples, *Value At Risk* (V@R), *stressing*, simulação Monte Carlo, *duration* etc.).

Neste modelo, o valor do risco de todos os ricos identificados foi avaliado por probabilidade simples. É importante ressaltar que os riscos podem ser minimizados (mitigados) de diversas maneiras. Nesse sentido, o modelo contempla a coluna de Sistema de Proteção. As proteções podem ter custos, como os seguros, *hedges*, derivativos, depósitos judiciais etc. O mínimo que se espera é que se tenha uma proteção por um sistema de informação gerencial.

Muitos riscos já são conhecidos e as práticas internacionais de contabilidade exigem sua contabilização: por exemplo, provisões para créditos incobráveis, provisão para perdas com estoques deterioráveis ou obsoletos, provisão para passivos contingentes prováveis etc. Essa informação deve constar no modelo de relatório de acompanhamento.

Questões e Exercícios

1 Tome uma empresa conhecida como exemplo e estruture um mapa de gerenciamento de risco. Para cada risco identificado, faça uma explanação, indicando se:

a) o impacto é alto, moderado ou baixo;

b) a probabilidade de ocorrência é alta, moderada ou baixa.

2 Tome o Balanço Patrimonial de uma empresa conhecida e procure identificar o risco possível em cada elemento patrimonial, do ativo e do passivo, atribuindo probabilidade e mensurando em termos de valor as possibilidades de perda.

PARTE IV

A CONTROLADORIA NO PLANEJAMENTO OPERACIONAL

O processo de planejamento operacional caracteriza-se pelo conjunto de decisões e ações destinado à elaboração e operacionalização dos planos para estruturar os sistemas físico-operacionais necessários para que as unidades de negócio entrem em operação.

O planejamento operacional tem dois elementos condutores de seu processo:

- **os produtos e serviços planejados**, que serão gerados pelas unidades de negócios;
- **as unidades de negócios**, que serão necessárias para elaborar os produtos e serviços planejados.

Portanto, o processo de planejamento operacional caracteriza-se por ser um macroprocesso, bem como um processo de médio e longo prazos. Parte do Planejamento Estratégico que elabora as premissas para o planejamento operacional prepara o sistema físico-operacional para o processo de execução das atividades, na viabilização dos produtos e serviços planejados.

Desta maneira, o processo de planejamento operacional está totalmente ligado com a estrutura básica do Balanço Patrimonial nas suas duas grandes áreas: ativo e passivo. Inicialmente, caracteriza-se pela determinação da estrutura do ativo das unidades de negócio e, em seguida, pela determinação da estrutura desejada ou ideal de financiamento dos investimentos do ativo.

Assim, dentro do processo de planejamento operacional, cabe à Controladoria a criação de modelos de decisão, mensuração e informação ligados à determinação das estruturas de ativos e passivos das unidades de negócio e da empresa, bem como para as decisões posteriores de adaptação das estruturas determinadas.

No Capítulo 13 estudaremos os princípios para determinação da estrutura do ativo e modelos de decisão para eventuais necessidades de sua alteração. No Capítulo 14 abordaremos a determinação da estrutura do passivo e os efeitos de suas alterações eventuais.

Capítulo 13

Determinação da Estrutura do Ativo

Praticamente, todos os autores de Finanças são unânimes em definir as funções fundamentais do administrador financeiro. São elas: decisão de investimento, de financiamento e de dividendos. Conforme Van Horne[1]

> "... as funções de finanças envolvem três principais decisões que a companhia tem que tomar: a decisão de investimento, a decisão de financiamento e a decisão de dividendos. Cada uma deve ser considerada em relação ao nosso objetivo; uma ótima combinação das três irá criar valor. A decisão de investimento é a mais importante das três decisões quando no propósito de criar valor. Investimento de capital é a alocação de capital para as propostas de investimentos cujos benefícios serão realizados no futuro. Uma vez que os futuros benefícios não são conhecidos com certeza, as propostas de investimento necessariamente envolvem riscos. Consequentemente, elas devem ser avaliadas na relação de seu retorno e risco esperado, uma vez que esses fatores afetam a avaliação da empresa no mercado."

Queremos ressaltar que essas três decisões, apesar de serem consideradas típicas funções do administrador financeiro, fazem parte, na realidade, do escopo da Controladoria e estão sob a responsabilidade do *controller*, uma vez que têm por fim apoiar a empresa em todo o processo de gestão, que inclui o planejamento operacional.

Para a decisão de planos operacionais, há de serem feitos estudos e modelos para as decisões de investimentos que, por sua vez, exigem, automaticamente, a consequente decisão de financiamento e, por isso, são impossíveis de serem analisadas, a não ser em conjunto. A decisão de dividendos necessita do apoio do *controller*, como uma decisão que afeta o processo de criação de valor e faz parte também das atribuições da Controladoria.

13.1 Decisão de Investimento e Determinação da Estrutura do Ativo

O tema decisão de investimento tem sido explorado, na literatura financeira, em termos de uma decisão em cima de opções de investimentos, com seus respectivos riscos e retornos. Os investimentos possíveis são apresentados dentro do conceito de fluxos de caixa, e a decisão deve ser feita à luz do conceito de valor do dinheiro no tempo, retorno e risco esperados. Os critérios mais utilizados são o Valor Presente Líquido (VPL) e a Taxa Interna de Retorno (TIR). Será escolhido o investimento, ou conjunto de investimentos, que apresentar o melhor retorno com o menor risco. Esses aspectos serão retomados na Parte VIII, no Capítulo 33.

Contudo, não tem sido explorado nem desenvolvido um modelo de decisão que evidencie os critérios e conceitos para chegar ao valor que deverá ser investido em cada uma das opções. Os modelos apresentados em Finanças partem de valores totais estimados, sem evidenciar os meios, critérios e conceitos para chegar a tais valores.

Porém, conforme Gitman

> "... as decisões de investimento determinam a combinação e o tipo de ativos constantes do balanço patrimonial da empresa (...) a combinação refere-se ao montante de recursos aplicados em ativos circulantes e ativos permanentes."[2]

Este aspecto, que, em nosso entender, é da etapa do planejamento operacional, é que será o objeto de apresentação neste capítulo.

Conceito e Classificação de Investimentos

> *Um investimento caracteriza-se por ser um gasto não consumido imediatamente, cujos resultados virão dos benefícios futuros desse gasto.*

[1] VAN HORNE, James C. *Financial management and policy*. 11ª ed., Upper Saddle River: Prentice Hall, 1998, p. 5-6.

[2] GITMAN, Lawrence J. *Princípios de administração financeira*. 7ª ed., São Paulo: Harbra, 1997, p. 14.

Um investimento caracteriza-se por:

- todos os gastos utilizarem determinado modelo de mensuração, geralmente fluxo de caixa descontado;
- geradores de outros produtos e serviços;
- instrumentos e meios para desenvolver as atividades;
- não se exaurirem de uma única vez;
- haver o usufruto (uma obra de arte não seria considerada um investimento industrial).

A Contabilidade denomina esses investimentos de Ativos Permanentes e as Finanças, de Ativos Fixos.

Investimentos e Atividades

Uma das características dos investimentos é que eles são um dos recursos, meios ou instrumentos utilizados pelas atividades para que estas produzam os produtos e serviços a que se destinam. Podemos definir as atividades como unidades de aglutinação de especializações do conhecimento humano dentro da empresa necessárias para que esta atinja seus objetivos com eficácia. Como as pessoas desenvolvem suas atividades na empresa consumindo recursos, esta pode ser caracterizada como uma matriz de especializações e recursos.

Desse modo, é possível classificar as atividades (especializações) da empresa, em relação aos recursos utilizados para obtenção dos produtos e serviços finais, em dois grandes tipos:

- as que utilizam os recursos;
- as que coordenam ou distribuem recursos.

Compras, estocagem, produção e vendas são os principais exemplos de atividades que utilizam recursos. Finanças, recursos humanos, sistemas, engenharia, Controladoria etc. são exemplos de atividades que têm como função monitorar ou distribuir recursos.

Ativos Fixos e Capital de Giro

No Balanço Patrimonial, o ativo representa os investimentos da empresa, que são agrupados em duas classes principais:

- os que têm uma dinâmica própria e acompanham o ciclo de operações da empresa, denominados Investimentos no Capital de Giro (estoques, contas a receber, contas a pagar);
- os que se caracterizam por um forte grau de imutabilidade ou fixidez, denominados Ativos Fixos (imóveis, equipamentos, utensílios, intangíveis adquiridos).

Para desenvolverem suas funções, as atividades requerem, além dos recursos imediatamente consumidos no processo de execução de suas atividades e obtenção dos produtos e serviços, investimentos nas duas classes de ativos.

Tipos de Investimentos

As possibilidades de investimentos são infinitas e podem ocorrer de forma ininterrupta e variada para as pessoas físicas dentro das empresas e corporações. Podemos investir em ativos financeiros (títulos do governo, títulos de renda fixa, ações de empresas, derivativos, mercado futuro etc.), em *commodities* (metais, produtos agropecuários, minerais etc.), no mercado imobiliário, em artes etc.

Mas o que nos interessa é o ambiente empresarial, no qual podemos vislumbrar quatro grandes principais tipos de investimentos:

I Aquisição de uma empresa já existente.
II Investimento em uma nova empresa.
III Investimento da empresa em uma nova unidade de negócio ou novo produto.
IV Investimento da empresa em ativos específicos.

Todos eles requerem análise do retorno e risco. No entanto, a decisão sobre os investimentos dos Tipos I e IV caracteriza-se, fundamentalmente, por ser baseada em único valor – o valor total da empresa e o valor do ativo específico. Já a decisão sobre os investimentos dos Tipos II e III caracteriza-se por um valor decorrente da combinação das duas classes de investimentos: Ativos Fixos e Capital de Giro, os quais requerem um estudo diferenciado, que denominamos de determinação da estrutura do ativo.

Determinação da Estrutura do Ativo

Determinar a estrutura do ativo significa identificar a quantidade e a qualidade do investimento.

> *Conceitua-se determinação da estrutura do ativo como a decisão de investimento que é tomada na obtenção da combinação ideal de ativos em relação ao negócio proposto, objetivando a menor estrutura de capital.*

O propósito desta combinação é determinar a parcela ideal de investimentos em Ativos Fixos e Capital de Giro para o negócio ou empresa a ser constituída.

Esta talvez seja uma das decisões mais difíceis de serem modeladas na gestão econômica das empresas. A determinação da estrutura do ativo é consequência de uma série de outras decisões anteriores que decorreram do Planejamento Estratégico. Da análise do plano estratégico para investir em uma nova empresa, ou em uma nova unidade de negócio, sairão as diretrizes e pontos referenciais que determinarão a estrutura do ativo do investimento.

13.2 Modelo de Decisão para Definição da Estrutura do Ativo

Para desenvolver este tema tomaremos como referência o processo de investimento em uma nova empresa ou em uma nova unidade de negócio.

> *Para definir a estrutura do ativo, é necessária antes a definição de uma série de outras variáveis, que se inicia pela definição do produto ou produtos a serem fornecidos dentro do negócio a ser explorado.*

O processo de decisão da definição da estrutura do ativo é complexo, pois envolve uma série muito grande de variáveis como: volume, preços de venda, tecnologias, processos, estrutura do produto, atividades a serem internadas etc., que devem ser definidas com antecedência, já que necessidade de investimentos e o tipo de ativo decorrem de opções efetuadas em cada uma delas, cada uma a seu tempo, obedecendo a uma ordenação e dentro de uma estrutura lógica de geração e inter-relacionamento de variáveis.

Para tanto, é preciso a construção de um modelo de decisão orientativo que, além de possibilitar a determinação da estrutura do ativo para o investimento proposto, permita também servir para análise dos custos envolvidos, o qual servirá para modelar as decisões posteriores após a implantação do projeto de investimento.

Apresentamos na Figura 13.1 um modelo de decisão, em formato de árvore, que evidencia os principais fundamentos para o processo de investimento e, consequentemente, determinação da estrutura do ativo. Com base nessa figura, desenvolveremos os conceitos nela incorporados.

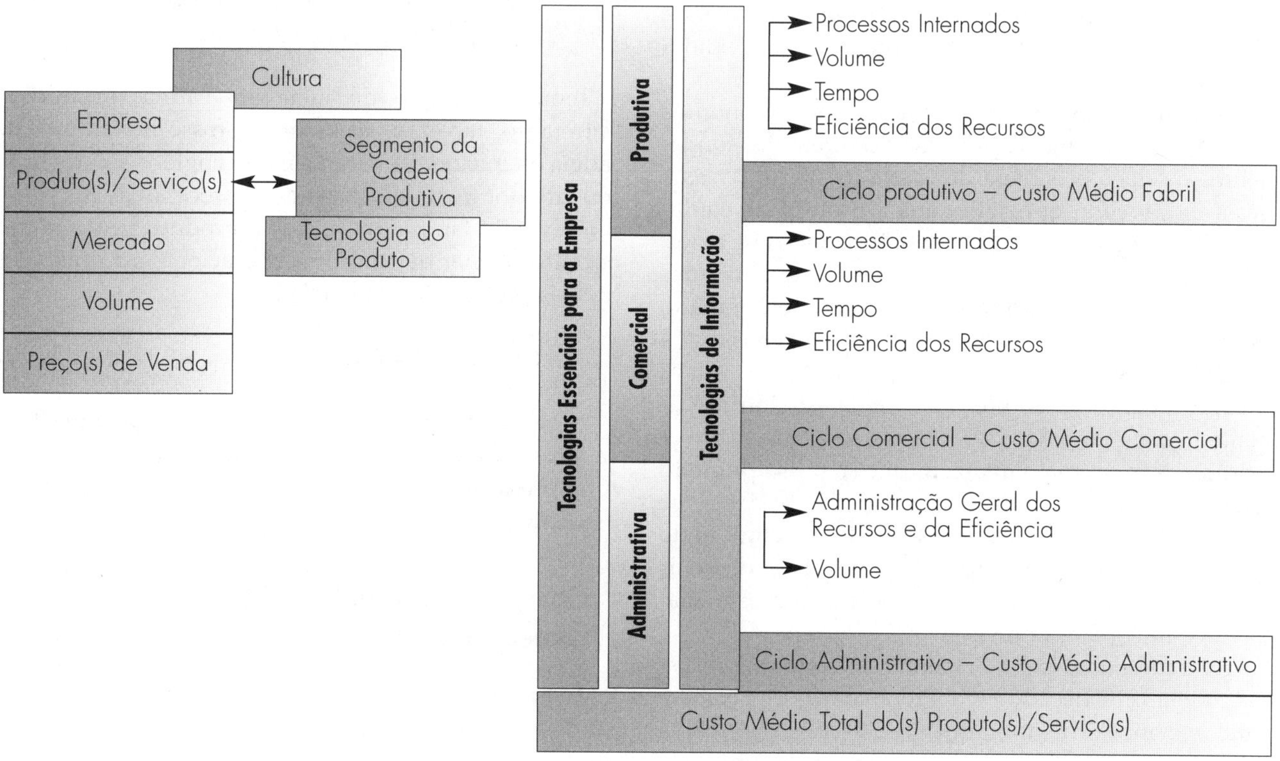

Figura 13.1 Modelo de decisão para determinação da estrutura do ativo

1ª Etapa: Definição do negócio e missão da empresa

Um negócio ou setor de atuação é caracterizado pelos produtos similares que eles oferecem ao mercado consumidor. Exemplificando: o negócio de café é caracterizado pelos diversos produtos à base de café oferecidos ao consumidor, tais como: torrado em grão, torrado e moído a granel, torrado e moído empacotado, torrado e moído solúvel etc.

Portanto, a primeira decisão estratégica consiste na definição do negócio ou setor em que a empresa quer atuar, identificando também a faixa de produtos que pretende produzir e/ou vender. Esta é a decisão principal a ser tomada e deverá estar dentro do perfil, cultura e missão da empresa.

2ª Etapa: Definição do(s) produto(s) [ou serviço(s)], mercado, volume e preço(s) de venda

Após a definição do negócio, a empresa tem de definir qual produto ou linha de produtos ela vai desenvolver e/ou vender e qual mercado consumidor estará disposto a aceitá-los; tal aceitação decorre das necessidades humanas identificadas pela empresa no seu Planejamento Estratégico.

Neste momento, duas decisões são intrínsecas à decisão da escolha dos produtos e devem ser tomadas e consideradas ao mesmo tempo: a definição do preço de venda dos produtos e o volume desejado ou esperado de vendas (e, consequentemente, produção).

Não há como definir um produto sem saber qual o seu preço de venda que está associado à escala de produção, ou seja, ao volume, que determinará o nível de atividade operacional da nova empresa ou nova unidade de negócio.

Neste momento, convém relembrar que os conceitos utilizados nesta etapa do processo decorrem dos fundamentos da microeconomia da escala da oferta *versus* a escala da procura, que determinam o preço de equilíbrio em um mercado competitivo. Em ambos os casos, as escalas de oferta e procura projetam as quantidades que serão de interesse do produtor a um determinado preço contra as quantidades de interesse de consumo a um dado preço.

Logo, a definição do preço de venda está intrinsecamente ligada à definição do volume a ser produzido e vendido. Não há como imaginar que se possa primeiro determinar qual o produto a ser vendido e só depois se pense no preço de venda a ser oferecido. A definição do produto está ligada a um mercado possível de consumir a um dado preço de venda, que, por sua vez, está ligado ao volume planejado.

Este é um ponto capital no entendimento do processo de tomada de decisão para um novo negócio. Não há como desvincular temporalmente a decisão da escolha do produto, do mercado, do volume e do preço de venda do produto. As quatro variáveis devem ser definidas ao mesmo tempo.

3ª Etapa: Definição do segmento da cadeia produtiva e tecnologia do produto

Estas duas definições ocorrem ao mesmo tempo. Após definido o produto, a empresa tem de fazer uma definição tão vital ou mais do que as anteriores. A definição consiste em escolher em que etapa da cadeia produtiva a empresa irá entrar e qual a tecnologia necessária para a fabricação do produto dentro daquele volume predeterminado no segmento da cadeia produtiva escolhido.

Cadeia Produtiva

Podemos defini-la como os processos básicos de transformação que permitem traduzir matéria-prima em produto final pronto para ser consumido. Em outras palavras, são todos os processos necessários para transformar um insumo básico (ou insumos básicos) em produto para o consumidor final. Em linhas gerais, é comum termos empresas que se especializam em determinados processos – etapas da cadeia produtiva – e, ao mesmo tempo, as que conseguem realizar mais de uma dessas etapas; e até mesmo, mas muito menos comum, aquelas que chegam a ser especialistas em todas as etapas de tal cadeia de determinado produto final.

Cadeia Produtiva: processos necessários para transformação do insumo básico em produto final para o consumidor

Temos o hábito de falar em cadeia produtiva. Entretanto, talvez o mais correto fosse denominar de cadeia operacional, pois a primeira engloba a entrega ao consumidor final. Assim sendo, o processo de distribuição e venda faz parte da cadeia produtiva, o que nos permite afirmar que a cadeia operacional é a união das cadeias produtiva e comercial.

Cadeia Operacional = Cadeia Produtiva + Cadeia Comercial

Neste momento, a decisão básica é a cadeia produtiva, pois é uma decisão que antecede a cadeia comercial. A empresa tem de definir em que segmento da cadeia produtiva ela irá trabalhar o produto.

Exemplo de Cadeia Produtiva: Confecção de *Jeans*

Podemos exemplificar uma cadeia produtiva com um produto conhecido que é uma peça de confecção (calça, camisa). Imaginemos uma calça de *jeans*, que é feita de tecido de algodão tingido. O produto final é uma calça de *jeans* e o insumo básico é o algodão.

Podemos identificar os seguintes processos de transformação principais nas cadeias produtiva e comercial: plantação de algodão, fiação, tecelagem, tinturaria e acabamento, confecção, marca, distribuição e varejo. Os processos são sequenciais e podem ser ilustrados conforme apresentamos na Figura 13.2.

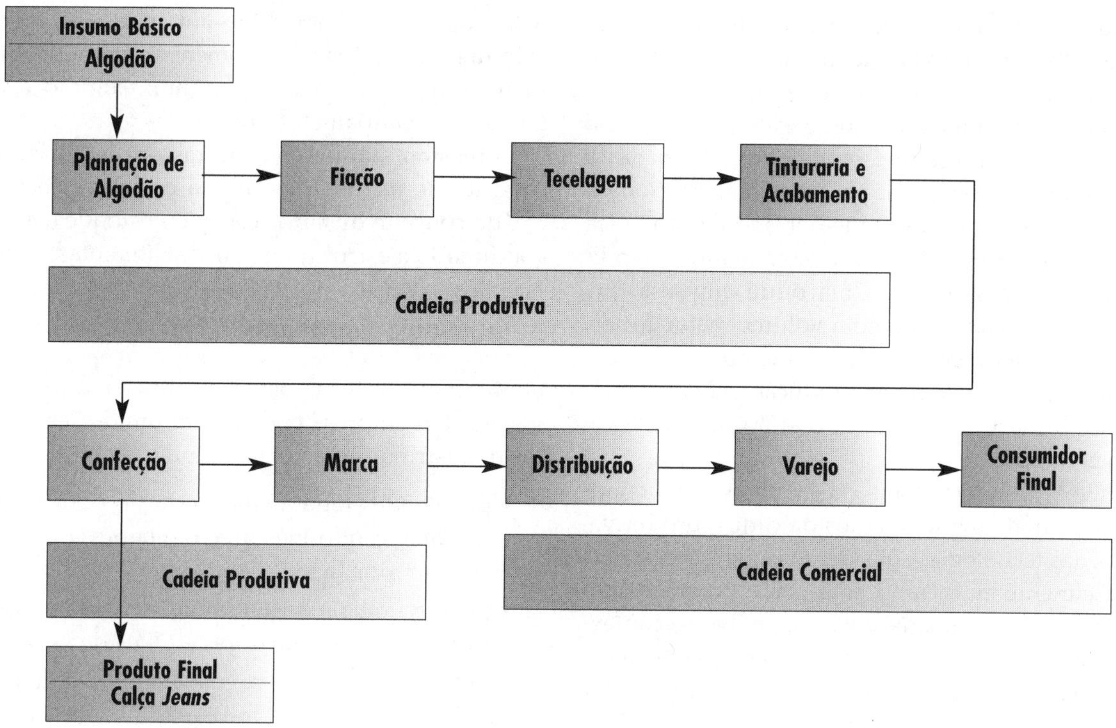

Figura 13.2 Cadeia produtiva e seus processos de transformação

Tomando como base este exemplo, uma empresa que queira atuar no negócio de confecção de *jeans* terá de optar em qual estágio da cadeia produtiva irá atuar. A escolha tem dois extremos:

- **Atuar em todas as etapas da cadeia produtiva.** Isso significa que a empresa (ou o grupo corporativo) deverá ter terras para o plantio de algodão, que, em seguida, vai transferir para uma unidade própria de fiação, depois para uma unidade própria de tecelagem etc., ou seja, terá unidades próprias para desenvolver todos os processos da cadeia produtiva deste produto final.
- **Atuar apenas na última etapa da cadeia produtiva.** Isso significa que a empresa só terá o processo de industrialização de afixar a sua etiqueta de marca, como tem sido muito comum hoje neste segmento de mercado. Neste caso, ela comprará de terceiros a calça de *jeans* já confeccionada, só assumindo como seu processo fabril a colocação da sua etiqueta de moda.

Entre esses dois extremos de opção, as empresas podem decidir assumir diversos conjuntos de etapas da cadeia produtiva. Uma empresa pode optar por assumir desde a fiação; neste caso, adquiriria o algodão bruto. Outra empresa pode optar por internar todos os processos ou etapas desde a tecelagem; neste particular, adquiriria o fio de algodão pronto. Uma outra empresa pode assumir internar os processos desde a tinturaria e acabamento; para isso, adquiriria o tecido de algodão cru. Outra empresa pode optar por assumir apenas a confecção; para tanto, teria de adquirir o tecido de algodão já tingido e acabado.

A definição da cadeia produtiva talvez seja o principal fator que levará à determinação do ativo da empresa

Segmento da Cadeia Produtiva e seus Processos Internos

Como é natural do enfoque sistêmico, todo sistema tem seus subsistemas; cada um dos processos da cadeia produtiva tem seus subprocessos. É fácil visualizar, por exemplo, que a etapa de confecção exige outros processos menores, tais como: cortes da quantidade de tecido e das peças, preparação para costura, costura, implantação de acessórios, acabamento, embalagem etc.

Os subprocessos de cada etapa serão trabalhados com mais detalhes na etapa seguinte.

Tecnologia do Produto

Com a definição da cadeia produtiva, a empresa decidirá qual a tecnologia de produto a ser empregada. Isso quer dizer que são possíveis opções de tecnologias de fabricação de produtos no mesmo segmento da cadeia produtiva.

A decisão da tecnologia do produto, dentro do segmento da cadeia produtiva, está intimamente associada à quantidade planejada e decidida na Etapa 2.

Tomando ainda como base nosso exemplo de cadeia produtiva, uma empresa que pretende atuar apenas a etapa da confecção, mas com produtos mais personalizados, poderá entender que a melhor opção econômica seja executar o processo de costura com máquinas individuais para as costureiras. Uma outra empresa que opta pela mesma etapa, mas com volume maior e mais massificado, poderá entender que a melhor opção econômica seja uma tecnologia de produção mais automatizada, adquirindo máquinas de costura automática e processo contínuo.

É possível que a tecnologia esteja tão ligada à quantidade que, em alguns segmentos da cadeia produtiva, determinadas tecnologias consideradas mais avançadas (e provavelmente mais caras) só sejam economicamente viáveis com determinada quantidade. Neste contexto, com quantidades menores, essas tecnologias avançadas não são economicamente viáveis, e a empresa deverá optar por tecnologias diferenciadas.

4ª Etapa: Definição ou criação das tecnologias essenciais da empresa

Tomadas as decisões e definições fundamentais das variáveis da árvore de decisão, o modelo indica que outras decisões e definições terão de ser tomadas. A próxima etapa está na definição das tecnologias complementares para operacionalizar os seguintes processos das funções básicas do sistema empresa: fabricação ou produção, comercial e administrativo/financeiro.

Obviamente esta etapa está intimamente ligada à anterior e, em alguns aspectos, sobrepõem-se principalmente nas tecnologias produtiva e comercial.

Tecnologia Produtiva

Esta parte da 4ª Etapa consiste em definir os processos de fabricação que serão necessários para operacionalizar a tecnologia do produto adotada – quais os equipamentos, processos e modelos de gestão de produção serão adotados e que, consequentemente, continuarão o processo de identificação dos ativos necessários para o investimento.

Como exemplo de opção de tecnologia produtiva a ser empregada, podemos citar a opção existente entre o conceito CIM – *Computer Integrated Manufacturing* (Manufatura Integrada por Computador) e o *Lean Production* (Produção Enxuta). Dentro de uma manufatura complexa e processos diversos (diferente do exemplo anterior de produção contínua e poucos equipamentos), a empresa pode decidir por ser mais automatizada (*CIM*) ou menos (*Lean*). Mais automatizada, robotizada, exigirá mais equipamentos; menos automatizada, exigirá mais mão de obra e, portanto, exigirão estruturas fabris e de equipamentos diferentes.

O mesmo sucede com outras opções. A adoção do conceito de *Just-in-Time*, Teoria das Restrições, utilização do conceito de fabricação para estoque (*MRP* puro), conduzirão a estrutura de ativos diferentes.

Tecnologia Comercial

Similarmente à tecnologia produtiva, é outra definição essencial. A empresa pode adotar um dos vários conceitos de distribuição e venda e optar:

- por vender toda a sua produção para revendedores, oferecendo-lhes preços menores do que para o consumidor final;
- pela tecnologia de distribuição e venda própria por meio de seus vendedores e filiais de venda;
- pela tecnologia de revendedores residentes e comissionados em todas as regiões do mercado de seus produtos;
- pela venda de porta em porta etc.;
- por outras formas de comercialização, venda e distribuição.

A decisão da tecnologia comercial é tão importante quanto a da produtiva. Em alguns produtos, normalmente de pequeno porte (ferramentas, materiais de construção civil, livros, revistas etc.), chega a ser mais importante e impactante do que a tecnologia produtiva. A tecnologia do *e-commerce* é um dos exemplos atuais de opções pelas tecnologias comercial e distributiva.

A decisão tomada envolverá a necessidade de mais ou menos estoques, mais ou menos Ativos Fixos, mais ou menos ativos de forma geral e investimentos.

Tecnologia Administrativa

É de cunho mais genérico e muitas vezes, mais do que definição, consiste na criação de tecnologia. Eventualmente, alguns negócios exigem a adoção de uma tecnologia administrativa já consagrada (exemplo: consultorias, auditorias, pequeno varejo, médias indústrias etc.).

Como a tecnologia administrativa, congrega também a área financeira; ela tem importância similar às outras tecnologias no processo de criação de valor, exigindo, pois, ativos e investimentos. De qualquer forma, das três tecnologias, é a de maior domínio público.

Tecnologia de Informação

No momento atual, a tecnologia de informação, caracteristicamente uma tecnologia administrativa, tem ocupado um espaço e importância diferenciada. Como já vimos no Capítulo 5, no enfoque de triângulo estratégico, o impacto da tecnologia de informação pode afetar tanto a organização como o negócio. No nosso modelo, ela dá suporte às outras três tecnologias essenciais, e esta também o é, mas de utilização genérica para toda a empresa, pelo conceito de sistemas integrados de gestão. Como tal, a definição de uma linha de tecnologia de informação exige ativos que devem compor o conjunto de investimentos de uma empresa ou novo negócio.

Variáveis Básicas das Tecnologias Essenciais

Cada uma das tecnologias essenciais exige a definição de processos a serem internados, os quais são decorrentes da tecnologia do produto, definida na 3ª Etapa, e do volume, definida na 2ª Etapa.

Os processos internados exigem tarefas e atividades a serem desenvolvidas, as quais exigem tempo para sua operação e execução. Como todo processo operacional exige planejamento e controle, impõe-se a necessidade da gestão da eficiência de todo o conjunto dessas variáveis básicas.

Assim, as variáveis básicas para gestão detalhada das tecnologias essenciais são:

- Processos internados.
- Volume.
- Tempo.
- Eficiência dos recursos.

Processos Internados

Mesmo tendo definições anteriores de tecnologias de produto e de produção, ainda cabe um leque de opções para o processo de fabricação, que é a definição dos processos que a empresa decide fazer internamente e daqueles que ela decide fazer externamente.

A empresa sempre decidirá quais atividades e processos quer desenvolver internamente. É claro que essa decisão estará circunscrita nas duas decisões anteriores de tecnologias fabris e do produto, e não será possível ultrapassar seus limites.

Exemplificando:

- Determinados componentes do produto exigem uma cobertura de borracha. A empresa poderá definir se esse processo será feito internamente ou fora da empresa.
- O processo de costura de uma confecção pode ser tanto executado internamente quanto terceirizado.
- Uma empresa de televisores pode decidir fabricar o monitor de vídeo ou adquiri-lo de terceiros etc.

Volume

Talvez seja a variável básica mais importante como principal determinadora dos recursos econômicos necessários. Apenas para introdução, utilizamos uma declaração recente de uma grande companhia americana, que ilustra bem a questão:

> "... (uma empresa) da área de telecomunicações, deve instalar uma fábrica no Brasil. O projeto está em estágio avançado, **faltando detalhar o volume de produção** (...) para determinar os investimentos."[3] (grifo nosso)

Tempo

É uma questão também já conhecida, citada, porém dificilmente incorporada formalmente nos modelos decisórios. A teoria econômica já incorpora o **tempo** entre os fatores de produção e a obtenção de produtos finais, conforme explica Simonsen:

> "Os economistas austríacos, particularmente Bohm Bawerk, foram os primeiros a observar com acuidade que a essência da produção capitalista residia no lapso de tempo entre a aplicação dos fatores e obtenção dos produtos finais. Nessas condições, os processos mais capitalizados seriam justamente os que demandassem maior tempo, isto é, os de mais longos períodos de produção."[4]

O tempo hoje é tão importante, que é uma das medidas de produtividade mais utilizadas. Mede-se em quantas horas ou minutos uma montadora produz um veículo, em quantos minutos uma empresa eletroeletrônica monta um aparelho de televisão, em quantos minutos se entrega um lanche na cadeia de fast-food, quantos segundos são necessários para ter uma informação no computador ou para disponibilizar um site ao público etc.

Quanto maior o tempo despendido na execução das tarefas, maior será a necessidade de investimento. Quanto menor o tempo despendido nas tarefas, menor será a necessidade de investimento. A Ciência Contábil incorporou o conceito de tempo na sua avaliação financeira por meio do conceito de giro dos negócios (ativo, estoques) e nos conceitos de prazos das atividades (prazos médios de estocagem, pagamento, recebimento).

---

[3] "Motorola vai instalar fábrica no Brasil." Notícia no jornal *O Estado de S. Paulo*, 26.07.1995, p. B8.

[4] SIMONSEN, Mário Henrique. *Teoria microeconômica*. 11ª ed., Rio de Janeiro: Editora de FGV, 1993, vol. 1, p. 219.

Eficiência dos Recursos

Com relação à **eficiência**, sua incorporação ao modelo decisório de determinação do ativo não tem sido, de um modo geral, contemplada formalmente. Porém, é um elemento essencial para a definição dos ativos. A eficiência pode ser considerada como o elemento que determina o lucro, pois, na realidade, o valor adicionado entre os recursos internados e os produtos e serviços extraídos do sistema empresa é maior ou menor em razão da maior ou menor eficiência empregada e conseguida.

Outrossim, para gerir a eficiência das demais variáveis básicas, há necessidade de recursos para sua operacionalização e, portanto, a gestão da eficiência exige investimentos, estrutura e ativos específicos.

Nesta linha de raciocínio, Herrmann Jr. define:

> "Os fatores de que depende a produção podem ser resumidos nos seguintes elementos ativos:
> a) capital
> b) trabalho
> c) **organização**."[5] (grifo nosso)

Entendemos a organização como todo o conjunto de elementos em que se expressa a competência empresarial e, por conseguinte, a eficiência aplicada aos recursos.

Ciclos e Custo Médio

As variáveis básicas determinam, ao final de seu ciclo, os fatores de custos (de produção, comercialização e administrativos) necessários para operacionalizar cada tecnologia. Os fatores de custos, decorrentes das estruturas de ativos, determinam o custo médio dos produtos fabricados e comercializados.

Desta maneira, ao final do modelo decisório, obteremos a visão global dos três ciclos fundamentais das empresas, suas necessidades estruturais e, associados aos volumes planejados e operacionalizados, seus custos médios, quais sejam:

- Ciclo Produtivo e Custo Médio Fabril.
- Ciclo Comercial e Custo Médio Comercial.
- Ciclo Administrativo e Custo Médio Administrativo.
- Custo Médio Total do(s) Produto(s) ou Serviço(s).

5ª Etapa: Detalhamento e definição das variáveis básicas das tecnologias essenciais da empresa

Como uma etapa final da utilização do modelo para determinação da estrutura do ativo está o detalhamento das variáveis básicas para cada tecnologia essencial, as quais, finalmente, fornecerão os subsídios para a conclusão da determinação da estrutura dos ativos e utilização dos fatores ou insumos de produção, comercialização e administração. Apesar de similares, algumas características particulares merecem atenção diferenciada, que exploraremos a seguir.

Variáveis Básicas e seu Detalhamento na Tecnologia Produtiva

A Figura 13.3 apresenta a continuação do modelo decisório iniciado na Figura 13.1, considerando apenas o segmento da árvore de decisão para determinação da estrutura do ativo da área fabril.

Processo de Fabricação

Independentemente do processo de fabricação a ser adotado, ele depende de duas variáveis básicas para qualquer estrutura industrial: a estrutura do produto (*B.O.M. – Bill of Material*) e o processo ou roteiro de fabricação.

Subprocessos Internados e Terceirização

Nesta etapa de definição, a empresa também tem opções de internar ou não diversos subprocessos. Ela pode optar por executar todas as atividades dos subprocessos como terceirizar uma ou mais etapas. Não há dúvida de que as decisões neste momento estarão vinculadas àquela já tomada sobre a tecnologia empregada; mas há ainda possibilidade de opção.

Desta maneira, a empresa, ao terceirizar um processo, deixa de fazer internamente; caso contrário, o processo é internado. Quanto mais terceirização, mais materiais e componentes são adquiridos prontos, exigindo menor estrutura interna. Quanto menos terceirização e mais atividades internadas, maior a necessidade de atividades e estruturas internas.

---

[5] HERRMANN JR., Frederico. Op. cit., p. 66.

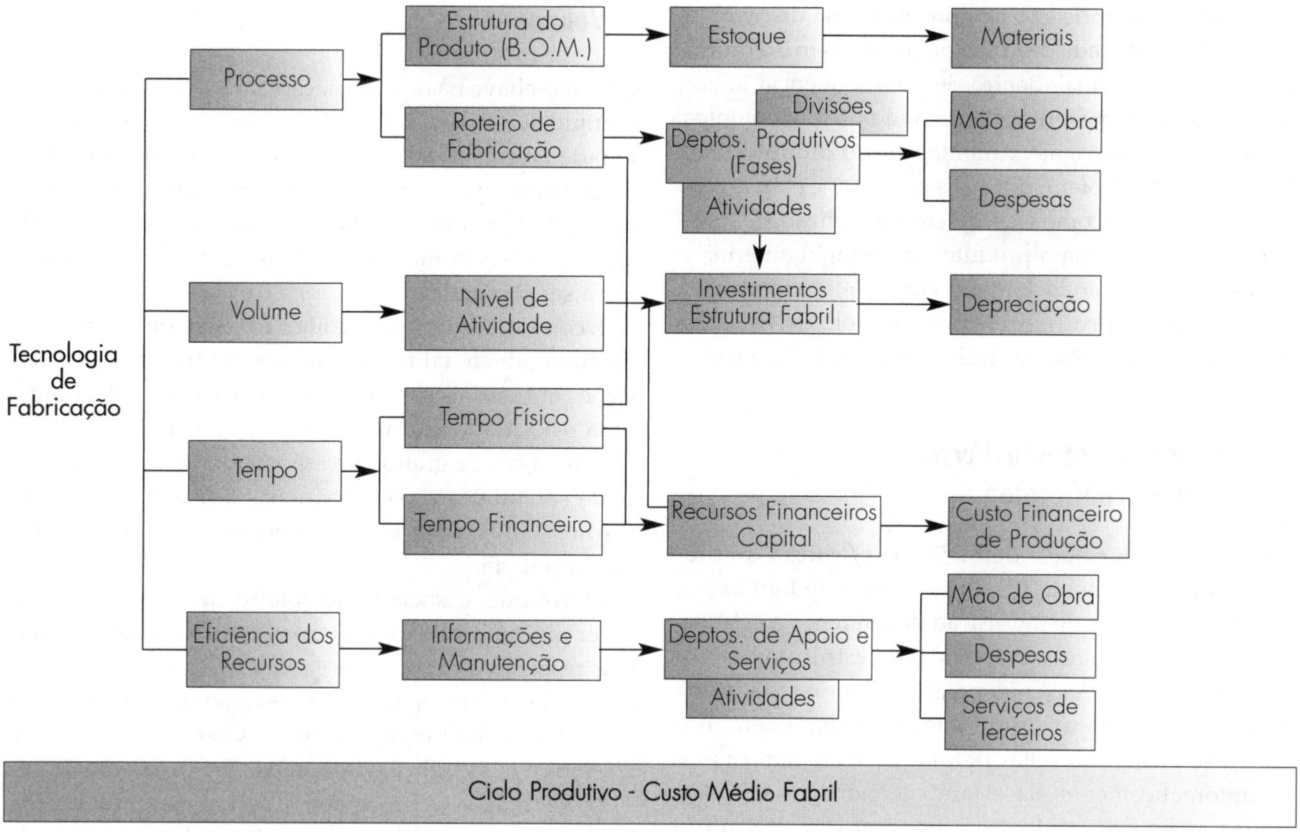

Figura 13.3 Modelo de decisão para determinação da estrutura do ativo tecnologia produtiva

Mais terceirização corresponde a menos Ativos Fixos e mais estoques de materiais.
Menos terceirização (maior quantidade de atividades internadas) corresponde a mais Ativos Fixos e menos estoques de materiais.

Estrutura do Produto

Compreende a lista dos materiais necessários e compõe o produto final. É a listagem de todas as matérias-primas, componentes, embalagens e outros materiais que formam o produto final. Não compreende o consumo de materiais indiretos, pois estes, apesar de auxiliares ao processo produtivo, não formam fisicamente o produto final.

A estrutura do produto nasce no seu próprio desenvolvimento, em geral a cargo do setor de engenharia de produto ou engenharia de desenvolvimento. Além dos itens do produto, a Lista de Materiais compreende quantidades necessárias dos materiais e especificações técnicas, além de outras características e atributos fundamentais para a continuidade dos processos fabris. Por exemplo, em uma calça *jeans*, a estrutura do produto discriminaria o tipo de tecido, a qualidade e quantidade necessária, bem como os demais materiais (linhas, botões, fixadores, zíperes, embalagens etc.)

A estrutura do produto tem uma definição maior, pois alimenta toda a cadeia operacional da empresa e os sistemas de informações que servem todas as áreas envolvidas com a cadeia operacional. A estrutura do produto, associada à quantidade do programa de produção, é que alimenta todo o sistema de planejamento de compras, além de ser também ponto-chave para o planejamento e controle da produção, via de regra gerida pelo sistema de MRP.

Como consequência em termos de ativo, a estrutura do produto, mais as quantidades a serem produzidas, aliadas ao tempo requerido para os processos, mais a política de estocagem conduzem à formação do ativo de estoques de matérias-primas, componentes e embalagens. Esses itens são refletidos na demonstração de resultados pelo consumo de materiais.

Roteiro de Fabricação

É uma discriminação de todas as etapas e processos necessários para, com base nas matérias-primas básicas e acoplando os demais materiais, construir o produto final, quantificando o tempo que será preciso para todas as tarefas e processos das atividades exigidas. Inclui, além disso, os equipamentos imprescindíveis para cada etapa ou tarefa.

O roteiro de fabricação compreende uma discriminação detalhada de cada processo para cada item do produto até o produto final, dentro de uma sequência lógica, saindo das matérias-primas, formando os subconjuntos, depois os conjuntos, até a montagem do produto final. Em resumo, esse roteiro diz quais as tarefas e etapas para fazer o produto e como elas devem ser realizadas.

Utilizando o mesmo produto do exemplo anterior, o roteiro de fabricação incluiria as etapas (e seu tempo) de corte do tecido bruto, corte pelo modelo da calça, as diversas etapas de costura, acabamento, embalagem etc.

Estrutura do Produto *Versus* Roteiro de Fabricação

Convém ressaltar que a definição da estrutura do produto está intimamente ligada ao roteiro de fabricação, ou seja, os roteiros de fabricação dependem da estrutura de produto adotada. Adotada uma estrutura de produto, alguns processos não precisam ser executados na empresa, mas outros sim, internamente. Exemplificando, se a empresa optar por adquirir um subconjunto, automaticamente ela estará optando por eliminar alguns roteiros de fabricação e, portanto, uma estrutura de produto com subconjuntos será totalmente diferente de uma outra de produto com os itens separados que formam os subconjuntos.

O inverso é verdadeiro. Uma opção por internar algumas atividades ou processos que a empresa julgue pontos-chave forçará, automaticamente, uma determinação condizente de estrutura de produto.

Departamentos e Atividades Produtivas Internas

A decisão da estrutura do produto, aliada aos processos de fabricação internados, será fundamental para a determinação da estrutura de ativos da área industrial. Quanto mais processos internados, mais atividades, setores, departamentos e até divisões serão necessários dentro da empresa.

Essas estruturas internas exigirão a contratação de mão de obra, que, por sua vez, necessitará de outros recursos para executar seu trabalho. Assim, dois outros fatores de produção – mão de obra e despesas – são decorrentes de estruturas exigidas pelas atividades, estruturas estas exigidas pelos processos internados.

> *Da definição da estrutura de produto, a empresa determina quais as atividades que ela quer desenvolver internamente.*

Volume

Questão-chave na determinação da estrutura do ativo, o volume determinará a escolha de um certo nível de atividade fabril, a qual, geralmente, depende do tamanho do mercado que a empresa pretende atingir dentro de um dado horizonte de tempo. Muitas vezes, o nível de atividade tem como referência uma quantidade máxima a ser produzida.

É comum a empresa escolher e desenvolver um nível de atividade de tal forma que possa utilizar suas instalações industriais com alguma folga, o que se denomina uma ociosidade normal (algo ao redor de 10% a 15%). Em situações de grande pressão de demanda, essa folga pode ser utilizada com pequenas adições de recursos (turnos, horas extras etc.), sem necessitar alterar a estrutura montada.

O volume, associado ao roteiro de fabricação (que determina as atividades internas a serem desenvolvidas e os respectivos tempos de cada tarefa a ser executada), é que dá o *input* para os investimentos na estrutura fabril (imóveis e equipamentos). Como consequência, teremos o custo fabril da depreciação. O volume de atividade, mais os processos internados gerarão um tempo físico necessário para o total do programa de produção almejado.

Tempo

O tempo físico também se configura em um **tempo** financeiro, ou seja, assim como o **tempo** é um fator que consome recursos físicos, consome também recursos financeiros. Quanto mais lento for o processo de fabricação, mais recursos financeiros serão necessários para apoiar o processo produtivo. A compra de materiais até os gastos com os demais insumos (mão de obra, despesas, investimentos) exigem recursos financeiros até que o produto seja finalmente concluído.

Portanto, os recursos financeiros necessários tanto para os investimentos fixos como para os estoques e as despesas geram um custo financeiro, que é o custo de oportunidade aplicado ao tempo que os recursos financeiros ficam parados no processo produtivo até a conclusão do processo fabril.

Eficiência dos Recursos

Para monitorar e distribuir os recursos fabris, é indispensável que haja uma estrutura operacional que apoie, administre e mantenha toda a área industrial. Em outras palavras, para que o produto seja fabricado pelas diversas atividades fabris, é preciso sistemas de informações e manutenção dos recursos que gerenciem todo o conjunto operacional, seja em termos de estoques, seja em termos de planejamento e controle de produção e de qualidade, engenharias de desenvolvimento e processo, gerência fabril, manutenção civil e industrial, movimentação de materiais, segurança etc.

Essas atividades são desenvolvidas pelos departamentos de apoio e de serviços. Igualmente ao que já exploramos anteriormente no tópico de roteiro de fabricação, **a empresa escolhe e determina quais atividades de apoio desenvolverá internamente** e quais serão desenvolvidas por terceiros. De uma forma geral, algumas atividades de apoio são consideradas chave, fazendo parte do *core business* (atividades-fim), e outras podem ser consideradas atividades-meio, que, eventualmente, é mais vantajoso que sejam desenvolvidas por terceiros.

Para exercer as atividades dessa variável básica, por meio das atividades internadas ou não, a empresa consumirá mão de obra e despesas para os departamentos de apoio e serviços, ou despenderá recursos em serviços de terceiros; dependendo do grau de internação maior ou menor de atividades, haverá maior necessidade ou não de Ativos Fixos.

Variáveis Básicas e seu Detalhamento na Tecnologia Comercial

A Figura 13.4 apresenta a continuação do modelo decisório iniciado na Figura 13.1, considerando apenas o segmento da árvore de decisão para determinação da estrutura do ativo da área comercial. Por ser este segmento muito semelhante ao da tecnologia fabril, faremos apenas as observações sobre os itens diferentes.

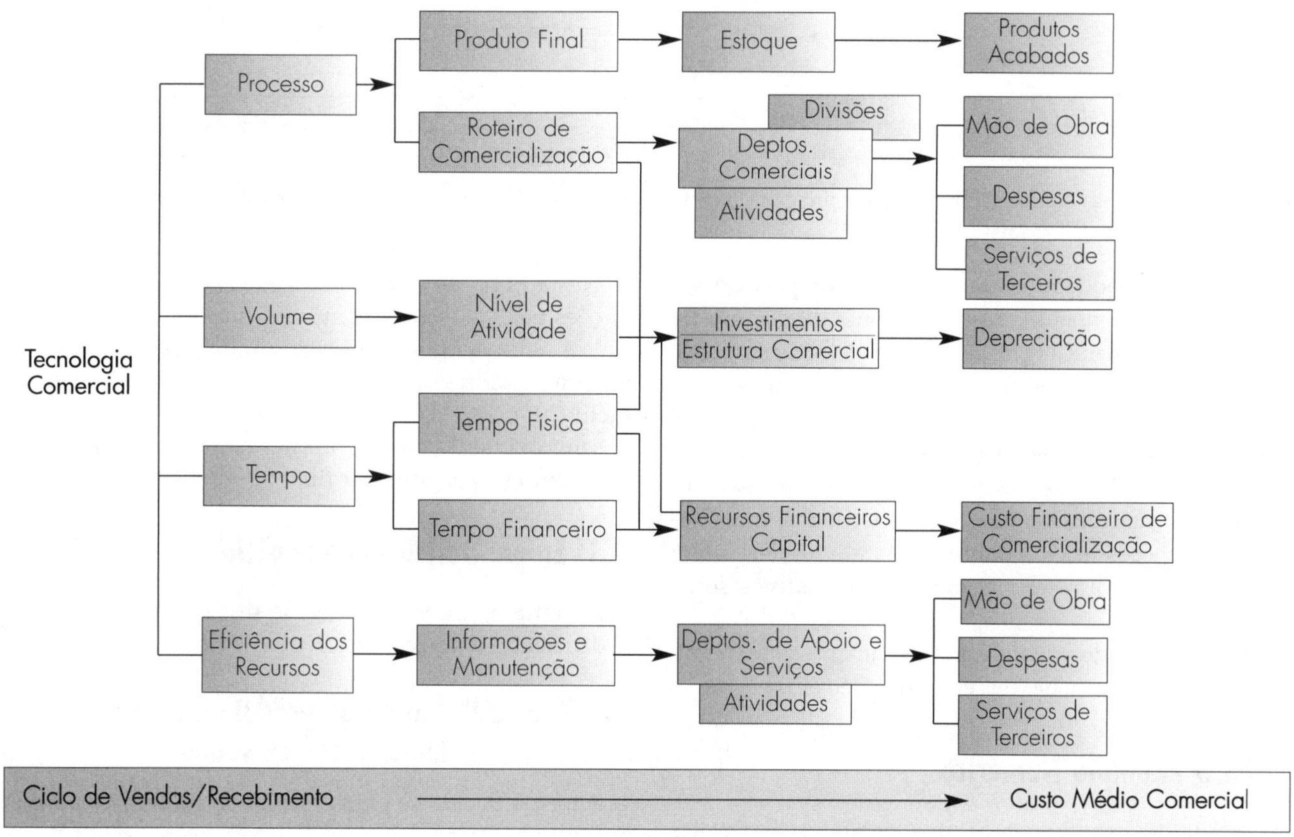

Figura 13.4 Modelo de decisão para determinação da estrutura do ativo tecnologia comercial

Processo

A estrutura do produto para a área comercial tem apenas um componente, o produto final, que é transferido da área de manufatura para a comercial. O processo de comercialização adotado, mais a política de estoque de produtos finais exigirão mais ou menos estoque de produtos acabados, sendo, portanto, fator determinante parcial da estrutura do ativo.

Quanto ao roteiro, neste caso é o processo de comercialização, com todas as suas atividades necessárias. Aqui também cabe possibilidade de opções. Desde um extremo de total terceirização das atividades comerciais até o desenvolvimento de todas as etapas e processos de venda e distribuição, a empresa tem opção de internar mais ou menos processos.

Demais Variáveis Básicas

As variáveis volume, tempo e eficiência dos recursos devem receber o mesmo enfoque que já apresentamos sobre esses fatores em relação à tecnologia fabril.

Variáveis Básicas e seu Detalhamento na Tecnologia Administrativa

A Figura 13.5 apresenta a continuação do modelo decisório iniciado na Figura 13.1, considerando apenas o segmento da árvore de decisão para determinação da estrutura do ativo da área administrativa.

Este segmento do modelo de árvore de decisão apresenta-se apenas com duas variáveis básicas: volume e eficiência dos recursos. No caso desta última, as atividades

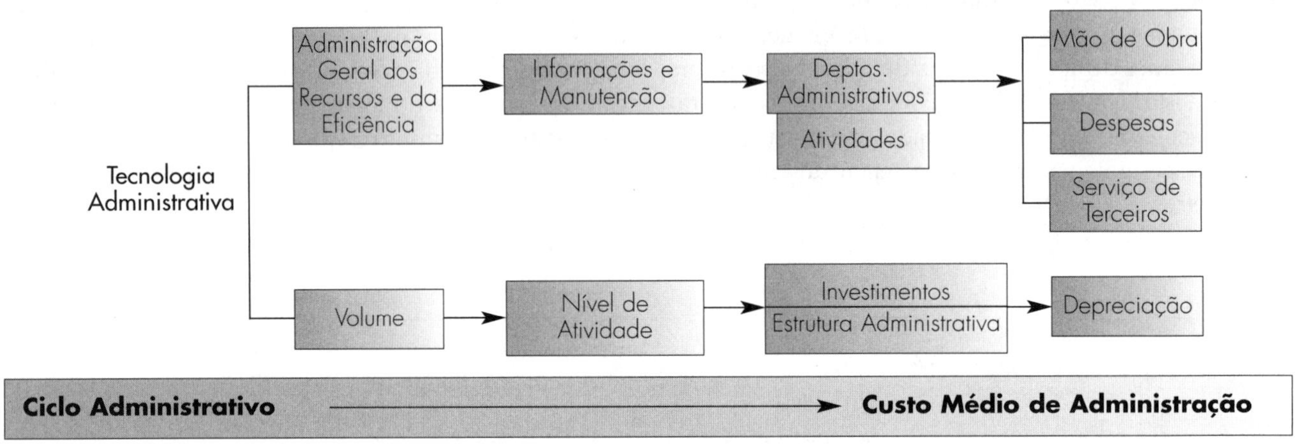

Figura 13.5 Modelo de decisão para determinação da estrutura do ativo tecnologia administrativa

desenvolvidas podem ser tanto para a própria gestão administrativa e financeira propriamente dita, como ter uma parte destinada a gerir a eficiência geral da empresa.

Ambas as variáveis são fatores determinantes parciais da estrutura do ativo da empresa. Conforme já abordamos anteriormente, neste segmento a empresa decide quais atividades quer desenvolver internamente. Quanto mais atividades forem internadas, mais ativos serão necessários. Quanto mais atividades forem desenvolvidas fora (terceirizadas), menos ativos serão necessários.

As que forem desenvolvidas externamente serão remuneradas pelo pagamento de serviços de terceiros.

13.3 Exemplo Numérico

A seguir, desenvolveremos um pequeno e simples exemplo de como se processa a estruturação do ativo de uma nova empresa ou divisão da empresa, com base na definição inicial do negócio e missão da empresa. O exemplo está estruturado em cima do setor de **confecção de vestuário**, já conhecido por todos, que permite também facilidade de entendimento. O ponto fundamental que conduz o exemplo numérico é deixar claro que cada etapa da decisão do modelo de árvore de decisão conduzirá a determinada estrutura de ativo.

Nesta linha de raciocínio, o exemplo apresenta duas opções para o decisor, com base em uma definição inicial. A empresa pode ser estruturada desenvolvendo o máximo possível de atividades operacionais internamente (Opção 1), como pode entregar a terceiros o desenvolvimento das atividades necessárias para levar o produto ao consumidor final (Opção 2).

1ª Etapa: Definição do negócio

No exemplo, a empresa decide-se por entrar no ramo têxtil, negócio de vestuário.

2ª Etapa: Definição do produto, mercado, volume, preço de venda

A empresa decide-se pelo negócio de confecção, produto camisa. Para o mercado detectado e escolhido, a expectativa dela é vender mensalmente 2.000 camisas, ao preço de R$ 20,00 cada.

3ª Etapa: Definição do segmento da cadeia produtiva e tecnologia do produto

A empresa entrará apenas a partir do tecido comprado pronto. Neste exemplo, ela estuda duas opções, neste elo da cadeia produtiva:

- **Opção 1:** Internar as atividades desde o recebimento do tecido pronto até a embalagem e atribuição da marca.
- **Opção 2:** Comprar a camisa pronta, com a etiqueta da marca também adquirida pelo fornecedor de um outro, autorizado pela empresa.

Caso escolha a Opção 1, a empresa adotará a tecnologia de modelagem por CAD/CAM, tecnologia de corte automatizada, mas os processos de costura e acabamento serão tradicionais. Caso adote a Opção 2, ela só fará o recebimento das camisas, o estoque de produtos acabados e logística de distribuição.

4ª Etapa: Definição das tecnologias essenciais

Tecnologia Produtiva

As Opções 1 e 2 seguirão a definição inicial dada na 3ª Etapa, não havendo necessidade de complementos de tecnologias produtivas, em função da simplicidade do produto e tecnologias existentes já consagradas e de fácil obtenção.

Tecnologia Comercial

Neste caso, é preciso decidir. As opções estudadas foram as seguintes:

- **Opção 1:** Vender com corpo próprio de vendas, sem pagamento de comissões ou outra remuneração variável para os vendedores, que trabalharão por salário mensal fixo dentro da empresa.
- **Opção 2:** Trabalhar com vendedores autônomos comissionados, sem ocupar espaço físico da empresa, pagando comissão de 15% sobre cada venda, com as despesas dos vendedores sendo arcadas por eles próprios.

Tecnologia Administrativa

Será a mesma para as duas opções. O negócio não exige uma tecnologia administrativa diferenciada, e as atividades internadas são as indispensáveis para qualquer negócio.

5ª Etapa: Detalhamento das variáveis básicas das tecnologias essenciais

A Tabela 13.1 evidencia as definições tomadas e que quantificam o detalhamento das principais variáveis básicas, em termos de estrutura de produtos, prazos médios de produção, vendas, compras e estoques, representando, de forma relativamente simples, a resultante das decisões que devem ser tomadas nesta etapa.

Tabela 13.1 Dados para determinação da estrutura de ativo

Empresa: Confecção de Camisas Opção 1 – Produz e vende com corpo próprio de vendas Opção 2 – Marca e comissiona vendedores terceirizados **Dados Mensais** **VENDAS NO PERÍODO**	**Informações Complementares**		**Opção 1**	**Opção 2**
Quantidade			2.000	2.000
Preço de Venda Unitário – R$			20,00	20,00
Receita Total – R$			40.000,00	40.000,00
NECESSIDADES **Área/Imóveis**			**(Em R$)**	**(Em R$)**
. Estoque de Materiais	Depreciação	10% a.a.	200,00	–
. Fábrica	Depreciação	10% a.a.	200,00	–
. Produtos Acabados	Aluguéis		500,00	500,00
. Vendas/Administração	Aluguéis		500,00	500,00
SOMA			**1.400,00 A**	**1.000,00 A**

continua

Tabela 13.1 Dados para determinação da estrutura de ativo (Continuação)

Empresa: Confecção de Camisas Opção 1 – Produz e vende com corpo próprio de vendas Opção 2 – Marca e comissiona vendedores terceirizados **Dados Mensais**	**Informações Complementares**	**Opção 1**	**Opção 2**
VENDAS NO PERÍODO			
Giro			
. Estoque de Materiais		3 meses	–
. Prazo dos Fornecedores		30 dias	20 dias
. Produtos Acabados		2 meses	2 meses
. Financiamento a Clientes		45 dias	45 dias
Equipamentos			
. Fábrica	Depreciação 10% a.a.	500,00	–
. Administração/Vendas	Depreciação 10% a.a.	200,00	200,00
SOMA		**700,00 B**	**200,00 B**
Gastos			
Mão de Obra Direta		7.400,00	–
Mão de Obra Industrial Indireta		2.400,00	–
Mão de Obra Comercial Direta		5.000,00	–
Mão de Obra Comercial Indireta		1.200,00	1.200,00
Mão de Obra Administrativa		1.600,00	1.600,00
Energia Elétrica Fábrica		1.600,00	–
Energia Elétrica Outros		300,00	300,00
Manutenção Fábrica		500,00	–
Materiais Auxiliares Fábrica		700,00	–
Viagens Comerciais		2.500,00	–
Fretes Comerciais		1.600,00	1.600,00
Comunicações		800,00	800,00
Propaganda		1.000,00	1.000,00
SOMA		**26.600,00 C**	**6.500,00 C**
Comissões		**–**	**3,00 por unidade**
Custo Total de Comissões		–	6.000,00
ESTRUTURA DO PRODUTO – MATERIAIS			
Tecido (Opção 1)		2,00 por unidade	–
Acessórios (Opção 1)		1,00 por unidade	–
Embalagem (Opção 1)		1,00 por unidade	–

continua

Tabela 13.1 Dados para determinação da estrutura de ativo (Continuação)

Empresa: Confecção de Camisas Opção 1 – Produz e vende com corpo próprio de vendas Opção 2 – Marca e comissiona vendedores terceirizados **Dados Mensais** **VENDAS NO PERÍODO** **ESTRUTURA DO PRODUTO – MATERIAIS**	**Informações Complementares**	**Opção 1**		**Opção 2**	
Camisa pronta (Opção 2)		–		12,20	por unidade
Custo Unitário Total		**4,00**		**12,20**	
Quantidade Produzida		2.000	unidades	2.000	unidades
Consumo Total Materiais		8.000,00		24.400,00	

Comentários

- **Necessidades**: Dentro das duas opções escolhidas, vemos que na Opção 2 não há necessidade de área e imóveis para o estoque de materiais e para a fábrica, pois não desenvolverá esses processos de fabricação. As necessidades de imóveis para o estoque de produtos acabados e para os escritórios de venda central e administração são os mesmos para as duas opções. Estima-se necessidade de investimentos no prédio fabril da ordem de R$ 48.000,00.
- **Giro**: Está definido o tempo necessário para os principais itens, e para a Opção 2, não tendo estoque de materiais, não há necessidade de definir o tempo do giro desse estoque.
- **Equipamentos**: Estima-se uma necessidade de investimento de R$ 60.000,00 para aquisição de todos os equipamentos e instalações para o processo produtivo. Esse investimento não será necessário na Opção 2. Os equipamentos e instalações da área administrativa/comercial devem exigir R$ 24.000,00 de investimentos.
- **Gastos**: Partindo das decisões anteriores, a Opção 1 terá de ter todos os gastos necessários para desenvolver os processos produtivos e comerciais internados. Na Tabela 13.1 estão exemplificados os gastos que serão exclusivos da Opção 1, que são: Mão de Obra Direta, Mão de Obra Indireta, Mão de Obra Comercial Direta, Energia Elétrica de Fábrica, Manutenção de Fábrica, Materiais Auxiliares, despesas com Viagens Comerciais. A Opção 2 tem como seu gasto exclusivo apenas aqueles com comissões sobre venda.
- **Estrutura do produto/materiais**: A Opção 1 tem uma estrutura de produto completa, partindo do tecido, incorporando os acessórios até a embalagem. A Opção 2 só tem um único item, que é a camisa pronta adquirida.

Estruturas de Ativo Determinadas

Apresentamos na Tabela 13.2 o resultante do processo decisório de determinação da estrutura do ativo, mensurando e classificando em termos de investimentos de capital de giro e investimentos no Ativo Fixo.

Tabela 13.2 Estrutura de ativo (investimentos)

Ativo	**Opção 1**		**Opção 2**	
GIRO	**Em R$**	**Em %**	**Em R$**	**Em %**
. Estoque de Materiais	24.000,00	9,56	–	–
. (-) Fornecedores	(8.000,00)	-3,19	(16.266,67)	-13,96
. Estoque de Produtos Acabados	43.000,00	17,13	48.800,00	41,88
. Clientes	60.000,00	23,90	60.000,00	51,49
SOMA	**119.000,00**	**47,41**	**92.533,33**	**79,41**

continua

Tabela 13.2 Estrutura de ativo (investimentos) (Continuação)

Ativo	Opção 1		Opção 2	
	Em R$	Em %	Em R$	Em %
ATIVO FIXO				
. Imóveis – Fábrica	48.000,00	19,12	–	–
. Equipamentos – Fábrica	60.000,00	23,90	–	–
. Equipamentos – Administração/Vendas	24.000,00	9,56	24.000,00	20,59
SOMA	**132.000,00**	**52,59**	**24.000,00**	**20,59**
TOTAL	**251.000,00**	**100,00**	**116.533,33**	**100,00**

Fica evidente que o ativo decorrente da escolha pela Opção 1 é muito maior do que se escolhida a Opção 2, porque, internando mais processos, há necessidade de ter mais Ativos Fixos e estoques. A Opção 2 exige menos investimentos.

Um outro ponto importante é a estrutura percentual do ativo. A Opção 1 tem 52,59% de ativos fixos e 47,41% de capital de giro. A Opção 2 tem muito mais participação de Capital de Giro (79,41%), já que, por não ter fábrica, exige menos investimentos em Ativos Fixos.

A seguir, apresentamos o cálculo do estoque de produtos acabados por ser o mais complexo para a Opção 1, utilizando o critério legal e fiscal, que é o custo histórico por absorção.

Tabela 13.3 Cálculo do estoque de produtos acabados

Discriminação	Opção 1 Em R$	Opção 2 Em R$
Gastos Industriais		
Depreciação dos Imóveis do Estoque de Materiais	200,00	–
Depreciação dos Imóveis da Fábrica	200,00	–
Depreciação dos Equipamentos da Fábrica	500,00	–
Mão de Obra Direta	7.400,00	–
Mão de Obra Industrial Indireta	2.400,00	–
Energia Elétrica Fábrica	1.600,00	–
Manutenção Fábrica	500,00	–
Materiais Auxiliares	700,00	–
Consumo Total de Materiais	8.000,00	24.400,00
TOTAL	**21.500,00**	**24.400,00**
Meses de Estoque de Produtos Acabados	2 meses	2 meses
Valor do Estoque de Produtos Acabados	**43.000,00**	**48.800,00**

Lucro Esperado

Cada opção traz resultados diferentes em termos de lucro ou prejuízo. As estruturas de gastos, de materiais e de ativos são diferentes. Portanto, fica claro que o lucro será diferente. Na Tabela 13.4 apresentamos a resultante, em termos de resultado, das duas opções, com base nos dados levantados inicialmente. Neste momento, não introduziremos as despesas financeiras do financiamento dos investimentos, nem os impostos sobre o lucro, objetivando uma análise operacional mais focada.

Tabela 13.4 Demonstração de resultados

Discriminação	Opção 1		Opção 2	
	Em R$	Em %	Em R$	Em %
RECEITA TOTAL	40.000,00	100,00	40.000,00	100,00
(-) Custos Variáveis				
. Materiais	8.000,00	20,00	24.400,00	61,00
. Comissões	–	–	6.000,00	15,00
TOTAL	**8.000,00**	**20,00**	**30.400,00**	**76,00**
Margem de Contribuição	**32.000,00**	**80,00**	**9.600,00**	**24,00**
(-) Custos/Despesas Fixas (A+B+C)	28.700,00	71,75	7.700,00	19,25
Lucro Operacional	**3.300,00**	**8,25**	**1.900,00**	**4,75**

A Opção 1 evidencia um Lucro Operacional mensal de R$ 3.300,00, bem maior que o Lucro Operacional da Opção 2, que é de R$ 1.900,00. Se atentássemos apenas para o valor absoluto do lucro, poderíamos nos decidir pela Opção 1. Porém, esta análise não é conclusiva. É essencial fazer a análise de rentabilidade, por meio do retorno sobre o ativo, uma vez que cada opção exigiu valores de investimentos diferentes nos ativos.

De qualquer maneira, as diversas etapas do modelo de decisão conduziram a determinadas estruturas de ativos, que conduziram a certas estruturas de resultado e, consequentemente, de lucro esperado.

Retorno do Investimento

Esta é a análise final nesta etapa de definição. O retorno do investimento é que deve ser o elemento determinante para escolher uma alternativa ou outra; ele é a relação entre o Lucro Operacional e os ativos necessários para obter esse lucro, pelo processamento das transações e operações necessárias para produzir, administrar e vender o produto escolhido para a nova empresa ou unidade de negócio. Esta análise está apresentada na Tabela 13.5. A anualização da rentabilidade foi feita de forma simples, multiplicando por 12 a rentabilidade mensal obtida.

Tabela 13.5 Rentabilidade do ativo

Discriminação	Opção 1	Opção 2
Lucro Operacional (A)	3.300,00	1.900,00
Ativo Total (B)	251.000,00	116.533,33
Rentabilidade do Ativo (anualizada) (A:B) (Em %)	**15,78**	**19,57**

De posse desta análise, verificamos que, apesar de o Lucro Operacional da Opção 2 ser menor, pelo fato de ela ter exigido menos investimentos de recursos financeiros na sua estrutura de ativos, ela apresenta uma rentabilidade maior – 19,57% contra os 15,78% da Opção 1, que exigiu mais ativos, à luz dos dados elaborados. Assim, mesmo tendo lucro maior, a rentabilidade final foi menor que a da Opção 2.

A decisão seria, neste momento, pela Opção 2.

13.4 Estrutura do Ativo, Estrutura de Custos e Alavancagem Operacional

Podemos definir estrutura de custos de uma empresa como a proporção relativa entre o total de custos e despesas fixas e o total de custos e despesas variáveis no total de custos e despesas da empresa. Podemos ver a estrutura de custos de uma empresa de duas formas: o total dos gastos fixos e variáveis em relação às vendas e o total dos gastos fixos e variáveis em relação ao total de gastos. O mais comum tem sido analisar a estrutura de custos em relação às vendas ou receitas (líquidas de impostos sobre as receitas).

Estrutura de Custos: participação relativa dos custos fixos e variáveis no total dos gastos ou em relação à receita total.

A Tabela 13.4 apresentada anteriormente evidencia a participação dos custos variáveis e fixos na receita total. Na Opção 1, os custos variáveis representam 20% da receita, enquanto os custos e despesas fixas representam 71,75%. Na Opção 2, os custos variáveis representam muito mais, 61%, uma vez que a empresa é praticamente revendedora, comprando o produto pronto. Nesta opção, os custos e despesas fixas representam apenas 19,25% da receita.

Na Figura 13.6 apresentamos os mesmos dados, só que considerando apenas os gastos. Na Opção 1, os gastos fixos representam 78% do total e os variáveis, 22%. Na Opção 2, quase uma estrutura oposta, os gastos fixos representam apenas 20% contra 80% de variáveis.

	Opção 1		Opção 2	
Custos e Despesas Variáveis	8.000,00	22%	30.400,00	80%
Custos e Despesas Fixas	28.700,00	78%	7.700,00	20%
Total	36.700,00	100%	38.100,00	100%

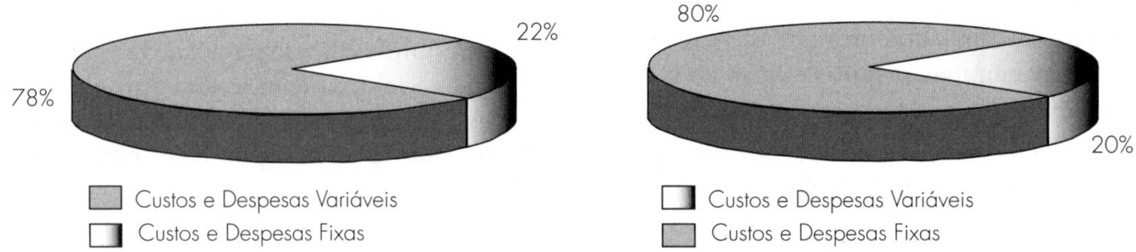

Figura 13.6 Estrutura de custos

Alavancagem Operacional

Ocorrendo custos e despesas fixas operacionais dentro da empresa, há a possibilidade da alavancagem operacional. A palavra alavancagem, derivada do conceito de alavanca da Física, é utilizada para indicar a obtenção de um resultado final em uma relação mais do que proporcional ao esforço empregado. A alavancagem operacional caracteriza-se quando, dado um determinado aumento de volume (do nível de atividade), a empresa obtém um aumento maior no Lucro Operacional.

Alavancagem Operacional é a possibilidade de um acréscimo percentual no lucro operacional maior do que o percentual obtido de aumento das vendas.

Só existe possibilidade de alavancagem operacional se houver custos e despesas fixos. Assim sendo, a alavancagem operacional é um instrumento gerencial de otimização de gastos fixos pelo aumento do volume. Quanto maior a incidência de gastos fixos, maior a possibilidade de alavancagem operacional.

A separação e classificação de custos entre **diretos** e **indiretos**, utilizadas para fins de apuração do custo unitário dos produtos, não permitem o estudo e identificação da alavancagem. Isto porque muitos custos diretos são fixos, bem como alguns custos indiretos podem ter características de variabilidade. Então, o estudo e a utilização do conceito de alavancagem operacional só são possíveis quando se separam os gastos pela sua natureza comportamental em relação ao volume (**fixos** e **variáveis**).

A separação dos custos e despesas em fixos e variáveis também possibilita a utilização de um conceito fundamental na gestão econômica, que é a **margem de**

contribuição, unitária e total; essa margem é a diferença entre o preço de venda (ou as vendas) e os custos/despesas variáveis unitários (ou o total dos gastos variáveis). Este conceito e sua instrumentalização serão estudados mais profundamente no Capítulo 25.

Relação entre Estrutura de Ativo e Alavancagem Operacional

A alavancagem operacional decorre de uma estrutura operacional montada para uma empresa ou unidade de negócio, ou seja, da montagem de uma estrutura de ativo para atender às operações necessárias para produzir e vender os produtos e serviços definidos.

A estrutura de ativos adotada conduz a uma estrutura de custos, ou seja, uma parcela de custos fixos e uma de custos variáveis. A alavancagem operacional maior ou menor decorre de uma estrutura de custos com maior ou menor incidência de custos fixos. Desta maneira, fica configurada a relação entre estrutura de ativos e alavancagem operacional, já que a estrutura de ativos determina uma estrutura de custos e a alavancagem operacional decorre da estrutura de custos configurada.

A estrutura de ativos caracteriza-se pela composição de Capital de Giro e Ativo Fixo no ativo do empreendimento. Cada tipo de ativo se expressa em termos de custos e despesas na demonstração de resultados, da qual se origina a estrutura de custos.

Na Figura 13.7 fazemos uma apresentação esquemática desta relação, exemplificando os dois principais tipos de ativos e como eles refletem em termos de custos na demonstração de resultados, evidenciando a relação entre estrutura de ativo e alavancagem operacional.

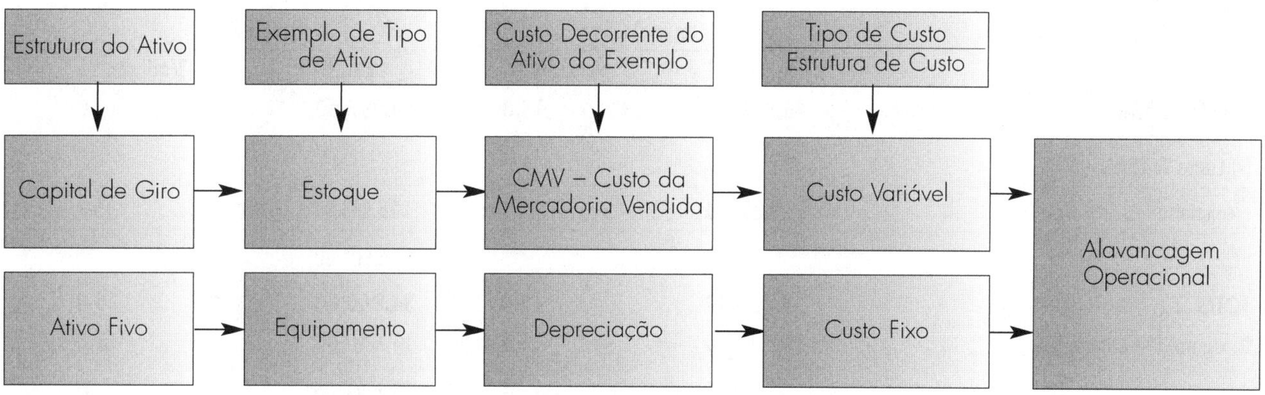

Figura 13.7 Relacionamento entre estrutura do ativo e alavancagem operacional

Grau de Alavancagem Operacional

É a medida da extensão da utilização dos custos e despesas fixas dentro da empresa. É um indicador que mede o potencial da possibilidade da alavancagem operacional e pode ser representado pela seguinte fórmula:

$$\frac{\text{Margem de Contribuição Total}}{\text{Lucro Operacional}} = \text{Grau de Alavancagem Operacional (GAO)}$$

No nosso exemplo numérico, o grau de alavancagem operacional da Opção 1 é 9,70 e da Opção 2 é 5,05. Veremos na Tabela 13.6 apresentada a seguir.

O fenômeno alavancagem evidencia-se quando há aumento de volume. Dado um aumento de volume, quanto maior o grau de alavancagem operacional, maior será a variação do Lucro Operacional. A Tabela 13.7 exemplifica como o valor do Lucro Operacional reage em relação a determinado aumento de vendas (que significa aumento por volume, não por preços).

Tabela 13.6 Demonstração de resultados

Discriminação	Opção 1		Opção 2	
	Em R$	Em %	Em R$	Em %
RECEITA TOTAL	**40.000,00**	**100,00**	**40.000,00**	**100,00**
(-) Custos Variáveis				
. Materiais	8.000,00	20,00	24.400,00	61,00
. Comissões	–	–	6.000,00	15,00
TOTAL	**8.000,00**	**20,00**	**30.400,00**	**76,00**
Margem de Contribuição (1)	**32.000,00**	**80,00**	**9.600,00**	**24,00**
(-) Custos/Despesas Fixas (A+B+C)	28.700,00	71,75	7.700,00	19,25
Lucro Operacional (2)	**3.300,00**	**8,25**	**1.900,00**	**4,75**
GRAU DE ALAVANCAGEM OPERACIONAL (1:2)	**9,70**		**5,05**	

Tabela 13.7 Alavancagem operacional – demonstração de resultados com 15% de aumento no volume

Discriminação	Opção 1		Opção 2	
	Em R$	Variação %	Em R$	Variação %
RECEITA TOTAL	**46.000,00**	**15,0**	**46.000,00**	**15,0**
(-) Custos Variáveis				
. Materiais	9.200,00	15,0	28.060,00	15,0
. Comissões	–		6.900,00	
TOTAL	**9.200,00**	**15,0**	**34.960,00**	**15,0**
Margem de Contribuição	**36.800,00**	**15,0**	**11.040,00**	**15,0**
(-) Custos/Despesas Fixas	28.700,00	–	7.700,00	–
Lucro Operacional	**8.100,00**	**145,5**	**3.340,00**	**75,8**
ATIVO TOTAL	**251.000,00**		**116.533,33**	
Rentabilidade do Ativo (Anualizada – Em %)	**38,70**	**145,5**	**34,40**	**75,8**

Um aumento de 15% no volume aumenta na mesma proporção as vendas, os custos variáveis e a margem de contribuição. Os custos fixos, pela sua própria natureza, não têm aumento. Portanto, o Lucro Operacional tem um aumento muito maior do que o aumento do volume.

No caso da Opção 1, um aumento de 15% no volume de vendas ocasionou um aumento de 145,5% no Lucro Operacional em relação à situação anterior.

$$\frac{\text{Lucro Operacional com aumento de 15\% nas vendas}}{\text{Lucro Operacional anterior}} = \frac{\text{R\\$ 8.100,00}}{\text{R\\$ 3.300,00}} = +145{,}5\%$$

Na Opção 2, em virtude de um menor grau de alavancagem operacional, a reação do Lucro Operacional em termos percentuais foi menor, de apenas 75,8%.

$$\frac{\text{Lucro Operacional com aumento de 15\% nas vendas}}{\text{Lucro Operacional anterior}} = \frac{\text{R\\$ 3.340,00}}{\text{R\\$ 1.900,00}} = +75{,}8\%$$

A variação percentual do Lucro Operacional, dado um aumento de vendas, pode também ser obtida de forma direta, utilizando-se o grau de alavancagem operacional (GAO), de acordo com a seguinte fórmula:

Variação Percentual do Lucro = GAO × Variação Percentual das Vendas

Comprovando:

Opção 1:

GAO × variação % vendas = variação % do Lucro Operacional
9,70 × 15% = 145,5%

Opção 2:

GAO × variação % vendas = variação % do Lucro Operacional
5,05 × 15% = 75,8%

Risco Operacional

Toda estrutura de alavancagem tem a sua contrapartida, que é a possibilidade de ocorrência do risco. No caso da alavancagem operacional, o seu oposto é o risco operacional, que pode ser definido como a possibilidade de que o retorno real se desvie do retorno esperado. Em outras palavras, a probabilidade de perder ou não ganhar.

Toda empresa tem seu risco; e um dos componentes fundamentais para isso é o risco operacional, que decorre da adoção de determinada estrutura do ativo, a qual está ligada ao volume e preço esperado, bem como à estrutura de custos decorrente da composição do ativo.

Evidencia-se a ocorrência do risco operacional quando, ao invés do aumento do volume, ocorre a diminuição do volume esperado. Desse modo, o risco é o fenômeno contrário ao da alavancagem. A alavancagem operacional acontece quando aumenta o volume e não há aumento dos gastos com os custos e despesas fixas. O risco operacional acontece quando existe uma redução do volume e não há possibilidade de reduzir os gastos com os custos e despesas fixas.

A resposta do Lucro Operacional é na proporção do grau de alavancagem operacional. Logo, uma redução do volume significa uma alavancagem negativa e o lucro decresce na mesma proporção do grau de alavancagem. A Tabela 13.8 apresenta o mesmo exemplo anterior, só que agora com uma diminuição de 15% no volume.

Tabela 13.8 Risco operacional – demonstração de resultados com 15% de diminuição no volume

Discriminação	Opção 1		Opção 2	
	Em R$	Variação %	Em R$	Variação %
RECEITA TOTAL	**34.000,00**	**-15,0**	**34.000,00**	**-15,0**
(-) Custos Variáveis				
. Materiais	6.800,00	-15,0	20.740,00	-15,0
. Comissões	–		5.100,00	
TOTAL	6.800,00	-15,0	25.840,00	-15,0
Margem de Contribuição	**27.200,00**	**-15,0**	**8.160,00**	**-15,0**
(-) Custos/Despesas Fixas	28.700,00	–	7.700,00	–
Lucro Operacional (Prejuízo)	**(1.500,00)**	**-145,5**	**460,00**	**-75,8**
ATIVO TOTAL	**251.000,00**		**116.533,33**	
Rentabilidade do Ativo (Anualizada – Em %)	**-7,20**	**-145,5**	**4,70**	**-75,8**

O exemplo numérico deixa claro que o Lucro Operacional diminuiu na mesma proporção do grau de alavancagem. Uma redução de 15% no volume ocasionou uma redução de 145,5% no Lucro Operacional da Opção 1 (que se tornou prejuízo). A Opção 2, por ter menos custos fixos, teve uma redução menor, de -75,8%.

Podemos concluir este tópico da seguinte maneira:

- Quanto mais custos fixos na estrutura de custos, maior grau de alavancagem operacional.
- Maior grau de alavancagem operacional produz lucros melhores em situação de aumento da demanda, já que não há aumento dos custos fixos.
- Maior grau de alavancagem operacional leva a lucros menores (até prejuízo) em situação de redução da demanda, já que não há diminuição dos custos fixos.

Existe Grau de Alavancagem Operacional Ideal?

Não, tampouco é possível dizer que determinado índice de GAO, analisado isoladamente, significa uma empresa bastante ou pouco alavancada. O GAO só tem duas validades:

- permite comparar duas estruturas de custos, evidenciando que a que tem maior GAO é mais alavancada;
- permite calcular imediatamente qual será a variação do Lucro Operacional, dada uma variação percentual esperada no volume de vendas.

Uma outra utilização possível do GAO seria comparar qual o GAO da empresa em relação ao GAO médio do setor em que ela atua. Porém, o que realmente determina o GAO de uma empresa é a sua decisão de como estruturar o ativo, conforme demonstramos no modelo de decisão apresentado na Figura 13.1.

Nas decisões que a empresa toma e que conduzem a determinada estrutura do ativo há o componente denominado de **grau de aversão ao risco**. Cada empresa tem a sua cultura, e dentro dessa cultura cria-se um determinado e específico comportamento diante do risco. Algumas tendem a ser mais arrojadas e, normalmente, optam por estruturas mais arriscadas (mais custos e despesas fixas), outras têm uma cultura mais conservadora e preferem estrutura com mais custos e despesas variáveis e, portanto, com menor grau de exposição ao risco.

13.5 Modelos para Decisões de Modificação da Estrutura do Ativo e Estrutura de Custos

As maiores possibilidades de modificação da estrutura do ativo, após sua determinação inicial, concentram-se nos elementos que são definidos na 4ª Etapa do modelo de decisão proposto no início deste capítulo. As três primeiras caracterizam-se por definições e decisões de cunhos estratégico e tático, existindo muitas dificuldades (e custos) para modificação nas estruturas e decisões definidas. Não se modifica ou altera o negócio de atuação, o produto e a tecnologia do produto da noite para o dia.

A etapa que mais permite modificações ou alterações é a etapa seguinte, em que se estudam as variáveis básicas das tecnologias essenciais, que são o processo (estrutura do produto e processo de fabricação ou comercialização), o tempo e a gestão da eficiência dos recursos.

Faremos a apresentação de dois modelos de decisão mais comuns para eventuais modificações na estrutura de ativos e custos da empresa. O primeiro é o modelo de análise de custos **comprar *versus* fabricar**, normalmente aplicado a decisões de terceirização na área fabril, se bem que pode ser utilizado também na área comercial.

O segundo modelo de decisão está relacionado com a manutenção ou não das atividades necessárias para a gestão dos recursos, também em termos de desenvolvê-las internamente ou decidir pelo seu desenvolvimento por terceiros.

Comprar *Versus* Fabricar

Um modelo de decisão de comprar × fabricar pode ser aplicado tanto a componentes quanto a produtos finais. Muitas empresas hoje têm terceirizado por completo a manufatura de produtos.[6] A decisão mais comum tem sido aplicada, contudo, a componentes. Em nosso modelo de árvore de decisão, a decisão de comprar × fabricar envolveria as variáveis básicas: Processo, Volume e Tempo da Tecnologia de Fabricação.

Considerações para a Decisão

As principais variáveis específicas e elementos que devem ser considerados para este tipo de decisão são:

[6] A empresa Motorola Corp., USA (telefones celulares, *pagers*), fez um negócio de US$ 30 bilhões com a Flextronics International Ltd., de Cingapura, para fabricação de alguns de seus produtos. *Gazeta Mercantil*, 1º.06.2000, p. B12.

- **Levantamento dos custos envolvidos nas alternativas**: Obter a maior precisão possível no levantamento de todos os custos envolvidos para as hipóteses de comprar e fabricar. Sempre a hipótese de fabricar tende a apresentar mais dificuldades no levantamento dos dados, pois existem muitos custos internos de difícil visibilidade e associação diretamente ao produto ou componente específico. A alternativa de comprar também envolve custos adicionais possíveis e de difícil visibilidade no momento da decisão.
- **Manutenção, eliminação parcial, ou eliminação total dos custos fixos absorvidos**: Esta variável, juntamente com a questão da utilização da capacidade, talvez seja a mais problemática nesta decisão. Os custos fixos fabris são custos de capacidade e, portanto, não têm uma ligação direta com os produtos e muito menos com seus componentes. Se o modelo de decisão econômico contemplar os custos indiretos alocados aos produtos e componentes, há necessidade de um estudo aprofundado para verificar quais custos indiretos serão eliminados, no caso de deixar de fabricar, e quais serão incrementados, no caso de passar a comprar.
- **Utilização da capacidade ociosa**: Na hipótese de comprar de terceiros, deixando de fabricar, a empresa estará liberando mão de obra direta para produção alternativa. Esta capacidade de produção liberada deverá ser ocupada para fabricação de mais quantidades do produto final, ou de um produto ou componente alternativo, para que a análise possa ser comparável. Caso isso não aconteça, a mão de obra remanescente deverá ser incorporada como um aumento de custo, ou, então, ser eliminada.
- **Custos adicionais por adquirir de terceiros**: Na análise comparativa, devemos verificar se a empresa incorrerá em custos adicionais por comprar de terceiros. Por exemplo, em uma decisão por comprar e deixar de fabricar internamente, a empresa tem de considerar que outras atividades poderão ser impactadas com acréscimo de trabalho, tais como: gastos com fretes e seguros, impostos adicionais, aumento de atividade dos setores de compras, estoques, recebimento físico, escrita fiscal, controle de qualidade etc.
- **Quantidades envolvidas**: lotes de fabricação × quantidade de compras: Nesta decisão, imagina-se trabalhar com a mesma quantidade. No entanto, é possível que, no caso de fornecimento externo, o fornecedor não se interesse por fornecer determinados volumes. Assim, a decisão ficaria prejudicada já no seu início.
- **Qualidade, tempo, fornecedor alternativo**: A qualidade é um pressuposto que entendemos ser uma condição *sine qua non*. Neste tipo de decisão sempre se espera que a qualidade seja mantida. O tempo de entrega da mercadoria, caso comprada, tem de ser equivalente, ou até melhor do que se o produto fosse feito internamente. Outro aspecto é a questão da assistência técnica, cujo fornecedor deverá dar todas as condições de apoio à empresa. A questão da segurança e da tecnologia de fabricação do produto ou componente deverá ser preservada. A empresa deve cercar-se de procedimentos para que, em uma eventual interrupção do fornecimento, ela tenha condições de voltar a fabricar ou entregar o pedido para um fornecedor alternativo.

Exemplo Numérico

Apresentamos na Tabela 13.9 um exemplo numérico de modelo de decisão de comprar *versus* fabricar, em que evidenciamos a utilização das variáveis básicas da tecnologia produtiva. O exemplo é de um componente que inicialmente está sendo produzido pela empresa – Componente X – e que ela deseja terceirizar, passando a consumi-lo como item comprado em vez de fabricado.

O primeiro passo para a construção do modelo de decisão é isolar os custos atribuídos ao componente que está sendo objeto da análise de comprar, não de fabricar. Assim, isolamos o Componente X dos demais. É fundamental a informação do total dos gastos de todos os componentes fabricados, sob pena de comprometer o resultado da análise.

À esquerda da Tabela evidenciamos como podem ser mensuradas as variáveis básicas do modelo da árvore de decisão. A variável **estrutura do produto** compreende as matérias-primas e materiais diretos comprados de terceiros para o componente em análise. A variável **processo de fabricação** abrange todas as horas diretas gastas pelos setores produtivos da empresa, bem como as horas das máquinas e equipamentos que são utilizadas nos processos identificados, para elaboração do componente. Com o processo, alocamos os custos indiretos dos setores produtivos que trabalham o Componente X.

Na variável **informações e manutenção** mensuramos os esforços dos setores de apoio apropriados ao Componente X. Essa mensuração só é possível pela utilização do método de custeio por absorção ou pelo método de custeio ABC. Se a empresa utilizasse os conceitos de custeio variável, esta apropriação não existiria e os custos alocados ficariam fora da análise comprar *versus* fabricar. A variável **atividade** é utilizada para identificar o volume de atividade em que a empresa se

Tabela 13.9 Comprar *versus* fabricar – isolamento do custo do item fabricado (fabricando)

	Discriminação	Componente X					Demais Componentes		Total	
		Qtde. do Recurso	Custo Unitário do Insumo	Custo Unitário Total	Custo Total do Volume de Produção	Qtde. Total de Recursos	Qtde. Total de Recursos	Custo Total do Volume de Produção	Qtde. Total de Recursos	Custo Total do Volume de Produção
Estrutura do Produto	**Materiais Diretos**									
	Matéria-Prima 1	12,00	1,50	18,00	9.000.000	6.000.000	24.000.000	36.000.000	30.000.000	45.000.000
	Componentes/Serviços Acoplados	2,00	1,00	2,00	1.000.000	1.000.000		6.000.000	–	7.000.000
	SOMA			**20,00**	**10.000.000**			**42.000.000**		**52.000.000**
Processo (Roteiro) de Fabricação	**Mão de Obra Direta (Horas)**									
	Fase 1 – Preparação de Materiais	0,05	18,00	0,90	450.000	25.000	55.000	990.000	80.000	1.440.000
	Fase 2 – Depto. Produtivo 1	0,10	25,00	2,50	1.250.000	50.000	250.000	6.250.000	300.000	7.500.000
	Fase N – Depto. Produtivo 2	0,15	27,00	4,05	2.025.000	75.000	325.000	8.775.000	400.000	10.800.000
	Fase Z – Depto. Acabamento	0,20	28,00	5,60	2.800.000	100.000	500.000	14.000.000	600.000	16.800.000
	SOMA			**13,05**	**6.525.000**	**250.000**	**1.130.000**	**30.015.000**	**1.380.000**	**36.540.000**
	Depreciação – Equipamentos (Horas)									
	Fase 1 – Preparação de Máquinas	0,30	–	–	–	150.000	300.000	–	450.000	–
	Fase 2 – Equipamento A	0,10	10,00	1,00	500.000	50.000	250.000	2.500.000	300.000	3.000.000
	Fase 3 – Equipamento B	0,15	12,00	1,80	900.000	75.000	325.000	3.900.000	400.000	4.800.000
	Fase Z – Equipamento N	0,20	3,00	0,60	300.000	100.000	500.000	1.500.000	600.000	1.800.000
	SOMA			**3,40**	**1.700.000**	**375.000**	**1.375.000**	**7.900.000**	**1.750.000**	**9.600.000**
	Custos Indiretos – Deptos. Produtivos (Em %)									
	Mão de Obra Indireta (Chefia)	25		1,96	978.750			4.502.250		5.481.000
	Energia Elétrica	20		1,57	783.000			3.601.800		4.384.800
	Materiais Auxiliares e Indiretos	40		3,13	1.566.000			7.203.600		8.769.600
	Serviços de Terceiros e outros Custos	15		1,17	587.250			2.701.350		3.288.600
	SOMA	**100**		**7,83**	**3.915.000**			**18.009.000**		**21.924.000**
Informações e Manutenção	**Custos Indiretos Absorvidos dos Departamentos ou Atividades (Em %)**									
	Depto. Controle de Produção	5		0,78	391.500			1.800.900		2.192.400
	Depto. Controle/Garantia Qualidade	10		1,57	783.000			3.601.800		4.384.800
	Depto. Transporte Interno	5		0,78	391.500			1.800.900		2.192.400
	Depto. Manutenção	10		1,57	783.000			3.601.800		4.384.800
	Depto. Compras	15		2,35	1.174.500			5.402.700		6.577.200
	Depto. Almoxarifados	5		0,78	391.500			1.800.900		2.192.400
	Depto. Engenharia de Produto	30		4,70	2.349.000			10.805.400		13.154.400
	Depto. Engenharia de Processo etc.	20		3,13	1.566.000			7.203.600		8.769.600
	SOMA	**100**		**15,66**	**7.830.000**			**36.018.000**		**43.848.000**
	Total - Custo Industrial Unitário			**59,94**	**29.970.000**			**133.942.000**		**163.912.000**
Atividade	**Volume Anual**				500.000			–		–
	Investimentos/Desinvestimentos				9.000.000	(1)		51.000.000		60.000.000
Tempo Físico	**Estoque dos Materiais**									
	Dias em Processo	30 dias			833.333			3.500.000		4.333.333
	Dias em Almoxarifados	60 dias			1.666.667			7.000.000		8.666.667
	= Investimento em Capital de Giro				2.500.000			10.500.000		13.000.000
Tempo Financeiro	**Custo de Oportunidade**									
	Sobre Estoques de Materiais	12% ao ano			300.000			1.260.000		1.560.000
	Sobre Investimentos/Desinvestimentos	12% ao ano			1.080.000			6.120.000		7.200.000
	SOMA			**2,76**	**1.380.000**			**7.380.000**		**8.760.000**
CUSTO TOTAL				**62,70**	**31.350.000**			**141.322.000**		**172.672.000**

(1) Utilização parcial estimada.

encontra. No nosso exemplo, a empresa usa anualmente 500.000 unidades do Componente X. Esta variável também é necessária para identificar os equipamentos e instalações utilizados para fabricar o componente objeto de análise. As máquinas e equipamentos são facilmente identificáveis pelas horas empregadas. Provavelmente, teremos de utilizar estimativas para as demais instalações.

Usamos a variável **tempo físico** para evidenciar a quantidade de dias de necessidade de estoques do componente, tanto nos almoxarifados à espera de requisição pela fábrica, como para a necessidade desse mesmo componente durante o processo de fabricação. O volume de estoque necessário do Componente X é que evidencia o que denominamos de **tempo financeiro**. O objetivo é mensurar o impacto permanente do custo financeiro pela necessidade permanente de estoque do componente, bem como sobre os investimentos em Ativos Fixos necessários para manter o nível de atividade exigido para o item em questão.

No critério adotado, o Componente X apresenta os seguintes gastos anuais:

	Em R$
Compra de matéria-prima e componentes para fabricação:	10.000.000
Custos Diretos de Fabricação	
. Mão de Obra Direta	6.525.000
. Depreciação Direta	1.700.000
. Custos Indiretos dos Setores Diretos	3.915.000
Custos Indiretos de Fabricação	7.830.000
Total dos Custos Fabris	29.970.000
Custo Financeiro sobre Estoques e Imobilizados	1.380.000
Custo Total Anual do Componente X	31.350.000

O custo unitário do componente na metodologia empregada é de R$ 62,70 por unidade. Esse valor é o referencial para a decisão de comprar ou fabricar. Em princípio, só deveria passar a ser comprado caso o custo de aquisição fosse inferior a R$ 62,70.

Todavia, o ponto fundamental na análise é a capacidade produtiva a ser liberada, caso a opção seja comprar de terceiros. Se a empresa tiver necessidade de liberar capacidade produtiva, para passar a produzir outros componentes ou produtos em condições de custos similares, o parâmetro do custo unitário do Componente X continua válido. Porém, se a empresa estiver com capacidade ociosa, ou, então, se a capacidade a ser liberada pela saída do Componente X não for preenchida totalmente, esses valores deverão ser apontados no modelo de decisão, que evidenciará o impacto da decisão de comprar no total dos gastos da empresa.

Na Tabela 13.10, apresentamos o modelo de decisão de forma numérica, já contemplando o impacto da decisão de comprar o Componente X por R$ 45,00 a unidade.

Nas duas primeiras colunas da tabela estão os dados relativos ao Componente X sendo comprado. Não há mais custos de fabricação, sendo apenas custo de compra de material. Adicionamos um conjunto de dados para evidenciar a possibilidade de existirem custos adicionais pelo fato de o item passar a ser comprado, como: fretes e seguros adicionais, tarefas adicionais do setor de compras, serviços administrativos etc.

O fato de ser comprado por um valor maior implica maior volume de estoques e maior custo financeiro sobre eles. Neste exemplo, deixamos de computar custo financeiro sobre os equipamentos, no pressuposto de que, sendo comprado, o Componente X não requisitará mais horas de equipamentos dos processos produtivos. Identicamente à primeira tabela, deixamos de considerar custo financeiro sobre os imobilizados de uso geral.

O custo unitário total do Componente X sendo comprado seria de R$ 49,35, que representa um valor menor em 21,29% em relação ao custo de fabricação de R$ 62,70. Se considerássemos apenas este parâmetro para definição, a decisão seria por comprar.

Entretanto, o modelo de decisão indica o custo da capacidade liberada e não utilizada no momento de R$ 21.050.000. Para que a empresa de fato consiga aproveitar a economia gerada pelo preço menor do componente sendo comprado, ela teria de utilizar a capacidade liberada e fabricar produtos ou componentes que tenham um valor de custo de R$ 21.050.000.

O total dos gastos considerando o componente sendo comprado é maior do que o total dos gastos da situação inicial. Se a decisão de comprar se limitasse a esta ação, a empresa sairia perdendo R$ 14.375.000.

Tabela 13.10 Comprar *versus* fabricar – isolamento do custo do item comprado (comprando)

		Componente X – Comprado		Capacidade Liberada pela compra de novo(s) item(ns)					Demais componentes		Total	
	Discriminação	**Custo Unitário Total**	**Custo Total do Volume de Produção**	**Qtde. do Recurso**	**Custo Unitário do Insumo**	**Custo Unitário Total**	**Custo Total do Volume de Produção**	**Qtde. Total de Recursos**	**Qtde. Total de Recursos**	**Custo Total do Volume de Produção**	**Qtde. Total de Recursos**	**Custo Total do Volume de Produção**
Estrutura do Produto	**Materiais Diretos**											
	Matéria-Prima 1			–	1,50	–	–	–	24.000.000	36.000.000	24.000.000	36.000.000
	Componentes/Serviços Acoplados	45,00	22.500.000	–	1,00	–	–	–		6.000.000	–	28.500.000
	SOMA	**45,00**	**22.500.000**			**–**	**–**			**42.000.000**		**64.500.000**
Processo (Roteiro) de Fabricação	**Mão de Obra Direta (Horas)**											
	Fase 1 – Preparação de Materiais			0,05	18,00	0,90	450.000	25.000	55.000	990.000	80.000	1.440.000
	Fase 2 – Depto. Produtivo 1			0,10	25,00	2,50	1.250.000	50.000	250.000	6.250.000	300.000	7.500.000
	Fase N – Depto. Produtivo 2			0,15	27,00	4,05	2.025.000	75.000	325.000	8.775.000	400.000	10.800.000
	Fase Z – Depto. Acabamento			0,20	28,00	5,60	2.800.000	100.000	500.000	14.000.000	600.000	16.800.000
	SOMA					**13,05**	**6.525.000**	**250.000**	**1.130.000**	**30.015.000**	**1.380.000**	**36.540.000**
	Depreciação – Equipamentos (Horas)											
	Fase 1 – Preparação de Máquinas			0,30	–	–	–	150.000	300.000	–	450.000	–
	Fase 2 – Equipamento A			0,10	10,00	1,00	500.000	50.000	250.000	2.500.000	300.000	3.000.000
	Fase 3 – Equipamento B			0,15	12,00	1,80	900.000	75.000	325.000	3.900.000	400.000	4.800.000
	Fase Z – Equipamento N			0,20	3,00	0,60	300.000	100.000	500.000	1.500.000	600.000	1.800.000
	SOMA					**3,40**	**1.700.000**	**375.000**	**1.375.000**	**7.900.000**	**1.750.000**	**9.600.000**
	Custos Indiretos – Deptos. Produtivos (Em %)											
	Mão de Obra Indireta (Chefia)			25		1,96	978.750			4.502.250		5.481.000
	Energia Elétrica			20		1,57	783.000			3.601.800		4.384.800
	Materiais Auxiliares e Indiretos			40		3,13	1.566.000			7.203.600		8.769.600
	Serviços de Terceiros e outros Custos			15		1,17	587.250			2.701.350		3.288.600
	SOMA			**100**		**7,83**	**3.915.000**			**18.009.000**		**21.924.000**
Informações e Manutenção	**Custos Indiretos Absorvidos dos Departamentos ou Atividades (Em %)**											
	Depto. Controle de Produção			5		0,78	391.500			1.800.900		2.192.400
	Depto. Controle/Garantia Qualidade			10		1,57	783.000			3.601.800		4.384.800
	Depto. Transporte Interno			5		0,78	391.500			1.800.900		2.192.400
	Depto. Manutenção			10		1,57	783.000			3.601.800		4.384.800
	Depto. Compras			15		2,35	1.174.500			5.402.700		6.577.200
	Depto. Almoxarifados			5		0,78	391.500			1.800.900		2.192.400
	Depto. Engenharia de Produto			30		4,70	2.349.000			10.805.400		13.154.400
	Depto. Engenharia de Processo etc.			20		3,13	1.566.000			7.203.600		8.769.600
	SOMA			**100**		**15,66**	**7.830.000**			**36.018.000**		**43.848.000**
	Total - Custo Industrial Unitário	45,00	22.500.000			29,09	19.970.000			133.942.000		176.412.000
	Custos Adicionais por Comprar											
	Fretes e Seguros	2,00	1.000.000									1.000.000
	Depto. de Compras	–	–									–
	Serviços Administrativos	1,00	500.000									500.000
	SOMA	**3,00**	**1.500.000**									**1.500.000**
Atividade	**Volume Anual**		500.000				500.000			–		–
	Investimentos/Desinvestimentos						9.000.000	(1)		51.000.000		60.000.000
	Estoque dos Materiais											
Tempo Físico	Dias em Processo		1.875.000	30 dias			–			3.500.000		5.375.000
	Dias em Almoxarifados		3.750.000	60 dias			–			7.000.000		10.750.000
	= Investimento em Capital de Giro		5.625.000				–			10.500.000		16.125.000
Tempo Financeiro	**Custo de Oportunidade**											
	Sobre Estoques de Materiais		675.000	12% ao ano			–			1.260.000		1.935.000
	Sobre Investimentos/Desinvestimentos		–	12% ao ano			1.080.000			6.120.000		7.200.000
	SOMA	**1,35**	**675.000**				**1.080.000**			**7.380.000**		**9.135.000**
	CUSTO TOTAL	**49,35**	**24.675.000**				**21.050.000**			**141.322.000**		**187.047.000**

(1) Utilização parcial estimada

	R$
Gastos totais antes da decisão de deixar de fabricar	172.672.000
Gastos totais decidindo comprar e deixar de fabricar (sem utilização da capacidade liberada)	187.047.000
= Deseconomia	14.375.000

Este gasto a maior (deseconomia de custos) é assim explicado:

		R$
Economia por comprar e não fabricar	6.675.000	(31.350.000 - 24.675.000)
Não utilização da capacidade liberada	21.050.000	
Deseconomia	14.375.000	

A economia por comprar é assim explicada:

		R$
Economia dos custos de fabricação	19.970.000	
Custo adicional de material comprado	(12.500.000)	(22.500.000 - 10.000.000)
Custos adicionais por comprar	(1.500.000)	
Economia do custo financeiro dos estoques	705.000	(1.380.000 - 675.000)
Economia por comprar	6.675.000	

Considerações Finais

Como custo da alternativa de fabricar a peça, deveríamos ainda considerar as economias que teríamos se tivéssemos decidido comprar a peça, tais como: redução da depreciação, seguros sobre os equipamentos etc.

Se a empresa não produz maior número do seu produto hoje é porque está com sua capacidade limitada. Parando de fabricar o componente e desativando máquinas do seu parque fabril utilizadas para a fabricação, haveria mais espaço físico para confeccionar seu produto, diminuindo, assim, seus custos fixos e aumentando sua produção (desde que tenha mercado para esse aumento).

13.6 Internação de Atividades

A decisão de desenvolver internamente uma atividade ou fazer que ela seja desenvolvida por terceiros é dependente de uma série de variáveis. Independente da importância das diversas variáveis envolvidas no processo decisório, a mensuração econômica do resultado da atividade é fundamental para ele. Caso a decisão se paute exclusivamente por critérios econômicos, o modelo mais adequado será a avaliação do resultado da atividade, em termos de lucro ou prejuízo.

Em princípio e teoricamente, qualquer atividade pode ser desenvolvida internamente ou a empresa pode pagar pelos serviços para que seja desenvolvida por terceiros. O ambiente econômico cada vez mais tem se especializado, e o mercado tende sempre a ter uma alternativa em termos de serviços para oferecer às demais empresas. O fundamento sempre é a especialização. Quanto mais uma empresa der ênfase a uma atividade única, mais ela se especializará e terá condições de oferecer ao mercado o serviço a um preço competitivo.

Cabe às empresas usuárias desses serviços decidir se é vantajoso ou não adquirir de terceiros ou devem procurar desenvolver internamente essas atividades.

Os critérios mais utilizados para o processo de decisão de internar ou não são:

- Custo interno *versus* externo.
- Qualidade do serviço oferecido.
- Condição estratégica ou não da atividade.

- Grau de ocupação intelectual que a atividade exige dos gestores da empresa.
- Conhecimento calculado da perda do lucro potencial da atividade transferida a terceiros.

Outros aspectos envolvem essa decisão, tais como: capacidade de o fornecedor manter-se no mercado, capacidade de atualização tecnológica, possibilidade de passar a ser dependente do fornecedor, possibilidade de perder *know-how* (conhecimento tecnológico), preços futuros em ascensão etc.

Em nossa opinião, a decisão de internar ou não deve ser analisada com muita cautela e, além dessas variáveis citadas, outras podem existir e todas devem ser consideradas no processo decisório. A Tabela 13.11 mostra uma série de atividades passíveis de serem terceirizadas ou se manterem internadas. Não classificamos as atividades operacionais produtivas. A título de orientação, a tabela mostra uma ideia geral do processo decisório, cujos pontos referenciais (e não necessariamente únicos) são: a visão estratégica, a possibilidade de a atividade ser um ponto forte da empresa e o resultado econômico. Na tabela apresentada, mostramos como referência uma avaliação apenas da atividade Transporte de Funcionários. As demais atividades teriam o mesmo processo de avaliação, e cada empresa pode avaliar diferentemente cada atividade.

Na Tabela 13.11, tomando como exemplo a atividade Transporte de Funcionários, apresentamos algumas colocações contraditórias para ilustrar que o processo de decisão de internar ou não a atividade depende de múltiplas visões sobre a atividade. Primeiramente, exemplificamos que essa atividade não é uma atividade estratégica, por ser considerada atividade-meio. Outrossim, ela pode ser considerada um ponto forte, porque pode ser, por exemplo, um benefício muito desejado pelos funcionários na região onde a empresa atua e um diferencial na contratação de funcionários especializados.

Apresentamos o custo interno que a empresa tem, que é menor que a receita. Neste caso, estamos considerando como receita o menor preço de mercado, ou seja, se fôssemos contratar fora, o mínimo que pagaríamos seria R$ 520.000. Mas a empresa consegue ser mais eficiente que o melhor fornecedor externo e lucrar R$ 40.000.

No entanto, com vários desses aspectos favoráveis, a decisão da empresa pode ser a de não internar. Podemos dar como exemplo o fato de essa atividade exigir atenção por demais de vários gestores da empresa e, nesse sentido, a decisão final foi por terceirizar.

Mensuração Econômica

Fundamenta-se no diferencial de custos: o custo de desenvolver internamente *versus* o de adquirir o serviço

Tabela 13.11 Modelo de decisão para internação de atividades para gestão da eficiência dos recursos

ATIVIDADE	Avaliação Estratégica		Avaliação Interna		Resultado Econômico Anual			Decisão de Internar	
	Atividade--Fim	Atividade--Meio	Ponto Forte	Ponto Fraco	R$ Custo	R$ Receita	R$ Lucro	Sim	Não
Transporte de Funcionários	Não	Sim	Sim	Não	491.400	504.000	12.600		X
Transporte de Mercadorias									
Transporte/Movimentação Interna									
Logística									
Alimentação de Funcionários									
Assistência Médica									
Limpeza									
Manutenção Civil									
Manutenção Industrial									
Manutenção Paisagística									
Manutenção Elétrica									
Meio Ambiente									
Segurança Patrimonial									

continua

Tabela 13.11 Modelo de decisão para internação de atividades para gestão da eficiência dos recursos (Continuação)

ATIVIDADE	Avaliação Estratégica		Avaliação Interna		Resultado Econômico Anual			Decisão de Internar	
	Atividade-Fim	Atividade-Meio	Ponto Forte	Ponto Fraco	R$ Custo	R$ Receita	R$ Lucro	Sim	Não
Segurança do Trabalho									
Exames Médicos Obrigatórios									
Assistência Jurídica									
Auditoria Interna									
Planejamento Estratégico									
Contabilidade									
Informática									
Aplicações Financeiras									
Compras									
Importação									
Estocagem de Insumos									
Recrutamento e Seleção									
Treinamento									
Folha de Pagamento									
Engenharia de Desenvolvimento									
Engenharia de Processos									
Marketing									
Vendas									
Assistência Técnica									
Atendimento ao Cliente									
Etc.									

de terceiro. Além dos tradicionais aspectos contratuais (prazo de pagamento, objeto do contrato, qualidade, confidencialidade etc.), cabe à controladoria a construção de um modelo de decisão de mensuração econômica, o qual se baseia na identificação dos custos internos e no desenvolvimento da atividade no conceito de custos diretos. Serão considerados os custos diretos adicionais a serem incorridos (no caso de internar), ou os custos evitáveis (a serem eliminados, no caso de terceirizar). Em qualquer das hipóteses, não deverão ser considerados custos não internáveis ou não evitáveis. Por exemplo, se se pretende terceirizar uma atividade, não deve ser considerado como custo evitável o salário de um chefe cujo custo não será eliminado pela terceirização. Os custos a serem considerados são os tradicionais:

- Mão de obra diretamente envolvida na atividade.
- Encargos sociais e benefícios da mão de obra.
- Materiais diretos consumidos na atividade.
- Materiais auxiliares e de expediente consumidos pelo pessoal envolvido na atividade.
- Equipamentos da atividade (para investir, internar, desinvestir, terceirizar).
- Custos de depreciação dos equipamentos.
- Gastos de manutenção operacional da atividade.
- Gastos de suporte (administração, informática, recursos humanos etc.).

A Tabela 13.12 apresenta um modelo tradicional de avaliação econômica de uma atividade qualquer. O ponto fundamental na comparação é a receita. Caso a atividade seja desenvolvida internamente, a receita a ser considerada para comparação com os custos internos é o menor preço que se pagaria para um terceiro, para desenvolver a atividade, dentro de um volume e qualidade comparável.

Tabela 13.12 Modelo de mensuração econômica para decisão de internação de atividade

Discriminação		Dados-Base/Mensais	Dados Anuais
EQUIPAMENTOS NECESSÁRIOS		**280.000**	
. Máquinas e Equipamentos		50.000	
. Veículos		200.000	
. Computadores		15.000	
. Móveis e Utensílios etc.		15.000	
RECEITA		**42.000**	**504.000**
Quantidade		350	
Preço Unitário		100	
Impostos		20%	
CUSTOS			
Salários	**Qtde.**	**Salário**	**138.000**
Chefia Direta	1	1.500	18.000
Diretos	10	1.000	120.000
Encargos Sociais	**Percentual Médio**		**124.200**
Legais	70		96.600
Espontâneos	20		27.600
Materiais Diretos	**Qtde.**	**Unitário**	**96.000**
Material 1	2.000	1,5	36.000
Material 2	5.000	1,0	60.000
Materiais Indiretos	**Qtde.**	**Unitário**	**21.600**
Manutenção e Limpeza	100	10,0	12.000
Expediente	200	4,0	9.600
Despesas Gerais	**Qtde.**	**Unitário**	**33.000**
Energia Elétrica	1.000	2,0	24.000
Outros	150	5,0	9.000
Depreciação	**Taxa (em %)**		**45.000**
Máquinas e Equipamentos	10		5.000
Veículos	20		40.000
Computadores	20		3.000
Móveis e Utensílios etc.	10		1.500
Custo Financeiro (sobre Imobilizados)	12% a.a.		33.600
CUSTOS TOTAIS			**491.400**
RESULTADO DA ATIVIDADE (Lucro ou Prejuízo)			**12.600**

Questões e Exercícios

1 Identifique os principais segmentos da cadeia operacional para os seguintes produtos finais:

a) Açúcar refinado.

b) Sabão em pó com marca de supermercado.

c) Hambúrguer de carne bovina.

d) Microcomputador.

e) Móveis de madeira.

f) Ferramentas de aço.

2 Uma empresa está decidindo pela instalação de um negócio e tem duas opções básicas de processos operacionais, bem como de imobilização. Com os dados a seguir pede-se que:

a) determine a estrutura do ativo (investimentos) necessária de cada opção;

b) faça a análise de rentabilidade do investimento de cada opção. Desconsidere impostos sobre o lucro.

3 Discorra resumidamente sobre os fundamentos da alavancagem operacional.

4 Com os dados obtidos no exercício número 2, calcule o grau de alavancagem operacional de cada opção. Em seguida, faça uma estimativa com um aumento do volume de vendas da ordem de 5% e verifique a variação do lucro líquido e a nova rentabilidade do investimento de cada opção. Considere que os investimentos em Ativos Fixos serão os mesmos e que os investimentos em Capital de Giro seguirão as premissas anteriores.

Dados:	**Opção A**	**Opção B**
Vendas Esperadas em um Mês Normal	3.000 unidades	3.000 unidades
Preço de Venda Unitário de Mercado	R$ 30 por unidade	R$ 30 por unidade
Demonstração de Resultados		
Receita Total	R$ 90.000	R$ 90.000
(-) Custos Variáveis Totais – Materiais	(27.000)	(54.000)
= Margem de Contribuição	63.000	36.000
(-) Custos e Despesas Fixas		
. Industriais	(20.000)	–
. Administrativos/Comerciais	(30.000)	(25.000)
= Lucro Operacional	13.000	11.000
Giro Necessário/Obtido		
Estoques de Materiais	2,5 meses	–
Produtos Acabados	4 meses	4 meses
Financiamento a Clientes	27 dias	27 dias
Pagamento de Fornecedores	20 dias	10 dias
Ativo Fixo Necessário		
Imóveis	40.000	20.000
Equipamentos	80.000	40.000

5 Vejamos duas estruturas de custos diferentes para volume de produção de 800 unidades:

	Empresa A	**Empresa B**
Vendas	3.200.000	3.200.000
Custos Variáveis	1.450.000	750.000
Custos e Despesas Fixas	950.000	1.650.000
Lucro Operacional	800.000	800.000

Pede-se:

a) calcular o grau de alavancagem operacional;

b) qual será o aumento de lucro líquido se houver uma variação de 15% nas vendas, para mais e para menos, para cada empresa? Elaborar um quadro evidenciando os valores. Desconsidere impostos sobre o lucro.

6 Considere os seguintes dados para a decisão de comprar ou fabricar.

Pede-se: qual deve ser a decisão da empresa se:

a) não houver nenhuma redução dos custos absorvidos;

b) houver redução de 50% dos custos absorvidos;

c) houver redução de todos os custos absorvidos.

	Custo Unitário		10.000 Unidades	
	Fabricar	Comprar	Fabricar	Comprar
Preço de Compra	-	26	-	260.000
Custos Variáveis				
- Mão de Obra	6	-	60.000	-
- Materiais	12	-	120.000	-
- Custos Indiretos Variáveis	3	-	30.000	-
Custos Absorvidos	7	-	70.000	-
Custo Total	**28**	**26**	**280.000**	**260.000**

7 Supondo que uma empresa produza dois produtos (**A** e **B**) e que sua estrutura original seja a seguinte. Pede-se elaborar dois estudos para a decisão de comprar e fabricar, considerando-se duas hipóteses básicas:

a) Hipótese A – Terceirizar o produto A por R$ 40,00 – sem ocupação da capacidade liberada, com 20 horas.

b) Hipótese B – Terceirizar o produto A por R$ 65,00 – fazendo 200 unidades do produto C, com 20 horas e com preço de venda de R$ 35,00. Materiais de R$ 10,00 por unidade.

	Produto A	Produto B	Total
Quantidade (a)	100	100	
Horas de Mão de Obra Direta e Máquinas	20	25	
Materiais	R$ 1.000	1.500	2.500
MOD	R$ 1.200	1.500	2.700
Custos Indiretos	R$ 3.600	4.500	8.100
Custo Total (b)	R$ 5.800	7.500	13.300 (d)
Custo Unitário (c/a)	R$ 58,00	75,00	-
P.V (c)	R$ 65,00	85,00	
Vendas Totais (c × a)	R$ 6.500	8.500	15.000 (e)
Lucro Apurado no Total	(e - d)		R$ 1.700

Capítulo 14

Determinação da Estrutura do Passivo

Como complemento natural da determinação da estrutura do ativo, qualquer projeto de investimento requer a decisão de financiamento, ou seja, quais serão as fontes de recursos a serem buscadas que permitirão a efetivação do investimento proposto. A decisão de financiamento para um projeto específico determina sua estrutura específica de passivo. Contudo, na visão de uma operacionalidade contínua, uma empresa não deixa de ser uma sucessão de projetos de investimentos. Assim, a decisão de financiamento de um projeto juntar-se-á a decisões anteriores de financiamento de outros projetos, formando, no seu conjunto, a estrutura de passivo da empresa, a qual tem de ser administrada continuadamente. Apesar de ser uma atividade ligada à Tesouraria, cabe também à Controladoria seu monitoramento, pois a estrutura de passivo adequada gera resultados econômicos mensuráveis, que impactam o valor da empresa, e é componente substancial do processo de planejamento orçamentário.

14.1 Estrutura do Passivo ou Estrutura de Capital – Definição e Conceitos Principais

Define-se estrutura do passivo a participação relativa dos diversos tipos de fontes de capital remuneradas que estão sendo utilizadas para financiar os investimentos do ativo da empresa. Essa estrutura também é denominada de **estrutura de capital**.

Dentro do estudo da estrutura de passivo não se consideram como fontes de capital os passivos normais decorrentes do financiamento dos custos das operações da empresa, tais como: fornecedores, contas a pagar, salários e encargos sociais a pagar, impostos a recolher e adiantamentos de clientes. Esses são denominados de passivos de **funcionamento**, pois não são remunerados explicitamente com juros e os seus prazos de pagamento existem para dar operacionalidade de rotina de pagamentos. Esses passivos, para estudo da estrutura de passivo, devem ser alocados no ativo com sinal negativo, pois fazem parte do investimento no Capital de Giro. Os passivos remunerados com juros, que fazem parte do conceito de estrutura de passivo, são denominados de passivos de **financiamento**. Apresentamos a seguir dois exemplos de estrutura de passivo.

A empresa *A* apresenta fontes de capital captadas externamente – financiamentos e debêntures –, que totalizam 35% da estrutura do passivo. A maior parte está representada por captação de acionistas ordinários e preferenciais, que detêm 65% da estrutura do passivo.

A empresa *B* tem uma situação oposta: 60% de sua participação é captação externa e apenas 40% são de captação de acionistas. Em geral, a estrutura de passivo é apresentada de forma gráfica no formato de pizza, como mostramos na Figura 14.1.

Tabela 14.1 Exemplos de estrutura de passivo

Fontes de Capital	Empresa A		Empresa B	
	Valor – R$	Participação %	Valor – R$	Participação %
Financiamentos	100.000	10	250.000	25
Debêntures	250.000	25	350.000	35
Ações Preferenciais	300.000	30	150.000	15
Ações Ordinárias	350.000	35	250.000	25
Total	**1.000.000**	**100**	**1.000.000**	**100**

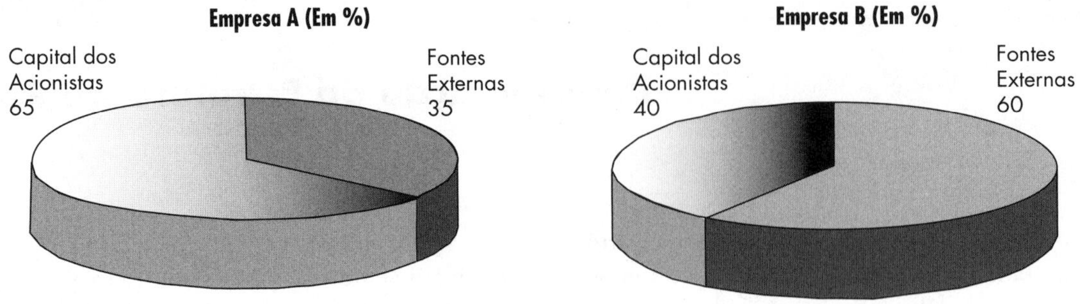

Figura 14.1 Estrutura de passivo – apresentação gráfica

Estrutura de Passivo como Opção

Já vimos que a decisão de investimento e a determinação da estrutura do ativo apresentam possibilidades opcionais. No entanto, sabe-se que há negócios, dentro de volumes e tecnologias recomendadas, que exigem estruturas de ativo que permitem menor liberdade de ação para sua decisão.

Já para determinação da estrutura do passivo existe maior grau de liberdade tanto nas decisões iniciais de financiamento dos investimentos, como posteriormente, quando, em um conjunto normal de condições empresariais, há sempre possibilidades de refazer o perfil da dívida, tanto em termos de participações percentuais como de prazos de amortização e taxas de juros.

Os principais parâmetros norteadores da estrutura do passivo são:

- Grau de aversão ao risco.
- Dilema liquidez × rentabilidade.
- Mensuração do endividamento.

Grau de Aversão ao Risco

As empresas são de propriedade de pessoas e administradas por pessoas que têm comportamentos específicos, que se refletem nas várias atividades empresariais dentro dos diversos modelos decisórios. Talvez seja no modelo decisório da decisão de financiamento que as variáveis comportamentais ou os elementos culturais, crenças e valores estejam mais presentes.

O risco pode ser definido como probabilidade de perda em relação a resultados esperados. Uma decisão inadequada de financiamento pode afetar enormemente outras decisões anteriores de investimentos. Assim, as pessoas têm posturas diferentes em relação aos riscos decorrentes de um negócio. No caso da decisão de financiamento, o risco em questão é o financeiro, que se refere à possibilidade de a empresa não gerar lucros operacionais suficientes para honrar seus compromissos de pagamentos de dívidas assumidas e seus encargos de juros.

O grau de aversão ao risco indica como a empresa vê o risco financeiro, que é evidenciado na sua estrutura de passivo. Quanto mais ela se vale de fontes externas de capital, menos aversão ao risco ela tem. A empresa que se vale mais de fontes dos seus acionistas evidencia maior grau de aversão ao risco financeiro. Também dizemos que as empresas com menor grau de aversão ao risco financeiro são mais arrojadas na sua estrutura de capital e as com maior grau são consideradas financeiramente conservadoras.

O Dilema Liquidez X Rentabilidade

A busca de uma ótima estrutura de capital parte do pressuposto de que é possível ter lucros maiores quando se obtém a maior quantidade de fontes baratas de capital. O custo das fontes de capital são os juros e qualquer outra remuneração que se pague aos detentores e cedentes do capital. Quanto menor o custo das fontes de capital, mais lucros a empresa poderá conseguir. Nesse pressuposto, há uma ideia inicial de buscar a maior quantidade de fontes externas de capital, desde que a um custo menor que as fontes dos acionistas.

Entretanto, a empresa pode não conseguir os resultados esperados, em função de outros riscos existentes, e perder parcial ou totalmente, temporária ou definitivamente a condição de honrar o pagamento das parcelas dos juros e das amortizações do principal. Denominamos de liquidez a condição que a empresa tem de honrar todos os seus compromissos financeiros. Quanto maior ela for, mais segurança financeira a empresa terá. Denominamos iliquidez quando a empresa se apresenta sem condição de honrar seus compromissos financeiros.

Portanto, na busca da maior rentabilidade pelo uso intensivo de fontes externas de capital, a empresa pode se ver, no horizonte futuro, às voltas com a possibilidade de perda parcial ou total de liquidez. Este dilema, não facilmente solúvel, é denominado dilema liquidez × rentabilidade. Esta é uma das gestões prioritárias da área financeira das empresas.

Capital Próprio e Capital de Terceiros

A visão tradicional de finanças (**denominada abordagem ortodoxa**) encara os fornecedores de fontes externas de capital (financiamentos e debêntures) como capital de terceiros, ou seja, seus detentores não fazem parte da gestão da firma.

O valor das fontes dos acionistas, considerados fornecedores internos de capital, é denominado de capital próprio. Em nosso país, enquadram-se os acionistas preferenciais e ordinários. Na literatura financeira internacional, dominada pela literatura norte-americana, as ações preferenciais são consideradas como capital de terceiros. A separação entre capital próprio e capital de terceiros decorre de dois fundamentos:

- **Aspecto jurídico**: Legalmente os acionistas é que assumem os riscos e as responsabilidades finais pelo empreendimento quando de sua eventual liquidação.
- **Tipo de remuneração**: As fontes de capital de terceiros devem ser remuneradas de acordo com os termos contratuais, por meio dos juros ou prêmios, independentemente de a empresa ter tido ou não lucro suficiente para tanto; são considerados como **renda fixa**. Já as fontes de capital próprio são remuneradas pelo lucro residual, após o pagamento dos juros aos financiadores externos. No caso da inexistência de lucros residuais (prejuízo), os acionistas não terão lucros para serem distribuídos. Os lucros que lhes são pagos são denominados de dividendos ou lucros distribuídos e considerados como **renda variável** por serem lucros residuais.

Grau de Endividamento e Risco Financeiro

A separação das fontes de capital em capital próprio e capital de terceiros decorre então, como já vimos, do fato de que a empresa, por meio de seus acionistas, é responsável final pelo empreendimento, e que os financiadores externos (bancos e debenturistas) devem receber os juros independentemente da existência ou não de lucros. Denomina-se risco financeiro a possibilidade de a empresa não se responsabilizar, temporária ou definitivamente, pelos pagamentos das parcelas do principal e dos juros contratuais. Portanto, os financiadores externos têm um risco de não receber em devolução o capital emprestado e seus juros. Este é o risco financeiro da empresa.

Os financiadores externos adotam como referência básica para medir o risco financeiro de cada empresa, além do potencial de geração operacional de lucros, o grau de endividamento atual e futuro. O grau de endividamento é a relação percentual entre o total das fontes de capital de terceiros em relação ao total das fontes de capital próprio.

$$\text{Grau de Endividamento (GE)} = \frac{\text{Capital de Terceiros}}{\text{Capital Próprio}}$$

Quanto maior o grau de endividamento, maior o risco financeiro da empresa, pois há maior utilização do capital de terceiros. Como o capital de terceiros exige uma remuneração fixa, quanto mais empréstimos e debêntures existirem na empresa, maiores serão os comprometimentos financeiros no seu fluxo de caixa. Os financiadores externos sempre estarão atentos a empresas com elevado grau de endividamento, pois, em caso de lucros futuros menores que os esperados, a possibilidade de inadimplência dos compromissos financeiros aumenta.

O grau de endividamento também mostra uma relação de garantia. Evidencia qual proporção do negócio os acionistas estão financiando em relação ao capital de terceiros. Quanto mais investem no próprio negócio mais indicações há de confiança no empreendimento e de que eles estão dispostos a assumir os riscos operacionais, evidenciando aos donos do capital de terceiros uma garantia adicional.

Tabela 14.2 Exemplos de grau de endividamento

Fontes de Capital	Estrutura A	Estrutura B	Estrutura C
Capital de Terceiros (A)	–	500.000	750.000
Capital Próprio (B)	1.000.000	500.000	250.000
Total das Fontes – Passivo Total	1.000.000	1.000.000	1.000.000
Grau de Endividamento (A/B)	**–**	**1,0**	**3,0**

A estrutura A é de uma empresa que não se utiliza de capital de terceiros e, portanto, o endividamento é zero, bem como seu risco financeiro. É também denominada de estrutura financeira não alavancada, absolutamente conservadora. A estrutura B mostra uma relação 1:1, ou seja, para cada unidade monetária de capital de terceiros os acionistas também participam da estrutura financeira em montante igual. Logo, o endividamento é igual a 1. A estrutura C mostra uma empresa com pouco grau de aversão ao risco e uso intensivo de capital de terceiros, com grau de endividamento igual a 3. Pode ser considerada uma estrutura arrojada financeiramente.

No Brasil são comuns estruturas financeiras com grau de endividamento entre 0,5 e 1,0, sendo consideradas aceitáveis até 1,20. Nos países europeus, nos EUA e no Japão, não é incomum estruturas financeiras com grau de endividamento ao redor de 2, pois as taxas de juros são menores e os ambientes econômicos têm maior grau de estabilidade.

Lembramos que teoricamente existiria a possibilidade de estrutura financeira somente com capital de terceiros. Porém, dentro da abordagem ortodoxa, tal situação não existe na realidade.

Estrutura Financeira, Rentabilidade do Ativo e Rentabilidade do Acionista

A rentabilidade geral da empresa decorre da rentabilidade do ativo, do resultado operacional. A rentabilidade do capital próprio depende, outrossim, de quanto de juros tem de pagar para os empréstimos (capital de terceiros). Portanto, empresas do mesmo setor podem ter a mesma rentabilidade do ativo, mas obterem rentabilidades diferentes para o capital próprio decorrente de sua estrutura financeira e da taxa de juros do capital de terceiros.

A Tabela 14.3 apresenta três estruturas financeiras e o impacto na rentabilidade dos acionistas sob o efeito de duas taxas de juros escolhidas arbitrariamente, 12% e 18%. O Lucro Operacional para todas as hipóteses é o mesmo – R$ 150.000 –, uma vez que a rentabilidade operacional está relacionada com os ativos, e sua estrutura não é afetada pela estrutura de capital, a qual, considerando os juros devidos ao capital de terceiros, afeta a rentabilidade líquida, que é o lucro residual, que é de direito dos acionistas. Não estamos levando em consideração os impostos sobre o lucro neste momento para fins de simplificação.

Na hipótese 1, na estrutura financeira A, a rentabilidade do ativo é igual à rentabilidade do capital próprio (dos acionistas), porque não há endividamento, não havendo ocorrência dos juros. Toda a rentabilidade é do acionista e todo o ativo é financiado com recursos próprios. Nas estruturas B e C, a rentabilidade dos acionistas cresce, porque a taxa de juros sobre capital de terceiros – 12% – é menor que a rentabilidade obtida pelos ativos – 15%. Há hipótese 1, quanto mais capital de terceiros existir na estrutura financeira, maior será a rentabilidade residual para os acionistas.

Na hipótese 2, as estruturas financeiras B e C evidenciam queda da rentabilidade para o acionista em relação à remuneração do capital de terceiros. Ao pagar 18% a.a. para os financiadores externos, os acionistas terminam por obter rentabilidade inferior até aquela gerada pelo ativo. Neste caso, a taxa de juros compromete a estrutura e alavancagem financeira.

Tabela 14.3 Endividamento e rentabilidade

Hipótese 1 – Taxa de Juros de 12% a.a.

Discriminação	Estrutura A	Estrutura B	Estrutura C
Lucro Operacional antes dos Juros	150.000	150.000	150.000
Juros – 12% a.a. s/Capital de Terceiros	–	60.000	90.000
Lucro Líquido p/ os Acionistas	150.000	90.000	60.000
Rentabilidade do Ativo (Em %)	15,.0	15,0	15,0
Rentabilidade dos Acionistas (Em %)	15,0	18,0	24,0

Hipótese 2 – Taxa de Juros de 18% a.a.

Discriminação	Estrutura A	Estrutura B	Estrutura C
Lucro Operacional antes dos Juros	150.000	150.000	150.000
Juros – 18% a.a. s/Capital de Terceiros	–	90.000	135.000
Lucro Líquido p/ os Acionistas	150.000	60.000	15.000
Rentabilidade do Ativo (Em %)	15,0	15,0	15,0
Rentabilidade dos Acionistas (Em %)	15,0	12,0	6,0

Na hipótese 2, fica clara a relação do endividamento financeiro com o risco financeiro. Tomando como base a estrutura C, se o Lucro Operacional, por perturbações não previstas, for inferior a R$ 135.000, a empresa não conseguirá honrar seus compromissos financeiros anuais, entrando em problemas de liquidez.

Alavancagem Financeira

Significa a possibilidade de os acionistas da empresa obterem maiores lucros para suas ações, com o uso mais intensivo de capital de terceiros, ou seja, empréstimos.

O fundamento da alavancagem financeira é que os juros são custos fixos e, portanto, permitem o fenômeno alavancagem. Como sempre, no dilema risco × retorno, todo fenômeno alavancagem, baseado em custos fixos, tem a sua contrapartida negativa, que é o risco. Assim, a alavancagem financeira traz também o risco financeiro.

O fato de os juros serem um custo fixo permite duas possibilidades de alavancagem financeira, que podem ser utilizadas conjuntamente. A primeira decorre da obtenção de custos de financiamentos das fontes externas em percentual inferior à rentabilidade oferecida pelos ativos da empresa, como vimos no exemplo anterior. A segunda alavancagem decorre da natural possibilidade de as empresas aumentarem seu nível de atividade, com vendas e lucros operacionais maiores, e alavancando rentabilidade para os acionistas por manterem fixos os valores pagos ao capital de terceiros.

A alavancagem financeira decorrente do aumento do volume é similar à alavancagem operacional; e, dentro de expectativas de volumes maiores esperados, pode até permitir aceitar taxas de juros maiores, daquelas admissíveis dentro de volumes menores de atividade e vendas.

A Figura 14.2 apresenta um esquema resumido desses conceitos.

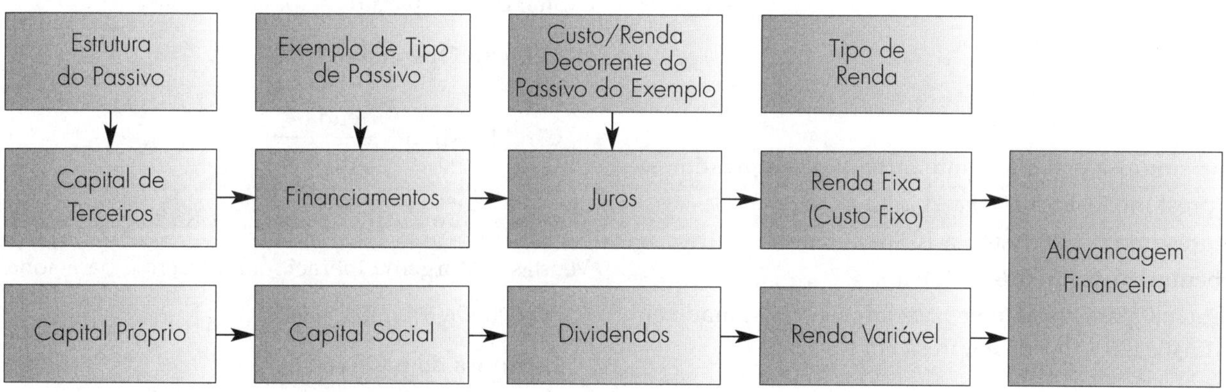

Figura 14.2 Relacionamento entre a estrutura do passivo e alavancagem financeira

14.2 Custo de Capital, Estrutura do Passivo e Valor da Empresa[1]

A **abordagem tradicional ou ortodoxa** assume que há uma estrutura ótima de capital e **que a empresa pode aumentar o seu valor com o uso adequado do efeito alavancagem**. Este enfoque sugere que a empresa inicialmente pode baixar seu custo de capital e aumentar seu valor total por meio da alavancagem financeira. Embora os acionistas aumentem a taxa de retorno requerida para o capital próprio, o incremento de sua taxa de retorno (*ke*) não assegura inteiramente o benefício de usar custos mais baratos de capital de terceiros. Quanto mais alavancagem ocorrer e, consequentemente, maior grau de endividamento financeiro, os financiadores externos provavelmente irão penalizar a empresa com taxas de juros maiores nos novos empréstimos a serem fornecidos para a empresa, uma vez que passam a assumir riscos maiores.

A abordagem tradicional centra-se na questão de minimizar o custo médio de capital da empresa (*ko*). Assim, define o **valor da empresa** como o valor de mercado de suas fontes de capital, ou seja, o valor dos empréstimos e o das ações.

Define-se *ki* como o custo da alavancagem ou o custo dos empréstimos;

Define-se *ke* como o custo das ações ou o custo exigido pelos acionistas.

O valor dos acionistas é o lucro após os juros. Portanto, temos as seguintes equações para trabalhar a estrutura de capital.

[1] Adaptado de VAN HORNE, James C. Op. cit., Capítulo 9.

$$ki = \frac{\text{Custo Anual dos Juros}}{\text{Valor de mercado das dívidas (capital de terceiros)}}$$

$$ke = \frac{\text{Lucro Disponível aos Acionistas (Lucro Operacional depois dos Juros)}}{\text{Valor de mercado do patrimônio líquido (capital próprio)}}$$

$$ko = \frac{\text{Lucro Operacional (Lucro antes dos Juros)}}{\text{Valor de mercado da empresa (capital de terceiros + capital próprio)}}$$

Valor da Empresa (VE) = Capital de Terceiros + Capital Próprio

EXEMPLO 1

Uma empresa tem a seguinte carteira de empréstimos:
Empréstimo I - R$ 10.000 a 11% a.a.
Empréstimo II - R$ 20.000 a 10% a.a.
Debêntures - R$ 20.000 a 9% a.a.
O Lucro Operacional (antes dos juros) está estimado em R$ 15.400 e o valor da empresa em R$ 120.000.

Calcular:

a) o custo médio de capital de terceiros ki;
b) o custo médio de capital dos acionistas ke;
c) o custo médio de capital da empresa ko.

Custo médio ponderado de capital de terceiros

	Capital × Taxa de Juros =	Custo Anual
Empréstimo I	R$ 10.000 11% a.a. =	R$ 1.100
Empréstimo II	R$ 20.000 10% a.a. =	R$ 2.000
Debêntures	R$ 20.000 9% a.a. =	R$ 1.800
Total	R$ 50.000 =	R$ 4.900

$$ki = \frac{R\$\ 4.900}{R\$\ 50.000} = 9{,}8\%\ a.a.$$

Custo médio de capital dos acionistas

Valor da Empresa	= R$ 120.000
(-) Valor do Capital de Terceiros	= (R$ 50.000)
= Valor do Capital dos Acionistas	= R$ 70.000
Lucro Operacional	= R$ 15.400
(-) Custo dos Juros	= (R$ 4.900)
= Lucro para os Acionistas	= R$ 10.500

$$ke = \frac{R\$\ 10.500}{R\$\ 70.000} = 15{,}0\%\ a.a.$$

Custo médio de capital da empresa

$$ko = \frac{R\$\ 15.400}{R\$\ 120.000} = 12{,}83\%\ a.a.$$

EXEMPLO 2

Uma empresa tem um ativo de R$ 20.000 e um giro de 2,2. Os acionistas entendem que um endividamento de 1,5 é aceitável para manter a liquidez da empresa. Sabe-se que a margem operacional é de 6,5% antes dos juros. O custo médio do capital de terceiros (ki) é 18%.
a) Calcular ke e ko.
b) Qual seria o valor da empresa se os acionistas desejassem um custo de capital de 14% a.a.?
c) Qual poderia ser o custo de capital de terceiros para manter o valor da empresa em R$ 20.000 e o custo de capital de 14% para os acionistas?

a) Lucro Operacional

$$\text{Giro do Ativo} = \frac{\text{Vendas}}{\text{Ativo}}$$

Vendas = Giro × Ativo ⟶ 2,2 × R$ 20.000 = R$ 44.000

Vendas × Margem Operacional = Lucro Operacional

R$ 44.000 × 6,5% = R$ 2.860

Estrutura do passivo

X + Y = R$ 20.000, em que X = Capital de Terceiros e Y = Capital Próprio

Endividamento máximo = 1,5

$$\text{Endividamento} = \frac{\text{Capital de Terceiros (X)}}{\text{Capital Próprio (Y)}}$$

$$\text{Portanto: } \frac{X}{Y} = 1{,}5$$

Resolvendo: X = 1,5 Y

Substituindo
1,5 Y + Y = R$ 20.000

$$Y = \frac{R\$\ 20.000}{2{,}5}$$

Y = R$ 8.000 (Capital próprio)

Capital Próprio	= R$ 8.000
Capital de Terceiros	= R$ 12.000
Valor da Empresa	= R$ 20.000

Custo anual do capital de terceiros

ki = 18% × R$ 12.000 = R$ 2.160

Lucro para os acionistas e ke

Lucro Operacional	= R$ 2.860
(-) Custo dos Juros	= (R$ 2.160)
= Lucro para os Acionistas	= R$ 800

$$ke = \frac{R\$\ 800}{R\$\ 8.000} = 10{,}0\%\ a.a.$$

Custo médio de capital da empresa

$$ke = \frac{R\$\ 2.860}{R\$\ 20.000} = 14{,}3\%\ a.a.$$

b) Valor da empresa com custo de capital dos acionistas de 14% a.a.

$$ke = \frac{R\$\ 800}{X} = 14{,}0\%\ a.a.$$

$$\text{Capital dos acionistas} = \frac{R\$\ 800}{0{,}14} = R\$\ 5.714$$

Valor da Empresa	
Capital de Terceiros	= R$ 12.000
Novo Capital dos Acionistas	= R$ 5.714
Valor da Empresa	= R$ 17.714

c) Valor da empresa em R$ 20.000 com custo de capital dos acionistas de 14% a.a. ki?

Valor da Empresa	
Capital de Terceiros	= R$ 12.000
Capital dos Acionistas	= R$ 8.000
Valor da Empresa	= R$ 20.000

Lucro esperado para os acionistas

= ke × Capital dos Acionistas = 0,14 × R$ 8.000 = R$ 1.120

Custo máximo de capital de terceiros

Lucro Operacional	= R$ 2.860
(-) Lucro Esperado pelos Acionistas	= (R$ 1.120)
= Custo Máximo de Juros	= R$ 1.740

$$ki = \frac{R\$\ 1.740}{R\$\ 12.000} = 14{,}5\%\ a.a.$$

Abordagem do Lucro Operacional

Nesta abordagem, o valor da empresa é obtido pela capitalização do Lucro Operacional (lucro antes dos juros) a uma determinada taxa geral de capitalização. O valor do capital dos acionistas é obtido pela diferença entre o valor total da empresa e o valor das dívidas. **Nesta abordagem, o valor da empresa não é afetado pela estrutura de capital.**

Exemplo: Se uma empresa tem um Lucro Operacional médio esperado de R$ 2.000 e assumindo uma taxa geral de capitalização de 12,5%, o valor da empresa seria R$ 16.000. Supondo que o total de dívidas financeiras fosse de R$ 7.000, o valor do capital dos acionistas seria de R$ 9.000.

O	Lucro Operacional (antes dos juros)	R$ 2.000
Ko	Taxa Geral de Capitalização	0,125
V	Valor da Empresa (O:Ko)	R$ 16.000
B	Valor da Dívida (Capital de Terceiros)	R$ 7.000
S	Valor dos Acionistas (Capital Próprio)	R$ 9.000

Assumindo, por exemplo, que a taxa de juros dos empréstimos fosse de 10% a.a., o custo de capital dos acionistas seria:

Lucro Operacional	= R$ 2.000
(-) Custo dos Juros	= (R$ 700)
= Lucro para os Acionistas	= R$ 1.200

$$ke = \frac{R\$\ 1.200}{R\$\ 9.000} = 13{,}3\%\ a.a.$$

Considerando uma outra hipótese de capital de terceiros no montante de R$ 9.500, ao mesmo custo de 10% a.a., o valor da empresa seria o mesmo, mas o valor do capital dos acionistas e seu custo de capital seriam diferentes, como mostrado a seguir.

O	Lucro Operacional (antes dos juros)	R$ 2.000
Ko	Taxa Geral de Capitalização	0,125
V	Valor da Empresa (O:Ko)	R$ 16.000
B	Valor da Dívida (Capital de Terceiros)	R$ 9.500
S	Valor dos Acionistas (Capital Próprio)	R$ 6.500

Lucro Operacional	= R$ 2.000
(-) Custo dos Juros	= (R$ 950)
= Lucro para os Acionistas	= R$ 1.050

$$ke = \frac{R\$\ 1.050}{R\$\ 6.500} = 16{,}1\%\ a.a.$$

Abordagem MM (Modigliani & Miller)

A abordagem MM sobre a estrutura de capital da empresa difere significativamente da abordagem ortodoxa e é similar à abordagem do Lucro Operacional. Ela parte do pressuposto de que em mercados perfeitos são irrelevantes a estrutura de capital e, consequentemente, a política de dividendos. Conforme Brealey e Myers,

> "Modigliani e Miller mostraram que a política de dividendos não é relevante nos mercados de capitais perfeitos. A sua famosa 'proposição I' estabelece que uma empresa não pode alterar o valor total dos seus títulos, através da simples repartição dos seus fluxos de tesouraria em diferentes correntes: o valor da empresa é determinado pelos seus ativos reais e não pelos títulos que emite. Deste modo, a estrutura de capital é irrelevante, desde que as decisões de investimento da empresa sejam consideradas como dados (...) O valor de mercado de qualquer empresa é independente da estrutura do seu capital."[2]

Dentro das condições de mercados de capitais perfeitos, haveria abundância de capital. Portanto, os investidores estariam dispostos a correr os mesmos riscos dos tradicionais proprietários. O suporte para esta posição está em que a empresa não consegue fazer pelos seus acionistas mais do que eles conseguem fazer para si mesmos. Na condição de mercados perfeitos e que as informações estão disponíveis a todos, os acionistas poderão fazer suas alavancagens financeiras e mudar seus investimentos nas empresas, e as mudanças das fontes de capital das empresas não aumentam seu valor.

Nessa linha, alguns pontos podem ser levantados como premissas da abordagem MM:

- Não há "donos" na empresa.
- Não é relevante a fonte de capital; todas têm uma remuneração, cuja diferença é apenas de nome (juros, prêmios, dividendos).
- Não há risco financeiro (todos são identicamente fornecedores de capital).
- Portanto, não há alavancagem financeira que possa maximizar o valor da empresa.
- Há apenas o risco do negócio (risco não sistemático).

MM provam matematicamente em seus trabalhos suas teses, e não há como refutá-las em uma abordagem teórica. Contudo, o mundo real não é perfeito, nem os mercados de capitais. As empresas são analisadas e avaliadas na sua relação de capital próprio *versus* capital de terceiros e o objetivo tem sido a maximização do valor da empresa, sob a ótica do patrimônio líquido contábil (ou do capital próprio), que é de propriedade de seus acionistas ou donos.

14.3 Alavancagem Financeira e Alavancagem Combinada

Já vimos que a alavancagem financeira parte do pressuposto de que os custos fixos de juros podem ser utilizados para maximização do retorno dos acionistas e é um fundamento clássico da abordagem tradicional da estrutura de capital.

As empresas têm seus custos fixos operacionais decorrentes da estruturação de seus ativos para o desempenho de suas atividades operacionais. Esses custos fixos permitem a alavancagem operacional e representam o risco operacional.

A existência na estrutura de financiamento de capital de terceiros permite o fenômeno alavancagem financeira para o capital próprio. Quando uma empresa não utiliza capital de terceiros, não existe a possibilidade de alavancagem financeira, e dizemos que é uma empresa não alavancada. A alavancagem financeira está ligada ao passivo.

Alavancagem Combinada e o Risco da Empresa

A combinação de uma estrutura de ativo com uma estrutura do passivo dá origem a um grau de alavancagem geral da empresa, que denominamos de alavancagem combinada. O grau de alavancagem combinada é obtido pela multiplicação do grau de alavancagem operacional pelo grau de alavancagem financeira. Por conseguinte, o grau de alavancagem combinada determina o grau de risco do empreendimento naquela combinação de alavancagem escolhida.

Quadro 14.1 Alavancagem e risco no balanço patrimonial

Ativo	Passivo
Alavancagem Operacional Risco Operacional	Alavancagem Financeira Risco Financeiro

Alavancagem Combinada Risco da Empresa

Exemplo: Alavancagem Financeira

Apresentamos na Tabela 14.4 um exemplo numérico para evidenciar tanto o efeito alavancagem como o efeito risco financeiro.

[2] BREALEY, Richard A. MYERS, Stewart C. *Princípios de Finanças Empresariais*. Portugal: Mc-GrawHill, 1992, p. 395-400.

Tabela 14.4 Alavancagem financeira e risco financeiro

	Estrutura Financeira A	Estrutura Financeira B
Capital de Terceiros	350.000	600.000
Capital Próprio	650.000	400.000
Ativo Total	1.000.000	1.000.000
Taxa de Juros	10%	10%

Discriminação	Situação Atual		Aumento de 12% no Volume		Diminuição de 12% no Volume	
	Estrutura A	Estrutura B	Estrutura A	Estrutura B	Estrutura A	Estrutura B
Receita de Vendas	1.500.000	1.500.000	1.680.000	1.680.000	1.320.000	1.320.000
Custos e Despesas Variáveis	900.000	900.000	1.008.000	1.008.000	792.000	792.000
Custos e Despesas Fixas	490.000	490.000	490.000	490.000	490.000	490.000
Lucro Operacional antes dos Juros (A)	110.000	110.000	182.000	182.000	38.000	38.000
Juros	35.000	60.000	35.000	60.000	35.000	60.000
Lucro depois dos Juros (B)	75.000	50.000	147.000	122.000	3.000	(22.000)
Rentabilidade Operacional do Ativo (Em %)	11,0	11,0	18,2	18,2	3,8	3,8
Rentabilidade do Capital Próprio (Em %)	11,5	12,5	22,6	30,5	0,5	-5,5
Grau de Alavancagem Financeira (A:B)	**1,467**	**2,200**				
			Efeito da Alavancagem Financeira		**Ocorrência do Risco Financeiro**	

Dentro de uma mesma estrutura operacional, apresentamos duas estruturas financeiras possíveis, a Estrutura A, mais conservadora, e a Estrutura B, mais alavancada. Note que, na situação atual, a Estrutura B já evidencia o efeito da alavancagem financeira pela taxa de juros. O ativo rendendo 11% a.a., mais do que o custo de capital de terceiros, de 10%, já permite maior rentabilidade para o capital próprio. No caso, a Estrutura B rende 12,5%, enquanto a Estrutura A, 11,5%.

Trabalhando com a hipótese de aumento de 12% do nível de atividade, ambas as estruturas respondem com alavancagem financeira, pois o lucro para os acionistas cresce mais do que proporcionalmente ao aumento das vendas, beneficiado também pela alavancagem operacional já existente. A Estrutura B, por ser financeiramente mais alavancada – evidenciada pelo maior grau de alavancagem financeira –, mostra uma rentabilidade muito maior para os acionistas.

O risco financeiro fica evidente num decréscimo do nível de atividade. Reduzindo as vendas em 12%, a Estrutura B, por ter de bancar custos fixos financeiros maiores que a Estrutura A, tem seu lucro após os juros reduzido em uma proporção maior. No nosso exemplo, o resultado termina por ser um prejuízo.

Fica claro, então, que quanto mais alavancada financeiramente é uma empresa, ela se beneficia de dois aspectos:

- Quando o custo dos empréstimos é menor que o lucro operacional sobre os ativos.
- Quando há aumento do nível de atividade.

Torna-se óbvio também que quanto mais alavancada financeiramente é a empresa, maior risco ela terá na hipótese de ocorrer queda do nível de atividade.

Exemplo: Alavancagem Combinada

A alavancagem combinada, ou alavancagem total da empresa, resulta da multiplicação da alavancagem operacional pela alavancagem financeira. Portanto, a alavancagem total da empresa é uma combinação de estrutura de custos operacionais (via estrutura de ativos) com uma estrutura de capital (estrutura financeira ou de passivo). Em tese, podemos ter, então, quatro combinações de estruturas de empresas, quais sejam:

- Estrutura Operacional Conservadora + Estrutura Financeira Conservadora.
- Estrutura Operacional Conservadora + Estrutura Financeira Arrojada.
- Estrutura Operacional Arrojada + Estrutura Financeira Conservadora.
- Estrutura Operacional Arrojada + Estrutura Financeira Arrojada.

Consideramos estrutura operacional conservadora aquela que se utiliza, o máximo possível, de custos variáveis e o mínimo possível de custos fixos. O oposto é considerado operacionalmente arrojado.

Consideramos estrutura financeira conservadora aquela que se utiliza, o máximo possível, de capital próprio e o mínimo possível de capital de terceiros. O oposto é considerado financeiramente arrojado.

Para evidenciar as possibilidades de combinação de alavancagem, utilizaremos os dados do exemplo numérico do Capítulo 14, em que verificamos duas possibilidades de estrutura de ativo, imaginando também duas estruturas financeiras alternativas apresentadas agora na Tabela 14.5.

Tabela 14.5 Estrutura de passivo (financiamento)
Estrutura A – 30% de capital de terceiros – 70% de capital próprio

Fontes de Capital	Opção 1		Opção 2	
	Em R$	Em %	Em R$	Em %
Capital de Terceiros				
Empréstimos, Financiamentos	75.300,00	30,00	34.960,00	30,00
SOMA	**75.300,00**	**30,00**	**34.960,00**	**30,00**
Capital Próprio				
Capital Social, Lucros Retidos	175.700,00	70,00	81.573,33	70,00
SOMA	**175.700,00**	**70,00**	**81.573,33**	**70,00**
TOTAL	**251.000,00**	**100,00**	**116.533,33**	**100,00**

Estrutura B – 70% de capital de terceiros – 30% de capital próprio

Fontes de Capital	Opção 1		Opção 2	
	Em R$	Em %	Em R$	Em %
Capital de Terceiros				
Empréstimos, Financiamentos	175.700,00	70,00	81.573,33	70,00
SOMA	**175.700,00**	**70,00**	**81.573,33**	**70,00**
Capital Próprio				
Capital Social, Lucros Retidos	75.300,00	30,00	34.960,00	30,00
SOMA	**75.300,00**	**30,00**	**34.960,00**	**30,00**
TOTAL	**251.000,00**	**100,00**	**116.533,33**	**100,00**

Na Tabela 14.6, apresentamos o resultado líquido após os juros, para evidenciar o efeito das combinações da alavancagem. Deixaremos de considerar os impostos sobre o lucro objetivando simplificar a análise dos dados.

Na primeira tabela apresentamos as duas possibilidades de estrutura de custos – Opção 1 e Opção 2 – com a Estrutura Financeira A. No segundo, apresentamos as mesmas opções de estrutura de custos, já agora com a Estrutura Financeira B.

Tabela 14.6a Demonstração de resultados – estrutura financeira A
Custo do capital de terceiros – 1% ao mês

Discriminação	Opção 1		Opção 2	
	Em R$	Em %	Em R$	Em %
RECEITA TOTAL	**40.000,00**	**100,00**	**40.000,00**	**100,00**
(-) Custos Variáveis				
. Materiais	8.000,00	20,00	24.400,00	61,00
. Comissões	–	–	6.000,00	15,00
TOTAL	8.000,00	20,00	30.400,00	76,00
Margem de Contribuição (1)	**32.000,00**	**80,00**	**9.600,00**	**24,00**
(-) Custos/Despesas Fixas	28.700,00	71,75	7.700,00	19,25
Lucro Operacional (2)	**3.300,00**	**8,25**	**1.900,00**	**4,75**
Juros	753,00	1,88	349,60	0,87
Lucro depois dos Juros (3)	**2.547,00**	**6,37**	**1.550,40**	**3,88**
Grau de Alavancagem Operacional (1:2)	9,70		5,05	
Grau de Alavancagem Financeira (2:3)	1,30		1,23	
Grau de Alavancagem Combinada (1:3)	12,56		6,19	
RENTABILIDADE DO CAPITAL PRÓPRIO (Anualizada – Em %)	**17,40**		**22,81**	

Tabela 14.6b Demonstração de resultados – estrutura financeira B
Custo do capital de terceiros – 1% ao mês

Discriminação	Opção 1		Opção 2	
	Em R$	Em %	Em R$	Em %
RECEITA TOTAL	**40.000,00**	**100,00**	**40.000,00**	**100,00**
(-) Custos Variáveis				
. Materiais	8.000,00	20,00	24.400,00	61,00
. Comissões	–	–	6.000,00	15,00
TOTAL	**8.000,00**	**20,00**	**30.400,00**	**76,00**
Margem de Contribuição (1)	**32.000,00**	**80,00**	**9.600,00**	**24,00**
(-) Custos/Despesas Fixas	28.700,00	71,75	7.700,00	19,25
Lucro Operacional (2)	**3.300,00**	**8,25**	**1.900,00**	**4,75**
Juros	1.757,00	4,39	815,73	2,04
Lucro depois dos Juros (3)	**1.543,00**	**3,86**	**1.084,27**	**2,71**
Grau de Alavancagem Operacional (1:2)	9,70		5,05	
Grau de Alavancagem Financeira (2:3)	2,14		1,75	
Grau de Alavancagem Combinada (1:3)	20,74		8,85	
RENTABILIDADE DO CAPITAL PRÓPRIO (Anualizada – Em %)	**24,59**		**37,22**	

Observe que temos dois graus de alavancagem operacional e dois de alavancagem financeira. A combinação dos dois tipos de alavancagem possibilita quatro combinações de alavancagem e, portanto, quatro diferentes graus de alavancagem combinada. Obviamente, a reunião de duas estruturas conservadoras dá o menor grau de alavancagem combinada (6,19) e a reunião de duas estruturas arrojadas dá o maior grau de alavancagem combinada (20,74).

Assim, em um possível aumento do nível de atividade da empresa, haverá maior resposta no lucro para os acionistas da combinação que tiver o maior grau de alavancagem combinada; o lucro crescerá mais. Na situação inversa, ocorrendo uma redução do nível de atividade, esta mesma combinação sofrerá maior redução do lucro dos acionistas.

A Tabela 14.7 reflete os efeitos da alavancagem combinada com um aumento de 15% no volume de vendas.

Tabela 14.7a Demonstração de resultados – estrutura financeira A – + 15% no volume de vendas
Custo do capital de terceiros - 1% ao mês

Discriminação	Opção 1		Opção 2	
	Em R$	Em %	Em R$	Em %
RECEITA TOTAL	**46.000,00**	**100.00**	**46.000,00**	**100,00**
(-) Custos Variáveis				
. Materiais	9.200,00	20,00	28.060,00	61,00
. Comissões	–	–	6.900,00	15,00
TOTAL	**9.200,00**	**20,00**	**34.960,00**	**76,00**
Margem de Contribuição	**36.800,00**	**80,00**	**11.040,00**	**24,00**
(-) Custos/Despesas Fixas	28.700,00	62,39	7.700,00	16,74
	8.100,00	17,61	3.340,00	7,26
Juros	753,00	1,64	349,60	0,76
Lucro depois dos Juros	**7.347,00**	**15,97**	**2.990,40**	**6,50**
RENTABILIDADE DO CAPITAL PRÓPRIO (Anualizada – Em %)	**50,18**		**43,99**	

Tabela 14.7b Demonstração de resultados – estrutura financeira B – + 15% no volume de vendas
Custo do capital de terceiros – 1% ao mês

Discriminação	Opção 1		Opção 2	
	Em R$	Em %	Em R$	Em %
RECEITA TOTAL	**46.000,00**	**100,00**	**46.000,00**	**100,00**
(-) Custos Variáveis				
. Materiais	9.200,00	20,00	28.060,00	61,00
. Comissões	–	–	6.900,00	15,00
TOTAL	**9.200,00**	**20,00**	**34.960,00**	**76,00**
Margem de Contribuição	**36.800,00**	**80,00**	**11.040,00**	**24,00**
(-) Custos/Despesas Fixas	28.700,00	62,39	7.700,00	16,74
Lucro Operacional	**8.100,00**	**17,61**	**3.340,00**	**7,26**
Juros	1.757,00	3,82	815,73	1,77
Lucro depois dos Juros	**6.343,00**	**13,79**	**2.524,27**	**5,49**
RENTABILIDADE DO CAPITAL PRÓPRIO (Anualizada – Em %)	**101,08**		**86,65**	

Variação do Lucro Líquido

O efeito da alavancagem fica evidente na variação percentual do lucro depois dos juros, que é o lucro para os acionistas. Vamos apresentar o lucro final na situação antes do aumento do volume de vendas, contra o lucro final após o aumento de vendas, para mostrar o efeito combinado da alavancagem da empresa. Veja Tabela 14.8.

A mesma variação do lucro líquido pode ser obtida multiplicando-se o grau de alavancagem combinada pela variação do volume, conforme também demonstrado na Tabela 14.8.

Tabela 14.8 Variação percentual do lucro líquido após os juros

Estrutura Patrimonial	Lucro após os Juros		
	Anterior	Após Aumento do Volume	Variação Percentual
Estrutura Financeira A + Opção 1	2.547,00	7.347,00	188,46
Estrutura Financeira A + Opção 2	1.550,40	2.990,40	92,88
Estrutura Financeira B + Opção 1	1.543,00	6.343,00	311,08
Estrutura Financeira B + Opção 2	1.084,27	2.524,27	132,81

Utilizando o Grau de Alavancagem Combinada (GAC)

Estrutura Patrimonial	GAC (A)	Variação no Volume (B) (Em %)	Variação Percentual (A×B) (Em %)
Estrutura Financeira A + Opção 1	12,56	15	188,46
Estrutura Financeira A + Opção 2	6,19	15	92,88
Estrutura Financeira B + Opção 1	20,74	15	311,08
Estrutura Financeira B + Opção 2	8,85	15	132,81

14.4 O Impacto Tributário na Alavancagem Financeira

Um dos grandes elementos motivadores da alavancagem financeira é a dedutibilidade dos juros para fins de impostos sobre o lucro. No Brasil, a tributação sobre o lucro líquido antes dos impostos, para as pessoas jurídicas tributadas pelo lucro real, varia entre 24% e 34%. Estamos apresentando as alíquotas gerais sem entrar nas características específicas de cada empresa.

Imposto de Renda – Alíquota Básica	15%
Imposto de Renda – Adicional*	10%
Contribuição Social sobre o Lucro	9%

* Sobre lucros excedentes a R$ 240.000 por ano ou R$ 20.000 por mês.

Assim, o custo do capital de terceiros, por meio das taxas de juros nominais, é reduzido pelo impacto tributário, já que é uma despesa dedutível. O mesmo não ocorre com os dividendos distribuídos aos acionistas ordinários e preferenciais, que não podem ser abatidos do lucro para fins de tributação, exceto no caso da figura dos juros sobre o Patrimônio Líquido que abordaremos a seguir.

Considerando a alíquota máxima dos impostos sobre o lucro de 34%, uma taxa de juros de 20% ao ano tem um custo real, após a utilização como despesa dedutível pela empresa, de 13,2%. Vejamos:

Taxa de juros nominal	20,0% a.a.
Dedutibilidade tributária – 34% × 20%	6,8%
Taxa de juros efetiva	13,2% a.a.

Juros sobre o Capital Próprio

No Brasil foi criada, em 1995, a figura da dedutibilidade dos Juros sobre o Capital Próprio (JSCP) pagos às pessoas físicas e jurídicas detentoras das ações do capital das empresas (Artigo 9º, Lei nº 9.249 de 26-12-1995).

A empresa poderá deduzir os juros para fins dos impostos sobre o lucro das importâncias pagas aos acionistas sob esta figura jurídica. Os JSCP serão calculados pela Taxa de Juros de Longo Prazo (TJLP) sobre o total do Patrimônio Líquido, excluindo-se o valor das reservas de reavaliação, e poderão ser considerados como dividendos distribuídos para fins de dividendo mínimo obrigatório.

A empresa pode distribuir até 50% do Lucro Líquido do Período após os Impostos sobre o Lucro, ou até 50% dos Lucros Acumulados, dos dois o maior. A distribuição dos JSCP será tributada na fonte em 15%, considerada exclusiva para pessoas físicas e aproveitável em futuras distribuições de lucros para pessoas jurídicas recebedoras. Tributariamente, os JSCP são considerados despesas financeiras para quem paga e receita financeira tributável para pessoas jurídicas que recebem.

Essa figura é muito interessante, pois permite maior distribuição de resultados, ao mesmo tempo em que encoraja às empresas a se capitalizarem com lucros retidos, evitando maior endividamento financeiro. Os dividendos distribuídos, outrossim, levam a vantagem de não serem tributados por quem recebe.

Considerando a retenção de 15% de IR e a dedutibilidade para a empresa, há um ganho financeiro de 19% para a empresa que distribui e que, posteriormente, será um benefício para os acionistas pessoas físicas em distribuições futuras. No ato, o acionista recebe 15% a menos do que receberia sob a forma de dividendos.

Efeito da Dedutibilidade dos JSCP	
dos Impostos sobre o Lucro	34%
Retenção de IR na Fonte	15%
Ganho Financeiro para a Empresa Distribuidora	19%

14.5 Modelos de Decisão para Emprestar ou não Emprestar: Ponto de Indiferença

A alavancagem financeira nem sempre é vantajosa, dependendo do nível de atividade (volume de produção e vendas e geração de lucro operacional) e da taxa de juros sobre os financiamentos disponíveis no mercado. Apresentaremos os dois modelos mais conhecidos para decisão de emprestar ou não emprestar. O primeiro, chamado de **planos financeiros**, analisa a decisão de emprestar ou não emprestar em relação ao volume de atividade, mantendo constante a taxa de juros dos financiamentos. O segundo, chamado de taxa de juros no ponto de indiferença, verifica qual a taxa de juros máxima admissível para emprestar, mantendo constante o volume de atividade. Ambos partem do pressuposto básico de que as duas fontes de financiamento têm capital suficiente para fornecer à empresa.

Planos Financeiros e Análise do Ponto de Equilíbrio ou Indiferença[3]

A Tabela 14.9 apresenta uma situação de Lucro Operacional em determinado momento de R$ 2.400.000 por ano, com duas possibilidades de financiamento para um novo projeto da empresa. A primeira com ações ordinárias e a segunda com financiamentos. A necessidade adicional de capital é de R$ 5.000.000 e, caso seja obtida por meio de financiamentos, terá um custo anual de 12%. O capital atual da empresa é de R$ 10.000.000 e está representado por um número de ações de 200.000; caso ela venha a aceitar nova captação de dinheiro dos acionistas, o número de ações passará a 300.000.

Tabela 14.9 Cálculo do lucro por ação: emprestar × não emprestar

Discriminação	Ações	Financiamento
Lucro Operacional Antes dos Juros e Impostos – LAJI	R$ 2.400.000	R$ 2.400.000
Juros	-	600.000
Lucro Antes dos Impostos	2.400.000	1.800.000
Impostos – 40%	960.000	720.000
Lucro Líquido depois dos Impostos	1.440.000	1.080.000
Quantidade de Ações	300.000	200.000
Lucro por Ação	R$ 4,80	R$ 5,40

Neste nível de resultado operacional, a vantagem é clara pela decisão de emprestar. Mas se o nível de atividade previsto for inferior, poderá ser vantagem não emprestar. A questão é saber qual é o volume de atividade (de geração de Lucro Operacional), em que as duas situações são idênticas, ou seja, é indiferente emprestar ou não emprestar. De posse dessa informação, o administrador poderá decidir pelo melhor meio de financiamento para o novo projeto da empresa.

O ponto de indiferença pode ser obtido pela seguinte fórmula:

$$\frac{\text{LAJI - C1}}{\text{S1}} = \frac{\text{LAJI - C2}}{\text{S2}}$$

LAJI é o Lucro Antes dos Juros e Impostos no ponto de indiferença, C1 e C2 são os encargos dos financiamentos (é zero no caso de não emprestar), S1 e S2 é a quantidade de ações envolvidas nas duas opções.

Resolvendo a equação com os dados da Tabela 14.9:

$$\frac{\text{LAJI - 0}}{300.000} = \frac{\text{LAJI - 600.000}}{200.000}$$

$$\begin{aligned}(\text{LAJI})\ (200.000) &= (\text{LAJI})\ (300.000) - (600.000)\ (300.000)\\ 100.000\ \text{LAJI} &= 180.000.000\\ \text{LAJI} &= \$\ 1.800.000\end{aligned}$$

[3] Adaptado de VAN HORNE, James C. Op. cit., Capítulo 10.

Significa que, ao nível de atividade que gera R$ 1.800.000 de Lucro Operacional, é indiferente emprestar ou não emprestar, pois ambas as hipóteses apresentarão o mesmo lucro por ação. Verificamos na Tabela 14.10 que, nesta situação, o lucro por ação para as duas possibilidades de captação de numerário dá o mesmo lucro por ação de R$ 3,60.

Tabela 14.10 Lucro por ação no ponto de indiferença

Discriminação	Ações	Financiamento
Lucro Operacional Antes dos Juros e Impostos – LAJI	R$ 1.800.000	R$ 1.800.000
Juros	–	600.000
Lucro Antes dos Impostos	1.800.000	1.200.000
Impostos – 40%	720.000	480.000
Lucro Líquido Depois dos Impostos	1.080.000	720.000
Quantidade de Ações	300.000	200.000
Lucro por Ação	R$ 3,60	R$ 3,60

Esta situação, também chamada de ponto de equilíbrio, pode ser vista em forma gráfica, conforme apresentamos na Figura 14.3. O ponto de intersecção entre as duas retas que representam os dois planos financeiros indica um lucro por ação de R$ 3,60 e um Lucro Operacional de R$ 1.800.000.

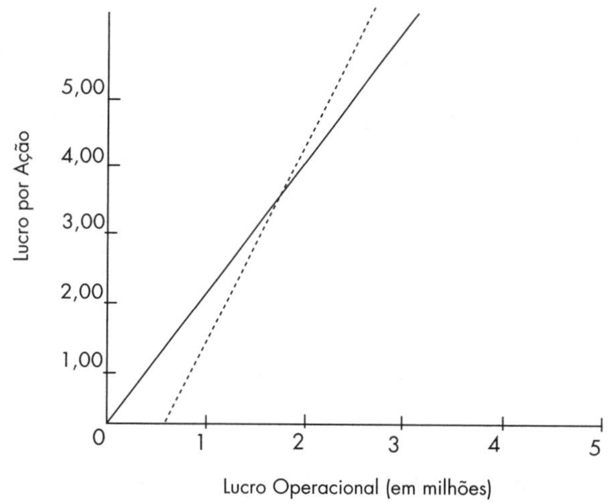

Figura 14.3 Planos financeiros alternativos e ponto de equilíbrio

Taxa de Juros no Ponto de Indiferença

Outro modelo para a decisão de emprestar ou não emprestar fornece um parâmetro em termos de taxa de juros máxima admissível dos financiamentos. Partindo de um volume único, em um projeto de obtenção de fundos, decidiremos emprestar se a taxa de juros oferecida à empresa for igual ou menor do que a identificada no modelo. Se a taxa de juros de mercado oferecida à empresa for superior, a decisão deverá ser por não emprestar e captar dos acionistas.

Para desenvolver este modelo faremos as seguintes premissas. A empresa tem um capital próprio de R$ 500.000, representado por 1.000 ações, e pretende captar mais R$ 250.000 para um projeto de investimentos, que deverá aumentar o volume de vendas em 15%. Na hipótese de ela não emprestar, a quantidade representativa do capital passará para 1.500 ações. A Tabela 14.11 apresenta os cálculos em cima desses dados.

Tabela 14.11 Taxa de juros no ponto de indiferença

Discriminação	Situação Atual	Situação Futura	
		Não Emprestando	Emprestando
Receita de Vendas	1.000.000	1.150.000	1.150.000
Custos Variáveis	720.000	828.000	828.000
Custos Fixos	240.000	240.000	240.000
Lucro Antes dos Juros e Impostos	40.000	82.000	82.000
Juros	–	–	27.333
Lucro Depois dos Juros e Impostos	40.000	82.000	54.667
Impostos Sobre o Lucro – 40%	16.000	32.800	21.867
Lucro Líquido para os Acionistas	24.000	49.200	32.800
Quantidade de Ações	1.000	1.500	1.000
Lucro por Ação - R$	**24,00**	**32,80**	**32,80**

Na situação projetada, o lucro por ação subirá de R$ 24,00 para R$ 32,80 por ação, indicando que o projeto é rentável. A situação no ponto de indiferença, emprestando, mantém o rendimento de R$ 32,80 e busca-se determinar o valor máximo a pagar de juros, como custo financeiro de captação de empréstimos de R$ 250.000. No nosso exemplo, os juros máximos admissíveis no ponto de indiferença montam R$ 27.333, que representa uma taxa nominal máxima admissível de 10,93%.

$$\textbf{Taxa de juros no ponto de indiferença} = \frac{\text{Juros Máximos Admissíveis}}{\text{Empréstimo de Capital}}$$

$$\textbf{Taxa de juros no ponto de indiferença} = \frac{\text{R\$ 27.333}}{\text{R\$ 250.000}} = 10{,}93\%$$

Qualquer taxa acima de 10,93% não deverá ser aceita e o modelo indica que se deve captar dinheiro com os acionistas. Qualquer taxa inferior a 10,93% indica que se deve tomar dinheiro emprestado. A taxa de 10,93% indica indiferença, ou seja, tanto faz emprestar ou não emprestar.

A fórmula para obter o valor dos juros no ponto de indiferença (VJPI) é:

$$\text{VJPI} = \text{LAJI } (-) \frac{\text{Lucro por Ação (Não Emprestando)} \times \text{Quantidade de Ações Emprestando}}{\text{1 - Alíquota de Imposto sobre o Lucro}}$$

Calculando:

$$\text{VJPI} = \text{R\$ 82.000 } (-) \frac{(32{,}80 \times 1.000)}{1 - 0{,}4}$$

$$\text{VJPI} = \text{R\$ 82.000 } (-) \frac{32.800}{0{,}60}$$

VJPI = R$ 82.000 (-) 54.667

VJPI = R$ 27.333

Utilizamos nestes exemplos capital de terceiros contra capital próprio, considerando distribuição de dividendos para o capital próprio e não a figura de Juros Sobre o Patrimônio Líquido (JSPL). Caso se adote a figura de JSPL, o critério de cálculo deverá ser adaptado.

Questões e Exercícios

1 Explique com suas palavras o que é grau de endividamento e sua relação com o risco financeiro. Neste contexto, como se insere a questão das taxas de juros do capital de terceiros?

2 A seguir estão três alternativas de estruturas financeiras. Considere que o Patrimônio Líquido é composto apenas de Capital Social.

	Estrutura A R$	Estrutura B R$	Estrutura C R$
Ativo Total	200.000	200.000	200.000
Passivo Total	200.000	200.000	200.000
Empréstimos	–	75.000	120.000
Patrimônio Líquido	200.000	125.000	80.000

Pede-se:

a) Calcular o grau de endividamento de cada estrutura.

b) Considerando um Lucro Operacional de R$ 27.500 anual e uma taxa de juros de 11% ao ano incidindo sobre os empréstimos, calcular o lucro após os juros, a rentabilidade do ativo e a rentabilidade do Patrimônio Líquido. Desconsiderar os impostos sobre o lucro.

c) Apurar os mesmos valores e indicadores, agora considerando uma taxa de juros de 16% ao ano.

d) Fazer suas observações sobre os resultados dos dois cálculos.

e) Qual é a estrutura mais conservadora e a mais arriscada considerando o conceito de aversão ao risco? Quais as vantagens e desvantagens?

3 Uma empresa está sendo financiada atualmente por três financiamentos:

a) R$ 10.000 a uma taxa anual de 8,5%.

b) R$ 15.000 a uma taxa anual de 9,6%.

c) R$ 12.000 a uma taxa anual de 13%.

O capital próprio da empresa é representado por 1.000.000 de ações, que estão sendo cotadas na bolsa por R$ 0,07 cada uma. O lucro operacional anual esperado, antes das despesas financeiras, é de R$ 13.900.

Pede-se:

a) Calcular o custo médio dos financiamentos, o custo médio do capital próprio e o custo médio do capital da empresa.

b) Sabendo-se que a empresa está recebendo uma proposta para trocar os financiamentos b e c por debêntures que seriam remuneradas a uma taxa anual de 11%, pergunta-se:

I Qual o novo custo médio de capital de terceiros?

II Qual o novo custo médio de capital da empresa?

III A empresa deve aceitar a proposta? Por quê?

Desconsidere os impostos sobre o lucro.

4 Uma empresa tem um ativo de R$ 240.000 e um giro de 1,8. Os acionistas entendem que um endividamento de 1,25 é aceitável para manter a liquidez da empresa. Sabe-se que a margem operacional é de 8,5% antes dos juros. O custo médio de capital de terceiros (*ki*) é 15%.

a) Calcule *ke* e *ko*.

b) Qual seria o valor da empresa se os acionistas desejam um custo de capital de 18% a.a.?

c) Qual poderia ser o custo de capital de terceiros para manter o valor da empresa em R$ 240.000 e o custo de capital de 18% para os acionistas?

Desconsidere os impostos sobre o lucro.

5 Defina o que é alavancagem financeira e em que ela se fundamenta.

6 Considere as seguintes estruturas financeiras dadas a seguir e uma taxa de juros de 12% ao ano que incide sobre o Capital de Terceiros.

	Estrutura Financeira A	**Estrutura Financeira B**
Capital de Terceiros	R$ 200.000	450.000
Capital Próprio	400.000	150.000
Ativo/Passivo Total	600.000	600.000

As duas estruturas financeiras trabalham com a mesma estrutura de custos para um volume atual de vendas de R$ 800.000. Os custos e despesas variáveis representam 60% das vendas e os custos e despesas fixas montam R$ 250.000. Calcule:

a) o Lucro Operacional e o lucro após os juros para cada estrutura financeira;

b) a rentabilidade operacional sobre o ativo e a rentabilidade sobre o capital próprio de cada estrutura financeira;

c) o grau de alavancagem financeira das duas estruturas;

d) qual será a variação do Lucro Líquido, considerando um aumento do volume/valor das vendas em 6% para cada uma das estruturas financeiras?

e) qual será a variação do Lucro Líquido, considerando uma redução do volume/valor das vendas em 6% para cada uma das estruturas financeiras?

Desconsidere os impostos sobre o lucro.

7 Considere as duas estruturas financeiras dadas a seguir (A e B), as duas estruturas de custos (1 e 2) e uma taxa de juros para os empréstimos de 14% no período.

Estrutura Financeira A – Capital Próprio – R$ 500.000/Quantidade de ações = 500
Empréstimos – 500.000

Estrutura Financeira B – Capital Próprio – 700.000/Quantidade de ações = 700
Empréstimos – 300.000

	Estrutura de Custos 1	Estrutura de Custos 2
Vendas	R$ 1.000.000	R$ 1.000.000
Custos Variáveis	450.000	300.000
Custos Fixos	200.000	350.000

Calcular:

a) o lucro por ação para todas as hipóteses de combinações de alavancagens;

b) os graus de alavancagem (operacional, financeira, combinada);

c) o lucro por ação para todas as hipóteses de combinação, considerando um aumento de 8% nas vendas;

d) as variações de lucro por ação com o primeiro cálculo;

e) qual a estrutura mais arrojada e explicar resumidamente por quê.

Desconsidere os impostos sobre o lucro.

8 Uma empresa tem um Patrimônio Líquido de R$ 300.000 representado por 6.000 ações. Ela está diante de um novo projeto que demandará a obtenção de R$ 150.000 de recursos e provocará um aumento de 18% no volume de vendas. A situação atual da empresa, em termos de resultados anuais, é a seguinte:

	R$
Vendas	800.000
Custos e Despesas Variáveis	490.000
Custos e Despesas Fixas	260.000
Juros	–
Lucro Antes do Imp. Renda	50.000
Imp. Renda – 44%	22.000
Lucro Depois Imp. Renda	28.000

Calcular o lucro por ação:

a) com a alternativa de não emprestar;

b) no ponto de indiferença, ou seja, qual o máximo de juros a ser admitido e a taxa de juros, de modo que o lucro por ação na hipótese de não emprestar seja igual ao da hipótese de emprestar.

Nota: na hipótese de não emprestar, o número de ações passa para 9.000.

PARTE V

A CONTROLADORIA NA PROGRAMAÇÃO

Dentro do processo de planejamento, a última etapa caracteriza-se pela necessidade de planejar o curto prazo, ou seja, as ações para o próximo exercício. Denominamos esta etapa de Programação, uma vez que consiste na elaboração de planos operacionais de produção e vendas e na mensuração econômico-financeira desses planos.

A função da Controladoria nesta etapa do processo de gestão tem como elemento central o plano orçamentário, o qual se caracteriza exatamente por ser um plano de curto prazo e envolve a quantificação dos elementos necessários para o processo de comprar, produzir e vender e, subsequentemente, a mensuração econômica de todos esses elementos e suas resultantes.

Algumas empresas elaboram planos orçamentários para mais de um ano futuro. Nosso entendimento é que não há muita utilidade gerencial em elaborar planos orçamentários além do próximo exercício futuro, apesar de isto ser possível a um custo razoável, considerando os novos recursos de tecnologia de informação à disposição das empresas.

Entendemos que é extremamente necessário o orçamento para o próximo exercício, com todo o grau de detalhe que é necessário e envolve o plano orçamentário. Para os demais exercícios futuros, sugerimos a utilização dos conceitos de projeção, considerando dados mais sintetizados, sem envolver todos os setores da empresa, e elaborado apenas pelo setor de Controladoria.

Esta parte da obra destina-se a explorar o plano orçamentário, dentro de um grau de detalhamento mínimo. Apresentaremos as principais peças orçamentárias necessárias, bem como o fechamento do plano orçamentário com a projeção dos demonstrativos contábeis.

Capítulo 15

Plano Orçamentário

A base da Controladoria operacional é o processo de planejamento e controle orçamentário, também denominado planejamento e controle financeiro ou planejamento e controle de resultados. O orçamento é ferramenta de controle por excelência de todo o processo operacional da empresa, pois envolve todos os setores da companhia.

15.1 Definição e Objetivos

Definição

Orçamento "... nada mais é do que colocar na frente aquilo que está acontecendo hoje".[1]

Uma outra definição que pode ser dada é que o orçamento é

> "... a expressão quantitativa de um plano de ação e ajuda à coordenação e implementação de um plano."[2]

Orçar significa processar todos os dados constantes do sistema de informação contábil de hoje, introduzindo os dados previstos para o próximo exercício, considerando as alterações já definidas para o próximo exercício. Portanto, o orçamento não deixa de ser uma pura repetição dos relatórios gerenciais atuais, só que com os dados previstos. Não há basicamente nada de especial para fazer o orçamento, bastando apenas colocar no sistema de informação contábil, no módulo orçamentário, os dados que deverão acontecer no futuro, dentro da melhor visão que a empresa tem no momento de sua elaboração.

Contudo, convém lembrar que o orçamento tem outros objetivos, e estes devem ser buscados dentro de seu conjunto, sendo ferramenta ideal para o processo de congruência de diversos objetivos corporativos e setoriais.

Objetivos

O orçamento pode e deve reunir diversos objetivos empresariais, na busca da expressão do plano e controle de resultados. Portanto, convém ressaltar que o plano orçamentário não é apenas prever o que vai acontecer e seu posterior controle. O ponto fundamental é o processo de estabelecer e coordenar objetivos para todas as áreas da empresa, de forma tal que todos trabalhem sinergicamente em busca dos planos de lucros.

Exemplos de propósitos gerais que devem estar contidos no plano orçamentário podem ser:

- **Orçamento como sistema de autorização**: O orçamento aprovado não deixa de ser um meio de liberação de recursos para todos os setores da empresa, minimizando o processo de controle.
- **Um meio para projeções e planejamento**: O conjunto das peças orçamentárias será utilizado para o processo de projeções e planejamento, permitindo, inclusive, estudos para períodos posteriores.
- **Um canal de comunicação e coordenação**: Incorporando os dados do cenário aprovado e das premissas orçamentárias, é instrumento para comunicar e coordenar os objetivos corporativos e setoriais.
- **Um instrumento de motivação**: Na linha de que o orçamento é um sistema de autorização, ele permite um grau de liberdade de atuação dentro das linhas aprovadas, sendo instrumento importante para o processo motivacional dos gestores operacionais.
- **Um instrumento de avaliação e controle**: Considerando também os aspectos de motivação e autorização, é lógica a utilização do orçamento como instrumento de avaliação de desempenho dos gestores e controle dos objetivos setoriais e corporativos.
- **Uma fonte de informação para tomada de decisão**: Contendo os dados previstos e esperados, bem como os objetivos setoriais e corporativos, é uma ferramenta essencial para decisões diárias sobre os eventos econômicos de responsabilidade dos gestores operacionais.

Os objetivos da corporação, genéricos, direcionam os objetivos das diversas áreas ou funções, que são os

[1] PASSARELLI, João . Orçamento como instrumento gerencial. *Caderno de Contabilidade*, n. 1, v. 1, maio 1991. Depto. de Contabilidade PUC/MG.

[2] STEDRY, A. C. In: *Getting the most from budgeting*. Kennedy, Alison e Dugdale, David. Management Accounting. Londres. V. 77, nº 2, fevereiro/1999, p. 22.

objetivos específicos. Desta maneira, o processo de estabelecer objetivos deve ser interativo, que coordena os objetivos gerais com os específicos. Nessa linha de atuação, o processo orçamentário deve permitir a participação de toda a estrutura hierárquica com responsabilidade orçamentária, não devendo ser um processo ditatorial com uma única direção, de cima para baixo. É certo portanto que, em última instância e em caso de dúvidas, prevalecerão os critérios da corporação.

Todos os envolvidos no processo orçamentário devem ser ouvidos. Esse envolvimento permitirá uma gestão participativa, compatível com a estrutura de delegação de responsabilidades e permitirá o comprometimento de todos os gestores dos setores específicos. Só assim será possível a gestão adequada da etapa final do plano orçamentário, que é o controle orçamentário, com a análise das variações e do desempenho individual dos gestores.

Diante dessas colocações, podemos listar alguns princípios gerais para a estruturação do plano orçamentário:

- **Orientação para objetivos**: O orçamento deve se direcionar para que os objetivos da empresa e dos setores específicos sejam atingidos eficiente e eficazmente.
- **Envolvimento dos gestores**: Todos os gestores responsáveis por um orçamento específico devem participar ativamente dos processos de planejamento e controle, para obtermos o seu comprometimento.
- **Comunicação integral**: Compatibilização entre o sistema de informações, o processo de tomada de decisões e a estrutura organizacional.
- **Expectativas realísticas**: Para que o sistema seja motivador, deve apresentar objetivos gerais e específicos, que sejam desafiadores, dentro da melhor visão da empresa, mas passíveis de serem cumpridos.
- **Aplicação flexível**: O sistema orçamentário não é um instrumento de dominação. O valor do sistema está no processo de produzir os planos, e não nos planos em si. Assim, o sistema deve permitir correções, ajustes, revisões de valores e planos.
- **Reconhecimento dos esforços individuais e de grupos**: O sistema orçamentário é um dos principais instrumentos de avaliação de desempenho etc.

Conflitos

Pelos objetivos, princípios e propósitos do orçamento, verifica-se que ele é um instrumento que se presta a múltiplas funções, passando pela simples mensuração de planos operacionais até um instrumento de premiação ou não pelo desempenho dos gestores responsáveis pelas diversas áreas e divisões da corporação.

Várias dessas funções podem ser conflitantes. Os conflitos são inerentes a qualquer sistema de gestão que envolve delegação de responsabilidades e liberdade de ação nessas responsabilidades. Contudo, cabem ao *controller* e aos executivos principais da empresa a administração e coordenação das múltiplas funções do orçamento e de seus conflitos, sempre tendo como norte a missão da empresa, em que estão seus objetivos principais.

Orçamento Participativo × Ditatorial

Como já vimos, o orçamento deve necessariamente ter o envolvimento dos gestores com responsabilidade sobre peças orçamentárias. Portanto, um processo de orçamento de cima para baixo (*top down*), de forma impositiva, sem nenhuma participação dos gestores – gestores estes que levarão a cabo os objetivos e o cumprimento das metas operacionais –, tende a produzir resultados inferiores do que sob outra proposta de condução do sistema orçamentário.

Por outro lado, o processo orçamentário conduzido de forma totalmente democrática (*bottom up*) traz também os problemas inerentes a esta política de condução de negócios. Existe a possibilidade de que os desejos, necessidades e objetivos setoriais não estejam, num primeiro momento, coerentes com os objetivos maiores da organização. Não é incomum nesse procedimento que alguns gestores, menos pragmáticos, estipulem metas e objetivos exagerados, tanto no lado de incremento como de redução do volume de atividades etc.

Em termos de tempo de execução do plano orçamentário, o modelo ditatorial é muito mais rápido, pois poucas pessoas fazem parte do processo de planejamento e mensuração dos programas. O orçamento totalmente democrático, por outro lado, despende muito mais tempo, pois envolve um número razoável de idas e vindas dos papéis de cálculo dos pré-orçamentos.

Ambas as posturas, de forma extremada, fatalmente levarão a problemas de comprometimento, motivação, coordenação de objetivos e até, talvez, incorreção na mensuração dos planos setoriais e gerais.

Como já salientamos, em algum momento poderá haver necessidade de tomar uma decisão. E em uma organização, o processo de decisão segue a estrutura hierárquica e sempre conduzirá a que algum gestor, no subir da pirâmide organizacional, tenha de tomar uma decisão que, eventualmente, possa estar em desacordo com o subordinado imediatamente inferior.

Dessa forma, o sistema orçamentário oscilará entre esses dois extremos: democracia participativa e processo impositivo. Mas nosso entendimento é que ele deve conter o máximo possível de democracia e participação para o comprometimento dos gestores setoriais, porém deve reservar aos responsáveis dos escalões mais altos a possibilidade de ajustes dos objetivos setoriais aos objetivos maiores do empreendimento, por meio de procedimentos algo mandatórios.

O ponto fundamental é que o orçamento deve estar totalmente integrado com a cultura **empresarial**. As organizações desenvolvem um conjunto de valores, princípios, regras e procedimentos ambientais, que formam sua cultura específica, em que os gestores, desde a sua entrada na organização, devem parametrizar seu comportamento profissional, sob pena de terem seu desempenho comprometido. Nesse sentido, o orçamento deve conter as doses adequadas de participação e/ou determinação, decorrentes de sua cultura, sem prejuízo do comprometimento deste ferramental de Controladoria.

Validade do Orçamento

Mais recentemente, temos visto críticas ao processo orçamentário centradas basicamente nos seguintes pontos:

- Ferramental ineficiente para o processo de gestão e frustração com os resultados obtidos no processo.
- O orçamento engessa em demasia a empresa (o plano tem de ser seguido a qualquer custo!), impedindo a criatividade e o empreendimento dos gestores setoriais, provocando conformismo, medo e/ou insatisfação.
- Impossibilidade de utilização deste ferramental em situações de crônica variação de preços.
- Extrema dificuldade de obtenção dos dados quantitativos para as previsões e volatilidade do futuro.
- Altamente consumidor de tempo e recursos e criação em excesso de rotinas contábeis.
- Falta de cultura orçamentária.
- Utilização de tecnologias de informação inadequadas etc.

Entendemos que esses pontos levantados são importantes para os responsáveis pela conduta do sistema e do processo orçamentário, mas não invalidam, de maneira alguma, este ferramental de Controladoria. A teoria contábil, a teoria da decisão, os métodos quantitativos já desenvolvidos, a tecnologia existente etc. desde há muito têm dado as soluções para a maioria dessas questões.

O plano orçamentário, como qualquer outro ferramental de Controladoria, é um exercício de aprendizado permanente e só pode ser desenvolvido e atingir um grau de utilização eficaz se praticado. Os problemas ou dificuldades que surgem do processo devem ser analisados, e, em seguida, encontradas as soluções, nem que não sejam as ideais para o momento.

O orçamento, que contém a mensuração econômica dos planos operacionais da empresa, sempre é necessário para o processo de planejamento, execução e controle. As frustrações que acontecem são frutos de planos orçamentários não desenvolvidos corretamente, desde a falta de objetivos claros, de uma clara definição de responsabilidades, da competência para obtenção dos dados, dos procedimentos de mensuração etc.

Vantagens do Orçamento

Com isso, podemos resumir as maiores vantagens do orçamento:

- A orçamentação compele os administradores a pensar à frente pela formalização de suas responsabilidades para planejamento.
- A orçamentação fornece expectativas definidas que representam a melhor estrutura para julgamento de desempenho subsequente.
- A orçamentação ajuda os administradores na coordenação de seus esforços, de tal forma que os objetivos da organização como um todo sejam confrontados com os objetivos de suas partes.

Cultura Orçamentária

Para que o sistema de orçamento sempre tenha sucesso, é preciso a criação de uma cultura orçamentária, dentro da cultura maior da empresa. Nas organizações em que o sistema de orçamento já está consolidado, poucas dúvidas existem, e os objetivos, o plano e o controle orçamentário são aceitos normalmente, sendo o resultado eficaz para a entidade.

Em outras empresas, em que é necessário fazer a implantação do sistema orçamentário, seja por se tratar de um novo empreendimento, seja pelo fato de a empresa não ter um sistema orçamentário já desenvolvido, o sucesso deste sistema dependerá de como o processo será conduzido, bem como do tempo transcorrido e da prática orçamentária.

É esperado que no primeiro ano da implantação de um sistema orçamentário surjam muitos problemas e dificuldades, tanto de ordem técnica de valores etc., como de ordem de motivação e desempenho dos gestores setoriais. Cada um dos problemas e das dificuldades deve ser analisado, para que estes sejam eliminados ou minimizados para o próximo exercício.

No segundo ano, novas dificuldades ou problemas ainda surgirão, se bem que em menor quantidade. Provavelmente, no terceiro ano, o sistema orçamentário deverá estar praticamente consolidado e passando a fazer parte concretamente da cultura da empresa.

Estará então criada a cultura orçamentária. Nesta ocasião, os quesitos que eventualmente poderiam invalidar o orçamento já estarão sob controle, e o sistema orçamentário será, como deve ser, um dos grandes instrumentos da gestão do processo de gestão empresarial.

15.2 Terminologias

No processo de planejamento, estratégico ou operacional, bem como no processo de tomada de decisão, várias metodologias de tratamento dos eventos futuros são passíveis de serem utilizadas, e é comum a utilização desses procedimentos com a utilização de nomenclatura confusa. Para podermos direcionar nosso trabalho, adotaremos as seguintes terminologias, que serão associadas aos conceitos do tratamento contábil de eventos futuros.

Planejamento

Criação e estabelecimento de planos gerais ou específicos, os quais não necessariamente têm um único critério de horizonte de tempo, podendo ser planos para 1 ano ou mais (2, 3, 4, 5... anos). Em geral, a mensuração dos planos tende a ser de caráter sintético, ou seja, poucos e grandes números, formalizados apenas o suficiente para os executivos de cúpula da empresa. Exemplo: planejamento estratégico, plano diretor, planejamento operacional etc.

Previsão

Expectativas de acontecimentos ou desejabilidades geralmente **quantitativas**. Via de regra, as previsões antecedem ao programa orçamentário e são a base para elaboração das peças orçamentárias. Exemplos: previsões de quantidades a serem vendidas, estocadas etc.

Orçamento

Expressão formal de planos de curto prazo (um ano), baseados nas estruturas empresariais existentes e/ou já programadas. Decorre dos planos operacionais, na parte que é relativa ao próximo exercício contábil, ou seja, a programação operacional.

O orçamento obedece rigidamente à estrutura informacional contábil, seja do plano de contas, seja do plano de departamentalização.

As peças orçamentárias devem ser elaboradas para cada gestor do menor nível de decisão da empresa, em que há custos ou receitas controláveis por esses gestores.

É possível o orçamento para mais de um próximo exercício, porém, dado o caráter formal de que se reveste, não é recomendável, pois exige um trabalho significativo do pessoal de Controladoria.

Projeção

Mensuração econômica das previsões, planos e orçamentos já definidos. As projeções não têm todo o caráter formal dos orçamentos, servem-se deles e dos planos e previsões para obterem resultados também mais agregados, em nível dos demonstrativos contábeis e financeiros, normalmente também de utilização da cúpula administrativa. Exemplos: projeções de resultados, balanços, fluxo de caixa etc.

Simulação Econômica

Mensuração econômica de **alternativas** de planos, previsões ou eventos econômicos futuros. O ponto central da simulação é a mensuração de mais de uma alternativa. Quando se tem uma única alternativa, o conceito correto é o de projeção. Do processo de simulação das alternativas, o gestor decide por uma a ser adotada ou utilizada. Exemplos: simulação do fluxo de caixa de cenários otimistas, moderados e pessimistas, simulação de vários resultados de eventos econômicos para decisão de execução (decidir sobre uma venda, uma compra, uma aplicação financeira) etc.

15.3 Conceitos de Orçamento

Não existe uma única maneira de estruturar o orçamento e, consequentemente, de como fazer o processo de avaliação e controle. Apresentaremos a seguir, resumidamente, os principais conceitos existentes, que são importantes, pois dão fundamento para o processo de execução do plano orçamentário.

Orçamento de Tendências

Uma prática orçamentária muito comum tem sido utilizar dados passados para projeções de situações futuras. Tal prática tem dado bons resultados, pois, de modo geral, os eventos passados são decorrentes de estruturas organizacionais já existentes e, por conseguinte, há forte tendência de tais eventos se reproduzirem, considerando a introdução dos novos elementos componentes do planejamento operacional da empresa.

Seria ingênuo imaginar uma simples reprodução em tendência dos eventos passados como se fossem replicados no futuro. Na execução do orçamento de tendências sempre existirão eventos passados de conhecimento da empresa que não se repetirão e que, portanto, não serão reproduzidos no orçamento. Da mesma forma, existirão eventos futuros – que deverão ser orçados de outra maneira – que não terão um passado em que possam ser baseadas novas estimativas.

Orçamento Base Zero

Esta proposta conceitual de elaboração de orçamento apareceu em contraposição ao orçamento de tendências. A filosofia do orçamento base zero está em romper com o passado, em dizer que ele nunca deve se basear na observação dos dados anteriores, pois eles podem conter ineficiências que o orçamento de tendências acaba por perpetuar.

A proposta do orçamento base zero está em rediscutir toda a empresa sempre que se elabora o orçamento, e em questionar cada gasto, cada estrutura, buscando verificar a real necessidade dele.

A questão fundamental permanente para o orçamento base zero é a seguinte: não é porque aconteceu que deverá acontecer.

Nessa linha de pensamento, cada atividade da empresa será rediscutida, não em função de valores maiores ou menores, mas na razão ou não da sua existência. Concluída a definição da existência da atividade, será feito um estudo, partindo do zero, de quanto deveria ser o gasto para a estruturação e manutenção daquela atividade e quais seriam suas metas e objetivos. Dessa forma, podemos dizer que o orçamento base zero está intimamente ligado ao conceito de custo padrão ideal.

Em nosso entendimento, o conceito de orçamento base zero é precursor do conceito mais atual de reengenharia, ou seja, rediscutir a empresa com base em seus processos e na existência necessária deles.

15.4 Tipos de Orçamento

Basicamente, há dois tipos clássicos de orçamento: o estático e o flexível.

Orçamento Estático

É o mais comum. Elaboram-se todas as peças orçamentárias com a fixação de determinado volume de produção ou vendas. Esses volumes, por sua vez, também determinarão o volume das demais atividades e setores da empresa. O orçamento é considerado estático quando a administração do sistema não permite nenhuma alteração nas peças orçamentárias.

Caso a empresa, durante o período, considere que tais volumes não serão atingidos, parcela significativa das peças orçamentárias tende a perder valor para o processo de acompanhamento, controle e análise das variações, bem como base para projeções e simulações com os dados orçamentários. Apesar de conter um elemento crítico, que é a sua estaticidade e, portanto, sem flexibilidade, este tipo de orçamento é muito utilizado, principalmente para grandes corporações, notadamente as que operam em vários países. O motivo dessa utilização é a grande necessidade de **consolidação** dos orçamentos de todas as suas unidades dispersas geograficamente em um orçamento mestre e único da corporação.

Este orçamento consolidado é vital para que a organização tenha uma visão geral de seus negócios e resultados econômicos esperados para o próximo ano, para aprovação de sua diretoria máxima. Nesse sentido, o orçamento estático é importante, já que eventuais alterações de volume em alguma de suas divisões não necessariamente impactarão de forma significativa no total dos orçamentos.

Obviamente, quando os impactos de alterações de volumes em todas as unidades da corporação forem significativos, não há por que manter um orçamento estático que não tenha validade para o processo decisorial.

Orçamento Flexível

Para solucionar o problema do orçamento estático, surgiu o conceito de orçamento flexível. Neste caso, em vez de um único número determinado de volume de produção ou vendas, ou volume de atividade setorial, a empresa admite uma faixa de nível de atividades, em que tendencialmente se situarão tais volumes de produção ou vendas.

Basicamente, "O Orçamento Flexível é um conjunto de orçamentos que podem ser ajustados a qualquer nível de atividades."[3]

A base para a elaboração do orçamento flexível é a perfeita distinção entre custos fixos e variáveis. Estes seguirão o volume de atividade, enquanto os custos fixos terão o tratamento tradicional.

Apresentamos na Tabela 15.1 um modelo de orçamento flexível, de forma sintética, adaptado de Horngren, Sundem e Stratton.[4]

---

[3] HORNGREN, Charles T. *Introdução à contabilidade gerencial*. 5ª ed. Rio de Janeiro: Prentice-Hall, 1985, p. 137.

[4] HORNGREN, Charles T., SUNDEM, Gary L., STRATTON, William O. *Introduction to management accounting*. 10ª ed. Upper Saddle River. New Jersey: Prentice-Hall, 1996, p. 296.

Tabela 15.1 Orçamento flexível para vários níveis de atividade de produção ou vendas

Orçamento por Unidade Níveis de Atividades – Em Unidades	Dados Unitários (Em R$)	7.000	8.000	9.000
Vendas	**31,00**	**217.000**	**248.000**	**279.000**
Materiais e Componentes	21,00	147.000	168.000	189.000
Outros Custos e Despesas Variáveis	0,80	5.600	6.400	7.200
Soma – Custos e Despesas Variáveis	**21,80**	**152.600**	**174.400**	**196.200**
Margem de Contribuição	**9,20**	**64.400**	**73.600**	**82.800**
Orçamento – Gastos Mensais				
Custos Fixos de Manufatura		37.000	37.000	37.000
Despesas Comerciais e Administrativas		33.000	33.000	33.000
Total Custos e Despesas Fixas		**70.000**	**70.000**	**70.000**
Resultado Operacional		**(5.600)**	**3.600**	**12.800**

O enfoque do orçamento flexível é possível, então, com os eventos que têm a possibilidade de uma mensuração unitária, que correspondem aos dados variáveis, como apresentado na primeira parte da Tabela 15.1. Associando-se aos volumes possíveis, pode-se fazer quantos orçamentos flexíveis forem necessários ou desejados. Os gastos fixos continuam sendo apresentados dentro do enfoque tradicional do orçamento, que é o orçamento estático, que corresponde à Parte II da tabela.

Um outro enfoque do orçamento flexível é **não assumir nenhuma faixa de quantidades** ou nível de atividade esperado. É feito apenas o orçamento dos dados unitários, e as quantidades a serem assumidas seriam as que realmente acontecem. Entendemos que, apesar de ser um conceito com alguma aplicação, foge ao fundamento do orçamento, que é prever o que vai acontecer. Esse conceito dificulta, em muito, a continuidade do processo orçamentário, que são as projeções dos demonstrativos contábeis.

Orçamento Flexível e Gestão por Atividades

Os defensores dos conceitos de Gestão Estratégica de Custos, que têm como ferramentas básicas o Custeio ABC – *Activity Based Costing* – e o ABM – *Activity Based Management* –, podem elaborar seus orçamentos flexíveis considerando como quantidades ou nível de atividade os dados quantitativos gerados pelos direcionadores de custo. Estes seriam considerados, para fins de orçamento, como os dados variáveis, podendo-se, então, elaborar orçamentos para cada atividade, mesmo que tradicionalmente de gastos indiretos, com o conceito de orçamento flexível por atividade.

Orçamento Ajustado

É um conceito derivado do orçamento flexível, é um segundo orçamento, que passa a vigorar quando se modifica o volume ou nível de atividade inicialmente planejado, para um outro nível de volume ou de atividade, decorrente de um ajuste de plano. Em outras palavras, ele é o ajuste efetuado nos volumes planejados dentro do conceito de orçamento estático ou inicial.

É óbvio que sempre poderão ser feitos quantos orçamentos ajustados forem necessários. Em suma, sempre que houver necessidade de ajustar os volumes planejados para outro nível de volume, convém refazer o orçamento com as novas quantidades, o qual é chamado de orçamento ajustado, contrapondo-se ao primeiro, que seria denominado orçamento original.

Orçamento Original (+/-) Ajustes de Volumes = Orçamento Ajustado
(Volumes Planejados) (Volumes Ajustados)

Orçamento Corrigido

O conceito de orçamento corrigido é o ajuste do orçamento original, de forma automática, sempre que houver alteração de preços em função de inflação. É importante ressaltar que nem todas as empresas aceitam pacificamente este conceito, já que, para muitas delas, as alterações de preços são de responsabilidade dos gestores setoriais, e delas devem fazer parte as variações orçamentárias e justificadas, mesmo que ocasionadas por fenômeno inflacionário.

Nosso entendimento é que, se as alterações de preços forem decorrentes de inflação e, principalmente, de eventos pactuados contratualmente (cláusulas de reajustes baseadas em índices de inflação futura) ou impostas pelo governo por meio de suas taxas e preços administrados, é aceitável a adoção desse conceito de orçamento, já que não há uma possibilidade clara de controlabilidade pelo gestor do orçamento.

Outrossim, a correção automática de orçamentos por outras variações de preços que não decorrentes de cláusulas de reajustes ou preços impostos, emque cabe atuação e, portanto, controlabilidade do gestor, não deve ser incorporada automaticamente ao orçamento.

Orçamento Original	(+/-) Variação de Preços	= Orçamento Corrigido
(Preços Originais)	por Inflação	(Preços Corrigidos)

Budget e *Forecast*

A terminologia inglesa *budget* é a mais utilizada entre as empresas transnacionais e se refere ao orçamento dentro do conceito estático. A terminologia *forecast* é utilizada para o conceito de projeções.

É muito comum, nas empresas transnacionais, chamar também de *forecast* à soma dos dados reais mensais já acontecidos no período mais os dados restantes do orçamento a cumprir. Não deixa de ser também um conceito de projeção para os dados do período todo. Neste conceito, as variações entre o orçamento e o real dos meses já acontecidos são desprezadas, prevalecendo os dados reais, que são, então, somados aos meses restantes para cumprir o período orçamentário, funcionando esses dados como a melhor projeção para todo o período em questão.

Rolling Budgeting e *Rolling Forecasting*

Esses termos podem ser traduzidos como *orçamento contínuo* e *projeção contínua*. São conceitos recentes sobre o orçamento, sempre com o objetivo de tornar este instrumento de planejamento e controle flexível e retirar dele o caráter estático. Fundamentalmente, sob este conceito, a cada período em que o orçamento ou projeção é realizado, orça-se ou projeta-se mais um período futuro, sempre mantendo em orçamento ou projeção com uma quantidade igual de períodos.

Por exemplo, vamos supor que o orçamento tenha sido feito para 12 meses, para os meses de janeiro de X1 até dezembro de X1. Após a realização do orçamento de janeiro do ano, já é feito o orçamento de janeiro de X2. Assim, o novo período orçamentário vai de fevereiro de X1 a janeiro de X2. Quando se realizar o orçamento de fevereiro de X1, orça-se o período de fevereiro de X2, ficando o período dos próximos 12 meses, de março de X1 a fevereiro de X2, cobertos por um orçamento.

É muito interessante este conceito, uma vez que permite à empresa sempre descortinar um horizonte de 12 meses (ou mais, se for do plano orçamentário da empresa) de operações futuras. As desvantagens são de ordem operacional, uma vez que fazer orçamentos mensais sempre exige o ativamento de quase todo o processo orçamentário, o que toma tempo de toda a organização.

Entendemos que a utilização do conceito de *rolling forecasting* é mais interessante, aplicável apenas às demonstrações financeiras projetadas, da empresa ou das unidades de negócios. Estas, por conterem apenas números sintetizados, podem ser trabalhadas em contínuo pela controladoria, não afetando significativamente os demais gestores da organização.

Alguns autores têm utilizado o conceito de *rolling* para justificar o ajuste mensal e contínuo do orçamento. Nesse conceito, o orçamento seria ajustado todo o mês. Não somos favoráveis a esse conceito, uma vez que o ajuste rotineiro do orçamento descaracteriza seu papel como instrumento de controle entre o real e o orçado, inviabilizando o controle orçamentário.

15.5 Orçamento, Inflação e Moedas

Uma questão que é sempre discutida é a validade ou não do sistema inflacionário em ambientes econômicos sob condições de inflação crônica, com índices significativos e variados de variação geral de preços.

Para nós, o sistema inflacionário é válido para qualquer entidade em qualquer situação conjuntural. Para tanto, é necessário o entendimento dos efeitos diversos da inflação nos diversos segmentos do sistema inflacionário e tratar adequadamente cada peça orçamentária à luz dos efeitos específicos que a inflação e a possível correção monetária causam a cada segmento do orçamento.

Orçamento e Inflação

Quando há inflação persistente, com índices variados ou crescentes e, conjuntamente, um processo de indexação ou correção monetária generalizado ou semigeneralizado, o orçamento deverá ser elaborado também em uma moeda forte. Esta deverá ser a moeda que a empresa mais transacione ou que seja a mais comum como linguagem de seus negócios.

Nesses casos, é possível que seja muito dificultoso, até antieconômico, elaborar o orçamento em um grau de detalhe muito grande de suas contas contábeis. Provavelmente, as peças orçamentárias deverão ser elaboradas em contas mais sintéticas, dependendo, obviamente, de cada peça orçamentária.

Quando há ocorrência de inflação, a gestão do custo dos recursos e das receitas tende a ficar mais complexa e, com isso, há uma tendência de gerir a entidade com números mais agregados, pois os dados detalhados, que são transacionados na moeda fraca do país, tendem a perder significância nos períodos seguintes.

Contudo, convém reafirmar que, mesmo em caso de ambiente inflációnario, o ferramental do orçamento continua válido e tão imprescindível quanto em ambiente de estabilidade monetária.

Orçamento Corrigido

A técnica tradicional de ajustar o orçamento em decorrência do fenômeno inflacionário é o orçamento corrigido, que já explicamos anteriormente. Neste caso, admite-se naturalmente a correção das peças orçamentárias pelo índice de inflação específico de cada gasto ou receita, mantendo-se num orçamento original os valores inicialmente orçados.

Orçamento em Moeda Estrangeira

Independente do fenômeno inflacionário, o orçamento em moeda estrangeira pode vir a ser necessário caso a empresa faça parte de um grupo transnacional que deva consolidar seus demonstrativos projetados.

Para empresas que não tenham essa obrigatoriedade organizacional, o orçamento em moeda estrangeira pode vir a ser necessário para fins de comparabilidade com concorrência externa, avaliação de investimento etc.

A estruturação do orçamento em moeda estrangeira está baseada nos seguintes critérios:

- Mensuração anterior dos dados históricos em moeda estrangeira, para parametrizar os dados a serem incorporados no orçamento.
- Dados previstos passíveis de serem mensurados em moeda estrangeira.
- Previsão das taxas de câmbio para transformação dos dados em moeda corrente previstos para moeda estrangeira.
- Adoção de um critério de transformação (taxas mensal, média, diária etc.).
- Introdução dos critérios de transformação dos demonstrativos contábeis em outras moedas.

Orçamento em Moeda Corrente

Independente de qualquer situação de utilização de orçamento em outro padrão monetário, há necessidade da elaboração do orçamento em moeda corrente. Esta necessidade impõe-se porque, efetivamente, todas as transações são efetivadas na moeda corrente do país, mesmo que tenham algum indexador (correção monetária, taxa de câmbio).

Adicionalmente, as projeções dos demonstrativos contábeis devem ser feitas necessariamente em moeda corrente, tendo em vista que todos os aspectos tributários do país são medidos em moeda corrente e envolvem todo o sistema orçamentário; as receitas e despesas financeiras, que sofrem também os efeitos inflacionários, só podem ser obtidas na moeda corrente.

15.6 Organização e Processo de Elaboração

O sistema orçamentário compreende o conjunto de pessoas, tecnologia administrativa, sistemas de informação, recursos materiais disponibilizados e a administração do sistema para execução dos planos orçamentários.

Cabe ao *controller* a administração do sistema orçamentário, que recebe esta delegação da cúpula da empresa, seja dos proprietários, seja da diretoria administrativa e financeira. Ele é quem deve liderar a organização do processo orçamentário tanto na sua estrutura informacional como nos cronogramas de execução.

Organização do Orçamento

Compreende um conjunto de medidas e estruturas. A seguir apresentamos um painel para a organização do processo orçamentário e de sua implantação anual e execução, sem o objetivo de esgotar o assunto.

- **Comitê orçamentário**: Deve ser instalado um comitê, que decidirá pela visão maior do orçamento anual, composto normalmente das diretorias, mais o *controller* e o responsável direto pelo processo orçamentário.

- **Premissas orçamentárias**: Cabe ao comitê orçamentário a definição das regras maiores e gerais a vigorarem para o próximo orçamento, que são as premissas orçamentárias.
- **Modelo do processo orçamentário**: Cabe também ao comitê orçamentário a definição do modelo de condução do processo orçamentário, modelo este que deverá ser totalmente coerente com o subsistema institucional do sistema empresa, decorrente de suas crenças e valores.
- **Estrutura contábil**: Cabe ao *controller*, considerando a missão e objetivos da empresa, estruturar e monitorar o sistema de informação contábil, que atenda a todos os princípios orçamentários definidos pela empresa. Neste tópico constam as seguintes necessidades:
    . Definição dos critérios de contabilização das receitas e despesas.
    . Definição dos critérios de distribuição de gastos, se houver necessidade.
    . Elaboração de manuais para os procedimentos acima.
    . Estruturação da conta contábil.
    . Definição das áreas de responsabilidade para incorporação à conta contábil.
    . Definição e criação das tabelas de unidades de negócios, centros de lucros e de custos e suas respectivas ligações hierárquicas.
    . Estruturação do plano de contas contábil.
- **Sistemas de apoio**: Cabe ao *controller* a definição das tecnologias de informação e sistemas de apoio para execução dos cálculos e lançamentos orçamentários no sistema de informação contábil.
- **Relatórios**: Cabe ao *controller* a definição dos relatórios orçamentários de preparação dos orçamentos, bem como dos relatórios para acompanhamento e controle.
- **Cronograma**: Cabe ao *controller* a liderança da execução do cronograma orçamentário em todas as suas etapas (previsão, reprojeção e controle).

Passos da Preparação do Plano Orçamentário

Em linhas gerais, podemos generalizar os seguintes passos da execução do plano orçamentário:[5]

- Estabelecer a missão e os objetivos corporativos.
- Estruturar as assunções ambientais; com base nestas, determinar o fator limitante, normalmente vendas (é possível que em determinados empreendimentos o fator limitante seja a produção, tipo jazidas minerais etc.).
- Elaborar o orçamento com base na função restritiva do fator limitante.
- Elaborar os outros orçamentos coordenando-os com o fator limitante e os objetivos corporativos.
- Sintetizar todos os orçamentos para produzir o orçamento mestre.
- Rever o orçamento mestre à luz dos objetivos corporativos.
- Aceitar o orçamento mestre, ou, se este não estiver de acordo com os objetivos corporativos, voltar ao segundo passo e repetir o processo até o orçamento ficar aceitável.
- Monitorar os resultados reais contra os resultados orçados e reportar variações.
- Como resultado das variações: tomar ações corretivas para eliminar as variações ou revisar os orçamentos mestres ou subsidiários para acomodá-las.

Processo de Elaboração

Em linhas gerais, o processo de elaboração consta de três grandes fases:

- Previsão.
- Reprojeção.
- Controle.

A fase de previsão comporta todo o trabalho de cálculo propriamente dito em que se coloca no papel aquilo que a empresa espera e prevê que vá acontecer para o próximo exercício. É a etapa de elaboração dos quadros orçamentários.

Esta primeira fase deve ser iniciada ao redor de seis meses antes do exercício a ser orçado, e é nela que se verificam as condições atuais da conjuntura econômica, das políticas de controle de preços, estimativas de inflação etc. Em geral, é nesta etapa que são desenhados os cenários econômicos imagináveis ou possíveis, considerados sempre dentro de condições probabilísticas. Informações como: tamanho e variação do PIB, tamanho do mercado, participação da empresa no mercado, forças concorrenciais, consumo efetivo *versus* consumo teórico etc. devem ser consideradas para o processo de previsão.

Na segunda etapa, os dados orçados são submetidos aos setores responsáveis. Após o retorno das peças orçamentárias e respectivas críticas, será feito o acerto das previsões iniciais. Esses dados deverão estar prontos entre um e dois meses antes do início do exercício, de forma que os responsáveis por todas as áreas da empresa já se programem para o ano que se iniciará.

[5] Adaptado de KENNEDY e DUGDALE. Op. cit., p. 22.

A etapa de controle é a última etapa, em que se verifica se os objetivos previstos foram atingidos, por meio da análise das variações, em que serão analisados o desempenho das áreas de responsabilidade e eventuais correções necessárias a serem feitas.

Modelo do Processo Orçamentário

O processo de elaboração apresentado anteriormente pode ser considerado como genérico. Porém, a empresa deve definir com precisão todas as etapas do processo, bem como, e o mais importante, a ordem delas, principalmente para as fases de previsão e reprojeção.

A seguir, apresentamos dois modelos: o primeiro, que segue a linha geral já apresentada, e um outro, alternativo, de caráter mais participativo.

Este modelo de processo orçamentário parte do pressuposto de que a Controladoria é o setor ideal para elaborar a primeira versão dos orçamentos, porque ela detém todas as informações e objetivos da corporação, tendo, portanto, mais condições de elaborar a primeira versão das peças orçamentárias. Essas informações e objetivos constam das premissas orçamentárias definidas pelo Comitê Orçamentário.

Nesta mesma linha, o segundo pressuposto é de que os gestores setoriais, por não terem todo o conjunto de informações e objetivos da corporação, poderão elaborar suas propostas de orçamento com base apenas nos objetivos setoriais, que, posteriormente, poderão não ser validados pela corporação.

A crítica que se depara neste instante é de uma falta de participação, trazendo conotação ditatorial ao processo. Não temos esse entendimento, porque na Etapa 4 os gestores setoriais terão todas as condições de fazer suas sugestões, agora já de posse de informações sobre as premissas gerais para a empresa. Após a Etapa 6, haverá o consenso e o comprometimento dos gestores setoriais, fortalecendo e dando a transparência necessária para todo o processo.

Alguns estudiosos sugerem um modelo totalmente participativo. Nesse sentido, o primeiro *input* deve ser dado pelos gestores setoriais e só posteriormente a direção da empresa se manifestará. Apresentamos no Quadro 15.2 um modelo alternativo claramente participativo.

Este segundo modelo evidencia claramente maior participação. Em linhas gerais, o primeiro pode demandar menos tempo para todo o processo, pois o dado inicial tende a estar mais bem estruturado e coordenado com os objetivos da corporação, já que é primeiramente elaborado pela Controladoria. A tendência do segundo é demorar mais tempo, pois é possível que os gestores setoriais tenham desejos ou metas que possam vir a estar em desacordo com as premissas gerais da empresa. Com isso, é possível que haja maiores divergências por ocasião das sessões de ajustes, concorrendo mais uma vez para tempo maior.

De todo o modo, qualquer dos dois modelos será eficaz na cultura da empresa, e eles é que formarão a base da cultura orçamentária. É imprescindível que o sistema orçamentário seja vivo, motivador, útil para a empresa e tenha o comprometimento contínuo de todos.

Quadro 15.1 Modelo genérico de processo orçamentário

Etapas	Área Responsável
Etapa 1 – Preparação das peças orçamentárias	Controladoria
Etapa 2 – Aprovação inicial	Comitê Orçamentário
Etapa 3 – Remessa aos responsáveis	Controladoria
Etapa 4 – Retorno das peças orçamentárias com as sugestões dos responsáveis	Todas as áreas com responsáveis por peças orçamentárias
Etapa 5 – Revisão dos orçamentos recebidos	Controladoria e Comitê Orçamentário
Etapa 6 – Ajuste das sugestões em cima das reorientações do Comitê	Controladoria e Áreas Responsáveis
Etapa 7 – Conclusão das peças orçamentárias	Controladoria
Etapa 8 – Elaboração do orçamento geral e Projeção dos Demonstrativos Contábeis	Controladoria
Etapa 9* – Controle Orçamentário	Controladoria
Etapa 10*– Reporte das Variações	Áreas Responsáveis

* Etapas mensais rotineiras do controle entre o real e o orçado, já em execução no período analisado.

Quadro 15.2 Modelo participativo de processo orçamentário

Etapas	Área Responsável
Etapa 1 – Preparação das peças orçamentárias	Todas as áreas responsáveis por peças orçamentárias
Etapa 2 – Revisão das peças recebidas	Controladoria
Etapa 3 – Discussão com os responsáveis	Controladoria e áreas responsáveis
Etapa 4 – Análise para aprovação	Controladoria e Comitê Orçamentário
Etapa 5 – Retorno das peças orçamentárias com as sugestões e determinações do Comitê	Controladoria
Etapa 6 – Ajuste das sugestões e determinações do Comitê	Controladoria e Áreas Responsáveis
Etapa 7 – Análise final para aprovação	Controladoria e Comitê Orçamentário
Etapa 8 – Conclusão das peças orçamentárias	Controladoria
Etapa 9 – Elaboração do orçamento geral e Projeção dos Demonstrativos Contábeis	Controladoria
Etapa 10 – Controle Orçamentário	Controladoria
Etapa 11 – Reporte das Variações	Áreas Responsáveis

Cronograma

As etapas sugeridas nos modelos de processo orçamentário podem e devem ser traduzidas em datas e, se for o caso, com algum detalhamento maior ainda. Desta maneira, o *controller* e sua equipe deverão elaborar um cronograma que compreenda todo o processo de elaboração do orçamento, desde o início das atividades da primeira etapa até a data de execução dos lançamentos orçamentários no sistema de informação contábil.

Na Tabela 15.2 damos um exemplo de cronograma.

Utilização da Tecnologia de Informação

A existência hoje de Sistemas de Suporte à Decisão, aliados aos conceitos de bancos de dados tipo *data warehousing*, permite facilitar, sobremaneira, o trabalho de orçamentação de qualquer peça. Se a empresa tiver acesso a esse tipo de aplicativo, e este seja de fácil manuseio, facilitará sobremaneira todo o processo orçamentário.

Esses aplicativos permitem a extração de dados do sistema contábil tradicional, para os cálculos e pré-orçamentos, com possibilidade de introdução de diversos modelos matemáticos e estatísticos para tratamento dos dados, bem como o posterior retorno ao sistema contábil para introdução das informações orçadas nos períodos orçamentários.

Todavia, ainda tem sido muito comum a utilização de planilhas eletrônicas tipo Excel, com a migração, por meio de mídia eletrônica especializada, para o sistema de informação contábil, após o término de todas as peças orçamentárias sob a forma de lançamentos orçamentários.

15.7 Construção de Cenários e Elaboração de Premissas

Duas tarefas são reservadas ao Comitê Orçamentário em conjunto com a Controladoria: a construção dos cenários e a definição das premissas para o próximo exercício que será objeto do plano orçamentário.

Construção de Cenários

É uma etapa que se sucede à leitura do ambiente, conforme explanamos no Capítulo 9. Enquanto a leitura do ambiente tem um caráter de maior permanência, já que não existe necessidade de que ela seja feita periodicamente, a construção de cenários deve ser realizada para o exercício em questão, se for necessário, e para o próximo exercício, necessariamente, ou, no máximo, para os dois próximos exercícios. O objetivo da construção de cenários é fundamentar as premissas orçamentárias.

Tanto a leitura do ambiente quanto a construção de cenários são instrumentos para o Planejamento Estratégico, pois lidam com informações sobre o macroambiente econômico, político e social. Enquanto a leitura do ambiente deve abranger todas as variáveis e entidades que afetam o sistema empresa, sejam internas ou externas, a construção de cenários é fundamentalmente

Tabela 15.2 Cronograma do processo orçamentário

Etapas do Processo Orçamentário	Responsável	Julho	Agosto	Setembro	Outubro	Novembro	Dezembro	Plano em Ação
1. Estabelecimento da Missão e Objetivos Corporativos	Presidência	—						
2. Análise do Ambiente	Diretoria Controladoria	—						
3. Construção dos Cenários	Diretoria Controladoria	—						
4. Estabelecimento do Fator Limitante (volume de vendas/produção)	Diretoria		—					
5. Definição das Premissas Orçamentárias Gerais	Controladoria Diretoria		—					
6. Definição das Premissas Específicas (despesas etc.)	Controladoria		—					
7. Elaboração das peças orçamentárias	Controladoria			—				
8. Aprovação Inicial	Comitê Orçamentário				—			
9. Primeira Revisão	Gestores Responsáveis				—			
10. Segunda Revisão	Controladoria				—	—		
11. Revisão Final	Gestores Controladoria					—		
12. Aprovação do Plano Orçamentário	Comitê Orçamentário					—		
13. Conclusão das Peças Orçamentárias	Controladoria					—		
14. Projeção dos Demonstrativos Contábeis	Controladoria					—		
15. Validação Final	Presidência Diretoria					—		
16. Remessa das Peças aos Responsáveis	Controladoria						—	
17. Controle Orçamentário	Controladoria Gestores						—	
18. Reporte das Variações	Gestores Controladoria							—

Tabela 15.3 Cenários

Variáveis	I Otimista (Em %)	II Moderado (Em %)	III Pessimista (Em %)
Probabilidade	**25,0**	**50,0**	**25,0**
PIB – Mundial – Variação	2,5	1,5	0,5
PIB – EUA – Variação	4,0	2,5	1,5
PIB – Europa – Variação	3,5	2,0	1,0
PIB – Japão – Variação	3,0	1,5	0,5
PIB – Brasil – Variação	0,5	-2,0	-4,0
Balanço de Pagamentos – US$ bi	4,0	6,0	8,0
Reservas Internacionais – US$ bi	30,0	32,0	34,0
Déficit Público – % do PIB	4,0	4,5	5,0
Dívida Externa – US$ bi	200	198	196
Juros Nominais	20,0	24,0	28,0
Taxa de Câmbio	5,0	7,0	9,0
Inflação anual – IPC	12,0	10,0	8,0
Taxa Média Desemprego	7,5	8,5	9,5
Crescimento do Setor	10,0	5,0	–
Crescimento da Empresa	12,0	7,0	2,0
Crescimento da Unidade de Negócio 1	15,0	12,0	10,0
Crescimento da Unidade de Negócio 2	10,0	9,0	7,0

ligada com o ambiente macroeconômico e suas implicações visíveis à empresa e seu setor.

É comum as empresas contratarem especialistas ou consultorias na área macroeconômica para esta tarefa. A maior parte das instituições financeiras e de investimentos tem um setor específico para esta tarefa, bem como também fornecem seus cenários elaborados para seus clientes, cabendo-lhes aceitar ou não. Mesmo que a organização contrate esse serviço, é imprescindível que o *controller* e os participantes do comitê orçamentário participem da leitura e do processo de discussão das variáveis encenadas.

As fontes de dados para a construção de cenários são as existentes na mídia, nas publicações especializadas, nas associações de classe, entidades governamentais etc., que devem ser analisadas e transformadas em informações que permitam indicar os caminhos mais prováveis a serem seguidos.

A técnica mais utilizada é traduzir as variáveis macroeconômicas em dois ou três cenários mais prováveis, que são decorrentes da leitura das perspectivas baseadas no atual ambiente econômico. As informações geradas constantes no cenário tido como o mais provável deverão ser assumidas para direcionar as premissas do plano orçamentário para o próximo período.

Na Tabela 15.3 apresentamos um quadro exemplificativo de cenários construídos. Em princípio, os dados do cenário moderado deverão ser os que a empresa adote como mais prováveis.

Premissas Orçamentárias

Após a escolha do cenário mais provável, a Controladoria deverá preparar o quadro de premissas para o plano orçamentário, que deverão, posteriormente, ser aprovadas pelo Comitê Orçamentário e tornadas como o fundamento para o processo de elaboração das peças do orçamento.

As premissas decorrem do cenário escolhido. Por meio de informações e dados que já dispõem no seu Sistema de Informação de Acompanhamento do Negócio, a cúpula diretiva tem conhecimento e percepção geral do que deve acontecer com os negócios da empresa caso aconteça o cenário mais provável. Nesse sentido, as informações básicas para delinear o plano orçamentário, tais como: comportamento das vendas, produção, novos negócios e oportunidades, necessidades de investimentos e financiamentos, logística etc., são passíveis de ser assumidas em termos quantitativos.

Além disso, a direção da empresa já tem condições de estabelecer outras premissas, fruto das decisões de vendas e investimentos, bem como decorrentes de políticas administrativas e financeiras, ou mesmo de caráter discricionário, ou seja, impostas. Todo o conjunto de premissas, que possam ser quantificáveis e sejam elementos que devem ser trabalhados nas peças orçamentárias, deve ser explicitado.

Consideramos como premissas orçamentárias os dados de ordem geral e que tendem a afetar, direta ou indiretamente, toda a empresa e que, depois de assumidas, devem ser rigorosamente respeitadas sem discussão.

O Quadro 15.3 é exemplificativo de premissas gerais para o processo de elaboração das peças orçamentárias.

Estratégia e Orçamento

As premissas orçamentárias fazem parte do conjunto de informações do planejamento operacional. Os cenários fazem parte do conjunto de informações do Planejamento Estratégico. As premissas fundamentarão a construção do orçamento. Concluídas todas as peças orçamentárias, estas deverão ser incorporadas ao Sistema de Informação Contábil, para que, no próximo período, tenhamos os relatórios de controle por meio de comparação com os dados reais.

Desta maneira, podemos evidenciar esse processo unindo o Planejamento Estratégico e o Planejamento Operacional, considerando os principais instrumentos informacionais que suportam esses processos dentro da empresa.

Quadro 15.3 Premissas orçamentárias gerais

Programa de Produção – Unidades/Ano	200.000	
Número de Funcionários	4.500	
Encargos Sociais Previstos – Média	92,0%	
Horas extras máximas	2,0%	
Aumentos Salariais – Data-Base	4,0%	
Aumentos de Mérito – % Mensal	0,2%	
Taxa de Câmbio – %	7,0%	
Taxa de US$ – Inicial	R$ 1,65	
Taxa de US$ – Final	R$ 1,765	
Inflação Anual – País – %	10,0%	
Aumento de Lista de Preços – %	5,0%	
Inflação Interna – %	7,6%	
TJLP – Empréstimos Nacionais	15,0%	
Taxa de Juros Média – Empréstimos Estrangeiros	8,5%	+ Câmbio
Taxa de Juros Média – Aplicações Financeiras	16,0%	
IR Retido Fonte Aplicações Financeiras	15,0%	
Investimentos Necessários	R$ 1.600.000	
Política de Contas a Receber	50 dias	
Política de Estocagem	90 dias	
Política de Fornecedores	30 dias	

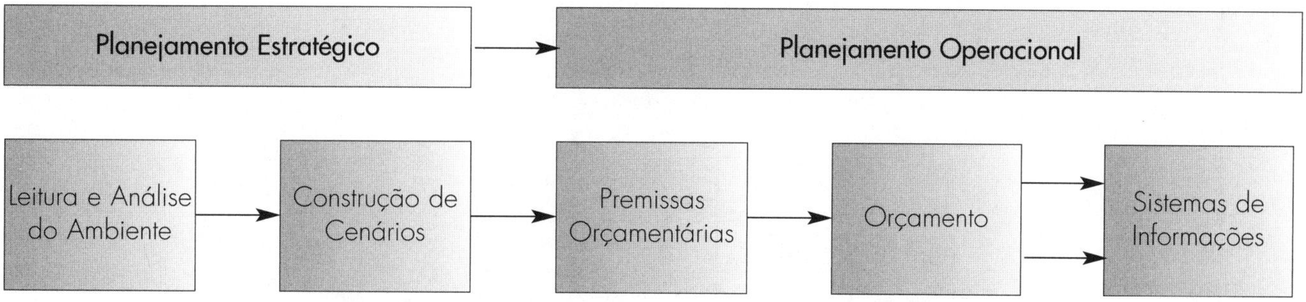

Figura 15.1 Estratégia, plano orçamentário e sistemas de informações

15.8 Estrutura do Plano Orçamentário

O plano orçamentário contempla três grandes segmentos:

- O orçamento operacional.
- O orçamento de investimentos e financiamentos.
- A projeção dos demonstrativos contábeis (também chamado de orçamento de caixa).

Orçamento Operacional

É o que contém a maior parte das peças orçamentárias, pois engloba todos os orçamentos específicos que atingem a estrutura hierárquica da empresa, englobando as áreas administrativa, comercial e de produção. O orçamento operacional equivale, na demonstração de resultados da empresa, às informações que evidenciam o Lucro Operacional, ou seja: vendas, custo dos produtos, despesas administrativas e comerciais.

O orçamento operacional compreende as seguintes peças orçamentárias:

- Orçamento de vendas.
- Orçamento de produção.
- Orçamento de compras de materiais e estoques.
- Orçamento de despesas departamentais.

O orçamento de **despesas departamentais**, ou por centro de custo, inclui as despesas de cada setor com um responsável dentro da empresa por gastos controláveis e inclui:

- consumo de materiais indiretos pelo centro de custo;
- despesas com mão de obra direta;
- despesas com mão de obra indireta;
- gastos gerais do centro de custo;
- depreciações do centro de custo.

Orçamento de Investimentos e Financiamentos

Este segmento do plano orçamentário contém as seguintes peças orçamentárias:

- Orçamento de investimentos (aquisições de investimentos, imobilizados e diferidos).
- Orçamento de financiamentos e amortizações.
- Orçamento de despesas financeiras.

Via de regra, este segmento do plano orçamentário fica restrito a algumas pessoas, em geral da direção, o responsável pela Tesouraria e o *controller*.

Projeção dos Demonstrativos Contábeis

É o segmento do plano orçamentário que consolida todos os orçamentos. Parte do Balanço Patrimonial inicial incorpora o orçamento operacional e o orçamento de investimentos e financiamentos, projeta as demais contas e conclui com um Balanço Patrimonial final. Compreende as seguintes peças orçamentárias:

- Projeção de outras receitas operacionais e não operacionais e despesas não operacionais.
- Projeção das receitas financeiras.
- Projeção da Demonstração de Resultados do período orçamentário.
- Projeção do Balanço Patrimonial ao fim do período orçamentário.
- Projeção do Fluxo de Caixa.
- Projeção da Demonstração das Origens e Aplicações dos Recursos.
- Análise financeira dos demonstrativos projetados.

Identicamente ao orçamento de investimentos e financiamentos, este segmento do plano orçamentário fica restrito à cúpula diretiva e ao *controller*.

Nos próximos cinco capítulos trataremos de todos esses orçamentos com maior grau de detalhamento.

E na Figura 15.2 apresentamos um resumo do esquema geral de um plano orçamentário e suas peças principais.

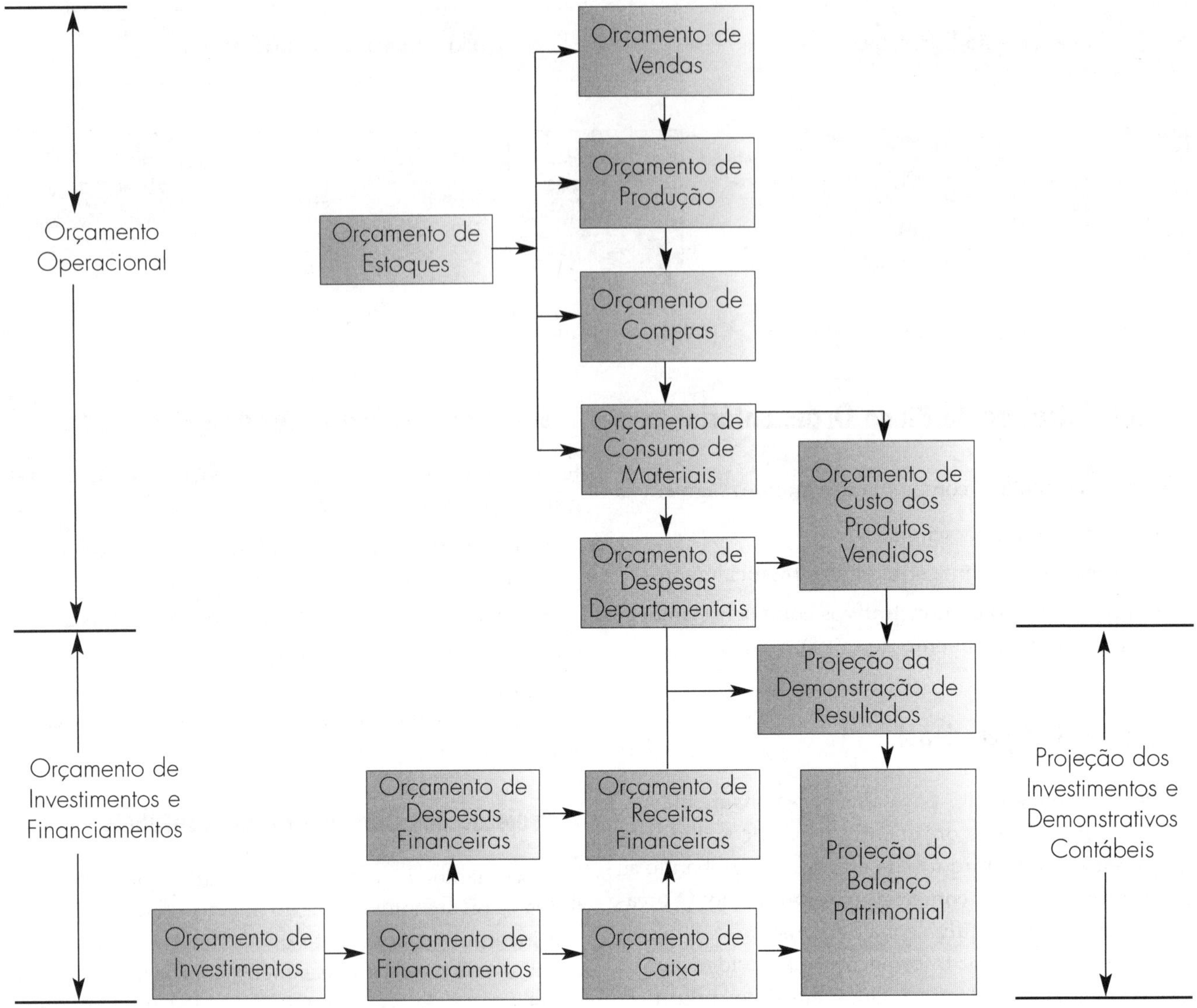

Figura 15.2 Esquema geral do plano orçamentário

Questões e Exercícios

1 O que é orçamento e quais os principais objetivos de um plano orçamentário?

2 Quais são os segmentos do plano orçamentário? Discorra sobre cada um deles.

3 Existem questionamentos sobre a validade de elaborar um plano orçamentário em economias com inflação crônica. Apresente alguns argumentos contra e outros a favor de fazer orçamento em ambiente inflacionário. Dê sua opinião sobre o assunto.

4 Caso uma empresa, tendo em vista um ambiente inflacionário no país, deseje fazer o plano orçamentário em moeda forte, isto torna desnecessária a feitura do orçamento na moeda corrente do país? Justifique.

5 Coloque nos espaços em branco as letras que correspondem a cada conceito de orçamento.

a) feito com base na rediscussão da necessidade ou não de cada gasto

( ) Orçamento Flexível

b) Orçamento feito de acordo com determinado volume de produção/vendas

( ) Orçamento de Tendências

c) Orçamento feito considerando diversos níveis de volume de produção

( ) Orçamento Base Zero

d) Orçamento feito com a observação de dados passados

( ) Orçamento Estático

6 Analise o atual ambiente empresarial e elabore três cenários possíveis (otimista, moderado e pessimista). Faça suas ponderações sobre os dados e as variáveis consideradas.

7 Tome como referência a empresa em que trabalha ou qualquer outra conhecida e, partindo da adoção de um dos cenários construídos no exercício anterior, elabore um quadro de premissas gerais para conduzir um processo orçamentário para o ano seguinte. Apresente o máximo possível de dados e variáveis, justificando cada uma delas.

Capítulo 16

Orçamento de Vendas e Produção

O ponto-chave do orçamento operacional é o orçamento de vendas, o qual, na realidade, é o ponto de partida de todo o processo de elaboração das peças orçamentárias. Esta colocação deve-se ao fato de que, para a maioria das empresas, todo o processo de planejamento operacional decorre da percepção da demanda de seus produtos para o período a ser orçado. Com isso, o volume de vendas torna-se o fator limitante para todo o processo orçamentário.

Convém relembrar que, em alguns casos, o orçamento de vendas é decorrente do orçamento de produção, ou seja, o fator limitante da empresa não é a demanda. Neste caso, o mercado estaria disposto a comprar todo o volume que a empresa produzir de seus produtos. Nessa hipótese, o orçamento limitante seria o de produção. Um exemplo desse tipo de empreendimento são alguns produtos naturais, como minérios, alimentos *in natura* etc.

Primeiramente, desenvolveremos o orçamento de vendas e, em seguida, o orçamento de produção em quantidades, que é totalmente decorrente do orçamento de vendas em quantidades.

16.1 Aspectos Gerais do Orçamento de Vendas

Fundamentalmente, o orçamento de vendas compreende as seguintes partes:

- Previsão de vendas em quantidades para cada produto.
- Previsão dos preços para os produtos e seus mercados.
- Identificação dos impostos sobre as vendas.
- Orçamento de vendas em moeda corrente do país.

Dificuldades na Previsão de Vendas

A etapa inicial do orçamento de vendas é a determinação das quantidades a serem vendidas dos produtos da empresa. Cada uma delas tem o seu grau de dificuldade de estimar as quantidades a serem vendidas para os próximos períodos.

Tais dificuldades são consideradas naturais, pela natural imprevisibilidade das situações conjunturais da economia e sazonalidades existentes. No entanto, a leitura do ambiente e a construção dos cenários, além de outras informações constantes do Sistema de Acompanhamento do Negócio, devem permitir um mínimo de condições de estabelecer probabilidades de acontecimentos de vendas futuras.

Além disso, é normal que a empresa já tenha um conjunto de conhecimentos sobre o comportamento de seus produtos dentro dos mercados em que ela atua (excetuando-se, eventualmente, produtos totalmente inéditos que serão lançados no mercado no período orçamentado).

Desta maneira, há possibilidades de um acerto razoável das quantidades que possam ser vendidas e, consequentemente, de iniciar o processo de orçamento das vendas e, em seguida, a conclusão do processo orçamentário. Em resumo, a melhor competência empresarial deverá ser alocada na previsão de vendas.

Principais Pontos a Serem Observados

A seguir, apresentamos um elenco de aspectos a serem observados na elaboração do orçamento de vendas, os quais influenciam diferentemente as empresas; portanto, cada uma delas deve dar ênfase maior ou menor a cada um deles, segundo as características de seu negócio:

- Identificação dos produtos a serem vendidos.
- Determinação do critério de entendimento do que é produto para fins do orçamento de vendas (por versão especificada, modelo, linha de produto etc.).
- Identificação dos mercados dos produtos (mercados interno e externo, regiões, filiais, clientes-chave etc.).
- Determinação das quantidades a serem orçadas.
- Determinação dos preços por produto e para cada mercado.
- Determinação dos preços à vista e a prazo.
- Incorporação da eventual mudança da política de crédito.
- Determinação das quantidades de vendas à vista e a prazo.

- Determinação dos aumentos previstos nas listas de preços, segundo as premissas orçamentárias.
- Determinação das projeções das taxas das moedas estrangeiras para vendas ao mercado externo.
- Incorporação das sazonalidades mensais conhecidas e/ou estimadas.
- Inclusão das expectativas de vendas de acessórios, opcionais, produtos complementares e por produto.
- Identificação dos impostos sobre vendas para cada produto e mercado.
- Identificação dos créditos fiscais para cada produto e mercado.
- Projeção de outras receitas acessórias, como variações cambiais após a venda, recuperações de despesas etc.
- Projeção de inadimplências etc.

Tecnologia de Informação Utilizada e Sistemática dos Cálculos

Já vimos que existem sistemas especializados para o tratamento dos orçamentos, denominados Sistemas de Suporte à Decisão. Para o nosso exemplo, utilizaremos a tecnologia de planilhas eletrônicas, que farão o papel de sistemas especialistas de orçamento.

16.2 Previsão de Vendas

A primeira parte do orçamento de vendas, e a mais difícil, é a determinação das quantidades orçadas. Para isso, existem pelo menos três grandes métodos de previsão, que apresentamos a seguir.

Não consideraremos como método de previsão de vendas quando o fator limitante for a quantidade produzida, porque, neste caso, as vendas seriam exatamente as quantidades produzidas. Nesta condição, o orçamento de produção, que será o mais importante, será feito pela capacidade de produção, seja medida em termos de equipamentos e instalações, seja em termos de mão de obra direta disponível.

Métodos Estatísticos

É a utilização de modelos estatísticos de correlação e análise setorial, via recursos computacionais, ou mesmo métodos estatísticos diretos de análise de tendências. Isso será possível quando o passado permitir imaginar um comportamento futuro das vendas. É o método utilizado quando se tem muita dificuldade de saber o que vai vender.

Dentro dos métodos estatísticos, podemos classificar os seguintes critérios:

- Correlação com o crescimento do setor ou do PIB.
- Análise de tendência (regressão linear, mínimos quadrados).
- Combinação dos dois métodos anteriores.
- Pesquisa de mercado.
- Correlação ou participação no tamanho do mercado etc.

Coleta de Dados das Fontes de Origens das Vendas

Neste caso, o orçamento de quantidades de vendas terá como base as informações vindas diretamente dos centros vendedores, que serão compiladas no setor de Controladoria. É uma metodologia aparentemente interessante, porém a diversidade das fontes de origens, bem como as possibilidades de inadequação de entendimento das premissas orçamentárias, poderão conduzir a resultados finais inconsistentes e até frágeis.

Atualmente, os meios computacionais e as informações contidas no Sistema de Acompanhamento do Negócio podem, seguramente, minimizar o impacto da possível fragilidade deste método. Tem sido comum que os pontos de vendas sejam conectados computacionalmente com o sistema central, por meio dos sistemas de colocação de pedidos (*order entry system*). Desta maneira, já existe um banco de dados com as informações dos pontos de venda, que servirão de parâmetro para avaliar as estimativas de vendas recebidas das fontes de origens.

Como exemplo deste método, podemos citar a previsão de quantidades vendidas obtidas:

- de cada vendedor;
- de cada gerente de filial;
- de cada ponto de venda de varejo;
- de cada franqueada, concessionária etc.

Uso Final do Produto

Este método deverá ser utilizado quando, pelo conhecimento sobre o uso final do produto de seus clientes, a empresa puder orçar suas próprias vendas. Saber o que os seus clientes vão vender, pelo conhecimento dos programas de produção deles, será um meio seguro de orçar as quantidades de vendas da empresa como fornecedora certa para eles.

Esta metodologia tende a ser cada vez mais utilizada pelos atuais conceitos praticados de cadeia de fornecimento (*supply chain*) e terceirização (*outsourcing*). Tais conceitos são decorrentes de um outro maior, de modo de negócios, que é o conceito de parceria. Nesse sentido, quanto mais parceiras forem as empresas, mais elas podem e devem trocar as informações de expectativas de vendas e lançamento dos programas de produção.

Além disso, as possibilidades abertas pela tecnologia de informação, por meio do conceito de comércio eletrônico (*e.commerce, eRM – eletronic relationship management* etc.), tendem a estreitar cada vez mais os clientes e seus fornecedores.

Como exemplos da aplicação dessa metodologia podemos citar:

- Fornecedores de autopeças para indústria automobilística.
- Fornecedores de serviços ou componentes para empresas que trabalham com programa de produção periódico ou anual.
- Cotas obrigatórias de vendas de produtos franqueados ou concessionados.
- Empresas prestadoras de serviços com contratos periódicos ou anuais.
- Atividade de locação de bens móveis e imóveis etc.

16.3 Orçamento de Vendas

Apresentaremos a seguir um exemplo numérico de orçamento de vendas, com as suas principais partes. A empresa em questão é uma indústria que fabrica quatro produtos principais diferentes: Produto X, Produto Y e Produto Z, o Produto Z1 seria uma versão simples e o Produto Z2, uma versão de luxo.

No nosso exemplo estamos imaginando que o processo de fabricação para todos os produtos é similar na maior parte dos processos. A empresa também vende parte e peças dos produtos principais, que estamos denominando de produtos complementares. Os produtos são vendidos para dois mercados, sendo o Mercado 1 o mercado interno e o Mercado 2 o mercado externo de exportação.

Orçamento de Quantidades

O primeiro orçamento é o de quantidades vendidas. No nosso exemplo da Tabela 16.1 fizemos uma estimativa de quantidades mensais por produto e por mercado. Quanto aos produtos complementares, dada a variedade possível de quantidade de itens, utilizaremos o critério de mensuração da receita orçada pelo percentual estimado sobre os produtos principais, e não faremos o orçamento de quantidade.

Este critério só é aceitável quando há dados firmes do passado de correlação entre os produtos principais e os complementares, e a participação das vendas desses produtos não tenham tanta relevância no total das receitas de vendas.

Orçamento de Preços de Venda

A segunda etapa do orçamento de vendas é o orçamento dos preços. Identicamente ao orçamento de quantidades, deve apresentar os preços por produtos e seus respectivos mercados.

Na Tabela 16.2, apresentamos na segunda coluna a informação do preço de venda base nas moedas de cada mercado. Assim, os preços do Mercado 1 estão na moeda corrente do País (R$) e os preços do Mercado 2, em moeda estrangeira (US$).

Para incorporar as políticas de preços das premissas orçamentárias, introduzimos no início da planilha os reajustes esperados nas listas de preços. No nosso exemplo, mantivemos os preços do Mercado 2 inalterados. Para o Mercado 1, estimamos um aumento de preços de 2% no mês de março e de 2,5% no mês de setembro, sempre aplicados sobre os preços dos meses anteriores.

É importante ressaltar que os preços estão colocados conforme as listas de preços, ou seja, os preços que são identificados pelo cliente. Portanto, estão com impostos, e assim é necessário para obter o orçamento da receita **bruta** de vendas, antes dos impostos, bem como para possibilitar a obtenção do valor da carteira de duplicatas a receber e a provisão de créditos incobráveis, que farão parte depois da projeção do Balanço Patrimonial, ao final do processo orçamentário. Nosso exemplo não contempla vendas à vista e a prazo para fins de simplificação.

Identificação dos Impostos sobre Vendas

Esta etapa do orçamento de vendas compreende a identificação dos impostos incidentes sobre as vendas de cada um de todos os produtos, pois é possível que tenham tributações diferenciadas. É necessário que a identificação seja efetuada considerando também os mercados, pois determinados produtos são tributados, por exemplo, em um mercado interno e podem não o ser em outro, por exemplo, as exportações.

A tributação de produtos e seus mercados é necessária quando as vendas são para diversas regiões e sobre estas incida tributação diferenciada. Como exemplo, temos os impostos estaduais e municipais, bem como zonas de incentivos regionais.

Existe ainda a possibilidade de tributação diferenciada para clientes ou setores, como, por exemplo, vendas

Tabela 16.1 Previsão de vendas – quantidades

	Janeiro	Fevereiro	Março	Abril	Maio	Junho	Julho	Agosto	Setembro	Outubro	Novembro	Dezembro	Total
Produto X	260	260	260	260	260	280	280	280	280	290	290	290	3.290
Mercado 1	200	200	200	200	200	220	220	220	220	230	230	230	2.570
Mercado 2	60	60	60	60	60	60	60	60	60	60	60	60	720
Produto Y	230	230	230	230	230	170	170	170	170	200	200	200	2.430
Mercado 1	180	180	180	180	180	120	120	120	120	150	150	150	1.830
Mercado 2	50	50	50	50	50	50	50	50	50	50	50	50	600
Produto Z1	520	520	520	520	520	570	570	570	570	620	620	620	6.740
Mercado 1	400	400	400	400	400	450	450	450	450	500	500	500	5.300
Mercado 2	120	120	120	120	120	120	120	120	120	120	120	120	1.440
Produto Z2	200	200	200	200	200	210	210	210	210	220	220	220	2.500
Mercado 1	120	120	120	120	120	130	130	130	130	140	140	140	1.540
Mercado 2	80	80	80	80	80	80	80	80	80	80	80	80	960
Produtos Complementares	–	–	–	–	–	–	–	–	–	–	–	–	

Tabela 16.2 Preços de venda mensais*

	Preço-Base R$/US$**	Janeiro	Fevereiro	Março	Abril	Maio	Junho	Julho	Agosto	Setembro	Outubro	Novembro	Dezembro
Aumento de Preços – Mercado 1		1,00	1,00	1,02	1,00	1,00	1,00	1,00	1,00	1,025	1,00	1,00	1,00
(Fator de Ajuste) Mercado 2		1,00	1,00	1,00	1,00	1,00	1,00	1,00	1,00	1,00	1,00	1,00	1,00
Produto X													
Mercado 1	1.000,00	1.000,00	1.000,00	1.020,00	1.020,00	1.020,00	1.020,00	1.020,00	1.020,00	1.045,50	1.045,50	1.045,50	1.045,50
Mercado 2	375,00	375,00	375,00	375,00	375,00	375,00	375,00	375,00	375,00	375,00	375,00	375,00	375,00
Produto Y													
Mercado 1	900,00	900,00	900,00	918,00	918,00	918,00	918,00	918,00	918,00	940,95	940,95	940,95	940,95
Mercado 2	315,00	315,00	315,00	315,00	315,00	315,00	315,00	315,00	315,00	315,00	315,00	315,00	315,00
Produto Z1													
Mercado 1	1.800,00	1.800,00	1.800,00	1.836,00	1.836,00	1.836,00	1.836,00	1.836,00	1.836,00	1.881,90	1.881,90	1.881,90	1.881,90
Mercado 2	720,00	720,00	720,00	720,00	720,00	720,00	720,00	720,00	720,00	720,00	720,00	720,00	720,00
Produto Z2													
Mercado 1	2.200,00	2.200,00	2.200,00	2.244,00	2.244,00	2.244,00	2.244,00	2.244,00	2.244,00	2.300,10	2.300,10	2.300,10	2.300,10
Mercado 2	875,00	875,00	875,00	875,00	875,00	875,00	875,00	875,00	875,00	875,00	875,00	875,00	875,00
Produtos Complementares	–	–	–	–	–	–	–	–	–	–	–	–	–

* Os preços de venda já contêm custos financeiros para 30 dias de prazo, em média, e são para consumidor final.
** Mercado 1 – Preços em moeda corrente do País.
Mercado 2 – Preços em dólares.

para hidroelétricas, para setores com projetos governamentais setoriais etc. Caso seja relevante para a empresa em questão, isto deve ser identificado.

No nosso exemplo identificamos na Tabela 16.3 apenas os principais impostos, separando Mercado 1 e Mercado 2. Deixamos de incluir o atual Imposto sobre Produtos Industrializados (IPI), que poderá ser substituído pelo Imposto Seletivo, para poucos produtos, e o ISS, para simplificação.

Tabela 16.3 Impostos sobre vendas

Impostos	Mercado 1 (Em %)	Mercado 2
ICMS/IVA	18,00	–
PIS	0,65	–
Cofins	3,00	–
Total	**21,65**	**–**

Orçamento da Receita das Vendas

Como conclusão do orçamento das vendas, será feito o orçamento mensal por produtos e mercados, considerando as receitas bruta e líquida dos impostos sobre vendas. Apresentamos na Tabela 16.4 o quadro exemplificativo do orçamento final de vendas.

Com o Orçamento de Vendas, sugerimos já calcular os dados para a projeção de dois itens do Balanço Patrimonial relacionados com as vendas, que são:

- Projeção do saldo de contas a receber (clientes) mês a mês.
- Projeção da provisão para créditos incobráveis, a antiga provisão para devedores duvidosos mês a mês.

Lembramos que não é necessário ser feito o orçamento de recebimento das vendas, uma vez que é decorrente do orçamento da receita bruta mais a variação do saldo de contas a receber.

Na coluna Dados-Base, apresentamos alguns dados que facilitam o trabalho de cálculo da planilha. Para projetar os produtos complementares, utilizamos uma relação percentual média (que pode ser obtida pela análise dos dados históricos) para cada produto. Assim, no nosso exemplo, em média são vendidos 6% de produtos complementares ao Produto X. Como exemplos de produtos complementares podemos citar as vendas de: peças de reposição, opcionais, serviços de instalação, serviços de assistência técnica, sucatas de produtos, produtos reprovados em qualidade etc.

Também colocamos na coluna Dados-Base o total dos impostos identificados, que serão aplicados nos seus respectivos mercados. Para fins de simplificação, não nos preocupamos em saber se os impostos são **por dentro** (embutidos) ou **por fora**. Cada empresa deverá aplicar o formato de cálculo a seus produtos e seus impostos.

Na mesma coluna colocamos ainda os dados médios previstos para a projeção dos dados do balanço. No nosso exemplo, estimamos um saldo de perdas com créditos incobráveis em 2% e um prazo médio de recebimento de vendas de 28 dias, ambos calculados sobre a Receita Operacional Bruta.

Para o cálculo das vendas ao mercado externo, dependentes da taxa de câmbio, inserimos na primeira linha da planilha as taxas de dólar estimadas para o fim de cada mês. Apresentamos na Tabela 16.4 o orçamento de vendas em moeda corrente.

Exemplo dos Cálculos

Utilizando os dados para o mês de março, damos a seguir os cálculos efetuados para o orçamento de vendas.

MÊS DE MARÇO

Produto X

Mercado 1
200 (quantidade) x R$ 1.000,00 (preço de venda)
x 1,02 (fator de ajuste – aumento de preços) = R$ 204.000

Mercado 2
60 (quantidade) x US$ 375,00 (preço de venda)
x 1,00 (fator de ajuste) x 1,91 (taxa US$) = R$ 42.975

Total = R$ 246.975

Produto Y

Mercado 1
180 (quantidade) x R$ 900,00 (preço de venda)
x 1,02 (fator de ajuste – aumento de preços) = R$ 165.240

Mercado 2
50 (quantidade) x US$ 315,00 (preço de venda)
x 1,00 (fator de ajuste) x 1,91 (taxa US$) = R$ 30.083

Total = R$ 195.323

Produto Z1

Mercado 1
400 (quantidade) x R$ 1.800,00 (preço de venda)
x 1,02 (fator de ajuste – aumento de preços) = R$ 734.400

Mercado 2
120 (quantidade) x US$ 720,00 (preço de venda)
x 1,00 (fator de ajuste) x 1,91 (taxa US$) = R$ 165.024

Total = R$ 899.424

Tabela 16.4 Orçamento de vendas – em moeda corrente

Taxa do US$	Dados-Base	Janeiro 1,90	Fevereiro 1,90	Março 1,91	Abril 1,92	Maio 1,93	Junho 1,94	Julho 1,95	Agosto 1,96	Setembro 1,97	Outubro 1,98	Novembro 1,99	Dezembro 2,00	Total
Produto X		242.750	242.750	246.975	247.200	247.425	268.050	268.275	268.500	274.335	285.015	285.240	285.465	3.161.980
Mercado 1		200.000	200.000	204.000	204.000	204.000	224.400	224.400	224.400	230.010	240.465	240.465	240.465	2.636.605
Mercado 2		42.750	42.750	42.975	43.200	43.425	43.650	43.875	44.100	44.325	44.550	44.775	45.000	525.375
Produto Y		191.925	191.925	195.323	195.480	195.638	140.715	140.873	141.030	143.942	172.328	172.485	172.643	2.054.304
Mercado 1		162.000	162.000	165.240	165.240	165.240	110.160	110.160	110.160	112.914	141.143	141.143	141.143	1.686.542
Mercado 2		29.925	29.925	30.083	30.240	30.398	30.555	30.713	30.870	31.028	31.185	31.343	31.500	367.763
Produto Z1		884.160	884.160	899.424	900.288	901.152	993.816	994.680	995.544	1.017.063	1.112.022	1.112.886	1.113.750	11.808.945
Mercado 1		720.000	720.000	734.400	734.400	734.400	826.200	826.200	826.200	846.855	940.950	940.950	940.950	9.791.505
Mercado 2		164.160	164.160	165.024	165.888	166.752	167.616	168.480	169.344	170.208	171.072	171.936	172.800	2.017.440
Produto Z2		397.000	397.000	402.980	403.680	404.380	427.520	428.220	428.920	436.913	460.614	461.314	462.014	5.110.555
Mercado 1		264.000	264.000	269.280	269.280	269.280	291.720	291.720	291.720	299.013	322.014	322.014	322.014	3.476.055
Mercado 2		133.000	133.000	133.700	134.400	135.100	135.800	136.500	137.200	137.900	138.600	139.300	140.000	1.634.500
Subtotal		1.715.835	1.715.835	1.744.702	1.746.648	1.748.595	1.830.101	1.832.048	1.833.994	1.872.253	2.029.979	2.031.925	2.033.872	22.135.784
Produtos Complementares		134.594	134.594	136.837	136.997	137.158	145.376	145.537	145.697	148.714	160.740	160.901	161.061	1.748.205
Ao Produto X	0,06	14.565	14.565	14.819	14.832	14.846	16.083	16.097	16.110	16.460	17.101	17.114	17.128	189.719
Ao Produto Y	0,05	9.596	9.596	9.766	9.774	9.782	7.036	7.044	7.052	7.197	8.616	8.624	8.632	102.715
Ao Produto Z1	0,08	70.733	70.733	71.954	72.023	72.092	79.505	79.574	79.644	81.365	88.962	89.031	89.100	944.716
Ao Produto Z2	0,10	39.700	39.700	40.298	40.368	40.438	42.752	42.822	42.892	43.691	46.061	46.131	46.201	511.056
Receita Operacional Bruta		1.850.429	1.850.429	1.881.538	1.883.645	1.885.752	1.975.477	1.977.584	1.979.691	2.020.966	2.190.719	2.192.826	2.194.933	23.883.989
Impostos sobre Vendas – %	21,65	(400.618)	(400.618)	(407.353)	(407.809)	(408.265)	(427.691)	(428.147)	(428.603)	(437.539)	(474.291)	(474.747)	(475.203)	(5.170.884)
Receita Operacional Líquida		1.449.811	1.449.811	1.474.185	1.475.836	1.477.487	1.547.786	1.549.437	1.551.088	1.583.427	1.716.428	1.718.079	1.719.730	18.713.105
Provisão para Créditos														
Incobráveis – %	2,00	(37.009)	(37.009)	(37.631)	(37.673)	(37.715)	(39.510)	(39.552)	(39.594)	(40.419)	(43.814)	(43.857)	(43.899)	
Saldo de Contas a Receber	28 dias													
de Clientes ao Final do Mês	28	1.727.067	1.727.067	1.756.102	1.758.069	1.760.035	1.843.779	1.845.745	1.847.712	1.886.235	2.044.671	2.046.638	2.048.604	

Produto Z2

Mercado 1

120 (quantidade) x R$ 2.200,00 (preço de venda) x 1,02 (fator de ajuste – aumento de preços) =	R$ 269.280

Mercado 2

80 (quantidade) x US$ 875,00 (preço de venda) x 1,00 (fator de ajuste) x 1,91 (taxa US$) =	R$ 133.700
Total =	**R$ 402.980**

Subtotal

(R$ 246.975 + 195.323 + 899.424 + 402.980) =	R$ 1.744.702

Produtos Complementares

Produto X – 6% - (0,06 x R$ 246.975) =	R$ 14.819
Produto Y – 5% - (0,05 x R$ 195.323) =	R$ 9.766
Produto Z1 – 8% - (0,08 x R$ 899.424) =	R$ 71.954
Produto Z2 – 10% - (0,10 x R$ 402.980) =	R$ 40.298
SOMA =	**R$ 136.837**

Receita Operacional Bruta	
(R$ 1.744.702 + R$ 136.837) =	R$ 1.881.538

Impostos Sobre Vendas – 21,65%	
(0,2165 x R$ 1.881.538) =	R$ 407.353

Receita Operacional Líquida	
(R$ 1.881.538 - R$ 407.353) =	R$ 1.474.185

Provisão para Créditos Incobráveis – 2%	
(0,02 x R$ 1.881.538) =	R$ 37.631

SALDO DE CONTAS A RECEBER DE CLIENTES – 28 DIAS	
(R$ 1.881.538 : 30 dias x 28 dias) =	R$ 1.756.102

Modelo Alternativo

Outro modo de elaboração do orçamento de vendas, mais simplificado, mas com boa eficácia, é elaborar os cálculos das vendas por produtos e mercados, considerando os dados anuais e preços e taxas de câmbio médios do ano. Após esses cálculos, é feita a sazonalização mensal, considerando alguma tendência verificada no passado, que tenha consistência, ou mesmo a sazonalidade mensal esperada.

Orçamento de Vendas para Contabilidade Divisional

O exemplo contemplou o caso de uma empresa com orçamento único de vendas. No caso de corporações estruturadas por Unidades de Negócios, deverá ser feito um orçamento de vendas para cada uma delas, considerando as mesmas características apresentadas dentro do exemplo.

O mesmo procedimento deverá ser feito se a empresa tiver sua contabilidade por responsabilidade segmentada sob o conceito de centros de lucros, ou seja, para cada centro de lucro deverá ser elaborado um orçamento de vendas. Neste caso, o item que deverá ser incorporado ao orçamento de vendas **será a receita decorrente da transferência de produtos** para outros centros de lucros, por meio da utilização do conceito de **preço de transferência**, ou seja, as vendas "**internas**" do centro de lucro.

16.4 Orçamento de Produção

É totalmente decorrente do orçamento de vendas. Conforme já foi salientado anteriormente, no caso de o fator limitante ser a quantidade produzida, entende-se que o orçamento de vendas é que decorre da quantidade produzida. Porém, para a maior parte das empresas, o fator limitante é vendas e, portanto, o orçamento de produção decorre do orçamento de vendas.

Saliente-se que o orçamento de produção é quantitativo. Em princípio, não é preciso valorizar a quantidade da produção para fins de orçamento. O orçamento de produção em quantidade dos produtos a serem fabricados é fundamental para a programação operacional da empresa, e dele decorre o orçamento de consumo e compra de materiais diretos e indiretos, bem como é base de trabalho para os orçamentos de capacidade e logística.

São dois dados importantes para o orçamento de produção:

- Orçamento de vendas em quantidades por produto.
- Política de estocagem de produtos acabados.

Com esses dados mais os das atuais quantidades em estoque de produtos acabados, conclui-se o orçamento de produção. Portanto, a diferença entre a quantidade vendida e a ser produzida decorre da variação da quantidade do estoque de produtos acabados. Em uma empresa em que há possibilidade de venda imediata de toda a produção e, portanto, ela consegue evitar ou não há necessidade de estocagem de produtos acabados, o orçamento de produção é igual ao orçamento de vendas em quantidades. Este fato pode acontecer em empresas que produzem por encomenda ou naquelas que conseguem uma perfeita aplicação do conceito de *just-in-time* ao produto final.

Política de Estocagem

Para muitas empresas, o estoque de produtos acabados é estratégico. O negócio da empresa é ter produtos acabados sempre à mão para pronto atendimento ao cliente. Um exemplo disso é o comércio. Este tipo de estratégia não colide com o conceito financeiro de menor investimento em capital de giro. Deve-se sempre buscar o mínimo investimento em capital de giro e em estoques, sejam eles de produtos acabados, intermediários ou de materiais. Em outras palavras, se para algumas empresas é estratégico ter sempre estoque de produtos acabados, este volume estratégico disponível deverá ser sempre o menor possível.

A política de estocagem de produtos acabados é traduzida em dias de vendas, por tipo de produto. A empresa tem informações e experiência que permite fixar qual deve ser o estoque mínimo a ser mantido para atendimento às vendas. Além disso, deve ser incorporada a eventual mudança de política de estocagem, seja para maior ou para menor. Há possibilidade de a empresa desejar um reabastecimento maior, ou, o oposto, uma redução da quantidade estocada.

Orçamento de Produção em Quantidades

A Tabela 16.5 apresenta um exemplo de orçamento de produção em quantidades por produto. Na primeira coluna, incorporamos o conceito de política de estocagem em dias de venda. Assim, para o Produto X, a empresa tem como política manter em estoque de produtos acabados o equivalente à média de 20 dias de vendas. Como a previsão de vendas em quantidade do Produto X é de 260 unidades para o mês de janeiro, o estoque final de produtos acabados previsto é de 173 unidades.

Exemplo dos Cálculos

Tomaremos como exemplo o mês de junho para o Produto X.

O **estoque inicial** em quantidades é um dado real, oriundo do mês anterior, e, portanto, não há cálculo, e sim um ponto de partida. O estoque inicial do mês de janeiro é o constante do balanço final encerrado no exercício anterior. Como o orçamento deve ser feito antes do encerramento do exercício corrente, ressalte-se que o estoque inicial de janeiro também poderá ser estimado e arbitrado, ou fruto do orçamento anterior.

O estoque inicial de junho é o estoque final de maio, no caso 173,33 (173) unidades.

A **previsão de vendas** é o total de vendas orçadas na previsão de vendas em quantidades (Tabela 16.1). Para o mês de junho, a previsão de vendas era de 280 unidades.

O **estoque final** decorre do cálculo em cima da política de estocagem em dias de venda. No caso do Produto X para o mês de junho, o estoque final corresponde a 20 dias de vendas de junho. Assim: 280 unidades : 30 dias x 20 dias = 186,66 (187) unidades.

O **orçamento de produção** em quantidades para o Produto X para o mês de junho decorre dos três dados anteriores. Assim:

Previsão de Vendas para o mês de junho =	**280 unidades**
(+) Estoque final desejado para 30.0 =	**186,66 unidades**
(-) Estoque inicial existente em 31.0 =	**173,33 unidades**
= Orçamento de produção para junho =	**293,3 (293) unidades**

Produção Contínua

As empresas ou unidades de negócios cujo processo de produção é contínuo (indústria química, petróleo, açúcar e álcool, bebidas, processos de fundição etc.) devem incorporar, se necessário, ao orçamento de produção, por meio do estoque final, as unidades de produção inacabadas ao final do mês.

Neste caso, o procedimento a ser adotado é o de unidades equivalentes de produção, que desenvolveremos no Capítulo 24 – Fundamentos de Contabilidade de Custos. Convém salientar que a necessidade de incluir as unidades em processamento inacabadas deve ser feita quando há um volume significativo da variação entre os estoques finais e iniciais.

Orçamento de Produção e Programa de Produção

O orçamento de produção, em princípio, é o programa de produção para o próximo exercício, que deverá ser utilizado como programa mestre de produção, para acionamento do sistema *MRP*, com eventuais adaptações a serem feitas pelo setor de planejamento e controle de produção, em termos de programação operacional.

16.5 Orçamento de Capacidade e Logística

As quantidades de venda e produção é que determinam o nível de atividade da empresa. O Subsistema Físico-Operacional das empresas e de suas respectivas áreas de responsabilidade é estruturado para determinados níveis de atividades, ou faixa de atividades, com limites de capacidade de produção e vendas.

De um modo geral, nas unidades de negócios já estruturadas e em andamento, as empresas tendem a aumentar sua capacidade de produção de forma gradativa, fazendo os ajustes dos recursos de produção e distribuição pontuais dentro de um *continuum* de investimentos. Um dos aspectos que leva a este procedimento é que, em linhas gerais, a empresa não trabalha geralmente a plena carga, sempre tendo uma ociosidade de recursos físicos (algo ao redor de 10%), bem como com

Tabela 16.5 Orçamento de produção em quantidades

	Dias *	Janeiro	Fevereiro	Março	Abril	Maio	Junho	Julho	Agosto	Setembro	Outubro	Novembro	Dezembro	Total
Produto X														
Estoque Inicial		200	173	173	173	173	173	187	187	187	187	193	193	
Previsão de Vendas		260	260	260	260	260	280	280	280	280	290	290	290	3.290
Estoque Final*	20	173	173	173	173	173	187	187	187	187	193	193	193	
Orçamento de Produção		233	260	260	260	260	293	280	280	280	297	290	290	3.283
Produto Y														
Estoque Inicial		100	153	153	153	153	153	113	113	113	113	133	133	
Previsão de Vendas		230	230	230	230	230	170	170	170	170	200	200	200	2.430
Estoque Final*	20	153	153	153	153	153	113	113	113	113	133	133	133	
Orçamento de Produção		283	230	230	230	230	130	170	170	170	220	200	200	2.463
Produto Z1														
Estoque Inicial		150	260	260	260	260	260	285	285	285	285	310	310	
Previsão de Vendas		520	520	520	520	520	570	570	570	570	620	620	620	6.740
Estoque Final*	15	260	260	260	260	260	285	285	285	285	310	310	310	
Orçamento de Produção		630	520	520	520	520	595	570	570	570	645	620	620	6.900
Produto Z2														
Estoque Inicial		220	67	67	67	67	67	70	70	70	70	73	73	
Previsão de Vendas		200	200	200	200	200	210	210	210	210	220	220	220	2.500
Estoque Final*	10	67	67	67	67	67	70	70	70	70	73	73	73	
Orçamento de Produção		47	200	200	200	200	213	210	210	210	223	220	220	2.353

*Política de estocagem em dias de venda

possibilidades de utilização de turnos ou horários extraordinários para fazer face a aumentos significativos no nível de atividade.

Por outro lado, quando o volume esperado da futura atividade indica que é preciso aumento dos recursos disponíveis para as operações, deve-se avaliar a capacidade atual dos recursos diante da capacidade necessária para atender o novo patamar de atividade operacional esperado.

Nesta linha, com o orçamento de produção e vendas, é substancial o orçamento de capacidade operacional, que inclui a capacidade fabril e de comercialização. Ao mesmo tempo, é o momento de rever toda a cadeia de suprimento e entrega, que denominamos de orçamento de logística.

Apesar de a visão mais comum do orçamento de capacidade e logística estar relacionada com aumento de recursos, lembramos que o inverso também é verdadeiro. Situações em que os orçamentos de produção e vendas indicarem uma significativa redução do nível de atividade, em que a capacidade existente se mostre francamente excessiva e, com isso, consumindo gastos para sua manutenção, exigirão programas para redução da **capacidade**. Essa possibilidade configura-se com o caráter de permanência e obriga a redução do quadro de funcionários e desinvestimentos operacionais.

Recursos com Restrições

A análise de capacidade e logística fundamenta-se na análise dos recursos disponíveis, dentro dos processos (cadeia, fluxo) existentes para efetivar as operações de produção, comercialização, suprimentos e movimentação de materiais e produtos.

Assim sendo, o conceito básico é o decorrente da Teoria das Restrições: **o fluxo dos processos não deve ser interrompido**. Ao analisarmos as necessidades decorrentes dos programas de produção e vendas, devemos analisar todos os recursos, dentro das cadeias existentes, para verificar quais deles restringirão os orçamentos programados. Os recursos que restringirão a programação operacional deverão ter sua capacidade ajustada ao novo nível de atividade desejada e, para isso, investimentos e contratações deverão ser feitos e incorporados no programa orçamentário.

Orçamento de Capacidade

O orçamento de capacidade trabalha, preponderantemente, com três grandes áreas:

- Equipamentos e instalações para os processos produtivo e comercial.
- Mão de obra direta às atividades operacionais.
- Impacto nos setores de apoio.

O orçamento de capacidade objetiva quantifica a capacidade de cada equipamento e da produtividade da mão de obra existente, comparando-a com a necessidade gerada pelos programas de produção e venda, dentro do conceito da existência de restrições.

Capacidade das Instalações e Equipamentos

Cada equipamento ou instalação tem uma capacidade máxima produtiva que pode ser mensurada segundo seu próprio objetivo e a aplicação a que se destina.

Por exemplo, uma usina de cana-de-açúcar de determinado tamanho tem condições de processar no máximo determinada tonelagem diária de cana e, com isso, produzir no máximo determinada quantidade de toneladas de açúcar ou litros de álcool. Caso a empresa esteja utilizando o máximo da capacidade e deseje processar mais 30% de cana no próximo ano, seguramente deverá investir em nova destilaria (ou terceirizar o processamento, que seria outra hipótese, mas não deixa de ser compra de capacidade).

Em linhas gerais, os dois tipos básicos de estruturas produtivas conduzem a equipamentos com suas características intrínsecas e o estudo de capacidade segue sua lógica. São eles:

- Empresas de processamento contínuo: São montadas fundamentalmente em cima de um único equipamento ou, o que é mais comum, em cima de um conjunto de equipamentos que segue um processo contínuo de produção, começando pela entrada da matéria-prima principal, passando por diversos processos de transformação, em que novas matérias-primas ou materiais auxiliares são agregados, obtendo-se o produto final acabado ao final do processo. Como exemplos, usinas de açúcar e álcool, indústria química, bebidas, alimentação, siderúrgicas, indústrias de processamento de minério etc.
- Empresas com processamento variado: Têm uma diversidade de equipamentos para os seus diversos produtos intermediários e diversos processos parciais. A medição da capacidade das estruturas com processamento contínuo é mais fácil, porque, sendo um conjunto único de processamento, a capacidade é conhecida e limitada. Para o segundo tipo de estrutura fabril, **há que verificar a capacidade de cada um dos equipamentos**.

Mais uma vez, lembramos o conceito de restrições. É possível que determinados equipamentos tenham uma larga faixa de atividade, em relação aos processos e produtos necessários, que não se configurem em restrições em relação aos programas de produção esperados. É possível que outros equipamentos não tenham condições de atender a demanda produtiva esperada para programa de produção orçamentado e a empresa tenha de encontrar a maneira mais adequada de suprimento de capacidade do equipamento, seja utilizando os equipamentos em mais turnos de trabalho, seja adquirindo novo equipamento ou terceirizando a quantidade adicional de processos necessários.

Na Tabela 16.6 apresentamos um exemplo hipotético de modelo de avaliação da capacidade de equipamentos. O critério básico é verificar o que cada produto exige em termos de capacidade de cada equipamento, totalizando pelo programa de produção anual e confrontando com a capacidade mensal e anual de cada equipamento. A diferença positiva será excesso de capacidade e, portanto, capacidade existente em suficiência. A diferença negativa será falta de capacidade, e medidas terão de ser tomadas a tempo, antes de iniciar a execução do programa de produção orçamentado para conseguir o suprimento da capacidade.

No exemplo da Tabela 16.6, o Equipamento A tem capacidade de produção suficiente para o programa de produção orçamentado, com excesso estimado de 27,7%. Já os Equipamentos B e N têm capacidade insuficiente, respectivamente faltando 39,5% e 20,9% em cima da capacidade existente, para fazer face às necessidades programadas.

Capacidade da Mão de Obra Direta

Normalmente, ela é medida em horas necessárias para os processos, ou em relação às quantidades de produtos ou serviços intermediários ou finais. Assim, costuma-se dizer que são necessárias tantas horas para tal processo, ou que um trabalhador consegue produzir tantos metros de tecido, remover tantas quantidades de terra, erguer tantos metros de parede, montar tantos televisores etc. Cada processo, produto ou serviço tem a sua medida de produtividade mais comumente utilizada no setor de atuação e esta mede a capacidade produtiva da mão de obra direta, cujo conceito, para fins de medição de capacidade, deve abranger todos os processos ou atividades caracteristicamente ligados a volumes, e não exclusivamente a trabalhadores nos processos diretos da fábrica.

Assim, outras áreas da empresa têm atividades ou processos que reagem com relação ao volume produzido ou vendido, de forma indireta ou direta. Além da tradicional mão de obra direta industrial, como exemplo, podemos citar a mão de obra ligada:

- ao recebimento e estocagem de materiais e produtos;
- ao transporte interno de materiais e produtos;
- à expedição e distribuição de materiais e produtos;
- à entrega técnica de produtos;
- à assistência técnica de produtos etc.

A metodologia de medição da capacidade da mão de obra direta é similar à utilizada para medição da capacidade dos equipamentos. Os passos são os seguintes:

a. Verifica-se qual a produtividade média de cada mão de obra direta em relação aos processos ou produtos e serviços, para cada produto final da empresa. Esse dado deverá constar da ficha de custo-padrão do processo de fabricação de cada produto.

b. Multiplica-se pela quantidade anual do programa de produção, determinando a necessidade de horas ou de outra medida de produtividade exigida pelo programa.

c. Transformam-se as necessidades dos programas obtidas em **b** em quantidade de homens diretos.

d. Confronta-se com o número de empregados existentes e suas horas disponíveis para trabalho nos produtos. A diferença será excesso ou insuficiência de mão de obra.

Apresentamos na Tabela 16.7 um exemplo numérico de avaliação da capacidade da mão de obra direta fabril, utilizando como medida produtiva horas necessárias de mão de obra direta para uma unidade de produto final.

No exemplo apresentado, apenas a mão de obra direta disponibilizada para o Produto Y está com capacidade suficiente para cumprir o orçamento de produção. A mão de obra direta disponibilizada para os demais produtos evidencia-se insuficiente para cumprir o programa orçado. No conjunto, supondo que se pode intercambiar a mão de obra direta para todos os produtos, há uma insuficiência de 38,1%, correspondendo a, aproximadamente, 29 homens diretos (28,6).

Capacidade dos Setores de Apoio

Os setores de apoio ou indiretos, tanto industriais, comerciais como administrativos, sofrem em maior ou menor intensidade os reflexos de uma mudança significativa no volume de produção e vendas.

Trabalho similar deve ser feito para esses setores, para identificar uma eventual necessidade de suprimento de capacidade para as atividades de apoio, tais como: recrutamento, compras, faturamento, recebimento, controle de produção, engenharia, qualidade, tecnologia de informação etc.

Orçamento de Logística

O orçamento de capacidade está ligado ao processo produtivo. O orçamento de logística, ou análise da capacidade da rede logística, está ligado principalmente

Tabela 16.6 Orçamento de capacidade – equipamentos

Programa de Produção Anual por Produto				Produto X 3.283	Produto Y 2.463	Produto Z1 6.900	Produto Z2 2.353				
Equipamentos	**Capacidade Técnica Mensal**	**Capacidade Técnica Anual A**	**Unidade de Medida da Capacidade**	**Necessidade da Capacidade Unitária por Produto**					**Unidade de Medida da Capacidade**	**Falta ou Excesso de Capacidade C = A - B**	**Percentual C/A**
				Produto X	**Produto Y**	**Produto Z1**	**Produto Z2**	**Total B**			
Equipamento A	2.000	24.000	quilos	0,90	1,05	1,20	1,50	17.352	quilos	6.649	27,7
Equipamento B	10.000	120.000	metros	9,00	8,00	12,00	15,00	167.357	metros	(47. 357)	-39,5
Equipamento N	660	7.920	horas	0,50	0,40	0,70	0,90	9.575	horas	(1.655)	-20,9

Tabela 16.7 Orçamento de capacidade – mão de obra fabril

Produtos	Programa Anual de Produção	Horas Necessárias para 1 Unidade de Produto	Total de Horas Necessárias para Orçamento A	Qtde. de Mão de Obra Existente	Horas Anuais de Trabalho B*	Total de Horas Disponíveis C	Excesso/ Insuficiência de Capacidade D = A - C	Percentual D/C	Qtde. de Mão de Obra Adicional Necessária D/B
Produto X	3.283	9	29.550	13	1.760	22.880	6.670	29,2%	3,8
Produto Y	2.463	7	17.243	13	1.760	22.880	(5.637)	-24,6%	(3,2)
Produto Z1	6.900	12	82.800	30	1.760	52.800	30.000	36,2%	17,0
Produto Z2	2.353	17	40.007	14	1.760	24.640	15.367	62,4%	8,7
Subtotal			169.600	70	1.760	123.200	46.400	37,7%	26,4
Produtos Complementares			13.394	5	1.760	8.800	4.594	52,2%	2,6
TOTAL GERAL			182.994	75	1.760	132.000	50.994	38,6%	29,0

*Considerando uma eficiência normal.

às questões, quantitativas e qualitativas, de suprimento de materiais, transporte de materiais e produtos, movimentação interna de materiais, sistemas de armazenamento, tecnologias de embalagens, comercialização e distribuição de produtos e serviços, bem como à integração de todos os componentes da cadeia que compõe a logística, buscando sua maior eficiência. A base para a análise da logística está no volume dos programas de produção e vendas.

Os serviços ligados aos processos logísticos, em grande parte, são terceirizados. Portanto, a análise da capacidade logística exige o desenvolvimento do conceito de parceria e, consequentemente, busca verificar se os parceiros logísticos e supridores estarão preparados para operacionalizar os volumes constantes dos programas de produção e vendas.

Damos alguns exemplos de análises que devem ser feitas para o orçamento de logística:

- Verificação da capacidade de entrega dos fornecedores dos insumos-chave.
- Verificação da capacidade de entrega dos fornecedores dos insumos com restrições de *lead-times* (tempos de espera).
- Verificação da capacidade dos transportadores dos materiais e insumos.
- Verificação da capacidade dos transportadores dos produtos finais.
- Verificação da capacidade de comercialização de nossos vendedores.
- Verificação da capacidade de distribuição de nossos *dealers* (distribuidores) etc.

A metodologia de orçamentação de logística, em princípio, é a mesma utilizada para avaliação da capacidade de equipamentos e mão de obra direta.

Responsabilidade de Elaboração

A elaboração dos estudos e orçamentos de capacidade de produção e logística deve ser dos setores responsáveis por tais atividades. O setor de Controladoria participa como órgão de apoio e supridor das informações-chave, que são as quantidades e volumes orçados de produção e vendas, tanto da empresa como um todo como de suas divisões ou unidades de negócios.

Contudo, o resultado final desses orçamentos deve ser encaminhado à Controladoria, para servir de entrada de dados para as demais peças orçamentárias, como: os orçamentos de compra e consumo de materiais, de estoques e de despesas departamentais.

Questões e Exercícios

1 Discorra sobre os principais métodos de previsão de vendas. Apresente também algumas situações ou empresas que podem se adaptar melhor a cada um deles.

2 A seguir são apresentadas a evolução das vendas anuais de uma empresa e a variação do PIB de nosso país nesses respectivos anos.

Ano	Vendas em US$	Variação do PIB
1990	190.000	-4,3
1991	170.000	1,0
1992	120.000	-0,5
1993	145.000	4,9
1994	200.000	5,9
1995	230.000	4,2
1996	240.000	2,7
1997	300.000	3,3
1998	270.000	0,2
1999	260.000	0,8
2000	340.000	4,5
2001	360.000	1,5

a) Calcule as variações percentuais de um ano para o outro, subsequentemente, das vendas e da variação do PIB.

b) Encontre a variação média de todos os anos para as duas variáveis.

c) Mesmo não havendo uma correlação estatística perfeita ou positiva, é possível inferir alguma tendência entre as duas variáveis. Partindo da premissa de que a variação do PIB para o próximo ano seja positiva em 2,3%, que faixa de valor anual de vendas você estimaria para esta empresa para o ano seguinte?

d) Faça a mesma estimativa considerando uma previsão de crescimento negativo do PIB em -1,5%.

3 Tome como referência a empresa em que trabalha, ou uma outra, conhecida, e elabore um orçamento de vendas completo (quantidades, preços, valor bruto, valor líquido), considerando os produtos e principais mercados da empresa, bem como os impostos incidentes sobre vendas que incidem sobre as operações e sobre a empresa escolhida. Para facilitar, faça um orçamento anual.

4 Uma empresa vende dois produtos principais, **A** e **B**, e peças para reposição do produto **A**. Com os dados abaixo, obtidos no setor de comercialização e já criticados e aceitos pelas áreas correlatas, elabore um orçamento de vendas para o próximo ano, apurando o total das receitas bruta e líquida.

	Produto A	Produto B
Vendas totais previstas	1.600 unidades	500 unidades
• Mercado Interno	65%	90%
• Mercado Externo	35%	10%
Preço de Venda – Sem Impostos		
• Mercado Interno	R$ 22.500	R$ 65.000
• Mercado Externo	R$ 18.000	R$ 55.250
Impostos sobre Vendas		
• Mercado Interno	30%	30%
• Mercado Externo	–	–

5 Os dados apresentados a seguir referem-se ao último exercício encerrado de uma empresa industrial:

Quantidades		
	Vendas	Estoque Final – Produtos Acabados
Produto A	10.000	2.000
Produto B	12.000	3.000
Produto C	7.000	200
Produto D	5.000	900

A empresa estima vender no próximo exercício 10% a mais do Produto A, 5% a menos do Produto B, 8% a mais do Produto C e a mesma quantidade do Produto D. Como política de estocagem, a empresa deseja manter no máximo 20 dias de vendas para os Produtos A e B e 10 dias para os demais.

Elabore:

a) um orçamento de quantidade de vendas;

b) um orçamento de estoque final;

c) o orçamento de produção.

6 Após obtido o orçamento de produção no exercício anterior, considere que o Produto A exige 2,1 horas de mão de obra direta para produção de cada unidade; o Produto B exige 2,4 horas, o Produto C, 4,1 horas e o Produto D, 5 horas. Qual a capacidade, em termos de horas de mão de obra direta, que será necessária para executar o programa de produção orçado?

7 Com os dados obtidos no exercício anterior e considerando que a empresa tem um efetivo atual de 60 funcionários diretos, verifique se haverá necessidade de contratação ou liberação de mão de obra direta no próximo exercício. Considere, para tanto, que um funcionário trabalha em média 160 horas por mês nos 12 meses do ano.

Capítulo 17

Orçamento de Materiais e Estoques

A segunda etapa do processo orçamentário, após a definição das informações-chave, que são as quantidades a serem vendidas e produzidas, é o orçamento dos gastos determinados pelos volumes pretendidos e dos gastos necessários para operacionalizar os programas de produção e vendas.

O orçamento dos gastos compreende os materiais necessários para o programa de produção e vendas, constantes das estruturas dos produtos, e as despesas que os departamentos vão incorrer para produzir e vender as quantidades planejadas.

Neste capítulo, trataremos dos materiais e no Capítulo 18 das despesas. Com o orçamento de materiais trataremos também dos orçamentos dos estoques, pois são inter-relacionados.

17.1 Aspectos Gerais do Orçamento de Materiais

O orçamento de materiais compreende quatro peças:

- **consumo** de materiais;
- **estoque** de materiais;
- **compras** de materiais;
- saldo final mensal de **contas a pagar a fornecedores**.

O orçamento de consumo de materiais é o primeiro a ser elaborado e indica o custo dos materiais que serão consumidos pelo programa de produção. Não há, tecnicamente, o consumo de materiais para produtos vendidos, pois o que se vende são produtos acabados, que saem do estoque de produtos acabados. Assim sendo, o consumo de materiais é relacionado apenas com o programa de produção. O orçamento de consumo de materiais é que fará parte da demonstração de resultados do período, dentro do item Custo da Produção Acabada.

O orçamento de estoque de materiais é decorrente da política de estocagem, que pode ser uma opção da empresa, como pode ser determinada por fatores exógenos, alheios à vontade da organização.

Determinados os dois orçamentos, o orçamento de compras é consequência destes. As compras de materiais serão feitas para atender as necessidades de consumo e de estocagem. Desse modo, o orçamento de compras, em tese, nunca é igual ao de consumo de materiais.

O orçamento de compras determina o orçamento do saldo final a pagar aos fornecedores, pois se sabe o prazo de pagamento de cada compra. O mais comum é construir um indicador médio, que é o prazo médio de pagamento de fornecedores. Não há necessidade de elaborar o orçamento de pagamentos a fornecedores, pois este é consequência do orçamento de compras mais a variação do saldo de contas a pagar a fornecedores. Para a execução destes orçamentos, três estruturas ou tipos de informações são necessários:

- conhecimento da estrutura dos produtos;
- conhecimento dos *lead times* dos processos de produção, vendas e compras;
- conhecimento do tipo de demanda dos materiais.

Outros aspectos a serem observados são:

- Programa de produção por produtos ou linhas de produtos.
- Preços atuais dos materiais (compras ou cotações).
- Separação das principais famílias de materiais por produto.
- Separação dos materiais nacionais e importados.
- Preços à vista e a prazo.
- Aumentos previstos dos fornecedores (listas e cotações).
- Projeções de taxas de câmbio.
- Inclusão de acessórios, opcionais, subprodutos (por produtos).
- Impostos sobre compras específicos.
- Projeção de consumo de materiais indiretos.
- Sazonalidades de compras mensais etc.

Tipos de Materiais

De um modo geral, as empresas classificam os materiais em diretos e indiretos.

Materiais diretos são aqueles intrinsecamente ligados à estrutura do produto e compreendem:

- matérias-primas básicas dos produtos finais e complementares;
- componentes agregados às matérias-primas transformadas;
- materiais de embalagem.

Materiais indiretos são aqueles necessários para os processos fabril e comercial, bem como para atender aos departamentos de apoio, incluindo os da área administrativa. Compreendem:

- materiais auxiliares, necessários aos processos produtivos e comerciais, mas que não se incorporam aos produtos finais e são consumidos durante os processos;
- materiais para manutenção dos equipamentos e instalações;
- materiais de expediente necessários aos processos administrativos.

Como exemplo de materiais auxiliares podemos citar insumos para acomodação de temperaturas dos componentes em fabricação, ferramentas, dispositivos, moldes e modelos de consumo rápido (não ativados), insumos para proteção dos estoques de componentes e produtos, combustíveis, lubrificantes etc.

Os materiais para manutenção compreendem todos os que são consumidos regularmente, não ativados, para manutenção das máquinas, equipamentos e instalações industriais, comerciais e administrativas, bem como das obras de construção civil.

Como exemplo de materiais de expediente podemos citar os de escritório, informática e outros consumidos e necessários aos processos administrativos, como os impressos etc.

Estrutura dos Produtos

O sistema de **estrutura dos produtos** é a base de informações para o orçamento de materiais. A estrutura de cada produto é elaborada pela engenharia de desenvolvimento ou engenharia de produtos. Compreende todos os materiais que formam o produto final, normalmente estruturados dentro do conceito estruturação hierárquica **de produto final, conjunto, subconjunto e partes**.

Em outras palavras, a estrutura do produto evidencia o detalhamento da composição e dos itens da composição do produto, até as suas menores e primeiras partes. Esse detalhamento é normalmente denominado *breakdown*. Essa estrutura incorpora também as informações de especificação das matérias-primas e componentes, a descrição e a quantidade utilizada de cada material no conjunto ou produto final. Os sistemas informatizados mais completos atualmente existentes permitem a incorporação de uma série enorme de outros atributos em cada item da estrutura do produto, transformando este sistema em um dos mais complexos de organizações industriais.

É muito comum que em **empreendimentos menores** e de produtos menos complexos, a estrutura dos produtos não fique documentada e estruturada informacionalmente em sistemas especializados, ficando apontada de forma mais simplificada ou mesmo apenas como conhecimento do responsável. No entanto, é uma informação que tem de ser explicitada para fins do orçamento de materiais.

A Figura 17.1 é um exemplo teórico de estrutura do Produto X.

Neste pequeno exemplo, o Produto X é formado por dois grandes conjuntos: 1F e 2C.

O 1F é formado pelo Componente Comprado 1.1 mais o Subconjunto 1F, que é formado pelo Componente Comprado 1 mais a Peça 1, produzida com a Matéria-Prima 1.

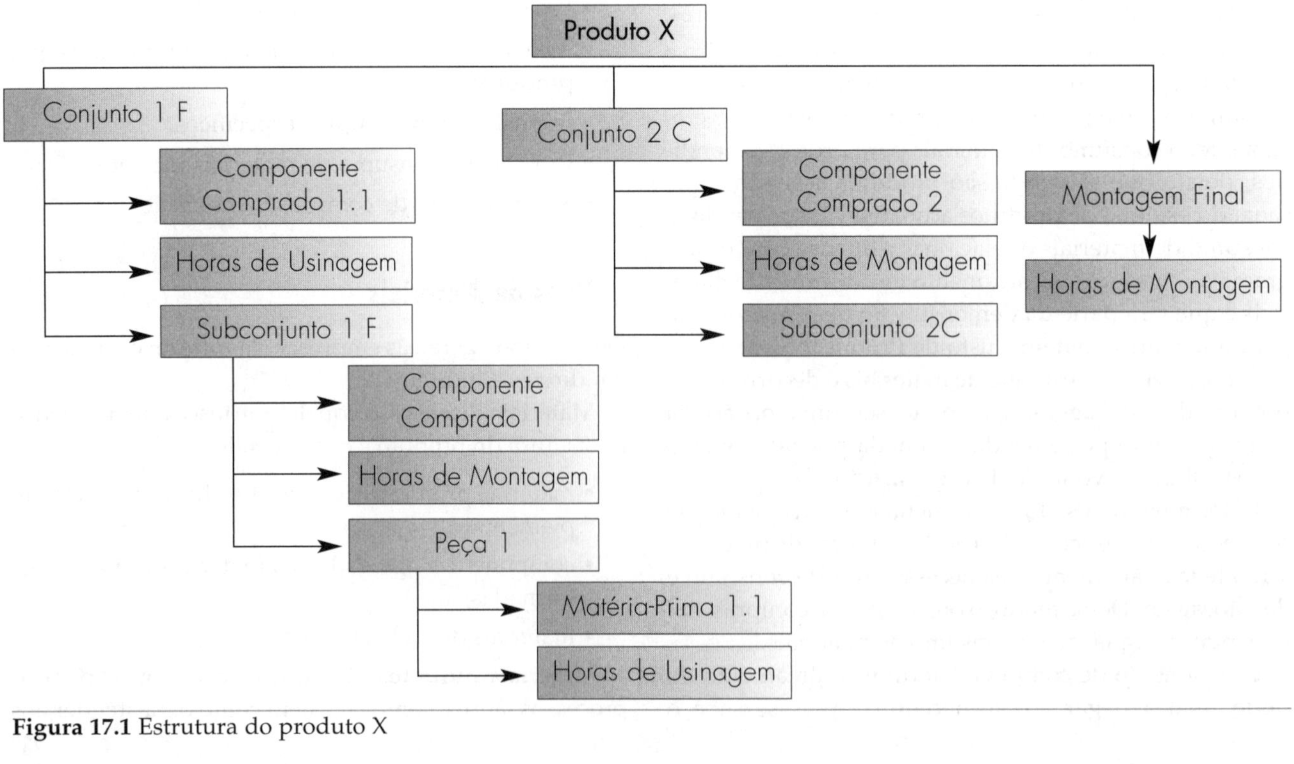

Figura 17.1 Estrutura do produto X

O Conjunto 2C é formado pelo Componente Comprado 2 e pelo Subconjunto 2C e não tem mais detalhamento (*breakdown*).

Lead Times

São tempos de espera. Os processos, sejam eles fabris, comerciais ou administrativos, são desenvolvidos dentro de uma sequência lógica, consomem recurso de tempo. Os materiais que são manipulados nesses processos necessitam estar a tempo para o início de cada fase do processo. Desta maneira, as empresas desenvolvem todo um sistema para identificar todos os tempos de processamento, sejam eles especificamente para o momento produtivo ou para os demais momentos (espera, inspeção, movimentação, estoque etc.)

Para o orçamento de materiais, os *lead times* de cada processo devem ser conhecidos para que se possa fazer o orçamento de compras e estoque de materiais. Esses *lead times* é que permitem identificar o **descolamento** de tempo entre o processo de compras e o de consumo de materiais.

Os materiais serão consumidos no tempo de processamento. Entretanto, eles devem estar estocados e disponíveis com antecedência, para que os processos produtivos e comerciais não sejam interrompidos.

Para serem estocados a tempo, os responsáveis pela compra de materiais devem identificar os *lead times* de entrega do fornecedor; assim, há todo um conjunto deles a ser conhecido, para que as compras sejam efetuadas a tempo de estarem em estoque para os processos operacionais.

Lead Times, MRP, Política de Estoques e Prazo Médio de Estocagem

O sistema *MRP* de planejamento da produção incorpora os *lead times* dos processos produtivos, indicando para os responsáveis pela fábrica quando os componentes, subconjuntos, conjuntos e produtos finais devem ser fabricados, emitindo as ordens de produção com as respectivas quantidades e prazo de execução.

Adicionalmente, o *MRP* emite as ordens de compra, dentro das mesmas condições, para o abastecimento de materiais e componentes comprados. Com essas informações, o setor de suprimentos da empresa adiciona os *lead times* de compra, ou seja, os prazos de espera constantes do processo de aquisição junto aos fornecedores, mais os prazos necessários para estocagem. Com isso, tem-se o conjunto de informações de tempo necessárias para o orçamento de compra de materiais.

Então, podemos dizer que as informações para o orçamento de compras são geradas basicamente pelo *MRP*, item a item. Assim, o setor de Controladoria deve fazer o orçamento de compras e consumo de materiais em cima dessa estrutura de informações. Em resumo, o descolocamento entre o orçamento de compras e o de consumo de materiais decorre dos *lead times*, que são administrados pelo *MRP* e pelo sistema de suprimentos.

Uma alternativa muito utilizada para trabalhar os orçamentos de compras de forma mais sintética é a adoção do critério de **prazo médio de estocagem de materiais**, normalmente expressos em dias de consumo ou compras. O prazo médio de estocagem é o giro do estoque em relação ao consumo de materiais, transformado em dias de consumo. Da mesma forma, a política de estoques dos diversos materiais pode ser trabalhada em termos mais sintéticos sob o mesmo conceito, ou seja, expressos em dias.

A adoção desse expediente é possível quando a empresa tem um acompanhamento consistente desses indicadores, dentro de uma série temporal relevante e com evidências claras de comportamento reprodutivo. Caso as necessidades do plano orçamentário indiquem alterações significativas, estas devem ser observadas na adoção das políticas de estocagem e prazos médios.

Comportamento da Demanda dos Materiais

O *MRP* trabalha com dois conceitos básicos de demanda:

- Demanda dependente: É a necessidade de materiais relacionada com a estrutura dos produtos. A quantidade de materiais a ser comprada **depende** exclusivamente da estrutura do produto e da quantidade do produto final orçada no programa de produção. Multiplicando a quantidade constante de materiais na estrutura do produto pela quantidade do produto final do programa de produção, temos a demanda de materiais necessários para o programa de produção.
- Demanda independente: É a necessidade de materiais que não é atrelada diretamente com as estruturas de produtos. O atendimento à necessidade dos materiais, independente do programa de produção, e o orçamento de compras desses materiais deverão ser feitos por meio de outras metodologias.

A metodologia mais utilizada para calcular as necessidades de materiais com demanda independente é a do **ponto do pedido**, em que, com informações do consumo médio já acontecido dos materiais e da política de estocagem arbitrada para cada um deles, determina-se em que momento os materiais devem ser novamente comprados e em que quantidade. O somatório das quantidades anuais dos pontos de pedidos de cada material dará o orçamento de quantidade desse tipo de material.

Tipos de Materiais e Comportamento da Demanda

Os materiais diretos têm comportamento de demanda dependente. A maior parte dos materiais indiretos tende a ter comportamento independente de demanda. Mas há uma série de materiais indiretos, principalmente os auxiliares, que têm uma correlação de consumo direta com o processo de fabricação dos produtos e que podem ter demanda dependente.

TIPO DE MATERIAL	COMPORTAMENTO DA DEMANDA
Materiais Diretos	Demanda Dependente
Materiais Indiretos	Demanda Independente Demanda Dependente

Figura 17.2 Tipos de materiais e comportamento da demanda

Sistema de Custos e Custo dos Materiais dos Produtos

O grande usuário das informações de estrutura dos produtos na área da Controladoria é o sistema de custos. A apuração do custo unitário dos produtos parte da estrutura do produto para obter o custo unitário dos materiais de cada produto.

Uma integração natural é, então, a utilização desse custo unitário de materiais por produtos no sistema orçamentário para o orçamento de consumo e compras de materiais. O custo dos materiais compreende as matérias-primas e os componentes adquiridos de terceiros.

Orçamento de Consumo de Materiais

São as seguintes as estruturas informacionais básicas necessárias para o orçamento de consumo de materiais:

a) Orçamento do programa de produção.

b) Estrutura dos produtos constantes do programa de produção.

c) Informações de demanda média dos materiais indiretos.

d) Preço de compra dos materiais constantes do sistema de suprimentos.

e) Política de estocagem.

Como já introduzimos, os itens **b** e **d** são utilizados também para a apuração do custo unitário dos materiais por produtos. Dessa maneira, uma metodologia muito utilizada para o orçamento de consumo de materiais consiste em, primeiramente, obter esses custos unitários, para depois continuar o processo de elaboração do orçamento de consumo.

Apuração do Custo Unitário de Materiais por Produto

De posse da estrutura de cada produto do programa de produção e mais as informações dos preços de aquisição de materiais obtidas no sistema de compras, podemos construir o custo unitário de materiais de cada produto.

Uma metodologia de cálculo a ser utilizada é manter o custo unitário com preços fixos em uma data-base, para depois, na elaboração do orçamento de consumo, fazer uma indexação média, se for o caso, em virtude das eventuais variações de preços previstas.

Informação fundamental é a separação entre os custos de materiais por produtos em relação à sua origem ou outra característica que deva ser identificada para fins de orçamento. No nosso exemplo, separamos em materiais importados e nacionais, pois sabemos que as variações pelas taxas de câmbio têm comportamento diferente das variações de preços no mercado interno.

É possível que outras características igualmente importantes existam e mereçam destaque para fins orçamentários. Eventuais classificações por tipo de serviço de terceiros, por fornecedores-chave, ou mesmo por tipo de matéria-prima podem necessitar evidenciação em separado no custo unitário de materiais por produto.

A Tabela 17.1 apresenta um exemplo de custo unitário de materiais por produtos, contendo as informações mínimas para preparar o orçamento de consumo de materiais.

Tabela 17.1 Custo unitário de materiais por produto

PRODUTO X		Estrutura do Produto	Sistema de Compras	
Materiais	Origem*	Qtde.	Pr. Unit.**	Total
Matéria-Prima 1	N	30,00	3,00	90,00
Componente 1	N	3,00	12,00	36,00
Componente 11	N	2,00	20,00	40,00
Componente 2	N	2,00	55,00	110,00
Subtotal				276,00
Subconjunto 2I	I	1,00	70,00	70,00
TOTAL				346,00

PRODUTO Y		Estrutura do Produto	Sistema de Compras	
Materiais	Origem	Qtde.	Pr. Unit.	Total
Matéria-Prima 1	N	25,00	3,00	75,00
Componente 3	N	4,00	9,50	38,00
Componente 33	N	2,00	18,50	37,00
Componente 4	N	2,00	55,00	110,00
Subtotal				260,00
Subconjunto 4I	I	1,00	55,00	55,00
TOTAL				315,00

PRODUTO Z1		Estrutura do Produto	Sistema de Compras	
Materiais	Origem*	Qtde.	Pr. Unit.	Total
Matéria-Prima 1	N	20,00	3,00	60,00
Componente 5	N	4,00	35,00	140,00
Componente 55	N	4,00	20,00	80,00
Componente 6	N	5,00	35,00	175,00
Subtotal				455,00
Subconjunto 6I	I	1,00	150,00	150,00
Subtotal				150,00
TOTAL				605,00

PRODUTO Z2		Estrutura do Produto	Sistema de Compras	
Materiais	Origem	Qtde.	Pr. Unit.	Total
Matéria-Prima 1	N	20,00	3,00	60,00
Componente 5	N	4,00	35,00	140,00
Componente 55	N	4,00	20,00	80,00
Componente 6	N	5,00	35,00	175,00
Subtotal				455,00
Subconjunto 6I	I	1,00	150,00	150,00
Componente 7I	I	2,00	66,00	132,00
Componente 8I	I	2,00	70,00	140,00
Subtotal				422,00
TOTAL				877,00

* N = Nacional; I = Importado.
** Preço Líquido de Impostos Recuperáveis + Despesas Estocáveis.

Após obtidas as informações unitárias de custo de materiais por produtos, o passo seguinte é associar tais custos unitários ao programa de produção do orçamento. Em nosso exemplo, a quantidade do orçamento de produção por produtos foi apresentada na Tabela 16.5 do Capítulo 16.

Transcrevemos as informações de quantidades a produzir por produto no início da Tabela 17.3. Logo em seguida, transcrevemos na primeira coluna os custos unitários de materiais por produto, comprados no mercado nacional, obtidos na Tabela 17.1. O mesmo foi feito para os materiais importados. Adicionamos uma linha para produtos complementares, que trabalhamos com percentuais médios sobre o total dos produtos principais.

Para a parte do orçamento de materiais nacionais, incorporamos uma linha de fator de ajuste para as variações médias de preços previstas. Para o orçamento de materiais importados, além do fator de ajuste de preços, adicionamos o fator de ajuste por alterações de câmbio.

Na penúltima parte da tabela incorporamos a variação de **consumo de materiais do estoque da produção em processo**. Quando a empresa trabalha com processo contínuo, dentro de um ciclo considerado rápido, é bastante provável a não ocorrência de materiais em estágio de processamento e inacabados. Quando isso ocorre, no processo contínuo, o cálculo a ser efetuado é o de unidades equivalentes, que exemplificaremos no Capítulo 26.

Outrossim, quando a produção é para estoque ou à ordem e o ciclo de fabricação não se conclui de forma imediata dentro do mês, fatalmente ocorrerá um descolamento do tempo da requisição dos materiais. Estarão sendo requisitados no mês materiais do programa do mês seguinte, e assim sucessivamente. Portanto, há de ser orçado também esse adiantamento de requisição de materiais que farão parte do Estoque de Produção em Processo. Quanto maior o ciclo de fabricação, maior o volume de materiais requisitados em antecipação e maior o valor do estoque final em processo.

Finalmente, na parte final da tabela, apresentamos o orçamento de consumo de materiais indiretos, que decorre dos orçamentos de consumo de materiais indiretos de todos os departamentos da empresa. É orçamento de materiais com demanda independente. A tabela sugere materiais indiretos com comportamento variável e materiais indiretos com comportamento misto, que será feito por estimativa ou análise de tendência. A necessidade de incorporar os materiais indiretos do orçamento de consumo é em virtude da necessidade posterior do orçamento de compras, estoques finais e contas a pagar a fornecedores.

A Tabela 17.3 apresenta todos os cálculos efetuados.

Exemplo de Cálculo

Tomemos como base o mês de julho.

Consumo de Materiais Comprados	
Produto X = 280 unidades (Programa de Produção)	
x R$ 276,00 (Custo Unitário) =	R$ 77.280
Produto Y = 170 unidades (Programa de Produção)	
x R$ 260,00 (Custo Unitário) =	R$ 44.200
Produto Z1 = 570 unidades (Programa de Produção)	
x R$ 455,00 (Custo Unitário) =	R$ 259.350
Produto Z2 = 210 unidades (Programa de Produção)	
x R$ 455,00 (Custo Unitário) =	R$ 95.550
Subtotal =	R$ 476.380
Produtos Complementares (7,9% x R$ 476.380) =	R$ 37.634
Subtotal = R$ 514.014	
Fator de Ajuste – Variações Médias de Preços	
(1,02 x 514.014) =	**R$ 524.294**

Consumo de Materiais Importados	
Produto X = 280 unidades (Programa de Produção)	
x R$ 70,00 (Custo Unitário) =	R$ 19.600
Produto Y = 170 unidades (Programa de Produção)	
x R$ 55,00 (Custo Unitário) =	R$ 9.350
Produto Z1 = 570 unidades (Programa de Produção)	
x R$ 150,00 (Custo Unitário) =	R$ 85.500
Produto Z2 = 210 unidades (Programa de Produção)	
x R$ 422,00 (Custo Unitário) =	R$ 88.620
Subtotal =	R$ 203.070
Produtos Complementares (7,9% x R$ 203.070) =	R$ 16.043
Subtotal =	R$ 219.113
Fatores de Ajuste – Variações Médias	
de Preços e Câmbio (1,01 x 1,025 x 219.113) =	**R$ 226.836**

Consumo de Materiais para o Programa de Produção (R$ 524.294 + 226.836) =	**R$ 751.131 (arredondando)**

(-) Materiais do Programa de Julho Requisitados	
em Junho – 20 dias de estoque –	
(R$ 751.130 : 30 dias x 20 dias) =	(R$ 500.754)
(+) Materiais do Programa de Agosto Requisitados	
em Agosto – 20 dias –	
(R$ 752.237 : 30 dias x 20 dias) =	R$ 501.491
Consumo de Materiais Diretos do Mês de Julho Líquido de Impostos =	**R$ 751.868**

Consumo de Materiais Indiretos	
Variáveis (4% x R$ 751.868) =	R$ 30.075
Semivariáveis/Semifixos (por estimativa) =	R$ 49.670
Subtotal =	R$ 79.745

Total de Consumo de Materiais =	**R$ 831.613**

Impostos sobre Compras

Para início do orçamento de compras, é necessário identificar os impostos sobre as entradas de materiais e serviços. Cada empresa tem sua especificidade, e os impostos são variáveis por força de produtos, isenções, regiões etc. Portanto, um caminho alternativo para identificar cada imposto de cada matéria-prima, componente ou material é utilizar o conceito de alíquotas médias, as quais podem ser obtidas na escrituração fiscal, pelo movimento das compras dos últimos períodos. No nosso exemplo estamos tratando todos os materiais como se fossem com uma tributação única, e não nos atendo se os impostos seriam faturados "por dentro ou por fora" na documentação fiscal.

Tabela 17.2 Impostos sobre compras

Impostos	Nacionais (Em %)	Importados (Em %)	Indiretos (Em %)
ICMS/IVA	18,00	18,00	18,00
IPI/Imposto Seletivo	–	–	–
TOTAL	**18,00**	**18,00**	**18,00**

Tabela 17.3 Orçamento de consumo de materiais

Discriminação		Janeiro	Fevereiro	Março	Abril	Maio	Junho	Julho	Agosto	Setembro	Outubro	Novembro	Dezembro	Total
Programa de Produção														
Produto X		233	260	260	260	260	293	280	280	280	297	290	290	3.283
Produto Y		283	230	230	230	230	130	170	170	170	220	200	200	2.463
Produto Z1		630	520	520	520	520	595	570	570	570	645	620	620	6.900
Produto Z2		47	200	200	200	200	213	210	210	210	223	220	220	2.353
Consumo Materiais Comprados	**Custo Unitário – R$**													
Produto X	276,00	64.308	71.760	71.760	71.760	71.760	80.868	77.280	77.280	77.280	81.972	80.040	80.040	906.108
Produto Y	260,00	73.580	59.800	59.800	59.800	59.800	33.800	44.200	44.200	44.200	57.200	52.000	52.000	640.380
Produto Z1	455,00	286.650	236.600	236.600	236.600	236.600	270.725	259.350	259.350	259.350	293.475	282.100	282.100	3.139.500
Produto Z2	455,00	21.385	91.000	91.000	91.000	91.000	96.915	95.550	95.550	95.550	101.465	100.100	100.100	1.070.615
Subtotal		445.923	459.160	459.160	459.160	459.160	482.308	476.380	476.380	476.380	534.112	514.240	514.240	5.756.603
Produtos Complementares	7,9%	35.228	36.274	36.274	36.274	36.274	38.102	37.634	37.634	37.634	42.195	40.625	40.625	454.772
Subtotal		481.151	495.434	495.434	495.434	495.434	520.410	514.014	514.014	514.014	576.307	554.865	554.865	6.211.375
Fator de Ajuste – Variações de Preços Previstos	1,00	1.00	1.00	1.00	1.00	1.01	1.01	1.02	1.02	1.02	1.04	1.04	1.04	
TOTAL		**481.151**	**495.434**	**495.434**	**495.434**	**500.388**	**525.614**	**524.294**	**524.294**	**524.294**	**599.359**	**577.060**	**577.060**	**6.319.815**
Consumo Materiais Importados	**Custo Unitário – R$**													
Produto X	70,00	16.310	18.200	18.200	18.200	18.200	20.510	19.600	19.600	19.600	20.790	20.300	20.300	229.810
Produto Y	55,00	15.565	12.650	12.650	12.650	12.650	7.150	9.350	9.350	9.350	12.100	11.000	11.000	135.465
Produto Z1	150,00	94.500	78.000	78.000	78.000	78.000	89.250	85.500	85.500	85.500	96.750	93.000	93.000	1.035.000
Produto Z2	422,00	19.834	84.400	84.400	84.400	84.400	89.886	88.620	88.620	88.620	94.106	92.840	92.840	992.966
Subtotal		146.209	193.250	193.250	193.250	193.250	206.796	203.070	203.070	203.070	223.746	217.140	217.140	2.393.241
Produtos Complementares	7,9%	11.551	15.267	15.267	15.267	15.267	16.337	16.043	16.043	16.043	17.676	17.154	17.154	189.066
Subtotal		157.760	208.517	208.517	208.517	208.517	223.133	219.113	219.113	219.113	241.422	234.294	234.294	2.582.307
Fator de Ajuste – Variações de Preços Previstos		1.00	1.00	1.00	1.00	1.00	1.00	1.01	1.01	1.01	1.01	1.01	1.01	
Fator de Ajuste – Variações de Câmbio Previstas		1.00	1.00	1.005	1.010	1.015	1.020	1.025	1.030	1.040	1.045	1.050	1.052	
TOTAL		**157.760**	**208.517**	**209.559**	**210.602**	**211.645**	**227.596**	**226.836**	**227.943**	**230.156**	**254.809**	**248.469**	**248.942**	**2.662.832**
TOTAL – CONSUMO DE MATERIAIS PARA O PROGRAMA DE PRODUÇÃO		**638.910**	**703.950**	**704.993**	**706.036**	**712.032**	**753.210**	**751.131**	**752.237**	**754.450**	**854.168**	**825.528**	**826.002**	**8.982.648**
Consumo de Materiais para o Estoque da Produção em Processo – Inicial	20	(425.940)	(469.300)	(469.995)	(470.690)	(474.688)	(502.140)	(500.754)	(501.491)	(502.967)	(569.445)	(550.352)	(550.668)	
– Final	(dias)	469.300	469.995	470.690	474.688	502.140	500.754	501.491	502.967	569.445	550.352	550.668	550.668	
TOTAL DE CONSUMO DE MATERIAIS DIRETOS LÍQUIDO DOS IMPOSTOS		**682.270**	**704.645**	**705.688**	**710.034**	**739.484**	**751.824**	**751.868**	**753.712**	**820.929**	**835.075**	**825.844**	**826.002**	**9.107.375**
Consumo de Materiais Indiretos														
Variáveis	4%	27.291	28.186	28.228	28.401	29.579	30.073	30.075	30.148	32.837	33.403	33.034	33.040	364.295
Semivariáveis/Semifixos		14.034	48.685	48.685	48.680	49.188	49.182	49.670	49.671	49.587	50.562	50.575	35.132	543.651
Subtotal		41.325	76.871	76.913	77.081	78.767	79.255	79.745	79.819	82.424	83.965	83.609	68.172	907.946
TOTAL DE CONSUMO DE MATERIAIS		**723.595**	**781.516**	**782.601**	**787.115**	**818.251**	**831.079**	**831.613**	**833.531**	**903.353**	**919.040**	**909.453**	**894.174**	**10.015.321**

Orçamento de Compras e Estoque de Materiais

O orçamento de compras de materiais decorre:

- da política de estoque de materiais;
- do orçamento de consumo de materiais líquido dos impostos;
- dos impostos incidentes sobre compras de materiais.

Na Tabela 17.2 exemplificamos a identificação dos impostos sobre os materiais. O orçamento de consumo de materiais, tanto diretos quanto indiretos, foi apresentado na Tabela 17.3. A política de estoques decorre de opção da empresa por mais ou menos estoques de segurança, ou pode seguir estritamente o planejamento ditado pelo *MRP*.

A mensuração dos **estoques de materiais** deve ser feita após a adoção do critério de valorização (Peps, Ueps ou Preço Médio Ponderado). O mais usual é a utilização do preço médio ponderado. Convém ressaltar que estamos tendo como base para o orçamento e demonstrações contábeis a serem projetadas o critério tradicional. É lógico que, para fins gerenciais, pode-se e deve-se fazer a valoração dos estoques, preços de reposição, de mercado etc., dependendo da necessidade informacional.

A metodologia ideal para a mensuração dos estoques de materiais é:

- identificar pelo *MRP* as quantidades que o sistema projeta como estoque final de cada item de matéria-prima, componente e material indireto;
- fazer a projeção do preço médio sem impostos, **de cada material**, tomando como base os dados do estoque inicial e os preços médios de compra orçados;
- elaborar a mensuração de cada item pelo preço médio obtido acima.

Sabemos que a maior parte das empresas trabalha com uma variedade muito grande de tipos de materiais. Assim, esta metodologia ideal nem sempre é utilizada, por uma relação de custo/benefício da informação.

Assim, o mais comum tem sido utilizar o conceito de **prazo médio de estocagem em dias** de consumo, com base no valor total obtido pelo orçamento de consumo. O prazo médio de estocagem decorre da política de estocagem da empresa. Esta metodologia tem dado bons resultados, mesmo sendo de fácil aplicação, pois a análise tendencial mostra, normalmente, um comportamento consistente do prazo médio de estocagem.

Apresentamos na Tabela 17.4 o orçamento de compras e do estoque de materiais. Complementarmente, aproveitamos esta peça orçamentária para a projeção do saldo final a pagar a fornecedores, utilizando o conceito de prazo médio, agora de pagamento.

Exemplo de cálculo

Tomemos como base o mês de fevereiro.

Estoque Inicial (é o estoque do fim do mês de janeiro)	R$ 1.447.191
Estoque Final (R$ 781.516 : 30 dias x 60 dias)	R$ 1.563.033
Consumo (transcrito da última linha da Tabela 17.3)	R$ 781.516
Compras – Líquida de Impostos (R$ 1.563.033 + R$ 781.516 (-) R$ 1.447.191)	R$ 897.359 (arredondando)
Impostos sobre Compras (18% x R$ 897.359)	R$ 161.524
Compras Brutas **(R$ 897.359 + R$ 161.525)**	**R$ 1.058.883**

Saldo Final de Fornecedores **(R$ 1.058.883 : 30 dias x 20 dias)**	**R$ 705.922**

17.2 Orçamento de Estoques de Produtos em Processo e Produtos Acabados

Há um aumento da complexidade do cálculo da projeção desses dois estoques industriais. O motivo desta maior dificuldade é que eles envolvem, além dos materiais necessários para os produtos, o custo de fabricação, cujos dados provêm do orçamento das despesas departamentais, que explanaremos no próximo capítulo.

Na Figura 17.3 apresentamos um fluxo dos três estoques industriais.

Os orçamentos relativos ao primeiro estoque – o estoque de materiais – foram elaborados nas Tabelas 17.3 e 17.4. Neste tópico desenvolveremos os conceitos e os critérios de valoração dos estoques de produtos em processo e acabados.

Tendo como referência a Figura 17.3, necessitamos orçar os custos:

- da produção;
- da produção acabada;
- da produção inacabada (estoque em processo);
- da produção vendida;
- dos estoques de produtos acabados.

Em termos quantitativos, a base é o orçamento de produção em quantidades, que contém, também, o orçamento de produtos acabados não vendidos e estocados. A maior dificuldade centra-se na valoração da produção em processo, ou seja, parte dos custos da produção que não foram alocados à produção acabada e continuam retidos em elaboração.

Tabela 17.4 Orçamento de compras e estoque de materiais

Discriminação	Prazo Médio Dias	Janeiro	Fevereiro	Março	Abril	Maio	Junho	Julho	Agosto	Setembro	Outubro	Novembro	Dezembro	Total
Estoque Inicial		1.800.000	1.447.191	1.563.033	1.565.202	1.574.229	1.636.502	1.662.157	1.663.226	1.667.063	1.806.705	1.838.080	1.818.906	
Estoque Final	60	1.447.191	1.563.033	1.565.202	1.574.229	1.636.502	1.662.157	1.663.226	1.667.063	1.806.705	1.838.080	1.818.906	1.788.347	
Consumo		723.595	781.516	782.601	787.115	818.251	831.079	831.613	833.531	903.353	919.040	909.453	894.174	10.015.321
Compras – Líquida de Impostos		370.786	897.359	784.770	796.141	880.524	856.734	832.682	837.368	1.042.995	950.414	890.279	863.615	10.003.668
Impostos sobre Compras (18,00%)		66.742	161.525	141.259	143.305	158.494	154.212	149.883	150.726	187.739	171.075	160.250	155.451	1.800.660
Compras Brutas		437.528	1.058.883	926.029	939.447	1.039.019	1.010.946	982.565	988.094	1.230.734	1.121.489	1.050.529	1.019.066	11.804.329
Saldo Final de Fornecedores	**20**	**291.685**	**705.922**	**617.353**	**626.298**	**692.679**	**673.964**	**655.043**	**658.729**	**820.489**	**747.659**	**700.353**	**679.377**	

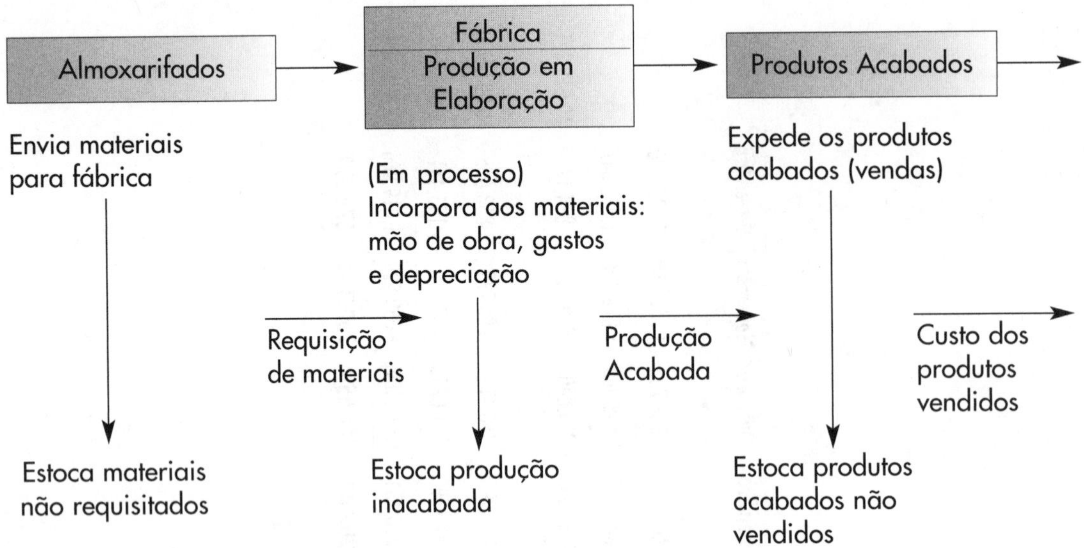

Figura 17.3 Fluxo dos estoques industriais

Estoque de Produtos em Processo e Custo da Produção Acabada

Apresentamos na Tabela 17.5 um exemplo de orçamento de estoque de produção em processo, bem como a mensuração do custo da produção acabada. Neste exemplo, tomamos como base os dados anuais orçados para fins de simplificação. Os mesmos procedimentos adotados para o ano devem, na realidade, ser executados mês a mês.

Para elaboração desse orçamento, os insumos de produção são separados em dois grandes grupos:

- custo dos materiais;
- custos de transformação.

O custo dos materiais da produção em processo foi obtido na Tabela 17.3 – Orçamento de Consumo de Materiais, na qual já havíamos estimado o consumo antecipado de materiais para a produção em andamento.

O custo de transformação do estoque inicial é arbitrado no exemplo. O custo de transformação do estoque final corresponde a 20 dias do total de despesas da área industrial do mês de dezembro e está apresentado na Tabela 18.13, no Capítulo 18.

Os dados do custo da produção anual foram obtidos similarmente. Os materiais consumidos – também na Tabela 17.2 – e o custo de transformação do ano foram obtidos na Tabela 18.3 – Orçamento de Despesas Gerais – Total Área Industrial.

Tabela 17.5 Orçamento de estoque de produtos em processo e produção acabada

Discriminação	Dias	Produto X	Produto Y	Produto Z1	Produto Z2	Total
A – Saldo Inicial		92.838	84.459	371.815	76.828	625.940
Materiais em Processo		57.991	64.125	274.174	29.650	425.940
Custos de Transformação em Processo	20	34.847	20.334	97.642	47,178	200.000
B – Saldo Final		125.810	76.763	423.256	213.317	839.145
Materiais em Processo		75.548	47.434	282.419	145.268	550.668
Custos de Transformação em Processo	20	50.262	29.329	140.837	68.049	288.478
C – Custo da Produção em Processo – Anual						
Horas Diretas Trabalhadas		31.259	18.240	87.588	42.321	179.408
• Custo de Transformação do ano (médio)		1.081.190	630.895	3.029.528	1.463.796	6.205.409
• Materiais consumidos no ano		1.269.384	867.004	4.664.944	2.306.043	9.107.374
Subtotal		2.350.574	1.497.899	7.694.472	3.769.839	15.312.784
Custo da Produção Acabada (A+C-B)		2.317.602	1.505.595	7.643.032	3.633.351	15.099.579
Produção – Quantidades		3.283	2.463	6.900	2.353	
Custo Médio de Produção		705,94	611,28	1.107,69	1.544,14	

Estoque de Produtos Acabados e Custo dos Produtos Vendidos

Na Tabela 17.6 a seguir apresentamos o orçamento anual para os dois itens anteriores. Partindo do custo da produção acabada obtido na Tabela 17.5, podemos elaborar o custo médio dos produtos fabricados e, consequentemente, vendidos ou estocados.

A base de cálculo que adotamos é a movimentação das quantidades de produtos finais obtidas na Tabela 16.5 – Orçamento de Produção em Quantidades.

Tabela 17.6 Orçamento de estoque de produtos acabados e custo dos produtos vendidos

Discriminação	Produto X	Produto Y	Produto Z1	Produto Z2	Total
Em Quantidades					
Estoque Inicial	200	100	150	220	
Produção	3.283	2.463	6.900	2.353	
Subtotal – Est. Inicial + Produção	3.483	2.563	7.050	2.573	
Vendas	3.290	2.430	6.740	2.500	
Estoque Final	193	133	310	73	
Em Valor					
Estoque Inicial	124.000	55.000	165.000	352.000	696.000
Produção Acabada	2.317.602	1.505.595	7.643.032	3.633.351	15.099.579
Subtotal – Est. Inicial + Produção	2.441.602	1.560.595	7.808.032	3.985.351	15.795.579
Custo Médio Ponderado	701,01	608,89	1.107,52	1.548,91	
Custo dos Produtos Vendidos*	2.306.308	1.479.612	7.464.700	3.872.280	15.122.899
Estoque Final*	135.294	80.983	343.332	113.071	672.679

*Custo médio ponderado.

Variação dos Estoques de Produção

Para fins de elaboração da demonstração de resultados mensais projetada, é necessária a obtenção dos dados da variação dos estoques industriais. Como o orçamento de estoques em processo e acabados foi feito de forma anual e sintética, elaboramos uma tabela objetivando distribuir a variação do ano desses estoques para todos os meses do período orçado.

Obviamente, se tivéssemos elaborado as Tabelas 17.5 e 17.6 mensalmente, não haveria necessidade desse quadro complementar.

Tabela 17.7 Orçamento da variação mensal do valor dos estoques de produção (processo + acabados)

Produtos	Inicial	Janeiro	Fevereiro	Março	Abril	Maio	Junho	Julho	Agosto	Setembro	Outubro	Novembro	Dezembro	Total
Produto X														
Valor do Estoque Final em Processo	92.838	95.586	98.583	101.581	104.578	107.575	110.573	113.570	116.568	119.565	122.563	125.560	125.810	
Valor do Estoque Final Acabado	124.000	124.941	125.882	126.824	127.765	128.706	129.647	130.588	131.529	132.471	133.412	134.353	135.294	
SOMA	216.838	220.527	224.465	228.404	232.343	236.281	240.220	244.159	248.097	252.036	255.974	259.913	261.104	
Variação Mensal		3.689	3.939	3.939	3.939	3.939	3.939	3.939	3.939	3.939	3.939	3.939	1.191	44.266
Produto Y														
Valor do Estoque Final em Processo	84.459	83.817	83.176	82.535	81.893	81.252	80.611	79.969	79.328	78.687	78.045	77.404	76.763	
Valor do Estoque Final Acabado	55.000	57.165	59.330	61.496	63.661	65.826	67.991	70.157	72.322	74.487	76.652	78.818	80.983	
SOMA	139.459	140.983	142.507	144.030	145.554	147.078	148.602	150.126	151.650	153.174	154.698	156.222	157.746	
Variação Mensal		1.524	1.524	1.524	1.524	1.524	1.524	1.524	1.524	1.524	1.524	1.524	1.524	18.287
Produto Z1														
Valor do Estoque Final em Processo	371.815	376.102	380.389	384.675	388.962	393.249	397.536	401.822	406.109	410.396	414.682	418.969	423.256	
Valor do Estoque Final Acabado	165.000	179.861	194.722	209.583	224.444	239.305	254.166	269.027	283.888	298.749	313.610	328.471	343.332	
SOMA	536.815	555.963	575.111	594.258	613.406	632.554	651.702	670.849	689.997	709.145	728.292	747.440	766.588	
Variação Mensal		19.148	19.148	19.148	19.148	19.148	19.148	19.148	19.148	19.148	19.148	19.148	19.148	229.772
Produto Z2														
Valor do Estoque Final em Processo	76.828	88.202	99.576	110.950	122.324	133.698	145.072	156.447	167.821	179.195	190.569	201.943	213.317	
Valor do Estoque Final Acabado	352.000	332.089	312.178	292.268	272.357	252.446	232.535	212.625	192.714	172.803	152.892	132.981	113.071	
SOMA	428.828	420.292	411.755	403.218	394.681	386.145	377.608	369.071	360.534	351.998	343.461	334.924	326.387	
Variação Mensal		-8.537	-8.537	-8.537	-8.537	-8.537	-8.537	-8.537	-8.537	-8.537	-8.537	-8.537	-8.537	-102.441
Total														
Valor do Estoque Final em Processo	625.940	643.707	661.724	679.741	697.758	715.775	733.792	751.809	769.826	787.842	805.859	823.876	839.145	
Valor do Estoque Final Acabado	696.000	694.057	692.113	690.170	688.226	686.283	684.340	682.396	680.453	678.510	676.566	674.623	672.679	
SOMA	1.321.940	1.337.764	1.353.837	1.369.911	1.385.984	1.402.058	1.418.131	1.434.205	1.450.278	1.466.352	1.482.425	1.498.499	1.511.825	
Variação Mensal		**15.824**	**16.073**	**16.073**	**16.073**	**16.073**	**16.073**	**16.073**	**16.073**	**16.073**	**16.073**	**16.073**	**13.326**	**189.884**

Questões e Exercícios

1 Tendo como referência os produtos finais apresentados a seguir:

a) hambúrguer BigMac;

b) microcomputador;

elabore uma estrutura de produto para cada um deles, contendo os materiais, as quantidades e unidades de medidas.

2 Com base nas estruturas elaboradas no exercício anterior, assuma preços de aquisição para os materiais dentro do seu conhecimento e apure o custo de materiais para cada um desses produtos.

3 A empresa está orçando vendas para o próximo exercício de 1.600 unidades do Produto A e 500 do Produto B, que utilizam as seguintes quantidades de materiais para cada unidade de produto final:

	Produto A	Produto B
Matéria-Prima 1	1,5 t	2,0 t
Componente 2	400 unidades	1.800 unidades

As peças de reposição, para atender as vendas esperadas para o próximo ano, consumirão em média 4% das quantidades previstas para o componente 2 do Produto A.

Pede-se:

a) elaborar um quadro de Orçamento de Quantidades de materiais necessárias para atender o programa de produção, que, estima-se, será igual às quantidades previstas para a venda no próximo ano;

b) calcular a quantidade em estoque final de materiais ao final do ano previsto, sabendo que a empresa quer ter sempre um estoque mínimo suficiente para atender dois meses de produção.

4 Com os dados obtidos no exercício anterior, de quantidades necessárias para o programa de produção e quantidades esperadas de estoque final, e considerando os seguintes dados adicionais, elabore:

a) o Orçamento de Compras, líquidas e brutas, para o próximo ano;

b) a previsão do valor dos estoques finais para fins contábeis com o critério de preço médio ponderado. Os impostos das compras são recuperados.

	Matéria-Prima 1	Componente 2
Preço Cotado – Sem Impostos	R$ 1.000,00	R$ 10,00
Impostos sobre Compras (Em %)	30	30
Estoque Inicial		
• quantidade	650 t	150.000 unidades
• preço médio ponderado	R$ 980,00	R$ 10,20
• total em estoque	R$ 637.000	R$ 1.530.000

5 Uma empresa produz e vende apenas um único produto e tem os seguintes dados de estoques em processo e produtos acabados:

Estoque Inicial de Produtos em Processo	R$ 850.000
Estoque Inicial de Produtos Acabados	R$ 620.000
Quantidade em Estoque Inicial de Produtos Acabados	30.250 unidades do Produto A
Quantidade Produzida no Ano	1.000.000 unidades do Produto A
Quantidade Vendida no Ano	1.008.000 unidades do Produto A
Custos Totais de Fabricação do Ano	R$ 22.500.000

Considere que o Estoque Final de Produtos em Processo será 35% maior do que o estoque inicial. Calcule:

a) o custo da produção acabada;

b) o custo médio de produção do Produto A;

c) a quantidade em estoque final de produtos acabados;

d) o custo médio ponderado dos produtos acabados;

e) o custo dos produtos vendidos;

f) o valor do estoque final de produtos acabados.

6 Partindo dos dados obtidos no exercício anterior, considere que a empresa estará vendendo o Produto A por um preço médio de R$ 55,00 com impostos. Considerando as alíquotas de 12% de ICMS, 3,00 de Cofins e 0,65% de PIS (produto sem IPI), qual será o lucro bruto estimado da empresa para o próximo exercício? Identifique também a margem bruta a ser obtida.

Capítulo 18

Orçamento de Despesas Gerais

A terceira fase da elaboração das peças orçamentárias está ligada à orçamentação das despesas departamentais. É a parte mais trabalhosa do orçamento, pois consiste em elaborar pelo menos uma peça orçamentária para cada setor da empresa, a cargo de um responsável. Além disso, a variedade de despesas tende a ser significativa. Não se recomenda o orçamento de despesas de forma sintética, e sim da forma mais analítica possível.

Como já salientamos, o orçamento deve ser estruturado dentro das mesmas características do plano de contas da contabilidade tradicional, incluindo as contas analíticas. O orçamento elaborado de forma sintética seria admissível apenas em situações extraordinárias, tais como o primeiro ano da implantação do sistema orçamentário ou em ambientes econômicos com inflação crônica.

As palavras gastos, custos e despesas usadas neste capítulo são sinônimas.

18.1 Aspectos Gerais do Orçamento de Despesas

Diversos aspectos devem ser observados para a elaboração desta etapa do orçamento, dos quais apresentamos, entre outros, os principais:

- Orçamento seguindo a hierarquia estabelecida.
- Departamentalização.
- Orçamento para cada área de responsabilidade.
- Custos controláveis.
- Quadro de premissas.
- Levantamento das informações-base.
- Observação do comportamento dos gastos.
- Orçamento de cada despesa segundo sua natureza e comportamento.

Organograma Empresarial e Departamentalização

O orçamento segue a hierarquia da empresa, que pode ser visualizada dentro de um organograma. A estruturação dentro de um organograma facilita o processo de análise dos gastos, identificação dos setores, bem como o processo de sintetização dos orçamentos analíticos para os orçamentos setoriais ou divisionais, até o orçamento geral da empresa.

O critério mais utilizado para estruturar o sistema de informação contábil orçamentário para incorporar informações, segundo o organograma empresarial, é a departamentalização. Esse critério consiste em identificar as menores áreas de responsabilidade, que contêm o menor nível de decisão e, portanto, grau de responsabilidade sobre controle, dentro do conceito de **centro de custo ou centro de despesa**.

Para o exemplo que será apresentado neste capítulo e capítulos subsequentes, estamos supondo uma empresa industrial organizada em duas unidades de negócio (BU – *Business Unit*), basicamente relacionadas com os principais produtos, e mais uma unidade de negócio industrial de fornecimento de componentes para as unidades produtoras de produtos finais. A área de comercialização é única e a administrativa é segmentada em duas áreas.

A Figura 18.1 ilustra o organograma exemplificativo.

Accountability e Custos Controláveis

É importante que cada responsável, no menor nível de decisão na hierarquia da empresa, tenha seu próprio orçamento. O fundamento dessa responsabilidade é o conceito de custos controláveis, ou seja, devemos orçar para cada centro de custo (setor, departamento) unicamente os custos que são gerenciados e controlados pelo responsável pelo centro de custo.

O conceito de custos controláveis depende de um ponto de referência. **Não existem custos não controláveis para a entidade.** Conforme Moore e Jaedicke,

> "... todos os custos são controláveis gerencialmente em um nível ou outro."[1]

Complementando com Keller e Ferrara,

> "... uma distinção mais apropriada para propósitos de controle seria entre custos controláveis por mim (ou nós) e custos controláveis por outros."[2]

[1] MOORE, Carl e JAEDICKE, Robert K. *Managerial accounting*. Cincinatti: South Western, 1967, p. 288.

[2] KELLER, Wayne I. e FERRARA, William L. *Management accounting for profit control*. Tokyo: Kogakusha/McGraw-Hill, 1966, p. 247.

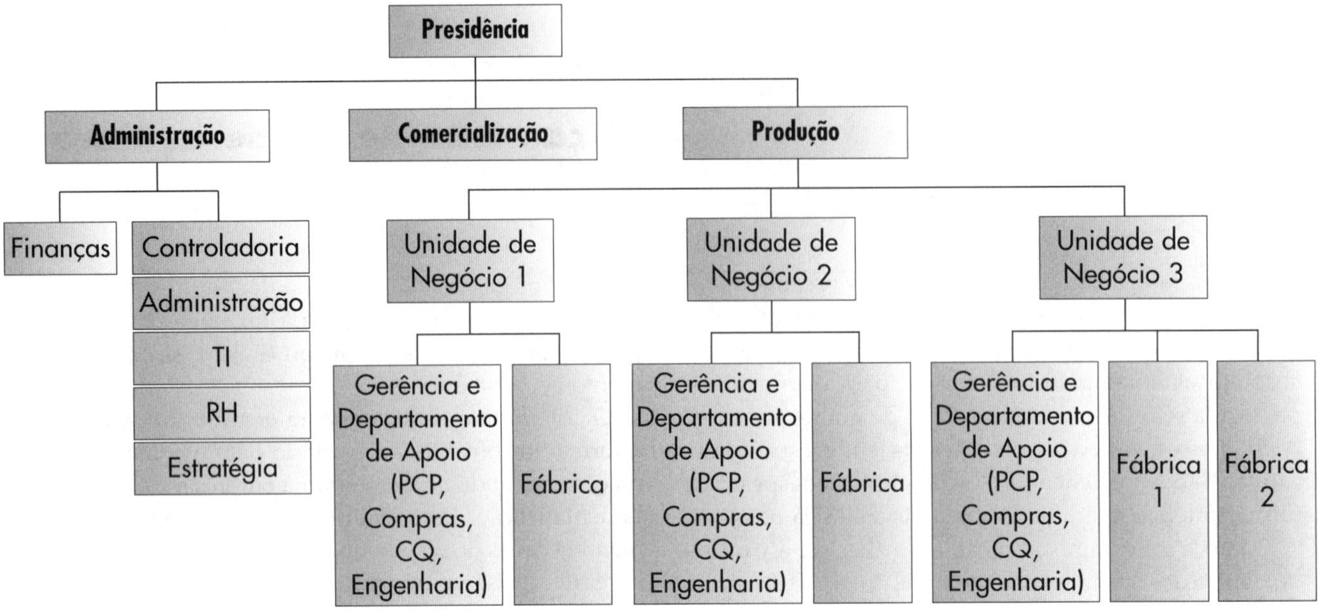

Figura 18.1 Organograma empresarial

Portanto, não existem custos não controláveis em um empreendimento. Este é um dos fundamentos da Contabilidade por responsabilidade, que deve ser incorporado ao orçamento de despesas gerais.

O conceito de custos controláveis (e, obviamente, de receitas, quando for o caso) está dentro de um conceito fundamental de Contabilidade por responsabilidade, que é denominado de *accountability*, que, em linhas gerais, é a responsabilidade do gestor de prestar contas de seus atos ou a obrigação de reportar os resultados obtidos.[3] Mais genericamente, podemos definir *accountability* como a responsabilidade individual ou departamental de desempenhar uma certa função, que pode ser delegada ou imposta por lei, regulamentos ou acordos.[4]

Rateio no Orçamento de Despesas Departamentais

Algumas despesas são de consumo comum, ou seja, os gastos são efetuados de uma só vez, mas o serviço atende vários setores ou centros de custos. Por exemplo, gastos com conservação e limpeza dos edifícios, normalmente terceirizados, são pagos por contrato e atendem toda a empresa ou unidade de negócio. Os serviços de limpeza podem incluir áreas comuns, como: corredores, pátios, sanitários etc.

A questão é: devemos ratear esses gastos por algum critério para todos os setores que recebem o serviço e, por conseguinte, orçar o rateio?

Apesar de utilizado muitas vezes objetivando uso futuro para custeio dos produtos pelo método de absorção, o **rateio não é recomendado sob o conceito de *accountability***. Deve-se sempre orçar a despesa no centro de custo do responsável pela gestão do gasto. No exemplo dado, provavelmente alguém na empresa é o responsável pela administração do serviço de conservação e limpeza e pelo contrato. No centro de custo dele é que as despesas de limpeza devem ser orçadas.

Igualmente, se dentro da contratação do serviço o total do contrato foi negociado considerando-se serviços parciais, existindo, assim, claramente uma definição de valores em relação aos diversos setores usuários, nada impede a correta alocação da despesa aos diversos centros de custos.

Como regra geral, deve-se evitar ao máximo o rateio, já que o conceito de *accountability* é claro: só devem ser alocadas ao orçamento de um centro de custo se as despesas puderem ser administradas por seu responsável.

Outras despesas que apresentam essas características são: energia elétrica, consumo de água, despesas com central de cópias reprográficas, despesas com centrais telefônicas etc.

Orçamento por Atividades

As empresas que adotam o método de custeamento por atividades (Custeio ABC) devem, em princípio, adotar

[3] NAGAKAWA, Masayuki. *In*: CATELLI, Armando. *Controladoria*. São Paulo: Atlas, 1999, p. 208.

[4] SIEGEL, Joel G. e SHIM, Jae K. *Dictionary of accounting terms*. 2ª ed. Nova York: Barron's, 1995, p. 4.

a mesma metodologia no seu processo orçamentário. Assim, o orçamento de cada centro de custo deverá ter suborçamentos por atividade. Cada atividade relevante, em que se baseará posteriormente o Custeio ABC, deve ter seus gastos separados em peças orçamentárias, que incluirá a quantidade esperada de cada direcionador de custo da atividade.

18.2 Características Comportamentais dos Gastos

Cada despesa apresenta um valor que decorre de suas características próprias. Nessas características, a principal é a variação do seu valor em relação a alguma outra variável, que ocorre dentro ou fora da empresa, e que se relaciona com a despesa. A essa reação denominamos comportamento das despesas.

Cada despesa deve ser orçada segundo suas características comportamentais.

O ponto-chave na orçamentação das despesas é analisar e detectar seu comportamento, incluindo as variáveis-chave e, a partir daí, criar uma base de dados para calcular os valores futuros a serem considerados no plano orçamentário em cada centro de custo. Eventualmente, a mesma despesa pode ter um comportamento diferenciado para centros de custos diferentes.

Na diversidade dos gastos, podemos agrupá-los em alguns tipos, normalmente considerando como base de classificação seu comportamento em relação a determinadas variáveis físicas decorrentes das operações da empresa.

A classificação tradicional para análise do comportamento dos gastos em relação a alguma atividade é a sua separação em custos e despesas fixas e custos e despesas variáveis. Neste caso, as variáveis utilizadas são o volume de produção e de vendas, ou volumes da atividade que direcionam os gastos. É possível um aprofundamento dessa análise comportamental dos gastos introduzindo os conceitos de gastos comprometidos, discricionários e estruturados.[5]

Custos Fixos e Capacidade de Produção ou Vendas

Os custos fixos são denominados também custos de capacidade e medem os gastos necessários para operação da fábrica e da comercialização em determinado nível de capacidade. Eles podem ser classificados em custos fixos comprometidos e custos fixos discricionários.

Custos fixos comprometidos

Custos comprometidos são aqueles ligados intrinsecamente à utilização de um parque fabril ou comercial – são os gastos para manter a fábrica ou as vendas em operação.

São gastos comprometidos de tal forma com a necessidade de operar as instalações empresariais que não são evitáveis. O valor deles tende a permanecer inalterado durante o exercício (exceto, é claro, por eventuais variações de preço), independentemente do volume vendido ou produzido. São exemplos clássicos: aluguéis dos imóveis operacionais, prestações de arrendamento mercantil de equipamentos, taxas de funcionamento, gastos com associações de classe, contratos de manutenção e conservação de imóveis e edifícios etc.

Custos fixos discricionários

Custos fixos discricionários são gastos que são administrados e podem ser alterados dependendo da dotação orçamentária anual.

Apesar de serem conceitualmente fixos, tais gastos podem ser evitados ou minimizados. São fixos porque não são relacionados com os volumes de produção ou venda e, se adotados, não oscilam com a variação do volume. São discricionários porque podem até eventualmente ser cancelados.

Como exemplo podemos citar despesas com treinamento de pessoal, que geralmente recebem uma dotação orçamentária, mas não são, via de regra, comprometidas com a operação. Outros exemplos são: despesas com publicidade e propaganda, contratos de assessoria e consultoria, benefícios sociais a empregados, doações, subvenções etc.

Custos Variáveis, Semivariáveis, Semifixos e Estruturados

Quando um custo tem uma relação direta e proporcional com o volume de produção, venda ou outra atividade, o denominamos custo variável. Quando a relação com o parâmetro quantitativo não for proporcionalmente exata, e apenas parcela do gasto se altera em função do parâmetro quantitativo, chamamos esse gasto de custo semivariável ou semifixo. Os exemplos clássicos

[5] HORNGREN, Charles T. *Introdução à contabilidade gerencial*. 5ª ed., Rio de Janeiro: Prentice-Hall, 1985, p. 162.

de custos variáveis são materiais diretos e comissões sobre vendas.

Custos Semivariáveis

Um custo é considerado semivariável se a sua variação não for na mesma proporção da variação do volume de produção ou vendas. Se, por exemplo, dado um aumento de produção, o custo aumentar, mas não o mesmo percentual do aumento do volume, ele será considerado semivariável. Exemplos típicos são os gastos com materiais indiretos, como: ferramentas, dispositivos, manutenção, materiais auxiliares, de escritório etc.

Custos Semifixos

Podem ser assim considerados os custos que contêm, na sua formação de valor, uma parcela fixa e uma outra que varia com a atividade. Somando-se ambas, notamos uma similitude com os custos semivariáveis.

Porém, a diferença está em que os custos semivariáveis partem do valor zero, ou seja, se não houver produção ou venda, é possível que não haja o gasto. Já o custo semifixo sempre apresentará o gasto da parte fixa. São exemplos desses tipos de gastos despesas com telefone (assinatura mais impulsos), com energia elétrica (demanda contratada mais consumo), com consumo de água e esgoto, contratos com consumação mínima etc.

Custos Estruturados

Um aprofundamento do enfoque do caráter variável dos custos é possível com o conceito de custo estruturado quando pudermos fazer uma relação do gasto com outra atividade física que não seja a produção ou venda.

Chamamos um custo de estruturado quando ele tem uma variação em relação ao elemento sob o qual ele é estruturado ou ligado e é a causa de seu valor maior ou menor.

Como exemplo podemos citar: despesas de viagens relacionadas com a quantidade de vendedores, assistentes técnicos e compradores, principalmente; despesas de consulta a entidades de proteção ao crédito, que estão relacionadas com os pedidos de venda e análise de crédito a serem efetuados; despesas de cobrança com duplicatas estruturadas em relação à quantidade de duplicatas emitidas etc.

Determinação do Comportamento dos Custos e Orçamento

De modo geral, a experiência empresarial é suficiente para classificação dos custos em relação a seu comportamento diante das diversas variáveis físicas. É importante um trabalho científico visando caracterizar com precisão tal comportamento, para fundamentar todo o processo de orçamentação dos gastos.

Para tanto, devemos recorrer aos fundamentos da disciplina de Métodos Quantitativos Aplicados. É óbvio que faremos um trabalho mais aprofundado com os gastos relevantes, que serão posteriormente acompanhados e controlados pelos mesmos critérios adotados para sua análise comportamental. Gastos de pouca monta poderão ser orçados de forma mais simples.

18.3 Despesas a Serem Orçadas

Como já introduzimos, o fundamento para o orçamento de despesas gerais é a associação das despesas controláveis por departamento ou centro de custo. Assim, para cada departamento (centro de custo) deverá haver uma peça orçamentária que compreenda as despesas de sua responsabilidade e administração. Em linhas gerais, são quatro grupos de despesas:

- Mão de Obra Direta e Indireta.
- Consumo de Materiais Indiretos.
- Despesas Gerais Departamentais.
- Depreciações e Amortizações Departamentais.

Mão de Obra Direta e Custos Indiretos de Fabricação

Uma metodologia muito utilizada é elaborar o orçamento de despesas departamentais separando os gastos com mão de obra direta dos demais, que passam a ser denominados, no seu conjunto, de custos, gastos ou despesas indiretas de fabricação. Esta metodologia é aplicada objetivando posterior utilização no custeamento dos produtos, em linha com o conceito de custeamento por absorção. O pressuposto básico é que a mão de obra direta é um custo variável/direto, enquanto os demais gastos são indiretos e devem ser absorvidos no custeamento unitário dos produtos, não havendo necessidade de separação pelos principais grupos de despesas, nem por centro de custo.

Em nosso entendimento, o orçamento das despesas por centro de custo, que inclui a separação pelos principais grupos de despesas, é uma metodologia adequada ao controle orçamentário e atribuição de responsabilidades e, pelo reprocessamento de informações, caso necessário, pode ser utilizado no custeamento dos produtos, segundo o método adotado pela empresa.

Mão de Obra

O orçamento dessas despesas apresentará os gastos previstos com as despesas de pessoal de toda a empresa.

Os gastos com pessoal incluem todo o tipo de remuneração paga aos funcionários, bem como os encargos sociais incidentes sobre a mão de obra.

Parte do orçamento de mão de obra (principalmente a mão de obra direta) está atrelada aos orçamentos de produção e vendas e tem sua base quantitativa (horas e homens necessários) calcada no orçamento de capacidade, que demonstramos na Tabela 16.7. O orçamento de vendas poderá ser determinante, dependendo da empresa, para estimativa de mão de obra de vendedores e assistentes técnicos, caso um volume adicional de vendas e entregas exija necessidade adicional de mão de obra.

O orçamento de mão de obra comporta maior ou menor detalhamento, dependendo da empresa. Se ela quiser tratar, por exemplo, as diversas remunerações dos funcionários em orçamentos detalhados, como o orçamento de salários, horas extras, prêmios de venda e de produção, adicionais legais etc., esta parte do orçamento deverá ter suborçamentos. Da mesma forma, a empresa poderá detalhar os diversos encargos sociais e salariais decorrentes do quadro de funcionários, tais como: encargos legais, férias, 13º salário, assistência médica, alimentação, transporte de funcionários, plano de aposentadoria etc.

Dados Quantitativos

É imprescindível no orçamento de despesas incorporar os dados quantitativos básicos referentes à mão de obra, quais sejam:

- número de funcionários por centro de custo, diretos e indiretos;
- horas a serem trabalhadas por centro de custo, diretas e indiretas.

Além do caráter informacional e gerencial dessas informações, elas serão base para o processo de elaboração dos custos orçados ou padrões. As empresas que optarem por desenvolver o **orçamento por atividades** devem providenciar o orçamento das quantidades físicas dos direcionadores de custos ou atividades, que geram o consumo dos recursos.

Consumo de Materiais Indiretos

Compreende o orçamento dos materiais indiretos utilizados nas operações do departamento ou atividades, sejam eles ligados indiretamente aos produtos finais ou necessários para atividades dos funcionários. Esses gastos devem ser orçados por centro de custos, pois não são ligados diretamente aos produtos e o seu consumo é acionado pelo responsável do departamento. Os principais materiais indiretos são, entre outros:

- Materiais auxiliares.
- Ferramental e dispositivos.
- Combustíveis.
- Lubrificantes.
- Material de manutenção.
- Material de conservação e limpeza.
- Materiais de segurança do trabalho.
- Material de expediente.
- Material de escritório.

É comum que alguns desses gastos tenham relevância em termos de valor. Conforme já introduzimos no presente capítulo, neste caso, é adequado um tratamento estatístico-matemático para sua projeção, objetivando fundamentação científica para o processo orçamentário. Vários materiais indiretos apresentam uma característica comportamental de custos semivariáveis.

Despesas Gerais Departamentais

São as demais despesas de consumo dos centros de custos ou atividades, conforme o plano de contas utilizado pela empresa. Cada uma das despesas deve ser orçada considerando suas características próprias e seu comportamento em relação a alguma atividade estruturada, se houver. As mais comuns são, entre outras:

- Energia elétrica.
- Telecomunicações e comunicações.
- Despesas de viagens, estadas e refeições.
- Gastos com consumo de água e esgoto.
- Publicidade, propaganda, brindes, anúncios, publicações.
- Comissões sobre vendas.
- Aluguéis e arrendamento mercantil.
- Fretes e carretos de venda.
- Outros fretes e carretos não incorporados ao custo dos materiais.
- Seguros de todos os tipos (incêndio, intempéries, transporte, crédito, responsabilidade civil etc.).
- Serviços terceirizados.
- Outros serviços de terceiros não incorporados ao custo dos materiais.
- Consultoria, assessoria, auditoria externa.
- Jornais, revistas e livros.
- Associações de classe e entidades associadas.
- Despesas legais.
- Serviços de autônomos.

Nem todos os centros de custos assumem todas as despesas, assim como uma despesa pode apresentar um comportamento diferente para cada setor ou atividade. As características comportamentais das despesas são as mais variadas possíveis, desde algumas de características claramente variáveis, como comissões e fretes sobre vendas, até despesas claramente fixas como aluguéis e arrendamentos, razão pela qual cada uma delas merece atenção individualizada.

Depreciações e Amortizações

Compreende as depreciações e amortizações de bens e direitos à disposição de cada centro de custo. O subsistema que auxilia o cálculo das depreciações e amortizações por departamento é o subsistema de Controle Patrimonial. É importante a alocação e orçamentação desses tipos de gastos por centro de custo/departamento, uma vez que há necessidade de atribuição de responsabilidade pelo uso dos bens à disposição das atividades departamentais, também dentro do conceito de *accountability*.

As despesas a serem orçadas compreendem as depreciações e amortizações:

- dos bens e direitos existentes;
- dos bens e direitos a serem adquiridos durante o exercício orçamentário e decorrentes do orçamento de investimentos.

Bens de Uso Comum ou sem Clara Atribuição de Responsabilidade Departamental

Algumas empresas não orçam as depreciações e amortizações por centro de custo, tendo em vista algumas dificuldades práticas que esse orçamento apresenta. As mais comuns são:

- Equipamentos qualificados pelo setor de Custos como diretos aos produtos e, portanto, sem necessidade de atribuir responsabilidade departamental.
- Bens e direitos controlados centralizadamente por outros setores em que o uso e a necessidade sejam distribuídos em todos os departamentos. Exemplos: equipamentos de informática sendo controlados pelo setor de Tecnologia de Informação, mas de uso distribuído; equipamentos de segurança patrimonial, controlados pelo setor de Recursos Humanos, mas de uso distribuído; equipamentos de logística e transporte interno controlados pelo setor de Logística, mas de uso distribuído; equipamentos de uso comum controlados pelo setor de Manutenção, mas de uso distribuído etc.
- Bens que são de uso comum e a depreciação só pode ser distribuída por critérios de rateio. Exemplos: veículos de transportes interno e externo, imóveis de uso comum, como pátios, restaurantes, sanitários, corredores; equipamentos de energia, telecomunicações e ar condicionado – centrais etc.
- Bens em desuso ou em disponibilidade para venda, em que a depreciação é calculada apenas para fins fiscais. Exemplos: imóveis não operacionais, equipamentos desativados das operações e preparados para venda, leilão ou sucateamento etc.

Para incorporação da depreciação e amortização desses elementos patrimoniais no orçamento, temos as seguintes sugestões básicas:

- Criação de um centro de custo específico para absorver essas depreciações e amortizações, com administração do setor de Controladoria, sem atribuição a nenhum outro departamento, no caso de itens em desuso e em disponibilidade.
- Alocar as depreciações e amortizações aos setores que centralizam a sua administração no caso dos elementos patrimoniais de uso comum.
- Alocar as depreciações e amortizações aos setores que utilizam os bens e direitos no caso de uso distribuído.
- Alocar as depreciações e amortizações no centro de custo da gerência ou diretoria responsável no caso de equipamentos diretos.

Critério de Cálculo das Depreciações e Amortizações

A depreciação é um conceito de avaliação de ativos que enseja muita polêmica, já que ela pode ser entendida sob vários aspectos. Podemos vê-la sob vários conceitos, tais como, dentre outros:

- Depreciação como perda de valor dos bens pelo uso, desgaste ou obsolescência.
- Depreciação como método de incorporação do custo dos equipamentos imobilizados para o custeio dos produtos.
- Depreciação como avaliação da perda do potencial de serviços futuros dos imobilizados.
- Depreciação para incorporação no processo de análise de retorno de investimento.
- Depreciação como planejamento tributário.
- Depreciação como fonte de fundos.
- Depreciação como meio de autofinanciamento.

Esses conceitos levam a que o valor a ser lançado a título de depreciação (e amortização) seja bastante discutido. Consequentemente, os critérios possíveis de serem adotados são diversos.

Sob o enfoque de gestão econômica e Controladoria com foco em resultados, o conceito mais adequado de depreciação e que, consequentemente, levará a um critério econômico de apuração do seu valor é entender a depreciação como a perda do potencial de serviços futuros a ser prestado pelo equipamento. Este conceito é que deve prevalecer para fins de apuração dos resultados e avaliação do desempenho das atividades e unidades de negócio.

Todavia, sabemos que há uma proeminência do conceito fiscal de depreciação, tendo em vista o intenso uso da Contabilidade para fins fiscais e legais. Desta maneira, entendemos que o cálculo das depreciações e amortizações no plano orçamentário pode ser feito sob este conceito, fazendo com que a projeção da Demonstração de Resultados e do Balanço Patrimonial reflita os demonstrativos contábeis sob os conceitos legais. Isso facilita, sobremaneira, o processo orçamentário.

Posteriormente, para outros fins gerenciais, deve-se fazer o cálculo das depreciações e amortizações sob o conceito de gestão econômica, complementando os demonstrativos contábeis para fins de avaliação de resultados e desempenho.

18.4 Premissas e Dados-Base

Uma metodologia muito válida e utilizada para facilitar o cálculo do orçamento de despesas é a construção de um conjunto de premissas para validar o processo de orçamentação das principais despesas de forma genérica. Com as premissas, recomenda-se a construção de um banco de dados-base com valores ou informações que possam auxiliar a construção de todas as peças orçamentárias de despesas para todos os centros de custos.

Premissas para o Orçamento de Despesas

Quando da elaboração do plano geral orçamentário, é necessária a construção de premissas orçamentárias, de modo que norteiem todo o processo orçamentário subsequente. Apresentamos no Capítulo 15, Quadro 15.3, um painel das premissas gerais orçamentárias, construídas com base no cenário conjuntural adotado pela empresa, após a análise do ambiente e construção dos cenários.

As premissas de ordem geral são suficientes para conduzir o processo orçamentário das vendas, produção, capacidade, compras e estoques de materiais. Servem também para delinear as demais premissas específicas necessárias para a condução da elaboração do orçamento de despesas gerais.

As premissas específicas para o orçamento de despesas podem ser apresentadas sob algumas formas principais, entre elas:

- como um painel dos aumentos periódicos (normalmente mensais) previstos para as despesas a serem orçadas;
- como uma série de indicadores de correção de preços, caso se adote o conceito de orçamento corrigido de acordo com dados fixos como base de indexação;
- como fatores de ajustes em relação aos dados-base, que podem significar tanto variações de preços como de produtividade;
- como dados percentuais ou relativos para identificar sazonalidades, participações e reduções mensais esperadas;
- como valores-base para referenciais cálculos posteriores, mormente para as despesas semivariáveis e estruturadas.

A elaboração da tabela de premissas antecede ao processo de cálculo dos valores das despesas a serem orçadas, devendo, pois, ser transmitidas aos gestores responsáveis, de forma que mantenham a transparência e participação no processo orçamentário.

Na Tabela 18.1 apresentamos um exemplo de quadro de premissas, fundamentalmente elaborado com o conceito de painel de aumentos de preços previstos e fatores de ajuste, para auxiliar todas as peças orçamentárias de despesas.

Na Tabela 18.1 podemos ver alguns exemplos de como foram estruturadas as premissas:

- Sazonalidade de Mão de Obra – No mês de janeiro entende-se que as despesas de mão de obra equivalerão a 30% de uma folha de pagamento normal, tendo em vista férias coletivas. O mesmo conceito está assumido no mês de dezembro com percentual de 70%.
- A empresa prevê aumentos de mérito em março, julho e outubro.
- Prevê-se um aumento de energia elétrica de 12% em janeiro e que será válido para o ano todo.
- Não haverá previsão de correção monetária de depreciação, já que o fator de ajuste está igual a 1,00.
- Foi adicionada, como dado-base, a previsão de novos imobilizados para auxiliar o cálculo das depreciações dos novos equipamentos etc.

Para cada tipo de despesa poderão ser feitas uma ou mais premissas. Eventualmente, o quadro de premissas

Tabela 18.1 Premissas – aumentos gerais previstos (fatores de ajuste)

Discriminação	Janeiro	Fevereiro	Março	Abril	Maio	Junho	Julho	Agosto	Setembro	Outubro	Novembro	Dezembro
Mão de obra Direta												
Percentual do Mês Trabalhado	30	100	100	100	100	100	100	100	100	100	100	70
Acordo Coletivo	1,05	1,05	1,05	1,05	1,05	1,05	1,05	1,05	1,05	1,05	1,05	1,05
Mérito	1,00	1,00	1,01	1,01	1,01	1,01	1,02	1,02	1,02	1,03	1,03	1,03
Mão de obra Indireta												
Percentual do Mês Trabalhado	30	100	100	100	100	100	100	100	100	100	100	70
Acordo Coletivo	1,05	1,05	1,05	1,05	1,05	1,05	1,05	1,05	1,05	1,05	1,05	1,05
Mérito	1,00	1,00	1,01	1,01	1,01	1,01	1,02	1,02	1,02	1,03	1,03	1,03
Materiais Indiretos												
Auxiliares	1,00	1,00	1,00	1,00	1,01	1,01	1,02	1,02	1,02	1,04	1,04	1,04
Manutenção	1,00	1,00	1,00	1,00	1,01	1,01	1,02	1,02	1,02	1,04	1,04	1,04
Expediente	1,00	1,00	1,00	1,00	1,01	1.01	1,02	1,02	1,02	1,04	1,04	1,04
Despesas Gerais												
Energia Elétrica	1,12	1,12	1,12	1,12	1,12	1,12	1,12	1,12	1,12	1,12	1,12	1,12
Telecomunicações	1,00	1,08	1,08	1,08	1,08	1,08	1,08	1,08	1,08	1,08	1,08	1,08
Fretes e Carretos	1,00	1,00	1,04	1,04	1,04	1,04	1,04	1,04	1,04	1,04	1,04	1,04
Serviços Terceirizados 1	1,05	1,05	1,05	1,05	1,05	1,05	1,05	1,05	1,05	1,05	1,05	1,05
Serviços Terceirizados N	1,00	1,00	1,00	1,00	1,10	1,10	1,10	1,10	1,10	1,10	1,10	1,10
Reembolso km Rodados	1,00	1,00	1,00	1,00	1,00	1,08	1,08	1,08	1,08	1,08	1,08	1,08
Despesas de Viagens, Estadas	1,00	1,00	1,00	1,00	1,02	1,02	1,02	1,02	1,02	1,04	1,04	1,04
Aluguéis Imobiliários	1,00	1,00	1,00	1,00	1,00	1,00	1,00	1,00	1,00	1,00	1,00	1,00
Aluguéis Equipamentos	1,04	1,04	1,04	1,04	1,04	1,04	1,04	1,04	1,04	1,04	1,04	1,04
Contratos de *Leasing*	1,00	1,00	1,07	1,07	1,07	1,07	1,07	1,07	1,07	1,07	1,07	1,07
Publicidade	1,00	1,00	1,00	1,00	1,00	1,00	1,00	1,00	1,00	1,00	1,00	1,00
Depreciação	1,00	1,00	1,00	1,00	1,00	1,00	1,00	1,00	1,00	1,00	1,00	1,00
Equipamentos Novos - BU12						300.000						
Outros Imobilizados Novos - ADM.						100.000						

poderia ser feito por departamento/centro de custo. Entendemos que o caminho natural é construir um quadro de premissas de ordem geral para todas as despesas, fazendo as premissas para centros de custos específicos só onde e quando forem necessárias.

Elaboração dos Dados-Base

Uma série de informações são necessárias para o processo de orçamentação dos gastos de todos os setores. Para tanto, é conveniente a preparação de um conjunto de dados que oriente a elaboração de cada peça orçamentária de cada centro de custo, aos quais denominamos de **dados-base**. Esses dados incluem, entre outros:

- dados e informações do passado, incluindo cálculos de médias (média de gastos por trimestre, semestre, ano);
- dados percentuais já conhecidos a serem aplicados em outros valores a serem orçamentados;
- dados das premissas gerais já estabelecidas;
- dados já conhecidos para o próximo exercício (novos salários, novos contratos, quantidade de pessoas etc.).

Apresentamos a seguir a Tabela 18.2, que é um exemplo de orçamento de despesas de um setor, que inclui os dados-base.

Na Tabela apresentada, podemos entender os seguintes dados-base que auxiliam o processo de elaboração de cada peça orçamentária de despesas gerais.

- Na conta Mão de Obra Direta, o valor de R$ 800 representa o salário nominal médio dos funcionários desse departamento. Nesta coluna (ou em colunas adicionais), poderiam ser colocados os salários médios do último ano, semestre, trimestre etc., ou seja, informações que auxiliassem a fazer o orçamento de salários de mão de obra direta para o próximo ano. O mesmo tipo de informação está colocado na linha de Mão de Obra Indireta, em que o valor de R$ 1.200 representa o salário médio nominal esperado ou existente para este setor.
- Ao final da tabela, constam os números de funcionários diretos e indiretos que recebem os salários nominais explicados acima.
- Uma outra coluna na planilha de dados-base, que denominamos de Índices/Fatores, permite incorporar premissas orçamentárias. Na conta de horas extras, o índice de 2% ou 1% é decorrente de premissas adotadas para o orçamento de todos os setores. Na linha de encargos sociais, os dados de 85% ou 90% indicam a média de encargos sociais esperada para cada tipo de mão de obra.
- Na linha de Materiais Indiretos Auxiliares, o fator de 1,20% representa a relação entre o consumo de materiais indiretos deste departamento e o consumo total de materiais diretos, que é uma premissa específica deste setor.
- Na linha de gastos com depreciação estão as taxas anuais de depreciação por tipo de imobilizados, e, na coluna seguinte, o valor dos imobilizados objeto de depreciação.
- Nas linhas de Horas Diretas e Indiretas está a quantidade de horas anuais médias de trabalho por funcionário.
- Na coluna Dados-Base, para o restante das despesas, encontram-se valores que evidenciam a média esperada ou a média de períodos anteriores de gastos por mês, ou, no caso de contratos, o valor da mensalidade paga no período anterior ou a ser paga como previsão.

Exemplos de Cálculos: Associação das Premissas com os Dados-Base

Damos a seguir alguns exemplos de cálculos de execução das despesas. Escolhemos algumas despesas do mês de março e outras do mês de junho, constantes da Tabela 18.2.

1) Mão de Obra Direta – Salários – Mês de Março	
Salário médio =	R$ 800 (dados-base)
Percentual do mês trabalhado =	100% (premissa)
Acordo coletivo =	1,05 (premissa)
Mérito =	1,01 (premissa)
Quantidade de funcionários =	23 (dados-base)
Orçamento de Despesas de Salários =	**R$ 19.513**
Cálculo:	
R$ 800 x 100% x 1,05 x 1,01 x 23 =	R$ 19.513

2) Mão de Obra Direta – Horas Extras – Mês de Março	
Salários de março =	R$ 19.513 (orçamento)
Horas extras =	2% (premissa/dados-base)
Orçamento de Despesas de Horas Extras =	**R$ 390**
Cálculo:	
R$ 19.513 x 2% =	R$ 390

3) Mão de Obra Direta – Encargos Sociais – Mês de Março	
Salários de março =	R$ 19.513 (orçamento)
Horas extras =	R$ 390 (orçamento)
Encargos sociais =	85% (premissa/dados-base)
Orçamento de Despesas de Encargos Sociais =	**R$ 16.918**
Cálculo:	
(R$ 19.513 + R$ 390) = R$ 19.903 x 85% = R$ 16.918	

Tabela 18.2 Orçamento de despesas gerais - fábrica BU1

Discriminação	Índices/ Fatores (Em %)	Dados- -Base	Janeiro	Fevereiro	Março	Abril	Maio	Junho	Julho	Agosto	Setembro	Outubro	Novembro	Dezembro	Total
Mão de obra Direta			9.035	33.287	36.821	36.821	36.821	36.821	37.186	37.186	37.186	37.551	37.551	26.285	402.552
Salários		800	4.788	17.640	19.513	19.513	19.513	19.513	19.706	19.706	19.706	19.900	19.900	13.930	213.329
Horas Extras	2		96	353	390	390	390	390	394	394	394	398	398	279	4.267
Encargos Sociais	85		4.151	15.294	16.918	16.918	16.918	16.918	17.085	17.085	17.085	17.253	17.253	12.077	184.956
Mão de obra Indireta			2.930	9.768	9.865	9.865	9.865	9.865	9.963	9.963	9.963	10.061	10.061	7.042	109.211
Salários		1.200	1.512	5.040	5.090	5.090	5.090	5.090	5.141	5.141	5.141	5.191	5.191	3.634	56.352
Horas Extras	1		30	101	102	102	102	102	103	103	103	104	104	73	1.127
Encargos Sociais	90		1.388	4.627	4.673	4.673	4.673	4.673	4.719	4.719	4.719	4.766	4.766	3.336	51.731
Materiais Indiretos			10.587	16.456	16.468	16.520	16.954	17.102	17.182	17.205	18.011	18.341	18.230	15.736	198.793
Auxiliares	1,20	0	8.187	8.456	8.468	8.520	8.874	9.022	9.022	9.045	9.851	10.021	9.910	9.912	109.289
Manutenção		5.000	1.500	5.000	5.000	5.000	5.050	5.050	5.100	5.100	5.100	5.200	5.200	3.640	55.940
Expediente		3.000	900	3.000	3.000	3.000	3.030	3.030	3.060	3.060	3.060	3.120	3.120	2.184	33.564
Despesas Gerais			13.171	22.825	23.052	23.052	23.248	23.384	23.384	23.384	23.384	23.400	23.400	19.239	264.919
Energia Elétrica		10.000	3.360	11.200	11.200	11.200	11.200	11.200	11.200	11.200	11.200	11.200	11.200	7.840	123.200
Telecomunicações		800	800	864	864	864	864	864	864	864	864	864	864	864	10.304
Fretes e Carretos		1.200	1.200	1.200	1.248	1.248	1.248	1.248	1.248	1,248	1.248	1.248	1.248	1.248	14.880
Serviços Terceirizados 1		1.500	1.575	1.575	1.575	1.575	1.575	1.575	1.575	1.575	1.575	1.575	1.575	1.575	18.900
Serviços Terceirizados N		1.800	1.800	1.800	1.800	1.800	1.980	1.980	1.980	1.980	1.980	1.980	1.980	1.980	23.040
Reembolso km Rodados		1.700	510	1.700	1.700	1.700	1.700	1.836	1.836	1.836	1.836	1.836	1.836	1.285	19.611
Despesas de Viagens, Estadas		800	240	800	800	800	816	816	816	816	816	832	832	582	8.966
Aluguéis Imobiliários		–	–	–	–	–	–	–	–	–	–	–	–	–	–
Aluguéis Equipamentos		900	936	936	936	936	936	936	936	936	936	936	936	936	11.232
Contratos de *Leasing*		2.550	2.550	2.550	2.729	2.729	2.729	2.729	2.729	2.729	2.729	2.729	2.729	2.729	32.385
Publicidade		–	–	–	–	–	–	–	–	–	–	–	–	–	–
Miscelâneas/Outros		200	200	200	200	200	200	200	200	200	200	200	200	200	2.400
Depreciação			13.333	13.333	13.333	13.333	13.333	15.833	15.833	15.833	15.833	15.833	15.833	15.833	177.500
Máquinas e Equipamentos Diretos	10	1.000.000	8.333	8.333	8.333	8.333	8.333	10.833	10.833	10.833	10.833	10.833	10.833	10.833	117.500
Outros Imobilizados	20	300.000	5.000	5.000	5.000	5.000	5.000	5.000	5.000	5.000	5.000	5.000	5.000	5.000	60.000
TOTAL GERAL			**49.057**	**95.668**	**99.540**	**99.592**	**100.221**	**103.005**	**103.548**	**103.570**	**104.377**	**105.185**	**105.074**	**84.136**	**1.152.973**
Homens Diretos		23	19	21	23	23	23	23	23	23	23	23	23	23	
Homens Indiretos		4	4	4	4	4	4	4	4	4	4	4	4	4	
Horas Diretas	1.920	3.680	912	3.360	3.680	3.680	3.680	3.680	3.680	3.680	3.680	3.680	3.680	2.576	39.968
Horas Indiretas	1.920	640	192	640	640	640	640	640	640	640	640	640	640	448	7.040

4) Materiais Indiretos – Auxiliares – Mês de Junho	
Consumo de materiais diretos do mês =	R$ 751.824 (orçamento)
Percentual de variabilidade =	1,20 (dados-base)
Orçamento de Despesas de Materiais	
Auxiliares =	**R$ 9.022**
Cálculo:	
R$ 751.824 x 1,2% =	R$ 9.022

5) Despesas Gerais – Reembolso km Rodados – Mês de Junho	
Média mensal anterior =	R$ 1.700 (dados-base)
Índice previsto de aumento de preços =	1,08 (premissa)
Orçamento de Despesas de	
Reembolso km Rodados =	**R$ 1.836**
Cálculo:	
R$ 1.700 x 1,08 =	R$ 1.836

Apêndice

A seguir estão apresentados todos os orçamentos por áreas de gastos (administrativa, comercial e industrial), que serão incorporados na projeção da Demonstração de Resultados no Capítulo 20 (Tabelas 18.3, 18.4 e 18.5).

Questões e Exercícios

1 Coloque nos espaços em branco as letras que correspondem a cada conceito de comportamento de custo para orçamentação.

a) Custo relacionado diretamente com o volume de produção ou venda

b) Custo ligado à utilização do parque fabril e não evitável

c) Custo relacionado com o volume de produção e venda não totalmente proporcional

d) Custo que pode ser administrado e com dotação orçamentária

e) Custo relacionado com outra atividade física que não produção ou venda

______ Custo Discricionário

______ Custo Variável

______ Custo Estruturado

______ Custo Semivariável

______ Custo Comprometido

2 Tendo como referência a empresa em que trabalhe ou uma outra, conhecida, verifique qual o conceito adotado de Controlabilidade das despesas departamentais e se há rateios de despesas nos centros de custos.

3 Tomando como referência a empresa em que trabalhe ou uma outra, conhecida, elabore um quadro de premissas a serem aplicadas para as seguintes despesas, partindo da hipótese da execução de um plano orçamentário para o próximo ano:

a) Despesas com mão de obra.

b) Percentual de encargos sociais estimados.

c) Despesas com energia elétrica.

d) Despesas com telefonia e telecomunicações.

e) Aluguéis imobiliários.

f) Aumento de combustíveis para frota interna.

g) Serviços terceirizados de limpeza.

4 Elaborar o Orçamento de Mão de Obra de cada departamento, considerando os dados atuais e as premissas listadas a seguir.

Dados atuais para 1 mês

	Depto. Industrial	Depto. Adm.	Depto. Comercial
Mão de Obra Direta	80.000	-	-
Mão de Obra Indireta	20.000	13.500	30.000
Horas Extras Diretas	3.200	-	-
Prêmios de Venda	-	-	9.000
Encargos Sociais	92.880	12.150	35.100
Soma	**196.080**	**25.650**	**74.100**
Homens Diretos	100	-	-
Homens Indiretos	20	15	25

Premissas para o orçamento para o próximo ano

a) Horas/ano/funcionário direto = 1.900 horas

b) Horas trabalhadas ano anterior

Para 4.860 unidades do Produto A –	97.200 h (4.860 unid. x 20 horas)
Para 2.000 unidades do Produto B –	70.000 h (2.000 unid. x 35 horas)
Para itens de reposição	22.800 h
Total	**190.000 h**

c) O programa de produção (que é igual ao de vendas) aumentará em 10% para o Produto A e 15% para o Produto B, os itens de reposição sobem proporcionalmente.

d) MOD terá aumento proporcional à necessidade do programa de produção a partir de janeiro.

e) MOI industrial: haverá contratação de três homens a partir de abril com salário médio maior em 20%.

f) Horas extras diminuirão em 50%.

g) Encargos sociais aumentarão 2% (incide sobre salários + horas extras + prêmio de vendas).

h) Acordo coletivo de 6% a partir de maio.

i) Política de aumentos de mérito estimada em 1% nos meses de abril, julho e outubro.

j) Dias trabalhados em janeiro = 15 dias e em dezembro = 15 dias.

k) Prêmio de vendas aumentará proporcionalmente ao aumento das vendas.

5 Elaborar o Orçamento de Despesas Gerais de cada departamento, considerando os dados atuais e as premissas listadas a seguir.

Dados atuais para 1 mês

	Depto. Industrial	Depto. Adm.	Depto. Comercial
Mat. indiretos	15.000	-	-
Mat. expediente	5.000	2.000	3.000
Energia elétrica	10.000	-	-
Serviços de terceiros	5.000	-	6.000
Comunicações	-	7.000	-
Comissões	-	-	6.000
Soma	**35.000**	**9.000**	**15.000**

Premissas para o orçamento para o próximo ano

a) Materiais indiretos e energia elétrica devem subir metade do aumento ocorrido na produção, conforme observado no exercício anterior.

b) Materiais de expediente subirão 20% do aumento da produção.

c) Serviços de terceiros – fixo, com aumento de preços previstos para maio de 5%.

d) Comunicações – 40% do aumento da produção.

e) Comissões – proporcional ao aumento de produção do Produto B.

6 Análise de Regressão Linear Simples para estimativas do comportamento de custos.

Desejando-se saber o comportamento atual dos gastos com energia elétrica, foi feito o seguinte levantamento de dados, buscando encontrar fundamentos para uma previsão orçamentária de tal custo. Os dados abaixo foram coletados da Contabilidade de despesas da empresa e os valores estão expressos em moeda de poder aquisitivo constante. O consumo de energia elétrica tem uma dependência da quantidade produzida. Vejamos os dados:

Ano	Gastos com Energia Elétrica (Em R$)	Quantidade Produzida (Em kw)
1	294.500	8.940.300
2	283.000	8.500.000
3	318.000	9.414.000
4	346.000	10.405.800
5	330.000	9.910.500
6	359.000	10.801.050
7	359.000	11.174.200
8	369.000	11.510.500

Sabe-se que o consumo de energia elétrica tem um componente fixo e outro variável. Desta forma, pede-se:

a) Fazer o diagrama de dispersão (gráfico) com os dados levantados.

b) Calcular os componentes **a** e **b** da reta de regressão (a parte fixa e o componente variável).

c) Fazer o ajustamento dos dados reais e construir a reta teórica.

d) Verificar a confiabilidade da reta teórica por meio dos coeficientes de determinação e correlação.

e) Projetar qual deverá ser o consumo de energia elétrica, utilizando as variáveis **a** e **b** já calculadas, para os próximos dois anos, quando a produção está estimada em 12.000.000 kw e 12.400.000 kw, respectivamente.

Tabela 18.3 Orçamento de despesas gerais – total área industrial

Discriminação	Índices/ Fatores (Em %)	Dados- -Base	Janeiro	Fevereiro	Março	Abril	Maio	Junho	Julho	Agosto	Setembro	Outubro	Novembro	Dezembro	Total
Mão de Obra Direta			41.204	148.641	161.534	169.739	169.739	169.739	171.419	171.419	171.419	173.100	173.100	121.170	1.842.222
Salários		800	21.836	78.771	85.604	89.952	89.952	89.952	90.842	90.842	90.842	91.733	91.733	64.213	976.270
Horas Extras	2		437	1.575	1.712	1.799	1.799	1.799	1.817	1.817	1.817	1.835	1.835	1.284	19.525
Encargos Sociais	85		18.932	68.294	74.218	77.988	77.988	77.988	78.760	78.760	78.760	79.532	79.532	55.673	846.427
Mão de Obra Indireta			39.571	131.902	133.221	133.221	133.221	133.221	134.540	134.540	134.540	135.859	135.859	95.101	1.474.799
Salários		1.500	20.418	68.061	68.742	68.742	68.742	68.742	69.422	69.422	69.422	70.103	70.103	49.072	760.990
Horas Extras	1		408	1.361	1.375	1.375	1.375	1.375	1.388	1.388	1.388	1.402	1.402	981	15.220
Encargos Sociais	90		18.744	62.480	63.105	63.105	63.105	63.105	63.730	63.730	63.730	64.354	64.354	45.048	698.589
Materiais Indiretos			38.811	66.586	66.628	66.801	68.363	68.857	69.243	69.316	72.005	73.339	72.970	60.995	793.914
Auxiliares		–	27.291	28.186	28.228	28.401	29.579	30.073	30.075	30.148	32.837	33.403	33.034	33.040	364.295
Manutenção		27.650	8.295	27.650	27.650	27.650	27.927	27.927	28.203	28.203	28.203	28.756	28.756	20.129	309.348
Expediente		10.750	3.225	10.750	10.750	10.750	10.858	10.858	10.965	10.965	10.965	11.180	11.180	7.826	120.271
Despesas Gerais			141.442	94.102	94.491	94.491	95.267	95.747	95.747	95.747	95.747	95.803	95.803	77.529	1.171.915
Energia Elétrica		46.000	15.456	51.520	51.520	51.520	51.520	51.520	51.520	51.520	51.520	51.520	51.520	36.064	566.720
Telecomunicações		5.450	5.450	5.886	5.886	5.886	5.886	5.886	5.886	5.886	5.886	5.886	5.886	5.886	70.196
Fretes e Carretos		5.260	5.260	5.260	5.470	5.470	5.470	5.470	5.470	5.470	5.470	5.470	5.470	5.470	65.224
Serviços Terceirizados 1		6.000	96.300	6.300	6.300	6.300	6.300	6.300	6.300	6.300	6.300	6.300	6.300	6.300	165.600
Serviços Terceirizados N		7.200	7.200	7.200	7.200	7.200	7.920	7.920	7.920	7.920	7.920	7.920	7.920	7.920	92.160
Reembolso km Rodados		6.000	1.800	6.000	6.000	6.000	6.000	6.480	6.480	6.480	6.480	6.480	6.480	4.536	69.216
Despesas de Viagens, Estadas		2.800	840	2.800	2.800	2.800	2.856	2.856	2.856	2.856	2.856	2.912	2.912	2.038	31.382
Aluguéis Imobiliários		–	–	–	–	–	–	–	–	–	–	–	–	–	–
Aluguéis Equipamentos		4.900	5.096	5.096	5.096	5.096	5.096	5.096	5.096	5.096	5.096	5.096	5.096	5.096	61.152
Contratos de *Leasing*		2.550	2.550	2.550	2.729	2.729	2.729	2.729	2.729	2.729	2.729	2.729	2.729	2.729	32.385
Publicidade		–	–	–	–	–	–	–	–	–	–	–	–	–	–
Miscelâneas/Outros		1.370	1.490	1.490	1.490	1.490	1.490	1.490	1.490	1.490	1.490	1.490	1.490	1.490	17.880
Depreciação			75.418	75.422	75.422	75.422	75.422	77.922	77.922	77.922	77.922	77.922	77.922	77.920	922.559
Máquinas e Equipamentos Diretos	10	6.050.000	50.418	50.422	50.422	50.422	50.422	52.922	52.922	52.922	52.922	52.922	52.922	52.920	622.559
Outros Imobilizados	20	1.500.000	25.000	25.000	25.000	25.000	25.000	25.000	25.000	25.000	25.000	25.000	25.000	25.000	300.000
TOTAL GERAL			**336.446**	**516.653**	**531.296**	**539.674**	**542.012**	**545.486**	**548.871**	**548.945**	**551.634**	**556.023**	**555.654**	**432.716**	**6.205.409**
Homens Diretos		104	85	92	99	104	104	104	104	104	104	104	104	104	
Homens Indiretos		51	51	51	51	51	51	51	51	51	51	51	51	51	
Horas Diretas	1.920	16.640	4.080	14.720	15.840	16.640	16.640	16.640	16.640	16.640	16.640	16.640	16.640	11.648	179.408
Horas Indiretas	1.920	8.160	2.448	8.160	8.160	8.160	8.160	8.160	8.160	8.160	8.160	8.160	8.160	5.712	89.760

Tabela 18.4 Orçamento de despesas gerais - comercialização

Discriminação	Índices/ Fatores (Em %)	Dados--Base	Janeiro	Fevereiro	Março	Abril	Maio	Junho	Julho	Agosto	Setembro	Outubro	Novembro	Dezembro	Total
Mão de Obra Direta			–	–	–	–	–	–	–	–	–	–	–	–	–
Salários			–	–	–	–	–	–	–	–	–	–	–	–	–
Horas Extras	2		–	–	–	–	–	–	–	–	–	–	–	–	–
Encargos Sociais	85		–	–	–	–	–	–	–	–	–	–	–	–	–
Mão de Obra Indireta			4.395	14.651	14.798	14.798	14.798	14.798	14.944	14.944	14.944	15.091	15.091	10.564	163.816
Salários		1.800	2.268	7.560	7.636	7.636	7.636	7.636	7.711	7.711	7.711	7.787	7.787	5.451	84.528
Horas Extras	1		45	151	153	153	153	153	154	154	154	156	156	109	1.691
Encargos Sociais	90		2.082	6.940	7.009	7.009	7.009	7.009	7.079	7.079	7.079	7.148	7.148	5.004	77.597
Materiais Indiretos			1.770	5.900	5.900	5.900	5.959	5.959	6.018	6.018	6.018	6.136	6.136	4.295	66.009
Auxiliares		–	–	–	–	–	–	–	–	–	–	–	–	–	–
Manutenção		1.400	420	1.400	1.400	1.400	1.414	1.414	1.428	1.428	1.428	1.456	1.456	1.019	15.663
Expediente		4.500	1.350	4.500	4.500	4.500	4.545	4.545	4.590	4.590	4.590	4.680	4.680	3.276	50.346
Despesas Gerais			89.888	91.958	93.381	93.464	93.742	97.393	97.476	97.558	99.175	105.841	105.924	105.206	1.171.007
Comissões	5	–	72.491	72.491	73.709	73.792	73.874	77.389	77.472	77.554	79.171	85.821	85.904	85.986	935.655
Telecomunicações		4.000	4.000	4.320	4.320	4.320	4.320	4.320	4.320	4.320	4.320	4.320	4.320	4.320	51.520
Fretes e Carretos		2.500	2.500	2.500	2.600	2.600	2.600	2.600	2.600	2.600	2.600	2.600	2.600	2.600	31.000
Serviços Terceirizados 1		1.500	1.575	1.575	1.575	1.575	1.575	1.575	1.575	1.575	1.575	1.575	1.575	1.575	18.900
Serviços Terceirizados N		1.800	1.800	1.800	1.800	1.800	1.980	1.980	1.980	1.980	1.980	1.980	1.980	1.980	23.040
Reembolso km Rodados		1.700	510	1.700	1.700	1.700	1.700	1.836	1.836	1.836	1.836	1.836	1.836	1.285	19.611
Despesas de Viagens, Estadas		800	240	800	800	800	816	816	816	816	816	832	832	582	8.966
Aluguéis Imobiliários		1.000	1.000	1.000	1.000	1.000	1.000	1.000	1.000	1.000	1.000	1.000	1.000	1.000	12.000
Aluguéis Equipamentos		1.800	1.872	1.872	1.872	1.872	1.872	1.872	1.872	1.872	1.872	1.872	1.872	1.872	22.464
Contratos de *Leasing*		1.500	1.500	1.500	1.605	1.605	1.605	1.605	1.605	1.605	1.605	1.605	1.605	1.605	19.050
Publicidade		2.000	2.000	2.000	2.000	2.000	2.000	2.000	2.000	2.000	2.000	2.000	2.000	2.000	24.000
Miscelâneas/Outros		400	400	400	400	400	400	400	400	400	400	400	400	400	4.800
Depreciação			2.333	2.333	2.333	2.333	2.333	2.333	2.333	2.333	2.333	2.333	2.333	2.333	28.000
Máquinas e Equipamentos Diretos	10	–	–	–	–	–	–	–	–	–	–	–	–	–	–
Outros Imobilizados	20	140.000	2.333	2.333	2.333	2.333	2.333	2.333	2.333	2.333	2.333	2.333	2.333	2.333	28.000
TOTAL GERAL			98.386	114.842	116.412	116.495	116.832	120.483	120.771	120.854	122.471	129.402	129.484	122.398	1.428.832
Homens Diretos															
Homens Indiretos		4	4	4	4	4	4	4	4	4	4	4	4	4	
Horas Diretas	1.920	–	–	–	–	–	–	–	–	–	–	–	–	–	–
Horas Indiretas	1.920	1.600	192	640	640	640	640	640	640	640	640	640	640	448	7.040

Tabela 18.5 Orçamento de despesas gerais – total área administrativa

Discriminação	Índices/ Fatores (Em %)	Dados- -Base	Janeiro	Fevereiro	Março	Abril	Maio	Junho	Julho	Agosto	Setembro	Outubro	Novembro	Dezembro	Total
Mão de Obra Direta			–	–	–	–	–	–	–	–	–	–	–	–	–
Salários		800	–	–	–	–	–	–	–	–	–	–	–	–	–
Horas Extras	2		–	–	–	–	–	–	–	–	–	–	–	–	–
Encargos Sociais	85		–	–	–	–	–	–	–	–	–	–	–	–	–
Mão de Obra Indireta			15.872	52.907	53.436	53.436	53.436	53.436	53.966	53.966	53.966	54.495	54.495	38.146	591.558
Salários		2.275	8.190	27.300	27.573	27.573	27.573	27.573	27.846	27.846	27.846	28.119	28.119	19.683	305.241
Horas Extras	1		164	546	551	551	551	551	557	557	557	562	562	394	6.105
Encargos Sociais	90		7.518	25.061	25.312	25.312	25.312	25.312	25.563	25.563	25.563	25.813	25.813	18.069	280.212
Materiais Indiretos			1.560	5.200	5.200	5.200	5.252	5.252	5.304	5.304	5.304	5.408	5.408	3.786	58.178
Auxiliares		–	–	–	–	–	–	–	–	–	–	–	–	–	–
Manutenção		1.450	435	1.450	1.450	1.450	1.465	1.465	1.479	1.479	1.479	1.508	1.508	1.056	16.223
Expediente		3.750	1.125	3.750	3.750	3.750	3.788	3.788	3.825	3.825	3.825	3.900	3.900	2.730	41.955
Despesas Gerais			16.014	18.394	18.458	18.458	18.648	18.744	18.744	18.744	18.744	18.754	18.754	18.008	220.463
Energia Elétrica		600	202	672	672	672	672	672	672	672	672	672	672	470	7.392
Telecomunicações		9.000	9.000	9.720	9.720	9.720	9.720	9.720	9.720	9.720	9.720	9.720	9.720	9.720	115.920
Fretes e Carretos		200	200	200	208	208	208	208	208	208	208	208	208	208	2.480
Serviços Terceirizados 1		–	–	–	–	–	–	–	–	–	–	–	–	–	–
Serviços Terceirizados N		1.800	1.800	1.800	1.800	1.800	1.980	1.980	1.980	1.980	1.980	1.980	1.980	1.980	23.040
Reembolso km Rodados		1.200	360	1.200	1.200	1.200	1.200	1.296	1.296	1.296	1.296	1.296	1.296	907	13.843
Despesas de Viagens, Estadas		500	150	500	500	500	510	510	510	510	510	520	520	364	5.604
Aluguéis Imobiliários		1.200	1.200	1.200	1.200	1.200	1.200	1.200	1.200	1.200	1.200	1.200	1.200	1.200	14.400
Aluguéis Equipamentos		1.300	1.352	1.352	1.352	1.352	1.352	1.352	1.352	1.352	1.352	1.352	1.352	1.352	16.224
Contratos de *Leasing*		800	800	800	856	856	856	856	856	856	856	856	856	856	10.160
Publicidade		–	–	–	–	–	–	–	–	–	–	–	–	–	–
Miscelâneas/Outros		950	950	950	950	950	950	950	950	950	950	950	950	950	11.400
Depreciação			10.000	10.000	10.000	10.000	10.000	11.667	11.667	11.667	11.667	11.667	11.667	11.667	131.667
Máquinas e Equipamentos Diretos	10	–	–	–	–	–	–	–	–	–	–	–	–	–	–
Outros Imobilizados	20	600.000	10.000	10.000	10.000	10.000	10.000	11.667	11.667	11.667	11.667	11.667	11.667	11.667	131.667
TOTAL GERAL			**43.446**	**86.501**	**87.094**	**87.094**	**87.336**	**89.099**	**89.680**	**89.680**	**89.680**	**90.323**	**90.323**	**71.606**	**1.001.865**
Homens Diretos		–	–	–	–	–	–	–	–	–	–	–	–	–	
Homens Indiretos		12	12	12	12	12	12	12	12	12	12	12	12	12	
Horas Diretas	1.920	–	–	–	–	–	–	–	–	–	–	–	–	–	–
Horas Indiretas	1.920	1.920	576	1.920	1.920	1.920	1.920	1.920	1.920	1.920	1.920	1.920	1.920	1.344	21.120

Capítulo 19

Orçamento de Investimentos e Financiamentos

Este segmento do plano orçamentário tem por finalidade fazer a orçamentação dos demais componentes do Balanço Patrimonial e da demonstração de resultados que não foram contemplados no orçamento operacional. Na abordagem da teoria de finanças, refere-se ao orçamento dos elementos não operacionais da demonstração de resultados. O enfoque básico é elaborar o orçamento dos gastos previstos com investimentos que serão ativados como Ativo Não Circulante, bem como dos financiamentos necessários para fazer face à necessidade de fundos para sua aquisição.

Uma característica desses orçamentos é que sua elaboração e análise tendem a ficar restritas às áreas de Finanças e Controladoria, além da cúpula diretiva da companhia. Outra característica desses orçamentos é que exigem poucas peças orçamentárias, e, portanto, de mais fácil obtenção dos seus números.

19.1 Os Segmentos do Plano Orçamentário nos Demonstrativos Contábeis Básicos

A base da segmentação do plano orçamentário segue a lógica da estrutura dos demonstrativos contábeis básicos, a demonstração de resultados e o Balanço Patrimonial. Apresentamos nas tabelas a seguir a indicação de cada linha dos demonstrativos contábeis e em qual segmento do plano orçamentário os itens são trabalhados.

Tabela 19.1 Demonstrativos contábeis básicos e segmentos do plano orçamentário

Demonstração de Resultados	Segmento do Plano Orçamentário
Receita Operacional Bruta II	Orçamento Operacional
(-) Impostos sobre Vendas IPI - ISS	Orçamento Operacional
Receita Operacional Bruta I	Orçamento Operacional
(-) Imp. das Vendas - ICMS - PIS - Cofins	Orçamento Operacional
Receita Operacional Líquida	Orçamento Operacional
Custo dos Produtos Vendidos	Orçamento Operacional
• Materiais Diretos	Orçamento Operacional
• Materiais Indiretos	Orçamento Operacional
Consumo de Materiais Total	Orçamento Operacional
Mão de Obra Direta	Orçamento Operacional
Mão de Obra Indireta	Orçamento Operacional
Despesas Gerais	Orçamento Operacional
Depreciação	Orçamento Operacional
(+/-) Variação dos Estoques Industriais	Orçamento Operacional
Lucro Bruto	Orçamento Operacional
Despesas Operacionais	Orçamento Operacional
Comerciais	Orçamento Operacional
• Mão de Obra	Orçamento Operacional
• Despesas	Orçamento Operacional
• Provisão Devedores Duvidosos	Orçamento Operacional
Administrativas	Orçamento Operacional
• Mão de Obra	Orçamento Operacional
• Despesas	Orçamento Operacional
• Depreciação	Orçamento Operacional
Lucro Operacional I	Orçamento Operacional

continua

Tabela 19.1 Demonstrativos contábeis básicos e segmentos do plano orçamentário (Continuação)

Demonstração de Resultados	Segmento do Plano Orçamentário
Receitas Financeiras de Aplicações	Orçamento de Caixa*
Outras Receitas Financeiras	Orçamento de Financiamentos
Despesas Financeiras	Orçamento de Financiamentos
Equivalência Patrimonial	Orçamento de Caixa*
Lucro Operacional II	
Outras Receitas e Despesas	Orçamento de Investimentos
• Valor de Venda de Imobilizados	Orçamento de Investimentos
• (-) Valor da Baixa de Imobilizados	Orçamento de Investimentos
Lucro antes dos Impostos	
Impostos sobre o Lucro	Orçamento de Caixa
Lucro Líq. depois do Imp. Renda	
(-) Dividendos Propostos	Orçamento de Caixa
Lucro do Período Retido	

*Projeção dos Demonstrativos Contábeis.

Na demonstração de resultados, fica evidente que o orçamento operacional é responsável pela maior parte de seus elementos. Da Receita Operacional Bruta até a rubrica Lucro Operacional, todos os componentes da demonstração de resultados fazem parte do Orçamento Operacional. O Orçamento de Investimentos inclui apenas as Outras Receitas e Despesas. O Orçamento de Financiamentos inclui o orçamento das despesas financeiras e das receitas financeiras que não estão vinculadas às aplicações financeiras.

Os demais itens são obtidos pelo Orçamento de Caixa, que, em nosso trabalho, denominamos de Projeção dos Demonstrativos Contábeis. Quando falamos que alguns elementos são orçados no Orçamento de Caixa, queremos dizer que este é um método mais prático de fazer o orçamento desses itens, os quais, normalmente, se caracterizam por ter seus dados obtidos após a conclusão de outros orçamentos. Assim, só é possível obtê-los, com um grau razoável de acurácia, ao fecharmos as projeções dos demonstrativos contábeis, que são interligados. O exemplo mais significativo é o das Receitas Financeiras decorrentes das Disponibilidades (Aplicações Financeiras). Só é possível identificar essa receita com o fechamento, em conjunto, do Balanço Patrimonial e da demonstração de resultados, como mostraremos no Capítulo 20.

Tabela 19.2 Demonstrativos contábeis básicos e segmentos do plano orçamentário

Balanço Patrimonial	Segmento do Plano Orçamentário
Ativo Circulante	
Caixa/Bancos	Orçamento de Caixa*
Aplicações Financeiras	Orçamento de Caixa
Contas a Receber de Clientes	Orçamento Operacional
(-) Provisão Devedores Duvidosos	Orçamento Operacional
(-) Títulos Descontados	Orçamento Operacional
• Contas a Receber - Líquido	Orçamento Operacional
Estoques	Orçamento Operacional
• De Materiais - Bruto	Orçamento Operacional
• (-) Provisão Retificadora	Orçamento Operacional
• De Materiais - Líquido	Orçamento Operacional
• Em Processo	Orçamento Operacional
• Acabados	Orçamento Operacional
• Adiantamentos a Fornecedores	Orçamento de Caixa
Impostos a Recuperar	Orçamento de Caixa
Despesas do Exercício Seguinte	Orçamento de Caixa

*Projeção dos Demonstrativos Contábeis.

continua

Tabela 19.2 Demonstrativos contábeis básicos e segmentos do plano orçamentário (Continuação)

Balanço Patrimonial	Segmento do Plano Orçamentário
Ativo Não Circulante	
Realizável a Longo Prazo	Orçamento de Caixa
Depósitos Judiciais	Orçamento de Caixa*
Incentivos Fiscais	Orçamento de Caixa
Investimentos em Controladas	Orçamento de Investimentos
• Imobilizado Bruto	Orçamento de Investimentos
• Terrenos	Orçamento de Investimentos
• Reavaliação de Terrenos	Orçamento de Investimentos
• Outros Imobilizados	Orçamento de Investimentos
• (-) Depreciação Acumulada	Orçamento de Investimentos
Imobilizado Líquido	Orçamento de Investimentos
Intangível	Orçamento de Investimentos
ATIVO TOTAL	
Passivo Circulante	
Fornecedores	Orçamento Operacional
Salários e Encargos a Pagar	Orçamento de Caixa
Contas a Pagar	Orçamento de Caixa
Impostos a Recolher - sobre Mercadorias	Orçamento Operacional
Impostos a Recolher - sobre Lucros	Orçamento de Caixa
Adiantamento de Clientes	Orçamento de Caixa
Empréstimos	Orçamento de Financiamentos
Dividendos a Pagar	Orçamento de Caixa
Passivo Não Circulante	
Financiamentos	Orçamento de Financiamentos
Patrimônio Líquido	
Capital Social	Orçamento de Financiamentos
Reservas de Capital	Orçamento de Caixa
Reservas de Reavaliação	Orçamento de Caixa
Reservas de Lucros/Lucros Acumulados	Orçamento de Caixa
Lucro do Período	Orçamento de Caixa
PASSIVO TOTAL	

*Projeção dos Demonstrativos Contábeis.

Os principais itens operacionais do Balanço Patrimonial devem ser orçados com as peças orçamentárias que lhes dão origem. É o caso dos estoques, duplicatas a receber dos clientes, duplicatas a pagar a fornecedores, adiantamentos e impostos a recolher ou a recuperar sobre vendas. Eventuais impostos a recuperar de impostos sobre o lucro deverão ser objeto de orçamento no fechamento das projeções dos demonstrativos contábeis.

O Orçamento de Investimentos liga-se ao Ativo Permanente. O Realizável a Longo Prazo pode ser tanto localizado no Orçamento de Investimentos, ser for relevante, ou ser deixado como um item da projeção, se não for significativo.

As entradas e saídas de capital e os financiamentos são objeto do Orçamento de Financiamentos. Os demais itens são mais facilmente trabalhados no fechamento das projeções, ou Orçamento de Caixa, como é denominado mais comumente. Alguns itens operacionais, se não forem relevantes, também poderão ser trabalhados no fechamento das projeções.

19.2 Orçamento de Investimentos

Esta peça orçamentária não se liga apenas aos planos de curto prazo. Parte dos investimentos necessários para o próximo exercício é decorrente dos planos operacionais que se originam do Planejamento Estratégico. Exemplificando, os investimentos necessários para suportar os projetos de investimentos em novos produtos, em novas plantas ou em novos canais de distribuição serão gastos efetuados no próximo período, mas que provavelmente serão para produtos e atividades a serem produzidas em exercícios futuros e que decorreram de decisões do passado.

Essa é uma das razões por que este orçamento não está ligado intrinsecamente ao orçamento operacional, mas sim aos planos operacionais e estratégicos e porque as peças orçamentárias deste orçamento ficam restritas à alta administração da empresa.

É óbvio que, num modelo de gestão empresarial em que a responsabilidade dos investimentos é delegada ao responsável pelo centro de investimento ou unidade de negócio, este é que deverá elaborar esta peça orçamentária.

Este orçamento compreende, portanto, os investimentos dos planos operacionais já deflagrados no passado e em execução no período orçamentário, bem como os investimentos necessários detectados para o período em curso. Exemplos desses investimentos definidos em horizonte de curto prazo, e não ligados necessariamente a planos operacionais maiores, são os investimentos para manutenção e reformas de equipamentos operacionais, as reformas de obras civis, a troca de máquinas da atual estrutura de operações e aquisição de equipamentos menores, como: computadores, softwares, móveis, veículos etc.

Análise das Alternativas de Investimentos

É condição intrínseca do orçamento de investimentos a aplicação das técnicas de análise de alternativas de investimentos e rentabilidade de projetos. Cada investimento ou plano de investimento a ser feito será objeto de um estudo específico de sua rentabilidade e das alternativas possíveis. Estudaremos este aspecto no Capítulo 33.

Finalidades e principais Orçamentos de Investimentos

Em princípio, todos os elementos do Ativo Não Circulante deverão ser atendidos por uma peça orçamentária. A finalidade desses orçamentos, além de serem um dado natural para o orçamento de caixa, é complementar o orçamento das depreciações por centro de custos (apresentadas no Capítulo 20), bem como dar subsídios para o Orçamento de Financiamentos.

É parte integrante deste orçamento a previsão dos desinvestimentos. Os desinvestimentos – vendas ou disponibilização de ativos permanentes – podem acontecer de forma natural, por troca ou renovação tecnológica, como podem fazer parte de planos originais de investimentos, como elementos para reduzir a necessidade de investimento financeiro.

Podemos, então, ter as seguintes peças orçamentárias:

- Orçamento de aquisição de investimentos em outras empresas.
- Orçamento de venda de investimentos em outras empresas.
- Orçamento de aquisição de imobilizados.
- Orçamento de venda de imobilizados.
- Orçamento de gastos geradores de intangíveis.
- Orçamento de baixa de ativos intangíveis.
- Orçamento de depreciações, exaustões e amortizações das novas aquisições e baixas.

Exemplo

Apresentamos na Tabela 19.3 um exemplo de Orçamento de Investimentos. No nosso exemplo, bastante simples, nos limitaremos a investimentos em imobilizados. Lembramos que a depreciação desses novos imobilizados já constou no orçamento de despesas gerais por centro de custo.

19.3 Orçamento de Financiamentos

Este orçamento tem por finalidade prever tudo o que for relacionado com a área de obtenção de fundos, os gastos para manutenção desses fundos e os pagamentos previstos.

A obtenção dos novos fundos, fundamentalmente, deveria estar ligada às necessidades de investimentos em Ativos Permanentes. No entanto, outras necessidades de fundos podem ocorrer, tais como: fundos para

Tabela 19.3 Orçamento de investimentos – imobilizados

Investimentos	Janeiro	Fevereiro	Março	Abril	Maio	Junho	Julho	Agosto	Setembro	Outubro	Novembro	Dezembro	Total
Unidade Fabril BU 12	–	–	–	–	–	500.000	–	–	–	–	–	–	500.000
Administração	–	–	–	–	–	200.000	–	–	–	–	–	–	200.000
TOTAL GERAL	–	–	–	–	–	**700.000**	–	–	–	–	–	–	**700.000**

prover necessidades de aumento de capital de giro, programas estratégicos de propaganda, instalação ou atualização dos canais de distribuição, atualização de sistemas de informação, introdução de novas tecnologias de informação necessárias, projetos de reestruturações organizacionais, fusões, reestruturação do perfil das dívidas, reformulação da estrutura de capital etc.

Principais Orçamentos e Informações Necessárias

As seguintes peças orçamentárias fazem parte do conjunto do Orçamento de Financiamentos:

- Orçamento dos novos financiamentos ou fontes de fundos, suas despesas financeiras e desembolsos.
- Orçamento das despesas financeiras e desembolsos dos financiamentos já existentes.
- Orçamento de outras despesas financeiras.
- Orçamento de outras receitas financeiras.

Para a correta elaboração dessas peças orçamentárias, principalmente as relacionadas com os financiamentos, há necessidade da identificação e coleta de todas as informações que permitam o adequado cálculo para o orçamento.

Em linhas gerais, as informações necessárias para elaboração do orçamento para todos os financiamentos existentes ou previstos são as seguintes:

- Tipo de financiamento e sua moeda de origem.
- Indexador contratual, se houver.
- Taxa de juros.
- *Spread* e comissões bancárias.
- Impostos incidentes (IOF, IOC, IRRF – Imposto sobre Operações Financeiras, Imposto sobre Operações de Câmbio, Imposto de Renda Retido na Fonte sobre remessas ao exterior).
- Prazos de carência e cronograma de amortização do principal da dívida e dos juros.

Normalmente, há necessidade de um sistema de informação que apoie este orçamento. É o Sistema de Informação de Financiamentos, de responsabilidade do setor de Tesouraria. O mais usual também é o formato de planilha para cada empréstimo, com uma totalização para fins orçamentários.

As taxas de moeda estrangeira, previsão de taxas externas (LIBOR, PRIME RATE), taxas internas (TJLP, COPOM, TR, IGPM) a serem utilizadas nos orçamentos são as que constam na Tabela 15.5 de premissas gerais orçamentárias apresentadas no Capítulo 15.

Orçamento de Novos Financiamentos

As necessidades de investimentos podem ser financiadas de várias maneiras. O mais comum é a obtenção de financiamentos, sejam eles de origem nacional ou do exterior em moeda estrangeira. A empresa pode se utilizar de outras formas de financiamentos, como a entrada de capital próprio dos acionistas, ou o levantamento de fundos em forma de *project finance* e uma composição de origens. Assim, podemos resumir as três fontes de fundos mais comuns para financiamento das necessidades de investimentos:

- Financiamentos em moeda nacional ou estrangeira.
- Recursos aportados pelos donos do capital (sócios e acionistas).
- Debêntures conversíveis ou não conversíveis em ações.

Nosso exemplo contempla apenas novos fundos provenientes de novos financiamentos. Assumimos um exemplo tipo moeda estrangeira, que apresentamos na Tabela 19.4.

Apresentamos o quadro orçamentário no formato de planilha de empréstimo e colocamos todas as informações necessárias para o cálculo e seu entendimento. Além do cálculo dos juros e outros encargos financeiros, que fazem o conjunto das despesas financeiras com os financiamentos, também o Orçamento de Financiamentos já deve contemplar os saldos mensais previstos para todos os meses do período orçamentário.

Orçamento dos Financiamentos Existentes

O procedimento é o mesmo, só que os saldos não partem das necessidades de investimentos atuais, e sim do saldo do balanço inicial do período orçamentado. Na Tabela 19.5 procuramos exemplificar financiamentos em moeda nacional, seguindo o mesmo formato anterior.

Orçamento Total de Financiamentos

A seguir apresentamos na Tabela 19.6 um resumo de todos os Orçamentos de Financiamentos, considerando apenas os valores das despesas financeiras e seu conjunto, evidenciando a movimentação geral desses elementos patrimoniais.

Orçamento de Outras Despesas Financeiras

Além das despesas financeiras com os financiamentos e empréstimos, a empresa também incorre em outros gastos financeiros que não oriundos especificamente dos financiamentos. São gastos necessários para as atividades normais com estabelecimentos bancários, decorrentes

Tabela 19.4 Orçamento de novos financiamentos

		Janeiro	Fevereiro	Março	Abril	Maio	Junho	Julho	Agosto	Setembro	Outubro	Novembro	Dezembro	Total
Saldo Inicial -														
Moeda Estrangeira - US$		–	–	–	–	–	560.000	560.000	567.227	574.494	581.841	589.266	596.772	
Carência - Seis Meses														
Prazo - Cinco Anos														
Amortização - Semestral														
Indexação - US$ - Taxas Previstas		1.90	1.90	1.91	1.92	1.93	1.94	1.95	1.96	1.97	1.98	1.99	2.00	2.00
Variação Cambial		0,00	0,00	0,00	0,00	0,00	0,00	2.887	2.872	2.894	2.916	2.939	2.961	17.468
Juros - 6% a.a.	0,0050 am	–	–	–	–	–	–	2.800	2.836	2.872	2.909	2.946	2.984	17.348
Spread - 20%	0,0010 am							560	567	574	582	589	597	3.470
IOF/IOC	0,0010							560	567	574	582	589	597	3.470
IRRF - 15% sobre Juros	0,1500							420	425	431	436	442	448	2.602
Despesas Financeiras Totais		–	–	–	–	–	–	7.227	7.268	7.346	7.425	7.505	7.586	44.358
														–
Amortizações		–	–	–	–	–	–	–	–	–	–	–	59.677	59.677
Saldo Final		–	–	–	–	–	560.000	567.227	574.494	581.841	589.266	596.772	544.681	

Tabela 19.5 Orçamento dos financiamentos existentes

		Janeiro	Fevereiro	Março	Abril	Maio	Junho	Julho	Agosto	Setembro	Outubro	Novembro	Dezembro	Total
Saldo Inicial - Moeda Nacional		6.000.000	5.998.790	5.997.580	5.996.371	5.995.161	5.993.952	5.992.744	5.984.404	5.976.075	5.967.759	5.959.454	5.951.160	
Carência - 0 Meses														
Prazo - Cinco Anos														
Amortização - Mensal														
Indexação - TJLP -														
Taxas Mensais Previstas %		0,60	0,60	0,60	0,60	0,60	0,60	0,50	0,50	0,50	0,50	0,50	0,50	
Juros		36.000	35.993	35.985	35.978	35.971	35.964	29.964	29.922	29.880	29.839	29.797	29.756	395.049
Spread - 20%	0,2000 am	7.200	7.199	7.197	7.196	7.194	7.193	5.993	5.984	5.976	5.968	5.959	5.951	79.010
IOF/IOC	0,0010	6.000	5.999	5.998	5.996	5.995	5.994	5.993	5.984	5.976	5.968	5.959	5.951	71.813
Despesas Financeiras Totais		49.200	49.190	49.180	49.170	49.160	49.150	41.949	41.891	41.833	41.774	41.716	41.658	545.872
Amortizações		50.410	50.400	50.390	50.380	50.369	50.359	50.289	50.219	50.149	50.079	50.010	49.940	602.994
Saldo Final		5.998.790	5.997580	5.996.371	5.995.161	5.993.952	5.992.744	5.984.404	5.976.075	5.967.759	5.959.454	5.951.160	5.942.878	

de outras operações financeiras ou serviços prestados pelos bancos, ou despesas financeiras marginais a outras operações e que geralmente são consideradas como despesas financeiras pela Contabilidade.

Esses gastos devem ser orçados da melhor forma possível. A observação do passado, sua tendência, os valores absolutos, a verificação se há ou não sazonalidades são elementos importantes para o processo de orçamentação dos gastos. O apoio das áreas de Tesouraria, Contas a Receber e a Pagar é muito importante para a elaboração desta peça orçamentária.

A Tabela 19.7 apresenta um exemplo deste tipo de orçamento, incorporando os tipos de despesas mais comuns e que devem merecer contas específicas no sistema de Contabilidade. Ressaltamos que esses gastos, apesar da nomenclatura financeira, devem ser considerados como gastos das atividades operacionais da empresa, pois, na realidade, são resíduos financeiros de transações de compra e venda, impostos ou serviços bancários.

Orçamento de Outras Receitas Financeiras

As receitas financeiras com excedentes de caixa (aplicações financeiras) só são possíveis de ser calculadas após o Orçamento de Caixa ou a Demonstração do Balanço Final e Demonstração de Resultados, razão por que serão objeto do Capítulo 20.

Mas existem outras receitas eventuais caracterizadas também como receitas financeiras. Esta peça orçamentária segue o mesmo raciocínio que a anterior. São outras receitas financeiras, que não ligadas a aplicações financeiras dos excedentes de caixa, que decorrem de outras operações, mas são marginais a elas. A Tabela 19.8 apresenta um exemplo dessas receitas. Como também verificamos no orçamento de outras despesas financeiras, elas devem ser consideradas como decorrentes das atividades operacionais, pois são resíduos financeiros das transações de compra e venda de outros créditos e impostos.

Questões e Exercícios

1 Uma empresa vai investir em um novo negócio e tem duas opções de investimento em infraestrutura já levantadas pela equipe de desenvolvimento do projeto. A primeira alternativa (A) consiste em adquirir um prédio industrial pronto e a segunda alternativa (B) consiste na construção por conta própria do edifício industrial. A alternativa A implica um desencaixe imediato de R$ 20.000 (R$ 5.000 para o terreno e R$ 15.000 para o edifício), mais R$ 25.000 de equipamentos, cuja instalação total levará mais ou menos 12 meses. A partir do ano seguinte, a empresa já poderá operar e os lucros estimados anuais são da ordem de R$ 13.500 por ano para os próximos cinco anos.

A alternativa B implica a aquisição de um terreno em outro local por R$ 2.000 com desencaixe imediato, gastos pré-operacionais no primeiro ano de R$ 4.000, construção do prédio no segundo ano, totalizando R$ 16.000, e aquisição de equipamentos no terceiro ano de R$ 30.000. A partir do quarto ano, a empresa estima um lucro de R$ 17.500 nos próximos cinco anos.

Pede-se:

a) Fazer um quadro de orçamento de investimento de cada alternativa.

b) Calcular o valor presente líquido de cada opção, considerando um custo de capital de 12% ao ano, e verificar qual delas deverá ser aceita.

2 Com os dados do exercício anterior, faça um orçamento das novas depreciações e amortizações para as duas alternativas considerando as seguintes taxas anuais: prédios 4% a.a., despesas pré-operacionais 10% a.a. e equipamentos 10% a.a.

3 Uma empresa tem um endividamento financeiro de R$ 30.000 (valor ao final do exercício) constituído por um financiamento em moeda estrangeira baseado em dólares mais juros e encargos financeiros de 8% ao ano (4% ao semestre), faltando ainda seis parcelas semestrais a serem pagas, vencíveis em junho e dezembro de cada ano. Fazer o orçamento de financiamentos para o próximo exercício, tendo como premissa que a taxa de dólar subirá 0,3% ao mês e os encargos financeiros são pagos semestralmente com a amortização do principal.

4 Tomando como base os dados do exercício 1, imagine que a opção escolhida permite um financiamento de 80% do seu valor total, liberados pelo seu total no primeiro exercício do orçamento. Faça um Orçamento de Financiamentos em bases anuais até sua liquidação, tendo como premissa que o financiamento será resgatado em quatro parcelas anuais ao final do ano. Os juros são prefixados a 10% ao ano e pagos ao final do ano com as parcelas de amortização.

Tabela 19.6 Orçamento total dos financiamentos

Movimentação	Janeiro	Fevereiro	Março	Abril	Maio	Junho	Julho	Agosto	Setembro	Outubro	Novembro	Dezembro	Total
Saldo Inicial -	6.000.000	5.998.790	5.997.580	5.996.371	5.995.161	5.993.952	6.552.744	6.551.630	6.550.570	6.549.600	6.548.720	6.547.932	6.000.000
Novos Financiamentos						560.000							560.000
Despesas Financeiras Totais	49.200	49.190	49.180	49.170	49.160	49.150	49.176	49.159	49.179	49.200	49.222	49.244	590.230
Amortizações	50.410	50.400	50.390	50.380	50.369	50.359	50.289	50.219	50.149	50.079	50.010	109.617	662.672
Saldo Final	5.998.790	5.997.580	5.996.137	5.996.371	5.993.952	6.552.744	6.551.630	6.550.570	6.549.600	5.548.720	6.547.932	6.487.559	6.487.559
Curto Prazo	1.220.093	1.240.879	1.262.394	1.284.677	1.307.771	1.387.721	1.468.405	1.493.993	1.520.547	1.548.122	1.576.781	1.649.124	
Longo Prazo	4.778.697	4.756.702	4.733.977	4.710.484	4.686.181	5.165.023	5.083.226	5.056.577	5.029.053	5.000.598	4.971.150	4.838.435	

Tabela 19.7 Orçamento de outras despesas financeiras

Despesas Financeiras	Janeiro	Fevereiro	Março	Abril	Maio	Junho	Julho	Agosto	Setembro	Outubro	Novembro	Dezembro	Total
Juros c/ Atraso - Fornecedores	100	100	100	100	100	100	100	100	100	100	100	100	1.200
Var. Cambial Pós-Embarque - Fornecedores	800	800	800	800	800	800	800	800	800	800	800	800	9.600
Descontos Concedidos	100	100	100	100	100	100	100	100	100	100	100	100	1.200
Ajuste a Valor Presente Obrigações	300	300	300	300	300	300	300	300	300	300	300	300	3.600
Juros s/ Impostos em Atraso	100	100	100	100	100	100	100	100	100	100	100	100	1.200
Despesas Bancárias - Cobrança	500	500	500	500	500	500	500	500	500	500	500	500	6.000
Serviços Bancários	400	400	400	400	400	400	400	400	400	400	400	400	4.800
IOF Diversos	250	250	250	250	250	250	250	250	250	250	250	250	3.000
IOC Diversos	350	350	350	350	350	350	350	350	350	350	350	350	4.200
IMF /CPMF	6.000	6.000	6.000	6.000	6.000	6.000	6.000	6.000	6.000	6.000	6.000	6.000	72.000
Total	**8.900**	**8.900**	**8.900**	**8.900**	**8.900**	**8.900**	**8.900**	**8.900**	**8.900**	**8.900**	**8.900**	**8.900**	**106.800**

Tabela 19.8 Orçamento de outras receitas financeiras

Receitas Financeiras	Janeiro	Fevereiro	Março	Abril	Maio	Junho	Julho	Agosto	Setembro	Outubro	Novembro	Dezembro	Total
Juros de Atraso de Clientes	3.000	3.000	3.000	3.000	3.000	3.000	3.000	3.000	3.000	3.000	3.000	3.000	36.000
Var. Cambial Pós-Embarque - Exportações	1.000	1.000	1.000	1.000	1.000	1.000	1.000	1.000	1.000	1.000	1.000	1.000	12.000
Descontos Obtidos	200	200	200	200	200	200	200	200	200	200	200	200	2.400
Ajuste a Valor Presente Créditos	500	500	500	500	500	500	500	500	500	500	500	500	6.000
Juros de Outros Créditos	100	100	100	100	100	100	100	100	100	100	100	100	1.200
Juros de Impostos a Recuperar	500	500	500	500	500	500	500	500	500	500	500	500	6.000
Juros de Depósitos Judiciais	400	400	400	400	400	400	400	400	400	400	400	400	4.800
(-) PIS sobre Receitas Financeiras	(1.000)	(1.000)	(1.000)	(1.000)	(1.000)	(1.000)	(1.000)	(1.000)	(1.000)	(1.000)	(1.000)	(1.000)	-12.000
Total	**4.700**	**4.700**	**4.700**	**4.700**	**4.700**	**4.700**	**4.700**	**4.700**	**4.700**	**4.700**	**4.700**	**4.700**	**56.400**

Capítulo 20

Projeção dos Demonstrativos Contábeis

É a conclusão do processo orçamentário, em que todas as peças orçamentárias são reunidas dentro do formato dos demonstrativos contábeis básicos (Demonstração de Resultados e Balanço Patrimonial). Como já vimos, cada peça orçamentária, quando é o caso, traz dentro dela as informações necessárias para a elaboração da projeção dos demonstrativos contábeis. Portanto, a elaboração das projeções dos demonstrativos contábeis que utilizaremos será feita, em grande parte, com a utilização de informações já elaboradas.

A projeção dos demonstrativos contábeis, encerrando o processo orçamentário anual, permite à alta administração da empresa fazer as análises financeiras e de retorno de investimento que justificarão ou não todo o plano orçamentário.

Além disso, são imprescindíveis tais projeções, tendo em vista que tanto o Balanço Patrimonial como a Demonstração de Resultados são os pontos-chave para o encerramento fiscal e societário da empresa, em que se apurarão os impostos sobre o lucro, bem como as perspectivas de distribuição de resultados.

20.1 Demonstrativos Contábeis a Serem Projetados

São eles:

- Demonstração dos Resultados.
- Balanço Patrimonial.
- Fluxo de Caixa.
- Demonstração das Origens e Aplicações de Recursos.

Dentro das projeções contábeis, incorporaremos os dados adicionais faltantes, que não foram contemplados em nenhuma das peças orçamentárias anteriormente elaboradas, quais sejam:

- Previsão de Equivalência Patrimonial.
- Receitas Financeiras dos Excedentes de Caixa/ Aplicações Financeiras.
- Resultados não operacionais.
- Impostos sobre o Lucro.
- Distribuição de Resultados.
- Saldo de Caixa, Bancos e Aplicações Financeiras.
- Saldo de Impostos a Recuperar.
- Saldo de Impostos a Recolher sobre Lucros.
- Outras Contas a Receber ou a Realizar não objeto de orçamentos anteriores.
- Outras Contas a Pagar não objeto de orçamentos anteriores.
- Dividendos ou Lucros a Pagar.
- Reservas e Lucros Retidos.

Orçamento de Caixa ou Projeção dos Demonstrativos Contábeis?

É muito comum na literatura contábil entender que o Orçamento de Caixa é que encerra o ciclo do processo orçamentário. É certo que necessitamos do Fluxo de Caixa, seus saldos iniciais e finais para obter as receitas financeiras. Contudo, o Saldo de Caixa é apenas mais um dos saldos do Balanço Patrimonial e **decorre**, fundamentalmente, das demais contas de resultados e do próprio Balanço.

Portanto, é mais fácil entender o Saldo de Caixa, ou Orçamento de Caixa, como um dado residual. O Saldo de Caixa é o que sobra (ou eventualmente falta) após todas as transações operacionais, de investimentos e financiamentos serem projetadas e refletidas no Balanço Patrimonial. Portanto, decorre delas.

Desta maneira, o conceito de Projeção dos Demonstrativos Contábeis é mais adequado do que o conceito de Orçamento de Caixa para o encerramento do orçamento. Na abordagem das técnicas básicas retornaremos ao assunto.

Demonstrativos Contábeis Projetados em Outras Moedas

As empresas que necessitam de projeções em outros padrões monetários deverão, primeiramente, efetuar as projeções em moeda nacional e, subsequentemente, traduzir os orçamentos em outra moeda, uma vez que todas as transações no País são efetuadas em moeda corrente. Além disso, as questões de variações cambiais, correção de impostos, indexação de financiamentos, apuração dos impostos etc. tornam obrigatória, primeiramente, a elaboração em moeda corrente do país.

Análise Financeira das Projeções

É fundamental a conclusão do processo com a análise financeira das projeções. Compreende, basicamente, a análise de:

- balanço tradicional;
- margem de lucratividade;
- geração de lucros;
- retorno do investimento;
- criação de valor da empresa;
- variação do risco empresarial;
- valor da empresa.

20.2 Metodologia das Projeções

A metodologia básica a ser utilizada deve fundamentar-se na estrutura do lançamento contábil pelo método das partidas dobradas e no inter-relacionamento dos demonstrativos contábeis básicos, o Balanço Patrimonial e a Demonstração de Resultados. Assim, para a execução de um dos trabalhos mais nobres da Contabilidade Gerencial, que é a Projeção dos Demonstrativos Contábeis, voltamos à origem da estrutura da Contabilidade como ciência e sistema de informação.

A Técnica Básica: Coordenação dos Fatos e os Demonstrativos Contábeis

A Projeção dos Demonstrativos Contábeis fundamenta-se:

- em um Balanço Patrimonial inicial;
- na Demonstração de Resultados do período orçamentado (projetado);
- no Balanço final após a Demonstração de Resultados;
- no fluxo de caixa como consequência (diferença) dos três itens anteriores.

Colocado em outra perspectiva, teríamos:

- Informação 1 – Dado do Balanço Patrimonial Inicial.
- Informação 2 – Dado da Demonstração de Resultados do item relacionado.
- Informação 3 – Dado do Balanço Patrimonial Final.
- Informação 4 – Efeito no Fluxo de Caixa.

Podemos exemplificar com o elemento patrimonial Contas a Receber, que é relacionado na Demonstração de Resultados com o item Receita Operacional Bruta. Vejamos como deve ser feita a projeção desses itens. Tomemos como exemplo o mês de março/x1.

	R$
• Informação 1 – Dado do Balanço Patrimonial Inicial (obtido no início do período)	**1.727.067**
• Informação 2 – Dado da Demonstração de Resultados do Item Relacionado (obtido no Orçamento de Vendas – Receita Operacional Bruta, Tabela 16.4)	**1.881.538**
• Informação 3 – Dado do Balanço Patrimonial Final (obtido pelo prazo médio de recebimento orçado constante do Orçamento de Vendas – Saldo de Contas a Receber, Tabela 16.4)	**1.756.102**
• Informação 4 – Efeito no Fluxo de Caixa = Recebimento de Duplicatas	**1.852.503**

Métodos para Determinar o Saldo Final de Caixa

O saldo final de caixa em nosso exemplo está representado pelas disponibilidades e compreende Caixa, Bancos e Aplicações Financeiras. A projeção do seu saldo pode ser determinada de duas maneiras:

Método 1 – fluxo de caixa

É a resultante das movimentações de entradas e saídas de caixa, do relatório de Fluxo de Caixa, conforme demonstramos na técnica básica de projeção.

Método 2 – valor residual no balanço patrimonial

O saldo final de caixa é obtido pela diferença de ativos e passivos antes do saldo final de caixa. Neste método, não é necessário fazer o Fluxo de Caixa para saber o saldo final de caixa.

Na projeção do Balanço Patrimonial, o último valor a ser projetado é o saldo final de caixa. Portanto, todos os demais valores são passíveis de serem projetados (orçados) antecipadamente. Partindo da equação fundamental da Contabilidade de que **Ativo = Passivo**, após projetarmos todos os demais itens do Balanço Patrimonial e incluirmos o Lucro Líquido após os Impostos sobre o Lucro, automaticamente a diferença será o Saldo de Caixa.

Vejamos os passos para obtenção do saldo de caixa pelo Método 2 – Valor Residual:

- **Primeiro passo**: Projetar a demonstração de resultados completa.
- **Segundo passo**: Projetar todos os itens do Balanço Patrimonial, incluindo previsão de distribuição de lucros, menos o saldo final de caixa.
- **Terceiro passo**: Somar o total do passivo.
- **Quarto passo**: Obter o saldo final de caixa, por diferença entre o total do passivo e o do ativo antes do saldo final de caixa.

Vejamos o mês de março/x1:

	R$
TOTAL DO PASSIVO	11.752.733
TOTAL DO ATIVO (antes do saldo final de Caixa/Aplicações Financeiras)	10.402.401
= Diferença = Saldo Final de Caixa/Aplicações financeiras	1.350.332

Este método possibilita maior rapidez de fechamento de projeções mensais, já que com ele podemos deixar de fazer o Demonstrativo de Fluxo de Caixa. Com esse método, os critérios de cálculos dos dados do Balanço Patrimonial devem ser rigorosos, pois um erro de avaliação de ativos ou passivos e suas correções, variações monetárias, juros, prazos médios etc. provocarão erros no saldo final de caixa.

20.3 Receitas Financeiras Projetadas

A questão que sempre fica pendente para o fechamento da projeção da Demonstração de Resultados é a obtenção do valor das receitas financeiras oriundas dos excedentes de caixa. As receitas financeiras futuras dependem do saldo atual dos excedentes de caixa disponíveis para aplicação e do saldo gerado em cada próximo período (dia, mês etc.).

A cada dia, a empresa gera um Saldo de Caixa, positivo ou negativo, que é adicionado ao saldo anterior disponível para aplicação. Este saldo gera eventual receita financeira para o dia seguinte, e assim sucessivamente. Portanto, em princípio, teremos de calcular diariamente a projeção diária do Fluxo de Caixa, para obtermos o saldo diário disponível para aplicação e, em cima dele, projetarmos as receitas financeiras.

Projeção Mensal das Receitas Financeiras

A experiência tem demonstrado que não há sentido prático em projetar saldos diários de Fluxo de Caixa dentro do processo orçamentário, tanto pela relevância da informação para esta tarefa, bem como pelo seu grau significativo de imprevisibilidade. Este tipo de projeção é necessário apenas na gestão diária do Fluxo de Caixa, quando do processo de execução do planejamento financeiro de curto prazo.

Desta maneira, recomenda-se a projeção das receitas financeiras **mensais**, considerando apenas dados de saldos de caixa em periodicidade mensal. Neste critério, têm-se duas metodologias básicas:

- Considerar como base para projeção apenas o saldo inicial de disponibilidades de caixa (o saldo anterior do Balanço Patrimonial), aplicando-se a taxa mensal média esperada de aplicação (de receita financeira).
- Considerar como base para projeção:
  - . o saldo inicial de disponibilidades, aplicando-se a taxa mensal média esperada de aplicação **mais**;
  - . o movimento de caixa do mês em curso, aplicando-se **metade** da taxa mensal média esperada de aplicação.

Em ambas as metodologias remanesce a questão de colocar ou não, juntamente com o Saldo de Caixa, a própria receita financeira gerada no mês. Isto porque, no mundo real, cada receita financeira diária pode aumentar o Fluxo de Caixa diário e, consequentemente, fazer parte da base de cálculo da próxima receita financeira diária.

Entendemos que a aplicação do procedimento mais complexo sempre é o mais recomendável. Em empreendimentos financeiros, em que a receita financeira é a maior fonte de renda e orçamento, deve-se aplicar a melhor metodologia possível. Em empreendimentos comerciais, de serviços e industriais, em que a maior fonte de renda são as receitas de venda, e as receitas financeiras tendem a ser marginais ou complementares, pode-se adotar um procedimento mais simplificado.

No passado, em ambiente econômico altamente inflacionário e indexação generalizada, as receitas financeiras assumiam números expressivos e era necessário o tratamento mais completo possível. Dentro de uma conjuntura econômica normal, com estabilidade monetária, os excedentes de caixa tendem a ficar dentro da sua real função de provedor de fundos para as atividades operacionais, sem escopo principal de geração de renda. Assim, as receitas financeiras também seguem a mesma lógica, ficando como atividade marginal ou complementar. Nesse sentido, é perfeitamente aceitável um tratamento orçamentário menos complexo.

Geração de Caixa Negativo e Receitas Financeiras Negativas

Este tema está sendo conduzido no pressuposto de que a empresa possui um excedente de caixa e consiga mantê-lo durante todo o período orçado. Entretanto, é possível que o Fluxo de Caixa gerado no ano seja negativo, suplantando até as disponibilidades iniciais, e que a empresa detecte a necessidade de suprir-se de outras fontes de financiamentos para fazer face às insuficiências de caixa.

Na ocorrência deste fato, geração de caixa negativo, em vez de ocorrer receita financeira haverá a ocorrência de despesas financeiras. Se houver disponibilidades negativas, a taxa a ser considerada não deve ser mais a taxa de aplicação, e sim a de captação, normalmente maior. Em resumo, se o fluxo mensal de caixa for negativo e suplantar o saldo inicial de caixa, estará havendo insuficiência de caixa, ou geração de caixa negativo. Neste caso, não haverá receita financeira no sentido literal da palavra, mas sim receita financeira negativa (despesa financeira), que deverá ser obtida aplicando-se ao caixa negativo a taxa de captação.

Podemos resumir as duas possibilidades:

a. Saldo Inicial de Caixa (de disponibilidades)
(+) Geração de caixa negativo mensal
= **Saldo disponível para aplicação**
Geração: receita financeira
Taxa a ser aplicada: **de aplicação**.

b. Saldo Inicial de Caixa (de disponibilidades)
(+) Geração de caixa negativo mensal
= **Saldo negativo (insuficiência de caixa)**
Geração: receita financeira negativa (despesa financeira)
Taxa a ser aplicada: **de captação**.

A apresentação da receita financeira negativa pode ser feita com a receita financeira positiva, já que este fato pode ocorrer uma vez ou outra durante o período, e no conjunto das duas apresentar-se como receita financeira líquida.

Caixa Negativo e Novos Financiamentos

O caixa negativo gerado na projeção dos demonstrativos contábeis pode então ter dois tratamentos no plano orçamentário:

- Ser mantido como Saldo de Caixa negativo, gerando receita financeira negativa.
- Ser transformado em um novo financiamento e incluído no Orçamento de Novos Financiamentos (vide Tabela 19.3).

A segunda possibilidade deve ser adotada se, após a primeira análise do processo orçamentário, a empresa entender que o saldo negativo deve mesmo ser financiado por meio de alguma linha regular de financiamento ou empréstimo, com conhecimento dos juros e prazos. Se adotado esse procedimento, o Orçamento de Financiamentos e Despesas Financeiras deverá ser refeito.

Exemplo Numérico

A receita financeira de aplicações financeiras em nosso exemplo está sendo orçada e calculada diretamente na projeção da Demonstração de Resultados. Em nosso exemplo, utilizamos a metodologia mais simples, que é considerar como base para o cálculo das receitas financeiras apenas o saldo inicial de disponibilidades (Aplicações Financeiras). Como premissa básica, adotamos a taxa de juros de aplicação de 0,7% ao mês.

Vejamos o cálculo de dois meses: janeiro e fevereiro/x1.

Janeiro/x1	
Saldo Inicial de Aplicações Financeiras = (Balanço Patrimonial – Tabela 20.2)	**R$ 777.160**
Taxa de Juros Mensal =	**0,7**
Receita Financeira do Mês Janeiro/x1 = (Demonstração de Resultados – Tabela 20.1)	**R$ 5.440**

Fevereiro/x1	
Saldo Inicial de Aplicações Financeiras = (Balanço Patrimonial – Tabela 20.2)	**R$ 851.411**
Taxa de Juros Mensal =	**0,7**
Receita Financeira do Mês Fevereiro/x1 = (Demonstração de Resultados – Tabela 20.1)	**R$ 5.960**

20.4 Demonstrativos Contábeis Projetados

Demonstração de Resultados

O primeiro demonstrativo a ser projetado é a Demonstração de Resultados, que apresentamos na Tabela

20.1. Na coluna Dado ou Fonte da Informação apresentamos os orçamentos que deram origem a todas as linhas da Demonstração de Resultados. Os itens de não identificação de origem foram orçados no próprio Demonstrativo.

Na linha de Receitas Financeiras de Aplicações colocamos o percentual que foi utilizado para calcular as receitas financeiras – 0,7% a.m.

As rubricas Equivalência Patrimonial e Resultados não operacionais foram estimadas aleatoriamente.

Na linha de Impostos sobre o Lucro, o dado 0,30 equivale a 30% de Impostos sobre o Lucro, calculados sobre o Lucro Operacional II.

Na linha de Dividendos Propostos, o dado 0,40 equivale a 40% de Lucros a serem distribuídos, calculados sobre o Lucro Líquido depois do Imposto de Renda.

As linhas Lucro Acumulado e Provisão Dividendos Acumulados foram incluídas para facilitar a projeção do Balanço Patrimonial.

Balanço Patrimonial

A Tabela 20.2 apresenta o Balanço Patrimonial projetado, peça esta que é elaborada após a Demonstração de Resultados. Os itens que não têm referência de quadros como fonte da informação foram colocados aleatoriamente.

Fluxo de Caixa

Como consequência dos demonstrativos anteriores, a Tabela 20.3 evidencia o Fluxo de Caixa projetado em seus três grandes fluxos de atividade: operacionais, de investimentos e de financiamentos.

A única informação que não é obtida diretamente na Demonstração de Resultados é dos impostos sobre as compras. Como ela é parte da apuração dos Pagamentos a Fornecedores e do Recolhimento de Impostos sobre Vendas, é necessário tê-la como informação adicional. Sua fonte de informação é a Tabela 17.2.

Demonstração das Origens e Aplicações de Recursos (Doar)

A Tabela 20.4 evidencia a Doar. Como única alteração em relação a este demonstrativo da forma como ele normalmente é publicado, separamos os saldos iniciais e finais de caixa, excluindo-os das aplicações no capital de giro, visando dar integração ao demonstrativo de Fluxo de Caixa.

Simulação no Planejamento Financeiro

A utilização do instrumental de simulação é altamente recomendada para o processo de projeção dos Demonstrativos Contábeis, dada a enorme possibilidade de estruturação de um modelo matemático. Além de ser relativamente fácil de construir, o modelo permitirá ao mesmo tempo grande abrangência e complexidade, bem como a possibilidade de incorporação de condições probabilísticas e aleatoriais.

A recomendação da utilização da simulação está em que a conclusão do processo orçamentário é feita após a adoção de um **único cenário** e um único conjunto de premissas. Como no Planejamento Estratégico a empresa sempre desenvolve pelo menos mais dois outros cenários, pessimista e otimista, a simulação poderá trabalhar com esses cenários alternativos, expandindo até em mais cenários, com inclusão de probabilidades[1] etc.

A tecnologia de informação tem oferecido boas soluções para a realização de simulação na conclusão do processo orçamentário. Além das tradicionais planilhas de cálculo, que hoje incorporam praticamente todas as principais ferramentas matemático-estatísticas necessárias para o processo de simulação, podemos encontrar no mercado Sistemas Especialistas para Simulação, bem como soluções nos Sistemas de Suporte à Decisão e *Business Intelligence*.

[1] Como exemplo, podemos citar CORRAR, Luiz João. *O modelo econômico da empresa em condições de incerteza – aplicação do Método de Simulação de Monte Carlo*. Caderno de Estudos nº 8, Fipecafi, abril/1993.

Tabela 20.1 Demonstração de resultados

Discriminação	Dado ou Fonte da Informação	Janeiro	Fevereiro	Março	Abril	Maio	Junho	Julho	Agosto	Setembro	Outubro	Novembro	Dezembro	Total
Receita Operacional Bruta II	Tabela 16.4	1.850.429	1.850.429	1.881.538	1.883.645	1.885.752	1.975.477	1.977.584	1.979.691	2.020.966	2.190.719	2.192.826	2.194.933	23.883.989
(-) Impostos sobre Vendas IPI - ISS	Tabela 16.4	–	–	–	–	–	–	–	–	–	–	–	–	–
Receita Operacional Bruta I	Tabela 16.4	1.850.429	1.850.429	1.881.538	1.883.645	1.885.752	1.975.477	1.977.584	1.979.691	2.020.966	2.190.719	2.192.826	2.194.933	23.883.989
(-) Impostos nas Vendas-ICMS-PIS-Cofins	Tabela 16.4	(400.618)	(400.618)	(407.353)	(407.809)	(408.265)	(427.691)	(428.147)	(428.603)	(437.539)	(474.291)	(474.747)	(475.203)	-5.170.884
RECEITA OPERACIONAL LÍQUIDA	**Tabela 16.4**	**1.449.811**	**1.449.811**	**1.474.185**	**1.475.836**	**1.477.487**	**1.547.786**	**1.549.437**	**1.551.088**	**1.583.427**	**1.716.428**	**1.718.079**	**1.719.730**	**18.713.105**
Custo dos Produtos Vendidos		1.002.893	1.205.225	1.220.910	1.233.634	1.265.423	1.281.236	1.284.666	1.286.584	1.356.489	1.375.024	1.365.424	1.245.392	15.122.900
• Materiais Diretos	Tabela 17.2	682.270	704.645	705.688	710.034	739.484	751.824	751.868	753.712	820.929	835.075	825.844	826.002	9.107.375
• Materiais Indiretos	Tabela 18.3	38.811	66.586	66.628	66.801	68.363	68.857	69.243	69.316	72.005	73.339	72.970	60.995	793.914
Consumo de Materiais Total		721.081	771.231	772.316	776.835	807.848	820.681	821.111	823.029	892.934	908.414	898.814	886.997	9.901.289
Mão de Obra Direta	Tabela 18.3	41.204	148.641	161.534	169.739	169.739	169.739	171.419	171.419	171.419	173.100	173.100	121.170	1.842.222
Mão de Obra Indireta	Tabela 18.3	39.571	131.902	133.221	133.221	133.221	133.221	134.540	134.540	134.540	135.859	135.859	95.101	1.474.799
Despesas Gerais	Tabela 18.3	141.442	94.102	94.491	94.491	95.267	95.747	95.747	95.747	95.747	95.803	95.803	77.529	1.171.915
Depreciação	Tabela 18.3	75.418	75.422	75.422	75.422	75.422	77.922	77.922	77.922	77.922	77.922	77.922	77.920	922.559
(+/-) Variação dos Estoques Industriais	Tabela 17.7	(15.824)	(16.073)	(16.073)	(16.073)	(16.073)	(16.073)	(16.073)	(16.073)	(16.073)	(16.073)	(16.073)	(13.326)	(189.884)
Lucro Bruto		**446.919**	**244.586**	**253.275**	**242.202**	**212.064**	**266.550**	**264.771**	**264.504**	**226.938**	**341.404**	**352.655**	**474.338**	**3.590.206**
Despesas Operacionais		**148.841**	**201.344**	**204.129**	**203.632**	**204.211**	**211.377**	**210.494**	**210.576**	**212.977**	**223.120**	**219.850**	**194.046**	**2.444.596**
Comerciais	Tabela 18.4	105.395	114.842	117.035	116.537	116.875	122.278	120.814	120.896	123.296	132.797	129.526	122.440	1.442.731
• Mão de Obra	Tabela 18.4	4.395	14.651	14.798	14.798	14.798	14.798	14.944	14.944	14.944	15.091	15.091	10.564	163.816
• Materiais Indiretos	Tabela 18.4	1.770	5.900	5.900	5.900	5.959	5.959	6.018	6.018	6.018	6.136	6.136	4.295	66.009
• Despesas	Tabela 18.4	89.888	91.958	93.381	93.464	93.742	97.393	97.476	97.558	99.175	105.841	105.924	105.206	1.171.007
• Depreciação	Tabela 18.4	2.333	2.333	2.333	2.333	2.333	2.333	2.333	2.333	2.333	2.333	2.333	2.333	28.000
• Provisão Devedores Duvidosos	Tabela 16.4	7.009	–	622	42	42	1.794	42	42	825	3.395	42	42	13.899
Administrativas	Tabela 18.5	43.446	86.501	87.094	87.094	87.336	89.099	89.680	89.680	89.680	90.323	90.323	71.606	1.001.865
• Mão de Obra	Tabela 18.5	15.872	52.907	53.436	53.436	53.436	53.436	53.966	53.966	53.966	54.495	54.495	38.146	591.558
• Materiais Indiretos	Tabela 18.5	1.560	5.200	5.200	5.200	5.252	5.252	5.304	5.304	5.304	5.408	5.408	3.786	58.178
• Despesas	Tabela 18.5	16.014	18.394	18.458	18.458	18.648	18.744	18.744	18.744	18.744	18.754	18.754	18.008	220.463
• Depreciação	Tabela 18.5	10.000	10.000	10.000	10.000	10.000	11.667	11.667	11.667	11.667	11.667	11.667	11.667	131.667
LUCRO OPERACIONAL I		**298.078**	**43.243**	**49.146**	**38.570**	**7.853**	**55.173**	**54.277**	**53.928**	**13.961**	**118.284**	**132.805**	**280.291**	**1.145.610**
Receitas Financeiras de Aplicações	0,70% a.m.	5.440	5.960	9.531	9.391	9.879	10.156	9.121	9.560	10.121	10.375	9.979	10.746	110.257
Outras Receitas Financeiras	Tabela 19.7	4.700	4.700	4.700	4.700	4.700	4.700	4.700	4.700	4.700	4.700	4.700	4.700	56.400
Despesas Financeiras com Financiamentos	Tabela 19.5	(49.200)	(49.190)	(49.180)	(49.170)	(49.160)	(49.150)	(49.176)	(49.159)	(49.179)	(49.200)	(49.222)	(49.244)	(590.230)
Outras Despesas Financeiras	Tabela 19.6	(8.900)	(8.900)	(8.900)	(8.900)	(8.900)	(8.900)	(8.900)	(8.900)	(8.900)	(8.900)	(8.900)	(8.900)	(106.800)
Equivalência Patrimonial		2.500	2.500	2.500	2.500	2.500	2.500	2.500	2.500	2.500	2.500	2.500	2.500	30.000
LUCRO OPERACIONAL II		**252.618**	**(1.687)**	**7.797**	**(2.910)**	**(33.129)**	**14.478**	**12.523**	**12.629**	**(26.797)**	**77.759**	**91.863**	**240.093**	**645.237**
Outras Receitas e Despesas		–	–	–	(1.600)	–	–	–	(600)	–	–	–	–	(2.200)
• Valor de Venda de Imobilizados		–	–	–	300	–	–	–	500	–	–	–	–	800
• (-) Valor da Baixa de Imobilizados		–	–	–	(1.900)	–	–	–	(1.100)	–	–	–	–	(3.000)
Lucro antes dos Impostos		**252.618**	**(1.687)**	**7.797**	**(4.510)**	**(33.129)**	**14.478**	**12.523**	**12.029**	**(26.797)**	**77.759**	**91.863**	**240.093**	**643.037**
Impostos sobre o Lucro	0,3	(75.785)	506	(2.339)	1.353	9.939	(4.344)	(3.757)	(3.609)	8.039	(23.328)	(27.559)	(72.028)	(192.911)
LUCRO LÍQUIDO DEPOIS DO IMP. RENDA		**176.833**	**(1.181)**	**5.458**	**(3.157)**	**(23.190)**	**10.135**	**8.766**	**8.420**	**(18.758)**	**54.431**	**64.304**	**168.065**	**450.126**
(-) Dividendos Propostos	0,4	(70.733)	472	(2.183)	1.263	9.276	(4.054)	(3.506)	(3.368)	7.503	(21.772)	(25.722)	(67.226)	(180.050)
LUCRO DO PERÍODO RETIDO		**106.100**	**(709)**	**3.275**	**(1.894)**	**(13.914)**	**6.081**	**5.260**	**5.052**	**(11.255)**	**32.659**	**38.582**	**100.839**	**270.075**
Lucro Acumulado		**106.100**	**105.391**	**108.666**	**106.772**	**92.857**	**98.938**	**104.198**	**109.250**	**97.995**	**130.654**	**169.236**	**270.075**	
Provisão Dividendos Acumulado		**70.733**	**70.261**	**72.444**	**71.181**	**61.905**	**65.959**	**69.465**	**72.833**	**65.330**	**87.103**	**112.824**	**180.050**	

Tabela 20.2 Balanço patrimonial

Discriminação	Fonte da Informação	31.12.x0	31.1.x1	28.2.x1	31.3.x1	30.4.x1	31.5.x1	30.6.x1	31.7.x1	31.8.x1	30.9.x1	31.10.x1	30.11.x1	31.12.x1
Ativo Circulante		**5.527.500**	**5.337.324**	**5.979.460**	**6.005.988**	**6.102.741**	**6.222.596**	**6.198.472**	**6.280.221**	**6.382.146**	**6.611.858**	**6.757.834**	**6.866.202**	**6.911.945**
Caixa/Bancos		1.000	1.000	1.000	1.000	1.000	1.000	1.000	1.000	1.000	1.000	1.000	1.000	1.000
Aplicações Financeiras		777.160	851.411	1.361.631	1.341.504	1.411.232	1.450.815	1.303.014	1.365.696	1.445.787	1.482.085	1.425.572	1.535.116	1.596.167
Contas a Receber de Clientes	Tabela 16.4	1.650.000	1.727.067	1.727.067	1.756.102	1.758.069	1.760.035	1.843.779	1.845.745	1.847.712	1.886.235	2.044.671	2.046.638	2.048.604
(-) Provisão Devedores Duvidosos	Tabela 16.4	(30.000)	(37.009)	(37.009)	(37.631)	(37.673)	(37.715)	(39.510)	(39.552)	(39.594)	(40.419)	(43.814)	(43.857)	(43.899)
(-) Títulos Descontados	Tabela 16.4	–	–	–	–	–	–	–	–	–	–	–	–	–
• Contas a Receber - Líquido	Tabela 16.4	1.620.000	1.690.059	1.690.059	1.718.471	1.720.396	1.722.320	1.804.269	1.806.193	1.808.118	1.845.816	2.000.857	2.002.781	2.004.705
Estoques		3.124.340	2.787.755	2.919.670	2.937.913	2.963.013	3.041.360	3.083.089	3.100.231	3.120.141	3.275.857	3.323.305	3.320.205	3.302.972
• De Materiais - Bruto	Tabela 17.4	1.800.000	1.447.191	1.563.033	1.565.202	1.574.229	1.636.502	1.662.157	1.663.226	1.667.063	1.806.705	1.838.080	1.818.906	1.788.347
• (-) Provisão Retificadora	Tabela 17.4	–	–	–	–	–	–	–	–	–	–	–	–	–
• De Materiais - Líquido	Tabela 17.4	1.800.000	1.447.191	1.563.033	1.565.202	1.574.229	1.636.502	1.662.157	1.663.226	1.667.063	1.806.705	1.838.080	1.818.906	1.788.347
• Em Processo	Tabela 17.7	625.940	643.707	661.724	679.741	697.758	715.775	733.792	751.809	769.826	787.842	805.859	823.876	839.145
• Acabados	Tabela 17.7	696.000	694.057	692.113	690.170	688.226	686.283	684.340	682.396	680.453	678.510	676.566	674.623	672.679
• Adiantamentos a Fornecedores		2.400	2.800	2.800	2.800	2.800	2.800	2.800	2.800	2.800	2.800	2.800	2.800	2.800
Impostos a Recuperar		4.500	5.800	5.800	5.800	5.800	5.800	5.800	5.800	5.800	5.800	5.800	5.800	5.800
Despesas do Exercício Seguinte		500	1.300	1.300	1.300	1.300	1.300	1.300	1.300	1.300	1.300	1.300	1.300	1.300
Ativo Não Circulante		**5.996.000**	**5.910.748**	**5.825.493**	**5.740.238**	**5.653.082**	**5.567.827**	**6.178.405**	**6.088.983**	**5.998.461**	**5.909.039**	**5.819.617**	**5.732.195**	**5.642.775**
Realizável a Longo Prazo		**6.000**	**6.000**	**6.000**	**6.000**	**6.000**	**6.000**	**6.000**	**6.000**	**6.000**	**6.000**	**6.000**	**8.000**	**8.000**
Depósitos Judiciais		5.000	5.000	5.000	5.000	5.000	5.000	5.000	5.000	5.000	5.000	5.000	7.000	7.000
Incentivos Fiscais		1.000	1.000	1.000	1.000	1.000	1.000	1.000	1.000	1.000	1.000	1.000	1.000	1.000
Ativo Fixo		**5.990.000**	**5.904.748**	**5.819.493**	**5.734.238**	**5.647.082**	**5.561.827**	**6.172.405**	**6.082.983**	**5.992.461**	**5.903.039**	**5.813.617**	**5.724.195**	**5.634.775**
Investimentos em Controladas	Tabela 19.2	200.000	202.500	205.000	207.500	210.000	212.500	215.000	217.500	220.000	222.500	225.000	227.500	230.000
• Imobilizado Bruto	Tabela 19.2													
• Terrenos	Tabela 19.2	–	–	–	–	–	–	–	–	–	–	–	–	–
• Reavaliação de Terrenos	Tabela 19.2	–	–	–	–	–	–	–	–	–	–	–	–	–
• Outros Imobilizados	Tabela 19.2	8.290.000	8.290.000	8.290.000	8.290.000	8.288.100	8.288.100	8.988.100	8.988.100	8.987.000	8.987.000	8.987.000	8.987.000	8.987.000
• (-) Depreciação Acumulada	Tabela 19.2	(2.500.000)	(2.587.752)	(2.675.507)	(2.763.262)	(2.851.018)	(2.938.773)	(3.030.695)	(3.122.617)	(3.214.539)	(3.306.461)	(3.398.383)	(3.490.305)	(3.582.225)
Imobilizado Líquido	Tabela 19.2	5.790.000	5.702.248	5.614.493	5.526.738	5.437.082	5.349.327	5.957.405	5.865.483	5.772.461	5.680.539	5.588.617	5.496.695	5.404.775
Intangível	Tabela 19.2	–	–	–	–	–	–	–	–	–	–	–	–	–
ATIVO TOTAL		**11.523.500**	**11.248.073**	**11.804.953**	**11.746.226**	**11.755.824**	**11.790.423**	**12.376.877**	**12.369.204**	**12.380.607**	**12.520.897**	**12.577.451**	**12.598.397**	**12.554.719**

continua

Tabela 20.2 Balanço patrimonial (Continuação)

Discriminação	Fonte da Informação	31.12.x0	31.1.x1	28.2.x1	31.3.x1	30.4.x1	31.5.x1	30.6.x1	31.7.x1	31.8.x1	30.9.x1	31.10.x1	30.11.x1	31.12.x1
Passivo Circulante	Tabela 17.4	**2.723.500**	**2.363.276**	**2.942.860**	**2.903.583**	**2.938.568**	**3.011.384**	**3.112.916**	**3.181.780**	**3.214.780**	**3.393.849**	**3.446.199**	**3.458.010**	**3.446.209**
Fornecedores		460.000	291.685	705.922	617.353	626.298	692.679	673.964	655.043	658.729	820.489	747.659	700.353	679.377
Salários e Encargos a Pagar		200.000	150.956	398.015	412.903	421.108	421.108	421.108	424.783	424.783	424.783	428.458	428.458	264.981
Contas a Pagar		100.000	148.406	122.672	123.798	123.848	124.594	127.131	127.180	127.230	128.200	132.239	132.289	120.446
Impostos a Recolher - sobre Mercadorias	Qs.16.4/17.4	460.000	400.618	400.618	407.353	407.809	408.265	427.691	428.147	428.603	437.539	474.291	474.747	475.203
Impostos a Recolher - sobre Lucros	Tabela 20.1	100.000	75.785	(506)	2.339	(1.353)	(9.939)	4.344	3.757	3.609	(8.039)	23.328	27.559	72.028
Adiantamento de Clientes		3.500	5.000	5.000	5.000	5.000	5.000	5.000	5.000	5.000	5.000	5.000	5.000	5.000
Empréstimos	Tabela 19.5	1.200.000	1.220.093	1.240.879	1.262.394	1.284.677	1.307.771	1.387.721	1.468.405	1.493.993	1.520.547	1.548.122	1.576.781	1.649.124
Dividendos a Pagar	Tabela 20.1	200.000	70.733	70.261	72.444	71.181	61.905	65.959	69.465	72.833	65.330	87.103	112.824	180.050
Passivo Não Circulante		**4.800.000**	**4.778.697**	**4.756.702**	**4.733.977**	**4.710.484**	**4.686.181**	**5.165.023**	**5.083.226**	**5.056.577**	**5.029.053**	**5.000.598**	**4.971.150**	**4.838.435**
Financiamentos	Tabela 19.5	4.800.000	4.778.697	4.756.702	4.733.977	4.710.484	4.686.181	5.165.023	5.083.226	5.056.577	5.029.053	5.000.598	4.971.150	4.838.435
Patrimônio Líquido		**4.000.000**	**4.106.100**	**4.105.391**	**4.108.666**	**4.106.772**	**4.092.857**	**4.098.938**	**4.104.198**	**4.109.250**	**4.097.995**	**4.130.654**	**4.169.236**	**4.270.075**
Capital Social		4.000.000	4.000.000	4.000.000	4.000.000	4.000.000	4.000.000	4.000.000	4.000.000	4.000.000	4.000.000	4.000.000	4.000.000	4.000.000
Reservas de Capital		–	–	–	–	–	–	–	–	–	–	–	–	–
Reservas de Reavaliação		–	–	–	–	–	–	–	–	–	–	–	–	–
Reservas de Lucros/Lucros Acumulados		–	–	–	–	–	–	–	–	–	–	–	–	–
Lucro do Período	Tabela 20.1	–	106.100	105.391	108.666	106.772	92.857	98.938	104.198	109.250	97.995	130.654	169.236	270.075
PASSIVO TOTAL		**11.523.500**	**11.248.073**	**11.804.953**	**11.746.226**	**11.755.824**	**11.790.423**	**12.376.877**	**12.369.204**	**12.380.607**	**12.520.897**	**12.577.451**	**12.598.397**	**12.554.719**

Tabela 20.3 Fluxo de caixa

Discriminação	Janeiro	Fevereiro	Março	Abril	Maio	Junho	Julho	Agosto	Setembro	Outubro	Novembro	Dezembro	Total
I DAS ATIVIDADES OPERACIONAIS													
Recebimento de Duplicatas	1.773.362	1.850.429	1.852.503	1.881.679	1.883.786	1.891.734	1.975.617	1.977.724	1.982.443	2.032.283	2.190.859	2.192.966	23.485.385
Acréscimo - Adiantamento de Clientes	1.500	–	–	–	–	–	–	–	–	–	–	–	1.500
Outras Receitas Financeiras	4.700	4.700	4.700	4.700	4.700	4.700	4.700	4.700	4.700	4.700	4.700	4.700	56.400
(-) Pagamentos a Fornecedores	(606.658)	(645.461)	(1.015.413)	(931.322)	(973.445)	(1.030.474)	(1.002.305)	(985.228)	(1.069.877)	(1.195.237)	(1.098.741)	(1.040.945)	(11.595.106)
(-) Acréscimo - Adiant. a Fornecedores	(400)	–	–	–	–	–	–	–	–	–	–	–	(400)
(-) Recolhimento de Impostos sobre Vendas	(393.258)	(239.093)	(259.359)	(264.048)	(249.315)	(254.053)	(277.808)	(277.421)	(240.864)	(266.465)	(314.040)	(319.296)	(3.355.020)
(-) Pagamento de Salários/Encargos	(150.087)	(101.042)	(348.102)	(362.989)	(371.194)	(371.194)	(371.194)	(374.869)	(374.869)	(374.869)	(378.545)	(428.458)	(4.007.414)
(-) Recolhimento de Despesas Gerais	(198.937)	(230.187)	(205.204)	(206.363)	(206.911)	(209.348)	(211.917)	(212.000)	(212.696)	(216.359)	(220.431)	(212.586)	(2.542.940)
(-) Recolhimento de Impostos sobre Lucro	(100.000)	(75.785)	506	(2.339)	1.353	9.939	(4.344)	(3.757)	(3.609)	8.039	(23.328)	(27.559)	(220.883)
(-) Variação - Impostos a Recuperar	(1.300)	–	–	–	–	–	–	–	–	–	–	–	(1.300)
(-) Variação - Desp. Exerc. Seguinte	(800)	–	–	–	–	–	–	–	–	–	–	–	(800)
(-) Outras Despesas Financeiras	(8.900)	(8.900)	(8.900)	(8.900)	(8.900)	(8.900)	(8.900)	(8.900)	(8.900)	(8.900)	(8.900)	(8.900)	(106.800)
Saldo I - Operacional	**319.221**	**554.660**	**20.731**	**110.417**	**80.074**	**32.403**	**103.849**	**120.250**	**76.327**	**(16.808)**	**151.575**	**159.922**	**1.712.622**
II ATIVIDADES DE INVESTIMENTOS													
Aquisição de Imobilizados	–	–	–	–	–	700.000	–	–	–	–	–	–	700.000
(-) Venda de Imobilizados	–	–	–	(300)	–	–	–	(500)	–	–	–	–	(800)
Aumento Realizável Longo Prazo	–	–	–	–	–	–	–	–	–	–	2.000	–	2.000
Saldo II - Investimentos	–	–	–	**(300)**	–	**700.000**	–	**(500)**	–	–	**2.000**	–	**701.200**
III ATIVIDADES DE FINANCIAMENTOS													
Aumento de Capital Social	–	–	–	–	–	–	–	–	–	–	–	–	–
(-) Lucros Distribuídos	(200.000)	–	–	–	–	–	–	–	–	–	–	–	(200.000)
Novos Financiamentos	–	–	–	–	–	560.000	–	–	–	–	–	–	560.000
(-) Amortizações	(50.410)	(50.400)	(50.390)	(50.380)	(50.369)	(50.359)	(50.289)	(50.219)	(50.149)	(50.079)	(50.010)	(109.617)	(662.672)
Saldo II - Financiamentos	**(250.410)**	**(50.400)**	**(50.390)**	**(50.380)**	**(50.369)**	**509.641**	**(50.289)**	**(50.219)**	**(50.149)**	**(50.079)**	**(50.010)**	**(109.617)**	**(302.672)**
Receitas Financeiras de Aplicações	**5.440**	**5.960**	**9.531**	**9.391**	**9.879**	**10.156**	**9.121**	**9.560**	**10.121**	**10.375**	**9.979**	**10.746**	**110.257**
Saldo Total do Período	**74.251**	**510.220**	**(20.127)**	**69.728**	**39.583**	**(147.801)**	**62.681**	**80.091**	**36.299**	**(56.513)**	**109.544**	**61.051**	**819.008**
(+) Saldo Inicial Caixa	**778.160**	**852.411**	**1.362.631**	**1.342.504**	**1.412.232**	**1.451.815**	**1.304.014**	**1.366.696**	**1.446.787**	**1.483.085**	**1.426.572**	**1.536.116**	**778.160**
= Saldo Final de Caixa	**852.411**	**1.362.631**	**1.342.504**	**1.412.232**	**1.451.815**	**1.304.014**	**1.366.696**	**1.446.787**	**1.483.085**	**1.426.572**	**1.536.116**	**1.597.167**	**1.597.167**
Informação Adicional													
Impostos sobre Compras	**66.742**	**161.525**	**141.259**	**143.305**	**158.494**	**154.212**	**149.883**	**150.726**	**187.739**	**171.075**	**160.250**	**155.451**	**1.800.660**

Tabela 20.4 Demonstração das origens e aplicações de recursos

Origem de Recursos	Janeiro	Fevereiro	Março	Abril	Maio	Junho	Julho	Agosto	Setembro	Outubro	Novembro	Dezembro	Total
Das Operações													
Lucro Líquido após Impostos sobre Lucro	176.833	(1.181)	5.458	(3.157)	(23.190)	10.135	8.766	8.420	(18.758)	54.431	64.304	168.065	450.126
(+) Depreciações e Amortizações	87.752	87.755	87.755	87.755	87.755	91.922	91.922	91.922	91.922	91.922	91.922	91.920	1.082.225
(-) Equivalência Patrimonial	(2.500)	(2.500)	(2.500)	(2.500)	(2.500)	(2.500)	(2.500)	(2.500)	(2.500)	(2.500)	(2.500)	(2.500)	(30.000)
(+) Baixa de Imobilizados	–	–	–	1.900	–	–	–	1.100	–	–	–	–	3.000
SOMA	**262.084**	**84.074**	**90.713**	**83.999**	**62.065**	**99.557**	**98.188**	**98.942**	**70.664**	**143.853**	**153.726**	**257.485**	**1.505.351**
(+) Integralização de Capital	–	–	–	–	–	–	–	–	–	–	–	–	–
(+) Aumento Exigível a Longo Prazo	(21.303)	(21.996)	(22.725)	(23.493)	(24.303)	478.842	(81.797)	(26.649)	(27.524)	(28.455)	(29.447)	(132.715)	38.435
TOTAL	**240.781**	**62.079**	**67.989**	**60.506**	**37.762**	**578.399**	**16.391**	**72.293**	**43.140**	**115.398**	**124.279**	**124.770**	**1.543.786**
Aplicações de Recursos													
No Capital Circulante Líquido													
Ativo Circulante (excluso Caixa)	(264.427)	131.916	46.656	27.025	80.271	123.677	19.067	21.834	193.414	202.489	(1.176)	(15.308)	565.437
(-) Passivo Circulante	360.224	(579.584)	39.277	(34.985)	(72.816)	(101.532)	(68.864)	(33.000)	(179.069)	(52.350)	(11.811)	11.801	(722.709)
SOMA	95.797	(447.669)	85.933	(7.960)	7.455	22.146	(49.797)	(11.166)	14.345	150.139	(12.987)	(3.507)	(157.272)
Aumento do Realizável a Longo Prazo	–	–	–	–	–	–	–	–	–	–	2.000	–	2.000
Aquisição de Permanentes	–	–	–	–	–	700.000	–	–	–	–	–	–	700.000
Dividendos Propostos	70.733	(472)	2.183	(1.263)	(9.276)	4.054	3.506	3.368	(7.503)	21.772	25.722	67.226	180.050
TOTAL	**166.530**	**(448.141)**	**88.116**	**(9.223)**	**(1.821)**	**726.199**	**(46.291)**	**(7.798)**	**6.842**	**171.911**	**14.734**	**63.719**	**724.778**
SALDO DO PERÍODO	**74.251**	**510.220**	**(20.127)**	**69.728**	**39.583**	**(147.801)**	**62.681**	**80.091**	**36.299**	**(56.513)**	**109.544**	**61.051**	**819.008**
(+) Saldo Inicial de Caixa	778.160	852.411	1.362.631	1.342.504	1.412.232	1.451.815	1.304.014	1.366.696	1.446.787	1.483.085	1.426.572	1.536.116	778.160
= Saldo Final de Caixa	852.411	1.362.631	1.342.504	1.412.232	1.451.815	1.304.014	1.366.696	1.446.787	1.483.085	1.426.572	1.536.116	1.597.167	1.597.167

Questões e Exercícios

1 Considere o Balanço Inicial dado a seguir e os dados adicionais e elabore a projeção da Demonstração de Resultados para o período orçado, bem como o Balanço Final projetado.

a) Balanço Inicial

Ativo Circulante	R$
Caixa/Bancos	–
Duplicatas a Receber	4.833.000
Estoque de Materiais	2.167.000
Ativo Não Circulante	
Equipamentos	25.000.000
TOTAL	**32.000.000**

Passivo Circulante	R$
Duplicatas a Pagar	1.700.000
Impostos a Recolher	100.000
Impostos sobre o Lucro	–
Passivo Não Circulante – Empréstimos	15.000.000
Patrimônio Líquido	
Capital Social	15.200.000
TOTAL	**32.000.000**

b) Orçamentos anuais e dados adicionais: R$

Orçamento da Receita Operacional Bruta	84.329.500
Orçamento da Receita Operacional Líquida	67.832.500
Orçamento de Consumo de Materiais	19.070.571
Orçamento de Compras Brutas	26.106.600
Orçamento de Compras Líquidas de Impostos	20.082.000
Orçamento de Despesas Gerais de Fabricação	26.500.000
Orçamento de Depreciações Industriais	4.000.000
Orçamento de Despesas com Vendas	9.000.000
Orçamento de Despesas Administrativas	3.200.000

Despesas Financeiras – 12% de juros ao ano
Impostos sobre o Lucro – 40% sobre o Lucro Operacional, depois das despesas financeiras

c) Considere ainda o seguinte:

- Foram adquiridos R$ 4.300.000 em novos equipamentos, à vista.
- 75% dos impostos sobre o lucro gerados no ano já foram pagos, restando apenas 25% a pagar.
- 50% dos juros gerados no ano foram pagos, restando 50% a pagar, além do valor principal dos empréstimos, de que nada foi pago.
- O total do Lucro Líquido após os impostos sobre o lucro foi retido na empresa.
- Os impostos a recolher das vendas menos os das compras têm um prazo médio de recolhimento de 30 dias.
- A conta de duplicatas a receber equivale a 35 dias das vendas e a conta de duplicatas a pagar equivale a 28 dias de compras.
- o saldo final de caixa será obtido por diferença e não há necessidade de projetar receitas financeiras.

2 Após concluído o exercício anterior, projete o Fluxo de Caixa do ano utilizando os dados dos Balanços iniciais e finais e da Demonstração de Resultados projetada.

3 Considere a solução do exercício número 1, verifique e analise a liquidez e o endividamento da empresa, bem como calcule e analise a rentabilidade.

4 Considere o Balanço Inicial, os dados e as informações apresentadas a seguir:

A) Balanço Inicial	R$
Disponibilidades	20.000
Clientes	80.000
Estoques	
• Materiais	50.000
• Acabados	
– Quantidade = 3.500	63.000
– Custo Médio = 18,00	
Imobilizado	
• Valor Original	600.000
• Depreciação Acumulada	**-120.000**
TOTAL	**693.000**

Fornecedores	40.000
Contas a Pagar	13.000
Patrimônio Líquido	
• Capital Social	600.000
Lucros Acumulados	40.000
• Lucro Projetado	–
TOTAL	**693.000**

B) Dados Atuais/ Reais	**Produto A**	**Produto B**	**TOTAL**
• Estoque Inicial – Qtde.	2.000	1.500	3.500
• Vendas do Ano Anterior – Qtde.	30.000	12.000	42.000
• Preço Médio Obtido - R$	20,00	30,00	
Custo de Materiais por Unidade de Produto – R$	12,00	17,00	

C) Informações para o Orçamento de Vendas, Produção e Consumo de Materiais

a) Espera-se vender no próximo ano 10% a mais de quantidade do Produto A e 8% do Produto B.

b) Estima-se um aumento de preço de venda da ordem de 4% para o Produto A e 5% para o Produto B.

c) Os impostos sobre vendas representam 25% da Receita Bruta.

d) O saldo final da conta Clientes deve corresponder a 40 dias da Receita Bruta.

e) O estoque final de produtos acabados deve manter-se em 35 dias de venda para os dois produtos.

f) Estima-se que o custo dos materiais terá aumento de 5% para o Produto A e 4% para o Produto B.

g) As compras serão iguais ao consumo.

h) Os impostos sobre compras representam 20% das compras líquidas.

i) O saldo final da conta Fornecedores deve corresponder a 20 dias das Compras Brutas.

j) Os impostos sobre vendas serão recolhidos no ano, descontados os impostos sobre compras.

D) Outros Dados

a) Os gastos de fabricação do ano estão previstos em R$ 40.000

b) As despesas operacionais do ano estão previstas em R$ 50.000

c) A taxa de depreciação é de 10% a.a. do valor original do imobilizado e são consideradas despesas.

d) Os investimentos serão de R$ 50.000 realizados no meio do ano, não depreciáveis, dos quais 40% serão financiados a uma taxa de juros de 10% a.a., a longo prazo. Os juros são pagos no exercício.

e) O saldo orçado de Contas a Pagar não deverá ter alteração.

f) O saldo de disponibilidades será obtido por diferença e a receita financeira equivale a 8% a.a., calculáveis sobre o saldo inicial.

E) Pede-se fazer:

a) o orçamento de vendas – quantidade, valor líquido, valor bruto, conta clientes;

b) o orçamento de produção em quantidades;

c) o orçamento de consumo de materiais, compras líquidas, compras brutas;

d) o orçamento do custo dos produtos vendidos e estoque final de produtos acabados, considerando como custo de produção o consumo de materiais e os gastos de fabricação;

e) a demonstração de resultados projetada, desconsiderando Imposto sobre o Lucro;

f) o Balanço Final.

5 Após concluído o exercício anterior, projete o Fluxo de Caixa do ano utilizando os dados dos Balanços Iniciais e Finais e da Demonstração de Resultados projetada.

6 Considere a solução do exercício número 4, verifique e analise a liquidez e o endividamento da empresa, bem como calcule e analise a rentabilidade.

Capítulo 21

Controle Orçamentário

Esta etapa acontece após a execução das transações dos eventos econômicos previstos no plano orçamentário. Não se concebe um plano orçamentário sem o posterior acompanhamento entre os acontecimentos reais *versus* os planejados e a análise de suas variações.

A base do controle orçamentário é o confronto dos dados orçados contra os dados reais obtidos pelo Sistema de Informação Contábil. As variações ocorridas entre os dados reais e os orçados permitirão uma série de análises, identificando se as variações ocorridas foram decorrentes de plano, preços, quantidades, eficiência etc.

21.1 Objetivos, Conceitos e Funções

Os objetivos principais do Controle Orçamentário são:

- Identificar e analisar as variações ocorridas.
- Corrigir erros detectados.
- Ajustar o plano orçamentário, se for o caso, para garantir o processo de otimização do resultado e eficácia empresarial.

Responsabilidade pelo Controle Orçamentário

Dentro da premissa de que os gestores são responsáveis pela geração do lucro de suas áreas de responsabilidade, o Controle Orçamentário é mais um dos instrumentos de gestão necessários para otimizar este objetivo. Portanto, cada gestor deve efetuar o seu controle orçamentário.

O setor de Controladoria também deve, concomitantemente, efetuar o monitoramento e apoio aos gestores individuais sobre seus orçamentos. Além disso, cabe à Controladoria o papel de efetuar o Controle Orçamentário da empresa ou corporação como um todo, uma vez que ele é o responsável pelo conjunto do processo orçamentário e o acompanhamento e coordenação dos objetivos globais do empreendimento. Cabe também à Controladoria propor as ações corretivas, decorrentes do Controle Orçamentário, tanto para os gestores individualmente como para a empresa como um todo.

Conceito de Controle

Na linha de delegação de responsabilidade e autoridade e orçamento participativo, o conceito de controle efetuado pela Controladoria é no sentido de buscar a congruência de objetivos, otimização dos resultados setoriais e corporativos, apoio aos gestores, correção de rumos, ajustes de planos etc., nunca em um conceito de controle punitivo, que enfraquece a atuação do *controller*.

As justificativas e explicações das variações ocorridas são no sentido de auxílio ao processo de otimização do lucro e eficácia empresarial. Obviamente, cada gestor tem a consciência de que o Controle Orçamentário é parte integrante do processo de avaliação de desempenho.

21.2 Relatórios de Controle Orçamentário

Todas as peças orçamentárias devem ser objeto dos relatórios de acompanhamento em relação ao realmente acontecido. O relatório clássico de Controle Orçamentário, por tipo de despesa e receita, para todos os centros de custos ou divisões, compreende:

- os valores orçados para o mês em pauta;
- os valores reais contabilizados no mês;
- a variação do mês entre o real e o orçado;
- os valores orçados acumulados até o mês em pauta;
- os valores reais acumulados contabilizados até o mês;
- a variação acumulada entre o real e o orçado até o mês.

Pode ser complementado com as seguintes informações:

- variação percentual do mês;
- variação percentual até o mês;
- total do orçamento do ano (*budget*);
- soma dos dados reais até o mês mais o orçamento restante do ano (*forecast*).

Na Tabela 21.1 apresentamos um modelo básico de relatório de Controle Orçamentário.

Tabela 21.1 Modelo de relatório de controle orçamentário

Discriminação	Do Mês - R$			Até o Mês - R$			Dados Anuais		
	Real	Orçado	Variação (Em %)	Real	Orçado	Variação (Em %)	Real + Orçado	Orçado	Variação (Em %)
Receita /Despesa									
Centro de Custo									

Relatório de Receitas e Despesas Reais X Orçadas por Centro de Custo

O modelo apresentado é o relatório de Controle Orçamentário mais comum. Mensalmente, todos os responsáveis pelos centros de custos devem ter acesso a esses dados, que é a fonte básica de informações para avaliação de seu desempenho e resultado em relação ao orçado.

Cada centro de custo deverá ter o seu relatório específico. Seguindo a linha hierárquica da empresa, relatório de mesmo modelo deverá ser elaborado de forma aglutinada para as chefias que têm responsabilidade por mais de um centro de custo. Assim, o mesmo modelo deverá somar os dados de cada gerência, diretoria, unidades de negócio etc. até o total da empresa. A Tabela 21.2 apresenta o Modelo de Relatório de Controle Orçamentário para o Departamento 12 – Fábrica BU1, da Unidade de Negócio 1.

Relatório de Receitas e Despesas Totais por Centro de Custo e Unidades de Negócios

Um segundo relatório básico é focalizar, em resumo, o total das despesas e receitas por centro de custo e unidades de negócios, listando todos eles, para dar uma visão geral do plano orçamentário. É um instrumento muito importante para a Controladoria, pois permite uma visão abrangente do andamento das operações da empresa.

Apresentamos na Tabela 21.3 um exemplo deste relatório, compreendendo praticamente todos os elementos operacionais da Demonstração de Resultados.

Este formato poderá ser utilizado para todas as demais peças orçamentárias, incluindo os demonstrativos contábeis projetados.

21.3 Análise das Variações

Tendo como base as informações levantadas pelos relatórios de Controle Orçamentário, é feita a análise das variações, a qual busca identificar com maiores detalhes os principais motivos que causaram a variação em valor de cada item orçamentado, fundamentando sua justificativa pelos gestores responsáveis pelos orçamentos e operações.

A diferença de valor entre os dados reais e orçados basicamente decorre de dois elementos:

- quantidade real diferente da quantidade orçada;
- preço real diferente do preço orçado.

Portanto, a variação em valor do item orçado é um somatório da diferença de quantidade mais a diferença de preço.

Variação em Valor =	Diferença de Preço +	Diferença de Quantidade
(Real x Orçado)	(Real x Orçado)	(Real x Orçado)

Esquema de Modelo Sintético de Análise das Variações

Podemos traduzir a análise das variações dentro de uma figura esquemática, que auxilia a compreensão e detalhamento da análise das variações.

Vamos aplicar o esquema de análise das variações para o item Reembolso km Rodados, da Tabela 21.2, que mostra o gasto real X orçado do mês de fevereiro/x1 para o Departamento 12 – Fábrica BU1.

O valor orçado para o mês de fevereiro/x1 deste gasto para este setor foi de R$ 1.700, e o gasto real foi de R$ 1.800. Portanto, uma variação desfavorável de R$ 100, pois se gastou mais do que havia sido orçado. A análise das variações identifica as causas que levaram a essa variação de valor da despesa.

Vamos supor que havia sido orçada para o mês de fevereiro uma quantidade de 3.400 km a ser rodada e que a empresa reembolse para os funcionários R$ 0,50 por km rodado. No mês de fevereiro, houve um aumento real do reembolso de km rodado, não previsto inicialmente nas premissas orçamentárias, de R$ 0,10, passando o preço unitário de reembolso para R$ 0,60. A quantidade real rodada pelo departamento foi de 3.000 km.

Então temos:

- Orçamento: 3.400 km a R$ 0,50 = R$ 1.700
- Real: 3.000 km a R$ 0,60 = R$ 1.800
- Variação: = R$ 100 Desfavorável

Tabela 21.2 Relatório de controle orçamentário - real X orçado - mês fevereiro/x1. Orçamento de despesas gerais - depto. 12 - fábrica BU1

Discriminação	Do Mês - R$				Até o Mês - R$				Dados Anuais		
	Real	Orçado	Variação	Em %	Real	Orçado	Variação	Em %	Real + Orçado	Orçado	Variação (Em %)
Mão de Obra Direta	33.900	33.287	613	1,8	43.410	42.322	1.088	2,6	403.640	402.552	0,3
Salários	18.000	17.640	360	2,0	23.000	22.428	572	2,6	213.901	213.329	0,3
Horas Extras	300	353	(53)	-15,0	400	449	-49	-10,8	4.218	4.267	-1,1
Encargos Sociais	15.600	15.294	306	2,0	20.010	19.445	565	2,9	185.521	184.956	0,3
Mão de Obra Indireta	9.600	9.768	(168)	-1,7	12.480	12.698	-218	-1,7	108.993	109.211	-0,2
Salários	5.000	5.040	(40)	-0,8	6.500	6.552	-52	-0,8	56.300	56.352	-0,1
Horas Extras	–	101	(101)	-100,0	–	131	-131	-100,0	996	1.127	-11,6
Encargos Sociais	4.600	4.627	(27)	-0,6	5.980	6.015	-35	-0,6	51.697	51.731	-0,1
Materias Indiretos	15.800	16.456	(656)	-4,0	26.700	27.043	-343	-1,3	198.450	198.793	-0,2
Auxiliares	9.000	8.456	544	6,4	17.000	16.643	357	2,1	109.646	109.289	0,3
Manutenção	4.300	5.000	(700)	-14,0	6.200	6.500	-300	-4,6	55.640	55.940	-0,5
Expediente	2.500	3.000	(500)	-16,7	3.500	3.900	-400	-10,3	33.164	33.564	-1,2
Despesas Gerais	23.115	22.825	290	1,3	33.850	35.996	-2.146	-6,0	262.773	264.919	-0,8
Energia Elétrica	11.100	11.200	(100)	-0,9	14.400	14.560	-160	-1,1	123.040	123.200	-0,1
Telecomunicações	950	864	86	10,0	1.800	1.664	136	8,2	10.440	10.304	1,3
Fretes e Carretos	1.400	1.200	200	16,7	3.000	2.400	600	25,0	15.480	14.880	4,0
Serviços Terceirizados 1	1.575	1.575	–	0,0	3.150	3.150	0	0,0	18.900	18.900	0,0
Serviços Terceirizados N	1.800	1.800	–	0,0	3.600	3.600	–	0,0	23.040	23.040	0,0
Reembolso km Rodados	1.800	1.700	100	5,9	1.900	2.210	-310	-14,0	19.301	19.611	-1,6
Despesas de Viagens, Estadas	900	800	100	12,5	1.000	1.040	-40	-3,8	8.926	8.966	-0,4
Aluguéis Imobiliários	–	–	–	0,0	–	–	–	0,0	–	–	0,0
Aluguéis Equipamentos	940	936	4	0,4	1.900	1.872	28	1,5	11.260	11.232	0,2
Contratos de *Leasing*	2.550	2.550	–	0,0	2.550	5.100	-2.550	-50,0	29.835	32.385	-7,9
Publicidade	–	–	–	0,0	–	–	–	0,0	–	–	0,0
Miscelâneas/Outros	100	200	(100)	-50,0	550	400	150	37,5	2.550	2.400	6,3
Depreciação	13.333	13.333	(0)	0,0	26.667	26.667	–	0,0	177.500	177.500	0,0
Máquinas e Equipamentos Diretos	8.333	8.333	(0)	0,0	16.667	16.667	–	0,0	117.500	117.500	0,0
Outros Imobilizados	5.000	5.000	–	0,0	10.000	10.000	–	0,0	60.000	60.000	0,0
TOTAL GERAL	95.748	95.668	80	0,1	143.107	144.725	-1.618	-1,1	1.151.355	1.152.973	-0,1
Homens Diretos	21	21	–	0,0	21	21	–	0,0	23	23	0,0
Homens Indiretos	4	4	–	0,0	4	4	–	0,0	4	4	0,0
Horas Diretas	3.360	3.360	–	0,0	4.272	4.272	–	0,0	39.968	39.968	0,0
Horas Indiretas	640	640	–	0,0	832	832	–	0,0	7.040	7.040	0,0

Tabela 21.3 Relatório de controle orçamentário - real X orçado - mês fevereiro/x1. Total por centro de custo

Discriminação	Do Mês - R$				Até o Mês - R$				Dados Anuais		
	Real	Orçado	Variação	Em %	Real	Orçado	Variação	Em %	Real + Orçado	Orçado	Variação (Em %)
Receita Operacional Líquida	1.500.000	1.449.811	50.189	3,5	2.940.000	2.899.622	40.378	1,4	18.753.483	18.713.105	0,2
Consumo de Materiais Diretos	710.000	704.645	5.355	0,8	1.400.000	1.386.916	13.084	0,9	9.120.459	9.107.375	0,1
Gastos Industriais	516.748	516.653	95	–	855.107	853.099	2.008	0,2	6.207.418	6.205.409	–
Unidade de Negócios 1	127.748	125.379	2.369	1,9	220.107	217.413	2.694	1,2	1.522.903	1.520.209	0,2
Fábrica	95.748	95.668	80	0,1	143.107	144.725	-1.618	-1,1	1.151.355	1.152.973	-0,1
Gerência e Deptos. de Apoio	32.000	29.711	2.289	7,7	77.000	72.688	4.312	5,9	371.548	367.236	1,2
Unidade de Negócios 2	205.000	202.029	2.971	1,5	322.000	318.634	3.366	1,1	2.488.490	2.485.124	0,1
Fábrica	162.000	160.045	1.955	1,2	232.000	229.894	2.106	0,9	1.982.581	1.980.475	0,1
Gerência e Deptos. de Apoio	43.000	41.984	1.016	2,4	90.000	88.740	1.260	1,4	505.909	504.649	0,2
Unidade de Negócios 3	184.000	189.245	-5.245	-2,8	313.000	317.052	-4.052	-1,3	2.196.024	2.200.076	-0,2
Fábrica 1	84.000	87.340	-3.340	-3,8	130.000	133.312	-3.312	-2,5	999.884	1.003.195	-0,3
Fábrica 2	78.000	80.604	-2.604	-3,2	120.000	122.807	-2.807	-2,3	921.759	924.566	-0,3
Gerência e Deptos. de Apoio	22.000	21.301	699	3.,3	63.000	60.934	2.066	3,4	274.381	272.315	0,8
Gastos Administrativos	82.000	86.501	-4.501	-5,2	128.000	129.947	-1.947	-1,5	999.918	1.001.865	-0,2
Finanças	39.000	37.518	1.482	3,9	58.000	57.172	828	1,4	432.110	431.282	0,2
Controladoria/Adm./Presidência	43.000	48.983	-5.983	-12,2	70.000	72.775	-2.775	-3,8	567.808	570.583	-0,5
Gastos Comerciais	110.000	114.842	-4.842	-4,2	200.000	213.228	-13.228	-6,2	1.415.604	1.428.832	-0.9
Comercialização	110.000	114.842	-4.842	-4,2	200.000	213.228	-13.228	-6,2	1.415.604	1.428.832	-0.9
Resultado Orçamentário	81.252	27.169	54.083	199,1	356.893	316.432	40.461	12,8	1.010.085	969.624	4.2

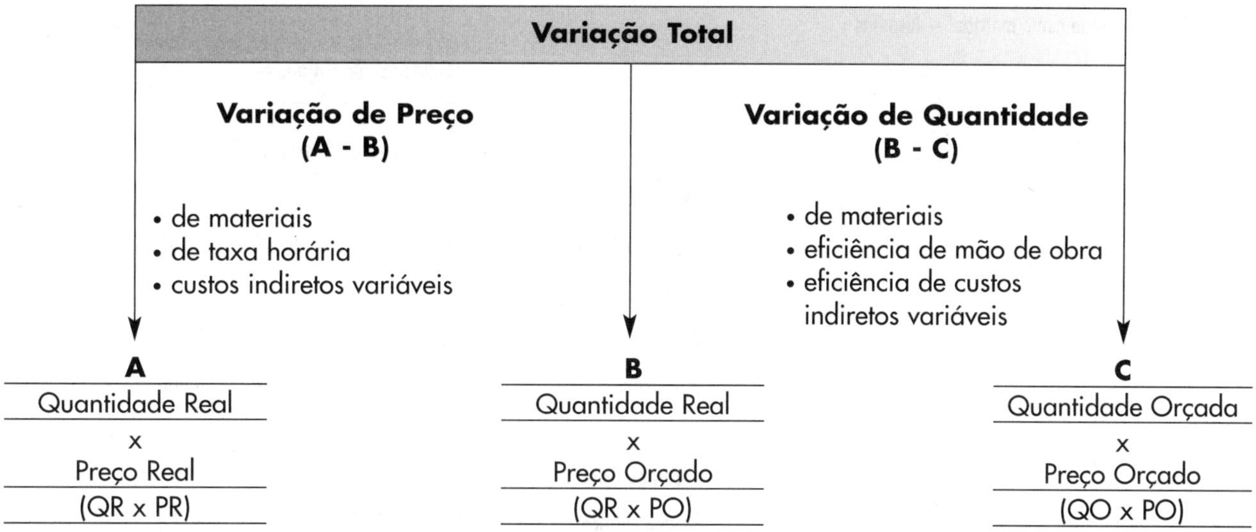

Figura 21.1 Esquema genérico de análise das variações

Identificando as variações:

Variação de Preço
(Quantidade Real × Preço Real) - (Quantidade Real × Preço Orçado)
(3.000 km x 0,60) R$ 1.800 - R$ 1.500 (3.000 km a 0,50) =
= R$ 300 Desfavorável

Variação de Quantidade
(Quantidade Real x Preço Orçado) - (Quantidade Orçada × Preço Orçado)
(3.000 km x 0,50) R$ 1.500 - R$ 1.700 (3.400 km a 0,50) =
= R$ 200 Favorável

Resumo
Variação de Preço = R$ 300 Desfavorável
Variação de Quantidade = R$ 200 Favorável
Variação Total = R$ 100 Desfavorável

Uma outra forma de apresentar a análise das variações é a seguinte:

Diferença de Quantidade = 3.000 Real - 3.400 Orçado =
400 unidades × Preço Orçado R$ 0,50 = R$ 200 Favorável

Diferença de Preço = R$ 0,60 Real - R$ 0,50 Orçado =
R$ 0,10 x Quantidade Orçada 3.000 = R$ 300 Desfavorável

Variação Total = R$ 100 Desfavorável

Recomenda-se a análise das variações neste grau de detalhe para os itens e variações relevantes. O fundamento da relação custo/benefício da informação contábil recomenda que não se deve despender tempo e recursos para analisar itens não relevantes e variações não significativas.

Convém ressaltar que todos os itens orçados têm as variáveis preço e quantidade. Para alguns itens isto é mais visível, como as vendas (preço e quantidade), compras de materiais (custo de aquisição e quantidade), mão de obra direta (número de funcionários e horas trabalhadas), mão de obra indireta (número de funcionários e salário médio) etc.

Em outros gastos, não há uma clara visibilidade, mas as variáveis preço e quantidade também são componentes do custo. Exemplos:

- Energia Elétrica: quantidade de demanda ou kWh consumidos × preço da demanda e do kWh.
- Telefone: quantidade de minutos × preço por minuto.
- Serviços de terceiros: quantidade ou horas de pessoas alocadas × custo por pessoa ou hora.
- Aluguéis de equipamentos: quantidade de equipamentos × preço mensal do aluguel por equipamento etc.

21.4 Controle Matricial

As empresas que adotam o conceito de gerenciamento matricial (tanto de despesas como de receitas e investimentos) devem incorporá-lo no controle orçamentário. Neste modelo, as justificativas das variações orçamentárias devem vir de forma dupla: cada gestor de um centro de custo ou receita justifica a sua parte (gestor de coluna), e o gestor responsável pelo total dos gastos ou receitas (gestor de linha), concordando ou não com as justificativas individuais, faz sua análise e justificativa do conjunto do item orçado.

A Tabela 21.4 mostra um exemplo de gerenciamento matricial de despesas. Os gestores de colunas são os responsáveis pelos Departamentos 1, 2 e N. Os gestores

Tabela 21.4 Gerenciamento matricial – despesas

Gestores de Colunas → Depto. 1, Depto. 2, Depto. N

Gestores de Linha ← (linhas de despesas)

Despesas	Depto. 1	Depto. 2	Depto. N	Total
Salários e Encargos	1.000	2.000	3.000	6.000
Materiais Indiretos				
. Manutenção	1.000	2.000	3.000	6.000
. Expediente	1.000	2.000	3.000	6.000
Despesas Gerais				
. Energia Elétrica	1.000	2.000	3.000	6.000
. Viagens	1.000	2.000	3.000	6.000
. Serviços de Limpeza	1.000	2.000	3.000	6.000
. Etc.	1.000	2.000	3.000	6.000
Depreciações				
. Diretas	1.000	2.000	3.000	6.000
. Indiretas	1.000	2.000	3.000	6.000
Total Geral	9.000	18.000	27.000	54.000

de linha são os responsáveis para a empresa pelo total das despesas para os quais foram designados como tal.

Esse modelo é bastante aderente ao conceito de Orçamento Base Zero. Ambos os conceitos fazem parte da linha de dar o máximo de rigidez e responsabilidade ao plano orçamentário, em oposição aos conceitos de orçamento justo e *rolling budget* e orçamento flexível.

São confirmadas as vantagens do gerenciamento matricial para redução dos gastos em diversas empresas que implementaram esse conceito. As desvantagens também são claras no aumento de conflito entre gestores (principalmente entre os de linha e coluna), bem como entre os diversos postos hierárquicos dentro da empresa.

Desta maneira, a adoção do conceito de gerenciamento matricial deve ser feita com muito cuidado, para que mantenha sadia a cultura orçamentária da entidade.

Questões e Exercícios

1 O departamento de assistência técnica havia orçado para determinado mês um gasto com reembolso de quilômetros rodados de R$ 13.200, a um preço orçado de R$ 0,55 por km. O gasto real foi de R$ 14.022 a um preço de R$ 0,57 por km. Fazer a análise das variações entre o real e o orçado.

2 Considerando os dados do exercício anterior e sabendo que o corpo de assistentes técnicos se compõe de 12 funcionários, qual a média mensal de quilômetros rodados real e a orçada?

3 A receita líquida das vendas orçadas para determinado mês foi de R$ 210.000 para uma quantidade orçada de 4.200 unidades de produto final. A receita líquida real do mês foi de R$ 220.000 para uma quantidade de 4.450 unidades. Fazer a análise das variações entre o real e orçado.

4 Considerando os dados do exercício anterior, havia sido orçado um lucro bruto na venda do produto final de R$ 58.800. Pede-se:

a) Apurar o custo total das vendas orçado.

b) Calcular o custo médio do produto final orçado.

c) Sabendo que o lucro bruto real das vendas foi de R$ 56.000, fazer uma análise das variações do custo das vendas entre o real e o orçado.

PARTE VI

A CONTROLADORIA NA EXECUÇÃO

A atuação da Controladoria na fase de execução consiste, basicamente, em providenciar modelos de decisão para os eventos econômicos, para subsidiar os gestores no processo de tomada de decisão das transações que estão sendo efetivadas. Os gestores de cada área de responsabilidade, responsáveis pela geração do lucro, tomam diariamente decisões sobre as atividades que estão sob sua área de atuação.

O lucro empresarial acontece em cada uma das milhares de transações que estão sendo realizadas a todo o momento. Essas transações são as realizações esperadas previstas no processo de planejamento operacional. Portanto, para a execução das atividades – estas traduzidas em eventos econômicos, os quais, por sua vez, são efetivados em termos de transações –, os gestores necessitam de modelos de decisão coerentes e em linha com a visão da empresa de obtenção de lucro e eficácia empresarial.

As atividades caracterizam-se pelo fluxo operacional, econômico, financeiro e patrimonial. A gestão do fluxo operacional é o ponto-chave para a obtenção de lucros. O fluxo operacional caracteriza-se pela operação técnica de cada especialidade, em termos de produção física, controle e utilização dos recursos, transferências e entrega dos produtos e serviços produzidos pela atividade, controle de qualidade, prazos de entrega etc. O fluxo econômico evidencia a consequência econômica do processo produtivo, ou seja, a mensuração econômica dos recursos e dos produtos e serviços. O fluxo financeiro corresponde à efetiva realização monetária do fluxo econômico. O fluxo patrimonial, ou resultado patrimonial, compreende a retenção final do fluxo completo das atividades, em termos de unidades monetárias ou bens e direitos em estoque. Este fluxo está ilustrado na Figura 3.2 do Capítulo 3.

A gestão de todo o fluxo das atividades normalmente é denominada de gestão do capital de giro, na qual as transações são executadas e o lucro é ou não gerado. Nesta parte do trabalho, abordaremos inicialmente um modelo geral de gestão das operações, por meio do conceito de gestão do capital de giro, e, em seguida, o desenvolvimento de modelos para gestão dos eventos econômicos do fluxo operacional.

Como complemento da gestão operacional, trataremos de um modelo de gestão para os Ativos Imobilizados, no qual as operações são executadas. Portanto, a gestão operacional caracteriza-se pela gestão do capital de giro, dos imobilizados e das transações dos eventos econômicos.

Capítulo 22

Gestão Operacional

Podemos caracterizar gestão operacional pela gestão do ciclo de comprar, produzir e vender ou revender produtos e serviços. Caracteriza-se pela gestão do conjunto de atividades do sistema empresa, necessárias para gerar produtos e serviços e entregá-los a sua comunidade de clientes; significa, então, a gestão da utilização dos recursos necessários para o processo de transformação, a gestão do processo de transformação dos produtos e serviços e, finalmente, a gestão do processo de entrega dos produtos e serviços aos clientes.

A este conjunto de gestão estamos denominando gestão operacional, que, em outras palavras, corresponde à gestão dos componentes do capital de giro da empresa, em conjunto com a gestão dos recursos imobilizados.

22.1 Responsabilidade pela Gestão Operacional

A responsabilidade pela gestão operacional de cada atividade é de cada um dos gestores responsáveis por estas atividades. Os fluxos econômico, financeiro e patrimonial decorrem do fluxo operacional. Portanto, cada gestor operacional é responsável pelos aspectos operacionais, econômicos, financeiros e patrimoniais de suas atividades. Consequentemente, cada gestor é responsável pelo lucro gerado por sua atividade.

A responsabilidade da Controladoria na gestão operacional está em apoiar os gestores na busca da eficácia de suas atividades, por meio do suporte do seu sistema de informação com modelos de decisão adequados a cada atividade, e os seus eventos econômicos em todos os seus aspectos. Cabe também à Controladoria monitorar o desempenho de cada atividade, uma vez que ela tem responsabilidade de coordenar o fluxo e os resultados de todas as atividades, em função dos objetivos planejados da empresa como um todo.

22.2 Ciclo Operacional, Ciclo Econômico e Ciclo Financeiro

É extremamente importante a compreensão do ciclo completo de cada atividade. Ele pode ser expresso em três conceitos de ciclos:

- operacional: corresponde a todas as ações necessárias e exercidas para o desempenho de cada atividade. É o processo de gestão de cada atividade, que inclui planejamento, execução e controle;
- econômico: evidencia os eventos econômicos no momento em que eles acontecem, bem como a sua mensuração econômica. É nele que se apura o resultado do desempenho das atividades;
- financeiro: corresponde ao processo de efetivação financeira de cada evento econômico em termos de Fluxo de Caixa.

Os Ciclos e o Aspecto Temporal

Os ciclos são representados pelos momentos de realização dos eventos principais, em termos de transcorrer de tempo. O mais comum é a identificação da duração dos ciclos em quantidade de dias. Obviamente, algumas atividades e tarefas são desempenhadas em horas ou minutos. Porém, é tradicional evidenciar os ciclos em termos de transcorrer de dias; quanto maior eles forem, ou seja, quanto maior a quantidade de dias para executar um ciclo operacional completo, maior a necessidade de recursos econômicos para a manutenção das atividades. Desta maneira, uma gestão fundamental operacional é a gestão do tempo.

É preciso constantemente abreviar o tempo de execução das tarefas e atividades, objetivando maior produtividade dos recursos (o conceito de maior giro dos ativos), bem como sua otimização econômica, consumindo menor quantidade de recursos econômicos e, consequentemente, tendo menor necessidade de capital e dos custos financeiros envolvidos para obtenção desse capital.

Em seus aspectos principais, podemos evidenciar os três ciclos graficamente da seguinte maneira, conforme mostra a Figura 22.1, considerando uma empresa industrial.

Ciclo Operacional

Compreende todas as ações necessárias para a gestão da atividade. Conforme evidenciado na Figura 22.1, compreende desde o momento do planejamento da

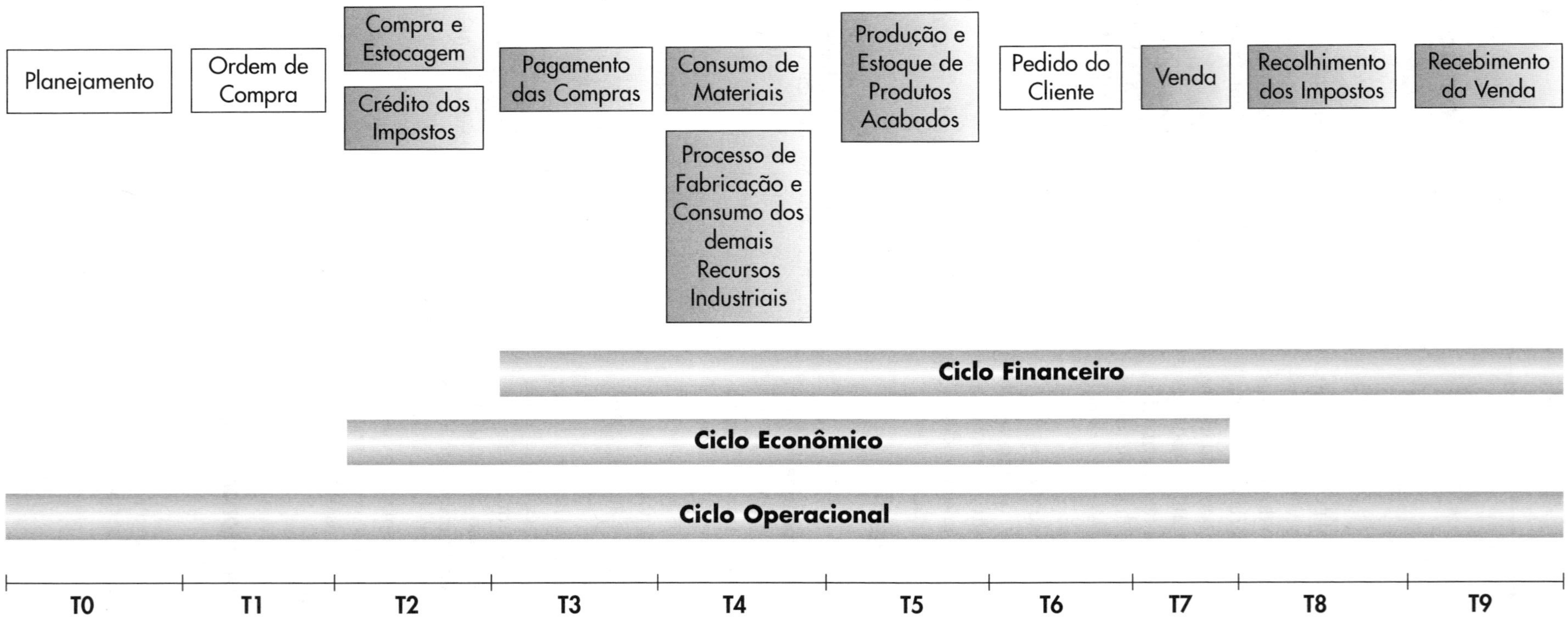

Figura 22.1 Ciclo operacional, ciclo econômico e ciclo financeiro

produção, recebimento da ordem de compra, até a gestão dos pedidos de venda, entrega do produto ou serviço e recebimento da venda. Envolve desde o momento T0 até o momento T9.

Ciclo Econômico

Caracteriza-se pelo processo de consumo de recursos, produção e entrega do produto ou serviço. Em cada um dos momentos do ciclo econômico há possibilidade e necessidade de mensuração dos eventos. Assim, é preciso a mensuração do custo do consumo e estocagem dos recursos, do evento da produção e estocagem dos produtos finais, bem como do valor da venda; compreende desde o momento T2 até o momento T7.

Ciclo Financeiro

Em geral, é diferente do ciclo econômico, pois os momentos de ocorrência dos valores dos eventos econômicos são normalmente prolongados por prazos de pagamento e recebimento. Os prazos de pagamentos e recebimentos, além das condições normais de crédito oferecidas pelas empresas, são utilizados pela necessidade física de operacionalizar a efetivação financeira das transações. As empresas têm de ter um tempo mínimo para, após o recebimento do produto ou serviço, providenciar o seu pagamento. O ciclo financeiro corresponde ao intervalo entre os momentos T3 e T9.

Apesar de o evento **crédito dos impostos** sobre as compras ser um componente do ciclo financeiro, o seu pagamento é efetivado ao fornecedor e este recolhe os impostos aos órgãos governamentais. Os impostos creditados são, então, contabilizados e serão deduzidos dos impostos gerados sobre a venda e recolhidos nos prazos determinados pelo governo, que não tem correlação com o prazo dado pela empresa a seus clientes.

22.3 Mensuração e Gestão do Ciclo Operacional

Via de regra, a mensuração do ciclo operacional, para fins de sua gestão, é baseada no transcorrer do tempo. Assim, o acompanhamento dos dias transcorridos entre todos os momentos do ciclo operacional é uma gestão fundamental para a otimização do próprio ciclo.

O fundamento da gestão do tempo do ciclo operacional está em que, gastando-se o menor tempo possível, a empresa poderá acionar novamente o desempenho de suas atividades mais rapidamente, conseguindo, com isso, um giro maior dos recursos à disposição das atividades. O maior giro, ou maior rotação, é evidência de maior produtividade na utilização dos recursos e, consequentemente, menores custos e maiores ganhos.

Dentro do processo normal de desempenho das operações, que é de forma contínua e ininterrupta, o ciclo operacional não fica claramente visível. Porém, a cada término de um ciclo operacional, a empresa está acionando um novo ciclo, e assim sucessivamente. Portanto, quanto menos tempo for despendido em cada uma das tarefas de cada atividade, mais vezes o ciclo será acionado, e haverá aumento da produtividade e resultados econômicos.

Exemplo: Mensuração do Ciclo Operacional em Dias

Tomando como base os elementos da Figura 22.1 e atribuindo arbitrariamente quantidade de dias para todos os momentos temporais do ciclo, podemos mensurar o ciclo operacional em dias.

Atividade	Dias Necessários para Desenvolver a Atividade
Planejamento da Produção	5
Emissão de Ordem de Compra	2
Recebimento do Material	90
Pagamento ao Fornecedor	(*) 30
Consumo de Materiais na Fábrica	60
Processo de Fabricação – Produção	60
Estoque de Produtos Acabados	30
Processamento do Pedido do Cliente	10
Venda	5
Recebimento da Venda	30
Ciclo Operacional	**292**

* Apesar de constar do ciclo operacional, o pagamento ao fornecedor é executado em paralelo ao consumo do material e ao processo de fabricação. Assim, esta quantidade de dias não deve ser somada ao ciclo operacional para não duplicar a quantidade física de dias.

Pode parecer exagerada uma quantidade de 292 dias para executar um ciclo operacional em uma indústria com alguma complexidade de tecnologia e processo produtivo. No entanto, hão de ser considerados todos os fatores envolvidos no processo, como exemplificaremos a seguir.

O primeiro grande ciclo em dias é o recebimento do material. Este prazo acontece entre o momento em que o fornecedor recebe o pedido até o momento em que a mercadoria encomendada adentra a empresa. Para alguns processos produtivos de matéria-prima fartamente disponível e pulverizada, é possível que o tempo seja extremamente reduzido. Mas o prazo para entrega pode ser muito grande, tanto em função do material, como do fornecedor. Como exemplo podemos citar materiais importados, em que o processo de internação demanda muitos dias, normalmente meses, tanto em função do tipo de transporte (a maior parte é marítima), como do processo burocrático aduaneiro.

No nosso exemplo, o prazo entre o recebimento do material e sua utilização pela fábrica é de 60 dias, aparentemente muito grande. Entretanto, as empresas têm normalmente políticas de estocagem de segurança para prevenção de problemas conjunturais e inibição de interrupção de fornecimento. Obviamente, dependendo do produto e do material, prazos de estocagem extremamente curtos são passíveis de ser obtidos.

O processo de fabricação compreende todas as etapas necessárias para fazer o produto partindo de seus materiais básicos. Alguns produtos não levam mais do que segundos ou minutos para serem feitos, considerando tecnologias automatizadas (produtos de plástico, por exemplo). Outros produtos, que em geral exigem processos de montagem, embalagem e expedição manufaturados, ou maturação pelo próprio transcorrer do tempo (produtos por encomenda, *agrobusiness*, por exemplo), demandam dias ou meses para sua finalização.

A quantidade de dias necessários para estocagem dos produtos já acabados também depende tanto do tipo de produto como do processo de comercialização. Algumas empresas optam por maior estocagem de produtos acabados, objetivando sempre ter produtos à mão para pronta entrega.

O processamento interno do pedido do cliente pode ser totalmente eliminado como adição de dias ao ciclo operacional se ele for feito paralelamente com outros componentes do ciclo. Porém, o mais comum é ter-se produtos em estoque e o tempo de processamento do pedido do cliente impede a venda imediata.

O prazo para venda está entre o momento do pedido já processado e sua expedição por qualquer meio de transporte. O prazo de recebimento da venda depende tanto da política de crédito da empresa, como de prazo costumeiro no setor de atuação da empresa.

Ciclo Econômico e Financeiro em Dias

O ciclo econômico compreende todos os períodos de estocagem e o período de produção até a venda. No nosso exemplo compreenderia:

	Em Dias
Estocagem de Materiais	60
Processo de Fabricação	60
Produtos Acabados	30
Venda	5
TOTAL	**155**

O ciclo financeiro compreende as etapas do pagamento das compras de materiais até o recebimento da venda. No nosso exemplo seria:

	Em Dias
Ciclo Econômico	155
(-) Prazo do Fornecedor	(30)
(+) Prazo de Recebimento da Venda	30
TOTAL	**155**

Redução dos Dias do Ciclo: Uma Atividade Fundamental

A gestão do tempo do ciclo operacional é uma gestão contínua e ininterrupta na busca do menor tempo possível para todas as atividades. Todos os tempos exemplificados anteriormente devem ser objeto de políticas específicas para obter sua redução, por meio de um contínuo monitoramento e busca de novas alternativas e técnicas de gestão.

Conceitos de Gestão Operacional e Tecnologia de Informação[1]

Just-in-Time, Teoria das Restrições, Produção *Lean*, *Kanban*, Produção Modular, *MRP* e Células de Produção são os conceitos mais utilizados objetivando a redução do ciclo operacional, a maior parte apoiada por softwares para sua implementação. Cada empresa deve estar atenta aos melhores conceitos que se adaptam ao seu produto e processo produtivo e utilizá-los de forma otimizada.

A utilização dos sistemas integrados de gestão (*ERP – Enterprise Resource Planning*), acoplados com outras soluções oferecidas pela tecnologia de informação (CRM, ECR, EDI, Internet, *E-Procurement,* dispositivos portáveis etc.), tem sido o caminho mais utilizado para buscar uma melhoria significativa no ciclo operacional, já que a atual tecnologia da informação permite uma integração e uma velocidade de comunicação de dados muito grande.

22.4 Mensuração e Gestão dos Ciclos Econômico e Financeiro

Já vimos que o ciclo operacional deve ser mensurado em termos de valor, para sua gestão econômica e financeira. Tanto a mensuração quanto a gestão dos ciclos econômico e financeiro podem ser feitas de duas maneiras, a saber:

[1] Temas desenvolvidos no livro *Sistemas de informações contábeis*. São Paulo: Atlas, do autor.

- Mensuração econômica individualizada, idealizada ou padrão: É realizada partindo dos dados levantados na identificação do ciclo operacional completo, em dias, e os valores do custo dos recursos envolvidos e necessários para o desempenho de cada atividade das diversas etapas do ciclo.
- Mensuração econômica genérica por meio dos demonstrativos contábeis: É a mais utilizada, parte dos valores contábeis dos itens representativos do ciclo operacional (contas a receber, estoques, contas a pagar, impostos a recolher), obtidos no Balanço Patrimonial, e os relaciona com os valores resultantes e inter-relacionados com esses elementos do giro, dentro da demonstração de resultados, obtendo os prazos médios das atividades expressos em dias ou em giro.

Mensuração Ideal ou Padrão do Ciclo Econômico e Financeiro

Esta metodologia de mensuração do capital financeiro necessário para suportar o giro dos negócios parte da ideia de analisar um único ciclo de fabricação e venda, como se ele fosse executado isoladamente, sem a retomada do próximo ciclo, que é o que acontece na realidade. A ideia é acompanhar todas as etapas dos ciclos econômico e financeiro, assumindo os valores envolvidos em cada etapa, acumulando-os quando necessário. A Tabela 22.1 apresenta um modelo de análise e mensuração dos ciclos econômico e financeiro. As premissas de valores para um ciclo produtivo completo são:

	R$
• Custo dos materiais	3.000 para o(s) produto(s) a ser(em) fabricado(s)
• Custos de fabricação	1.800 por mês
• Valor de venda do produto – bruto	8.400 do(s) produto(s) fabricado(s)
• Impostos sobre a venda	1.400
• Valor de venda do produto – líquido	7.000
• Impostos sobre a compra	600
• Impostos líquidos	800

Tabela 22.1 Cálculo dos ciclos econômico e financeiro ideal ou padrão - valores nominais

Etapas do Ciclo	Mês 1-R$	Mês 2-R$	Mês 3-R$	Mês 4-R$	Mês 5-R$	Mês 6-R$	Ciclo em Meses	Total
	Para um Ciclo de Produção/Venda							
Estocagem de Materiais	3.000,00	3.000,00					2	6.000,00
Crédito de Imposto	600,00	600,00	600,00	600,00	600,00	600,00	2	1.200,00
Pagamento a Fornecedores		3.600,00					1	3.600,00
Consumo de Materiais		3.000,00	3.000,00				2	6.000,00
Custo de Fabricação								
• Mês 1		1.800,00	1.800,00					1.800,00
• Mês 2				1.800,00			2	1.800,00
Estoque de Produtos Acabados					6.600,00		1	6.600,00
Venda (a preço de custo)						6.600,00	1	6.600,00
Recolhimento de Impostos						800,00		800,00
SOMA	**0,00**	**3.600,00**	**5.400,00**	**5.400,00**	**7.200,00**	**8.000,00**		**27.200,00**

O total do investimento para o custo de um ciclo de fabricação e venda de forma individual totaliza R$ 8.000, compreendendo o custo dos materiais (R$ 3.000), o valor do imposto creditado na compra, que só será utilizado no momento do recolhimento (R$ 600), mais o custo de dois meses de gastos de fabricação (2 x R$ 1.800) e o recolhimento de impostos (R$ 800). Todos esses valores serão recuperados pelo total bruto da venda de R$ 8.400, resultando em um líquido em caixa de R$ 400. O resultado líquido de caixa é idêntico ao lucro obtido (R$ 7.000 da venda líquida, menos R$ 3.000 de materiais e menos R$ 3.600 de dois meses de gastos de fabricação).

O total do giro necessário para suprir todo o ciclo, considerando o total dos dias em que os insumos e gastos ficam imobilizados à espera da venda, atinge R$ 27.200, resumido assim:

	R$
Estoque de materiais – 2 meses x R$ 3.000 =	6.000
Imposto creditado – 2 meses x R$ 600 =	1.200
(-) Crédito do fornecedor – 1 mês =	(3.600)
Estoque em processo –	
- 2 meses de materiais x R$ 3.000 =	6.000
- 2 meses de gastos de fabricação x R$ 1.800 =	3.600
Estoque de Acabados – 1 mês a R$ 6.600 =	6.600
Venda – 1 mês para o recebimento (a custo) =	6.600
Imposto recolhido – 1 mês x R$ 800 =	800
Total necessário para o giro =	27.200

Considerando o custo de um ciclo individual de R$ 8.000 e a necessidade de investimento total de R$ 27.200, podemos criar um indicador médio de rotatividade, visto de duas maneiras. A primeira pelo indicador de rotação:

Rotação do ciclo = R$ 27.200: R$ 8.000 = 3,4

ou seja, durante o ano, o valor do ciclo individual representa um giro 3,4 vezes no ano.

A outra forma de ver é expressando em dias de custo de fabricação. No nosso exemplo teríamos:

Custo dos materiais (bruto) = R$ 3.600 x 12 meses =	R$ 43.200
Custo de fabricação mensal = R$ 1.800 x 12 meses =	21.600
SOMA	**64.800**

$$\text{Dias em Giro} = \frac{\text{Necessidade de Giro x 360 Dias}}{\text{Gastos de Fabricação}}$$

$$\text{Dias em Giro} = \frac{\text{R\$ 27.200 x 360}}{\text{R\$ 64.800}} = 151 \text{ dias}$$

Isto significa que a empresa tem de imobilizar em capital de giro em média 151 dias de seu custo anual de fabricação.

Custo Financeiro dos Ciclos Econômico e Financeiro

O exemplo desenvolvido anteriormente limitou-se a valores nominais, sem considerar o custo do dinheiro no tempo. Partindo da premissa de que qualquer investimento tem de ser financiado e independentemente de que tipo de fonte veio o capital, há a ocorrência de juros para remuneração do financiador, seja ele de capital próprio ou de terceiros.

Tomando os dados da Tabela 22.1, fizemos o recálculo do capital de giro, considerando um custo financeiro de 1% ao mês de forma composta. Neste novo exemplo, consideramos que o custo financeiro de estocagem, mesmo sendo amenizado pelo fato de ser financiado pelo fornecedor em 30 dias, é um custo do investimento. Este entendimento decorre da premissa de que pode ser que tenhamos de adquirir os materiais à vista e, neste caso, não haveria como o estoque ser parcialmente financiado.

A Tabela 22.2 reproduz na primeira linha de cada evento os valores nominais e, logo embaixo, os valores com o custo financeiro. Nos somatórios, só foram considerados os valores com os custos financeiros.

Tabela 22.2 Cálculo do ciclo econômico e financeiro ideal ou padrão - com custo financeiro - 1% ao mês

Etapas do Ciclo	Mês 1-R$	Mês 2-R$	Mês 3-R$	Mês 4-R$	Mês 5-R$	Mês 6-R$	Ciclo em Meses	Total
			Para um Ciclo de Produção/Venda					
Estocagem de Materiais	3.000,00	3.000,00					2	6.000,00
• Insumo + Custo Financeiro	3.030,00	3.060,30						6.090,30
Crédito de Imposto	600,00	600,00	600,00	600,00	600,00	600,00	2	1.200,00
• Evento + Custo Financeiro	606,00	612,06	618,18	624,36	630,61	636,91		1.267,52
Pagamento a Fornecedores		3.600,00					1	3.600,00
• Evento + Custo Financeiro		3.636,00						3.636,00
Subtotal - Estoque/Fornecedores Líquido								3.721,82
Consumo de Materiais			3.000,00	3.000,00			2	6.000,00
• Insumo + Custo Financeiro			3.090,90	3.121,81				6.212,72
Custos de Fabricação								
• Mês 1			1.800,00					1.800,00
• Mês 2				1.800,00			2	1.800,00
• Insumo + Custo Financeiro			1.818,00	1.836,18				3.654,18
Estoque de Produtos Acabados					6.600,00		1	6.600,00
• Insumo + Custo Financeiro					6.843,75			6.843,75
Venda (a preço de custo)						6.600,00	1	6.600,00
• Produto + Custo Financeiro						6.912,19		6.912,19
Recolhimento de Impostos						800,00		800,00
• Evento + Custo Financeiro						808,00		808,00
Custo Acumulado	**0,00**	**3.636,00**	**5.527,08**	**7.400,35**	**7.474,36**	**8.357,10**		**28.152,65**

O custo individual de um ciclo produtivo, considerando juros à medida que os meses são transcorridos, é de R$ 8.357,10 contra R$ 8.000,00, considerando valores nominais. Portanto, há um acréscimo de custo, pelo custo do dinheiro, de R$ 357,10, ou seja, 4,46%.

Considerando o conjunto do ciclo e seus respectivos meses, o total do giro necessário sobe de R$ 27.200,00 a valores nominais para R$ 28.152,65 a valores corrigidos pelo custo financeiro, ou seja, um aumento percentual de 3,5%.

O aumento percentual de custo do total é menor do que o aumento percentual individual, uma vez que no cálculo individual os valores são atualizados ininterruptamente, enquanto no cálculo pelo total há uma média de valores em investimento e, portanto, o custo financeiro médio é menor.

Para uma correta formação de preços de venda com base no custo, objetivando a adequada busca de rentabilidade do capital, o preço de venda deveria incluir uma margem adicional para recuperar os 4,46% de custo financeiro para financiamento do ciclo operacional da empresa.

Mensuração Contábil dos Ciclos Econômico e Financeiro

A mensuração contábil dos ciclos econômico e financeiro da empresa é feita com os dados dos Demonstrativos Contábeis, do Balanço Patrimonial e da Demonstração de Resultados, transformando os dados dos elementos do giro inter-relacionados em indicadores de atividades ou prazos médios, indicados em dias ou em número de giro (rotação).

Tomando como base os dados constantes dos Demonstrativos Contábeis das Tabelas 20.1 e 20.2 apresentamos os indicadores dos ciclos econômico e financeiro mais utilizados tanto no conceito de giro como no conceito de dias. Utilizaremos os dados da Demonstração dos Resultados do ano de X1 e do Balanço Patrimonial de 31.12.x1.

Estocagem de materiais

$$\text{Giro do Estoque (GE)} = \frac{\text{Consumo de Materiais}}{\text{Estoque de Materiais}}$$

$$GE = \frac{R\$\ 10.025.476^*}{R\$\ 1.788.347} = 5{,}61 \text{ vezes}$$

* R$ 9.901.289 (Industrial) +
R$ 66.009 (Administrativos) +
R$ 58.178 (Comerciais)

$$\text{Dias em Estoque} = \frac{\text{Estoque de Materiais x 360 Dias}}{\text{Consumo de Materiais}}$$

$$\text{Dias em Estoque} = \frac{R\$\ 1.788.347 \times 360}{R\$\ 10.025.476} = 64{,}21 \text{ dias (64 dias)}$$

Esses indicadores dizem que o estoque de materiais gira 5,61 vezes no ano e que, em média, o estoque de materiais tem valores estocados que correspondem a 64 dias do consumo médio de materiais de um ano de produção.

Pagamento de fornecedores

$$\text{Prazo Médio de Pagamento} = \frac{\text{Fornecedores (Dupls. a Pagar) x 360 Dias}}{\text{Compras de Materiais (Bruto)*}}$$

$$\text{Prazo Médio de Pagamento} = \frac{R\$\ 679.377 \times 360}{R\$\ 11.816.311} = 20{,}70 \text{ dias (21 dias)}$$

Este indicador nos mostra que o prazo médio de pagamento da empresa é de 21 dias, ou seja, os fornecedores, em média, dão um prazo de 21 dias para a empresa pagar suas compras de materiais.

*Normalmente, esta informação não está disponível nos Demonstrativos Contábeis publicados. Como nosso foco é a gestão interna, esta informação deverá ser gerada pelo Sistema Contábil. De qualquer forma, ela pode ser estimada por meio das fórmulas de inter-relacionamento entre as contas dos elementos contábeis envolvidas, mais uma estimativa de impostos médios das compras, já que o consumo de materiais é líquido dos impostos. Vejamos como isso é feito:

	R$
Consumo de Materiais	10.025.476
(+) Estoque Final de Materiais	1.788.347
(-) Estoque Inicial de Materiais	(1.800.000)
= Compras de Materiais Líquido	10.013.823
(+) Impostos sobre Compras (18%)	1.802.488
= Compras Brutas	11.816.311

Estocagem de produtos em processo

$$\text{Giro do Estoque (GE)} = \frac{\text{Custo dos Produtos Vendidos}}{\text{Estoque de Produtos em Processo}}$$

$$GE = \frac{R\$\ 15.128.185}{R\$\ 839.145} = 18{,}02 \text{ vezes}$$

$$\text{Dias em Estoque} = \frac{\text{Estoque de Produtos em Processo x 360 Dias}}{\text{Custo dos Produtos Vendidos}}$$

$$\text{Dias em Estoque} = \frac{\text{R\$ 839.145 x 360}}{\text{R\$ 15.128.185}} = \text{19,97 dias (20 dias)}$$

Estes indicadores evidenciam que a fábrica consegue produzir 18 ciclos de fabricação, ou seja, ao longo do ano, 18 vezes a linha de produtos. Em outras palavras, o ciclo produtivo da empresa, do consumo de materiais até a produção final, leva apenas 20 dias.

Estocagem de produtos acabados

$$\text{Giro do Estoque (GE)} = \frac{\text{Custo dos Produtos Vendidos}}{\text{Estoque de Produtos Acabados}}$$

$$\text{GE} = \frac{\text{R\$ 15.128.185}}{\text{R\$ 667.395}} = \text{22,67 vezes}$$

$$\text{Dias em Estoque} = \frac{\text{Estoque de Produtos Acabados x 360 Dias}}{\text{Custo dos Produtos Vendidos}}$$

$$\text{Dias em Estoque} = \frac{\text{R\$ 667.395 x 360}}{\text{R\$ 15.128.185}} = \text{15,88 dias (16 dias)}$$

Recebimento de clientes

$$\text{Prazo Médio de Recebimento} = \frac{\text{Clientes (Dupls. a Receber) x 360 Dias}}{\text{Vendas (Receita Operacional Bruta)}}$$

$$\text{Prazo Médio de Recebimento} = \frac{\text{R\$ 2.048.604 x 360}}{\text{R\$ 23.883.989}} = \text{30,88 dias (31 dias)}$$

O dado obtido indica que a empresa demora, em média, 31 dias para receber o valor das vendas. Em outras palavras, a carteira de cliente a receber representa 31 dias de vendas médias diárias.

22.5 Gestão do Capital de Giro

A terminologia **capital de giro** vem da visão circular do processo operacional de geração de lucros, qual seja: comprar estoques, produzir, vender e receber, voltar a comprar estoques, produzir e vender/receber. Em termos contábeis, o capital de giro é representado pelo total do ativo circulante, também denominado capital de giro bruto.

Capital de Giro Próprio

Como os estoques podem ser provisoriamente financiados, por meio das duplicatas a pagar de fornecedores, prazos de impostos a recolher e prazo para pagamento dos salários dos funcionários e despesas, financeiramente o valor do dinheiro necessário para o giro **normal** dos negócios da empresa pode ser menor. Assim, denomina-se Capital de Giro Próprio (CGP) a diferença entre o Ativo Circulante e Passivo Circulante.

Eventualmente, alguns elementos clássicos do capital de giro podem estar no longo prazo, tanto no ativo (realizável a longo prazo), como no passivo (exigível a longo prazo). Contudo, normalmente os elementos patrimoniais desses dois grupos do Balanço evidenciam direitos ou investimentos de longo prazo, no ativo, e dívidas de longo prazo no passivo, razão por que não levaremos em consideração esses grupos patrimoniais neste tópico do trabalho.

Tomando como base os dados das Tabelas 20.1 e 20.2, 31.12.x1, teríamos:

Capital de Giro (Bruto) = R$ 6.908.152 (Ativo Circulante)

Capital de Giro Próprio = R$ 6.908.152 (Ativo Circulante)
(-) 3.444.615 (Passivo Circulante)
= 3.463.537 (Capital Circulante Líquido)

Reclassificação do Balanço Patrimonial para Fins de Finanças

Para fins de análise financeira, os Passivos Circulantes devem ser considerados redutores do Ativo Circulante. Assim, temos de colocá-los no ativo com sinal negativo:

Balanço Tradicional

	R$		R$
Ativo Circulante	6.908.152	Passivo Circulante	3.444.615
Realizável a Longo Prazo	8.000	Exigível a Longo Prazo	4.838.434
Ativo Permanente	5.634.775	Patrimônio Líquido	4.267.878
Ativo Total	**12.550.927**	**Passivo Total**	**12.550.927**

Capital de Giro no Balanço Financeiro			
	R$		R$
Ativo Circulante	6.908.152		
(-) Passivo Circulante	(3.444.615)	Exigível a Longo Prazo	4.838.434
= Capital de Giro Próprio	3.463.537		
Realizável a Longo Prazo	8.000		
Ativo Permanente	5.634.775	Patrimônio Líquido	4.267.878
Ativo Total	**9.106.312**	**Passivo Total**	**9.106.312**

Elementos do Capital de Giro Próprio

Na visão tradicional, os componentes do capital de giro são todas as contas do Ativo Circulante e Passivo Circulante. Os principais elementos são:

- Disponibilidades (caixa, bancos e aplicações financeiras).
- Contas a Receber de Clientes (duplicatas a receber).
- Estoques (materiais em processo e acabados).
- Contas a Pagar a Fornecedores (duplicatas a pagar).
- Outras Contas a Pagar (despesas provisionadas).
- Salários e Encargos a Pagar.
- Impostos a Recolher sobre Mercadorias.

Outras contas menos comuns e até de montante menos significativo, para a maioria das empresas, também devem ser consideradas no capital de giro, quais sejam:

- Impostos a Recuperar (IR de aplicações financeiras, saldo credor de IPI/ICMS etc.).
- Provisão para Devedores Duvidosos.
- Títulos Descontados.
- Provisão Retificadora de Estoques.
- Adiantamentos de Fornecedores.
- Despesas do Exercício Seguinte (despesas antecipadas).
- Adiantamento de Clientes.
- Impostos a Recolher sobre o Lucro.
- Empréstimos de Curto Prazo.
- Dividendos ou Lucros a Distribuir.

Cada uma dessas contas merece uma gestão diferenciada, pois tem suas características próprias. No entanto, as principais contas que são objeto de estudo mais aprofundado são: Estoques, Clientes e Fornecedores, que formam a espinha dorsal do conceito de Capital de Giro Próprio.

O Modelo Fleuriet – Contas Cíclicas e Erráticas e Necessidade Líquida de Capital de Giro

Michel Fleuriet e outros[2] desenvolveram um modelo de administração do capital de giro que tem sido denominado Análise Financeira Dinâmica que retoma o tema da liquidez e seus indicadores, sugerindo uma abordagem nova e diferente da abordagem da análise de balanço tradicional. Seu modelo foi desenvolvido com algumas adaptações por Olinquevitch e De Santi.[3] Para tanto, Fleuriet separa os elementos do giro, classificando-os em dois tipos em relação ao seu comportamento com o ciclo operacional:

- Contas **cíclicas**, ou seja, contas de natureza operacional.
- Contas **erráticas**, ou seja, as demais contas do circulante.

As contas cíclicas

> "... são as que relacionam-se diretamente com o ritmo operacional, refletindo, em seus saldos, o nível de operações fins da empresa (...) as contas erráticas são aquelas cujos saldos evoluem sem qualquer relação com o ritmo das operações podendo, portanto, ser zerados quando a empresa estiver desempenhando normalmente suas atividades."[4]

As contas cíclicas relevantes são: duplicatas a receber de clientes, estoques e despesas pagas antecipadamente no

[2] FLEURIET, Michel, KEHDY, R. e BLANC, G. *A dinâmica financeira das empresas brasileiras*. Belo Horizonte: Fundação Dom Cabral, 1978.

[3] OLINQUEVITH, José Leônidas e DE SANTI FILHO, Armando. *Análise de balanços para controle gerencial*. 2ª ed., São Paulo: Atlas, 1987.

[4] FIORAVANTI. Op. cit., p. 15.

ativo; duplicatas a pagar de fornecedores, obrigações tributárias incidentes sobre o faturamento e obrigações trabalhistas no passivo. As contas erráticas relevantes são: caixa, bancos, aplicações financeiras, mútuos com controladas e coligadas e outras contas correntes no ativo; financiamentos bancários, títulos descontados, provisões de impostos sobre o lucro, mútuos com controladas e coligadas e outras contas a pagar no passivo.

Considerando as naturezas diferenciadas das contas do giro, há uma reclassificação do capital circulante: as contas cíclicas são classificadas como giro e, consequentemente, o total dos ativos cíclicos menos o total dos passivos cíclicos indica a **Necessidade Líquida de Capital de Giro (NLCG)**. As demais contas, de caráter financeiro e não vinculadas às operações, são denominadas contas de **Tesouraria**, e só com essas é que se deveria calcular a liquidez empresarial e a capacidade de solvência da empresa no curto prazo. Com os dados do exemplo inicial, apresentamos uma reclassificação conforme a abordagem dinâmica do Modelo Fleuriet.

Tabela 22.3 Balanço Patrimonial – Modelo Fleuriet

Ativo Circulante		Passivo Circulante	
Contas Erráticas	**1.604.460**	**Contas Erráticas**	**1.899.607**
Caixa/Bancos	1.000	Títulos Descontados	0
Aplicações Financeiras	1.597.660	Impostos a Recolher (sobre Lucros)	71.899
Impostos a Recuperar (sobre Lucro)	5.800	Empréstimos	1.649.124
		Dividendos a pagar	178.585
Contas Cíclicas	**5.303.693**	**Contas Cíclicas**	**1.545.007**
Contas a Receber	2.048.604	Fornecedores	679.377
Provisão Devedores Duvidosos	(43.899)	Salários e Encargos a Pagar	264.981
Estoques	3.294.887	Contas a Pagar	120.446
Adiantamentos a Fornecedores	2.800	Impostos a Recolher (sobre Mercadorias)	475.203
Despesas do Exercício Seguinte	1.300	Adiantamento de Clientes	5.000
Realizável a Longo Prazo	**8.000**	**Passivo Não Circulante**	**4.838.435**
Ativo Fixo	**5.634.775**	**Patrimônio Líquido**	**4.267.878**
ATIVO TOTAL	**12.550.927**	**ATIVO TOTAL**	**12.550.927**

O aspecto fundamental desta abordagem, que tem como objetivo oferecer um modelo de decisão completo para administração do capital de giro,[5] centra-se no conceito de que as contas cíclicas são necessárias para o ritmo das operações, não podendo, portanto, ser realizadas sob pena de comprometer a continuidade da empresa. Além de não poderem ser realizadas e, consequentemente, ser utilizadas para quitação de obrigações financeiras (passivos erráticos), o saldo das contas cíclicas variam com o nível de atividade da empresa. Em outras palavras, sempre que existir um aumento no volume de produção ou vendas, será preciso ampliar os investimentos e a retenção de giro para fazer face a esse novo nível de atividade (o inverso também é válido – sempre que houver redução de nível de atividade, deverá haver redução da necessidade de giro).[6]

Sob esse aspecto, **a necessidade líquida de capital de giro equipara-se a um conceito de permanente**, mesmo que, à luz dos princípios contábeis geralmente aceitos, não o seja. Porém, numa abordagem puramente gerencial, não há possibilidade de dispor dos elementos do giro (clientes, estoques), porque eles são imprescindíveis para manter o nível de atividade da companhia.

No exemplo apresentado acima, a NLCG é de R$ 3.758.686, e esse valor não deve ser disponibilizado para pagamento de obrigações, pois é destinado a manutenção das operações.

[5] BRAGA, Roberto. "Análise avançada do capital de giro". *In: Caderno de Estudos Fipecafi* - FEA/USP. nº. 3, setembro/1991.

[6] Estamos desconsiderando alterações nas políticas ou ganhos de produtividade nos créditos e estoques.

Necessidade Líquida de Capital de Giro (NLCG) = Ativos Cíclicos (-) Passivos Cíclicos

NLCG = R$ 5.303.693 (-) R$ 1.545.007
NLCG = R$ 3.758.686

Necessidade de Capital de Giro, Crescimento da Empresa e Financiamento do Capital de Giro

Em linhas gerais, as empresas buscam desempenhar um modelo de **crescimento constante**, ganhando ou ampliando mercados. Dentro dessa premissa, há sempre necessidade adicional de capital de giro, ao longo do tempo, pois ele representa os recursos necessários para o desempenho das operações da empresa. Esta, como já deixamos claro, sempre deverá objetivar uma redução do ciclo operacional. Porém, em determinadas condições, essa redução tem limites, e o capital de giro adicional, com crescimento do nível de atividade, é fundamental.

Entretanto, por melhores que sejam as condições do planejamento e do processo de gestão operacional, a realidade dos negócios carrega dentro de si imperfeições, naturais da conjuntura econômica, que afetam o valor da necessidade de capital de giro. Essas condições naturais de mercados imperfeitos imprime alguma sazonalidade nas necessidades de capital de giro, a qual, juntamente com a evolução das contas erráticas, termina por evidenciar dois tipos de comportamento do capital de giro:

- um cíclico, que responde proporcionalmente à evolução do nível de atividade ao longo do tempo;
- um sazonal ou errático, que responde desvinculado da evolução natural do ritmo das operações.

Ambos podem ser expressos de forma gráfica, conforme mostramos na Figura 22.2.

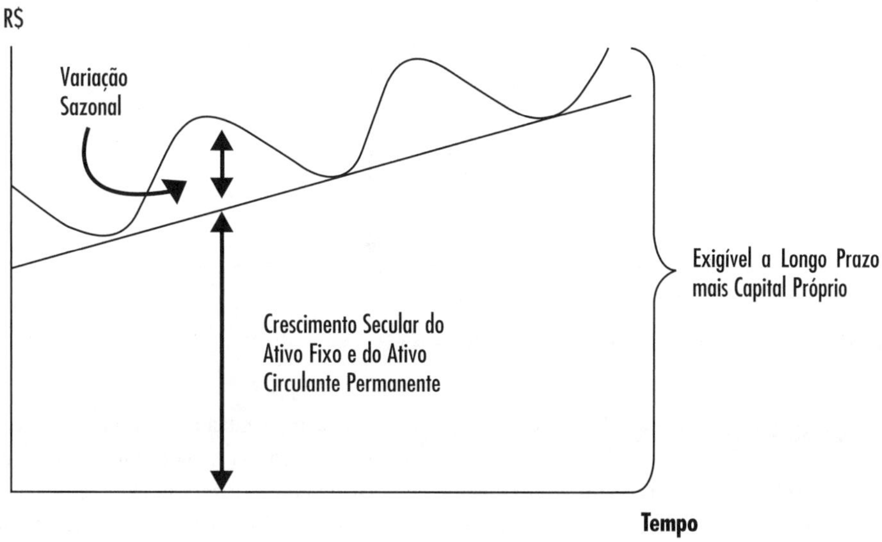

Figura 22.2 A necessidade total de ativos em função do tempo

Esta figura, em consonância com o conceito de contas cíclicas e erráticas e também dentro do conceito de que a necessidade de capital de giro não pode ser disponibilizada, e sim é um investimento necessário, igualmente ao Ativo Permanente, mostra a possibilidade de financiamento do capital de giro.

Em linhas gerais, há duas opções claras de financiamento para o capital de giro em relação ao seu comportamento ao longo do tempo:

- Financiar toda a necessidade de giro, cíclica e sazonal, com recursos de longo prazo.
- Financiar a necessidade de giro cíclica com recursos de longo prazo, cobrindo as necessidades sazonais com recursos temporários de curto prazo.

Ambas estão apresentadas nas Figuras 22.3 e 22.4.

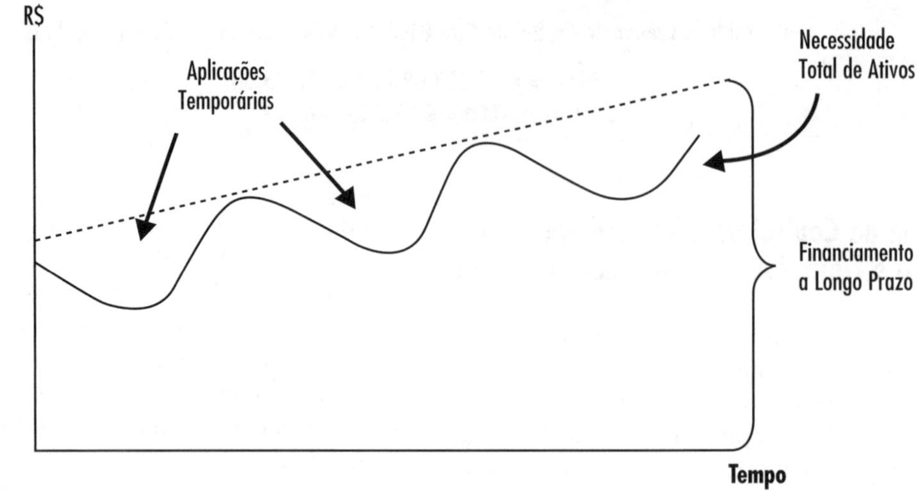

Figura 22.3 Políticas de financiamentos alternativas – estratégia F

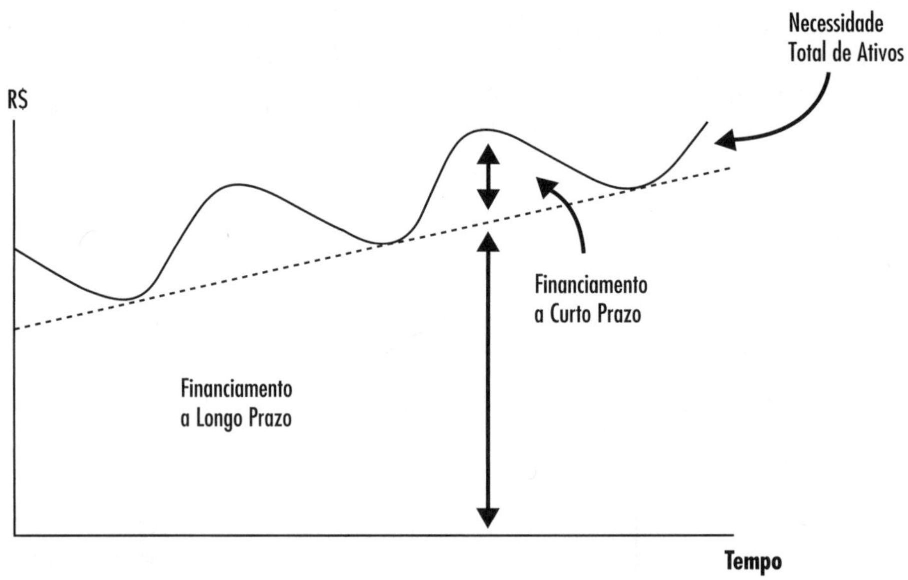

Figura 22.4 Políticas de financiamentos alternativas – estratégia R

Gestão do Capital de Giro – Visão Geral

A administração do capital de giro corresponde basicamente ao monitoramento completo do ciclo operacional padrão ou ideal e do impacto financeiro que a magnitude do ciclo provoca nas necessidades dos recursos empresariais.

Podemos dizer que a função da Controladoria em relação à gestão do capital de giro consiste em apoiar os gestores das diversas áreas e atividades da empresa na busca de desempenho operacional em termos dos padrões identificados, para cada atividade, do ciclo operacional.

Como já vimos, os gastos necessários para o giro estão representados em rubricas específicas do Balanço Patrimonial, que têm uma relação direta e inter-relacionada com dados da demonstração de resultados. Esses dados evidenciam a realidade da empresa, e, portanto, os indicadores dos prazos médios de atividades extraídos dos Demonstrativos Contábeis devem ser confrontados com os indicadores ideais ou padrões, detectados na mensuração individualizada das diversas etapas do ciclo operacional.

Foco da gestão do capital de giro

Indicadores do Ciclo Operacional pelos Prazos Médios de Atividade Reais

X

Indicadores do Ciclo Operacional Ideais ou Padrões

A Tabela 22.4 apresenta um modelo de decisão para gestão do capital de giro. Vamos tomar como referência apenas os principais elementos representativos do capital de giro.

Tabela 22.4 Modelo de decisão para gestão do capital de giro

Capital de Giro	Dados Reais		Dados-Padrão		Variação		
	R$	Dias	R$	Dias	R$	Dias	Percentual
Estocagem de Materiais	1.788.347	64	1.676.000	60	112.347	4	6,7
Estoque de Produtos em Processo	839.145	20	839.000	20	145	0	0,0
Estoque de Produtos Acabados	667.395	16	625.000	15	42.395	1	6,8
Total dos Estoques	3.294.887	100	3.140.000	95	154.887	5	4,9
Fornecedores	679.377	21	646.000	20	33.377	1	5,2
Clientes	2.048.604	31	1.850.000	28	198.604	3	10,7
TOTAL GERAL	**4.664.114**	**110**	**4.344.000**	**103**	**320.114**	**7**	**7,4**

Os dados da Tabela 22.4 indicam que há um excesso de investimento de R$ 320.114 em capital de giro, correspondendo a uma média de sete dias a mais do que os dados padronizados no momento. A Controladoria, com os gestores responsáveis pelas diversas atividades, deverá identificar as razões que estão ocasionando as variações e buscar eliminá-las.

22.6 Principais Fatores que Afetam a Necessidade Líquida de Capital de Giro

A gestão do capital de giro, como já vimos, fundamenta-se no monitoramento do ciclo operacional padrão ou ideal, que decorre do processo produtivo e dos tempos necessários para o conjunto de atividades para produzir e vender os produtos e serviços.

Contudo, o ciclo-padrão pode ser alterado por decisões arbitrárias decorrentes de políticas que a empresa deseje implementar, sempre objetivando maior rentabilidade e dentro da estratégia de contínuo crescimento.

Política de Crédito X Volume de Vendas

O saldo de contas a receber (Duplicatas a Receber de Clientes) decorre das vendas a prazo da empresa que podem ser tanto uma necessidade do negócio em que a empresa atua, como, no mais das vezes, um produto da política de crédito da companhia. Essa política pode ser um elemento competitivo diferenciador da empresa e incrementador de volume de vendas; assim, ela está intimamente associada à variação da quantidade e volume vendido e demandará uma necessidade de capital de giro que será aumentada se o volume de vendas for aumentado. Além disso, uma variação da política de crédito provocará mais necessidade de capital de giro (se os prazos para recebimento das vendas aumentarem), bem como o reduzirá (se os prazos das vendas diminuírem).

Os fatores básicos para a sua determinação são:

- Volume de vendas a ser incrementado com a adoção de uma nova política.
- Volume de capital necessário para fomentar essa nova política.
- Qual o custo de capital dos investimentos necessários (custo de oportunidade).
- Qual a taxa a ser cobrada dos clientes pelos prazos concedidos nas vendas.*

* Inclui o impacto dos impostos adicionais faturados sobre os juros cobrados nas vendas.

Exemplo

Uma empresa vende apenas à vista. Para aumentar seu faturamento em 12%, ela pretende vender tudo a prazo para 30 dias. O volume normal de vendas é R$ 500.000 ao mês. O custo de oportunidade de capital é de 4% ao mês. Ela pretende recuperar 25% a mais de custo financeiro na venda a prazo. Os impostos sobre vendas são de 20% e recolhidos à vista. Vamos calcular o índice para vender a 30 dias e o volume necessário de capital de giro em contas a receber.

O exemplo evidencia os seguintes aspectos principais em uma mudança de política de crédito:

- Há necessidade de rever a formação do preço de venda sob pena de perda de rentabilidade com a antecipação do recolhimento dos impostos em relação à situação anterior.
- Um aumento de vendas por política de crédito aumentando o prazo para o cliente vai exigir um acréscimo de capital de giro.
- Capital de giro acrescido deve ser financiado, gerando um custo adicional e complementar de custo do dinheiro.

a) **Custo financeiro a recuperar** = 5% ao mês (4% + 25% = 4 x 1,25)

b) **Índice para venda a prazo** =

Venda à vista = R$ 100,00	Imposto a recolher = R$ 20,00	Receita líquida = R$ 80,00
Venda a prazo = R$ 105,00	Imposto a recolher = R$ 21,00	Receita líquida = R$ 84,00

Valor presente da receita da venda a prazo = R$ 105 : 1,04 =	R$ 100,96
(-) Imposto recolhido	(21,00)
Valor líquido	79,96
Perda por vender a prazo	0,04
Valor a ser incorporado na venda a prazo (R$ 0,04 x 1,04%)	0,0416
Venda a prazo =	105,0416

Comprovação = R$ 105,0416 : 1,04 = R$ 101,00 (-) 21,00 Imposto = R$ 80,00

c) **Volume de capital de giro necessário em contas a receber***

R$ 500.000 x 1,12 (12% a mais de vendas) =	R$ 560.000
Impostos - 20%	R$ 112.000
Valor anterior de giro	
Vendas à vista	R$ 500.000
(-) Impostos recolhidos - 20%	(100.000)
Vendas à vista	R$ 500.000
(+) Diferença de impostos (112.000 - 100.000)	12.000
= Caixa necessário	512.000
(+) Custo de capital (512.000 + 4% **)	532.480

* Não estamos levando em conta os estoques necessários para o aumento de venda.

** Na política anterior, o valor recebido poderia ser aplicado no mercado financeiro, ganhando o custo de oportunidade do capital.

- Na relação custo-benefício, a rentabilidade maior pelo aumento das vendas deve cobrir todos esses três aspectos inicialmente apresentados.

Análise de Crédito X Devedores Duvidosos (Inadimplência)

A análise de crédito é ferramenta indispensável dentro da política de crédito, objetivando a melhor carteira de clientes. Ela também permite a adoção de políticas. Política mais dura de análise de crédito inibe a inadimplência e, consequentemente, é menor a probabilidade de ter perdas com créditos de clientes. Como contrapartida negativa, pode inibir vendas.

Políticas menos austeras de análise de crédito são um fator relevante para obtenção de mais vendas. Como contrapartida negativa, alarga a probabilidade de possíveis perdas com créditos de clientes.

Dentro de uma política de crédito, um ponto importante é o monitoramento da concentração de vendas a prazo por cliente, ou seja, a análise da concentração da política de crédito.

Lote Econômico, Ponto de Pedido e Estoque de Segurança

O principal fator que pode alterar uma política de estocagem é a questão do lote de compra ou de fabricação. As necessidades de materiais são calculadas em cima dos sistemas de informações de estrutura de produto e do processo de fabricação. Esses dois sistemas apresentam as quantidades ideais de estoque.

Outros aspectos podem também levar a empresa a alterar as quantidades teoricamente demandadas, quais sejam:

- Custos da estocagem.
- Custos para colocar um pedido ou ordem de fabricação.
- Materiais de pequeno valor.
- Necessidade de estoques de segurança.

Tais aspectos podem determinar políticas alternativas de estocagem. Assim, foram desenvolvidos os conceitos de lote econômico, ponto de pedido e estoque de segurança. Lote econômico representa um lote mínimo a ser comprado ou fabricado, que atenda a relação custo ou benefício entre os custos de estocagem e os de colocar pedidos ou ordem de fabricação. Estoque de segurança é um estoque adicional ao tempo-padrão, para garantia de ininterrupção de fornecimento. Ponto de pedido é a determinação do dia ideal de fazer uma nova compra ou emitir nova ordem de fabricação para atender aos dois conceitos anteriores.

22.7 Gestão do Imobilizado

Além dos elementos do capital de giro, os demais recursos operacionais necessários para o desenvolvimento das atividades são os Ativos Imobilizados (ou Ativos Fixos). O modelo de gestão operacional dos Ativos Fixos centra-se em acompanhar, dentro da execução das atividades, os mesmos elementos e a mesma metodologia que foram levantados e utilizados por ocasião do processo de decisão de sua aquisição ou construção.

A gestão operacional dos imobilizados tem como foco central a verificação periódica da capacidade de geração de serviços dos Ativos Fixos e dos custos reais de operá-los. Essa verificação se dá em termos de comparação com os serviços e custos esperados pelo equipamento, mensurados quando da decisão inicial de investir nos equipamentos.

Este foco da gestão dos imobilizados, complementarmente, e da mesma importância, tem também como outro referencial básico a avaliação de desempenho dos gestores que foram os responsáveis pela decisão de investir. O acompanhamento do resultado do investimento até o fim de sua vida útil objetiva criar um vínculo completo entre o gestor decisor e o gestor operador do equipamento durante toda a sua permanência na empresa, avaliando se os resultados esperados realmente aconteceram.

Foco da gestão operacional dos imobilizados

Fluxo Futuro de Serviços do Equipamento

X

Custos dos Serviços

Tabela 22.5 Modelo de decisão para investimentos em ativos imobilizados

Discriminação	Ano 0	Ano 1	Ano 2	Ano 3	Ano 4	Ano 5	Total
1 - Saídas de Caixa							
Custo do Equipamento	100.000						100.000
2 - Entradas Líquidas de Caixa							
Vendas Adicionais		72.000	72.000	72.000	72.000	72.000	360.000
Custos Variáveis das Vendas		36.000	36.000	36.000	36.000	36.000	180.000
Margem de Contribuição do Projeto (1)		36.000	36.000	36.000	36.000	36.000	180.000
Custos de Operação do Equipamento (2)		6.000	6.000	6.000	6.000	6.000	30.000
Custos de Manutenção do Equipamento (3)		3.000	3.000	3.000	3.000	3.000	15.000
Valor Residual do Equipamento		–	–	–	–	20.000	20.000
SOMA = ENTRADAS		**27.000**	**27.000**	**27.000**	**27.000**	**47.000**	**155.000**
Custo de Oportunidade/Índice	12%	1,12	1,2544	1,4049	1,5735	1,7623	
Valor Presente Líquido das Entradas		**24.107**	**21.524**	**19.218**	**17.159**	**26.669**	**108.677**

(1) Caso o equipamento dê uma receita de venda de serviços pelo seu uso, esse tipo de receita substituiria a entrada líquida de capital de margem de contribuição de vendas adicionais.
(2) Ferramental, Dispositivos, Material Auxiliar, Lubrificantes etc.
(3) Consertos, manutenção preventiva.

A Tabela 22.5 apresenta um exemplo sintético do modelo tradicional para análise de investimentos em Ativos Fixos, considerando o custo do dinheiro no tempo, por meio do conceito de custo de oportunidade pela metodologia do valor presente líquido.

Um investimento pode ser aceito quando a mensuração econômica das entradas de caixa advindas de sua utilização, descontadas a um custo de capital, é maior que o valor inicial do investimento. No exemplo da Tabela 22.5, um investimento de R$ 100.000 renderá fluxos líquidos de caixa nos próximos cinco anos de previsão de operação de R$ 108.677. Portanto, é um investimento que pode ser aceito.

Modelo de Informação para Gestão Operacional de Imobilizados

A gestão operacional dos Ativos Imobilizados deve ser fundamentada sobre o conjunto de elementos levados em consideração por ocasião da decisão inicial do investimento. Como consequência, o modelo de informação para gestão dos Ativos Imobilizados deve seguir a mesma metodologia utilizada para a decisão de investir. Em outras palavras, espera-se que a gestão dos Ativos Imobilizados dentro do processo de execução das atividades seja coerente e embasada nos mesmos fatores e princípios que levam a decidir sobre a aquisição desses imobilizados.

Quando o investimento em imobilizados se configura em uma unidade isolada de negócios ou em uma nova empresa, a própria estrutura de informações contábeis, com os demonstrativos tradicionais de balanço, demonstração de resultados e, subsequentemente, análise de rentabilidade em cima desses demonstrativos, é o caminho natural para a gestão operacional desses investimentos em Ativos Fixos.

Em termos práticos, porém, o mais difícil é um modelo de gestão para Ativos Fixos específicos, como uma máquina, um equipamento, um veículo, ou um conjunto desses tipos de ativos. Esse tipo de investimento individualizado soma-se a investimentos existentes e, normalmente, operam os mesmos produtos e serviços já existentes dentro da empresa. **A dificuldade existente consiste também em, além de identificar as informações específicas para a gestão de cada um desses investimentos, construir um modelo de informação para o processo decisório da gestão rotineira desses recursos.**

Elementos do Modelo de Informação para Gestão de Imobilizados

Em princípio, todas as informações dos elementos constantes da Tabela 22.5 devem fazer parte do modelo de informação, para manter a coerência entre o processo de decisão do investimento e o processo de gestão operacional do Ativo Imobilizado. O valor do investimento, para fins de acompanhamento da geração efetiva de resultados decorrentes da utilização do imobilizado, será o valor presente dos fluxos futuros, que no nosso exemplo é de R$ 108.677.

O foco da gestão do imobilizado e do seu modelo de informação é saber se de fato o resultado do investimento planejado está acontecendo na realidade. Os objetivos da gestão do imobilizado, presentes no modelo de informação, devem responder as seguintes questões:

- Os fluxos de benefícios do investimento estão acontecendo e em que extensão?
- Os custos esperados estão acontecendo e dentro do planejado?
- O resultado (lucro ou prejuízo) está dentro do plano original do investimento?
- O valor residual do equipamento é maior ou menor do que o planejado?
- A utilização do equipamento e o serviço a que se destina estão acontecendo como o planejado?
- Ao longo da vida útil do equipamento, o total capitalizado foi maior ou menor do que o valor inicial planejado?

A Tabela 22.6 apresenta uma sugestão de modelo de informação. Os elementos informacionais são os mesmos de um modelo de decisão de investir, com as adaptações necessárias.

Periodicidade

Primeiramente, há a necessidade de um acompanhamento periódico mensal. O modelo deve conter todas as informações quantitativas possíveis e necessárias tanto das receitas quanto das despesas. Na Tabela 22.6 apresentamos um exemplo de quantidades e preços unitários das receitas.

Nos primeiros períodos do projeto, teremos três tipos de fluxos previstos:

- Os dados reais dos meses em que as operações já foram desempenhadas.
- Os dados orçados do ano em curso, já objeto do plano orçamentário.
- Os dados de anos futuros, ainda sob o formato de previsão.

Os dados dos anos futuros não precisam ser os constantes do plano inicial. Devem ser refeitos periodicamente, pelo menos anualmente, em cima das projeções das novas realidades que deverão acontecer com o equipamento. O objetivo é que se tenha sempre uma visão do potencial de geração da receita, custos e lucros com o equipamento.

Receitas

As receitas dos equipamentos devem ser mensuradas segundo a natureza do trabalho do equipamento; se este traduzir seu serviço em termos de quantidade adicional de fabricação de produtos, a receita deverá ser mensurada pelos produtos adicionais produzidos. Neste caso, os custos diretos que este equipamento exigiu adicionalmente deverão ser apontados como gastos (materiais diretos, mão de obra direta). Caso a receita do equipamento possa ser mensurada em termos de horas trabalhadas, este tipo de informação mais o valor de venda da hora do equipamento é que deverão fazer parte deste grupo de dados no modelo de informação.

Tabela 22.6 Modelo de informação para gestão operacional dos ativos imobilizados

Períodos	Receita/Serviços Fluxo de Benefícios Futuros			Custos				Lucro			Valor do Investimento		
	Qtde.	Unitário	Total	Variáveis	De Operação	De Manutenção	Total	Nominal	Custo de Oportunidade (Em %)	Valor Presente	Residual	Capitalização	Total
Inicial											108.677	0	108.677
Ano 1													
• Real													
Janeiro	200	30	6.000	3.000	500	250	3.750	2.250	1	2.228	106.450	2.228	108.677
Fevereiro	200	30	6.000	3.000	500	250	3.750	2.250	2	2.206	104.244	4.434	108.677
Março	200	30	6.000	3.000	500	250	3.750	2.250	3	2.184	102.059	6.618	108.677
Abril	200	30	6.000	3.000	500	250	3.750	2.250	4	2.163	99.896	8.782	108.677
Maio	200	30	6.000	3.000	500	250	3.750	2.250	5	2.143	97.753	10.924	108.677
Junho	200	30	6.000	3.000	500	250	3.750	2.250	6	2.123	95.630	13.047	108.677
Julho	200	30	6.000	3.000	500	250	3.750	2.250	7	2.103	93.528	15.150	108.677
• Orçado													
Agosto	200	30	6.000	3.000	500	250	3.750	2.250	8	2.083	91.444	17.233	108.677
Setembro	200	30	6.000	3.000	500	250	3.750	2.250	9	2.064	89.380	19.297	108.677
Outubro	200	30	6.000	3.000	500	250	3.750	2.250	10	2.045	87.335	21.343	108.677
Novembro	200	30	6.000	3.000	500	250	3.750	2.250	11	2.027	85.308	23.370	108.677
Dezembro	200	30	6.000	3.000	500	250	3.750	2.250	12	2.009	83.299	25.379	108.677
SOMA	2.400		72.000	36.000	6.000	3.000	45.000	27.000		25.379			
Projeções													
Ano 2	2.400	30	72.000	36.000	6.000	3.000	45.000	27.000	25,44	21.524	61.774	46.903	108.677
Ano 3	2.400	30	72.000	36.000	6.000	3.000	45.000	27.000	40,49	19.218	42.556	66.121	108.677
Ano 4	2.400	30	72.000	36.000	6.000	3.000	45.000	27.000	57,35	17.159	25.397	83.281	108.677
Ano 5	2.400	30	72.000	36.000	6.000	3.000	45.000	27.000	76,23	15.321	10.076	98.602	108.677
Valor Residual Final			20.000					20.000	76,23	11.349	–	109.950	109.950
TOTAL GERAL	**12.000**		**380.000**	**180.000**	**30.000**	**15.000**	**225.000**	**155.000**		**109.950**			

Custos

Normalmente, equipamentos exigem custos normais de operação e de manutenção, os quais devem ser identificados e acumulados separadamente. A diferença é o resultado – lucro ou prejuízo – obtido pelo investimento operando.

Resultado

O lucro exige um tratamento adicional para ser coerente com o modelo inicial de investir. O resultado nominal deve ser descontado pela mesma taxa de custo de oportunidade que foi utilizada no modelo de decisão do investimento, para obter comparabilidade com o valor presente líquido do investimento e que foi o parâmetro básico para a decisão de ativar o equipamento.

Valor do investimento

Esta informação é que dá um formato conclusivo à gestão e ao modelo de informação. No nosso exemplo, o valor do investimento, considerando seu retorno a valor presente descontado pelo custo de oportunidade, evidencia R$ 108.677, valor mínimo que a empresa pensa em obter de entrada líquida pelo ativo. Esta é a importância que deve ser monitorada no futuro até o final da vida útil do equipamento.

O valor presente de cada lucro mensal são os retornos obtidos pelo investimento. O somatório de todos os meses deveria ser igual ou superior a R$ 108.677, para que a avaliação de desempenho fosse considerada positiva.

Ao longo do tempo, o valor do investimento é o somatório de dois fluxos:

- O valor residual do ativo, que é o valor do bem na condição de ser vendido naquele momento.
- O valor capitalizado de todos os fluxos de caixa líquido da vida do projeto.

Há uma tendência de o valor residual do equipamento ser decrescente com o passar do tempo, por condições normais de maior custo de manutenção, obsolescência tecnológica, menor eficiência do equipamento etc. Porém, se o planejamento foi bem executado, os fluxos de lucros que estão sendo auferidos ao longo do tempo deveriam ser maiores ou iguais à queda do valor residual.

Na Tabela 22.6 fizemos a pressuposição de que a queda do valor residual ao longo do tempo seria exatamente igual ao valor mensal/anual auferido pela utilização do equipamento. Desta maneira, ao final do período, o valor residual é zero, enquanto a capitalização dos fluxos mensais é igual a R$ 109.950,* igualando o fluxo planejado com o fluxo real.

Todavia, a realidade pode ser totalmente diferente. Tanto os lucros periódicos quanto o valor residual podem ser maiores ou menores. Além disso, o prazo de utilização previsto para o equipamento também pode ser igual, maior ou menor. Todos esses dados devem ser considerados no modelo de informação, mensurados segundo a mesma metodologia, à medida que eles se tornarem evidentes.

Em resumo, o modelo de informação deve se prender à realidade que estará acontecendo. Partindo do referencial do valor do investimento aprovado, a realidade será confrontada com esse referencial, indicando se o desempenho foi positivo ou negativo.

22.8 Gestão de Recursos Humanos

Há um grande interesse por modelos para mensuração do capital intelectual, em suas diversas expressões. Os recursos humanos empresariais representam a essência do capital intelectual, pois são as pessoas dentro da organização que têm as ideias, criatividade e desenvolvem novos conceitos, inventos, patentes, produtos e processos etc. O capital humano classifica-se como um ativo intangível, mas é o principal recurso para obter *goodwill* positivo de forma contínua.

Classificamos a gestão econômica dos recursos humanos dentro da gestão operacional, pois sua atuação em conjunto com os ativos tangíveis (capital de giro e imobilizado) é que permite a realização das atividades e das operações.

Sistema de Informação de Controladoria do Capital Humano

A Controladoria tem como foco a gestão econômica da empresa e de suas partes e, portanto, busca modelos de decisão, mensuração e informação que privilegiem a visão de resultados, já que o lucro é considerado a melhor medida de desempenho da empresa. Dentro dessas premissas, o sistema de informação de controladoria do capital humano deve ter como objetivo evidenciar o resultado que cada funcionário dá para a empresa em termos de lucro ou prejuízo. Há que se ter como foco a contribuição individual, evitando-se, tanto quanto possível, mensurações de caráter coletivo.

---

*A diferença de R$ 1.273 em relação ao planejado de R$ 108.677 é em virtude do fato de que, na Tabela 22.5, para a decisão de investir, consideramos um fluxo único anual para o primeiro ano, descontada integralmente a taxa anual de 12%, enquanto na Tabela 22.6 exemplificamos o primeiro ano com 12 fluxos mensais, descontados mensalmente a taxas que variaram de 1% a 12%, resultando em uma taxa média.

A gestão dos recursos é normalmente feita pelo sistema de acumulação de custos. Contudo, há necessidade da introdução dos elementos das receitas. Tendo em vista, também, que a resultante final de todas as operações da empresa, que tem como objetivo o lucro, evidencia-se dentro de um patrimônio empresarial, entendemos que o sistema de informação contábil deve ter como escopo final a mensuração do efeito patrimonial das receitas e custos. Desta maneira, o sistema contábil deve abranger *a acumulação de custos, receitas* e o *valor patrimonial resultante.*

Modelo de Informação para Gestão do Capital Humano

O sistema de informação de controladoria do capital humano deve apresentar condições de avaliação específica de cada funcionário, reunindo os recursos que são vinculados a cada um deles, bem como os aspectos operacionais desenvolvidos por cada um. A essência é sempre a busca da eficiência do recurso, e a gestão operacional objetivando resultados.

Apresentamos na Figura 22.5 um modelo básico de decisão, mensuração e informação, alinhando os principais elementos que devem ser identificados, coletados, armazenados, processados, mensurados, dentro do sistema de informação de controladoria, para o recurso da mão de obra.

Avaliação Individual

O modelo é para avaliação individual de cada funcionário. O objetivo da avaliação individual é que cada funcionário pode representar um valor de capital

	Funcionário 1	Funcionário 2	Funcionário 3	Funcionário N
Local				
Setor				
Departamento				
Salários e Encargos				
Salários e Adicionais				
Horas Extras				
Luvas e Benefícios				
Encargos Sociais				
Despesas				
Treinamento				
Livros, Jornais				
Viagens				
Mat. Expediente				
Assist. Médica				
Mat. Segurança				
Telefone				
Outras				
Equipamentos Pessoais				
Depreciação				
Mat. p/ o Equipamento				
Mat. Manutenção				
Mat. Expediente				
TOTAL DE GASTOS				
Atividade				
Tipo				
Quantidade				
Receita dos Serviços				

Figura 22.5 Modelo de Informação para Gestão do Capital Humano

específico para a empresa. Para as mesmas funções temos funcionários com talentos diferentes, e, portanto, temos "capital humano" com diferentes valores.

Dentro dos objetivos da gestão do capital humano, podemos identificar os talentos que devem ser potencializados ao máximo, bem como os talentos que devem merecer uma atenção diferenciada para que cheguem a um mínimo de desempenho e valor desejável.

Só vemos sentido numa avaliação coletiva de funcionários em funções de pouca especialização e de trabalho repetitivo. A essência do conceito de capital humano é "pessoas estudadas e especializadas". Se há mão de obra em que a especialização não é fator restritivo, provavelmente haverá abundância do recurso, e seu valor não merecerá atenção especial em capitalização adicional.

Gastos com Remuneração

As informações primárias dos custos de cada um são dadas pelos valores despendidos periodicamente com os salários e seus complementos como adicionais legais, horas extras e encargos sociais e trabalhistas. São os gastos ligados à contraprestação remuneratória pelo serviço contratado.

Gastos Complementares

Dentro do modelo apresentado, propomos a acumulação de um conjunto de informações que mensura os principais gastos e investimentos específicos de cada um, que denominamos de despesas, tais como:

a) investimentos em treinamento formal, treinamento com livros e periódicos, assistência médica etc.;
b) gastos necessários para o desenvolvimento de sua função, tais como viagens, materiais de expediente requisitados, comunicações etc.

Esses gastos são gerados pelas atividades desenvolvidas pelo funcionário, bem como pelas necessidades de seu desenvolvimento para o atendimento de suas funções dentro da empresa. Provavelmente nesse tipo de gasto é que as grandes diferenças de investimento em cada um dos funcionários apareçam.

Gastos com treinamento e viagens, tanto para executar as funções, quanto para desenvolvimento de relações, tecnologia etc., criam valor para o capital humano de forma individualizada e devem ser objeto de especial atenção para a empresa.

Equipamentos Pessoais

Reservamos um bloco de informações para identificar e acumular os gastos com os instrumentos de trabalho, ou seja, os equipamentos, com seus respectivos gastos com a sua operação, que denominamos de equipamentos pessoais.

Dentro da mesma linha de raciocínio das despesas, determinadas funções e funcionários operacionalizam seu trabalho em equipamentos pessoais, que exigem investimentos da empresa e gastos para sua operação e manutenção.

Por exemplo, os funcionários administrativos operam microcomputadores e outros equipamentos, que geram investimentos e despesas; os engenheiros exercem suas funções com estações de trabalho de valor relevante etc.

Além dos gastos necessários para operacionalizar os equipamentos, a depreciação desses equipamentos deve ser acumulada neste bloco de informações.

Total dos Gastos

Com isso, em linhas gerais, podemos avaliar economicamente os recursos despendidos para cada funcionário, seja no tocante ao investimento de capacitação profissional, seja para os recursos necessários para o desempenho de sua função.

Atividade

O próximo bloco de informações relaciona-se com os aspectos operacionais, normalmente medidos em termos de produção, em relação à sua atividade. Esse bloco de informações, caso se deseja construir, posteriormente, sistema de custeio baseado em atividades, forneceria os dados para tanto, se bem que não é, em nossa opinião, o objetivo básico. O objetivo básico é ter uma medida de produção e, consequentemente, produtividade e eficiência.

Por exemplo, um engenheiro pode ter como atividade quantificada o número de desenhos efetuados; o vendedor, o número de visitas etc. O importante é identificar a(s) atividade(s) e obter as quantidades. Isso permite a comparabilidade de funcionários com mesmas funções.

Receita dos Serviços: o Valor do Capital Humano

O último bloco é a proposição para avaliação da receita do produto ou serviço desenvolvido pelo funcionário. Cada funcionário dentro da empresa é um elemento produtivo. Não existe funcionário improdutivo, seja considerado direto ou indireto ao produto. Todo funcionário da empresa é contratado para produzir determinado serviço ou produto e, portanto, tem uma receita. Pode haver problemas de mensuração da receita de cada funcionário, porém, ela existe.

Em resumo, o fluxo futuro de benefícios do funcionário, descontado a uma taxa de custo de capital, é o valor do capital humano desse funcionário. A avaliação do fluxo futuro e do valor do capital humano terá como base as informações apuradas pelo sistema de informação e apresentadas no modelo de informação proposto.

A base para essa avaliação será a resultante do total dos gastos que cada funcionário tem, contraposto com a quantidade das atividades desenvolvidas, avaliadas em termos de receita dos seus serviços. Um valor mínimo que se pode atribuir ao funcionário é o valor que decorre do seu custo. Neste caso, os benefícios gerados pelo funcionário não suplantariam o valor das receitas geradas pela sua atividade, mas indicam o custo de manter a atividade.

Exemplos de Aplicabilidade do Modelo

É fácil de visualizar a aplicação deste modelo a algumas funções. Os vendedores são funcionários que têm despesas diferenciadas entre eles, mas também produzem receitas diferenciadas. Portanto, há vendedores que gastam mais, mas vendem mais, como o inverso. Cada vendedor tem um potencial específico de geração de resultado futuro para a empresa, e esta pode contar com isso.

Outro exemplo também de fácil visualização são os funcionários de entrega técnica ou assistência técnica. Também têm gastos diferenciados, competências diferenciadas e trazem receitas diferenciadas. Um bom assistente técnico é uma fonte de geração de recursos para a empresa.

Os compradores representam outra função que permite também visualizar com facilidade a possibilidade de utilização do modelo proposto. A eles normalmente são delegadas as negociações e transações com determinados fornecedores. A habilidade de negociação de cada um pode gerar resultado econômico diferente.

As funções ligadas às áreas de engenharia, de produtos, de processos, sistemas etc. também seguem as mesmas características das funções que já evidenciamos. Em resumo, todos os funcionários indiretos cujas funções exigem determinado nível de especialização e o mercado esteja disposto a pagar pela atividade, incluindo supervisores e gerentes, devem ter seu potencial avaliado em termos de capital humano.

A avaliação dos funcionários de mão de obra direta está mais ligada à avaliação do capital intelectual, fruto da engenharia de processos, *know how* etc., e pode ser feita no conceito de avaliação coletiva.

Questões e Exercícios

1 Tendo como referência a empresa em que trabalhe, ou uma outra que tenha conhecimento, identifique a quantidade de dias, em condições normais de operação, do ciclo operacional da empresa. Em seguida, calcule os ciclos econômico e financeiro em dias.

2 Com base nos Demonstrativos Contábeis apresentados a seguir, calcule em dias o prazo médio de pagamento, de recebimento e de estocagem. Em seguida, apure os ciclos econômico e financeiro, também em dias.

3 Com base nos Demonstrativos Contábeis apresentados no exercício anterior, estruture de forma sintética o Balanço Financeiro, identificando o capital de giro da empresa.

4 Utilizando os mesmos Demonstrativos Contábeis do exercício anterior, estruture o Balanço Patrimonial dentro da concepção do Modelo Fleuriet, apurando, em seguida, a NLCG – Necessidade Líquida de Capital de Giro.

Balanço Patrimonial

	Ano 1	Ano 2		Ano 1	Ano 2
Ativo Circulante	**120.000**	**132.700**	**Passivo Circulante**	**85.300**	**85.600**
Aplicações Financeiras	25.000	23.200	Fornecedores	10.000	11.000
Contas a Receber de Clientes	43.000	61.200	Contas a Pagar	7.800	8.300
Estoques	50.000	45.500	Impostos a Recolher	4.500	5.800
Outros Valores a Realizar	2.000	2.800	Dividendos a Pagar	8.000	4.000
			Empréstimos	55.000	56.500
Ativo Não Circulante					
Realizável a Longo Prazo	**2.000**	**2.400**	**Passivo Não Circulante**	**34.700**	**37.400**
Depósitos Judiciais	2.000	2.400	Financiamentos	34.700	37.400
Ativo Fixo	**88.000**	**81.900**	**Patrimônio Líquido**	**90.000**	**94.000**
Investimentos em Controladas	18.000	19.200	Capital Social	68.000	68.000
Imobilizados	150.000	162.000	Reservas	16.400	22.000
(-) Depreciação Acumulada	(80.000)	(99.300)	Lucros Acumulados	5.600	4.000
Total	**210.000**	**217.000**		**210.000**	**217.000**

DEMONSTRAÇÃO DE RESULTADOS	Ano 1	Ano 2
Receita Operacional Bruta	**320.000**	**347.000**
(-) Impostos sobre Vendas	(35.000)	(38.000)
Receita Operacional Líquida	**285.000**	**309.000**
Custo dos Produtos Vendidos	**187.400**	**205.800**
Materiais Consumos	104.000	114.000
Depreciação	18.400	19.300
Outros Custos de Fabricação	65.000	72.500
Lucro Bruto	**97.600**	**103.200**
(-) Despesas Operacionais	**67.500**	**76.700**
Com Vendas	38.400	41.700
Administrativas	29.100	35.000
Lucro Operacional I	**30.100**	**26.500**
Receitas Financeiras	2.800	2.500
Despesas Financeiras	(13.050)	(18.000)
Equivalência Patrimonial	800	1.200
Lucro Operacional II	**20.650**	**12.200**
Imposto sobre o Lucro	(7.021)	(4.148)
Lucro Líquido do Exercício	**13.629**	**8.052**

5 Considerando os seguintes dados financeiros:

Dupls. a Receber	R$ 3.000
Dupls. Pagar	R$ 900
Vendas Anuais	R$ 16.800
Estoques	R$ 6.000
Financiamentos	R$ 5.500
(-) Custo Vendas	R$ 13.000
Imobilizado	R$ 7.000
Patr. Líquido	R$ 9.600
(-) Despesas	R$ 1.800
Ativo Total	R$ 16.000
Passivo Total	R$ 16.000
Lucro	R$ 2.000

Calcule:

a) prazos médios de recebimento, estocagem e pagamento;

b) dias dos ciclos operacional e financeiro;

c) necessidade líquida do capital de giro.

6 Considerando os mesmos dados do exercício anterior, faça uma estimativa de necessidade líquida de capital de giro, sabendo que a empresa estima vender mais 10%, caso conceda um prazo médio de recebimento maior em 8%. Para compensar, haverá uma política com o objetivo de uma redução do prazo médio dos estoques em 5%. Considere que o custo das vendas é totalmente variável. Calcule o novo ciclo financeiro em dias.

7 Um equipamento tem um fluxo futuro de serviços estimado em R$ 20.000 por ano, ao longo dos próximos sete anos. Os custos de operação e manutenção estão estimados em R$ 16.500 ao ano no mesmo período. O valor de aquisição do equipamento foi de R$ 10.000. Elabore um quadro para apurar o resultado líquido esperado por esse investimento e verifique se este deverá ser aceito. Considere um custo de capital de 10% a.a.

Capítulo 23

Modelos de Decisão para Execução dos Eventos Econômicos[1]

Os eventos econômicos caracterizam-se por representarem os diversos tipos de transações que refletem as ocorrências e variações do patrimônio empresarial. Como as transações são executadas no desempenho das diversas atividades dentro da empresa, há uma ligação intrínseca entre elas, os eventos econômicos e as atividades. Conforme Guerreiro:

> "... em nível macro, a empresa encontra-se em estado dinâmico, porque, em nível micro, são desenvolvidas as atividades a partir da ocorrência dos eventos (transações) analíticos. Assim, o estado dinâmico do macrosistema empresa depende, em última instância, da realização do evento analítico. Sob esse prisma, *o evento ganha uma importância fundamental*: o desempenho do sistema empresa depende do desempenho das atividades que, por sua vez, depende do desempenho dos eventos. Em outras palavras, o desempenho da empresa global depende do desempenho de cada evento analítico."[2] (grifo nosso)

O processo de otimização do resultado da empresa e, consequentemente, de sua eficácia e criação de valor é um processo de otimização do resultado de cada atividade, que, por sua vez, é resultado do processo de otimização de cada evento/transação individual.

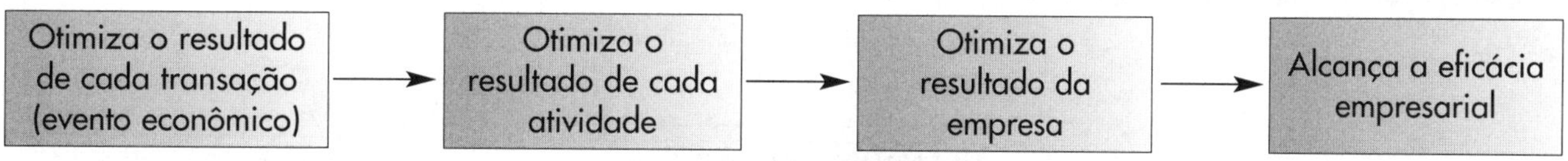

Podemos definir transação como cada uma das ocorrências de um evento econômico. Desta forma, o desempenho das atividades caracteriza-se pela execução das transações, que podem ser refletidas gerencialmente sob o conceito de evento econômico.

23.1 Evento Econômico

As transações dos eventos econômicos caracterizam-se no Sistema de Informação Contábil pelo lançamento contábil. Desse modo, o conceito de evento econômico é similar ao conceito de **fato administrativo ou fato contábil**, que decorre da escola clássica de Contabilidade básica, ainda muito utilizado.

Os eventos econômicos são representativos das atividades necessárias para gestão do sistema empresa. Portanto, os principais eventos econômicos representam as principais atividades operacionais da empresa. Exemplificando, o **evento econômico compra** é desenvolvido em geral pelo setor de suprimentos, ou seja, pela área de responsabilidade que executa a **atividade de compras** dentro da empresa. Apresentamos a seguir os principais eventos econômicos e as atividades que normalmente são responsáveis pela sua execução.

Evento Econômico	Atividade
Compra	Compras
Pagamento de Compra	Finanças
Venda	Vendas
Recebimento de Venda	Finanças
Estoque de Materiais	Estocagem
Estoque de Mercadorias	Estocagem
Consumo de Materiais	Produção
Custo das Vendas	Vendas
Estoque de Produtos Acabados	Expedição
Aplicação Financeira	Finanças
Captação de Recursos Financeiros	Finanças
Aquisição de Imobilizados	Qualquer Atividade
Depreciação	Qualquer Atividade
Distribuição de Lucros	Acionistas
Recolhimento de Impostos	Compras, Vendas e Finanças
Pagamento de Custos de Fabricação	Produção
Pagamento de Despesas Administrativas	Administração
Pagamento de Despesas Comerciais	Vendas

[1] Este capítulo foi desenvolvido com base nos conceitos do modelo Gecon – Sistema de Gestão Econômica, desenvolvido pelo Núcleo Gecon, sob inspiração e coordenação do Prof. Armando Catelli, com o apoio da Fipecafi – Fundação Instituto de Pesquisas Contábeis, Atuariais e Financeiras, USP/SP.

[2] GUERREIRO, Reinaldo. *A meta da empresa*. São Paulo: Atlas, 1996, p. 87.

Outros eventos econômicos existem associados também às atividades que os desenvolvem. Não são tão visíveis como os já apresentados, pois se constituem geralmente de prestação interna de serviços e comumente são representados apenas pelos seus gastos, enquanto suas receitas não são mensuradas. Mas nada impede que venham a ter o mesmo tratamento dos eventos econômicos mais conhecidos. Vejamos alguns exemplos:

Evento Econômico	Atividade
Serviço de Manutenção	Manutenção
Serviço de Tecnologia de Informação	Tecnologia de Informação
Recrutamento e Seleção de Pessoal	Recursos Humanos
Folha de Pagamento	Recursos Humanos
Desenvolvimento de Novos Produtos	Engenharia de Produto
Desenvolvimento de Fornecedores	Compra
Serviço Pós-Venda	Assistência Técnica
Propaganda/Promoção	Marketing

Tomada de Decisão

A execução de um evento econômico é um processo decisório, como qualquer outra ação que se tome dentro da empresa. Pela característica de repetitividade do evento, nem sempre há uma visão clara do processo decisório que envolve cada uma das transações do evento. Porém, a sua execução requer as mesmas fases de um processo de tomada de decisão comum, cujo processo envolve as seguintes etapas:

- Necessidade da decisão.
- Definição das possíveis alternativas de ação.
- Coleta, modelação e análise das informações necessárias para todas as alternativas.
- Avaliação e escolha da melhor alternativa – a decisão.
- Execução – tomada da ação.
- Controle.

Todas as fases que antecedem a etapa da execução são consideradas etapas do processo de planejamento para a tomada de decisão. Podemos resumir esse processo de decisão para um evento econômico separando a etapa do planejamento da etapa de execução, conforme mostrado na Figura 23.1.

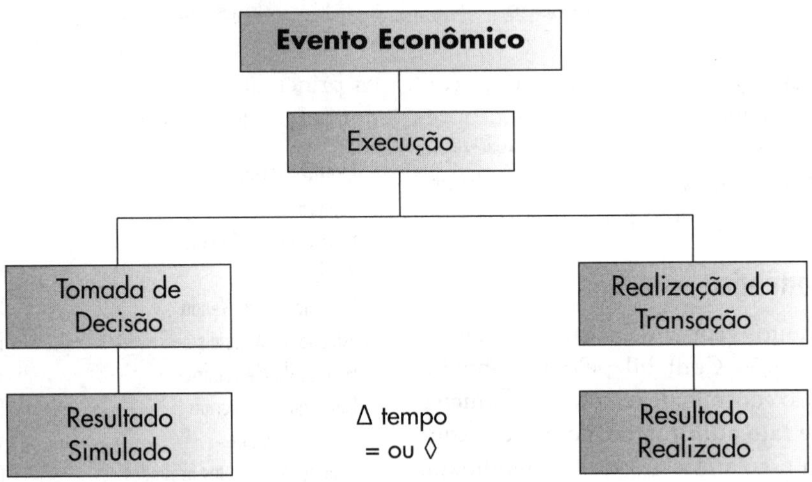

Figura 23.1 O evento econômico e o processo de execução

Como apresentado na Figura 23.1, a realização da transação do evento econômico requer, antecipadamente, um processo de tomada de decisão para o qual é necessário um modelo de decisão, mensuração e informação específico para cada tipo de evento. A tomada de decisão se dá após a avaliação econômica das várias alternativas, obtendo-se o resultado simulado de cada uma delas. Após isso, a transação pode ser realizada, ato contínuo ou não, e teremos, efetivamente, o resultado real, provavelmente otimizado, fruto de um processo decisório racional.

Fundamentos para Controladoria dos Eventos

Cabe à Controladoria as seguintes atribuições com relação aos modelos de decisão para execução dos eventos econômicos:

- Identificação dos eventos econômicos da empresa.
- Segregação dos eventos econômicos relevantes que mereçam um modelo decisório.
- Identificação dos tomadores de decisão sobre as transações dos eventos econômicos.

- Identificação do modelo de decisão dos gestores (os tomadores de decisão) sobre os eventos econômicos de sua responsabilidade.
- Análise e crítica da validade do modelo decisório do gestor, verificando se está de acordo com o modelo de gestão da empresa.
- Sugestão de um modelo de informação para o modelo de decisão adotado.
- Identificação do modelo de mensuração para o modelo de decisão adotado dentro dos princípios de Controladoria com enfoque em resultados.

Este processo pode ser visualizado na Figura 23.2.

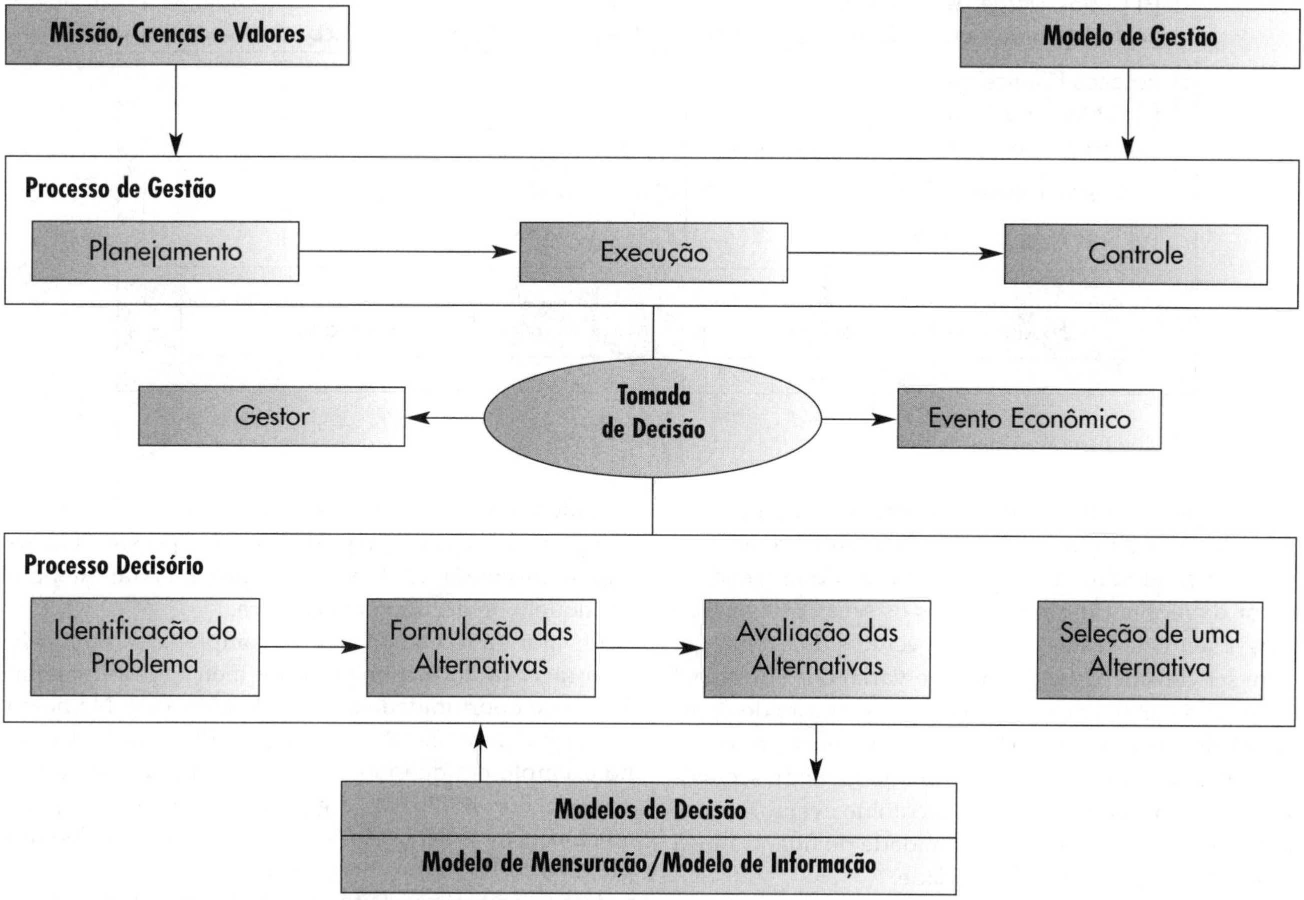

Figura 23.2 Controladoria e modelos de decisão para eventos econômicos

Modelo Geral de Decisão, Mensuração e Informação para os Eventos Econômicos

O foco de qualquer ação é o resultado dessa ação. Em termos contábeis, a ação de executar um evento econômico deve ser traduzida em termos de lucro ou prejuízo. Portanto, cada transação de um evento econômico dá uma contribuição ao resultado da empresa, que pode ser visualizada dentro de um modelo de decisão, tanto na opção de simulação como na de realização. O modelo de decisão compreende um modelo de mensuração econômica e deve ser construído em termos de modelo de informação para a utilização pelo gestor responsável pelos eventos.

Toda atividade contém os aspectos operacionais, econômicos, financeiros e patrimoniais. O modelo de decisão com enfoque em resultados deve considerar todos esses aspectos no seu modelo informacional. O foco em resultados compreende os seguintes fundamentos de gestão econômica:

- Adoção irrestrita do conceito de custo de oportunidade.
- Mensuração do resultado operacional do evento em condições de valor à vista.
- Mensuração do impacto financeiro sobre o evento, tanto em relação aos prazos de pagamento e recebimento como do custo de capital.
- Avaliação do desempenho por meio de dados-padrão ou orçados.

Apresentamos na Figura 23.3 um modelo genérico de decisão para todos os eventos econômicos. Esse modelo deverá ser adaptado aos principais eventos, respeitando suas características específicas.

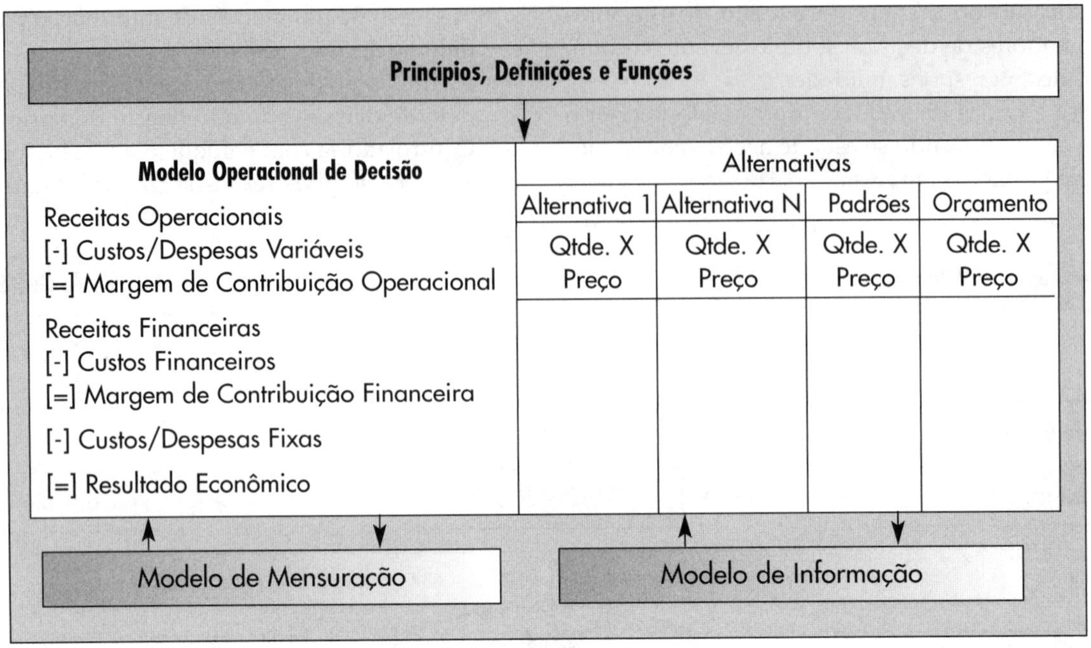

Figura 23.3 Modelo conceitual de decisão

O modelo objetiva, primeiramente, mensurar a margem de contribuição operacional do evento econômico, que é o resultado na condição à vista. Compreende o valor da receita do evento menos os seus custos variáveis. Eventuais custos diretos específicos do evento devem ser considerados como custo variável. O principal custo variável operacional do evento é o custo de oportunidade a preços de mercado, ao seu menor preço.

A margem de contribuição financeira representa: a receita (ou o custo) de financiamento do evento, menos o custo (ou a receita) de oportunidade de financiá-lo, a custos financeiros de oportunidade.

Os custos e despesas fixas decorrem desse tipo de gasto do total da atividade responsável pelo evento.

23.2 Modelos de Decisão para os Principais Eventos Econômicos

O modelo conceitual apresentado na Figura 23.3 deve ser adaptado para os principais eventos econômicos. A seguir, apresentaremos um modelo específico para cada um dos principais eventos econômicos da empresa.

Compra a prazo

A atividade de compra deve ser avaliada, em termos de resultado e desempenho, pelo valor das compras à vista, considerando o menor preço de mercado disponível para cada material a ser comprado, bem como o custo de oportunidade pelo não uso de dinheiro imediatamente, no caso de compra a prazo. Devem também ser consideradas eventuais despesas diretas adicionais por comprar os materiais, nas análises das possíveis alternativas de compra. A Tabela 23.1 apresenta um exemplo de modelo de decisão para compra.

O valor da receita da área de compras é sempre pelo valor à vista do menor preço de mercado do material (custo de oportunidade a preço de mercado). No nosso exemplo, para 2.000 unidades é R$ 36.000. Como no exemplo em questão, a área de compras pagou um preço maior, R$ 38.000, e gastou com fretes e seguros adicionais mais R$ 1.200; operacionalmente, ela deu um prejuízo de R$ 3.200 neste evento.

Como o evento foi feito a prazo, teve um custo financeiro de R$ 2.000 (preço do fornecedor a prazo (-) preço do fornecedor à vista). Mas o fato de ter comprado a prazo desobrigou a empresa, por 60 dias, de dispor de dinheiro no seu fluxo de caixa. Os R$ 40.000 do valor a prazo, descontada a taxa de 2% ao mês (4,04% em dois meses), permitiu à área de finanças ganhar receita financeira de R$ 1.553, que é uma receita de oportunidade da área de compras. Portanto, o custo financeiro não é o bruto R$ 2.000, mas sim um custo líquido de R$ 447 (R$ 2.000 - R$ 1.553). Dentro deste conceito, uma compra a prazo pode ter um ganho financeiro. Isso acontecerá quando a diferença percentual entre o preço a prazo e o à vista do fornecedor for menor do que a rentabilidade da aplicação financeira no mesmo período.

Venda a prazo

Basicamente, a venda a prazo segue o mesmo conceito da compra e apresentamos o modelo de decisão na Tabela 23.2.

Tabela 23.1 Modelo de decisão: evento econômico – compra a prazo

Dados	Quantidade	Preço Unitário	Total	
Compra a ser Efetivada				
• Preço do fornecedor à vista	2.000	19	38.000	
• Preço do fornecedor a prazo	2.000	20	40.000	
• Prazo do fornecedor	2 meses			
• Custo adicional de frete e seguro	2.000	0,60	1.200	
Preço de Mercado à Vista – Menor preço	2.000	18	36.000	
Custo Financeiro de Aplicação		2% a.m.		
Resultado do Evento				
Discriminação	**Quantidade**	**Preço Unitário**	**Total**	
Receita Operacional de Compra	2.000	18	36.000	
(-) Custos Variáveis da Compra				
• Preço do fornecedor à vista	2.000	19	(38.000)	
• Custo adicional de frete e seguro	2.000	0,60	(1.200)	
= Margem de Contribuição Operacional			**(3.200)**	
(+) Receita de Oportunidade[1]			1.553	
(-) Custo Financeiro da Compra a Prazo			(2.000)	
= Margem de Contribuição Financeira			**(447)**	
Custos/Despesas Fixas da área de Compra			(1.000)	
= Contribuição do Evento/Área			**(4.647)**	
[1] Valor da Compra a Prazo			40.000	A
Custo Financeiro - 2 Meses (1,02 x 1,02)			1,0404	B
Custo da Compra Descontado (A : B)			38.447	C
Receita de Oportunidade (A - C)			1.553	

Tabela 23.2 Modelo de decisão: evento econômico – venda a prazo

Dados	Quantidade	Preço Unitário	Total	
Venda a ser Efetivada				
• Preço ao cliente à vista	200	500,00	100.000	
• Preço ao cliente a prazo	200	540,00	108.000	
• Prazo dado ao cliente	2 meses			
• Custo adicional de comissão	200	10,00	2.000	
Custo Financeiro de Captação		3% a.m.		
Resultado do Evento				
Discriminação	**Quantidade**	**Preço Unitário**	**Total**	
Receita Operacional de Venda	200	500,00	100.000	
(-) Custos Variáveis do Produto Vendido				
• Preço de transferência de produto	200	400,00	(80.000)	
• Custo adicional de comissão	200	10,00	(2.000)	
= Margem de Contribuição Operacional			**18.000**	
(-) Custo de Oportunidade[1]			(6.200)	
(+) Receita Financeira de Venda a Prazo			8.000	
= Margem de Contribuição Financeira			**1.800**	
Custos/Despesas Fixas da área de Vendas			(17.000)	
= Contribuição do Evento/Área			**2.800**	
[1] Valor de Venda a Prazo			108.000	A
Custo Financeiro - 2 Meses (1,03 x 1,03)			1,0609	B
Custo da Venda Descontado (A : B)			101.800	C
Custo de Oportunidade (A - C)			6.200	

A margem operacional de cada evento de venda é seu valor à vista (o melhor preço de mercado que a empresa consegue obter pelo produto para os clientes) menos o valor de reposição à vista do produto. Se for uma empresa comercial, o custo de reposição será junto a um fornecedor externo. **Se for uma empresa industrial** (como simboliza nosso exemplo), o **valor do custo variável será um pagamento interno** de receita, pelo conceito de preço de transferência, à área de estoque de produtos acabados.

No caso da venda a prazo, em vez de receita financeira de oportunidade, existirá custo financeiro de oportunidade, uma vez que, ao vender a prazo, a empresa deixa de receber o dinheiro. Portanto, há um custo financeiro sobre a demora do recebimento, que, no caso de venda, deve ser o custo de captação, pois a empresa necessitará de recursos de terceiros para fazer frente à necessidade de capital de giro gerada pelo evento econômico de venda a prazo.

Outrossim, ela cobrará um custo financeiro do cliente. Se cobrar do cliente mais do que o custo de captação no mercado (é o caso do nosso exemplo numérico), a venda a prazo gera uma margem de contribuição financeira. Ao abatermos dos custos fixos de venda, teremos o resultado final da área.

Estocagem – Materiais

Basicamente, o resultado do evento estocagem compreende a diferença entre a variação do preço de reposição à vista do valor do material menos o custo de oportunidade financeiro de reter o produto em estoque à espera de consumo pela fábrica, conforme evidenciado na Tabela 23.3.

Tabela 23.3 Modelo de decisão: evento econômico – estocagem de material

Dados	Quantidade	Preço Unitário	Total	
Preço de Reposição à Vista - Momento 1	2.000	18,00	36.000	
Preço de Reposição à Vista - Momento 2	2.000	18,50	37.000	
Prazo de Estocagem		1 mês		
Custo Financeiro de Captação		3% a.m.		
Resultado do Evento				
Discriminação	**Quantidade**	**Preço Unitário**	**Total**	
Preço de Reposição - Momento 2	2.000	18,50	37.000	
(-) Preço de Reposição - Momento 1	2.000	18,00	(36.000)	
= Margem de Contribuição Operacional (Ganho de Estocagem)			**1.000**	
(-) Custo de Oportunidade[1]			(1.080)	
= Margem de Contribuição Financeira			**(1.080)**	
= Contribuição do Evento/Área			**(80)**	
[1] Custo de Reposição à Vista			36.000	A
Custo Financeiro - 1 Mês de Estocagem			1,03	B
Custo de Reposição Corrigido (A x B)			37.080	C
Custo de Oportunidade (A - C)			1.080	

No nosso exemplo, a valorização do estoque durante o período em que ficou estocado foi inferior ao custo financeiro do tempo em que ele ficou parado, calculado ao custo de captação. Portanto, a área gerou um prejuízo total de R$ 80.

Produção

A área de produção, após receber o material, despende um tempo para fabricação do produto, o qual, quando terminado, será objeto de venda e terá seu evento venda analisado como sugerido na Tabela 23.2.

A receita operacional da área de produção é interna, obtida por um preço de transferência a preços de mercado. Como a área de produção não exerce a atividade de venda e, sabe-se, a atividade tem um custo por seu serviço, o preço de transferência deve ser um valor de mercado realizável líquido, ou seja, é o valor de mercado menos as despesas necessárias para o processo administrativo de vender o produto.

Como custo variável, temos o custo de material, que vem da área de estocagem de material. Neste caso, é o preço de reposição no momento da entrega do material; como ele fica parado o tempo necessário para o processo produtivo – no nosso exemplo três meses –, há um custo financeiro de oportunidade pelo tempo que ficar parado durante a produção.

Descontados os custos de fabricação (mãos de obra direta e indireta, despesas gerais e depreciação), tem-se o resultado da área de produção. É neste evento que a maior parte da margem operacional surge, pois a produção é, em essência, a atividade que cria valor. A Tabela 23.4 apresenta um modelo de decisão que compreende os cálculos e elementos citados.

Tabela 23.4 Modelo de decisão: evento econômico – produção

Dados	Quantidade	Preço Unitário	Total	
Receita de Transferência de Prod. Acabado	200	400,00	80.000	
Custo de Materiais - Menor Preço de Mercado	2.000	18,50	37.000	
Prazo Médio de Produção		3 meses		
Custos Fixos da Área			10.000	
Depreciação			8.000	
Custo Financeiro de Captação		3% a.m.		
Resultado do Evento				
Discriminação	**Quantidade**	**Preço Unitário**	**Total**	
Receita Operacional da Produção	200	400,00	80.000	
(-) Custos Variáveis do Produto Vendido				
• Preço de transferência - estoque de materiais	2.000	18,50	(37.000)	
= Margem de Contribuição Operacional			**43.000**	
(-) Custo de Oportunidade[1]			(3.431)	
= Margem de Contribuição Financeira			**(3.431)**	
Custos/Despesas Fixas – Área de Produção			(18.000)	
= Contribuição do Evento/Área			**21.569**	
[1] Valor dos Materiais Recebidos			37.000	A
Custo Financeiro - 3 Meses			1,092727	B
Custo Materiais Corrigido (A x B)			40.431	C
Custo de Oportunidade (A - C)			3.431	

Aplicação Financeira

O resultado de um evento de aplicação financeira deve ser medido pela diferença entre o valor da receita obtida pela aplicação da disponibilidade contra o custo financeiro de oportunidade de captação do dinheiro no mercado. Temos de aplicar o custo de captação contra a receita financeira obtida pela aplicação, uma vez que a manutenção de disponibilidade é um recurso de capital de giro e, portanto, um recurso do acionista a ser remunerado. Normalmente, o resultado financeiro do evento aplicação financeira será negativo, visto que dificilmente haverá receita financeira superior ao custo de captação.

Tabela 23.5 Modelo de decisão: evento econômico – aplicação financeira

Dados	Quantidade	Preço Unitário	Total
Valor das Disponibilidades Aplicáveis			40.000
Prazo da Aplicação		1 mês	
Receita Financeira da Aplicação		2% a.m.	
Custo Financeiro de Captação		3% a.m.	
Resultado do Evento			
Discriminação	**Quantidade**	**Preço Unitário**	**Total**
Receita Financeira de Aplicação			800
(-) Custo de Captação			(1.200)
= Margem de Contribuição			**(400)**
= Contribuição do Evento/Área			**(400)**

Depreciação

O modelo de decisão e mensuração do evento depreciação deve ser feito à luz da teoria de avaliação de ativos. Dentro do modelo de gestão econômica, que é o conceito condutor da Controladoria, ressaltamos os seguintes aspectos relativos aos Ativos Fixos e ao processo de depreciação, extraído de Guerreiro:[3]

- É irrelevante a discussão se a avaliação dos ativos deve ser efetuada com base em valores de entrada ou de saída. A avaliação deve expressar o valor do bem para a empresa, consoante validação pelo mercado de seu fluxo de serviço.
- O valor de um ativo é o dinheiro equivalente de seus serviços potenciais. Conceitualmente, isto é a soma dos preços de mercado futuro de todo o fluxo de serviço a ser gerado, descontado pela probabilidade e fator de juro a seu valor presente.
- A mensuração do ativo deve espelhar seu valor econômico em determinado momento e o quanto vale hoje, não quanto valia quando foi adquirido.
- O enfoque da depreciação altera-se: de alocação de custos para reconhecimento da perda de potencial de serviços futuros.

Desta maneira, a depreciação de um ativo é a diferença de valores entre dois momentos de mensuração, ambos a fluxo futuro de serviços descontados a um custo de oportunidade.

Tabela 23.6 Modelo de decisão: evento econômico – depreciação

Dados	
Mês 1	
Benefícios Líquidos por Mês	2.000
Vida Útil Estimada	60 meses
Custo de Oportunidade	1% a.m.
Mês 2	
Benefícios Líquidos por Mês	1.990
Vida Útil Estimada	59 meses
Custo de Oportunidade	1% a.m.
Resultado do Evento	**Total**
Fluxo de Serviços Futuros Descontado Mês 1	89.910
Fluxo de Serviços Futuros Descontado Mês 2	88.365
= Depreciação Mês 2 (A - B)	**1.545**

A Tabela 23.6 mostra o modelo de decisão e mensuração para depreciação, o qual é derivado do modelo de gestão operacional para ativos imobilizados, desenvolvido no Capítulo 22 e apresentado na Tabela 22.6, em que fazemos uma apresentação sumariada dos elementos que compõem o fluxo futuro de benefícios do Ativo Imobilizado.

23.3 Exemplo Numérico Integrado

Objetivando uma visualização em termos de conjunto da aplicabilidade dos modelos de decisão para os eventos econômicos, desenvolvemos um exemplo com uma série de eventos econômicos, procurando simular as principais operações que geralmente acontecem em uma empresa. O foco deste exemplo é a aplicação do conceito de custo de oportunidade para todos os eventos, bem como evidenciar o resultado para o acionista.

Partindo de dados de um balanço inicial no Mês 0, elaboramos, considerando diversos eventos econômicos para o Mês 1, uma Demonstração de Resultados do Mês 1 e finalizamos com um Balanço Patrimonial final do Mês 1, dentro da formatação tradicional de Contabilidade. Introduzimos também alguns conceitos não costumeiros, como a separação da receita financeira de vendas a prazo, o custo financeiro de compras a prazo e, consequentemente, incorporamos o conceito de ajuste a valor presente dos créditos e obrigações.

Para o cálculo de custo financeiro de oportunidade (COP), adotamos 0,8% ao mês de juros para receita financeira de aplicações financeiras e 1% ao mês como custo de oportunidade do capital dos acionistas. A Tabela 23.7 apresenta os Demonstrativos Contábeis já elaborados após as movimentações do Mês 1.

Aplicando os conceitos de custo de oportunidade e considerando os modelos de decisão sugeridos anteriormente para os principais eventos econômicos, vamos elaborar demonstrativos adicionais para cada atividade (baseados nos seus eventos econômicos). A Tabela 23.8 apresenta uma Demonstração de Resultado para cada atividade, dentro dos conceitos desenvolvidos neste capítulo. Em seguida, faremos uma explicação dos eventos de cada atividade.

A numeração de cada um deles é para auxiliar a visualização dos débitos e créditos entre as atividades. Assim, a contabilização número 1 do evento na atividade Compras teve como contrapartida a atividade Estocagem de Materiais pelo mesmo valor.

[3] GUERREIRO, Reinaldo. Mensuração do Resultado Econômico. *In: Controladoria*. Coordenação de CATELLI, Armando. São Paulo: Atlas, 1999, p. 91-92.

Tabela 23.7 Demonstrativos contábeis

Ativo	COP - %*	Mês 0 - R$	Mês 1 - R$
Aplicações Financeiras	0,8	5.700	6.526
Contas a Receber Clientes		7.070	6.900
(-) Ajuste Vr. Presente Créditos		(70)	(69)
Contas a Pagar Fornecedores		(3.030)	(2.900)
(-) Ajuste Vr. Presente Obrigações		30	29
Estoques		11.000	10.871
• Materiais		5.000	4.871
• Em processo		1.000	1.000
• Acabados		5.000	5.000
Imobilizado		25.000	25.000
(-) Depreciação Acumulada		(200)	(400)
Total do Ativo		**45.500**	**45.957**
Passivo			
Capital de Terceiros + Capital Próprio	1,0	45.000	45.000
Lucro Acumulado		500	957
Total do Passivo		**45.500**	**45.957**

***COP = Custo de Oportunidade**

Eventos Econômicos – Mês 1	Data	Valor
• Venda de Produtos Acabados a 30 Dias de Prazo	31.1	6.900
• Baixa de Produtos Acabados	31.1	5.000
• Recebimento de Duplicata de Cliente	31.1	7.070
• Compra de Materiais a 30 Dias de Prazo	31.1	2.900
• Pagamento a Fornecedores	31.1	3.030
• Pagamento Custos Fabricação	31.1	1.800
• Pagamento Custos Adm./Comerciais	31.1	1.250
• Depreciação Imobilizado	31.1	200
• Consumo de Materiais na Produção	1º.1	3.000
• Produção Acabada no Mês	31.1	5.000
• Aplicação Financeira	1º.1	6.000
• Receita Financeira de Aplicação	31.1	46
• Pagamento IR	31.1	210

Demonstração de Resultados – Mês 1	R$
Vendas	6.900
(-) Custo dos Produtos Vendidos	(5.000)
Lucro Bruto	1.900
(-) Despesas Adm./Comerciais	(1.250)
Lucro Operacional	650
(+) Receitas Financeiras	46
(-) Ajuste Vr. Presente Créditos	(69)
(+) Receitas Financeiras de Clientes	70
(-) Custo Financeiro de Fornecedores	(30)
Lucro Antes IR	667
(-) IR	(210)
Lucro Líquido	457

Tabela 23.8 Resultados por atividade — mês

Compras	Número	Valor	Estocagem de Materiais	Número	Valor	Produção	Número	Valor
Receita de Transferência p/ Estoque (COP)	1	2.871	Receita de Transferência p/ Produção (COP)	6	3.000	Receita de Transferência p/ Acabados (COP)	8	5.000
(-) Pagamento para o Caixa	2	(3.000)	(-) Pagamento para Área de Compras	1	(2.871)	(-) Pagamento de COP Acionistas Est. Processo	9	(10)
(+) Recebimento de COP de Acionistas	3	29	(-) Pagamento de COP de Acionistas	7	(20)	(-) Pagamento para Área de Estocagem	6	(3.000)
(-) Custo Financeiro Pagamento Fornecedores	4	(30)				(-) Pagamento de COP Acionistas Mat. Recebido	10	(30)
						(-) Pagamento para Área de Imobilizado	11	(200)
						(-) Pagamento de Custos de Fabricação	12	(1.800)
Resultado da Atividade de Compras	**5**	**(130)**	**Resultado da Área de Estoques**		**109**	**Resultado da Área de Produção**		**(40)**
Estocagem de Prod. Acabados	**Número**	**Valor**	**Área de Imobilizado**	**Número**	**Valor**	**Produção**	**Número**	**Valor**
Receita de Transferência Vendas (COP)	13	5.600	Receita de Transferência p/ Produção (COP)	12	200	Receita Financeira de Aplic. Financeira	16	46
(-) Pagamento para Produção	8	(5.000)	(-) Depreciação	11	(200)			
(-) Pagamento de COP de Acionistas	14	(50)	(-) Pagamento de COP de Acionistas	15	(250)	(-) Pagamento de COP Acionistas	17	(57)
Resultado da Atividade de Prod. Acabados		**550**	**Resultado da Área de Imobilizado**		**(250)**	**Resultado da Atividade de Finanças**		**(11)**
Vendas	**Número**	**Valor**	**Clientes**	**Número**	**Valor**	**Área de Acionistas**	**Número**	
Receita de Transferência Vendas (COP)	18	6.900	Receita de Venda	21	6.900	Pagamento COP Compras	3	(29)
(-) Pagamento para Acabados	13	(5.600)	(-) Pagamento Área de Vendas	18	(6.900)	Recebimento COP Estocagem	7	20
(-) Pagamento de Desp. Adm. Comerciais	19	(1.250)	(-) Pagamento de COP de Acionistas	22	(70)	Recebimento COP Produção - Est. Processo	9	10
(-) Ajuste Vr. Presente Créditos	20	(69)	(+) Receita Financeira de Recebimento	23	70	Recebimento COP Produção - Mat. Recebidos	10	30
						Recebimento COP Acabados	14	50
						Recebimento COP Imobilizado	15	250
						Recebimento COP Finanças	17	57
						Recebimento COP Clientes	22	70
Resultado da Atividade de Vendas		**(19)**	**Resultado da Atividade de Recebimentos**		**–**	**Resultado da Área Acionistas**		**458**

Atividade de Compras

Houve uma compra a prazo de R$ 2.900 para 30 dias. Descontado o custo de oportunidade de 1% (R$ 29), o valor a ser transferido para o estoque de materiais é o líquido de R$ 2.871 (R$ 2.900 (-) 29). O fato de a compra ter sido a prazo desobrigou o caixa do acionista em um mês. Por isso, a compra recebe uma receita de oportunidade de R$ 29.

Há a contabilização do pagamento de compras anteriores (eventos números 2 e 4), ou seja, o passivo inicial do Mês 0 do valor líquido do ajuste a valor presente feito no mês anterior.

O resultado da atividade de compras no mês é negativo porque transferiu no Mês 2 valor inferior aos pagamentos efetuados ao caixa.

Atividade de Estocagem de Materiais

A receita desta atividade é a transferência de materiais, pelo preço à vista, à atividade de produção, evidenciada pelo evento número 6, R$ 3.000. Esta atividade tem de pagar à atividade de compras R$ 2.871 por ter recebido materiais este mês.

O pagamento do custo de oportunidade, de R$ 20, aos acionistas é em função da manutenção de R$ 2.000 de estoque ao longo do Mês 2, conforme demonstramos abaixo:

Estoque Inicial de Materiais	R$ 5.000
(-) Transferência para a Produção em 1.1	(3.000)
Saldo em 1.1	2.000
(+) Valor Recebido de Compras em 31.1	2.871
Saldo em 31.1	4.871

Note que durante o mês o valor do estoque ficou em R$ 2.000, com um custo de oportunidade de 1%, e resultou no custo financeiro de R$ 20. A compra de R$ 2.871 foi no final do mês e, portanto, não incidiu custo de oportunidade.

Este exemplo não contemplou ganho de estocagem de materiais.

Atividade de Produção

A atividade de produção paga à atividade de estocagem de material o valor da matéria-prima recebida de R$ 3.000 (evento número 6). Por receber o material no início do mês e este ficar no processo o mês inteiro, deve pagar um custo de oportunidade de 1% ao mês sobre R$ 3.000, transferindo para os acionistas R$ 30 (evento número 10), um outro custo de oportunidade pelo seu estoque inicial de produção em processo de R$ 10 (1% sobre saldo inicial de estoque em processo de R$ 1.000). Paga também a depreciação de R$ 200 para a atividade de imobilizado e tem despesas mensais de R$ 1.800 de custos de fabricação.

Sua receita de R$ 5.000 decorre da transferência do produto acabado, a preço de custo, para o estoque de produtos acabados.

Atividade de Estocagem de Produtos Acabados

Tem como custo a transferência recebida da atividade de produção (evento número 8). Por ter mantido um estoque inicial a preço de custo de R$ 5.000, paga um custo financeiro de R$ 50 aos acionistas.

Sua receita é o valor de mercado realizável líquido de R$ 5.600, que transfere para a área de vendas. Em princípio, esta é a atividade que deve gerar a maior margem operacional, já que a criação de valor ou riqueza deve ser mensurada ao final do processo produtivo.

A atividade de produção pode ser mensurada conjuntamente com a atividade de produtos acabados.

Atividade de Vendas

Representa basicamente a área de expedição ou comercialização. Após ter recebido o produto acabado a valor realizável líquido (evento número 13), faz a venda a prazo por R$ 6.900. Há de se fazer então o ajuste a valor presente dessa venda (evento número 20), para que esta atividade evidencie a receita a valor à vista.

Subtraindo-se as despesas comerciais e administrativas de realizar a venda, há o lucro desta atividade. Portanto, a atividade de vendas deve ser mensurada por valores à vista. A atividade de recebimento ou de clientes é que se encarregará da parte financeira da venda.

Atividade de Clientes ou Recebimento de Vendas

É responsável pelas contas a receber de clientes. Paga o valor bruto da venda (evento número 18) e recebe vendas anteriores (evento 21). A receita financeira de cada venda é sua receita. Contudo, tem de pagar custo de oportunidade ao acionista do contas a receber (evento 22) pela manutenção do contas a receber do Mês 0, de R$ 7.000.

Área de Imobilizado

Tem como receita o valor de R$ 200 da transferência dos serviços de depreciação para a área de produção (evento 12), que também é uma perda para a área. Um outro custo da área é o de oportunidade pela manutenção mensal de R$ 25.000 de ativos imobilizados à disposição da produção.

A mensuração desta atividade poderia também estar junto com a atividade de produção.

Atividade de Finanças

Tem apenas dois eventos: a receita financeira de suas aplicações (evento 16) e o custo de oportunidade a ser pago aos acionistas pelo investimento em aplicações financeiras (evento 17) ao custo do acionista.

Área de Acionistas

Recebe a contrapartida de todos os custos de oportunidade.

Resumo

A Tabela 23.9 apresenta um resumo do resultado de todas as atividades, separando a margem operacional de cada uma delas da margem financeira, de acordo com o modelo genérico de decisão para os eventos econômicos. O imposto de renda foi alocado na área dos acionistas.

O exemplo indica que o somatório de todas as áreas apresentou uma margem operacional de R$ 581, o que é bom. O custo financeiro de todas as áreas operacionais foi de R$ 372, tendo a contribuição total de todas as atividades atingido um total de R$ 208. Somado ao custo de oportunidade dos acionistas, o resultado do mês foi um total de R$ 458.

O fato de o resultado de todas as atividades ter sido positivo, após o pagamento de todos os custos de oportunidade, indica que não houve destruição do valor dos acionistas. Além de eles terem recebido R$ 458 de remuneração do seu capital, ainda houve um excesso de R$ 208, indicando geração de valor adicionado.

Questões e Exercícios

1 Conceitue com suas palavras o que é evento econômico. Justifique por que a gestão sobre os eventos econômicos é fundamental para a gestão econômica do sistema empresa.

2 Identifique em uma decisão de uma aplicação financeira as etapas e variáveis respectivas que poderão estar envolvidas nesta tomada de decisão.

3 Considerando os dados apresentados a seguir, calcule e elabore o resultado de uma transação do evento Compra a Prazo:

Quantidade a ser comprada	10.000 unidades
Preço à vista	R$ 28,00
Preço a prazo	R$ 32,00
Prazo	45 dias
Menor preço de mercado à vista	R$ 29,50
Custo financeiro de aplicação	1,5% ao mês
Custo fixo da área de compras	R$ 20.000

4 Considerando os dados apresentados a seguir, calcule e elabore o resultado de uma transação do evento Venda a Prazo. Considere como preço de transferência o valor da mercadoria comprada, na condição à vista, apresentada no exercício anterior:

Quantidade a ser vendida	9.800 unidades
Preço à vista	R$ 35,00
Preço a prazo	R$ 36,00
Prazo	90 dias
Custo de comissão de venda	1% sobre o total da venda à vista
Custo financeiro de captação	2,5% ao mês

5 Com base nos exercícios anteriores, apure o resultado das áreas de compras e de vendas e o resultado financeiro dos dois eventos apresentados nos exercícios 3 e 4.

Tabela 23.9 Resultados por atividades – resumo – mês 1

Demonstração de Resultados	Compras	Estocagem Materiais	Produção	Estocagem Acabados	Vendas	Clientes	Imobilizado	Finanças	Total das Áreas	Acionistas	Total da Empresa
Receitas e Despesas Operacionais											
Vendas Externas						6.900			6.900		6.900
Ajuste Vr. Presente Créditos					(69)				(69)		(69)
Transferências Remetidas	2.871	3.000	5.000	5.600	6.900		200		23.571		23.571
Transferências Recebidas		(2.871)	(3.000)	(5.000)	(5.600)	(6.900)			(23.371)		(23.371)
Pagamento/Consumo de Materiais	(3.000)								(3.000)		(3.000)
Pagamento de Custos de Fabricação			(1.800)						(1.800)		(1.800)
Pagamento de Despesas Adm./Comerciais					(1.250)				(1.250)		(1.250)
Depreciação			(200)				(200)		(400)		(400)
Margem Operacional	(129)	129	–	600	(19)	–	–	–	581	–	581
Receitas e Despesas Financeiras											
Ajuste Vr. Presente Obrigações	–								–		–
Receitas Financeiras						70		46	116		116
Despesas Financeiras	(30)								(30)		(30)
Custo de Oportunidade Acionistas	29	(20)	(40)	(50)		(70)	(250)	(57)	(458)	458	–
Margem Financeira	(1)	(20)	(40)	(50)	–	–	(250)	(11)	(373)	458	86
Resultado da Atividade	**(130)**	**109**	**(40)**	**550**	**(19)**	**-**	**(250)**	**(11)**	**208**	**458**	**667**
(-) Imposto de Renda										(210)	(210)
Resultado Total da Empresa	**(130)**	**109**	**(40)**	**550**	**(19)**	**-**	**(250)**	**(11)**	**208**	**248**	**457**

PARTE VII

A CONTROLADORIA NO CONTROLE

A Contabilidade caracteriza-se, essencialmente, por ser a ciência do controle. Porém, é importante ressaltar que o conceito de controle contábil não é o conceito apenas de controle *a posteriori*. A função contábil na empresa e, consequentemente, sua grande importância implicam um processo de acompanhamento e controle que perpassa todas as fases do processo decisório e de gestão e, seguramente, as etapas do planejamento.

Essa abordagem implica que dentro do próprio Planejamento Estratégico há uma função de controle, denominada antecedente ou preliminar, que normalmente se aplica ao processo de execução. Entendemos também que dentro do processo de estabelecimento de diretrizes, construção de cenários, já há um processo de controle implícito, identificando e priorizando as variáveis em relação aos objetivos maiores do sistema empresa. Em suma, a Contabilidade está presente em todas as etapas do processo de gestão, seja nas fases de planejamento, execução ou propriamente controle.

O controle busca aferir os resultados alcançados diante de metas preestabelecidas, fazendo com que, ao mesmo tempo, se possa avaliar o desempenho dos gestores responsáveis pelas atividades. Assim, o processo de controle busca avaliar o resultado dos eventos econômicos, atividades, departamentos, divisões, produtos e serviços, permitindo, conjuntamente, avaliar os responsáveis pela condução do processo operacional da empresa.

Dentro do sistema contábil, as metas estabelecidas consubstanciam-se nos conceitos de orçamentos e padrões. Em geral, quando se estabelecem padrões de desempenho, as empresas buscam objetivos mais duradouros e ideais, de caráter de competitividade. Assim, o estabelecimento de padrões tem uma relação próxima com o Planejamento Estratégico.

As metas orçamentárias também têm caráter de curto prazo e relação com as fases do planejamento operacional e da programação. Por último, o controle é exercido em cima da realização de cada transação dos eventos econômicos, nas fases de execução e controle.

Nesta etapa de nosso trabalho, abordaremos fundamentalmente a aplicação analítica do controle, que se evidencia no controle dos custos e preços de venda dos produtos e serviços. Portanto, o foco desta parte da Controladoria está na teoria e administração de custos e preços de venda.

Capítulo 24

Fundamentos de Contabilidade de Custos e os Métodos de Custeio

Todos os conceitos e técnicas de Contabilidade de Custos têm como foco as empresas industriais ou prestadoras de serviços. Isto porque a Contabilidade de Custos nasceu na Revolução Industrial, dada a necessidade de identificar o custo dos diversos produtos fabricados por uma empresa. Antes da Revolução Industrial, a Ciência Contábil limitava-se a considerar como custo apenas o valor de aquisição das mercadorias a serem revendidas, considerando os gastos administrativos e comerciais como despesas periódicas.

Outro referencial básico para a Contabilidade de Custos é a existência de mais de um produto ou serviço sendo produzido na empresa. Quando uma empresa tem um único produto ou único serviço, basta a divisão do total dos gastos de produção pela quantidade produzida desse único produto ou serviço. Isto não quer dizer que não há necessidade de contabilidade de custo fora dessas condições. Com o desenvolvimento de novos conceitos de custeio, também as empresas comerciais passam a contar com fundamentos e técnicas que permitam melhor visualização de seus gastos por produtos. Mesmo em empresas industriais de um único produto, outros conceitos podem ser aplicados, como, por exemplo, custeamento por atividades ou objetos de custo, evidenciando que o escopo da Contabilidade de Custos está sempre em desenvolvimento e ampliação.

24.1 Conceitos

Custo Unitário dos Produtos e Serviços

Este conceito é que conduz toda a Contabilidade de Custos e pode ser reconhecido como seu objetivo principal. Os seus conceitos e técnicas foram desenvolvidos para possibilitar a identificação do custo de uma unidade do produto ou serviço. Essa identificação significa separar dos gastos totais ocorridos em um período apenas os valores específicos que caberiam a uma única unidade de produto ou serviço, dentre todos os demais produtos e serviços da empresa.

Para tanto, são necessários métodos e conceitos de mensuração, bem como sistemas de identificação e acumulação dos dados e informações.

Objetos ou Entidades de Custo

Uma evolução ao conceito de custo unitário dos produtos é o conceito de objeto ou entidade de custo. As necessidades de gestão analítica dos custos e receitas da empresa levaram ao desenvolvimento do conceito de objeto de custo ou entidade de custo.

Podemos definir objeto de custo como alguma coisa para a qual é necessária a identificação separada de seu custo, tanto em termos unitários como totais. Como exemplo de objetos de custo podemos citar: custo de uma transação, de uma atividade, de um lote de produção, de uma fase ou processo de produção, de um departamento, de um serviço, de uma tarefa, de um funcionário etc.

Terminologias Básicas

Gastos são todas as ocorrências de pagamentos ou recebimentos de ativos, custos ou despesas. Significa receber os serviços e produtos para consumo para todo o processo operacional, bem como os pagamentos efetuados e recebimentos de ativos. Portanto, são ocorrências de grande abrangência e generalização.

Custos são os gastos, que não investimentos, necessários para fabricar os produtos da empresa. São os gastos por ela efetuados que farão nascer os seus produtos. Podemos dizer, pois, que os custos são os gastos relacionados aos produtos, posteriormente ativados quando os produtos objeto desses gastos forem gerados. De um modo geral, são os gastos ligados à área industrial da empresa.

Despesas são os gastos necessários para vender e enviar os produtos e, via de regra, ligados às áreas administrativas e comerciais. O custo dos produtos, quando vendidos, transforma-se em despesas.

A grande diferenciação conceitual entre custos e despesas decorre da separação primária entre empresas industriais e comerciais, e que foi adotada universalmente pela contabilidade societária e fiscal, com enfoque básico de custear os estoques de produtos. Custos são gastos para conseguir um produto (adquirir ou fabricar) e despesas são gastos para vendê-lo. É comum a utilização das terminologias de custos e despesas tanto para a área industrial quanto para as demais, o que não chega a comprometer a gestão econômica.

Podemos também definir custo como o valor econômico dos recursos utilizados para gerar produtos e serviços. Nesta linha de raciocínio, as despesas também são custos, pois são também recursos e serviços utilizados e têm valor econômico.

A visão tradicional de custos e despesas é que, enquanto custo, os gastos são ativáveis e têm valor para a empresa. A despesa significa o consumo do custo e, quando ocorrida, é redutora do lucro empresarial, já que o custo ativado sai da entidade.

Gastos para o Produto e para o Período

Desta forma, fica clara a separação tradicional entre custos e despesas. **Os custos são considerados gastos para o produto**; enquanto eles estiverem sendo fabricados, não devem ser considerados como despesas e redutores do lucro empresarial.

As **despesas são consideradas gastos efetuados para o período**, utilizados no processo de venda e envio dos produtos. São os gastos administrativos e comerciais que ocorrem durante os meses e o ano, independente do processo produtivo. São gastos mensais ou anuais associados ao período de venda, ou seja, ao período escolhido para a apuração dos resultados da empresa. Assim, as despesas impactam o resultado do período, independente da quantidade produzida, ou mesmo se houve produção naquele período. O custo dos produtos vendidos é uma despesa, de valor igual ao custo anteriormente estocado até antes do momento da venda, e são despesas confrontadas com as vendas do período.

Insumos de Produção

Os elementos de custos formadores do custo unitário dos produtos e dos estoques industriais são representados por quatro grandes tipos de necessidades de recursos:

- Materiais consumidos para o produto e o processo industrial.
- Mão de obra industrial.
- Gastos gerais de fabricação.
- Depreciação das instalações e equipamentos industriais.

Classificação

Essencialmente, classificam-se os custos e despesas de duas maneiras:

- Quanto ao objeto a ser custeado: custos diretos e indiretos.
- Quanto ao volume de produção ou venda: custos fixos e variáveis.

Denomina-se comportamento de custo a evolução do valor dos custos fixos e variáveis em relação ao volume de atividade.

Custos Diretos

São aqueles que podem ser fisicamente identificados para um segmento particular sob consideração. Assim, se o que estiver sob consideração for uma linha de produtos, então os materiais e a mão de obra envolvidos na sua manufatura seriam custos diretos. Dessa forma, relacionando-os com os produtos finais, eles são os gastos industriais que podem ser alocados direta e objetivamente aos produtos, podendo ser fixos e variáveis.

Custos Indiretos

São os gastos industriais que não podem ser alocados de forma direta ou objetiva aos produtos ou a outro segmento ou atividade operacional, e caso sejam atribuídos a produtos, serviços ou departamentos, será por meio de critérios de distribuição (rateio, alocação, apropriação são outros termos utilizados). São também denominados custos comuns, podendo ser fixos e variáveis.

Custos Fixos

Apesar da possibilidade de classificarmos uma série de gastos como custos fixos, é importante ressaltar que qualquer custo é sujeito a mudanças. Mas os que tendem a se manter constantes nas alterações do volume das atividades operacionais são tidos como custos fixos. De modo geral, são custos e despesas necessários para manter um nível mínimo de atividade operacional; por isso, são também denominados **custos de capacidade**.

Apesar de conceitualmente fixos, tais custos podem aumentar ou diminuir em função da capacidade ou do intervalo de produção. Assim, os custos são fixos dentro de um intervalo relevante de produção ou venda e podem variar se os aumentos ou diminuições de volume forem significativos.

Custos Variáveis

São assim chamados os custos e despesas cujo montante em unidades monetárias varia na proporção direta das variações do nível de atividades. Cabe salientar que a variabilidade de um custo existe em relação a um denominador específico. Assim, é preciso ressaltar a diferença entre custo variável e custo direto. Um custo é variável se ele realmente acompanhar a proporção da atividade com que ele é relacionado. Um custo direto é aquele que se pode medir em relação a essa atividade ou ao produto. Assim, a mão de obra direta, quando contratada para determinado volume de produção, é fixa em relação àquele volume, mas direta em relação ao produto, uma vez que podemos medir os esforços feitos para cada unidade de produto.

Variáveis em relação à produção

Toma-se como base a quantidade de produto final produzido para fazer a análise do comportamento do custo. É a visão clássica do custo variável. O exemplo mais significativo é o consumo de materiais da estrutura do produto.

Variáveis em relação às atividades

Eventualmente, um custo ou gasto pode não ser fixo em relação à quantidade de produto final produzido ou vendido e ter o comportamento de um custo semivariável. Porém, relacionando-o com uma outra atividade, ele pode vir a ser considerado variável em relação a essa atividade.

O conceito de custo variável em relação a determinada atividade tem sido utilizado para melhor alocação dos custos e despesas indiretas e é denominado custo *ABC* ou *Activity Based Costing*.

Fixos dentro do ano (do período)

Em geral, o conceito de custo fixo é aplicado àqueles custos cujos valores não variam dentro do período analisado. Os valores gastos a título de tais custos serão sempre os mesmos, não importando o volume produzido ou vendido dos produtos.

É interessante destacar aqui que o que vale é o conceito de que o custo é fixo. É possível que um custo tenha todas as características de custo fixo e, mesmo assim, o seu valor se altere de período a período. É óbvio que essa alteração de valor não pode ser na proporção das quantidades produzidas ou vendidas; caso contrário, ele seria considerado variável.

Exemplificando: o custo dos aluguéis tem todas as características de custo de comportamento fixo; mas nada impede que na renovação do contrato de locação ele venha a se alterar para cima ou para baixo. O valor alterado não é decorrente de variação do volume produzido ou vendido, mas sim alterado em decorrência de negociação específica. Tal custo deve ser ainda considerado fixo. É preciso ressalvar tais dados de ordem operacional, pois isso altera o cálculo do ponto de equilíbrio, que será evidenciado no Capítulo 27.

Fixos dentro das expectativas de produção

Eventualmente, custos considerados de comportamento variável podem ter seu valor inalterado em relação às quantidades produzidas ou vendidas, transformando-se assim, momentaneamente, em custos fixos.

O exemplo clássico de tal mudança de comportamento é com relação à mão de obra direta. Conceitualmente, esse tipo de mão de obra, que é necessário para fabricar os produtos, tende a variar dependendo da quantidade de produto a ser produzida em determinado período. Em caso de redução de produção, que é o que acontece mais frequentemente, é comum a empresa não reduzir seu efetivo de mão de obra direta, mesmo que a quantidade a produzir seja diminuída, pois entende conveniente bancar essa ociosidade temporária de seu corpo de funcionários diretos. Nesse caso, um custo típico de comportamento variável termina por ter, temporariamente, comportamento fixo.

Mesmo os materiais que são claramente custos variáveis em relação à quantidade produzida podem, por vezes, sofrer alterações para mais ou para menos, por meio de racionalização do seu uso, novos processos de produção com eliminação de desperdícios etc.

Depreciação – custo fixo ou variável, direto ou indireto

Em determinadas atividades, nas quais a aplicação e o valor dos equipamentos são elementos vitais para geração dos diversos produtos, é possível um tratamento dos gastos de depreciação como custo variável, apesar de, teoricamente, tal gasto ser um custo fixo.

Se a causa da depreciação é cada unidade adicional de produto feito, podemos entendê-la como um custo variável. Por outro lado, se a sua causa for a obsolescência técnica, que deprecia o equipamento gradativamente em relação ao período transcorrido, então a depreciação é um custo fixo.

Mas mesmo sendo um custo fixo, podemos ter condições de alocar com precisão aos produtos fabricados. Assim, a depreciação pode ser um custo fixo, mas de alocação direta, para os produtos em questão. Quando a depreciação é de instalações ou prédios, geralmente, é considerada um custo fixo indireto.

Custos Semivariáveis

São aqueles em que existe variação em relação à quantidade produzida ou vendida, mas não na relação direta; variam, mas não na proporção 1:1. Exemplo: materiais auxiliares.

Custos Semifixos

São aqueles que têm dentro de si uma parcela fixa e uma outra variável. Damos como exemplo os gastos com energia elétrica, cujos valores pagos pela manutenção da demanda são fixos dentro do período, e os valores pagos pelo consumo de quilowatts são variáveis em relação à utilização do parque industrial.

Análise Gráfica do Comportamento dos Custos

Exemplo: Materiais Diretos

Volume de Produção Quantidade	Valor Gasto R$
–	–
200	4.000
400	8.000
600	12.000
800	16.000
1.000	20.000

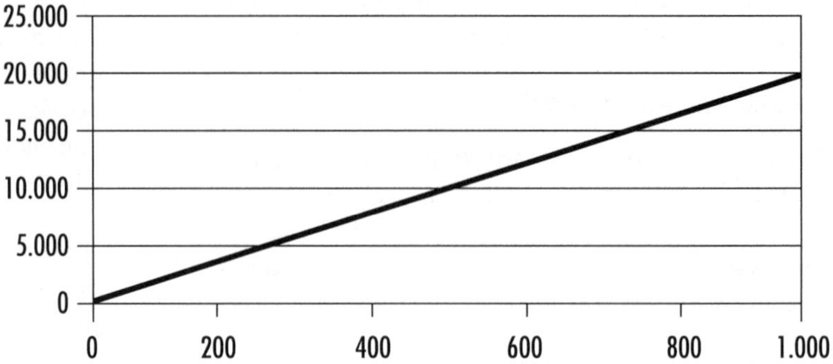

Figura 24.1 Custo variável

Exemplo: Prestação de *Leasing*

Volume de Produção Quantidade	Valor Gasto R$
–	2.000
200	2.000
400	2.000
600	2.000
800	2.000
1.000	2.000

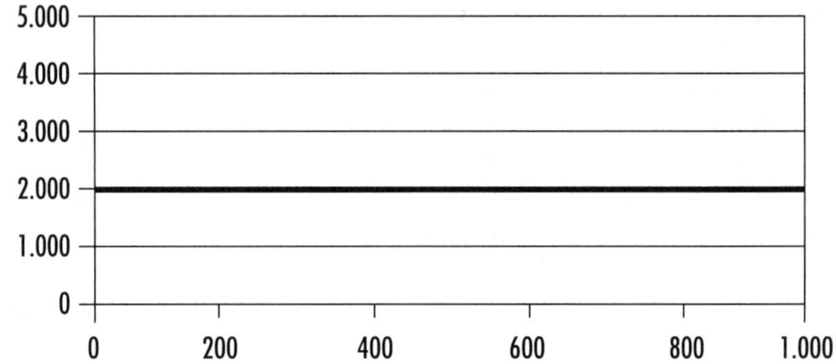

Figura 24.2 Custo fixo

Exemplo: Materiais Auxiliares

Volume de Produção Quantidade	Valor Gasto R$
–	–
200	700
400	880
600	1.050
800	1.200
1.000	1.320

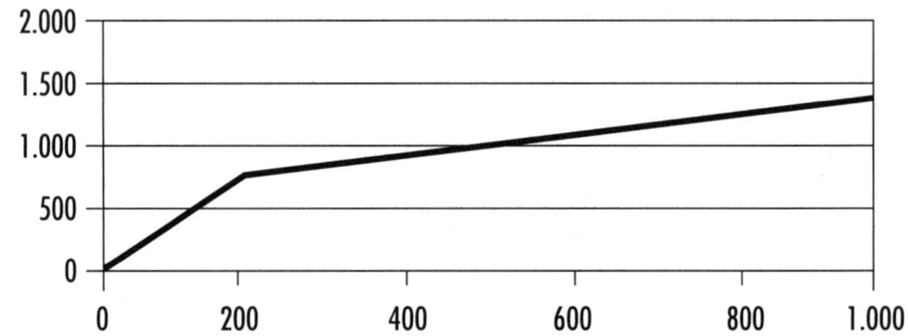

Figura 24.3 Custo semivariável

Exemplo: Energia Elétrica

Volume de Produção Quantidade	Valor Gasto R$
–	300
200	700
400	1.100
600	1.500
800	1.900
1.000	2.300

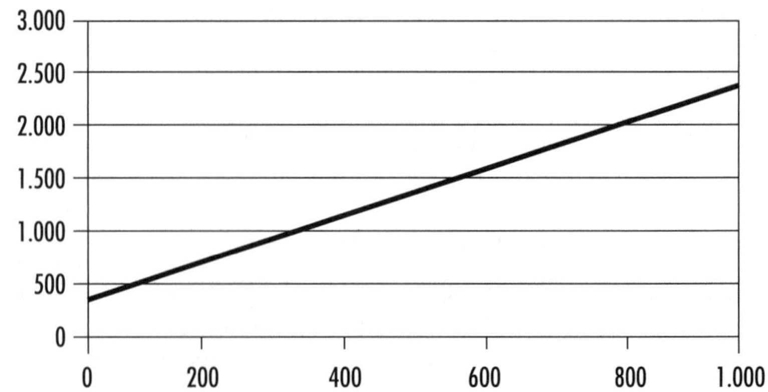

Figura 24.4 Custo semifixo

Custos Fixos, Capacidade de Produção e Intervalo Relevante

Conceitualmente, sabemos que os custos fixos não variam em relação ao volume produzido ou vendido; mas não podemos nos esquecer que os custos fixos estão também relacionados à capacidade de produção ou venda, ou seja, de modo geral, eles acontecem ou são fixados considerando um intervalo de produção ou venda.

Exemplificando novamente com as despesas de aluguéis: a empresa aluga um imóvel para produzir e vender determinado produto. Este imóvel é suficiente para abrigar um volume de produção e um número de funcionários que variam dentro de um intervalo quantitativo. Caso haja necessidade de expansão, haverá necessidade de um outro imóvel, que terá um outro aluguel. Assim, o custo fixo de aluguel se altera, mudando para outro patamar de custo fixo. Conceitualmente continua como custo fixo, porém agora dentro de um novo valor, de um novo patamar. Denominamos isso de intervalo relevante. Vejamos como fica o gráfico de custo fixo dentro de intervalos relevantes:

Exemplo: Aluguéis de Imóveis

Volume de Produção Quantidade	Valor Gasto R$
–	2.000
200	2.000
400	4.000
600	4.000
800	6.000
1.000	6.000

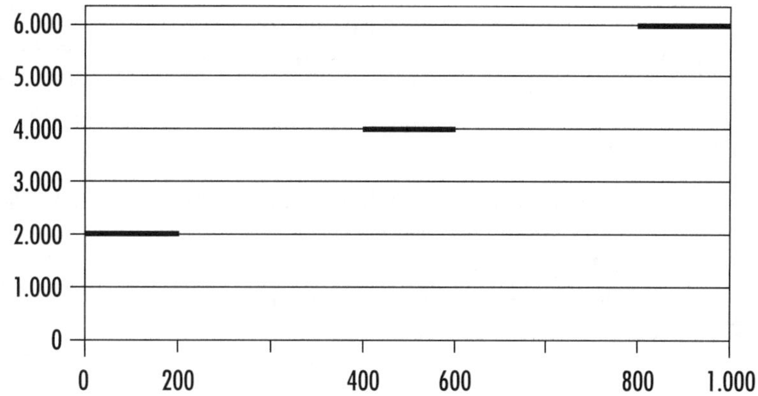

Figura 24.5 Custo fixo e intervalo relevante

24.2 Outros Conceitos de Custos

Apresentaremos a seguir uma série de conceitos de custos, todos procurando identificar variáveis e características desses gastos, para auxílio no controle e tomada de decisão dentro da empresa.

Custos Controláveis e não Controláveis

Essa conceituação de custo depende de um ponto de referência. Não existem custos não controláveis para a entidade, mas sim custo controlado por um responsável ou por outro, ou seja, não há custos não controláveis; todos o são em algum nível hierárquico da companhia. Apenas alguns não podem ser administrados por determinadas pessoas ou segmentos da empresa, que ficam dependentes de outros. O conceito de custos controláveis deve ser o principal fator para a adoção de contabilidade por responsabilidade.

Custos Expirados e não Expirados

Conforme Horngren,

> "... de acordo com a definição mais amplamente aceita, os custos são ativos se for justificável seu transporte para o futuro, se tiverem o poder de produzir receita, se forem benéficos às operações futuras – se possuírem potencial de serviço."

Ainda segundo Horngren,[1]

> "... o ativo (custos não-expirados) comumente representa os custos cuja recorrência será desnecessária no futuro."

Um custo expirado é aquele cujos efeitos já se passaram, mas não possibilitou incorporação a algum ativo, sendo, portanto, necessário novamente no futuro, já que o seu efeito foi passageiro. Tendem a ser os custos considerados indiretos e absorvidos.

Custos Passados (*Sunk Costs*)

Eles são considerados irrelevantes para tomada de decisão. Conforme Parker, R.H., citado por Luther,[2]

> "... Sunk costs have been defined as those incurred in the past and unaffected by any future action and thus irrelevant to decision-making."

[1] HORNGREN, Charles T. *Contabilidade de Custos*. São Paulo: Atlas: 1978, p. 411.

[2] LUTHER, Robert G. Fixed costs and sunk-costis in decision-making. *Management Accounting*, Londres, jan. 1992, p. 37.

Podemos dizer que o conceito de custos passados é o mesmo de custos expirados.

Custos de Oportunidade

De acordo com Horngren,[3]

> "... Um custo de oportunidade é a contribuição máxima disponível de que se abre mão utilizando-se recursos limitados para um determinado fim. Representa uma alternativa abandonada, de modo que o 'custo' é diferente do tipo comumente encontrado de custo no sentido de não ser o custo de desembolso normalmente encontrado e discutido pelos contadores e administradores."

Para Garrison,

> "... um custo de oportunidade pode ser definido como o benefício potencial que é perdido ou sacrificado quando a escolha de um curso de ação faz isso necessário para adotar um curso de ação competitivo."

Custos Diferenciais

São as diferenças evidenciadas entre os custos das alternativas à disposição dos administradores antes da tomada de decisão, denominados também de custos incrementais. Os custos diferenciais devem ser analisados à luz das alternativas de receitas que estão associadas a eles.

24.3 Estruturação das Informações

A base de informações para o processo de custeamento dos produtos e serviços assenta-se nos seguintes elementos:

- Materiais para os produtos.
- Tempo necessário para execução das fases do processo fabril.
- Equipamentos utilizados no processo fabril.

Os dados e informações para a gestão do custo desses elementos estão disponíveis nos diversos sistemas de informações de apoio às operações e devem ser utilizados para a formatação dos cálculos para obtenção dos custos unitários dos produtos e serviços e modelos de análises de custos.

Estrutura do Produto

É a identificação de todos os materiais que compõem cada produto fabricado pela empresa. A estrutura é formalizada e normalmente é atribuição da engenharia de produto ou desenvolvimento da empresa. Dentro do sistema de informação da estrutura do produto obtêm-se o tipo e a qualificação do material, a quantidade utilizada, a unidade de medida, a ligação entre os componentes primários e seus agregados etc.

No Capítulo 17, Figura 17.1, encontra-se um exemplo figurativo de uma estrutura do produto.

Custo dos Materiais

Esses dados obtidos são oriundos basicamente do sistema de informação de compras. Podem-se utilizar o custo das últimas compras e o das cotações ou de reposição. O custo médio, para fins legais e fiscais, é comumente obtido no sistema de controle de estoque de materiais.

Tempo e Processo de Fabricação

É a identificação de todas as operações necessárias para o processo de elaboração de cada produto, partindo das estruturas de materiais de cada um. Indica todos os processos e departamentos que atuarão sobre o produto, ou seja, o caminho que ele irá percorrer dentro da planta fabril. Em geral, é atribuição da engenharia de fábrica ou de processos.

No sistema de informação de processos de fabricação (ou roteiros de fabricação) estão identificados todos os tempos necessários para todas as fases de cada item específico ou conjunto até o produto final.

O sistema de processo de fabricação inclui os tempos de todos os recursos necessários para cada fase do processo em termos de mão de obra direta, equipamentos ou serviços executados fora da empresa (serviços terceirizados).

Controle Patrimonial

Este sistema de informação controla todos os ativos imobilizados da empresa e é a fonte de dados para obtenção dos valores de depreciação por equipamento utilizado no processo industrial.

Unidades de Acumulação de Custos: Departamentalização

O sistema de Contabilidade é geralmente utilizado para obterem-se os gastos gerais de fabricação, os quais são contabilizados em centros de custos contábeis, que representam o menor segmento de atividade ou área de responsabilidade, em que são executados trabalhos homogêneos. Um centro de custo (ou centro de despesa)

[3] HORNGREN, T. *Introdução à contabilidade gerencial*. Rio de Janeiro: Prentice Hall do Brasil, 1985, p. 92.

pode ser tanto uma atividade como um departamento, dependendo da estrutura organizacional.

O Sistema de Informação Contábil recebe os gastos dos setores e os acumula por centros de custos. Capta no sistema de folha de pagamento ou no sistema de apontamento das horas trabalhadas na fábrica as horas de cada centro de custo. Com isso, obtêm-se os dados para cálculo do custo horário médio de fabricação por centro de custo.

Atividades

É a menor estrutura organizacional que produz um bem ou serviço internamente, para o produto ou para o período, e que consome recursos para atingir seu objetivo. Como já vimos, o conceito de centro de custo pode ser desenvolvido para obter o conceito de atividade. Assim, pode-se fazer a acumulação dos gastos setoriais, tanto por departamento, como por atividades dentro do departamento.

Departamentos Fabris ou Administrativos

Existem departamentos, como recursos humanos, que têm atividades tipicamente administrativas, mas que, de modo geral, atendem mais a fábrica. É possível que a empresa tenha outras atividades departamentalizadas ou merecedoras de centros de acumulação de custos, que apresentem dificuldades de classificação quanto à sua atividade-fim, se de caráter industrial ou administrativo. Essa questão é importante para classificar tais gastos como custos do produto ou gatos para o período.

Resumo da Estruturação das Informações para Custo

	Estrutura das Informações de Custo	
	Sistemas de Informações Abastecedores	
Elemento de Custo	**Dados Quantitativos**	**Preços Unitários**
Materiais Diretos	Estrutura do Produto	Compras
Tempo (Departamentalização)	Processo de Fabricação	Contabilidade Societária
Equipamentos	Processo de Fabricação	Controle Patrimonial

24.4 Esquema Geral da Contabilidade de Custos

A utilização de custos dentro das empresas é essencialmente gerencial. O uso do ferramental de custos para fins legais e fiscais não é o mais importante para fins de Controladoria. Em sendo gerencial, a Contabilidade de Custos, desde os seus primórdios, sempre esteve em constante evolução e não está presa a nenhuma regra contábil específica. O seu único fundamento é a sua utilização efetiva e com eficácia dentro das organizações. Desta maneira, ao longo de sua existência, tem oferecido mais de uma opção para o gerenciamento contábil da informação analítica do custo e receita dos produtos e serviços. Esta variedade de opções, inclusive, tem até mantido diversos pontos polêmicos, alguns ainda não solucionados, pois nem todos aceitam pacificamente alguns conceitos que são desenvolvidos.

Obviamente, para fins gerenciais, é importante que cada empresa elabore seus modelos de decisão segundo sua própria visão conceitual. Como a premissa básica é a gestão com enfoque em resultados, criação de valor e eficácia empresarial, é suficiente que os modelos utilizados sejam eficazes em atender essas premissas.

A literatura contábil de custos tem se pronunciado seguidamente sobre conflitos entre a teoria e a prática. Pesquisas efetuadas em diversos momentos evidenciam a utilização das principais ferramentas de custos, algumas delas não consistentes com as boas práticas de gestão e os conceitos adequados de custeio. Em nosso trabalho, à medida que fizermos a apresentação dos conceitos e técnicas de custeio, indicaremos os modelos de decisão cientificamente recomendados para gestão de custos e preços de venda.

O ferramental de Contabilidade de Custos pode ser apresentado de forma esquemática em três grandes áreas, em linha com as teorias da decisão, mensuração e informação. Podemos ver na Figura 24.6 um esquema geral da Contabilidade de Custos.

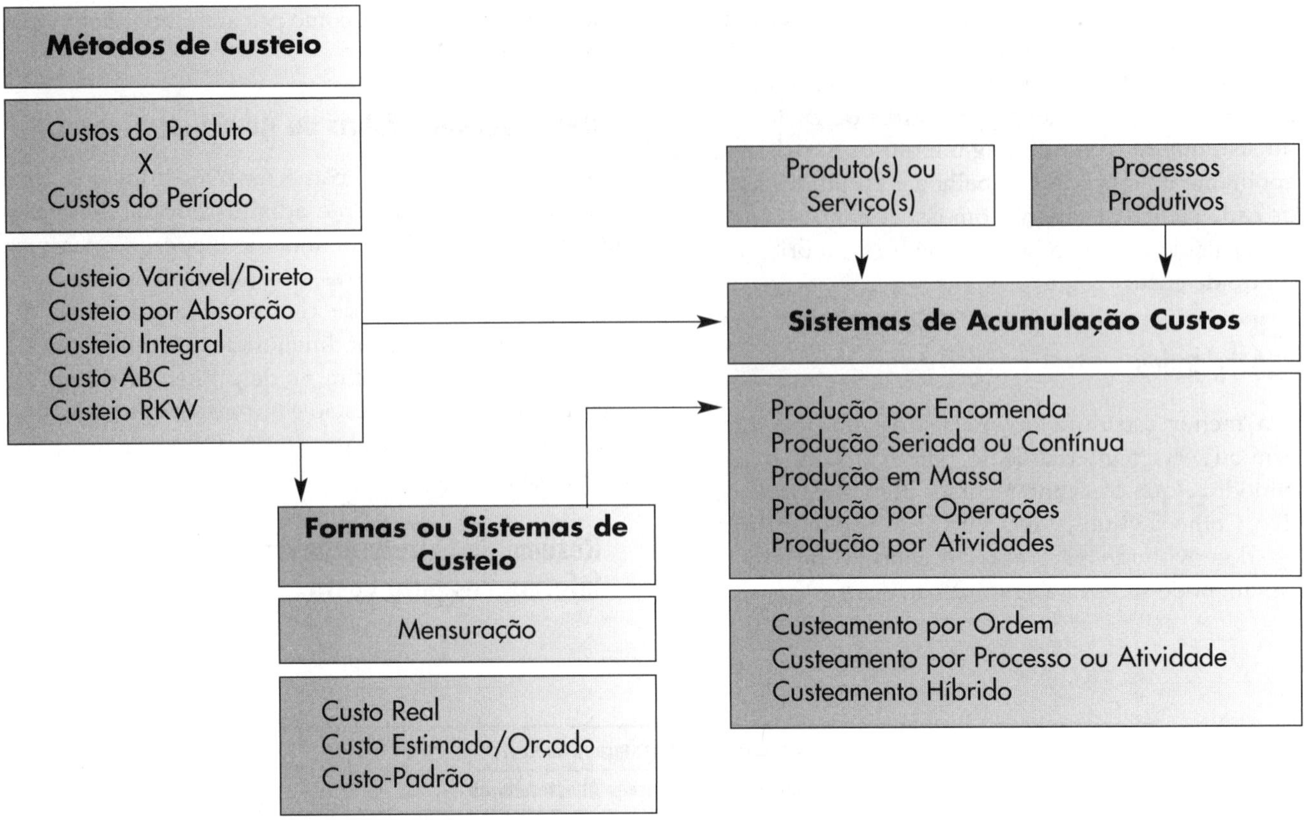

Figura 24.6 Esquema da contabilidade de custos

A visão geral de Contabilidade de Custos, identificando três conjuntos básicos de informações, é relacionada com as teorias da decisão, mensuração e informação. O método de custeio é que permite delinear os modelos de decisão; as formas de custeio traduzem-se em modelos de mensuração e o sistema de acumulação é a base de dados para os modelos de informação.

Teoria da Decisão/Modelos de Decisão	→	**Métodos de Custeio**
Teoria da Mensuração/Modelos de Mensuração	→	**Formas de Custeio**
Teoria da Informação/Modelos de Informação	→	**Sistemas de Acumulação**

Método de Custeio

É o fundamento da Contabilidade de Custos ligado à decisão de como deve ser mensurado o custo dos produtos. Portanto, método de custeio é um modelo de decisão, mensuração e informação.

É importante não confundir **método** de custeio com forma de custeio e **sistema de acumulação** de custos. O método de custeio indica quais custos devem fazer parte da apuração do custo dos produtos; o sistema de custeio, ou forma de custeio, está ligado à dimensão da unidade de mensuração e indica as opções de mensuração após adotado um método de custeio (baseado em custo real, custos esperados, padronizados etc.); o sistema de acumulação indica os caminhos para coleta, processamento e saída das informações dentro do Sistema de Informação Contábil e está ligado, essencialmente, ao tipo de produto e ao processo de fabricação adotado.

A mensuração da receita dos produtos e serviços, recursos, atividades e da empresa tem como fundamento o **preço de mercado**. Como é necessário apurar o resultado, o ponto crucial torna-se o método de mensuração dos custos dos recursos e produtos, ou o método de custeio. O método de mensuração do custo está ligado a três questões:

- Quais os custos que devem fazer parte da apuração do custo dos recursos, produtos, serviços, atividades ou departamentos.
- Quais os custos de um recurso, bem, produto ou serviço final que devem ser ativados enquanto esses bens estão em estoque (enquanto não vendidos).
- Qual a definição da metodologia de cálculo e apuração do custo unitário dos produtos e serviços.

A questão dos custos que devem fazer parte da apuração do custo dos bens, produtos, serviços ou atividades está relacionada com a questão dos custos diretos (ou variáveis) e indiretos (ou fixos).[4] Nem todos os custos diretos são variáveis, tampouco todos os custos indiretos são fixos ou completamente fixos. Porém, dentro de um volume de atividade normal da empresa, os custos classificados como diretos e indiretos e o comportamento dos custos em relação ao volume, como custos fixos e variáveis, permitem a identidade de aproximação que sugerimos.

Os custos diretos ou variáveis têm uma identificação clara e podem ser mensurados diretamente a uma unidade de produto, serviço ou atividade, enquanto os indiretos ou fixos não têm essa mesma possibilidade e só podem ser atribuídos ao custo dos produtos, serviços ou atividades por critérios de distribuição ou alocação de custos (chamados de critérios de rateio ou absorção de custos indiretos).

Assim sendo, podemos classificar duas opções gerais de método de custeio:

- **Método de custeio direto ou variável.**
- **Método de custeio por absorção.**

O método de custeio por absorção é aquele que utiliza todos os custos, sejam eles fixos ou variáveis, diretos ou indiretos, para apuração do custo dos produtos.

O método de custeio direto ou variável utiliza apenas os custos diretos e variáveis, não utilizando os custos fixos e indiretos.

Objetivo do Método de Custeio e Custeamento do Produto

O objetivo fundamental do método de custeio é apurar o custo de **uma unidade** do produto fabricado. Em outras palavras, é por meio dele que buscamos determinar o **custo unitário do produto** fabricado pela empresa, cuja questão se contrapõe, então, ao conceito de custo total, que é o somatório de todos os custos da empresa, sem fazer nenhuma tentativa de apropriá-lo aos diversos produtos fabricados (dificilmente uma empresa fabrica um único produto, em uma só versão ou tamanho etc.). A informação do custo total é facilmente obtida no sistema de acumulação da Contabilidade Financeira, por meio de seu plano de contas de custos e despesas, e é decorrente da contabilização de todas as transações dos eventos econômicos.

O **custeamento do produto** é o processo de identificar o custo unitário de cada produto gerado pela empresa, nas suas diferentes versões ou variações, partindo da informação do custo total obtido na Contabilidade Financeira: é o que caracteriza, essencialmente, o ramo da Contabilidade de Custos. O conceito de custeamento do produto é o mais comum, mas o processo de custeamento não precisa estar ligado a uma unidade de produto; deve ser expandido para todos os objetos ou entidades de custos em que haja necessidade de tomada de decisão.

Vantagens e Desvantagens dos Métodos de Custeio

Alguns autores centram a diferença entre os métodos na questão dos inventários e na definição do que é um ativo.

> "Essencialmente, a diferença entre o método de custeamento por absorção e o custeamento direto/variável centra-se na questão do tempo. Os defensores do custeamento direto dizem que os custos fixos de manufatura devem ser confrontados contra as receitas imediatamente no seu total, enquanto os defensores do custeamento por absorção entendem que eles deveriam ser confrontados contra as receitas parte por parte na sequência exata das unidades de produtos que são vendidos. Qualquer unidade não vendida, sob o custeamento por absorção, resulta em custos fixos, sendo inventariados e carregados para o futuro, como ativos para os próximos períodos. A solução, portanto, para definir qual o método correto, ficaria dentro da definição do que é um ativo para a teoria contábil. O que é um ativo: um custo é normalmente visto como sendo um ativo se ele pode ser mostrado que tem poder de produzir receitas, ou se ele pode ser conceituado que irá beneficiar de alguma forma as operações para períodos futuros. Em outras palavras, um custo é um ativo se ele pode ser mostrado que tem potencial de serviço futuro que pode ser identificado."[5]

---

[4] MOORE, Carl L. e JAEDICKE, Robert K. *Managerial accounting*. Cincinatti: South Western, 1967, p. 409.

[5] GARRISON, Ray H. Op. cit., p. 269.

De modo geral, as vantagens teóricas do custeio variável/direto parecem mais claras e evidentes, pois tendem a não enviesar a apropriação dos custos dos produtos com rateios dos custos indiretos sem bases científicas.

Vantagens do custeamento direto

- O custo dos produtos são mensuráveis objetivamente, pois não sofrerão processos arbitrários ou subjetivos de distribuição dos custos comuns.
- O lucro líquido não é afetado por mudanças de aumento ou diminuição de inventários.
- Os dados necessários para a análise das relações custo-volume-lucro são rapidamente obtidos do Sistema de Informação Contábil.
- É mais fácil para os gerentes industriais entenderem o custeamento dos produtos sob o custeio direto, pois os dados são próximos da fábrica e de sua responsabilidade, possibilitando a correta avaliação de desempenho setorial.
- O custeamento direto é totalmente integrado com o custo-padrão e o orçamento flexível, possibilitando o correto controle de custos.
- O custeamento direto constitui um conceito de custeamento de inventário que corresponde diretamente aos dispêndios necessários para manufaturar os produtos.
- O custeamento direto possibilita mais clareza no planejamento do lucro e na tomada de decisões.

Desvantagens do custeamento direto

- A exclusão dos custos fixos indiretos para valoração dos estoques causa a sua subavaliação, fere os princípios contábeis e altera o resultado do período.
- Na prática, a separação de custos fixos e variáveis não é tão clara como parece, pois existem custos semivariáveis e semifixos, podendo o custeamento direto incorrer em problemas semelhantes de identificação dos elementos de custeio.
- O custeamento direto é um conceito de custeamento e análise de custos para decisões de curto prazo, mas subestima os custos fixos, que são ligados à capacidade de produção e de planejamento de longo prazo, podendo trazer problemas de continuidade para a empresa.

Exceto se levarmos em conta a questão dos estoques industriais e o conceito de valor dos ativos para fins regulatórios, fica claro que o método do custeio variável ou direto é o indicado para ser adotado para fins gerenciais. Este aspecto é corroborado por Francia e outros quando dizem:

> "Para propósitos de relatórios contábeis externos, o conceito de custeamento por absorção está bem firmado e representa os 'princípios contábeis geralmente aceitos' como sendo o método formalmente aceito como requerido pela legislação de Imposto de Renda para propósitos de lucro para determinação do imposto. Tem havido muitos defensores do custeamento variável para relatórios externos, mas os argumentos para aceitação têm obtido pouco sucesso até o momento. Os princípios contábeis geralmente aceitos e mais, se não todas as instituições regulatórias, requerem o custeamento por absorção para apuração do lucro para fins de relatórios externos. Para planejamento, controle, avaliação de desempenho, tomada de decisão, internamente, o enfoque do custeamento variável tem obtido aceitação gerencial expressiva. Para uso interno, o conceito de custeamento variável é ajustado para atender necessidades de informações particulares da empresa."[6]

24.5 Formas de Custeio

As formas ou sistema de custeio estão ligadas à mensuração, à acuracidade da unidade monetária. Podemos ter custos unitários baseados em dados reais e em dados previstos.

Custo Real

O fundamento da Contabilidade de Custos é a apuração do custo real dos produtos, que é calculado com dados dos gastos industriais já ocorridos na produção.

Custo-Padrão

Tendo em vista que o custo real para ser calculado tem de se valer de informações passadas, surgiu o conceito de custo-padrão, como forma de antecipação da informação de custos dos produtos, que é calculada com base em eventos futuros de custos ou eventos desejados de custos, podendo ou não acontecer na realidade da empresa.

Custos Orçados ou Estimados

A diferença entre custos orçados ou estimados e custo-padrão está em que os orçados procuram identificar os

---

[6] FRANCIA, Arthur J., PORTER, Mattie C., STRAWSER, Robert H., e STRAWSER, Jerry R. *Managerial accounting*. 9ª ed., Houston: TX, Dame Publications, Inc., 1992, p. 292.

custos que deverão ocorrer no futuro, enquanto o custo-padrão pode incorporar metas de realização de custos. Os orçados têm por base antecipar os gastos que deverão ocorrer e que afetarão o custeamento dos produtos. No Capítulo 25 estudaremos com mais profundidade a formação de custos-padrão e as variações com o custo real.

24.6 Sistemas de Acumulação de Custo

O sistema de acumulação de custo a ser utilizado não permite praticamente opção de escolha. O tipo de produto ou serviço produzido juntamente com o processo de fabricação é que determinam o sistema ideal para acumulação dos dados e informações. Uma indústria cujos produtos são manufaturados por encomenda deverá utilizar o sistema de acumulação por ordem, e aquela cujos produtos são manufaturados em um fluxo contínuo de operações deverá utilizar o sistema de custeamento por processo. Uma indústria cujos produtos se iniciam em um processo contínuo e posteriormente, nas fases subsequentes, tenham características de produção em lotes diferentes deverá utilizar um sistema híbrido, acumulando os dados de custos pelo sistema por processo para as fases iniciais e por ordem ou encomenda para as fases finais.

O sistema de acumulação de custos indica os caminhos para a coleta, processamento e saída das informações para o custeamento dos produtos. É o segmento estrutural de bancos de dados da Contabilidade de Custos. Uma opção para acumulação dos dados de custos é a acumulação por atividades que a empresa mantém, antes da acumulação por produtos. Uma outra opção, como já vimos, é a acumulação dos dados por objetivos e entidades de custos.

No Capítulo 26 retomaremos os principais modelos de acumulação de informações de custo.

24.7 Métodos de Custeio

Como já vimos, é o processo de identificar o **custo unitário** de um produto ou serviço ou de todos os produtos e serviços de uma empresa, partindo do total dos custos diretos e indiretos. As metodologias básicas são: o custeio por absorção e o custeio direto/variável. Como também já apresentamos, outras metodologias existem, mais antigas, como o RKW e o Custeio integral e outras mais modernas, como o Custeio ABC e a Teoria das Restrições. Na Figura 24.7, fazemos uma apresentação esquemática dos tipos de gastos utilizados para os diversos métodos de custeio.

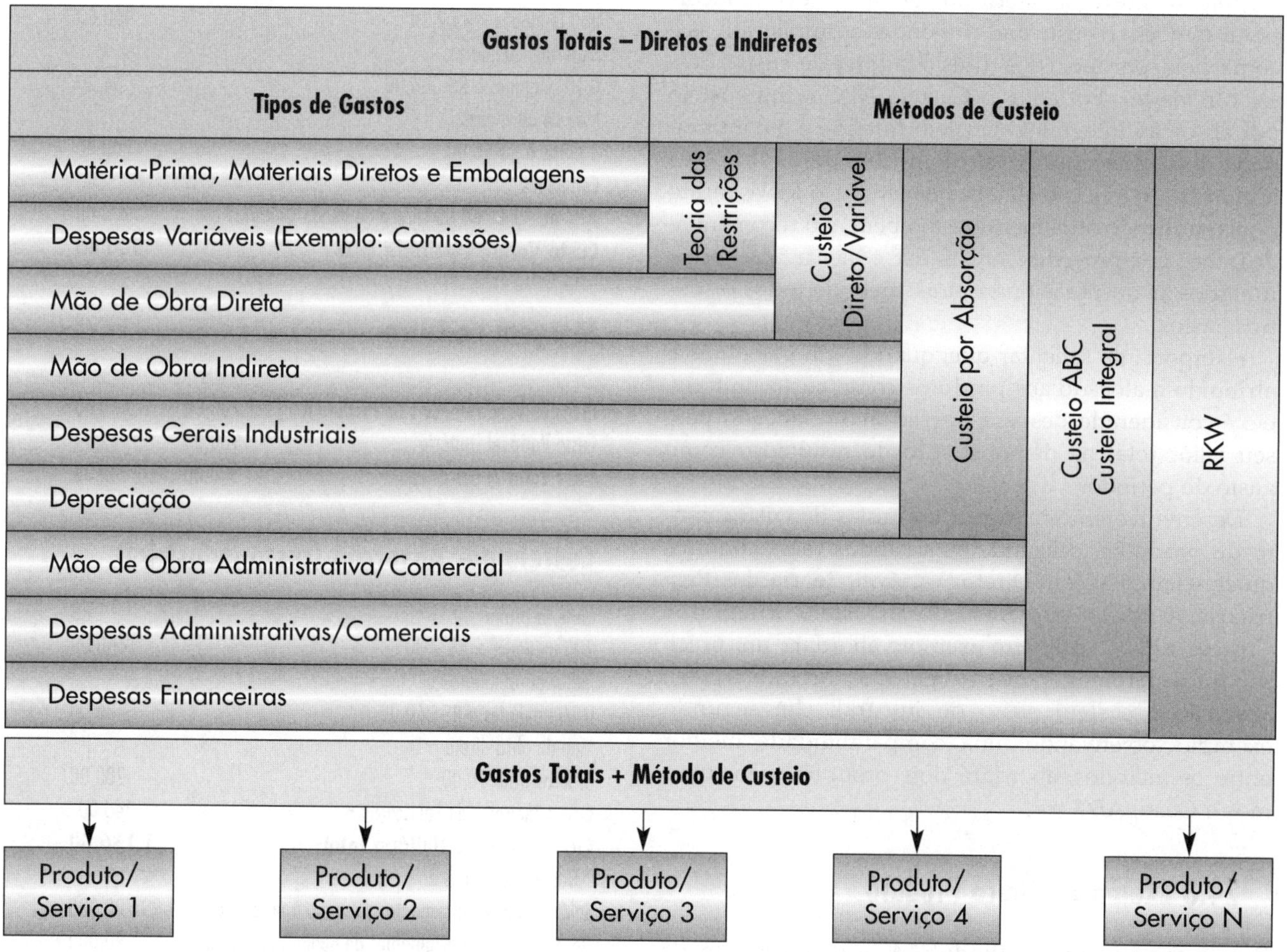

Figura 24.7 Métodos de custeio

Na Figura 24.7 verificamos que o método de custeio é um processo de distribuir os gastos totais, considerando os seus principais tipos para os diversos produtos ou serviços da empresa. No conceito da Teoria das Restrições, só devem ser atribuídos unitariamente aos produtos ou serviços os custos variáveis, que exemplificamos na figura com Materiais Diretos e Despesas Variáveis. No conceito do Custeio Direto/Variável, além dos custos variáveis, incorpora-se também a Mão de Obra Direta, uma vez que, apesar de esse tipo de gasto possuir uma característica de comportamento fixo em um horizonte de curto prazo (um ano, por exemplo), ele, na realidade, tem as características de custo variável no longo prazo, já que nenhuma empresa retém por muito tempo mão de obra direta ociosa.

O Custeio por Absorção, que é o mais utilizado por ser o critério fiscal e legal em praticamente todo o mundo, incorpora os custos fixos e indiretos industriais (Mão de Obra Indireta, Despesas Gerais e Depreciações) aos produtos, traduzindo esses gastos em custo unitário por meio de procedimentos de rateio das despesas e alocação aos diversos produtos e serviços.

O Custeio ABC, apesar de ser sempre comparado com o Custeio por Absorção (conceitualmente é um conceito de absorção/alocação), em tese, deveria incorporar também o custo das atividades administrativas e comerciais, por meio dos direcionadores de custos dessas atividades. Portanto, o Custeio ABC é um custeio por absorção integral. O Custeio Integral é a continuidade do Custeio por Absorção, incluindo as despesas administrativas e comerciais. Por último, o RKW, muito pouco utilizado atualmente (e também não recomendado), tem por procedimento ratear e alocar aos custos unitários as despesas financeiras, além de todos os outros gastos.

É importante salientar que, quando um gasto não é atribuído e alocado aos produtos como custo unitário, ele é considerado despesa operacional e lançado pelo seu valor total na demonstração de resultados como gasto do período.

Desenvolveremos a seguir exemplos de custeamento de produtos utilizando os métodos mais comuns, quais sejam: Custeio Direto/Variável, Teoria das Restrições, Custeio por Absorção, Custeio Integral e Custeio ABC. O primeiro exemplo abordará um único produto e faremos apenas os métodos direto/variável, absorção e custeio pleno ou integral. Um segundo exemplo, objetivando uma comparabilidade melhor entre os métodos, abordará dois produtos e incluiremos o Custo ABC.

24.8 Exemplo – Único Produto

Para fazer e vender o Produto A, a empresa tem de incorrer nos seguintes gastos operacionais:

Matéria-prima necessária para uma unidade do Produto A
200 unidades a R$ 2,30 cada
Materiais auxiliares consumidos para cada unidade do Produto A
0,1 unidade a R$ 360,00 cada
Tempo necessário para fazer uma unidade do Produto A
4 horas a R$ 50,00 por hora
Gastos do período

• Salários dos departamentos de apoio à produção	R$ 200.000
• Despesas dos departamentos de apoio à produção	R$ 90.000
• Depreciações	R$ 150.000
• Salários e despesas administrativas	R$ 70.000
• Salários e despesas comerciais	R$ 50.000

Outros dados
Comissões
• 12% sobre o Preço de Venda
Preço de Venda
R$ 1.700 por unidade do Produto A
Quantidade produzida (e igualmente vendida)
1.000 unidades

Custeamento Direto/Variável

	R$
Matéria-prima	
200 unidades x R$ 2,30	460,00
Materiais auxiliares	
0,10 unidades a R$ 360,00	36,00
Mão de obra direta	
4 horas a R$ 50,00	200,00
Comissões	
12% de R$ 1.700,00 (Preço de Venda Unitário)	204,00
Custo Variável Unitário Total	**900,00**

Margem de Lucro

	R$	%
Preço de Venda Unitário do Produto A	1.700,00	100,00
Custo Variável Unitário	900,00	52,94
Lucro Variável por Unidade	800,00	47,06

Custeio por Absorção (custo industrial)

	R$
Matéria-prima	
200 unidades x R$ 2,30	460,00
Materiais auxiliares	
0,10 unidades a R$ 360,00	36,00
Mão de obra direta	
4 horas a R$ 50,00	200,00
Custos Indiretos de Fabricação	440,00*
Custo Absorção Unitário Total	**1.136,00**
* Gastos industriais do período	
Salários dos departamentos de apoio à produção	R$ 200.000
Despesas dos departamentos de apoio à produção	90.000
Depreciações	150.000

SOMA	**440.000 (A)**
Quantidade de Produto A produzida	1.000 unidades (B)
Custos Indiretos de Fabricação por Unidade de Produto A (A : B)	R$ 440,00

Margem de Lucro

	R$	%
Preço de Venda Unitário do Produto A	1.700,00	100,00
Custo Industrial Unitário	1.136,00	66,82
Lucro Bruto por Unidade	564,00	33,18

Custeio Integral

	R$
Matéria-prima	
200 unidades x R$ 2,30	460,00
Materiais auxiliares	
0,10 unidades a R$ 360,00	36,00
Mão de obra direta	
4 horas a R$ 50,00	200,00
Custos Indiretos de Fabricação	440,00
Subtotal	**1.136,00**
Comissões	
12% de R$ 1.700,00 (Preço de Venda Unitário)	204,00
Custos Indiretos Administrativos	70,00*
Custos Indiretos Comerciais	50,00*
Custo Integral Unitário Total	**1.460,00**
* Salários e despesas administrativas	R$ 70.000 : 1.000 unidades = R$ 70,00/unidade de Produto A
Salários e despesas comerciais	R$ 50.000 : 1.000 unidades = R$ 50,00/unidade de Produto A

Margem de Lucro

	R$	%
Preço de Venda Unitário do Produto A	1.700,00	100,00
Custo Integral Unitário	1.460,00	85,88
Lucro Líquido por Unidade	240,00	14,12

Características Gerais dos Métodos

O Custeio Direto/Variável preocupa-se apenas em identificar esses tipos de custos ou despesas por unidade de produto, desconsiderando se é um gasto industrial (custo) ou administrativo/comercial (despesa). O que importa neste método é a relação do custo unitário com o volume produzido. Se o custo for indireto/fixo, não fará parte do custo unitário do produto e esses gastos serão absorvidos pela margem de lucro total.

O Custeio por Absorção considera todos os custos industriais, sejam diretos ou indiretos. Os diretos/variáveis são considerados da mesma forma que o custeio variável/direto, só que se consideram apenas os diretos/variáveis industriais, e não as despesas variáveis, como comissões, *royalties* ou *franchising*. Os custos indiretos industriais são considerados por critérios de distribuição ou rateio. No nosso exemplo, o rateio foi baseado nas quantidades de produtos finais do Produto A. Este é o único critério legal e fiscalmente aceito.

O método de custeio integral ou custeio pleno considera todos os gastos, sejam eles industriais, administrativos ou comerciais. Trata os gastos variáveis/diretos igualmente aos demais e, por critérios de rateio, aloca todos os custos e despesas indiretas/fixas também unitariamente aos produtos.

Custo do Produto, Margem de Lucro e os Métodos de Custeio

É importante lembrar que os métodos de custeamento do produto utilizam-se de valores diferentes para apurar os custos, gerando margens unitárias diferentes, o que não quer dizer que o custeio direto implique custos ou gastos menores. A maior margem evidenciada pelo custeio direto é escritural, e ela deve ser utilizada, antes de apurar o lucro total, para cobrir os custos e despesas fixas. Portanto, necessariamente a margem é maior sob o custeamento direto do que o cálculo obtido pelo custeamento por absorção ou integral.

24.9 Exemplo – Dois Produtos

Utilizando a maior parte dos dados do exemplo anterior de um único produto, vamos supor que a empresa em questão decida fabricar e vender um outro produto da mesma linha do Produto A, que denominaremos de Produto B, mas que tem outra estrutura e processo de fabricação. Para fazê-lo, a empresa vai deixar de fabricar parte da quantidade do Produto A. As quantidades a serem produzidas e vendidas são:

	Quantidade de Produto Final a ser Produzida/Vendida
Produto A	625
Produto B	250

Os dados do Produto A estão mantidos e os dados específicos do B são os seguintes:

Matéria-prima necessária para uma unidade do Produto B
380 unidades a R$ 3,00 cada
Materiais auxiliares consumidos para cada unidade do Produto B
0,2 unidades a R$ 360,00 cada
Tempo necessário para produzir uma unidade do Produto B
6 horas a R$ 50,00 por hora

Comissões
• 12% sobre o Preço de Venda
Preço de Venda
R$ 3.750 por unidade do Produto B

Custeamento Direto/Variável

Primeiramente, faremos o Custeio Direto/Variável do Produto B. O Custo Direto/Variável do A não se altera, mesmo que a quantidade a ser produzida e vendida seja diferente.

Matéria-Prima	
380 unidades a R$ 3,00 cada	1.140,00
Materiais auxiliares	
0,2 unidades a R$ 360,00	72,00
Mão de obra direta	
6 horas a R$ 50,00	300,00
Comissões	
12% de R$ 3.750,00	450,00
TOTAL CUSTO VARIÁVEL	**1.962,00**

Margem de Lucro

	R$	%
Preço de Venda Unitário do Produto B	3.750,00	100,00
Custo Variável Unitário	1.962,00	52,32
Lucro Variável por Unidade	1.788,00	47,68

Custeamento Integral e por Absorção

Para fazer o custeamento por absorção e o custeamento integral para mais de um produto, é necessário adotar critérios de absorção ou rateio dos gastos indiretos para os produtos. Para os salários e despesas dos departamentos de apoio à produção, adotaremos o critério de rateio na proporção das horas diretas trabalhadas totais. Para as depreciações adotaremos o critério de rateio pelas quantidades produzidas. As despesas administrativas e comerciais serão atribuídas por percentual médio obtido pela receita total dos dois produtos em percentuais iguais para ambos.

	Produto A	Produto B	Total	
Critério de Rateio - Horas Totais de Mão de Obra Direta				
Quantidade a ser produzida	625	250		
Horas de mão de obra direta	4	6		
Horas totais	2.500	1.500	4.000	
Percentual de absorção/rateio	62,5%	37,5%	100,0%	
Critério de Rateio – Quantidade Produzida				
Quantidade	625	250	875	
Percentual de absorção/rateio	71,4%	28,6%	100,0%	
Critério de Rateio – Vendas Totais				
Quantidade a ser vendida	625	250		
Preço de Venda Unitário	1.700,00	3.750,00		
Vendas totais (Em R$)	1.062.500	937.500	2.000.000	100,0%
Percentual de Absorção/Rateio				
Despesas Administrativas			70.000	3,5%
Despesas Comerciais			50.000	2,5%

Com isso, podemos montar o quadro alocação dos custos indiretos aos produtos. As despesas administrativas e comerciais, mesmo conceitualmente não fazendo parte do Custeio por Absorção, serão alocadas pelo percentual médio do preço de venda unitário.

	Total	Produto A	Produto B
Salários deptos. apoio à produção		62,5%	37,5%
	200.000	125.000	75.000
Despesas deptos. apoio à produção		62,5%	37,5%
	90.000	56.250	33.750
Depreciações		71,4%	28,6%
	150.000	107.100	42,900
Total custos indiretos absorvidos	**440.000**	**288.350**	**151.650**
Quantidade a ser produzida		625	250
Custos indiretos por unidade de produto		461,36	606,60
Preço de Venda Unitário	1.700,00	3.750,00	
Despesas Administrativas	3,5%	3,5%	
• por unidade de produto	59,50	131,25	
Despesas Comerciais	2,5%	2,5%	
• por unidade de produto	42,50	93,75	

Apresentamos a seguir o resultado do custeamento dos produtos pelo método de Custeio por Absorção e integral, considerando os cálculos resultantes de todos os critérios de absorção e incorporados unitariamente aos produtos.

	Produto A R$	Produto B R$
Custo industrial		
Matéria-prima	460,00	1.140,00
Materiais auxiliares	36,00	72,00
Mão de obra direta	200,00	300,00
Custos indiretos de fabricação	461,36	606,60
TOTAL DO CUSTO INDUSTRIAL	**1.157,36**	**2.118,60**
Despesas Operacionais		
Comissões	204,00	450,00
Despesas Administrativas Absorvidas	59,50	131,25
Despesas Comerciais Absorvidas	42,50	93,75
Total das Despesas Operacionais	**306,00**	**675,00**
Custo Unitário Total dos Produtos	**1.463,36**	**2.793,60**

	Produto A		Produto B	
Margem de Lucro	R$	%	R$	%
Preço de Venda Unitário	1.700,00	100,00	3.750,00	100,00
Custo Industrial Unitário	1.157,36	68,08	2.118,60	56,50
Despesas Operacionais por Unidade	306,00	18,00	675,00	18,00
Lucro Líquido por Unidade	236,64	13,92	956,40	25,50

24.10 Custeio ABC ou Custeamento por Atividades

Como vimos na apresentação da controvérsia entre o custeamento direto *versus* custeamento por absorção, o grande problema são os custos indiretos comuns, normalmente tidos como fixos em relação ao volume de produção, que devem ser alocados aos diversos produtos por critérios de distribuição. Os defensores do custeamento variável entendem que esses critérios, arbitrários ou subjetivos, invalidam o correto custeamento dos produtos.

Segundo alguns autores, os procedimentos de aplicação dos custos fixos indiretos de produção aos produtos por meio de percentuais de absorção baseados em alguma medida razoável de atividade, tais como: horas-máquinas de fabricação, horas ou valor de mão de obra direta, têm produzido enormes erros na atribuição de consumo de recursos dos departamentos indiretos para os produtos individuais, provocando também sérias distorções na formação de preços de venda com base nos custos de fabricação.

Além disso, o reconhecimento de que a competitividade industrial e as novas exigências de consumo obrigaram muitas empresas a mudarem sua estratégia de produção – de produtos homogêneos estocáveis para produtos diversificados especificados para cada cliente – obriga as empresas a procedimentos mais acurados de custeamento dos produtos para gestão estratégica de custos e produção.

Dessas pesquisas surgiu um novo método de custeamento denominado *Activity Based Cost* (Custeio Baseado em Atividades – Custo ABC), que procura aprimorar o custeamento dos produtos por mensurações corretas dos custos fixos indiretos, em cima das atividades geradoras desses custos, para acumulação diferenciada ao custo dos diversos produtos da empresa.

Podemos definir, pois, o custo por atividade como um método de custeamento que identifica um conjunto de custos para cada evento ou transação (atividade) na organização que age como um direcionador de custos. Os custos indiretos são, então, alocados aos produtos e serviços na base do número desses eventos ou transações, que o produto ou serviço tem gerado ou consome como recurso.

O custeamento por atividades também é denominado de **Custeio Baseado em Transações.**

Custos Indiretos, Departamentos de Serviços, Atividades e Direcionadores de Custos

De um modo geral, os custos indiretos de fabricação concentram-se nos departamentos de serviços que apoiam os departamentos de produção, os quais também podem ter custos indiretos, mas tendencialmente em menor relevância.

O custeamento por atividades não necessariamente se baseia em identificar uma atividade para cada departamento de serviço. Esse método busca identificar as atividades relevantes que geram os custos necessários para os produtos. Desse modo, um departamento pode ter mais de uma atividade, assim como podem existir atividades que não tenham de ser acumuladas por departamentos ou centros de custos. De qualquer forma, é possível que se consiga identificar uma atividade relevante para cada departamento.

Quadro 24.1 Exemplos de direcionadores de atividades nos departamentos de serviços

Departamentos de Serviços	Direcionadores de Atividades
Compras	Ordens de compras
Energia	Consumo de energia (kWh) Capacidade instalada das máquinas
Depreciação	Horas de máquinas
Pessoal e Recrutamento	Número de empregados *Turnover*
Recebimento e Expedição	Unidades manuseadas Quantidade de embarques Quantidade de recebimentos m^2 ocupados pelos materiais
Manutenção	Horas de máquinas ou horas/homens trabalhadas Quantidade de atendimentos Pessoal e equipamentos ocupados à disposição de cada produto
Planejamento e Controle da Produção	Quantidade de ordens controladas Horas de análise trabalhadas
Engenharias	Horas de análise trabalhadas Quantidade de partes projetadas Quantidade de processos desenvolvidos Pessoal ocupado à disposição de cada linha de produto
Almoxarifado e Movimentação de Materiais	m^2 ocupados Quantidade de itens estocados Volume manuseado Equipamento à disposição das linhas de produtos Quilometragem percorrida

Esquema Básico do Custo ABC

O Custo ABC é definido comumente como um método de custeamento que atribui primeiro os custos às atividades e depois aos produtos, baseado no uso das atividades de cada produto. O custeamento com base em atividades é fundamentado no seguinte conceito: produtos consomem atividades, atividades consomem recursos. Isso pode ser evidenciado na Figura 24.8.

Custo ABC e as Novas Tecnologias de Produção (JIT, CIM)

O conceito de *Just-In-Time* (JIT) para administração de produção e redução de estoques traz efeitos na redução de custos quando identifica atividades que podem ser eliminadas ou reduzidas, tais como: inspeções, pedidos, requisições, movimentos de materiais, ocupação de espaços para inventário etc. Nesse sentido, é esperado que as empresas que implementem JIT para administração da produção implementem também o sistema de Custo ABC, já que o enfoque nas atividades desse método de custeamento vem reforçar as possibilidades de redução ou eliminação de custos, desperdícios e também de atividades.

É importante lembrar que as novas tecnologias de produção, que incluem FMS (*Flexible Manufacturing Systems*), criam o que se denominam células de produção. Esse elemento também vem reforçar a possibilidade do Custo ABC, porque o custo de cada célula pode ser encarado como uma atividade que gera custos comuns, que são requisitados pelos diversos produtos da empresa.

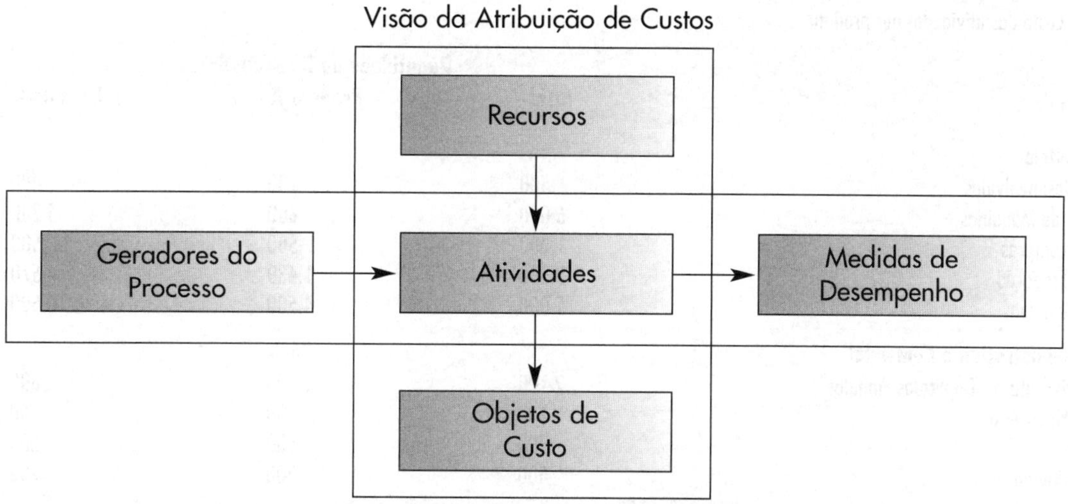

Figura 24.8 Visão conceitual resumida do custo ABC (recursos, atividades, produtos)

Exemplo de Custeamento de Produtos pelo Custeio Baseado em Atividades

Utilizando os mesmos dados do exemplo de dois produtos, faremos a seguir um exemplo de custeamento de produtos pelo método ABC. Os dados de custos diretos serão mantidos e apresentaremos exemplos de direcionadores de atividades dos departamentos de apoio à produção, comercialização e administração e suas quantidades.

O primeiro passo é a identificação das atividades dos diversos setores de apoio com seus principais direcionadores de custos, obtendo-se o custo de cada atividade desenvolvida dentro desses setores de apoio. A Tabela 24.1 apresenta um exemplo.

Tabela 24.1 Custeamento das atividades

Atividades Identificadas nos Departamentos de Apoio			
Direcionador de Custos	**Quantidade**	**Valor**	**Custo por Atividade**
Área Industrial			
Processos Desenvolvidos	500	150.000	300,00
Preparação de Máquinas	6.000	60.000	10,00
Ordens de Compras	1.000	50.000	50,00
Ordens de Produção	2.000	30.000	15,00
Horas de Máquinas	15.000	150.000	10,00
TOTAL		440.000	
Áreas Administrativa e Comercial			
Notas Fiscais/Faturas/Duplicatas Emitidas	2.100	42.000	20,00
Relatórios Financeiros	100	28.000	280,00
Expedições	700	11.200	16,00
Pedidos de Venda	500	38.800	77,60
TOTAL		120.000	

O passo seguinte é identificar os objetos de custos que consumiram as atividades. No nosso exemplo, os objetos de custos são os Produtos A e B. Tem-se, então, o custo unitário de todas as atividades por produto, conforme mostramos na Tabela 24.2.

Somando-se o custo das atividades dos setores de apoio aos Produtos A e B com os dados do custeamento direto de cada um desses produtos, tem-se o total do custo unitário dos produtos pelo método ABC, que apresentamos na Tabela 24.3.

Tabela 24.2 Custo das atividades por produto

Atividades	Quantidade de Direcionadores Total	Produto A	Produto B
Área Industrial			
Processos Desenvolvidos	500	100	400
Preparação de Máquinas	6.000	800	5.200
Ordens de Compras	1.000	500	500
Ordens de Produção	2.000	1.430	570
Horas de Máquinas	15.000	4.500	10.500
Áreas Administrativa e Comercial			
Notas Fiscais/Faturas/Duplicatas Emitidas	2.100	1.500	600
Relatórios Financeiros	100	50	50
Expedições	700	500	200
Pedidos de Venda	500	300	200

Atividades	Total do Custo das Atividades por Produto Custo Unitário por Atividade	Produto A	Produto B
Área Industrial			
Processos Desenvolvidos	300,00	30.000	120.000
Preparação de Máquinas	10,00	8.000	52.000
Ordens de Compras	50,00	25.000	25.000
Ordens de Produção	15,00	21.450	8.550
Horas de Máquinas	10,00	45.000	105.000
Total		**129.450**	**310.550**
Áreas Administrativa e Comercial			
Notas Fiscais/Faturas/Duplicatas Emitidas	20,00	30.000	12.000
Relatórios Financeiros	280,00	14.000	14.000
Expedições	16,00	8.000	3.200
Pedidos de Venda	77,60	23.280	15.520
Total		**75.280**	**44.720**

	Produto A	Produto B
Quantidade de produtos produzidos	625	250
Custo das Atividades Industriais	207,12	1.242,20
Custo das Atividades Administrativas/Comerciais	120,45	178,88

Tabela 24.3 Custo unitário dos produtos – método ABC

Custos	Produto A R$	Produto B R$
Custo Industrial		
Matéria-Prima	460,00	1.140,00
Materiais Auxiliares	36,00	72,00
Mão de Obra Direta	200,00	300,00
Custo das Atividades Industriais	207,12	1.242,20
TOTAL DO CUSTO INDUSTRIAL	**903,12**	**2.754,20**
Despesas Operacionais		
Comissões	204,00	450,00
Custo das Atividades Administrativas/Comerciais	120,45	178,88
TOTAL DAS DESPESAS OPERACIONAIS	**324,45**	**628,88**
Custo Unitário Total dos Produtos	**1.227,57**	**3.383,08**

Complementando a análise, temos a margem de lucro por este método de custeio. Note que há uma grande diferença quando comparado com o método de Custeio Integral e Absorção. Pelos métodos tradicionais, o Produto A era menos lucrativo, e o B apresenta melhor margem. Pelo custo ABC, a situação inverte-se e o Produto B é que tem uma lucratividade baixa comparada com a do Produto A.

Discriminação	Margem de Lucro			
	Produto A		Produto B	
	R$	%	R$	%
Preço de Venda Unitário	1.700,00	100,00	3.750,00	100,00
Custo Industrial Unitário	903,12	53,12	2.754,20	73,45
Despesas Operacionais por Unidade	324,45	19,09	628,88	16,77
Lucro Líquido por Unidade	472,43	27,79	366,92	9,78

Custo ABC para Controle de Custo e Estratégia de Produtos

As vantagens do custeamento por atividades como método para proceder a uma distribuição dos custos indiretos de fabricação aos produtos de forma mais acurada parecem claras. Permitem apurar custos de forma mais precisa, ao mesmo tempo em que auxiliam no processo de controle dos custos das atividades.

Outrossim, partindo do pressuposto de que a empresa, por sua alta administração, é que decide quais as atividades que ela quer, deve e pode manter dentro da companhia, pode-se também pensar que os departamentos de serviços e suas atividades **são para a empresa (e seu negócio) e não especificamente para os produtos**.

Nessa linha de pensamento, o método de custeamento por atividades para definir estratégia de entrada de novos produtos ou eliminação de produtos existentes deve ser aplicado com maior cuidado.

Interpretando o custeamento por atividade como mais um método de distribuição de custos indiretos, poderemos voltar a enfatizar o Custeio por Absorção para tomada de decisão, em detrimento das técnicas do custeamento direto ou variável, que, para esse tipo de gerenciamento, apresentam comprovadas vantagens teóricas.

Exemplificando: quando vamos decidir a entrada de um novo produto dentro da linha de produtos da empresa, fazemos estudo de custos, estimando o seu custo unitário. Se ao estimarmos o custo unitário do novo produto incluirmos como custo o quanto ele consumirá unitariamente das diversas atividades dos departamentos de serviços, poderemos até decidir pela sua não produção, caso o custo unitário total suplante o preço de venda estimado ou apresente uma margem insignificante.

Nessa linha de pensamento, poderemos provocar a perda das possíveis receitas marginais que adviriam desse novo produto, o que é indesejável para a empresa como um todo.

Custo ABC e Sistema de Informação Contábil

Alguns autores entendem que o custeamento por atividades não traz acréscimos substanciais de controle para o Sistema de Informação Contábil. De modo geral, entendemos que esse Sistema deverá ser impactado por mais centros de controle de custos e receitas, tendo em vista que deverá haver a necessidade de criação de maior número de referenciais de acumulação de dados que nos sistemas tradicionais por centros de custos e departamentos.

Como o conceito do custo por atividades é identificar as atividades relevantes dentro dos departamentos, tendencialmente essas atividades são em maior número que os departamentos ou centros de custos, gerando, portanto, maior necessidade de elementos de controle.

24.11 Contribuição da Produção (*Throughput Contribution*)

Este método de custeamento de produto é decorrente da "Theory of Constraints - TOC" (Teoria das Restrições) e foi proposto pelo seu autor, Eliyahu Goldratt, no seu livro *A meta*. Ele é considerado uma variação do custeio variável. Nesse método, os únicos custos unitários que podem ser atribuídos a um produto são o custo dos materiais e serviços diretos de cada produto e eventuais outros custos ou despesas exclusivamente variáveis. Todos os demais custos, inclusive a mão de obra direta, são considerados despesas operacionais ou custos fixos.

A mensuração dos resultados é feita em duas etapas:

a) Equação do Ganho (*Throughput*) = Receita das Vendas (-) Custos dos Materiais

b) Equação do Lucro Líquido Operacional = *Throughput* (-) Despesas Operacionais

Juntando as duas equações, em forma de exemplo teríamos:

Demonstração do Ganho Operacional *(Throughput)*

Receita das Vendas
(-) Custo dos Materiais Diretos e outras Despesas Variáveis
= Contribuição da Produção (*Throughput Contribution*)

(-) Outras Despesas Operacionais
- Mão de Obra Direta
- Mão de Obra Indireta
- Outros Custos de Manufatura
- Depreciação
- Despesas de Comercialização
- Despesas Administrativas

= Lucro Operacional

Utilizando os dados de custo dos produtos pelo custeamento direto/variável, teríamos:

	Produto A R$	Produto B R$
Preço de Venda	1.700,00	3.750,00
(-) Materiais Diretos	(496,00)	(1.212,00)
(-) Comissões	(204,00)	(450,00)
= Contribuição da Produção	1.000,00	2.088,00

Sendo uma variação do custeio variável, os custos fixos deveriam ser cobertos pela contribuição da produção total de todos os produtos da empresa e, ainda, gerar um retorno sobre o investimento suficiente para manutenção do capital da empresa. De forma alguma os custos fixos, ou as outras despesas operacionais como são denominadas neste método de custeio, seriam atribuídos unitariamente aos diversos produtos da empresa.

Na avaliação dos defensores da TOC e deste método de custeio, a administração da empresa deve preocupar-se em gerar a máxima contribuição da produção (ou valor adicionado) e administrar as demais despesas por meio do conceito de recursos, utilizando a Teoria das Restrições ou gargalos.

24.12 Integração dos Métodos de Custeio: Modelo de Demonstração de Resultados

Os métodos de custeio têm como objetivo central o custo unitário dos produtos. Vimos que o método de custeamento parte dos gastos totais para mensurar unitariamente o custo de cada um dos diversos produtos da empresa.

O procedimento para integração e análise correta dos métodos de custeio é pela elaboração de uma demonstração de resultados que contenha todos os custos unitários dos produtos associados às quantidades reais ou esperadas de produção ou vendas.

Em outras palavras, nenhuma análise ou decisão baseada em custeamento e rentabilidade dos produtos pode ser feita com dados unitários. O modelo de decisão correto é aquele que incorpora as quantidades produzidas ou vendidas. Partindo da premissa de que toda a produção é feita para ser vendida, entendemos irrelevante que tipo de quantidade incluir no modelo. Em nosso exemplo, faremos sempre a suposição de que a quantidade de produção é igual a de vendas. Apresentaremos a seguir os diversos modelos de demonstração de resultados para os métodos que foram desenvolvidos até agora e, em seguida, faremos as observações pertinentes.

O método de Custeio Direto/Variável apresenta um conceito importante e específico, que é a margem de contribuição, unitária e total. Este tema será desenvolvido no Capítulo 27.

É preciso notar neste modelo que todos os custos fixos e indiretos não são alocados unitariamente aos produtos e são cobertos pela margem de contribuição total, para obter o lucro líquido total. Neste método não existe um lucro líquido unitário do produto.

Tabela 24.4 Custeio direto/variável – modelo de demonstração de resultados

Discriminação	Produto A Qtde.	Pr. Unitário	Total	Produto B Qtde.	Pr. Unitário	Total	Total Geral - R$
Receita de Vendas	625	1.700	1.062.500	250	3.750	937.500	2.000.000
Custos Variáveis e Diretos	625	900	562.500	250	1.962	490.500	1.053.000
Margem de Contribuição		800	500.000		1.788	447.000	947.000
Salários Deptos. Apoio à Produção							200.000
Despesas Deptos. Apoio à Produção							90.000
Depreciações							150.000
Despesas Administrativas							70.000
Despesas Comerciais							50.000
Lucro Líquido							387.000

Tabela 24.5 Custeio pela teoria das restrições – modelo de demonstração de resultados

Discriminação	Produto A			Produto B			Total
	Qtde.	Pr. Unitário	Total	Qtde.	Pr. Unitário	Total	Geral - R$
Receita de Vendas	625	1.700	1.062.500	250	3.750	937.500	2.000.000
Custos Variáveis	625	700	437.500	250	1.662	415.500	853.000
Contribuição da Produção		1.000	625.000		2.088	522.000	1.147.000
Mão de Obra Direta							200.000
Salários Deptos. Apoio à Produção							200.000
Despesas Deptos. Apoio à Produção							90.000
Depreciações							150.000
Despesas Administrativas							70.000
Despesas Comerciais							50.000
Lucro Líquido							387.000

Neste modelo emerge um outro conceito de margem, denominado contribuição da produção, tanto unitário quanto do total. É a diferença entre o preço de venda e os custos variáveis.

Neste modelo, a mão de obra direta é tratada como um custo fixo e, portanto, não é alocada unitariamente aos produtos, devendo ser coberta pela contribuição da produção. Não há neste modelo o conceito de custo unitário total.

Tabela 24.6 Custeio por absorção – modelo de demonstração de resultados

Discriminação	Produto A			Produto B			Total
	Qtde.	Pr. Unitário	Total	Qtde.	Pr. Unitário	Total	Geral - R$
Receita de Vendas	625	1.700,00	1.062.500	250	3.750,00	937.500	2.000.000
Custos Industriais	625	1.157,36	723.350	250	2.118,60	529.650	1.253.000
Lucro Bruto		542,64	339.150		1.631,40	407.850	747.000
Comissões	625	204,00	127.500	250	450,00	112.500	240.000
Despesas Administrativas							70.000
Despesas Comerciais							50.000
Lucro Líquido							387.000

No método tradicional de custeamento por absorção, temos as figuras tradicionais de lucro bruto, unitário e total, enquanto a figura do lucro líquido é restrita ao total da empresa. Este método é coerente com a Contabilidade Financeira legal e fiscal.

O Custeio ABC enquadra-se no conceito de custeio pleno ou integral. Todos os gastos, industriais, comerciais e administrativos, são levados unitariamente aos diversos produtos. É um método de custeio que possibilita tanto um lucro líquido unitário por produto quanto o lucro líquido total da empresa.

O custeamento integral é, na realidade, o único método que permite adequada comparabilidade com o método de Custeio ABC, apesar de todas as literaturas

Tabela 24.7 Custeio por atividades – modelo de demonstração de resultados

Discriminação	Produto A			Produto B			Total
	Qtde.	Pr. Unitário	Total	Qtde.	Pr. Unitário	Total	Geral - R$
Receita de Vendas	625	1.700,00	1.062.500	250	3.750,00	937.500	2.000.000
Custos Variáveis/Diretos	625	900,00	562.500	250	1.962,00	490.500	1.053.000
Custos das Atividades Industriais	625	207,12	129.450	250	1.242,20	310.550	440.000
Custo das Atividades Administrativas e Comerciais	625	120,45	75.280	250	178,88	44.720	120.000
CUSTO UNITÁRIO TOTAL	**625**	**1.227,57**	**767.230**	**250**	**3.383,08**	**845.770**	**1.613.000**
Lucro Líquido		472,43	295.270		366,92	91.730	387.000

Tabela 24.8 Custeio integral – modelo de demonstração de resultados

Discriminação	Produto A Qtde.	Produto A Pr. Unitário	Produto A Total	Produto B Qtde.	Produto B Pr. Unitário	Produto B Total	Total Geral - R$
Receita de Vendas	625	1.700,00	1.062.500	250	3.750,00	937.500	2.000.000
Custos Variáveis/Diretos	625	900,00	562.500	250	1.962,00	490.500	1.053.000
Custos Indiretos de Fabricação	625	461,36	288.350	250	606,60	151.650	440.000
Custo Indiretos Administrativos e Comerciais	625	102,00	63.750	250	225,00	56.250	120.000
CUSTO UNITÁRIO TOTAL	**625**	**1.463,36**	**914.600**	**250**	**2.793,60**	**698.400**	**1.613.000**
Lucro Líquido		236,64	147.900		956,40	239.100	387.000

insistirem na comparação com o custeio tradicional por absorção. O Custeio Integral difere do custeamento por atividades porque se utiliza de critérios de rateio mais simplificados, não se atendo à questão de recursos, atividades e consumo de atividades por produtos.

A Questão Fundamental de Todos os Modelos: O Lucro Líquido Total

O aspecto mais importante que fica evidenciado pelos modelos de Demonstração de Resultados é que, **independente do método de custeio utilizado, o lucro líquido total é o mesmo**. Portanto, para fins gerenciais, o que sempre deve importar, como aspecto conclusivo, é a lucratividade total. A utilização desses modelos no processo decisório de análise de lucratividade dos produtos terá eficácia desde que o fundamento do lucro líquido total nunca seja abandonado.

24.13 Custeio Variável/Direto: O Recomendado

O objetivo de qualquer informação contábil é sua utilização gerencial e o processo de tomada de decisão. Conforme Garrison,

> "... temos que ter em mente claramente que o propósito essencial de qualquer sistema de custo é acumular custos para utilização gerencial. Um sistema de custo não é um fim em si mesmo. Em outras palavras, ele é uma ferramenta gerencial, que existe para fornecer ao administrador dados de custos necessários para dirigir os assuntos de uma organização."[7]

Assim, diante do exposto até o momento, seja no tópico em que alinhavamos as vantagens e desvantagens dos métodos de custeio, seja no tópico em que apresentamos uma revisão dos modelos gerais de decisão e informação, concluímos que o **método de Custeio Variável/ Direto é conceitualmente adequado à gestão econômica do sistema empresa** no âmbito da Contabilidade de Custos, enquanto o método de Custeio por Absorção não é adequado à tomada de decisão.

Podemos finalizar este tópico com Martins, que também reafirma esta questão quando diz:

> "Como vimos, **não há**, normalmente, grande utilidade para fins gerenciais no uso de um valor em que existam custos fixos apropriados."[8] (grifo nosso)

Este autor apresenta os três grandes problemas, para ele, que concorrem para a pouca utilidade do Custeio por Absorção para fins gerenciais, que resumimos a seguir:

Primeiro: Os custos fixos existem independentemente da fabricação ou não desta ou daquela unidade e acabam presentes no mesmo montante, mesmo que oscilações (dentro de certos limites) ocorram no volume de produção.

Segundo: Por não se relacionarem com este ou aquele produto ou com esta ou aquela unidade, são quase sempre distribuídos à base de critérios de rateio, com grandes graus de arbitrariedade.

Terceiro: O custo fixo por unidade depende ainda do volume de produção; pior do que tudo isso, o custo de um produto pode variar em função da alteração de volume de outro produto, o que se traduz em um modelo totalmente inadequado para fins de tomada de decisão.

Apresentamos na Tabela 24.9 um modelo sugerido para estruturação de informações para o método de Custeio Direto/Variável para os produtos de uma empresa. Os dados deste exemplo são os constantes da Parte V do plano orçamentário. Os dados referem-se a uma empresa segmentada em três unidades de negócios industriais, e duas delas são responsáveis pelos produtos finais. A Unidade de Negócio BU1 é responsável pelos Produtos X e Y e a Unidade de Negócio BU2, pelos produtos Z1 e Z2. A Unidade de Negócio BU3 é produtora de itens intermediários (componentes e subconjuntos), que são absorvidos pelas unidades BU1 e BU2.

[7] GARRISON, Ray H. Op. cit., p. 65.

[8] MARTINS, Eliseu. Op. cit., p. 214-215.

Tabela 24.9 Modelo de estruturação de informações para o custeio direto

Custos e Despesas	Unidade de Negócio BU1				Unidade de Negócio BU2				Unid. Negócio BU3	Total da Área Industrial	Administração e Comercialização	Total Geral
	Produto X	Produto Y	Não Específicos	Total	Produto Z1	Produto Z2	Não Específicos	Total	Não Específicos			
Custos Variáveis												
Materiais Diretos												
Quantidade	3.283	2.463			6.900	2.353						
Preço Unitário	358	326			627	908						
Total	1.176.439	803.521	156.417	2.136.377	4.323.415	2.137.194	510.388	6.970.997		9.107.374		9.107.374
Custos Diretos												
Departamentos Diretos	**372.540**	**248.799**	**531.636**	**1.152.975**	**722.650**	**425.810**	**832.010**	**1.980.469**		**3.133.444**		**3.133.444**
• Materiais Indiretos Variáveis	60.182	41.105	8.002	109.289	101.671	50.259	12.003	163.933		273.222		273.222
• Outros Materiais Indiretos			89.504	89.504			123.065	123.065		212.569		212.569
• Mão de Obra Direta	253.608	148.944		402.552	560.979	315.550		876.529		1.279.081		1.279.081
• Mão de Obra Indireta			109.211	109.211			341.283	341.283		450.494		450.494
• Despesas Gerais – Diretas				–				–		–		–
• Despesas Gerais – Indiretas			264.919	264.919			305.659	305.659		570.578		570.578
• Depreciação Direta	58.750	58.750		117.500	60.000	60.000		120.000		237.500		237.500
• Depreciação Indireta			60.000	60.000			50.000	50.000		110.000		110.000
Custos Indiretos da Unidade de Negócio												
Departamentos Indiretos	**30.000**		**337.236**	**367.236**		**30.000**	**474.650**	**504.650**		**871.886**		**871.886**
• Outros Materiais Indiretos			13.426	13.426			15.104	15.104		28.530		28.530
• Mão de Obra Indireta			243.904	243.904			375.412	375.412		619.316		619.316
• Despesas Gerais – Diretas	30.000			30.000		30.000		30.000		60.000		60.000
• Despesas Gerais – Indiretas			29.906	29.906			39.134	39.134		69.040		69.040
• Depreciação Indireta			50.000	50.000			45.000	45.000		95.000		95.000
Subtotal – Custos Diretos	1.578.979	1.052.321	1.025.289	3.656.588	5.046.064	2.593.004	1.817.048	9.456.116		13.112.704		13.112.704
Custos Diretos de Unidade de Negócio Transferidora												
Departamentos Diretos	**145.581**	**119.326**	**1.564**	**266.470**	**396.676**	**200.239**	**5.104**	**602.019**	**1.059.274**	**1.927.763**		**1.927.763**
• Materiais Indiretos Variáveis	11.764	8.035	1.564	21.364	43.234	21.372	5.104	69.710		91.074		91.074
• Outros Materiais Indiretos										173.414	173.414	173.414
• Mão de Obra Direta	45.051	22.526		67.577	264.677	90.103		354.779	140.786	563.142		563.142
• Mão de Obra Indireta									245.724	245.724		245.724
• Despesas Gerais – Diretas				–				–	–	–		–
• Despesas Gerais – Indiretas									409.350	409.350		409.350
• Depreciação Direta	88.765	88.765		177.530	88.765	88.765		177.530		355.059		355.059
• Depreciação Indireta									90.000	90.000		90.000

Continua

Tabela 24.9 Modelo de estruturação de informações para o custeio direto (*Continuação*)

Custos e Despesas	Unidade de Negócio BU1				Unidade de Negócio BU2				Unid. Negócio BU3	Total	Administração	Total Geral
Materiais Diretos	Produto X	Produto Y	Não Específicos	Total	Produto Z1	Produto Z2	Não Específicos	Total	Não-Específicos	da Área Industrial	e Comercialização	
Custos Indiretos de Unidade de Negócio Transferidora												
Departamentos Indiretos	**30.000**			**30.000**					**242.316**	**272.316**		**272.316**
• Outros Materiais Indiretos									15.104	15.104		15.104
• Mão de Obra Indireta									159.266	159.266		159.266
• Despesas Gerais – Diretas	30.000			30.000						30.000		30.000
• Despesas Gerais – Indiretas									32.946	32.946		32.946
• Depreciação Indireta									35.000	35.000		35.000
TOTAL CUSTOS INDUSTRIAIS	1.754.559	1.171.646	1.026.853	3.953.058	5.442.740	2.793.243	1.822.151	10.058.135	1.301.590	15.312.783		15.312.783
Comercialização												
Despesas Departamentais	**123.871**	**80.477**	**11.456**	**215.804**	**462.615**	**200.206**	**57.030**	**719.851**			**1.428.832**	**1.428.832**
• Materiais Indiretos											66.009	66.009
• Mão de Obra Indireta											163.816	163.816
• Despesas Diretas – Comissões	123.871	80.477	11.456	215.804	462.615	200.206	57.030	719.851			935.655	935.655
• Despesas Gerais – Indiretas											235.352	235.352
• Depreciação											28.000	28.000
Despesas Departamentais											**1.001.866**	**1.001.866**
• Materiais Indiretos											58.178	58.178
• Mão de Obra Indireta											591.558	591.558
Administração												
• Despesas Diretas – Comissões												
• Despesas Gerais – Indiretas											220.463	220.463
• Depreciação											131.667	131.667
TOTAL GERAL	**1.878.430**	**1.252.124**	**1.038.309**	**4.168.862**	**5.905.356**	**2.993.449**	**1.879.181**	**10.777.986**	**1.301.590**	**15.312.783**	**2.430.698**	**17.743.481**

As maiores críticas ao custeamento tradicional por absorção centram-se não apenas nos critérios de rateio, mas também no montante dos custos indiretos/fixos a serem distribuídos. Uma das premissas mais utilizadas, principalmente pelos defensores do método de Custeio ABC, é que as empresas hoje têm uma parcela de custos fixos/indiretos muito grande em relação aos custos variáveis/diretos. Essa premissa é discutível. Se tomarmos, por exemplo, a tendência de terceirização das atividades operacionais (*outsourcing*), essa premissa de mais custos indiretos/fixos não deve ser considerada.

Na apresentação dos exemplos comparativos entre custeamento tradicional *versus* Custeio ABC, os autores apresentam uma única taxa de rateio baseado na mão de obra direta. Contudo, a realidade empresarial não é tão simples assim, e as empresas têm sistemas de acumulação de custos tradicionais bastante desenvolvidos, que tornam o custeio tradicional razoavelmente utilizável para fins decisórios.

Um procedimento básico das empresas é separar os gastos departamentais pelo conceito de centros de lucros ou unidades de negócios. Esta segmentação dos gastos, necessária e recomendável, já faz uma grande classificação de gastos, transformando eventuais gastos indiretos a todos os produtos em gastos diretos a determinados produtos. Desta maneira, os critérios de rateio genéricos tornam-se inadequados. Além do mais, este procedimento está em linha com o custeamento direto.

O fundamento do custeamento direto é identificar a ligação direta entre os gastos e os objetos de custos (normalmente produtos e serviços).
Para este fundamento, não é importante se é variável ou fixo, bastando a ligação direta.

O exemplo apresentado na Tabela 24.9 evidencia uma estrutura de informações para o custeamento direto, considerando uma realidade empresarial atual, em que as possibilidades de rateio tendem a ser significativamente diminuídas, caso ainda a empresa deseje manter este método de custeamento que, como já vimos, não é o recomendado.

Primeiramente, houve a separação dos gastos por unidades de negócio. Desta maneira, não se misturam gastos de uma unidade com outra, promovendo uma identificação melhor dos gastos com os produtos. Na Unidade de Negócio BU1, após os custos diretos identificados com os produtos, restaram R$ 1.038.309 (24,9% do total dos gastos da unidade) de caráter genérico. O mesmo acontece na Unidade de Negócio BU2, na qual restaram apenas R$ 1.879.181 de gastos genéricos (17,4% do total dos gastos da unidade). De qualquer forma, **caso os gastos da unidade BU1 fossem rateados, eles o seriam exclusivamente para os Produtos X e Y**, não comprometendo os Produtos Z1 e Z2. Identicamente, os gastos genéricos da Unidade de Negócio BU2 não comprometeriam o custo dos produtos da Unidade de Negócio BU1.

Adicionalmente, o modelo indica também que, além dos custos variáveis aos produtos, o método de custeamento direto identifica os custos fixos diretos com os produtos. Como exemplo, evidenciamos o conceito de depreciação direta, ou seja, a depreciação de equipamentos que trabalham exclusivamente para determinados produtos. Um outro exemplo é o conceito de despesas gerais diretas fixas, pois podem existir gastos dentro de uma unidade específicos para determinado produto (exemplo: serviço específico para um produto). Na área comercial, poderão existir despesas específicas para os produtos como comissões e franquias, que também devem ter o tratamento de gasto direto/variável.

Todos esses critérios fazem com que se permita uma classificação adequada dos custos diretos fixos e variáveis aos produtos, conduzindo a que um percentual pouco representativo de gastos seja de ordem genérica. No nosso exemplo, o total dos gastos da empresa somam R$ 17.743.481, assim distribuídos:

Distribuição dos Gastos

	R$	%
Materiais Diretos	9.107.374	51,3
Despesas Departamentais		
• Mão de obra direta	1.842.222	10,4
• Mão de obra indireta	2.230.172	12,6
• Materiais indiretos	918.102	5,2
• Despesas gerais	2.563.386	14,4
• Depreciação	1.082.225	6,1
SOMA DESPESAS	**8.636.107**	**48,7**
TOTAL GERAL	**17.743.481**	**100,0**

A distribuição acima indicaria que 38,3% dos gastos seriam objeto de rateio aos quatro produtos (mão de obra indireta, materiais indiretos, despesas gerais e depreciação, respectivamente: 12,6%, 5,2%, 14,4%, 6,1%). Contudo, a separação pelo método de custeio direto identificou apenas R$ 5.348.188 de gastos genéricos, como vemos na distribuição evidenciada a seguir.

Gastos Não Distribuídos aos Produtos

	R$	%
Não Específicos		
• Unidade Negócio BU1	1.038.309	5,9
• Unidade Negócio BU2	1.879.181	10,6
Administração e Comercialização	2.430.698	13,7
Soma	5.348.188	30,1
TOTAL GERAL	**17.743.481**	**100,0**

Apenas 5,9% dos gastos são genéricos da Unidade de Negócio BU1 e, portanto, exclusivos dos Produtos X e Y, não se misturando com os demais produtos ou atividades; 10,6% dos gastos são genéricos apenas da Unidade de Negócio BU2, exclusivos dos Produtos Z1 e Z2, não devendo ser considerados para outros objetos de custos. Na realidade, restam apenas 13,7% de gastos genéricos, que seriam os gastos de administração e comercialização não atribuídos de forma direta aos produtos.

Concluindo, o mais importante é o conceito de custeamento direto, que, além de incorporar o conceito de custos variáveis, permite uma gestão focada nas diversas atividades, divisões e produtos da empresa, tornando desnecessário o procedimento de rateios.

24.14 Custo de Serviços e Produtos Ampliados

A maioria das obras sobre custos enfoca o custo dos produtos originados nas indústrias, com pouca ou nenhuma ênfase no custo dos serviços e outras atividades. O custo de outras atividades (hotelaria, atividades ligadas à saúde etc.) tem recebido, eventualmente, alguma contribuição específica.

Este tópico destina-se a apresentar alguns aspectos genéricos e introdutórios sobre essas questões, tendo como foco evidenciar que há completa analogia entre o custeamento dos serviços não industriais com os produtos industriais, motivo que tende a levar os autores a não especificar melhor este tema. Dentro da visão de que um dos principais objetivos de custos é apurar o custeamento dos produtos e/ou objetos de custos, podemos considerar o custo dos serviços ou de outras atividades como o custeamento de objetos de custos.

Caracterização e Classificação dos Serviços

Pode-se definir serviços como o conjunto de atividades que se desenvolvem principalmente nos centros urbanos e que diferem das atividades industriais e agropecuárias. Correspondem ao chamado setor terciário da economia e são representados principalmente pelas atividades de comércio, transportes, publicidade, computação, telecomunicações, educação, saúde, recreação, setor financeiro e seguros e administração pública. Muitas das atividades classificadas como serviços são, na verdade, extensões das atividades produtivas, como a agricultura, a indústria e a mineração[9].

Segundo Kotler,[10] um serviço é qualquer ato ou desempenho essencialmente intangível que uma parte pode oferecer a outra e que não tem como resultado a propriedade de algo. A execução de um serviço pode estar ou não ligada a um produto físico.

Características

São as seguintes, também segundo Kotler:

a) Intangibilidade: diferentemente dos produtos físicos, não podem ser vistos, sentidos, provados, ouvidos ou cheirados, antes de serem comprados.

b) Inseparabilidade: os serviços são produzidos e consumidos ao mesmo tempo.

c) Variabilidade: são altamente variáveis à medida que dependem de quem os executa e de quando e onde são executados.

d) Perecibilidade: os serviços não podem ser estocados.

Tipos de serviços

A variedade de tipos de serviços é muito grande. Segundo Kotler, uma classificação genérica e básica pode assim ser feita:

I – Serviços Baseados em Pessoas

- Trabalhadores inexperientes – Exemplos: serviços de jardinagem, serviços de portaria, serviços de limpeza.
- Trabalhadores experientes – Exemplos: serviços de encanador, serviços de alimentação.
- Profissionais – Exemplos: advogados, contadores, consultores técnicos.

II – Serviços Baseados em Equipamentos

- Automatizados – Exemplos: lavagem automática de carros, máquinas automáticas de vendas.
- Monitorados por operadores não experientes – Exemplos: cinema, teatro, táxis.
- Monitorados por operadores experientes – Exemplos: escavadoras, aviões.

Custo dos Serviços

A apuração do custo unitário dos serviços segue a linha geral de custeamento dos produtos. Para a apuração do custo dos recursos utilizados deve-se seguir os mesmos conceitos desenvolvidos até aqui. O custo dos produtos parte do conhecimento da estrutura do produto e do roteiro de fabricação.

As informações básicas de cada serviço também seguem a linha geral do custo dos produtos, que é a estrutura do produto, *agora estrutura do serviço*, e o processo de fabricação, *agora, processo de execução.* Aplica-se o método de custeamento escolhido e apura-se o de cada serviço.

---

[9] Extraído de SANDRONI, Paulo. *Novíssimo Dicionário de Economia.* 6ª ed. São Paulo: Editora Best Seller, 1999.

[10] KOTLER, Philip. *Administração de Marketing.* 3ª ed. São Paulo: Ed. Atlas, 1994, p. 538-43.

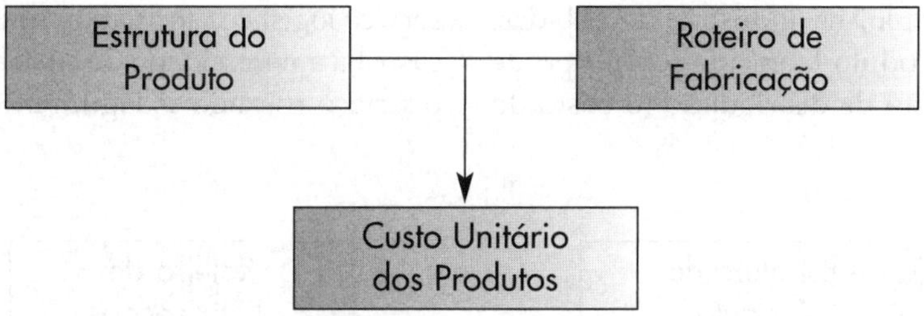

Figura 24.9 Estrutura básica do custeamento unitário dos produtos

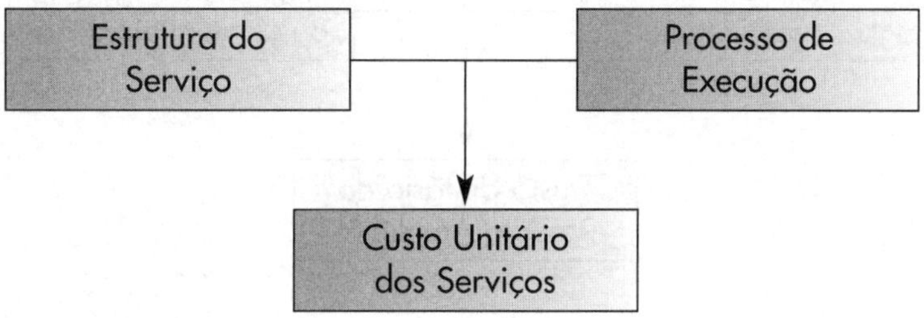

Figura 24.10 Estrutura básica do custeamento unitário dos serviços

Estrutura do Serviço

Quando um serviço é desenvolvido, ele tem um processo de caracterização genérico, que é explicitado pela *estrutura do serviço*. Mesmo considerando a característica da variabilidade inerente aos serviços, é possível e necessário construir uma estrutura genérica básica. Por exemplo, na confecção de cartões de visitas, apesar de o nome da pessoa e empresa ser individual, o serviço básico em si é o mesmo, podendo ser estruturado de forma genérica. Assim, na estruturação do serviço do cartão de visita, podem ser definidos o tipo de papel, sua qualidade, sua quantidade, bem como outros complementos, como tintas aplicadas, tipo de embalagem etc.

Um serviço de transporte, um frete de uma cidade à outra, também pode ser caracterizado em termos de estrutura de serviço. Deverão ser definidos o equipamento básico, a quantidade de quilômetros a ser percorrida, equipamentos adicionais de carga e descarga a serem utilizados, a quantidade de mão de obra necessária para o transporte (motoristas, navegadores, carregadores), o tipo e a quantidade de combustível, materiais auxiliares necessários (óleos, aditivos, estrados de madeira etc.), pedágios que serão incorridos etc.

Num serviço de auditoria, devem ser definidos que tipo de profissional deverá ser alocado, se auditor simples ou sênior, gerente ou sócio de auditoria, equipamentos e softwares a serem utilizados, profissionais de apoio (advogados, analistas de sistemas) etc.

Processo de Execução

Complementando a estrutura do serviço, define-se o processo de execução, ou seja, as atividades, etapas, tarefas que serão necessárias para executar os serviços, e a quantidade de tempo despendida em cada uma dessas atividades.

No caso de cartões de visitas, deve-se estimar o tempo da mão de obra direta que opera os processos, tais como tempo dos operadores das máquinas, do desenhista do cartão, dos montadores e embaladores do serviço.

No caso de um serviço de transporte, deverá ser estimada a quantidade de horas necessárias para determinado serviço de frente, incluindo as horas dos motoristas, dos profissionais auxiliares. Isso só poderá ser feito se se especificar o roteiro do frete, as ruas e estradas a serem utilizadas, as paradas necessárias para descarga ou coleta etc.

No caso de um serviço de auditoria, devem-se especificar quais os procedimentos que serão adotados, quais as análises e verificações que deverão ser feitas, quais os papéis de trabalhos que deverão ser elaborados, quais os relatórios que serão apresentados. Tudo isso mensurado em termos de tempo e profissionais que serão alocados para cada tarefa.

Produto Ampliado

Considera-se um produto ampliado quando o produto físico de formato industrial é fornecido com um serviço. Assim, por exemplo, na indústria de bebidas, além do custo de cada produto fabricado (cada tipo de bebida), há também o custo de distribuição (o custo do serviço logístico), formando um produto ampliado. Neste caso, há a necessidade de custear tanto o produto quanto o serviço anexado. A Figura 24.11 mostra esta integração.

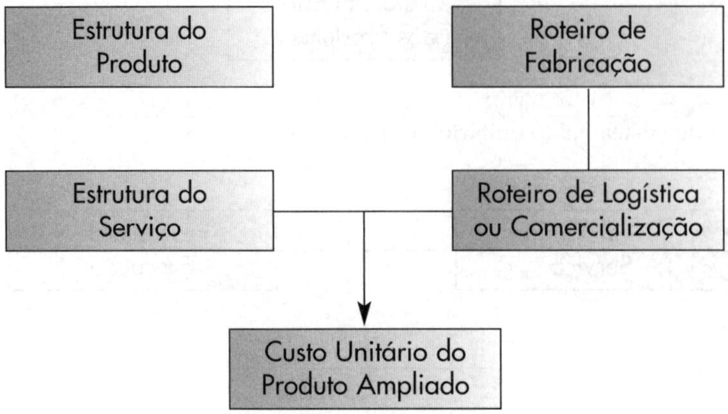

Figura 24.11 Estrutura básica do custeamento unitário do produto ampliado

Equipamentos utilizados e conceito de depreciação a ser adotado

Para uma série enorme de serviços os equipamentos utilizados são de grande significado, tanto em termos de estrutura do serviço, como em termos de relevância do valor. Alguns serviços dependem tanto de equipamento, que passam a ser o único custo direto/variável a ser considerado. Tome-se como exemplo transportes de serviços urbanos, em que o custo dos ônibus têm relevância considerável. Um outro exemplo são exames médicos por meio de equipamentos (veja tomografia computadorizada, radiografias etc.), em que o preço do serviço decorre substancialmente do tempo de utilização do equipamento e do valor considerado elevado desses equipamentos.

Para a alocação do custo do equipamento, em linhas gerais, deve-se considerar o tempo gasto em cada tipo de serviço e aplicar-se uma taxa de custo decorrente da depreciação do equipamento, baseado na vida útil estimada do bem. A vida útil e a mensuração básica poderão assumir critérios diferenciados, tais como depreciação anual linear ou depreciação acelerada nos primeiros anos, depreciação pela soma dos dígitos etc.

O principal conceito a ser adotado é o conceito de depreciação direta. Em outras palavras, deverá ser identificado cada equipamento relevante que será utilizado em cada serviço, verificar e medir o tempo de sua utilização ou disponibilização (ou outro elemento de mensuração quantitativa) e aplicar a taxa de depreciação de cada equipamento em cada etapa do processo de produção do serviço.

O conceito de depreciação indireta, eventualmente objeto de rateio, deverá ser utilizado para os demais equipamentos e imobilizados, ou seja, aqueles cuja utilização é genérica para todos os serviços vendidos pela empresa (imóveis, equipamentos de computação central, equipamentos de escritório etc.).

A Tabela 24.10 a seguir apresenta um exemplo simples de cálculo da depreciação baseado no tempo de utilização.

Tabela 24.10 Cálculo da Depreciação de Equipamentos

	Valor do Equipamento ($)	Vida útil estimada	Depreciação Anual ($)	Estimativa de horas diretas da utlização por ano	Custo horário da Depreciação ($)
Caminhão Modelo X	300.000	10 anos	30.000	2.000	15,00
Guincho Modelo Z	75.000	5 anos	15.000	1.200	12,50

Após o cálculo da taxa ou custo horário de depreciação, aplica-se essa taxa ao serviço específico, obtendo-se o custo direto da depreciação do serviço, conforme pode ser verificado no exemplo apresentado no Quadro 14.2.

Tabela 24.11 Custo de Depreciação de Serviço – Frete XYZ

Equipamento Utilizado	Tempo de Utilização	Custo Horário ($)	Custo de Depreciação ($)
Caminhão Modelo X	5 horas	15,00	75,00
Guincho Modelo Z	2 horas	12,50	25,00
Total			100,00

Exemplos

Apresentaremos a seguir dois exemplos de custeio de serviço, objetivando dar uma ideia geral e apresentar uma metodologia básica de cálculo. Os exemplos serão simples e não têm a pretensão de apresentarem-se como modelos precisos ou ideais; o objetivo é apenas introdutório e de cunho conceitual. Utilizaremos como referência o método de custeio por absorção.

I– Custo de Serviço de Mão de Obra Profissional

Tomemos como exemplo um consultor técnico, altamente especializado, trabalhando individualmente numa empresa constituída como empresa individual. Esse tipo de mão de obra cobra seus serviços, de forma geral, com base no total de horas gastas na consultoria realizada nos clientes.

Os pontos referenciais para apurar o custo horário do serviço são os seguintes:

a) Remuneração líquida desejada pelo profissional, dentro de parâmetros de mercado;
b) Lucro para recuperação do investimento necessário/realizado na estruturação da empresa (escritório, móveis, equipamentos, sistemas de informação, secretaria, comunicação, *know how* etc.);
c) Gastos indiretos para manutenção da atividade (mão de obra de secretaria, limpeza, assessores, materiais indiretos, manutenções de softwares, equipamentos e imóveis, despesas gerais etc.);
d) Equipamentos específicos utilizados em cada consultoria, se for o caso;
e) Estimativa de horas disponibilizadas/realizadas de prestação de serviço nos clientes (ocupação média da atividade);
f) Encargos tributários sobre os serviços, que devem ser recuperados pelo preço de venda.

A Tabela 24.12 apresenta um modelo genérico para apuração de custo de mão de obra profissional. No exemplo, o fato de o custo contemplar a remuneração desejada e o retorno mínimo de investimento, poderia também ser considerado como um preço de venda básico. Contudo, é importante lembrar que o preço de venda pode ser superior, caso o mercado assim o admita.

Tabela 24.12 Exemplo de Custo Utilitário de Serviço Hora – Profissional – Base: Período Mensal

	$	
1. Remuneração Líquida Desejada	5.000	
2. Encargos Sociais	6.000	INSS, FGTS, Seguro Saúde, Previdência Privada, Alimentação, Transporte, 13º, Férias etc.
3. Mão de Obra do Terceiros	3.000	Incluindo encargos sociais
4. Despesas Gerais	2.580	Materiais indiretos, despesas gerais
5. Depreciação	400	Sobre o valor dos equipamentos utilizados
6. Remuneração do Investimento ($ 100.000 x 0,015)	1.500	1,5% ao mês sobre o valor do Investimento (valor do empreendimento considerando inclusive ativos intangíveis)
7. **Total**	**18.480**	
8. Horas Disponíveis/Realizadas	112	Estimando-se um grau de ocupação de 70% em cima de 160 horas mensais
9. Custo Horário com Impostos (7:8)	165,00	
10. Encargos Tributários	20%	ISS, IR na Fonte, INSS Autônomos, Simples etc.
11. Custo Horário com Impostos (9:1-10)	206,25	

II – Custo de Serviço Baseado em Equipamento

Tomaremos como exemplo o custo de uma passagem aérea, em que claramente o equipamento utilizado deve ter uma relevância sobre a estrutura de custos. Outra característica desse tipo de serviço é a utilização intensiva de custos fixos, uma vez que há necessidade de muitos serviços de apoio, principalmente em terra.

Neste exemplo, fica bastante claro que a estrutura básica de informações, a estrutura do serviço e o processo de execução são os elementos que permitem individualizar o custo dos diversos serviços oferecidos por uma organização.

Tabela 24.13 Exemplo de Custo Unitário de Serviço Baseado em Equipamento – Passagem Aérea

	Quantidade	Custo Unitário ($)	Total ($)
A – Estrutura de Serrviço			
Equipamento			
Equipamento Tipo XYZ 100 lugares*	6 Horas	2.200,00	13.200
Combustível G	2000 Litros	1,70	3.400
Lubrificação O	50 Litros	8,00	400
Manutenção Aeronave	20 Itens	140,00	2.800
Manutenção Serviços Internos	10 Itens	200,00	2.000
Passageiros			
Serviço de Bordo – Almoço	100 Unidades	8,00	800
Serviço de Bordo – Café	100 Unidades	5,00	500
Bebidas	4 Carrinhos	200,00	800
Utensílios de Conforto	200 unidades	3,00	600
Soma			**24.500**
B – Processo de Execução			
Tripulação			
Comandante	6 Horas	125,00	750
Subcomandante	6 Horas	70,00	420
Tripulação – 4 pessoas	24 Horas	30,00	720
Infraero – Decolagem	1 Serviço	2.000,00	2.000
Infraero – Aterrissagem – Conexão 11	1 Serviço	1.000,00	1.000
Infraero – Aterrissagem – Conexão 11	1 Serviço	1.000,00	1.000
Infraero – Aterrissagem	1 Serviço	2.200,00	2.200
Soma			**8.090**
Subtotal – Custos Diretos			**32.590**
C – Custos Indiretos de Apoio			
Equipe Aeroporto Decolagem	3 Horas	809,00	2.427
Equipe Aeroporto Aterrissagem	1,5 Hora	1.080,00	1.620
Soma			**4.047**
D – Custos Indiretos Gerais	**Índice de Absorção****		
Logística	0,4		3.236
Comercialização	0,5		4.045
Administração	0,3		2.427
Soma			**9.708**
Subtotal – Custos Indiretos			**13.755**
Total Geral			**46.345**
Custo Unitário por Passageiro – Ocupação Plena – 100 Pessoas			**463,45**
Custo Unitário por Passageiro – 60% de Ocupação – 60 Pessoas			**772,42**

* Custo da depreciação do equipamento

** Sobre custo total do processo de produção

Questões e Exercícios

1 Coloque os números no espaço em branco para as definições apropriadas:

Definições	Conceitos
1 Custos que variam com o volume de atividade	______Custos Diretos
2 O custo que é lançado contra as receitas num período de tempo	______Custos Fixos
3 Custos que são atribuídos a intervalos de tempo	______Custo de Oportunidade
4 Custos que são atribuídos aos bens e serviços produzidos	______Custos Passados
5 O benefício perdido de uma melhor alternativa abandonada	______Custos Variáveis
6 Custos para adoção de contabilidade por responsabilidade	______Custos Indiretos
7 Custos que não variam com o volume de atividade	______Custos Periódicos
8 Custos que podem ser transportados para o futuro e produzir receitas	______Custos para o Produto
9 Custos que podem ser alocados diretamente aos produtos	______Custos Controláveis
10 Custos que não são identificáveis claramente com os produtos	______Custos Diferenciais
11 Custos que resultaram de um gasto já feito e que não pode ser mudado por decisões presentes ou futuras	______Custos Não Expirados
12 Diferenças evidenciadas entre os custos das alternativas à disposição para tomada de decisão	______Despesas

2 Com os seguintes dados de despesas, elabore gráficos cartesianos (eixos **x** e **y**) para evidenciar o comportamento dos custos em relação ao volume, indicando qual é o custo fixo, qual o variável, qual o semivariável e qual o custo fixo que cresce a intervalos relevantes.

Dados – gastos e volume de produção:

Período de Produção	Quantidade	Gasto 1	Gasto 2	Gasto 3	Gasto 4
Ano 1	3.000	24.000	12.000	18.000	8.000
Ano 2	3.300	24.000	12.000	19.800	8.600
Ano 3	3.600	28.000	12.000	21.600	9.200
Ano 4	3.900	28.000	12.000	23.400	9.800
Ano 5	4.200	32.000	12.000	25.200	10.400

3 Com os seguintes dados de uma empresa que fabrica dois produtos que utilizam o mesmo processo de fabricação, calcular:

a) o Custeio por Absorção, industrial e total, de cada produto, considerando como base de absorção dos custos e despesas fixas o total dos gastos com mão de obra direta;

b) o custeio variável de cada produto;

c) a margem de cada produto em relação ao preço de venda.

Dados:

	Produto A	Produto B	Total
Matéria-prima	0,5 unidade a R$ 2,40	1,3 unidade a R$ 4,00	–
Outros materiais e componentes	R$ 0,30 por unidade de produto	R$ 1,40 por unidade de produto	–
Embalagem	R$ 0,20 por unidade de produto	R$ 0,30 por unidade de produto	–
Tempo de mão de obra direta necessário para uma unidade de produto final	0,6 h	1,2 h	–
Custo horário da mão de obra direta	6,25	6,25	–
Comissão sobre preço de venda (Em %)	5	5	–
Preço de venda	20,00	30,00	
Produção do período (Em unidade)	3.000	5.000	8.000
Gastos indiretos			
• Custos fixos	–	–	58.500
• Despesas fixas	–	–	19.500

4 Considere os seguintes dados:

Custos e Despesas	Ano 1	Ano 2
Volume de Vendas	50.000 unidades	150.000 unidades
Volume de Produção	100.000 unidades	100.000 unidades
Preço de Venda	12,00/unidade	12,00/unidade
Custos Variáveis	9,00/unidade	9,00/unidade
Custos Fixos	100.000	100.000
Despesas Fixas	50.000	50.000

Pede-se:

a) Elaborar a Demonstração de Resultados utilizando o conceito de custeio variável e margem de contribuição.

b) Elaborar a Demonstração de Resultados utilizando o conceito de Custeio por Absorção Industrial.

c) Comparar o resultado pelos dois critérios, por meio do somatório dos valores dos dois exercícios.

d) Justificar as diferenças apresentadas dentro de cada ano e no ano seguinte.

5 Com base na solução do exercício 3, fazer o custeamento dos Produtos **A** e **B** pelo critério de custeio por

atividades (Custo ABC), considerando o detalhamento e as seguintes informações para os custos e despesas fixas indiretas. Comparar com o resultado final obtido pelo critério de Custeio por Absorção:

Gastos Indiretos:

- Custos fixos 58.500
- Despesas fixas 19.500

Detalhamento:

Custos	Gasto Total	Quantidade dos Direcionados Produto A	Produto B	Direcionador
Custos Indiretos				
Departamento de Suprimentos	12.000	8	32	Ordens de compra
Departamento de Almoxarifado	12.900	240	160	Movimentações de estoque
Controle de Produção	24.000	60	20	Lotes de produção
Depreciação	9.600	1.800	3.000	Horas de máquinas
TOTAL	**58.500**			
Despesas Indiretas				
Departamento de Faturamento	19.500	200	40	Faturas emitidas

6 Uma empresa produz dois tipos de fitas cassete, *standard* e de alta qualidade e normalmente custeia seus produtos pelo método de absorção. Os custos indiretos de fabricação são normalmente alocados pelo critério de proporcionalidade sobre o valor da mão de obra direta empregada em cada produto.

Os seguintes dados foram levantados em um período:

	Standard	Alta Qualidade	Total
Mão de Obra Direta (Em R$)	174.000	66.000	240.000
Materiais	125.000	114.000	239.000
Custos Indiretos de Fabricação	–	–	440.000
Quantidade Produzida (em unidade)	300.000	100.000	
Preço de Venda Unitário	1,95	3,60	

A empresa está descontente com o método tradicional, que indicava produto com prejuízo, e fez um estudo para implantar o Custo ABC, levantando os seguintes dados:

Direcionador de Custos	Custos Atribuídos	Quantidade de Direcionadores *Standard*	Alta Qualidade	Total
Número de lotes de produção	170.000	40	10	50
Testes de qualidade efetuados	153.000	12	18	30
Pedidos de embarque processados	60.000	100	50	150
Número de *setups*	30.000	10	15	25
Número de *kits* de peças requisitadas e manuseadas	27.000	160	50	210
TOTAL CUSTOS INDIRETOS	**440.000**			

Pede-se:

a) Calcular o custo unitário de cada produto pelo critério tradicional por absorção.

b) Calcular o custo por direcionador de atividade e o total dos custos indiretos por produto.

c) Calcular o custo unitário de cada produto pelo método ABC.

d) Fazer a análise comparativa de lucratividade dos produtos pelos dois critérios.

7 A seguir estão apresentados os dados necessários para apurar o custo unitário dos produtos, bem como a receita total e os custos totais considerando as quantidades.

DADOS DO PERÍODO

Dados	Produto A Quantidade	Produto A Valor - R$	Produto B Quantidade	Produto B Valor - R$	Total R$
Preço de Venda		65,00		210,00	
Volume Corrente	1.300 Unidades		120 Unidades		
Custos Unitários					
• Materiais diretos		28,00		79,00	
• Mão de obra direta		18,00		35,00	
• Comissões sobre venda		9,10		21,00	
Custos Totais					
• Mão de obra direta		23.400		4.200	27.600
Custos Fixos					
• Depreciação	550 Horas Máq.		1.550 Horas. Máq.		6.300
• Controle de produção	240 Ordens		2.600 Ordens		4.260
• Controle de materiais	11.000 Recebimentos		1.000 Recebimentos		2.700
• Expedição	450 Transportes		100 Transportes		3.300
• Soma					16.560

Pede-se:

a) Calcular o custo unitário de cada produto pelos seguintes métodos de custeio: Custeio por Absorção, Custeio ABC, Custeio Direto/Variável e pelos conceitos da Teoria das Restrições. Para o método de absorção, considerar como base para absorção dos custos fixos o total da mão de obra direta do período; para o método direto/variável, considerar a mão de obra direta como variável.

b) Calcular o resultado total da empresa e o lucro/contribuição de cada produto, considerando o volume corrente, partindo do pressuposto de que não há estoque e toda a produção é vendida.

c) Fazer a análise de rentabilidade por produto, pelo custo unitário e pelo custo total.

d) Analise, pelos quatro critérios apresentados, se há como indicar a eliminação de algum produto por rentabilidade negativa.

e) Tendo como referência o Custeio por Absorção, caso fosse possível aumentar a produção de 50 unidades de um dos dois produtos, qual você escolheria? Calcule o resultado total da empresa com o aumento de produção.

Capítulo 25

Formas de Custeio: Custo-Padrão

Definido o método de custeio, a etapa seguinte consiste em escolher a forma ou sistema de custeio. Como já vimos, a forma de custeio está ligada à teoria e modelos de mensuração. Neste momento, trata-se de escolher o padrão monetário a ser utilizado dentro do método de custeio.

O modelo de mensuração natural parece ser obviamente o custo real. Nos primórdios da Contabilidade de Custos, isto era uma verdade. Contudo, a consolidação dos conceitos de planejamento, orçamento, administração por metas ou objetivos e desenvolvimento de produtos trouxe a necessidade gerencial de antecipação da informação do custo futuro dos produtos e serviços. Tendo em vista que para o custo real ser calculado é necessário o uso de informações passadas, surgiu o conceito de custo-padrão, que é calculado com base em eventos futuros de custos ou eventos desejados de custos, que podem ou não acontecer na realidade da empresa.

25.1 Definição

Um padrão representa medidas físicas e monetárias relativas a elementos de receita e custo dos eventos, transações e atividades adequadamente mensurados, que deveriam ser atingidos com base nas condições preestabelecidas, vinculadas à decisão de elaborar uma unidade de produto ou serviço, em um determinado momento de tempo.[1]

O custo-padrão tem as seguintes características:

- Compõe-se de elementos físicos e monetários.
- Utiliza-se de dados e informações que devem acontecer no futuro.
- Deve ser cuidadosamente predeterminado, dentro de bases unitárias.
- Aplicável basicamente a operações repetitivas, servindo como medida predeterminada estável para processos e atividades organizacionais específicas.
- Deve servir como modelo de comparação ou meta.

Custos Orçados ou Estimados

A diferença entre custos orçados ou estimados e custo-padrão está em que os orçados procuram identificar aqueles que deverão ocorrer no futuro, enquanto o custo-padrão pode incorporar metas de realização de custos. Os custos orçados têm por base antecipar os gastos que deverão ocorrer e que afetarão o custeamento dos produtos. Em outras palavras, os custos orçados ou estimados têm como foco os que **devem** acontecer, enquanto o custo-padrão tem como foco aqueles que **deveriam** acontecer.

25.2 Finalidades do Uso do Custo-Padrão

O custo-padrão é uma das técnicas para avaliar e substituir a utilização do custo real. Independentemente de a empresa utilizar o método do custeio direto ou Custeio por Absorção, ela pode utilizar o conceito de custo-padrão, o qual se diferencia do custo real no sentido de que ele é normativo, objetivo, proposto ou um custo que se deseja alcançar.

Por isso, na elaboração do padrão, a empresa pode incorporar metas a serem atingidas pelos diversos setores fabris e operacionais, no sentido de que tais avaliações de custos sejam alcançadas. Nesse sentido, o custo-padrão é uma ferramenta indispensável para controle dos custos, das operações e das atividades. Ele pode ser utilizado em diversas metas ou objetivos. Entendemos, porém, que o seu maior objetivo está ligado aos **conceitos de controlabilidade empresarial**. Assim, os objetivos mais importantes do custo-padrão seriam:

- determinar o custo que deve ser, o custo correto;
- avaliar as variações acontecidas entre o real e o padronizado;
- definição de responsabilidades e obtenção do comprometimento dos responsáveis por atividade padronizada, servindo como elemento motivacional;

---

[1] PELEIAS, Ivam Ricardo. *Contribuição à formulação de um sistema de padrões e análise de sua aderência ao processo de gestão, sob a ótica do modelo Gecon*. São Paulo: FEA/USP, Tese de Doutoramento, 1999, p. 102.

- avaliação de desempenho e eficácia operacional;
- base para o processo orçamentário.

Além disso, podemos identificar outros aspectos importantes, como veremos a seguir.

Substituir o Custo Real

O custo real representa o custo acontecido. Como instrumento de Planejamento Estratégico ou operacional, o custo real não tem nenhum significado. Para avaliação de inventário, ele serve apenas para atender as necessidades legais e fiscais da Contabilidade empresarial.

O custo real tem validade apenas no sentido em que, após a análise de suas variações, em cima de um custo-padrão, se identificam as causas do porquê das variações e, por meio delas, se permita corrigir os rumos atuais. Para o dia a dia, o custo-padrão representa muito mais utilidade que o custo real. Além disso, o custo real apresenta muita variabilidade unitária, uma vez que depende do volume de atividade, produção ou venda. Adicionalmente, sabe-se que um sistema de apuração do custo real para todas as atividades, processos, produtos e serviços tende a ser lento e caro.

Outra vantagem na substituição do custo real está em que o custo-padrão não precisa ser calculado mensalmente. O seu cálculo pode ser feito para períodos de tempos maiores, como seis meses ou um ano. A sua atualização pode ser feita pelos critérios de inflação da empresa, como veremos no Capítulo 29.

Formação de Preços de Venda

É uma das melhores utilizações do custo-padrão. Apesar de, teoricamente, ser o mercado que dá o preço de venda dos produtos, ele deve ser inicialmente calculado em cima das condições de custo das empresas. Dessa forma, como elemento inicial para formação de preços de venda, devemos utilizar o custo-padrão, pois ele traz todos os elementos necessários para parametrizar um preço de venda ideal. Esse assunto será estudado no Capítulo 28.

Acompanhamento da Inflação Interna da Empresa

Outra utilização do custo-padrão é no acompanhamento da inflação interna da empresa, como veremos no Capítulo 29. A estrutura de custos-padrão é a base de dados mais recomendada para construção das cestas de apuração da inflação da empresa. Mensalmente, utilizaremos as estruturas-padrão para avaliar o crescimento do nível dos custos internos da companhia.

25.3 Tipos de Padrão

Como dissemos, na elaboração do padrão, alguns conceitos podem ser adotados pelas empresas, e daí servir de base para elaboração do custo-padrão dos produtos. Vejamos os tipos principais.

Custo-padrão ideal

Seria o custo-padrão calculado de forma científica, em que todas as condições de utilização máxima dos recursos produtivos, de estrutura de produto e processo de fabricação pudessem ser alcançadas. Representa o custo de um produto que acontece sem nenhum desperdício, ociosidade, em condições ideais de produção, com os melhores equipamentos e melhores recursos humanos. É provável que nunca vá acontecer, dadas as imperfeições ambientais, empresariais e de mercado. Tomado como meta, levaria a que todos os setores da empresa se empenhassem por atingi-lo. Em não acontecendo, poderia até ser desmotivador.

Custo-padrão corrente

Nesse caso, buscam-se padrões de custos e produção que, mesmo calculados cientificamente, considerem as eventuais condições correntes da empresa. O custo-padrão corrente é tomado como meta para todos os setores da empresa, mas em patamares que, ao mesmo tempo que ideais e com certa dificuldade de obtenção, permitam, porém, o seu atingimento. É um custo ideal, adaptado, permitindo-se o seu alcance.

Devem-se incorporar no custo-padrão todos os objetivos de busca de eficiência e produtividade, qualidade fabril, que estão ao alcance e disponíveis à empresa.

Custo-padrão baseado em dados passados

O custo-padrão também pode ser calculado em cima dos dados reais já acontecidos, no pressuposto de que os dados reais anteriores tenham significância e possam servir de parâmetros futuros. Como é próprio de informações futuras baseadas em dados do passado, é importante saber que o que aconteceu antes não seguramente se repetirá. Nesse aspecto, os riscos de falhas na construção do padrão são possíveis com esse tipo de padrão.

25.4 Construção do Padrão

Tendo como foco o custo unitário de produtos e serviços, devemos construir padrões para todos os elementos de custos formadores do custo dos produtos e serviços. Portanto, devemos construir:

- padrões para o custo e quantidade dos materiais diretos;

- padrões para o custo e quantidade da mão de obra direta;
- padrões para o custo e quantidade de outros custos variáveis;
- padrões para os custos indiretos fixos (caso se utilize qualquer método de custeio que não seja o Custeio Direto/Variável).

Materiais Diretos

Os materiais necessários, com suas respectivas quantidades, para fazer determinado produto são evidenciados pela estrutura deste. Geralmente, esses dados são originados pela engenharia de desenvolvimento de produtos, quando da feitura do projeto original, mais as suas atualizações.

Muitos produtos, principalmente os que são elaborados por processo contínuo utilizando matéria-prima a granel, têm um certo grau de perda ou refugo, que, dentro de condições técnicas ou científicas, devem ser incorporados ao padrão de quantidade.

O preço-padrão dos materiais diretos são os obtidos em condições normais e boas de negociação de compra. A ele devem ser incorporadas as eventuais despesas que devem fazer parte do custo unitário dos materiais.

É importante ressaltar aqui a questão inflacionária. O preço-padrão dos materiais e dos demais insumos industriais devem ser sempre calculados na condição de **compra com pagamento à vista**. Todos os encargos financeiros incorporados nos preços de compra devem ser expurgados, para trazer os preços na condição de preços deflacionados. Com isso, será possível a adoção de um custo-padrão em uma data-base e sua atualização pela inflação interna da empresa.

Exemplo:

Padrão de quantidade	
Toneladas de Material A por unidade de produto	1,10
Perda normal no processo estimada	0,04
Estimativa de refugos	0,01
Quantidade-padrão por unidade de produto	1,15
Padrão de preço	
Preço de compra sem impostos recuperáveis	20,70
(-) custo financeiro de pagamento a prazo	(2,70)
Preço de compra à vista	18,00
Frete e despesas de recebimento	2,00
Preço-padrão do Material A	20,00

Mão de Obra Direta

A mão de obra direta padrão é determinada pela quantidade de horas necessárias do pessoal, ou pela quantidade de funcionários diretos em todas as fases do processo de fabricação do produto.

A base para a construção dos padrões de mão de obra direta é, então, o processo de fabricação. Todas as atividades e processos necessários para fazer o produto requerem operários para manuseio dos materiais ou equipamentos durante os processos.

As estimativas ou padrões de necessidade de mão de obra direta podem ser cientificamente calculadas quando se trabalha em ambientes de alta tecnologia de produção gerenciados computacionalmente. Em outros casos, podem ser feitos estudos de tempo, por meio de operações simuladas antecipadamente em ambientes reais. Em todos os casos, deve haver um estudo para quebras, refugos, retrabalhos, manutenção e necessidades do pessoal.

A base para a valorização dos custos de mão de obra direta deve incluir toda a remuneração dos trabalhadores mais os encargos sociais de caráter genérico. De modo geral, utiliza-se o critério de custo médio horário dos salários de cada departamento de produção ou da célula/atividade de processo por onde passa o produto pelos centros de custos ou centros de acumulação por atividades.

Exemplo:

Padrão de quantidade	
Horas necessárias de mão de obra para montagem completa de uma unidade do produto final	50,00
Paradas para manutenção e necessidades pessoais	7,00
Horas estimadas de retrabalhos de qualidade	3,00
Horas-padrão por unidade de produto	60,00
Padrão de valor	
Salário horário médio do setor de montagem	2,20
Encargos sociais legais	1,32
Benefícios espontâneos	0,29
Custo horário de mão de obra direta	3,81

Custos Indiretos Variáveis

Via de regra, são padronizados por meio da construção de taxas predeterminadas em relação a uma medida de atividade escolhida. Sempre que possível, deve-se evitar o uso de taxas baseadas em valores, uma vez que isso impede a correta mensuração das variações de quantidade que ocorrerão, bem como o padrão fica sujeito a eventuais problemas de variação nos preços.

A atividade a ser escolhida como base para a construção das taxas predeterminadas de custos indiretos variáveis deve ter uma relação causal com os diversos custos indiretos variáveis. Também a base de atividade escolhida deve ser simples de ser entendida, para posterior atribuição de responsabilidades.

Exemplos de bases de atividades para elaboração das taxas predeterminadas de custos-padrão de custos indiretos variáveis são horas de máquinas trabalhadas, quantidade de produto final, horas de mão de obra direta etc., dependendo sempre do gasto e da melhor relação que existe entre os custos variáveis e as atividades envolvidas. Como exemplo, o consumo de energia elétrica é um custo variável indireto para alguns tipos de indústrias. Para algumas, as horas de máquinas são os principais fatores, para outras há uma relação direta com o produto final. Gastos com lubrificantes e materiais indiretos têm relação com a quantidade de horas de máquinas trabalhadas, e assim por diante.

Exemplo:

Padrão de custos indiretos variáveis	
Custos indiretos variáveis estimados para o período	R$ 275.000,00
Horas diretas previstas	453.600 horas
Custo variável por hora direta	R$ 0,60
Horas necessárias para uma unidade de produto final	60 horas
Custos indiretos variáveis por unidade	R$ 36,00

Custos Indiretos Fixos e Volume de Produção ou Atividade

Quando se deseja fazer o custo-padrão utilizando o método de custeio por absorção, temos de elaborar o padrão de custos indiretos fixos. A diferença básica entre os custos indiretos fixos e os custos indiretos variáveis é que estes estão relacionados com denominadores de capacidade de produção e não necessariamente com os volumes atuais produzidos. De qualquer forma, partindo do pressuposto de que o custo-padrão vai estimar o volume de produção ou atividade para os próximos períodos, podemos utilizar como denominador o volume de produção orçada ou estimada.

Nesse sentido, nada impede que também se construa o padrão de custos indiretos fixos por unidade em cima dos mesmos denominadores utilizáveis para os custos indiretos variáveis, tais como: horas de mão de obra direta, horas de máquinas trabalhadas, quantidade de produto produzido etc.

Exemplo:

Padrão de custos indiretos fixos	
Custos indiretos fixos estimados para o período	R$ 484.680,00
Volume de produção previsto	11.540 unidades
Custos fixos indiretos por unidade de produto final	R$ 42,00

Ficha-Padrão

O resumo dos dados-padrão de cada produto, quantidades e valores deve ser apresentado conjuntamente em um relatório denominado ficha-padrão.

Exemplo:

Tabela 25.1 Ficha padrão – custo-padrão de produto

Elementos de Custo	Quantidade	Unidade de Medida	Custo Unitário - R$	Total - R$
Materiais Diretos	1,15	Toneladas	20,00	23,00
Mão de Obra Direta	60,00	Horas	3,81	228,60
Custos Indiretos Variáveis	60,00	Horas	0,60	36,00
Custos Indiretos Fixos	–	–	42,00	42,00
TOTAL				**329,60**

25.5 Periodicidade da Construção do Padrão

Custo-Padrão Mensal

Apesar de possível, não é condizente com a filosofia do custo-padrão, como elemento que carrega dentro de si metas a serem alcançadas, que se supõem em um período mais longo. Além disso, ficaria muito trabalhoso, o que vai contra os conceitos de sua construção, que é permitir a substituição do custo real.

Custo-Padrão em uma Data-Base

É a prática mais utilizada. Elabora-se o custo-padrão em um determinado mês considerando aspectos de projeções e metas a serem alcançadas dentro de um determinado período: seis meses ou um ano.

Custo-Padrão em Moeda Estável

Nesse caso, elabora-se o custo-padrão criando uma moeda forte nacional com base em um indicador geral da inflação do país (IGP-M etc.) ou em moeda forte estrangeira (dólar, euro etc.). Uma possibilidade de custo-padrão em moeda estável é a construção de padrões criando-se indicadores internos de inflação.

Custo-Padrão em Data-Base Atualizado pela Inflação Interna da Empresa

Integrando a construção do padrão com periodicidade anual ou semestral em uma data-base, com o objetivo de incorporar metas a serem alcançadas no período futuro, entendemos como a opção mais viável de acompanhamento das variações de preços do custo-padrão a sua atualização por indicadores de inflação interna da companhia. Com isso, manteremos o controle das variações dos preços, bem como o conceito de padrão como meta, que não deve ser alterado pelas flutuações de preços.

Como já frisamos, é importante a construção do padrão com preços à vista sem encargos financeiros ou efeitos monetários embutidos, para que se possa aplicar convenientemente os conceitos de inflação interna da companhia.

25.6 Análise das Variações

Um dos pontos-chave na elaboração do custo-padrão, que contém metas a serem atingidas, é a sua verificação junto ao custo real. Temos, então, a análise das variações entre o custo-padrão, que é o que deveria ser atingido, e o custo real, que é o que aconteceu. Diante das análises, verificam-se os problemas e tomam-se medidas corretivas para que os padrões possam ser alcançados.

A Equação Fundamental de Contabilidade de Custos

Toda a análise das variações fundamenta-se na equação fundamental de custos, que resulta da multiplicação do preço unitário dos fatores de custo pelas quantidades utilizadas desses insumos industriais.

Equação fundamental de custo

Custo do Insumo = Preço do Insumo × Quantidade de Insumo Utilizada

Abreviando, temos:

$$C = P \times Q$$

Esquema Genérico de Análise das Variações

O conceito geral de análise das variações entre o custo-padrão e o custo real está em separar, do total da variação de cada tipo de insumo industrial, a parcela que foi ocasionada por variações de volume ou quantidade da parcela que foi ocasionada por variações de preços.

Assim, um esquema geral para análise das variações dos insumos industriais pode ser representado pelo seguinte modelo:

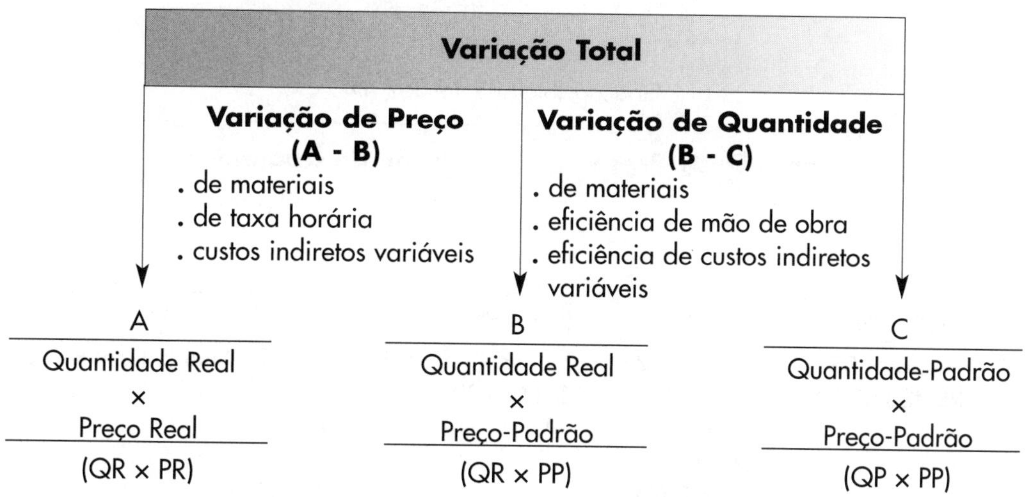

Figura 25.1 Esquema genérico de análise das variações

25.7 Exemplo Conceitual de Análise das Variações

Apresentamos na Tabela 25.2 dados para desenvolver uma análise das variações dos elementos de custos de um produto.

Tabela 25.2 Dados de um produto – real X padrão

Elemento de Custo	Custo-Padrão - R$	Custo Real - R$	Variações R$	Favorável (F) Desfavorável (D)
Materiais Diretos				
. Material A	413.662	433.029	19.367	Desfavorável
. Material B	353.034	360.000	6.966	Desfavorável
SOMA	**766.696**	**793.029**	**26.333**	Desfavorável
Mão de Obra Direta	813.048	795.528	-17.520	Favorável
Custos Indiretos Variáveis	128.376	146.160	17.784	Desfavorável
Custos Indiretos Fixos	802.350	804.960	2.610	Desfavorável
Total dos Custos	2.510.470	2.539.677	29.207	Desfavorável
. Quantidade de Produto Final	3.566	3.600	34	Favorável
. Custo Unitário Médio	704,00	705,47	1,46	Desfavorável

Análise das Variações de Materiais

A variação desfavorável do Material B de R$ 6.966 foi por causa apenas da variação de quantidade, já que o preço real foi igual ao preço-padrão. Assim, a necessidade de utilização de uma quantidade maior de material do que o previsto ocasionou uma variação desfavorável decorrente apenas de quantidade.

Já o Material A, que teve uma variação desfavorável no total de R$ 19.367, apresentou variações inversas. Os preços variaram desfavoravelmente, já que o custo unitário da matéria-prima paga efetivamente (R$ 101,65 por unidade) foi maior do que o preço-padrão (R$ 96,65 por unidade), ocasionando uma perda total motivada por preço de R$ 21.300. Outrossim, uma variação favorável de quantidade, ou seja, o consumo efetivo de matéria-prima, foi menor do que o padrão e provocou uma variação favorável de R$ 1.933, amenizando parcialmente os efeitos negativos da variação de preço.

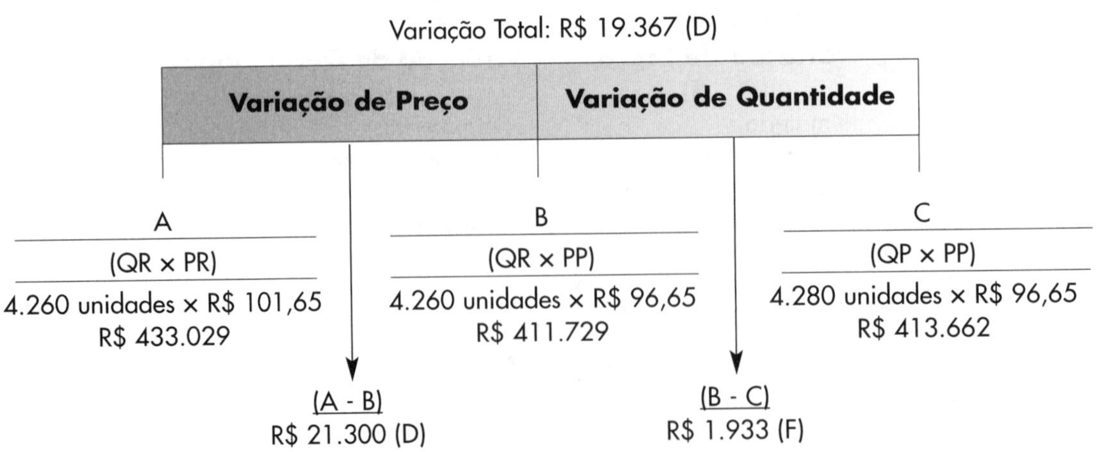

Figura 25.2 Análise das variações – material A

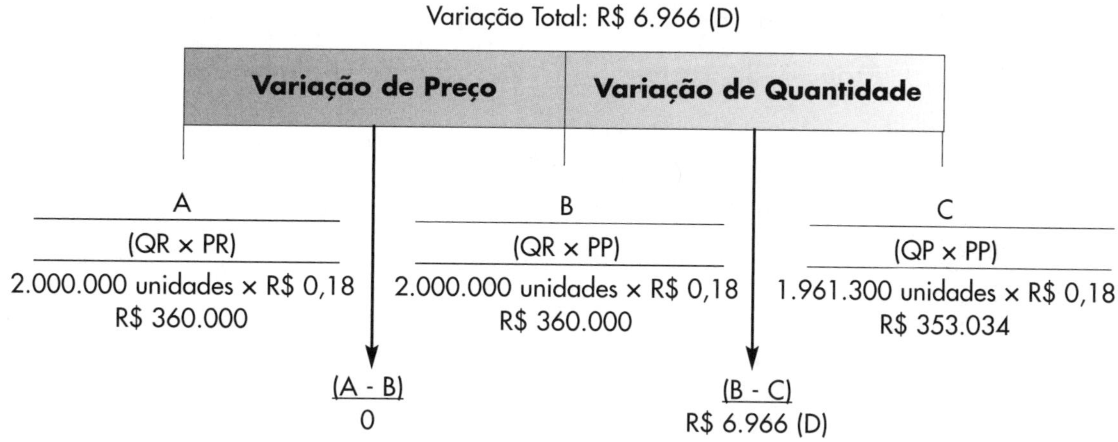

Figura 25.3 Análise das variações – material B

Análise das Variações de Mão de Obra Direta

No nosso exemplo, a variação total foi favorável em R$ 17.520. Apesar de a taxa horária (o custo horário médio da mão de obra direta) ter aumentado de R$ 3,80 para R$ 3,81, provocando uma variação de custos desfavorável de R$ 2.088, uma produtividade melhor, denominada variação de eficiência, permitiu que com menos horas trabalhadas se construíssem as unidades de produtos finais, ocasionando uma variação favorável de R$ 19.608.

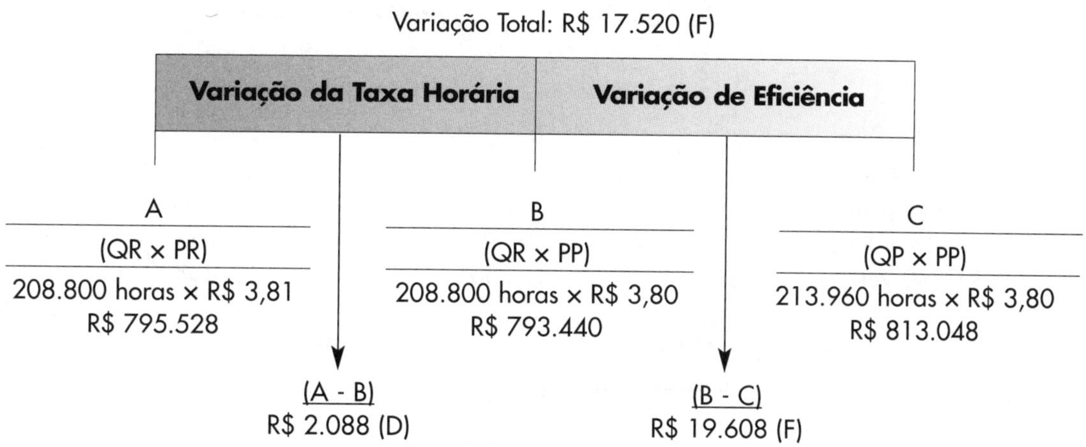

Figura 25.4 Análise das variações – mão de obra direta

Análise das Variações dos Custos Indiretos Variáveis

Os custos indiretos variáveis tendem a seguir a variação de eficiência da mão de obra direta, já que a escolhemos como denominador de atividade para a taxa horária dos custos indiretos variáveis. Assim, a eficiência da mão de obra direta ocasionou uma variação favorável de R$ 3.096, que foi anulada por uma variação desfavorável no total dos gastos de R$ 20.880, dando um líquido desfavorável de R$ 17.784.

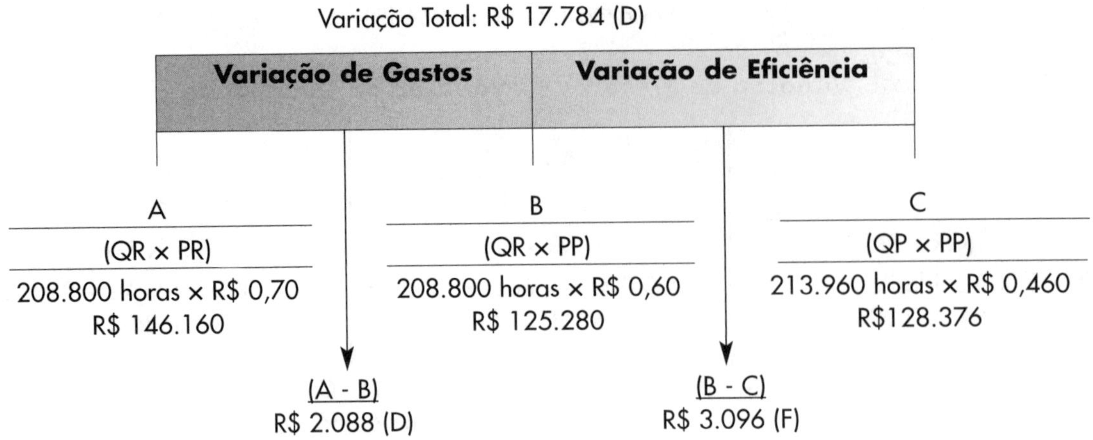

Figura 25.5 Análise das variações – custos indiretos variáveis

Análise das Variações dos Custos Indiretos Fixos

Como já vimos, os custos fixos indiretos têm uma relação com o volume de atividade-padrão adotado como denominador para a construção da taxa-padrão unitária. A variação dos custos indiretos fixos é feita em dois segmentos: a variação do valor real *versus* os valores orçados e a variação do volume de atividade. A variação do volume reflete na taxa de custos indiretos fixos alocados aos produtos. Se o volume real for maior do que o volume escolhido padrão, a taxa unitária no custo do produto será menor: se o volume real acontecer em menor quantidade, a taxa unitária atribuída ao custo será maior.

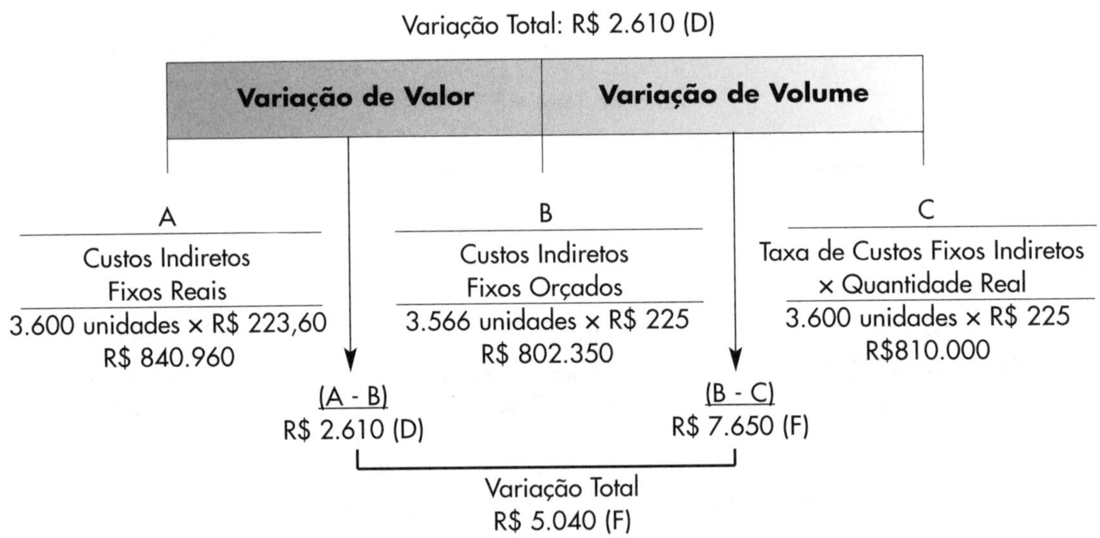

Figura 25.6 Análise das variações – custos indiretos fixos

Assim, podemos ter, como no nosso exemplo, **um aumento dos gastos indiretos fixos e uma diminuição do custo indireto fixo por unidade de produto.** Vejamos:

Custos Indiretos Fixos Orçados	=	R$ 802.350
Custos Indiretos Fixos Reais	=	804.960
Variação	=	2.610 (D)

Taxa-Padrão de Custos Indiretos Fixos = Custos Indiretos Fixos Orçados: Volume-Padrão Orçado (R$ 802.350 : 3.566 unidades)	=	R$ 225,00
Taxa Real de Custos Indiretos Fixos = Custos Indiretos Fixos Reais : Volume Real (R$ 804.960 : 3.600 unidades)	=	R$ 223,60

Note que o custo indireto fixo por unidade real foi menor que o padrão em R$ 1,40 por unidade de produto (R$ 225,00 (-) R$ 223,60). Na realidade, apesar de a variação total em reais apresentar-se desfavorável em R$ 2.610, pela quantidade maior de moeda despendida para os custos indiretos fixos, para a empresa, houve uma variação favorável de R$ 5.040 pelo ganho de eficiência ocasionado pelo volume produzido a maior.

Quantidade Real Produzida	=	3.600 unidades
Ganho por Unidade de Produto na Taxa de Custos Fixos Indiretos	=	R$ 1,40 por unidade
Variação Total	=	R$ 5.040 (F)

Análise das Variações e Administração por Exceção

As atenções dos administradores devem centrar-se primariamente nos elementos de custos que apresentam as maiores distorções, objetivando o direcionamento dos esforços e do tempo, que são escassos para a empresa, em cima do que é realmente relevante. Assim, a análise das variações, além de calcular as variações ocorridas entre os custos e quantidades reais com os preços e quantidades padronizadas, deve também providenciar meios de relatar as variações que realmente devem ser merecedoras de atenção e ação gerencial corretiva. Denominamos esse enfoque de **administração por exceção** ou **administração por relevância**.

Para identificação correta do que deve ser considerado relevante, padrões de variações deverão ser construídos, de forma que parametrize os limites máximos e mínimos permitidos para as variações. Técnicas de métodos quantitativos, como os quadros de controles estatísticos, poderão ser utilizadas para esse fim.

Análise das Variações Simplificada

Entende-se a análise das variações a cada transação de custo efetuada. Mesmo utilizando as técnicas de administração por exceção, é bastante provável que esse enfoque de análise das variações apresente dificuldades operacionais, dado o grande volume possível de dados.

Assim, é possível trabalhar o conceito de análise das variações periodicamente, em vez de trabalhar a análise das variações a cada transação. A análise das variações simplificada, como a chamamos, seria feita por verificação periódica da estrutura do produto, padrão e real, pela estrutura do processo-padrão *versus* o que está realmente acontecendo, pela observação de todos os preços dos materiais, também periodicamente, verificando os preços reais dos esperados pelo custo-padrão, e assim sucessivamente.

25.8 Custo-Padrão em Novas Tecnologias de Produção e em *Just-in-Time*

As novas tecnologias computadorizadas de produção, expressadas pelo conceito de CIM (*Computer Integrated Manufacturing*), possibilitam um enorme avanço na qualidade dos padrões de produção. As estruturas de produtos e os processos de fabricação em ambientes computadorizados devem promover um aumento da qualidade dos padrões quantitativos, de forma significativa, já que as partes a serem fabricadas são objeto de um trabalho pormenorizado, ligando a estrutura do produto, do processo e dos equipamentos de produção.

Em um sentido inverso, porém, a crescente automação tende a diminuir a importância dos custos de mão de obra direta, ensejando menor necessidade de controle de seus custos. É provável, até, que o tratamento da mão de obra direta como um custo fixo seja possível, já que a necessidade de manipulação do produto por pessoas também é reduzida.

Com relação aos materiais, também diminuem as possibilidades de perdas, quebras ou utilização não padronizada, tendo em vista o rigoroso controle de qualidade dos materiais exigido por ambientes automatizados.

Em ambientes administrados pelo conceito de JIT, há uma tendência natural de maiores ociosidades de pessoal, objetivando a redução dos estoques a um nível zero, assumida naturalmente pelas empresas que implementam esse conceito de administração de produção. Nesse sentido, as variações de eficiência de mão de obra também tendem a não ser relevantes como instrumento de controle e administração de custos.

25.9 Custo-Padrão e Sistema de Informação Contábil

O Sistema de Informação Contábil deve estar preparado para receber os dados do custo-padrão, de modo que a análise das variações seja efetuada mensalmente. O custo-padrão deve ser inserido no Sistema de Informação Contábil da mesma forma como o é o orçamento. Portanto, não há dificuldade. O custo-padrão dos produtos acompanhará as contas contábeis e conceitos de Controladoria idênticos a todas as informações orçamentárias.

Questões e Exercícios

1 Discorra sobre as características e objetivos do custo-padrão baseado em dados anteriores, o custo-padrão ideal e o custo-padrão corrente.

2 Um produto elaborado por processo contínuo de fabricação é obtido pela utilização de uma única matéria-prima para obtenção do produto final. Para cada quantidade de matéria-prima que entra no processo, há uma perda de 6% na saída. Após isso, há um refugo médio no controle de qualidade de 5% do produto acabado.

O preço de nota fiscal da matéria-prima é de R$ 4,00/kg, que inclui 15% de ICMS recuperável. Além disso, inclui juros de 5%, porque a matéria-prima é paga a 60 dias. Despesas de frete e seguro representam, em média, 10% do valor à vista sem impostos.

Pede-se:

a) Calcular o padrão de quantidade para fazer 1 kg de produto final pronto para venda.

b) Calcular o padrão de preço.

c) Calcular o custo unitário dos materiais para o produto final.

3 Fazer a análise das variações considerando os seguintes dados:

Dados-Padrão de Materiais	Dados Reais
Preço-Padrão = R$ 108,65	Preço Real = R$ 109,65
Consumo-Padrão = 4.260 unidades	Consumo Real = 4.240 unidades
Total de Consumo = R$ 462.849	Total de Consumo = R$ 464.916

4 Foram obtidas as seguintes informações sobre determinado produto:

Horas reais de mão de obra direta utilizadas = 315 horas
Preço-padrão dos materiais = R$ 2,50 por unidade
Horas-padrão de mão de obra direta = 300 horas
Quantidade-padrão de materiais = 450 unidades
Custo horário real de mão de obra direta = R$ 3,00
Quantidade real de material utilizada = 445 unidades
Custo horário-padrão de mão de obra direta = R$ 3,10
Custo real de materiais = R$ 2,52 por unidade

Pede-se: montar um quadro para análise da:

a) variação total de materiais;

b) variação total de mão de obra direta;

c) variação de quantidade de materiais;

d) variação de preço de materiais;

e) variação de eficiência da mão de obra;

f) variação de custo horário da mão de obra.

5 Com as informações dadas abaixo, calcule o custo-padrão por unidade de produto acabado.

Volume da atividade normal = 10.000 unidades

Padrões de Custos	
Material Direto	R$ 2,00 por quilo
Mão de Obra Direta	R$ 4,20 por hora
Custos Indiretos Variáveis	R$ 2,75 por hora de mão de obra direta
Custos Indiretos Fixos	R$ 30.000
Padrões de Quantidade	
Material Direto	5 quilos por unidade
Mão de Obra Direta	3 horas por unidade

6 Em continuação aos dados do exercício anterior e considerando que os gastos e quantidades reais foram os que estão dados a seguir, prepare um quadro completo das variações entre o real e o padrão, bem como todas as análises de variações de quantidade e valor para todos os custos.

Volume Real Produzido = 9.600 unidades
Material Direto Consumido = 48.480 kg - R$ 94.536
Mão de Obra Direta = 27.840 horas - R$ 125.280
Custos Indiretos Variáveis = R$ 77.952
Custos Indiretos Fixos = R$ 25.920

Capítulo 26

Sistemas de Acumulação de Custos

O sistema de acumulação de custos tem por objetivo a identificação, coleta, processamento, armazenamento e produção das informações para a gestão de custos. O tipo de sistema de acumulação de custos a ser adotado pela empresa é totalmente dependente do produto ou serviço produzido, bem como do processo de produção empregado. O sistema de acumulação de custos representa o aspecto de registro ou escrituração das informações relativas à gestão de custos.

Para que a informação de custo seja internada no sistema de acumulação, é necessário que anteriormente se tenha decidido pelo método de custeio a ser utilizado, bem como pelas formas de custeio e mensuração dos elementos de custos, que serão aplicadas no método escolhido. Portanto, o sistema de acumulação é a etapa subsequente à definição do método e da forma de custeio e refere-se aos procedimentos escriturais da Contabilidade de Custos.

26.1 Principais Sistemas de Acumulação de Custos

Como já evidenciamos, o sistema de acumulação de custos de cada empresa depende do produto e do processo de fabricação. Em um extremo, temos o processo de produção por encomenda, para o qual o sistema de acumulação mais adequado é o sistema de acumulação por ordem de fabricação. Em outro extremo, para produtos gerados em um processo de produção contínua, o sistema de acumulação mais adequado é o sistema de custeamento por processo. Entre esses dois extremos situam-se produtos elaborados de forma seriada, em que o sistema de acumulação é considerado híbrido (também chamado de acumulação por operações), pois tem as características dos dois sistemas básicos. Desta forma, os três sistemas clássicos de acumulação de custos são:

- Sistema de Acumulação por Ordem.
- Sistema de Acumulação por Processo.
- Sistema Híbrido de Acumulação ou Acumulação por Operações.

Existe uma outra proposta de sistema de acumulação de custos, dentro do modelo Gecon, também denominado de Sistema de Acumulação de Resultados, em que a acumulação básica é feita no conceito de **entidades** de custos.

No presente capítulo, desenvolveremos os três modelos de sistemas de acumulação de custos. Na Figura 26.1 apresentamos um esquema genérico da aplicabilidade dos três sistemas básicos, em relação ao tipo de produto.[1]

Sistema de Acumulação	Custeamento por ordem	Custeamento híbrido ou por operações	Custeamento por processo
Processo de Produção	Produção por ordem ou encomenda	Produção em lotes	Fluxo contínuo de processamento
	. Construção Civil	. Vestuário	. Refinarias
	. Navios, usinas, turbinas etc.	. Automóveis	. Papel
	. Hospitais	. Computadores	. Tintas
	. Mobiliário personalizado	. Eletrônicos	. Bebidas
		. Equipamentos seriados	. Açúcar e álcool
Tipo de Produto	Produtos Customizados	Lotes diferentes de produtos, mas padronizados dentro do lote	Produtos padronizados ou únicos

Figura 26.1 Processo de produção e sistemas de acumulação de custos

[1] Adaptado de MAHER e DEAKIN. Op. cit., p. 64.

Diferenças Básicas entre Custeio por Ordem e por Processo

Como já vimos, o sistema de acumulação de custos está ligado ao processo produtivo da empresa e ao produto. Daremos algumas características que diferenciam os sistemas produtivos que levam às diferenças que os sistemas de custeamento apresentam, tomando como base os dois sistemas de acumulação considerados como básicos.

Quadro 26.1 Diferenças básicas entre custeio por ordem e por processo

	Sistema de Acumulação	
Quanto ao:	**Por ordem**	**Por processo**
Produto fabricado	Produtos heterogêneos	Produtos homogêneos
Processo de fabricação	Intermitente	Contínuo
Tempo de produção	Produção mais demorada	Produção mais rápida
	Por unidade de produto	Por unidade de produto
Volume de produção	Pequenos volumes ou volume unitário	Grandes volumes em série
Destino da produção	Clientes específicos ou estoque	Estoque
Forma de controlar a produção	Por meio das ordens	Por meio do processo (centro de custo, departamento)
Momento da apuração do custo	No encerramento da ordem	No final do período definido como de apuração de custo
Cálculo do custo unitário	Custo total da ordem dividido pelas unidades nelas produzidas	Custo do processo dividido pelas unidades produzidas e equivalentes em processo no final do período

26.2 Custeamento por Ordem

Essencialmente, um sistema de custeio por ordem coleta os custos de cada serviço ou partida de produção fisicamente identificável, à medida que se muda pela fábrica, sem levar em conta o período em que se realiza o trabalho. Para apuração do custo total da ordem, a acumulação de custos vai desde o início até o fim da produção dessa ordem, mesmo que ultrapasse o exercício contábil convencionado. É claro que no encerramento desse exercício serão levadas em conta as ordens em aberto.

O produto pode consistir de uma única unidade (uma casa, uma turbina) ou de todas as unidades de produtos iguais ou semelhantes de um lote cobertos por uma única ordem de produção (1.000 livros, 10 dúzias de camisas) e é aplicado basicamente a bens fabricados sob encomenda, produção não padronizada ou não repetitiva.

Folha de Custo por Ordem

Os dados de custos por ordem de produção são registrados em uma folha de custo que foi aberta para aquele produto ou partida de produto específica. À medida que o produto for sendo elaborado, todos os custos irão sendo anotados na folha, de tal forma que ao final da produção tenhamos o custo de cada ordem na folha de custo. Damos a seguir um exemplo de uma folha de custo por ordem.

Contabilização dos Custos

Os custos de mão de obra direta são lançados às ordens por meio de apontamentos das horas (esforços) trabalhadas em cada ordem. Os materiais e serviços específicos dos produtos de cada ordem de fabricação são acumulados às ordens pelas requisições de materiais e serviços exclusivos da ordem.

A maior dificuldade está nos custos que não são identificados exclusivamente às ordens, os custos de caráter genérico, tais como: depreciações e gastos gerais de fabricação. O método mais utilizado é a aplicação de uma taxa predeterminada de gastos gerais de fabricação, proporcionalmente à mão de obra direta empregada em cada ordem.

Quadro 26.2 Folha de custo por ordem de produção

Ordem de Produção nº 3			Cliente [X]			J. R. Soares Ltda.		
			Estoque [ ]					
Produto (especificações): 10 carrinhos com rolamentos								
Data do pedido: 15-9-X4						**Data de encerramento: 8-10-X4**		
Data de início: 5-10-X4						**Data de entrega: 9-10-X4**		
			Departamento A					
Material Direto			**Mão de Obra Direta**			**Custo Indireto Fábrica**		
Data	Ref.	Valor	Data	Ref.	Valor	Data	Ref. H. Máqs.	Valor
6-10-X4	2222	150	7-10-X4	153	200	8-10-X4	20	80
			Departamento B					
Material Direto			**Mão de Obra Direta**			**Custo Indireto Fábrica**		
Data	Ref.	Valor	Data	Ref.	Valor	Data	Ref. H. Máqs.	Valor
7-10-X4	2223	30	8-10-X4	154	400	8-10-X4	40	120

Resumo - Valor de Venda 2000

	Depto. A		**Depto. B**		**Total**	
Custos	Estimado	Efetivo	Estimado	Efetivo	Estimado	Efetivo
Materiais	145	150	30	30	175	180
M.O.D	200	200	410	400	610	600
C.I.F	80	80	120	120	200	200
TOTAL	**425**	**430**	**560**	**550**	**985**	**980**
	Lucro Bruto					1.020
	Desp./Administ./Comerciais					100
	Lucro Líquido Estimado					920

Aplicação Gerencial do Custeio por Ordem

O custeamento por ordem nasceu fundamentado na necessidade de mensuração dos **custos reais** para fins de inventário e apuração dos resultados. Essa ligação muito forte com o custeamento real faz com que se permita questionar a validade de tal sistema de acumulação, visto que o custo real se caracteriza por ser um dado do passado e sem possibilidades de alteração e gerenciamento futuro. Além disso, muitos autores dizem que a própria Demonstração de Resultados já faz a apuração dos custos reais e dos resultados efetivamente ocorridos.

Mesmo assim, entendemos que os conceitos que fundamentam o custeio por ordem têm aplicações gerenciais principalmente nas seguintes situações:

- Feitura de orçamentos para aceitação de encomendas.
- Acompanhamento dos gastos com o desenvolvimento de projetos, desde o seu nascedouro até a sua entrega para a linha de produção.

De qualquer forma, além da apuração dos gastos reais, essas aplicações têm por finalidade dar elementos para reutilização dos custos apurados como parâmetros para futuras encomendas e novos projetos.

26.3 Custeamento por Processo e Produção Contínua

Em um sistema de custeamento por processo, todos os custos de um período de tempo, como um mês, são coletados sem nenhuma tentativa de atribuí-los a unidades específicas do produto. Fundamentalmente, nesse sistema, coletam-se o total de custos incorridos durante o período e o número total de unidades de produtos trabalhados. Dividindo-se os custos totais pelo total de unidades, tem-se o custo unitário de cada processo.

À medida que o produto segue para o processo seguinte, leva como custo inicial o custo unitário até o processo anterior, acumulando-se com o processo atual, e obtendo-se o custo unitário acumulado até o processo em questão. Esse fluxo vai até a conclusão do produto ao final de todos os processos.

Unidades Equivalentes de Produção

O custeamento por processo utiliza-se do conceito de unidades equivalentes para apurar a quantidade do estoque periódico de produtos em processo, quando o processo em questão ainda não foi totalmente concluído. No final do período de apuração de custo, são encontrados produtos em diferentes graus de acabamentos nos diversos estágios do processo produtivo.

É evidente que no cálculo do custo médio unitário as unidades em processamento não devem ter o mesmo peso das terminadas, pois as parcialmente completadas receberam somente atenção parcial e técnica dadas às unidades acabadas.

Assim, pelo percentual de acabamento por tipo de insumo de produção já aplicado nas unidades parcialmente incompletas, calcula-se a quantidade equivalente em unidades acabadas para valorizar o custo de cada processo. Vejamos um exemplo de cálculo de unidades equivalentes pelo critério de média ponderada.

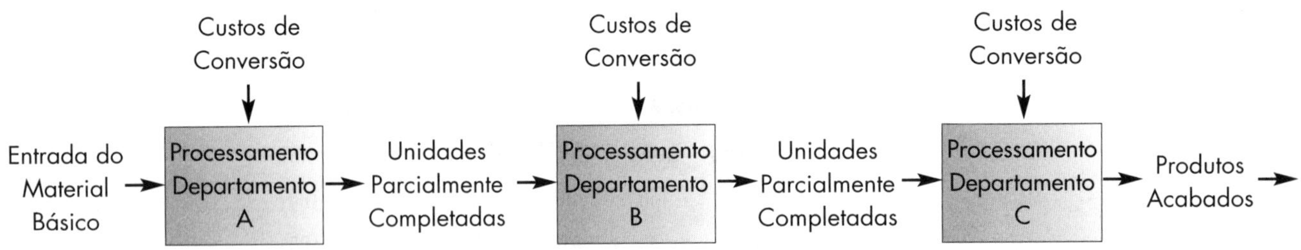

Figura 26.2 Processamento sequencial por departamentos

Tabela 26.1 Unidades equivalentes de produção

Movimentação do Estoque	Unidades	Percentual de Acabamento Custos de Materiais (Em %)	Conversão (Em %)
Estoque inicial – produtos em processo	20.000	100	70
Unidades iniciadas dentro do período	300.000		
Unidades completadas durante o período, transferidas para o próximo processo	280.000		
Estoque final – produtos em processo	40.000	60	25
Estoque final – produtos em processo	280.000	280.000	
Unidades completadas transferidas			
40.000 unidades × 60%		24.000	
40.000 unidades × 25%		10.000	
Unidades equivalentes de produção		304.000	290.000

Folha de Custos por Processos

Apresentamos a seguir um exemplo sintético de custeamento de produtos por processo, com o conceito de unidades equivalentes de produção.

Tabela 26.2 Folha de custos por processo

	Processo Departamento A Custo Total R$	Processo Departamento A Custo Unitário R$	Processo Departamento B Custo Total R$	Processo Departamento B Custo Unitário R$	Processo Departamento C Custo Total R$	Processo Departamento C Custo Unitário R$
Estoque em andamento	-	-	-	-	-	-
Transferidos do departamento precedente	-	-	39.200	41,26	56.600	61,52
Matérias-primas introduzidas	23.600	23,60	-	-	9.200	10,00
Custo de transformação	15.600	15,60	17.400	18,32	32.000	36,78
Total	**39.200**	**39,20**	**56.600**	**59,58**	**97.800**	**108,30**
Descarregados como custos de:						
. produtos acabados	-	-			88.808	(2)
. unidades em processamento	39.200		56.600		8.992	(3)
Total	**39.200**		**56.600**		**97.800**	

Em Unidades				
Estoque em andamento	-	-	-	
Transferidos do departamento precedente	-	1.000	950	
Novas unidades introduzidas	1.000	-	-	
Total	**1.000**	**1.000**	**950**	
Novas unidades acabadas	1.000	950	820	
Novas unidades em processamento	-	-	100	
Total	**1.000**	**950**	**920**	
Unidades equivalentes produzidas				
Componentes:				
. matérias-primas	1.000	950	920	
. custos de transformação	1.000	950	870	(1)

(1) 820 + unidades 100% acabadas
50 100 unidades × 50% de custos de transformação
870

(2) R$ 56.600
R$ 9.200 +
R$ 65.800 ÷ 920 unidades × 820 unidades = R$ 58.648 +
R$ 32.000 ÷ 870 unidades × 820 unidades = R$ 30.160
R$ 88.808

(3) R$ 65.800 920 unidades × 100 unidades = R$ 7.152 +
R$ 32.000 870 unidades × 50 unidades = R$ 1.840
R$ 8.992

Comparação entre os Fluxos de Custeamento por Ordem e por Processo

Apresentamos na Figura 26.3 a diferença entre o fluxo de acumulação de dados do custeamento por ordem em comparação com o custeamento por processo, incluindo também uma visualização básica do processo de custeamento para fins de contabilização de custos.[2]

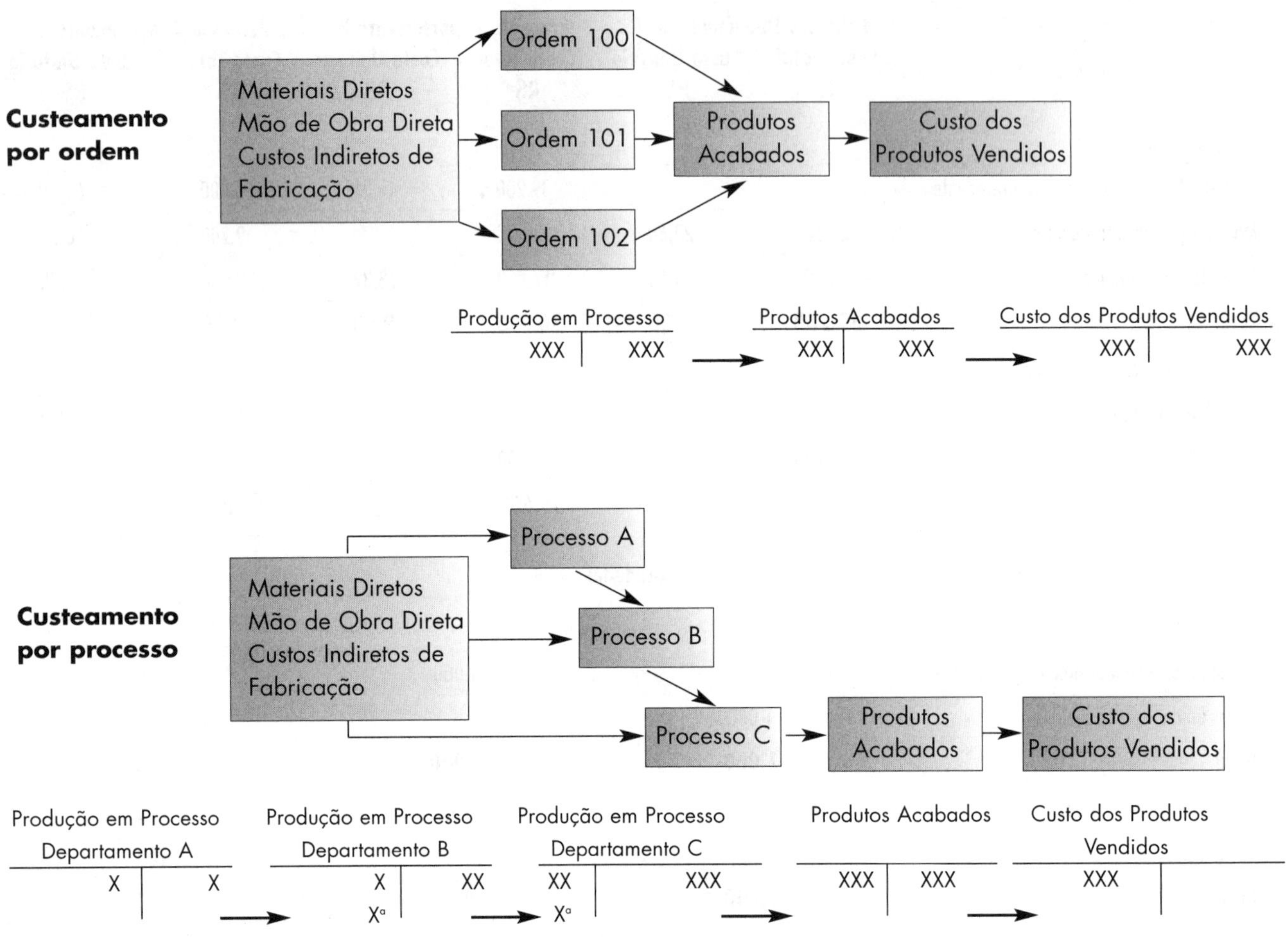

Figura 26.3 Comparação entre custeamento por ordem e por processo

26.4 Custeamento por Operações – Sistema Híbrido de Acumulação

Muitas companhias têm produtos que possuem algumas características comuns e outras específicas em função do processo produtivo. Nesse caso, o sistema conhecido como **custeamento por operações** é frequentemente utilizado para determinar os custos dos produtos, congregando aspectos do custeamento por ordem com aspectos do custeamento por processo.

Esse sistema de custeamento é aplicado quando são produzidos diversos artigos com a mesma operação ou em diferentes operações, durante períodos relativamente longos, ou quando existem produtos que se apresentam com vários estilos ou modelos, todos construídos de partes fundamentais, mas possuindo características diferentes de acabamento.

Exemplos desses tipos de produtos ou indústrias são: as de calçados, equipamentos eletrônicos, têxtil e de confecção etc., em que os setores de montagem ou acabamento é que evidenciam as diferenças nos custos finais dos produtos, em função de suas diferentes características.

Apresentamos a seguir um exemplo de custeamento híbrido por operações.

[2] Adaptado de MAHER e DEAKIN. Op. cit., p. 114.

Tabela 26.3 Custeamento híbrido por operações

Custos e Quantidades Produzidas	**Custeamento por Processo**		**Custeamento por Ordem**	
	Processo 1 Corte	**Processo 2 Costura**	**Camisa de Seda**	**Camisa de Algodão**
			Acabamento	
Insumos Industriais				
Mão de obra direta	R$ 2.000	R$ 3.000		
Gastos gerais de fabricação	500	1.200		
Custos transferidos	-	2.500		
	R$ 2.500	R$ 6.700		
Qualidade produzida (unid.)	R$ 2.000	2.000		
Custo unitário/unidade	R$ 1,25	R$ 3,35		
Materiais				
Matérias-primas	-	-	R$ 10.000	R$ 4.600
Embalagens	-	-	R$ 2.000	R$ 1.700
			R$ 12.000	R$ 6.300
Qualidade produzida (unid.)	-	-	1.000	1.000
Custo unitário/unidade	-	-	R$ 12,00	R$ 6,30
(+) Custo de transformação	-	-	**R$ 3,35**	**R$ 3,35**
= Custo por unidade de produto acabado	-	-	R$ 15,35	R$ 9,65

Custeamento por Operações – Outro Exemplo

O custeamento híbrido ou por operações talvez seja, na realidade, o sistema de acumulação de custos mais adaptável à realidade da maior parte das empresas. Todas as que têm produtos seriados e que necessitam dos mesmos processos para sua produção terminam por utilizar o custeamento por operações. A Figura 26.4 apresenta um fluxo típico de um sistema híbrido dos mais utilizados.

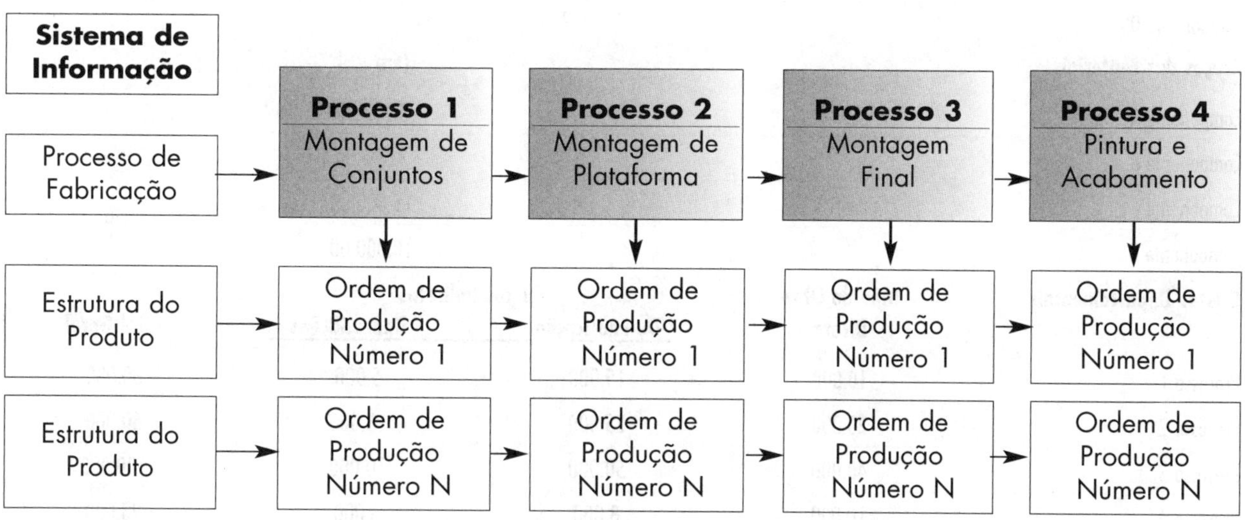

Figura 26.4 Produção por operações – sistema híbrido (processo + lote de fabricação)

Como já vimos, no sistema híbrido os produtos são gerados dentro de um processo homogêneo. Contudo, não é um único produto, mas sim vários que se utilizam do mesmo processo. Desta forma, ao mesmo tempo que o sistema se caracteriza por diversos produtos e custos de conversão, também a acumulação dos custos pode ser feita por ordem de fabricação, normalmente destinada a lotes de produtos. A Figura 26.4 sugere de forma simples um processo de montagem de indústria automobilística. Todos os tipos de veículos passam pelos mesmos processos. Mas o tempo de cada processo empregado em cada tipo de veículo e a estrutura de materiais de cada tipo de veículo são diferentes, resultando custos unitários também diferentes tanto em termos de materiais como de esforços de produção.

Basicamente, o sistema híbrido trabalha, então, com duas grandes fontes de informação quantitativa:

- **O processo ou roteiro de fabricação**, que indica as horas necessárias de mão de obra e dos equipamentos utilizados em cada processo.
- **A estrutura do produto**, que indica a quantidade e tipo de material utilizado em cada etapa do processo.

Desta maneira, o sistema acumula as horas por processo e os materiais por lote/ordem de fabricação.

Apresentamos a seguir um exemplo numérico. Uma empresa tem quatro processos básicos de fabricação representados por quatro departamentos. Os dados da estrutura do produto e do processo de fabricação para os Produtos A e B estão apresentados juntamente com os gastos de um período dos quatro departamentos representativos dos processos. Para este exemplo, estamos considerando os seguintes lotes de fabricação que passaram pelos mesmos processos dentro do mesmo período de apuração dos gastos:

- Produto A – Lote de 40 unidades.
- Produto B – Lote de 20 unidades.

Dados dos Produtos Processo de Fabricação	Produto A	(Em Horas)	Produto B
Horas necessárias dos processos por unidade de produto			
Processo 1	2		3
Processo 2	3		4
Processo 3	5		7
Processo 4	2		4
Estrutura do Produto		**(Em Unidade)**	
Materiais necessários para uma unidade de produto			
Componente A	20		30
Componente B	30		40
Componente C	4		4
Componente D	2		3
Preços dos Materiais		**(Em R$)**	
Componente A		3.200,00	
Componente B		3.500,00	
Componente C		15.000,00	
Componente D		10.000,00	

Gastos Departamentais	Mão de Obra Direta	Custos Indiretos De Fabricação	Custos Indiretos Depreciações	Total Geral
Processo 1	10.000	15.000	5.000	30.000
Processo 2	20.000	25.000	15.000	60.000
Processo 3	40.000	50.000	10.000	100.000
Processo 4	10.000	8.000	5.000	23.000

A etapa inicial consiste em calcular o custo horário de cada processo, uma vez que os esforços departamentais referentes aos produtos são mensurados em termos de tempo. A Tabela 26.4 apresenta o custo horário de cada processo.

Tabela 26.4 Custo horário por processo

Processos Utilizados	Total dos Gastos Departamentais (Em R$)	Horas Totais Trabalhadas (Em Horas)	Custo Horário do Processo (Em R$)
Processo 1	30.000	140	214,29
Processo 2	60.000	200	300,00
Processo 3	100.000	340	294,12
Processo 4	23.000	160	143,75

O sistema deve capturar as horas gastas de cada processo por lote de fabricação de cada produto. Multiplicando as horas capturadas do lote de cada produto pelo custo horário médio, tem-se o gasto de cada processo por lote de fabricação dos produtos. Somando-se aos gastos de materiais que vão ocorrendo a cada processo, tem-se o custo do lote de fabricação, que está evidenciado nas Tabelas 26.5 e 26.6.

Tabela 26.5 Custeamento híbrido - ordem 1 - 40 unidades do produto A

Processos Utilizados	Dados dos Processos				Custo do Lote			
	Lote	Horas por Processo	Horas Totais	Custo Horário	Custo do Processo	Custo dos Materiais		Custo Total
						Componente	Valor	
Processo 1	40	2	80	214,29	17.143	A	64.000	81.143
Processo 2	40	3	120	300,00	36.000	B	105.000	141.000
Processo 3	40	5	200	294,12	58.824	C	60.000	118.824
Processo 4	40	2	80	143,75	11.500	D	20.000	31.500
TOTAL					**123.467**		**249.000**	**372.467**
Lote de Fabricação								40 unidades
Custo Unitário do Produto A								**9.311,66**

Tabela 26.6 Custeamento híbrido - ordem 2 - 20 unidades do produto B

Processos Utilizados	Dados dos Processos				Custo do Lote			
	Lote	Horas por Processo	Horas Totais	Custo Horário	Custo do Processo	Custo dos Materiais		Custo Total
						Componente	Valor	
Processo 1	20	3	60	214,29	12.857	A	96.000	108.857
Processo 2	20	4	80	300,00	24.000	B	140.000	164.000
Processo 3	20	7	140	294,12	41.176	C	60.000	101.176
Processo 4	20	4	80	143,75	11.500	D	30.000	41.500
TOTAL					**89.533**		**326.000**	**415.533**
Lote de Fabricação								20 unidades
Custo Unitário do Produto B								**20.776,68**

Questões e Exercícios

1 Cite as características básicas que diferenciam o sistema de acumulação de custos por ordem de produção do sistema de acumulação de custos por processo.

2 Unidades Equivalentes de Produção
Considere os seguintes dados quantitativos de um departamento de processo:

		Percentual de Acabamento	
	Unidades	Materiais (Em %)	Custos de Conversão (Em %)
Estoque Inicial	6.000 g*	100	40
Unidades Iniciadas dentro do Período	8.000		
Unidades Completadas durante o Período e Transferidas para o Próximo Departamento de Processo	11.000		
Estoque Final	3.000	100	30

* galões.

Pede-se:

a) Calcular o estoque final de unidades equivalentes.

b) Calcular o total de unidades produzidas em unidades equivalentes de produção.

3 Custo por Processo
Considere os seguintes custos e dados obtidos no exercício anterior:

	Materiais	Custo de Conversão	Total
Estoque Inicial	R$ 5.800	1.320	7.120
Custos Incorridos no Período	4.000	18.200	22.200

Pede-se:

a) Calcular o custo unitário por unidade equivalente para cada tipo de gasto.

b) Calcular o custo unitário do processo todo por unidade.

c) Calcular o custo das mercadorias transferidas e o custo total do estoque final.

4 Custo por Ordem
Considere que a empresa produz determinados produtos em lotes e utiliza o sistema de acumulação de custo por ordem de fabricação. São produtos similares e ambos utilizam apenas duas matérias-primas e são processados em apenas dois departamentos produtivos, diferenciando-se pelo tamanho e esforço de produção. Em determinado mês, foi produzido um lote de 7.290 unidades do Produto **A** e um outro de 7.350 unidades do Produto **B**.

	Produto A	**Produto B**
Quantidade do Lote	7.290 unidades	7.350 unidades
Materiais Requisitados		
Material 1	109.350 unidades	242.550 unidades
Material 2	65.610 unidades	110.250 unidades
Horas Diretas Utilizadas		
Departamento de Produção	8.748 horas	14.700 horas
Departamento de Montagem	8.019 horas	13.230 horas
Preços		
Material 1	5,80/unidade	
Material 2	8,70/unidade	
Hora Departamento de Produção	126,00/hora	
Hora Departamento de Montagem	130,00/hora	
Os custos indiretos de fabricação foram os seguintes:		
Depreciação de Máquinas	R$ 2.500.000	
Departamento de Suprimentos	1.200.000	
Departamento de Engenharia de Fábrica	1.700.000	
Os custos diretos foram os seguintes:		
Departamento de Produção	R$ 2.954.448	
Departamento de Montagem	2.762.370	

Esses lotes dos produtos foram vendidos por R$ 15.000.000 (Produto **A**) e R$ 25.000.000 (Produto **B**). Pede-se:

a) Calcular um percentual médio de rateio dos custos indiretos de fabricação.

b) Fazer a Folha de Custo por Ordem de cada lote de produto, contendo o custo médio unitário final de cada unidade, bem como um resumo de todos os valores atribuídos a cada lote de produto.

c) Apurar a margem líquida final de cada produto.

5 Custo por Operações

Uma empresa produtora de tornos tem dois produtos principais oriundos de uma mesma base mecânica: torno com acionamento mecânico e torno com acionamento eletrônico. Os três principais processos são: fundição, usinagem e montagem final. A diferença fundamental é o processo de montagem, quando no produto com acionamento eletrônico é incorporado um painel de comando computadorizado importado, enquanto na outra versão do torno isso não é feito. As duas fases anteriores são idênticas para os dois modelos. Damos a seguir os principais dados e elementos para apuração dos custos para determinado período:

	Fundição	**Usinagem**	**Montagem**
Gastos Departamentais			
. Mão de obra	100.000	200.000	100.000
. Custos indiretos	120.000	150.000	75.000
. Materiais transferidos	-	420.000	820.000
. Materiais comprados	200.000	50.000	-
p/ tornos mecânicos	-	-	400.000
p/ tornos eletrônicos	-	-	1.200.000
TOTAL	**420.000**	**820.000**	**2.595.000**
Produção do período			
. Tornos mecânicos	100	100	100
. Tornos eletrônicos	150	150	150
TOTAL	**250**	**250**	**250**

Pede-se:

a) Calcular o custo unitário para as fases de fundição e usinagem.

b) Calcular o custo unitário por produto na fase final de montagem.

Capítulo 27

Modelo de Decisão da Margem de Contribuição

O método de custeio recomendado para o processo decisorial é o do Custeio Variável, também às vezes denominado inadequadamente de Custeio Direto. Podemos dizer que todos os custos variáveis são custos diretos aos produtos, mas nem todos os custos diretos aos produtos são variáveis, pois podemos ter custos diretos fixos.

Já foi apresentada também a questão da mão de obra direta, o elemento de custo que mais traz dúvidas na interpretação de seu comportamento em relação ao volume. Em essência, dentro de conjunturas econômicas normais, a mão de obra direta pode ser considerada um custo variável. Porém, sabemos que, no curto prazo, ela é um custo fixo.

Para fins de construção de modelos decisórios entendemos plenamente válido considerar a mão de obra direta como custo variável. Um modelo decisório centra-se na perspectiva futura, e dentro dela, é natural entender a mão de obra direta como um custo variável. Nesse sentido, acabamos por incorporar a nomenclatura Custeio Variável/Direto para o método de Custeio Variável.

O modelo de decisão da margem de contribuição é o modelo decisório fundamental para gestão dos resultados da empresa, seja em termos de rentabilidade dos produtos, atividades, áreas de responsabilidade, divisões, unidades de negócios ou da empresa como um todo.

27.1 Principais Conceitos do Método de Custeio Variável/Direto

O conceito de análise comportamental de custos, separando-os em custos fixos e variáveis, possibilita uma expansão das possibilidades de análise dos gastos e receitas da empresa em relação aos volumes produzidos ou vendidos, determinando pontos importantes para fundamentar futuras decisões de aumento ou diminuição dos volumes de produção, corte ou manutenção de produtos existentes, mudanças no *mix* de produção, incorporação de novos produtos ou quantidades adicionais etc.

Este ferramental de análise econômica é denominado normalmente de **análise de custo/volume/lucro** e conduz a três importantes conceitos: margem de contribuição, ponto de equilíbrio e alavancagem operacional. Esses conceitos podem ser agrupados em um único modelo decisório, que estamos denominando de modelo de decisão da margem de contribuição.

Margem de Contribuição

Representa o lucro variável. É a diferença entre o preço de venda unitário do produto ou serviço e os custos e despesas variáveis por unidade de produto ou serviço. Significa que, em cada unidade vendida, a empresa lucrará determinado valor; multiplicado pelo total vendido, teremos a margem de contribuição total do produto para a empresa.

Ponto de Equilíbrio

Evidencia, em termos quantitativos, qual é o volume que a empresa precisa produzir ou vender para que consiga pagar todos os custos e despesas fixas, além dos custos e despesas variáveis que ela tem necessariamente de incorrer para fabricar/vender o produto. No ponto de equilíbrio, não há lucro ou prejuízo. Com base em volumes adicionais de produção ou venda, ela passa a ter lucros.

A informação do ponto de equilíbrio da empresa, tanto do total global, como por produto individual, é importante porque identifica o nível mínimo de atividade em que ela ou cada divisão deve operar.

Alavancagem Operacional

Significa a possibilidade de acréscimo do lucro total pelo aumento da quantidade produzida e vendida, buscando a maximização do uso dos custos e despesas fixas. É dependente da margem de contribuição, ou seja, do impacto dos custos e despesas variáveis sobre o preço de venda unitário e dos valores dos custos e despesas fixas. Alguns produtos têm alavancagem maior que outros, em virtude dessas variáveis.

Margem de Contribuição Unitária e Ponto de Equilíbrio por Produto ou Divisão

A partir do momento em que há o custeamento variável/direto para cada produto da empresa, bem como uma boa identificação dos custos e despesas fixas de cada um deles, é possível construir o ponto de equilíbrio de cada produto. O mesmo acontece com os dados das divisões.

27.2 Modelo de Decisão da Margem de Contribuição

Margem de contribuição é a margem bruta obtida pela venda de um produto ou serviço que excede seus custos variáveis unitários; em outras palavras, é o mesmo que o lucro variável unitário, ou seja, preço de venda unitário do produto deduzido dos custos e despesas variáveis necessários para produzir e vender o produto.

Usando o mesmo exemplo conceitual que introduzimos no Capítulo 24, quando estudamos métodos de custeio, temos:

Custo do Produto pelo Custeamento Direto/Variável

***Custos e Despesas Variáveis* - Produto A**

	R$
Matéria-prima e materiais diretos	460,00
Materiais indiretos variáveis	36,00
Mão de obra direta	200,00
Comissões -12% de R$ 1.700,00 (Preço de venda unitário)	204,00
TOTAL CUSTO VARIÁVEL	**900,00**

Produto A		%
Preço de Venda Unitário	1.700,00	100,00
Custo Variável Unitário	900,00	52,94
Margem de Contribuição Unitária	800,00	47,06

Isso significa que a cada unidade de Produto A vendida, a empresa recebe um lucro unitário de R$ 800,00. É a contribuição unitária que o Produto A dá para a empresa, para cobrir todos os custos e despesas fixos (custos de capacidade) e propiciar a margem de lucratividade desejada.

No custeamento variável, os custos e despesas fixos são considerados custos periódicos e não custos do produto. Nesse conceito, não há necessidade de adicionar os custos e despesas fixos ao custeamento unitário do produto, devendo esses gastos ser tratados de forma global apenas na Demonstração de Resultados do período.

O exemplo evidencia dois conceitos de margem de contribuição, ambos importantes:

- O conceito de margem de contribuição unitária, em valor.
- O conceito de margem de contribuição percentual.

Modelo de Decisão – Um Único Produto

O modelo de decisão da margem de contribuição expressa-se em uma Demonstração de Resultados, na qual devem ser incoporados os dados quantitativos (que representam os volumes de produção, venda ou o nível de atividade) e os preços unitários. A Tabela 27.1 apresenta o modelo de decisão da margem de contribuição para um volume de atividade de 1.000 unidades anuais de produção e vendas do Produto A.

Tabela 27.1 Modelo de decisão de margem de contribuição: único produto – Demonstração de resultados do período

Estrutura de Resultados	Quantidade	Preço Unitário	Total (Em R$)
Vendas	1.000	1.700,00	1.700.000
Custos e Despesas Variáveis	1.000	900,00	900.000
Margem de Contribuição	**1.000**	**800,00**	**800.000**
Custos e Despesas Fixas do ano			560.000
Lucro Operacional Total			**240.000**

Margem de Contribuição e Volume de Produção/Vendas

Partindo do pressuposto de que a venda de cada unidade de produto propicia uma contribuição unitária para cobrir os custos e despesas fixos e possibilitar valores de lucro, podemos fazer uma simulação de como seria o lucro líquido em algumas situações de quantidade vendida:

Quando vendemos 700 unidades, a empresa tem um resultado líquido igual a zero. Denominamos essa

Tabela 27.2 Margem de contribuição e volume de produção/vendas

Estrutura de Resultados	Dados Unitários	Quantidade Produzida/Vendida			
		1	2	700	701
Vendas	1.700,00	1.700	3.400	1.190.000	1.191.700
Custos e Despesas Variáveis	(900,00)	(900)	(1.800)	(630.000)	(630.900)
Margem de Contribuição	800,00	800	1.600	560.000	560.800
Custos e Despesas Fixas do Ano		(560.000)	(560.000)	(560.000)	(560.000)
Resultado Operacional Total		**(559.200)**	**(558.400)**	**-**	**800**

situação de **estrutura de equilíbrio**, ou ponto de equilíbrio das vendas. Estudaremos esse conceito a seguir com maiores detalhes.

27.3 Ponto de Equilíbrio (*Break-Even Point*)

Denominamos ponto de equilíbrio o volume de atividade operacional em que o total da margem de contribuição da quantidade vendida/produzida se iguala aos custos e despesas fixos. Em outras palavras, o ponto de equilíbrio mostra o nível de atividade ou volume operacional quando a receita total das vendas se iguala ao somatório dos custos variáveis totais mais os custos e despesas fixos. Assim, o ponto de equilíbrio evidencia os parâmetros que mostram a capacidade mínima em que a empresa deve operar para não ter prejuízo, mesmo que à custa de um lucro zero. O ponto de equilíbrio é também denominado **ponto de ruptura** (*break-even point*).

Ponto de Equilíbrio e Gestão de Curto Prazo

O conceito de ponto de equilíbrio também é um conceito que tende a ser utilizado para a gestão de curto prazo da empresa. É importante ressaltar esse enfoque. Isso é claro porque o ponto de equilíbrio mostra o ponto mínimo em que a empresa pode operar para que tenha lucro zero. Nesse ponto mínimo de capacidade de operação, ela consegue cobrir os custos variáveis das unidades vendidas ou produzidas e também todos os custos de capacidade, os custos fixos.

Nessa linha de pensamento, fica evidente que é uma técnica para utilização em gestão de curto prazo, porque não se pode pensar em um planejamento de longo prazo para uma empresa em que ela não dê resultado positivo nem remunere os detentores de suas fontes de recursos.

Equação e Cálculo do Ponto de Equilíbrio

Como o ponto de equilíbrio conceitua o ponto em que o lucro líquido é igual a zero, é fácil determinar sua equação, em uma determinada quantidade, utilizando-se os dados restantes da análise da margem de contribuição. Assim, a **equação** do ponto de equilíbrio é desenvolvida com base nas seguintes premissas:

Vendas = Custos Variáveis + Custos Fixos + Lucros

Como se busca um ponto em que os lucros serão iguais a **zero**, a equação fica:

Vendas = Custos Variáveis + Custos Fixos

Ponto de Equilíbrio em Quantidade

Objetiva determinar a quantidade mínima que a empresa deve produzir e vender. Abaixo dessa quantidade de produção e vendas, seguramente ela estará operando com prejuízo.

Com base na equação mostrada anteriormente, a fórmula do ponto de equilíbrio em quantidade é a seguinte:

$$\text{Ponto de equilíbrio em quantidade} = \frac{\text{Custos Fixos Totais}}{\text{Margem de Contribuição Unitária}}$$

Demonstração da Fórmula

Com a equação que fundamenta o ponto de equilíbrio, vamos demonstrar a fórmula do ponto de equilíbrio (PE):

Vendas = Custos Variáveis + Custos Fixos

Vendas = Preço de Venda Unitário (**PV**) × Quantidade vendida no PE (**Q**)
Custos Variáveis = Custo Variável Unitário (**CV**) × Quantidade no PE (**Q**)
Custos Fixos = Total em Reais dos Custos e Despesas Fixas (**CF**)
Margem de Contribuição (**MC**) = Preço de Venda - Custo Variável

MC = PV - CV

Assim temos:

Equação do ponto de equilíbrio considerando dados unitários:

$$\frac{PV \times Q}{\text{Vendas}} = \frac{CV \times Q}{\text{Custos Variáveis}} + \frac{CF}{\text{Custos Fixos}}$$

PV x Q = CV x Q + CF

(PV x Q) - (CV x Q) = CF

como PV - CV = MC (Margem de contribuição unitária), substituindo:

MC x Q = CF: portanto, a quantidade no Ponto de Equilíbrio é:

$$PE(Q) = \frac{CF}{MC}$$

Em nosso exemplo introdutório:

$$\text{Ponto de equilíbrio em quantidade} = \frac{R\$\ 560.000}{R\$\ 800{,}00\ (R\$\ 1.700{,}00\ (-)\ R\$\ 900{,}00)} =$$

PE em quantidade = 700 unidades

Ponto de Equilíbrio em Valor

Em determinadas situações, notadamente quando o leque de produtos é muito grande e há dificuldade de obter o *mix* ideal de produtos e suas quantidades no ponto de equilíbrio, bem como existem dificuldades de identificar os custos e despesas fixos para cada produto, temos de nos valer de uma informação de caráter global expressa em denominador monetário. Assim, traduzimos o ponto de equilíbrio em valor de vendas, ou seja, qual valor mínimo deve ser vendido para que a empresa não tenha prejuízo e obtenha lucro zero.

Para esse cálculo, é necessário sabermos a margem de contribuição em percentual sobre o preço de venda.

Margem de contribuição percentual		
Preço de venda unitário	R$ 1.700,00	100,00%
Margem de contribuição unitária	R$ 800,00	47,06%

Fórmula:

$$\text{Ponto de equilíbrio em valor} = \frac{\text{Custos Fixos Totais}}{\text{Margem de Contribuição Percentual}}$$

Em nosso exemplo introdutório:

$$\text{Ponto de equilíbrio em valor} = \frac{R\$\ 560.000}{0{,}4706\ (47{,}06\% : 100)} =$$

PE em valor = R$ 1.190.000 (aproximação do resultado matemático de R$ 1.189.970)

Em nosso exemplo, o valor mínimo que a empresa necessita vender para cobrir todos os seus custos fixos e variáveis é R$ 1.190.000.

Podemos confirmar o cálculo do ponto de equilíbrio em valor multiplicando a quantidade obtida no ponto de equilíbrio pelo preço unitário de venda.

PE em quantidade	= 700 unidades (A)
Preço de venda unitário	= R$ 1.700,00 (B)
PE em valor	= R$ 1.190.000 (A x B)

Metas de Ponto de Equilíbrio[1]

Em algumas situações, faz-se necessário um estudo de ponto de equilíbrio, principalmente em valor, buscando evidenciar alguma situação, ou mesmo um cálculo rápido que mostre o mínimo de atividade que pode atuar a empresa em determinadas situações não habituais.

Basicamente, as diversas variantes de cálculo de metas de ponto de equilíbrio são elaboradas com a retirada de alguns custos e despesas fixos da fórmula de cálculo, ou da introdução de valores mínimos de lucro que se imagina colocar como meta. São dados nomes diversos para os pontos de equilíbrio encontrados em tais situações. Veremos a seguir alguns deles.

Ponto de Equilíbrio Operacional

Denominamos ponto de equilíbrio operacional a quantidade de vendas que deve ser efetuada para cobrir todos os custos e despesas fixas, deixando de lado os aspectos financeiros e não operacionais. Portanto, o ponto de equilíbrio operacional considera os seguintes dados:

- Receitas de vendas (ou da produção a preços de venda).
- Custos variáveis – obtidos do custo dos produtos vendidos/produzidos.
- Despesas variáveis – obtidas das despesas operacionais (administrativas e de vendas):

[1] MARTINS, Eliseu. *Contabilidade de custos*. 2ª ed. São Paulo: Atlas, 1982, p. 260.

. custos fixos – obtidos do custo dos produtos vendidos/produzidos;

. despesas fixas – obtidas das despesas operacionais.

Ponto de Equilíbrio Econômico

Para este cálculo, incluiremos as despesas e receitas financeiras, mais os efeitos monetários, que serão tratados como despesas fixas. Obteremos, assim, um valor da receita mínima que gere lucro zero, mas que cubra todos os gastos operacionais, financeiros e os efeitos da inflação nos ativos e passivos monetários.

Ponto de Equilíbrio Financeiro

É uma variante do ponto de equilíbrio econômico, excluindo apenas a depreciação, pois momentaneamente ela é uma despesa não desembolsável. É importante em situações de eventuais reduções da capacidade de pagamento da empresa.

Ponto de Equilíbrio Meta

É uma outra variante de ponto de equilíbrio em valor, adicionando-se aos custos e despesas fixos e efeitos financeiros e monetários um montante de lucro mínimo que a empresa entende ser obrigatório.

Análise Gráfica do Ponto de Equilíbrio

É extremamente importante colocarmos os dados que formam o ponto de equilíbrio em um gráfico. No eixo X serão indicados os dados de volume, e no eixo Y, os dados de valor. Colocaremos graficamente as retas de valor das vendas e as retas de custos fixos e variáveis, conforme havíamos introduzido no item Análise Gráfica do Comportamento dos Custos.

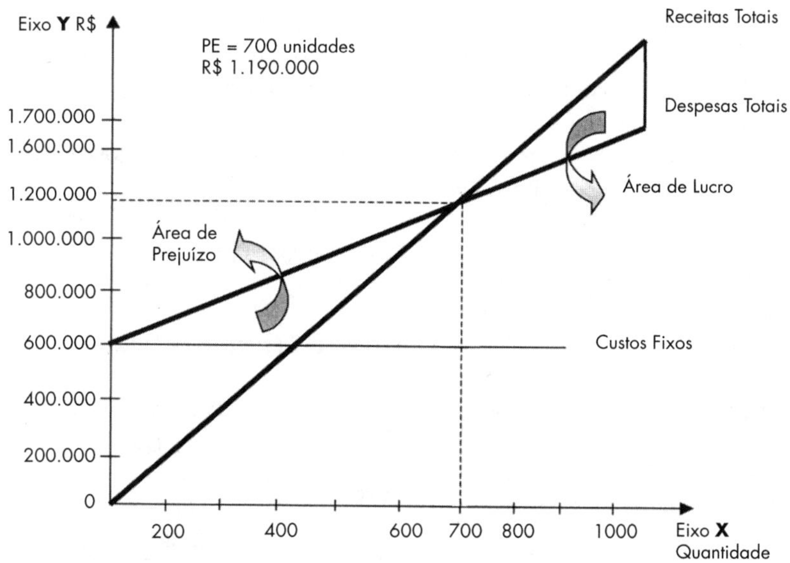

Figura 27.1 Gráfico do ponto de equilíbrio

Como construir o gráfico

a) Faça a linha paralela ao eixo **X** do volume (quantidade) com o valor dos custos fixos totais.

b) Pegue um volume de vendas (no caso 1.000 unidades) e encontre o total de custos fixos mais custos variáveis para essa quantidade e trace a reta, partindo da intersecção da reta paralela ao eixo **X**, conseguida no item **a** (o ponto em que a reta dos custos fixos encontra com o eixo **Y**).

c) Trace a reta de vendas totais, partindo do ponto **O** até um volume em reais multiplicando a quantidade pelo preço de venda (no caso, o preço de venda x 1.000 unidades).

Com isso, na intersecção da reta dos custos totais com a reta das vendas totais, teremos graficamente representado o ponto de equilíbrio, abaixo do qual se encontra a área de prejuízo e acima dele a área de lucros.

Ponto de Equilíbrio em Quantidade para Múltiplos Produtos

Este é um dos assuntos mais complexos da análise custo/volume/lucro. Já vimos que o ponto de equilíbrio em valor é um critério de margem de contribuição média, por meio da margem de contribuição percentual, e é um dos procedimentos mais utilizados para encontrar o valor das vendas no ponto de equilíbrio. Entretanto, há dificuldades para encontrar o ponto de equilíbrio em quantidade para mais de um produto.

Outra consideração necessária é que o ponto de equilíbrio em quantidade para mais de um produto só tem sentido se a unidade de medida de quantidade de produção e vendas for a mesma para todos os produtos e que estes sejam relativamente homogêneos. Apresentamos, a seguir, um modelo para determinação do ponto de equilíbrio em quantidade para três produtos: 1, 2 e 3. A empresa tem custos fixos comuns de R$ 488.000 e os seguintes dados unitários. Vamos assumir que o *mix* atual será o mesmo no ponto de equilíbrio.

	Dados Unitários			
Produto	**Preço de Venda**	**Custo Variável**	**Margem de Contribuição**	**Quantidade de Vendas Esperadas**
Produto 1	6	4	2	62.500
Produto 2	7	3	4	75.000
Produto 3	8	5	3	112.500
Custos Fixos Comuns = R$ 488.000				

Calcula-se primeiro a participação dos produtos no total de quantidades produzidas, obtendo-se o *mix* em percentual. Em seguida, aplica-se o percentual obtido nas margens de contribuição unitárias, obtendo-se uma margem de contribuição unitária média. Com isso, podemos utilizar a equação do ponto de equilíbrio em quantidade.

	***Mix* de Quantidades**	**Em Percentual**
Produto 1	62.500	25
Produto 2	75.000	30
Produto 3	112.500	45
TOTAL	**250.000**	**100**

Aplicando os percentuais do *mix* na margem de contribuição unitária, obteremos uma margem de contribuição unitária média.

Produto 1		**Produto 2**		**Produto 3**	
(0,25 x R$ 2)	+	(0,30 x R$ 4)	+	(0,45 x R$ 3) =	
= 0,50	+	1,20	+	1,35 =	R$ 3,05

$$\text{PE em quantidade} = \frac{\text{R\$ } 488.000}{\text{R\$ } 3{,}05} = 160.000 \text{ unidades}$$

Margem de Segurança

Pode ser definida como o volume de vendas que excede as vendas calculadas no ponto de equilíbrio. O volume de vendas excedente para analisar a margem de segurança pode ser tanto o valor das vendas orçadas como o valor real das vendas.

Equacionando:

Margem de Segurança (MS) = Vendas Reais/Orçadas (-) Vendas no PE

No nosso exemplo:

MS = 1.700.000 (-) 1.190.000
MS = 510.000

Percentual da margem de segurança

$$\text{Percentual da MS} = \frac{\text{MS em valor}}{\text{Vendas totais}}$$

No nosso exemplo:

$$\text{Percentual da MS} = \frac{510.000}{1.700.000}$$

Percentual da MS = 30

27.4 Modelo de Decisão da Margem de Contribuição – Vários Produtos

Dificilmente uma empresa produz e vende um único produto ou serviço. Portanto, é necessário construir um modelo de decisão de margem de contribuição para múltiplos produtos e serviços. Este também deve conter os mesmos elementos fundamentais do modelo básico, quais sejam, os volumes e dados unitários no formato de Demonstração de Resultados de um período. Considerando também os dados numéricos do Capítulo 24 para os dois produtos, faremos a evidenciação de um modelo decisório de margem de contribuição para dois ou mais produtos e serviços.

Tabela 27.3 Modelo de decisão de margem de contribuição – múltiplos produtos

Estrutura de Resultados	Produto A	Produto B	Produto N	
Quantidade	625	250	N	
Preço de Venda – Unitário	1.700,00	3.750,00	N	
Custos Variáveis – Unitário	696,00	1.512,00	N	
Despesas Variáveis – Unitário	204,00	450,00	N	
Margem de Contribuição – Unitária	800,00	1.788,00	N	**TOTAL**
Vendas Totais	1.062.500	937.500		2.000.000
Custos Variáveis Totais	(435.000)	(378.000)		(813.000)
Despesas Variáveis Totais	(127.500)	(112.500)		(240.000)
Margem de Contribuição Total	500.000	447.000	–	947.000
Margem de Contribuição Percentual	**47,1**	**47,7**		**47,4**
(-) Custos e Despesas Fixas Totais				(560.000)
Lucro Operacional Total				**387.000**
Margem Operacional Percentual				19,4
Participação dos Produtos na Margem de Contribuição Total (Em %)	52,8	47,2		100

27.5 Utilização do Modelo de Decisão da Margem de Contribuição para Maximização do Lucro

Todos os componentes do modelo poderão ser trabalhados de forma que alavanquem o resultado líquido total da empresa. Cada um deles permite ao administrador financeiro um estudo aprofundado e políticas estruturadas ou aplicações momentâneas, possibilitando alterações de forma que aumente o lucro da companhia.

Repassemos os fatores que afetam o estudo da margem de contribuição e a alavancagem operacional:

- Preços dos produtos.
- Quantidade vendida/produzida ou nível de atividade.
- Custos variáveis por unidade.
- Total dos custos fixos.
- *Mix* dos produtos vendidos.
- Produtividade.

Alterações em qualquer uma das variáveis do modelo provocarão alterações no resultado líquido da companhia para mais ou para menos. O parâmetro decisório sugerido pelo modelo é econômico, mensurado pelo resultado total da empresa. Comparando o resultado obtido de um curso alternativo de ação com o resultado total anterior, a decisão será pelo resultado maior.

Sabemos que uma decisão empresarial não necessariamente tem de ser tomada unicamente pelo resultado econômico. Outras variáveis podem ser consideradas e, em determinados momentos, elas podem até ter mais significância que o resultado econômico. Variáveis como qualidade, concorrência, participação no mercado, novos mercados, tecnologias emergentes etc. poderão fazer com que a decisão não se paute exclusivamente pelo resultado econômico.

O modelo de decisão da margem de contribuição é um modelo de mensuração econômica e é o indicado para este aspecto da decisão.

Exemplo de Utilização do Modelo e suas Variáveis

Após pesquisa de mercado, a empresa identificou a possibilidade de lançar um produto de preço e funções intermediárias entre os Produtos A e B, que poderia trazer um maior valor agregado. Este novo produto – Produto C – poderia ser vendido por R$ 2.500,00, desde que o Produto A fosse vendido a um preço 10% menor do que atualmente, para que o cliente perceba a diferença de valor. A comissão sobre vendas é a mesma dos demais produtos, ou seja, 12% do preço de venda unitário.

A empresa imagina que deixará de vender 250 unidades do Produto A e que venderá 230 do novo Produto C. O custo variável unitário do Produto C é 30% maior do que o de A. Para efetivar esta modificação do *mix* de venda dos produtos, ela precisará incorrer em R$ 30.000 de despesas fixas anuais de publicidade.

Note-se que este exemplo provoca alterações em todas as variáveis, quais sejam:

- Altera-se o preço do Produto A.
- Altera-se a quantidade vendida do Produto A e incorpora a quantidade do Produto C.
- Incorpora o custo variável do Produto C e altera a despesa variável do Produto A, já que seu preço, reduzindo-se, diminui também a comissão unitária.
- Os gastos fixos são alterados, pois há um aumento de R$ 30.000.
- A produtividade é alterada, pois haverá diminuição de quantidade de produto final, já que serão trocadas 250 unidades do Produto A por 230 do Produto C.

Apresentamos as variáveis modificadas e seus respectivos cálculos:

- Novo preço de venda unitário do Produto A = R$ 1.530,00 (R$ 1.700,00 - 10%).
- Comissão (despesa variável) do Produto A = R$ 183,60 (12% x R$ 1.530,00).
- Comissão (despesa variável) do Produto C = R$ 300,00 (12% x R$ 2.500,00).
- Custo Variável do Produto C = R$ 904,80 (R$ 696,00 x 1,30).
- Nova quantidade do Produto A = 375 unidades (625 - 250).
- Novo total de custos e despesas fixas = R$ 590.000 (R$ 560.000 + R$ 30.000).

Tabela 27.4 Utilização do modelo de decisão de margem de contribuição

Estrutura de Resultados	Produto A	Produto B	Produto C	
Quantidade	375	250	230	
Preço de Venda – Unitário	1.530,00	3.750,00	2.500,00	
Custos Variáveis – Unitário	696,00	1.512,00	904,80	
Despesas Variáveis – Unitário	183,60	450,00	300,00	
Margem de Contribuição – Unitária	650,40	1.788,00	1.295,20	**TOTAL**
Vendas Totais	573.750	937.500	575.000	2.086.250
Custos Variáveis Totais	(261.000)	(378.000)	(208.104)	(847.104)
Despesas Variáveis Totais	(68.850)	(112.500)	(69.000)	(250.350)
Margem de Contribuição Total	243.900	447.000	297.896	988.796
Margem de Contribuição Percentual	**42,5**	**47,7**	**51,8**	**47,4**
(-) Custos e Despesas Fixas Totais				(590.000)
Lucro Operacional Total				**398.796**
Margem Operacional Percentual				**19,1**
Participação dos Produtos na Margem de Contribuição Total (Em %)	**24,7**	**45,2**	**30,1**	**100**

Os dados levantados dentro do modelo evidenciam informações importantes, comparando-se com os dados constantes do modelo inicial com apenas dois produtos, quais sejam:

- A nova alternativa propiciou aumento da receita total de vendas de R$ 2.000.000 para R$ 2.086.250.
- O novo *mix* não alterou significativamente a margem de contribuição percentual média da empresa, continuando em 47,4%.
- A margem de contribuição do Produto A diminuiu de 47,1% para 42,5%, pois houve redução em 10% no preço de venda unitário.
- O novo Produto C traz um valor agregado maior, evidenciado pela maior margem de contribuição percentual, que é de 51,8%, a maior dos três produtos.
- Os custos fixos aumentaram, porém a margem de contribuição total com o novo *mix* e o novo produto é maior, resultando em um lucro operacional total maior, passando de R$ 387.000 para R$ 398.796.
- A margem operacional percentual total média diminuiu de 19,4% para 19,1%. Este dado, que analisado isoladamente é ruim, não deve ser considerado como relevante, já que o **valor absoluto** do lucro operacional total aumentou. Como nas premissas não houve investimentos em ativos imobilizados, a rentabilidade dos ativos aumenta como consequência.
- Pelos dados evidenciados no modelo decisório, esta alternativa deverá ser aceita, visto que, economicamente, o lucro total é superior ao da situação anterior.

27.6 Margem de Contribuição e Fatores Limitativos

O modelo de decisão de margem de contribuição deve ter sua utilização complementada com o conceito de fatores limitativos ou restritivos. Uma série de variáveis, internas ou externas, pode afetar o fluxo operacional da empresa, impondo restrições para a produção e venda dos produtos. Quando essas restrições afetam o volume de vendas a ser produzido ou vendido, de um ou mais produtos, devem ser incorporadas ao modelo. O conceito adequado é avaliar a margem de contribuição de cada produto, não mais de forma isolada, mas sim em relação à restrição ou restrições encontradas.

As restrições mais comuns que podem afetar as variáveis do modelo são:

- Demanda de mercado: O mercado não aceita quantidades maiores do(s) produto(s).
- Matérias-primas e componentes: Os fornecedores, temporariamente, estão com a capacidade produtiva esgotada e não têm condições de aumentar o suprimento de materiais.
- Mão de obra direta: Temporariamente, há escassez de mão de obra especializada e a empresa não tem condições internas de aumentar sua produção.
- Utilização dos equipamentos: Os equipamentos não têm mais capacidade de atender acréscimo de produção, temporariamente.
- Distribuição e logística: Os distribuidores dos produtos não têm condições de aumentar de imediato a capacidade de distribuição dos produtos.
- Investimentos: As instalações operacionais, no seu conjunto, estão trabalhando no limite da capacidade, e só um novo investimento em novas fábricas e escritórios possibilitará atender o aumento da demanda e produção prevista.
- Capital de giro: A empresa está sem caixa para financiar o capital de giro necessário para aumento de produção e vendas.
- Financiamento externo: O mercado financeiro não tem linhas de crédito para financiar um aumento das vendas dos produtos da empresa.

Exemplo:

Tendo como referência os dados da Tabela 27.4, faremos um exemplo numérico considerando **a restrição da capacidade de equipamentos existentes**. A empresa se vê diante de uma explosão da demanda de seus produtos no curto prazo e precisa decidir de qual produto ela deverá aumentar a produção, objetivando maior lucratividade. Não há limites de demanda e qualquer quantidade será absorvida pelo mercado. Também não será preciso nenhum outro gasto, exceto os custos e despesas variáveis.

Todos os produtos da empresa – os Produtos A, B e C – necessitam de uma etapa do processo produtivo que se utiliza do Equipamento X, que está quase no limite de sua capacidade operativa, que é medida em horas. Cada produto utiliza-se da seguinte quantidade de horas do Equipamento X.

Horas de utilização do Equipamento X por unidade de produto

Produto A = 4

Produto B = 16

Produto C = 10

O atual programa de produção e vendas consome 7.800 horas de utilização do Equipamento X, conforme vemos a seguir:

Horas utilizadas do equipamento X pelo atual programa de produção e vendas

Produtos	Quantidade de Produto Em Produção/Vendas	Horas do Equipamento X Por Unidade de Produto	Horas Totais Utilizadas Pelo Equipamento X
Produto A	375 unidades	4 horas	1.500 horas
Produto B	250 unidades	16 horas	4.000 horas
Produto C	230 unidades	10 horas	2.300 horas
			7.800 horas

A engenharia de fábrica constatou que só há possibilidade de utilização de **mais 400 horas no período**, tendo em vista que a empresa já está trabalhando com todos os turnos possíveis e há necessidade de algumas horas para manutenção preventiva do equipamento.

Primeira Decisão Possível: fabricar o produto de maior margem de contribuição unitária.

Em cima dos dados da Tabela 27.4 notamos que o Produto B é o que tem maior margem de contribuição unitária; para fazê-lo são necessárias 16 horas do Equipamento X. Portanto, a quantidade adicional do Produto B será de 25 unidades:

Horas adicionais disponíveis do Equipamento X	= 400 (A)
Horas do Equipamento X necessárias para uma unidade do Produto B	= 16 (B)
Quantidade adicional de produção do Produto B	= 25 unidades (A:B)

Incorporando a quantidade adicional de 25 unidades, passaremos a vender 275 unidades do Produto B. Ajustando o modelo decisório, teremos o novo lucro operacional total de R$ 443.496.

Tabela 27.5 Margem de contribuição e fatores limitativos - (+) 25 unidades do Produto B

Estrutura de Resultados	Produto A	Produto B	Produto C	
Quantidade	375	275	230	
Preço de Venda – Unitário	1.530,00	3.750,00	2.500,00	
Custos Variáveis – Unitário	696,00	1.512,00	904,80	
Despesas Variáveis – Unitário	183,60	450,00	300,00	
Margem de Contribuição – Unitária	650,40	1.788,00	1.295,20	**TOTAL**
Vendas Totais	573.750	1.031.250	575.000	2.180.000
Custos Variáveis Totais	(261.000)	(415.800)	(208.104)	(884.904)
Despesas Variáveis Totais	(68.850)	(123.750)	(69.000)	(261.600)
Margem de Contribuição Total	243.900	491.700	297.896	1.033.496
Margem de Contribuição Percentual	**42,5**	**47,7**	**51,8**	**47,4**
(-) Custos e Despesas Fixas Totais				(590.000)
Lucro Operacional Total				**443.496**
Margem Operacional Percentual				**20,3**
Participação dos Produtos na Margem de Contribuição Total (Em %)	**23,6**	**47,6**	**28,8**	**100**

Portanto, em relação ao lucro anterior de R$ 398.796, aumentando 25 unidades do Produto B, o lucro total aumenta em R$ 44.700.

Segunda Decisão Possível: fabricar o produto de maior margem de contribuição percentual.

Observando os dados da Tabela 27.6 notamos que o Produto C é o que tem maior margem de contribuição percentual, ou seja, 51,8%; para fazê-lo, são necessárias 10 horas do Equipamento X. Portanto, a quantidade adicional do Produto C será de 40 unidades:

Horas adicionais disponíveis do Equipamento X	= 400 (A)
Horas do Equipamento X necessárias para uma unidade do Produto C	= 10 (B)
Quantidade adicional de produção do Produto C	= 40 unidades (A:B)

Incorporando a quantidade adicional de 40 unidades, passaremos a vender 270 unidades do Produto C. Ajustando o modelo decisório, teremos o novo lucro operacional total de R$ 450.604.

Tabela 27.6 Margem de contribuição e fatores limitativos - (+) 40 unidades do Produto C

Estrutura de Resultados	Produto A	Produto B	Produto C	
Quantidade	375	250	270	
Preço de Venda – Unitário	1.530,00	3.750,00	2.500,00	
Custos Variáveis – Unitário	696,00	1.512,00	904,80	
Despesas Variáveis – Unitário	183,60	450,00	300,00	
Margem de Contribuição – Unitária	**650,40**	**1.788,00**	**1.295,20**	**TOTAL**
Vendas Totais	573.750	937.500	675.000	2.186.250
Custos Variáveis Totais	(261.000)	(378.000)	(244.296)	(883.296)
Despesas Variáveis Totais	(68.850)	(112.500)	(81.000)	(262.350)
Margem de Contribuição Total	243.900	447.000	349.704	1.040.604
Margem de Contribuição Percentual	**42,5**	**47,7**	**51,8**	**47,6**
(-) Custos e Despesas Fixas Totais				(590.000)
Lucro Operacional Total				**450.604**
Margem Operacional Percentual				**20,6**
Participação dos Produtos na Margem de Contribuição Total (Em %)	**23,4**	**43,0**	**33,6**	**100**

Portanto, em relação ao lucro anterior de R$ 398.796, aumentando 40 unidades do Produto C, o lucro total aumenta em R$ 51.808. Note-se, então, que a primeira decisão não deve ser tomada, já que fazendo mais quantidades do Produto C, mesmo ele tendo margem de contribuição unitária menor que o Produto B, o fato de utilizar menos horas do Equipamento X, que é a restrição, aumenta a lucratividade.

A Decisão Correta: fabricar o produto de maior margem de contribuição em relação ao fator limitativo.

Em condições de restrição, a decisão correta é encontrar a margem de contribuição pelo fator limitante. Apresentamos na Tabela 27.7 o cálculo em que fica evidente que o Produto A, por utilizar a menor quantidade de horas do Equipamento X, é que tem a maior margem de contribuição em relação a esse recurso. Como neste exemplo as horas do Equipamento X é que restringirão o aumento da produção, para obter maior lucratividade devemos produzir o máximo possível do Produto A, mesmo tendo ele a menor margem de contribuição unitária sem considerar restrições.

Tabela 27.7 Margem de contribuição unitária pelo fator limitativo

Produto	Margem de Contribuição Unitária (Em R$)	Quantidade de Horas do Equipamento X por Unidade de Produto (Em Horas)	Margem de Contribuição por Hora do Equipamento X (Em R$)
Produto A	650,40	4	162,60
Produto B	1.788,00	16	111,75
Produto C	1.295,20	10	129,52

Para fazer o Produto A são necessárias 4 horas do Equipamento X. Portanto, a quantidade adicional a ser produzida do Produto A será de 100 unidades:

Horas adicionais disponíveis do Equipamento X = 400 (A)
Horas do Equipamento X necessárias para uma unidade do Produto A = 4 (B)
Quantidade adicional de produção do Produto A = 100 unidades (A:B)

Incorporando a quantidade adicional de 100 unidades, passaremos a vender 475 unidades do Produto A. Ajustando o modelo decisório, teremos o novo lucro operacional total de R$ 463.836.

Tabela 27.8 Margem de contribuição e fatores limitativos - (+) 100 unidades do Produto A

Estrutura de Resultados	Produto A	Produto B	Produto C	
Quantidade	475	250	230	
Preço de Venda – Unitário	1.530,00	3.750,00	2.500,00	
Custos Variáveis – Unitário	696,00	1.512,00	904,80	
Despesas Variáveis – Unitário	183,60	450,00	300,00	
Margem de Contribuição – Unitária	**650,40**	**1.788,00**	**1.295,20**	**TOTAL**
Vendas Totais	726.750	937.500	575.000	2.239.250
Custos Variáveis Totais	(330.600)	(378.000)	(208.104)	(916.704)
Despesas Variáveis Totais	(87.210)	(112.500)	(69.000)	(268.710)
Margem de Contribuição Total	308.940	447.000	297.896	1.053.836
Margem de Contribuição Percentual	**42,5**	**47,7**	**51,8**	**47,1**
(-) Custos e Despesas Fixas Totais				(590.000)
Lucro Operacional Total				**463.836**
Margem Operacional Percentual				**20,7**
Participação dos Produtos na Margem de Contribuição Total (Em %)	**29,3**	**42,4**	**28,3**	**100**

Portanto, em relação ao lucro anterior de R$ 398.796, aumentando 100 unidades do Produto A, o lucro total aumenta em R$ 65.040, que é o maior aumento de lucratividade entre os três produtos, comprovando a tese da margem de contribuição pelo fator limitante.

Questões e Exercícios

1 O que é margem de contribuição e em que ela se fundamenta?

2 Por que o conceito de ponto de equilíbrio é associado a gestão de curto prazo da empresa?

3 Apresente a melhor resposta para cada uma das seguintes questões:

a) Se a empresa tiver uma contribuição marginal negativa, para alcançar o ponto de equilíbrio ela deverá:
(1) aumentar o volume de vendas;
(2) diminuir o volume de vendas;
(3) aumentar o valor dos custos fixos;
(4) diminuir o valor dos custos fixos;
(5) aumentar o preço de venda.

b) Se a contribuição marginal foi diminuída em determinado montante, o lucro operacional deveria:
(1) ter sido diminuído no mesmo montante;
(2) ter sido diminuído mais do que esse montante;
(3) ter sido aumentado no mesmo montante;
(4) ter permanecido inalterado;
(5) nenhuma das alternativas anteriores.

c) O ponto de equilíbrio de um produto poderia ser aumentado por:
(1) um decréscimo nos custos fixos;
(2) um aumento no percentual da margem de contribuição;
(3) um aumento nos custos variáveis;
(4) um decréscimo nos custos variáveis;
(5) nenhuma das alternativas anteriores.

4 Para fazer e vender o Produto A, a empresa tem de incorrer nos seguintes gastos operacionais:

Matéria-prima necessária para uma unidade do Produto A	
500 unidades a R$ 2,00 cada	
Tempo necessário para produzir uma unidade do Produto A	
5 horas a R$ 80,00 por hora	
Gastos do período	
. Salários/despesas dos departamentos de apoio à produção	440.000
. Depreciações	320.000
. Salários/despesas administrativas/comerciais	180.000

Outros dados

Comissões - 12% sobre o Preço de Venda
Preço de Venda - R$ 3.600 por unidade do Produto A
Quantidade produzida (e igualmente vendida) - 900 unidades

Pede-se:

a) Calcular o custo unitário pelo critério de Custeio Direto e identificar a margem de contribuição unitária e percentual.

b) Apurar o lucro líquido total com a venda de 900 unidades.

c) Calcular o ponto de equilíbrio da empresa em quantidade e valor.

d) Com um novo processo de produção, haverá necessidade de troca de qualidade de material direto que passar a custar 20% a mais. Esse aumento de custo fixo de R$ 60.000 fará com que o volume de produção seja aumentado em 120 unidades, que o mercado deverá aceitar se o preço de venda reduzir em 2%. Será lucrativa essa hipótese?

5 Uma revendedora de automóveis vende dois modelos básicos: Esporte e DeLuxo. A seguir, apresentamos os dados de custos e vendas.

	Esporte	DeLuxo
Preço Médio de Venda Unitário	25.000	35.000
Custo Variável Médio Unitário	20.000	25.000
Margem de Contribuição Unitária	5.000	10.000
Custos Fixos Totais = 300.000		

Pede-se:

a) Montar a equação matemática para obter a quantidade de vendas no ponto de equilíbrio.

b) Calcular qual seria a quantidade no ponto de equilíbrio caso só se vendesse o modelo Esporte.

c) Calcular qual seria a quantidade no ponto de equilíbrio caso só se vendesse o modelo DeLuxo.

d) Assumindo que um pacote de *mix* normal de produtos seja três carros Esporte para cada DeLuxo (3:1), qual seria o número de pacotes no ponto de equilíbrio?

e) Calcular qual seria a quantidade de carros no ponto de equilíbrio, independente de modelo, assumindo uma margem de contribuição média.

f) Supondo que seja possível distinguir custos fixos diretos de R$ 80.000 para o modelo Esporte e de R$ 100.000 para o modelo DeLuxo, restariam apenas R$ 120.000 de custos fixos comuns. Qual seria a quantidade a ser vendida de cada modelo para assumir um prejuízo de R$ 120.000?

g) Assumindo uma alocação dos R$ 120.000 dos custos fixos comuns, distribuindo-os metade para cada modelo, calcular o ponto de equilíbrio em quantidade para cada modelo, bem como o ponto de equilíbrio em quantidade de carros, independente de modelos, considerando uma margem de lucro média para os dois produtos.

6 Uma companhia fabrica os seguintes produtos, com os respectivos dados de custos e vendas:

	Produto I	Produto II	Produto III
Preço Unitário de Venda	5	6	7
Custo Variável Unitário	3	2	4
Vendas Esperadas (Em unidades)	100.000	150.000	250.000
Custos Fixos Totais = R$ 1.240.000			

Assumindo que o *mix* de produto poderia ser o mesmo no ponto de equilíbrio, calcule o ponto de equilíbrio em quantidades e em valor de vendas.

7 Contribuição Marginal e Fator Limitativo

Uma empresa tem dois produtos, que apresentam os seguintes dados:

	Produto A	Produto B
Preço de Venda	20,00	30,00
Custos e Despesas Variáveis	14,00	18,00
Margem de Contribuição	6,00	12,00

Pede-se: pela análise percentual da margem de contribuição, qual o produto que deveria ter sua produção e vendas mais enfatizadas?

a) Ainda com os dados já apresentados, sabendo que o mercado tem condição de absorver apenas 500 unidades do Produto B, a capacidade de produção do Produto A fica restrita a 1.500 unidades. Calcular a margem de contribuição total da empresa nessa combinação de faturamento.

b) Outra informação agora é incorporada ao nosso problema. A gerente divisional diz que só tem à sua disposição 1.000 horas de fábrica para fazer os Produtos A e B. Sabendo que uma hora de produção gera três unidades do Produto A e apenas uma unidade do B, mas que o mercado pode absorver apenas 2.400 unidades do A, calcular a margem de contribuição total da empresa nessa nova combinação de produção.

Capítulo 28

Gestão de Preços de Venda

Os modelos decisórios sobre produtos e serviços fundamentam-se na análise de sua lucratividade e rentabilidade. Os capítulos anteriores exploraram a questão do custo dos produtos e serviços em termos de modelos decisórios, de mensuração, informação e análise. Não foi dado um enfoque especial à formação e gestão dos preços de venda dos produtos e serviços, que é a proposta deste capítulo.

Cabe à Controladoria estruturar um modelo específico de gestão dos preços de venda, que deve compreender:

- Definição dos critérios e procedimentos para formação dos preços de venda para os diversos produtos e serviços, dentro dos mercados específicos, partindo do método de custeio adotado.
- Definição de um modelo geral para decisão dos preços de venda a serem adotados.
- Definição de um modelo para acompanhamento e monitoramento dos preços de venda listados, praticados, calculados e da concorrência.
- Análise da lucratividade e rentabilidade dos produtos e serviços, unitária e global.
- Gestão das listas de preços.

A importância da decisão de preço de venda é fundamental dentro da empresa. Algumas colocações de Nagle reforçam adequadamente o assunto[1] e indicam os principais conceitos a serem observados na gestão de preços de venda:

A fixação do preço é a última decisão que você toma, porém é a mais importante.

A fixação de preço não deve ser a primeira decisão, mas a primeira coisa em que você pensa ao tomar todas as outras decisões.

O preço não deve refletir os custos do produto, mas o valor econômico que o cliente percebe nele.

Não se administra uma empresa com base em margem, e sim pela contribuição total. É preciso multiplicar a margem pelo volume. Deve-se estimar o índice de retorno do capital investido, a contribuição total.

As empresas devem ser avaliadas pelo conceito de valor econômico agregado (EVA), pelo retorno sobre ativos. E para haver rentabilidade, a fixação do preço é fundamental.

28.1 Modelos de Decisão de Preços[2]

Um modelo de decisão de preço de venda deve ter por finalidade principal auxiliar o decisor a encontrar a melhor alternativa de preço dada uma situação decisória, tanto na determinação de um preço específico, como no estabelecimento de políticas e estratégias de preços. Deve levar em conta uma série de aspectos que inclui motivos, objetivos, estruturas de mercado e foco na determinação dos preços.

Motivos para a Decisão de Preços

Várias situações conduzem à tomada de decisão sobre preços. Podemos listar as principais:

- Lançamento de um novo produto.
- Introdução de produtos regulares em novos canais de distribuição ou em novos segmentos de mercado.
- Conhecimento de alteração de preços dos concorrentes.
- Variações significativas da demanda dos produtos para mais ou para menos.
- Alterações significativas na estrutura de custos da empresa e dos produtos, bem como dos investimentos.
- Mudança de objetivos de rentabilidade da empresa.
- Adaptação às novas estratégias de atuação no mercado.
- Alterações na legislação vigente.
- Adaptação a novas tecnologias existentes ou empregadas etc.

---

[1] NAGLE, Thomas. "Preços de venda". *In: HSM Management*. Número 21, julho-agosto/2000.

[2] Esta parte do capítulo foi baseada no trabalho de SANTOS, Roberto Vatan dos. *Modelos de decisão para gestão de preço de venda*. São Paulo: FEA/USP, Dissertação de Mestrado, 1995.

Objetivos na Decisão de Preços

O objetivo central de qualquer decisão empresarial é a criação de valor para o acionista, via retorno sobre o investimento. Portanto, este também é o objetivo central da decisão de preços. Outros mais podem ser listados:

- Expansão em vendas e crescimento de mercado.
- Evitar a competição e garantir a sobrevivência.
- Ser o líder de preços etc.

Modelos de Decisão de Preços

São três os modelos principais para gestão de preços de venda:

- Modelos de decisão de preços de venda orientados pela teoria econômica.
- Modelos de decisão de preços de venda orientados pelos custos.
- Modelos de decisão de preços de venda orientados pelo mercado.

Os modelos de decisão de preço de venda orientados pela teoria econômica partem da premissa básica de que as empresas, agindo de forma racional, procuram maximizar seus lucros, tendo pleno conhecimento da curva de demanda de mercado e de seus custos. Dentro deste modelo, é preciso a identificação da estrutura de mercado em que a empresa atua, ou seja: concorrência perfeita e monopolística, monopólio e oligopólio.

Os modelos de decisão de preços orientados pelos custos formam o preço dos produtos, por meio do cálculo de seus custos e adição de uma margem de lucro objetivada, pressupondo que o mercado absorva a quantidade ofertada ao preço obtido nesta equação.

Os modelos de decisão de preço orientados pelo mercado levam em consideração somente a demanda do produto ou a ação da concorrência e o valor percebido pelos clientes, ignorando os custos no estabelecimento de preços.

A Figura 28.1 apresenta uma visão geral e esquemática de um modelo de decisão de preços.

28.2 Formação de Preços de Venda com base no Mercado e na Teoria Econômica

A teoria econômica indica que quem faz o preço de venda dos produtos é o mercado, basicamente pela oferta e procura, fazendo as devidas considerações para situações de monopólio, oligopólio, mercados cativos e situações similares.

Assumindo essa condição, praticamente seria desnecessário o cálculo dos custos e subsequente formação de preços de venda com base nele. O que a empresa teria de fazer é abalizar corretamente o preço de mercado do produto pelos preços dos concorrentes existentes, ou por meio de pesquisas de mercado (no caso de produtos inéditos), e fazer considerações específicas de gastos de comissões, canais de distribuição, publicidade, localização da fábrica etc.

Custo-Meta

O preço de mercado possibilita na realidade a situação inversa da formação de preços de venda; assumindo a condição de que o preço que ele está pagando é o máximo que a empresa pode atribuir ao seu produto, o preço de mercado passa a ser o elemento fundamental para **formação dos custos e despesas**.

Diante disso, parte-se do preço de venda, deduz-se a margem mínima que a empresa quer obter, bem como os custos financeiros de financiamento da produção e os efeitos monetários sobre o capital de giro, e obtém-se o valor máximo que pode custar internamente tal produto para a empresa.

Com a obtenção desse dado, se a empresa se vê em condições de produzir e vender o produto com o lucro desejado, o custo obtido passa a ser o custo-padrão ideal ou o **custo-meta**, o qual, em linhas gerais, é expresso pela seguinte fórmula, considerando dados hipotéticos:

Custo-Meta	
Preço de Venda de Mercado =	R$ 100,00
(-) Margem de Lucro Desejada ou Necessária (10%)	(10,00)
Custo-Meta	90,00

Para obtenção do custo-meta, é necessário um modelo decisório baseado em método de custeio que contemple todos os custos e despesas. Nesse sentido, ele só é possível de obter pelo método de Custeio Integral ou pelo método de Custeio ABC. Pela linha conceitual de Custeio Direto/Variável, não existe a possibilidade de custo-meta, pois, nesta linha de pensamento, que já demonstramos que é a linha científica, o custo unitário só pode existir em termos de custos médios, nunca em nível de unidade individual de produto e, portanto, não existiria custo-meta.

Independente desta polêmica conceitual, apresentaremos no Capítulo 29 um exemplo de formação de custo-meta.

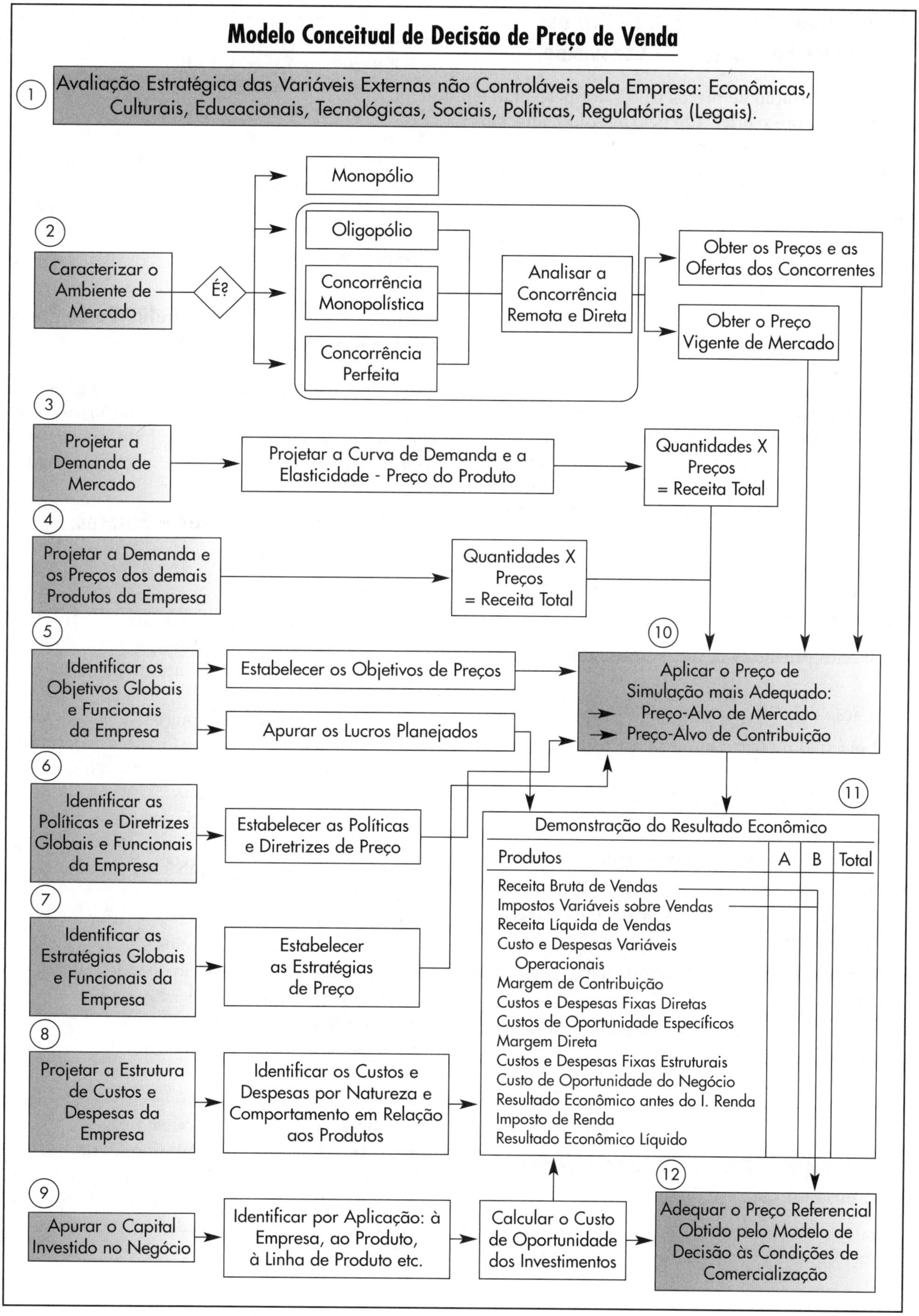

Figura 28.1 Modelo conceitual de decisão de preço de venda

28.3 Formação Estratégica de Preços: Valor Percebido pelo Consumidor[3]

O conceito de fixação de preços pelo valor percebido é um conceito de preço orientado pelo mercado, uma vez que a fonte básica de referência é identificar, antecipadamente, o grau de utilidade ou valor que um produto ou serviço traz à mente do consumidor.

Em termos práticos dentro desse conceito, a empresa deve tentar definir o **maior preço** de venda para o seu produto, sabendo que o seu cliente está disposto a pagar por esse preço, pois a utilidade do produto para o cliente é suficiente para deixá-lo tranquilo no ato da compra. Desta maneira, a fixação do preço de venda pelo valor percebido pelo consumidor é a **criação do valor de mercado** do produto ou serviço.

Esse conceito de formação de preço de venda é também denominado preço-alvo de mercado ou *target pricing*, pois considera as forças de competitividade de mercado, assumindo o que os clientes estarão dispostos a pagar pelos produtos, dentro dos volumes estimados de demanda.

Estratégia de Estabelecimento de Preços de Venda

Três aspectos principais devem ser considerados, quais sejam:

- Criação do valor percebido pelos consumidores.
- O objetivo é criar e aumentar a lucratividade do negócio.
- Não cometer o equívoco de separar o preço do restante do composto de marketing.

Para tanto, o estrategista de preços deve considerar o seguinte:

- Ter em mente a consciência da importância do papel dos preços na lucratividade.
- Registrar os fatos capazes de orientar a administração de preços.
- Analisar os fatos e escolher ou criar as ferramentas necessárias.
- Ter determinação para implementar a estratégia desenvolvida.

A Estratégia de Preços e Formação de Preços com base no Custo

A estratégia de definição de preços sob o conceito de valor percebido não aceita a formação de preços com base no custo, apesar de sua popularidade na prática, porque ignora o valor percebido pelo consumidor. Os casos em que seria possível utilizar esta metodologia estariam ligados a validar:

- pisos de preços;
- pisos de preços para o curto prazo, por meio do conceito de margem de contribuição e aproveitamento de oportunidades temporárias;
- pisos de preços no longo prazo, por meio do conceito de custo unitário pelo total do ciclo de vida esperado do produto.

Fatores a Considerar para Definição de Preço Baseado no Valor Percebido

Apresentamos a seguir uma série de variáveis e fatores que devem ser considerados para definição do preço de venda sob o conceito de valor percebido, que devem ser analisados de forma coordenada e inter-relacionada.

28.4 Preços Estratégicos – Fatores a Considerar

- Elasticidade do preço.
- Avaliação de resposta aos preços:
  - . análise de especialistas;
  - . pesquisas sobre comportamento do consumidor;
  - . experiências com preços;
  - . análise de dados históricos do mercado.
- Impacto do preço no posicionamento da concorrência: dilema do prisioneiro.
- Adequação de preços (classes, áreas, ordem de entrada etc.).
- Preços internacionais (alinhamento e taxas de câmbio, entre outros).
- Preços com desconto.
- Preços por linhas de produtos.
- Preços relacionados ao ciclo de vida útil.
- Preços de produtos complementares.
- Preços de produtos substitutos.
- Preços de variantes e opcionais.
- Preços por pacotes de produtos, vendas casadas.
- Preços de produtos + pós-serviços (manutenção, garantia, assistência técnica etc.).
- Preços sazonais diferenciados por períodos.
- Preços de longo prazo: preços atuais, custos futuros.

A Figura 28.2 evidencia o esquema básico para definição de preço de venda, considerando o valor percebido pelo consumidor.

---

[3] Tema desenvolvido com base no trabalho de DOLAN, Robert J. e SIMON, Hermann. *O poder dos preços*. São Paulo: Futura, 1998.

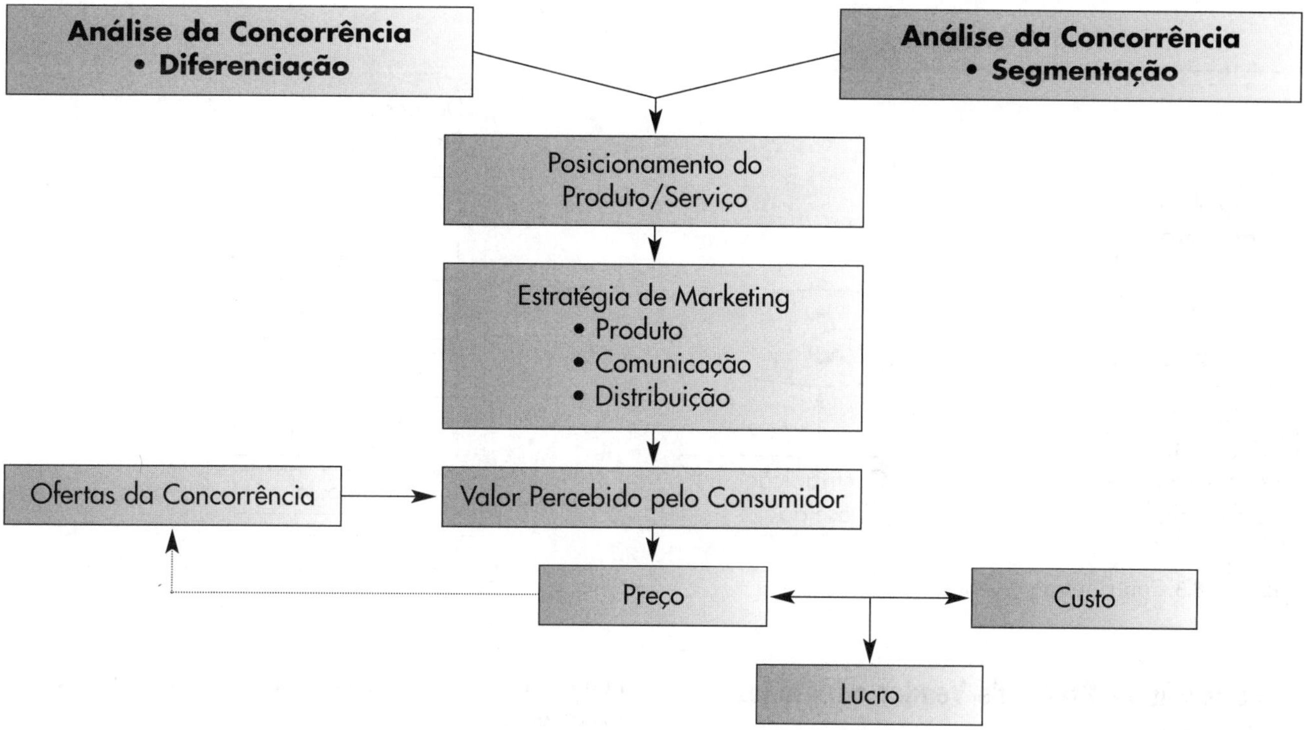

Figura 28.2 Gestão de preços de venda – esquema do processo de preços e valores

28.5 Formação de Preços de Venda com base no Custo

O pressuposto básico para esta metodologia é que o mercado estaria disposto a absorver os preços de venda determinados pela empresa, que, por sua vez, são calculados em cima de seus custos e dos investimentos realizados.

Na verdade, sabemos que isso nem sempre pode acontecer, ficando então, eventualmente, invalidado tal procedimento. De qualquer forma, é necessário um cálculo em cima dos custos, tendo em vista que, por meio dele, podemos pelo menos ter um parâmetro inicial ou padrão de referência para análises comparativas.

Além disso, diversas outras situações podem exigir a utilização dos procedimentos de formação de preços de venda com base no custo, tais como:

- estudos de engenharia e mercadológicos para introdução de novos produtos;
- acompanhamento dos preços e custos dos produtos atuais;
- novas oportunidades de negócios;
- negócios ou pedidos especiais;
- faturamento de produtos por encomenda;
- análise de preços de produtos de concorrentes etc.

Outra área de aplicação da metodologia de formação de preços de venda com base no custo está ligada a necessidades institucionais, quando há necessidade de fornecimento de informações para órgãos governamentais, necessidades de as autarquias prestarem conta de seus serviços e taxas, prestação de contas de empresas públicas e autarquias etc. Essas necessidades são em geral caracterizadas mais popularmente pela geração de planilhas de custo dos produtos e serviços.

Formação de Preços de Venda com base no Custo e sua Validade Gerencial

A validade gerencial da formação de preços com base no custo está basicamente centrada na necessidade de avaliar a rentabilidade dos investimentos em relação aos custos e despesas decorrentes da estrutura empresarial montada para produzir e vender os produtos e serviços. Objetiva-se, com isso, determinar o preço-alvo de contribuição (*compound pricing* ou *contribution target pricing*), que mostra a contribuição ao resultado que seria obtido considerando a composição do preço com base nas estruturas de custos e despesas e dos investimentos realizados.

A Figura 28.3 evidencia o conceito de contribuição planejada e o conceito *compound pricing*.[4]

[4] Adaptado de CATELLI, Armando. *Controladoria*. São Paulo: Atlas, 1999, p. 176.

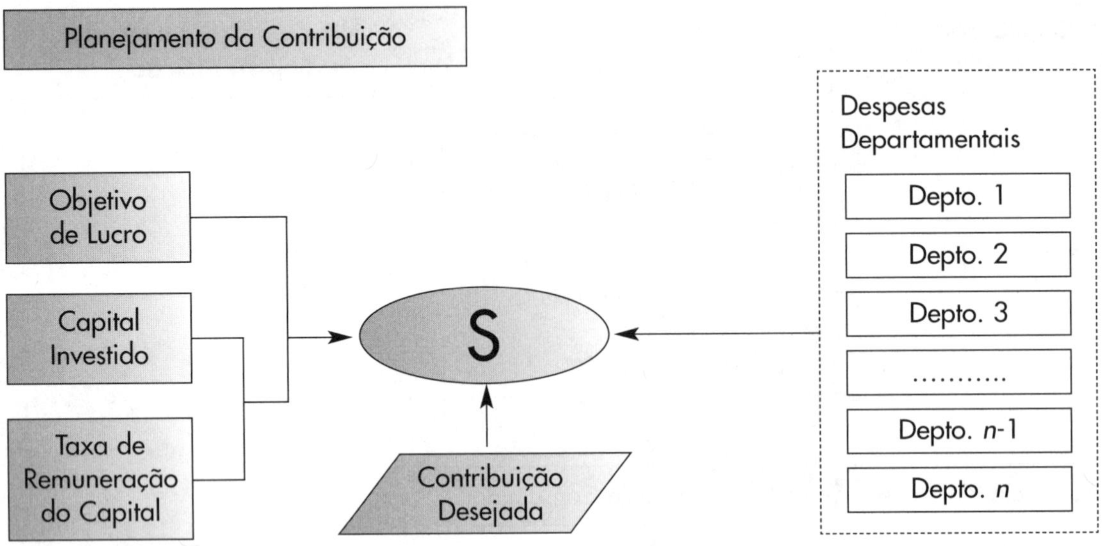

Figura 28.3 Contribuição desejada

Formação de Preços de Vendas e Métodos de Custeio

A formação de preços de venda com base no custo pode ser feita considerando qualquer método de custeio. A metodologia trabalha com o conceito tradicional de custos, que separa os custos e despesas associados aos produtos dos custos e despesas associados ao período da seguinte maneira geral:

- Custos e despesas associados unitariamente aos produtos e serviços: tratamento como custo unitário do produto.
- Custos e despesas associados ao período: tratamento como percentual multiplicador sobre o custo unitário do produto (*mark-up*).

Portanto, quanto mais gastos forem atribuídos unitariamente aos produtos (por meio de rateios, alocações, direcionadores de custos), menor será o multiplicador para obter o preço de venda. Quanto menos gastos forem atribuídos unitariamente aos produtos, maior será o multiplicador ou *mark-up* para obter o preço de venda.

Custeio por absorção

É a técnica mais utilizada. Tomam-se como base os custos industriais por produto e adicionam-se as taxas gerais de despesas administrativas e comerciais, despesas financeiras e margem desejada.

Apesar de várias desvantagens teóricas conhecidas sobre a utilização do Custeio por Absorção, a maior parte dos acadêmicos admite que na prática este ainda é o critério mais utilizado para formação de preços de venda, porque o método é simples de usar e está totalmente relacionado com os princípios contábeis geralmente aceitos e a demonstração tradicional de resultados da empresa.

Custeio direto/variável

Em vez de tomar como base o custo por absorção (equivalente ao custo da fábrica, que inclui tanto os custos diretos como os indiretos), o valor básico de referência para formar o preço de venda neste critério são os custos diretos ou variáveis mais as despesas variáveis do produto que possam ser identificadas. Após isso, a margem a ser aplicada deverá cobrir, além da rentabilidade mínima almejada, também os custos e despesas fixos, que não foram alocados aos produtos.

Este critério é coerente com a análise custo/volume/lucro ao determinar, na formação de preço de venda, a margem de contribuição de cada produto. Cientificamente, é o mais recomendado.

Custos de transformação

Dependendo do valor dos itens comprados de terceiros, algumas empresas não requisitam, no preço de venda, absorção das despesas operacionais e margem de lucro dos valores desses materiais ou serviços adquiridos de terceiros, levando como base para formação dos preços de venda apenas os valores gastos a título de transformação do produto. Os custos de transformação são todos os elementos de custos, excetuando-se as matérias-primas e materiais diretos. A utilização dessa técnica tende a ser eventual, principalmente para pedidos especiais.

Formação de Preços de Venda e Formas de Custeio

Assim como a formação de preços de venda com base no custo deve obedecer a um método de custeio, o mesmo acontece em relação à forma de mensuração dos elementos de custos.

O estudo e a formação de preços de venda para analisar a contribuição planejada deverão ser o **custo real**.

Contudo, para fins de fixação de preços de venda, utilizando-se os custos, a opção mais recomendada tem sido a adoção do **custo-padrão**, ou, eventualmente, o custo orçado. A adoção do custo-padrão como base para formação de preços de venda fundamenta-se em não alocar ineficiências aos preços e permitir uma condição de maior estabilidade dos preços com os clientes.

28.6 Conceitos e Elementos Básicos para Formação de Preços de Venda

Partindo do pressuposto de que a base para formação de preços de venda calculados são os custos alocados aos diversos produtos, mesmo que pratiquemos estudos de formação de preços de venda baseados no Custeio Direto, temos de verificar como serão tratados os demais itens que complementam a formação de tais preços. Para exemplificarmos um tipo de formação de preço de venda, adotaremos como caminho que a base para essa formação seja o **custo-padrão por absorção** de cada produto.

Multiplicador sobre os Custos (*mark-up*)

O conceito de *mark-up*, que traduzimos como multiplicador sobre os custos, é uma metodologia para calcular preços de venda de forma rápida com base no custo por absorção de cada produto. Esse conceito, amplamente utilizado pelas empresas, tanto as de grande porte como as microempresas, parte do pressuposto de que a base para diferenciação de preços de venda dos diversos produtos produzidos pela empresa é o custo por absorção.

Evidencia-se aqui como ainda está arraigado em nossa cultura contábil-financeira o conceito de custo por absorção como o mais adequado para obter o custo dos produtos. Com base no custo por absorção de cada produto, aplica-se um multiplicador de tal forma que os demais elementos formadores do preço de venda sejam adicionados ao custo com esse multiplicador.

É importante ressaltar que, apesar de o *mark-up* ser um multiplicador aplicado sobre o custo dos produtos, a sua construção está ligada a determinados percentuais sobre o preço de venda. Todos os seus componentes são determinados pelas relações percentuais médias sobre preços de vendas e, a seguir, aplicados sobre o custo dos produtos.

Os elementos constantes do *mark-up* são os seguintes:

Mark-up I – Despesas e margem de lucro

- Despesas administrativas.
- Despesas comerciais.
- Outras despesas operacionais (assistência técnica, engenharia).
- Custo financeiro de produção e vendas.
- Margem de lucro desejada.

Mark-up II – Impostos sobre venda

- ICMS.
- PIS.
- Cofins.

Nota: Em geral, o IPI não é computado dentro do *mark-up* porque, em nosso país, a legislação fiscal atual exige que o preço de venda já contenha dentro de si o ICMS, mas trata o IPI como se fosse um imposto que não faz parte do preço de venda, sendo exclusivamente de competência do contribuinte final, no qual cessa o processo de industrialização do produto.

Mark-up Genérico

Partindo do pressuposto de que o custo industrial padrão por absorção é o grande elemento diferenciador para formação de preços de venda dos diversos produtos dentro da empresa, o mais comum é utilizar-se um *mark-up* genérico para todos os produtos.

Isso quer dizer que, na construção do índice multiplicador que será aplicado sobre o custo por absorção, os indicadores das despesas operacionais sobre vendas (administrativas, comerciais) terão os mesmos percentuais para todos os produtos. O mesmo acontecerá com o custo financeiro e com a margem de lucro desejada, que terão os mesmos percentuais sobre o preço de venda, aplicados igualmente a todos os produtos.

Com relação aos impostos sobre vendas, caso existam situações em que eles não são incidentes (exportações, em alguns casos, por exemplo), não se aplicam sobre os custos os percentuais relativos a tais impostos. Esse é um dos motivos por que o *mark-up* deve ser aplicado em pelo menos duas etapas, com e sem impostos sobre vendas.

Mark-up por Produto

Nada impede, porém, que possamos construir um *mark-up* básico para cada produto, linha de produtos ou divisões. Neste caso, o pressuposto básico é que não só o custo por absorção seja o elemento diferenciador do custo do produto, mas também os dados de despesas operacionais, no todo ou parcialmente; a margem e os custos financeiros podem ser diferentes para cada produto ou grupo de produtos.

Mark-up, Mercados, Canais de Distribuição, *Mix* de Vendas dos Produtos

A empresa atinge diversos mercados com seus produtos. Além dos regionais, em que as distâncias podem implicar custos e preços de vendas diferenciados, também existe a possibilidade de segmentos de clientes preferenciais e diferentes canais de distribuição. Em alguns mercados, a empresa pode entregar diretamente o produto, por meio de seus próprios vendedores, e, em outros, ela entende melhor trabalhar com representantes comissionados, por exemplo.

Isso posto, forma um *mix* de venda para cada produto, e cada segmento de mercado deve ter um preço de venda diferenciado. Assim, na formação de preços de venda, deve haver considerações de cálculo para formar preços diferenciados, de modo que a rentabilidade da empresa não seja afetada. Os preços de venda diferenciados deverão formar um preço de venda médio do *mix* de venda de cada produto, de sorte que a rentabilidade final seja alcançada.

28.7 Margem de Lucro Desejada

Um dos pontos mais polêmicos é com relação à margem de lucro que deve ser alocada ao *mark-up*. Fundamentalmente, a margem de lucro desejada está ligada ao conceito de rentabilidade do investimento. Como a rentabilidade do investimento está ligada à sua eficiência de geração de vendas (o giro do ativo), a margem a ser incorporada no preço de venda dos produtos tem de estar relacionada com esses dois elementos.

A rentabilidade do investimento é um conceito de custo de oportunidade de capital. Desta forma, além dos elementos componentes do giro e rentabilidade dos investimentos, o outro componente-chave é o custo de capital dos proprietários do capital empresarial, genericamente denominados de acionistas. Portanto, a base para a margem de lucro desejada fundamenta-se em três componentes: vendas, investimentos (ativos) e custo de oportunidade.

Parâmetros Básicos para Cálculo da Margem de Lucro Desejada
Vendas
Lucro Operacional
Investimentos (Ativos)
Custo de Oportunidade do Capital

A margem de lucro desejada para incorporação nos preços de venda dos diversos produtos é bastante variável de empresa para empresa e depende, além dos elementos fundamentais já citados, de inúmeros fatores, dos quais poderemos enumerar alguns, sem a pretensão de esgotar as variáveis:

- Setor de atuação da empresa.
- Necessidade de reposição de ativos.
- Tipo de produto.
- Competitividade do setor.
- Momento econômico do País ou mercado base.
- Escalas de produção.
- Grau de alavancagem operacional.
- Elasticidade da demanda.
- Taxa interna de retorno dos investimentos.
- Período em que os investimentos retornarão (*pay back*).
- Pedidos ou encomendas especiais etc.

Além disso, outros aspectos de igual importância, não necessariamente vinculados à problemática econômico-financeira, devem e são levados em consideração, tais como:

- Objetivos da empresa.
- Cultura da empresa.
- Ambiente social em que a empresa está inserida.
- Participação dos empregados etc.

Como pudemos ver, são inúmeras as variáveis que poderão ser levadas em conta para chegar à margem de lucro desejada ou necessária.

Como já vimos, a base mais adequada para calcular a margem de lucro mínima desejada é a **rentabilidade do ativo**, ou seja, a rentabilidade do investimento já deduzida dos impostos sobre o lucro líquido. Outra variante, mais objetivamente ligada ao acionista, é a rentabilidade do capital próprio, ou seja, do patrimônio líquido.

Em nosso exemplo numérico, faremos a utilização desses fundamentos, já que as demais variáveis tendem a ter cunho relativo, subjetivo ou momentâneo, que o nosso exemplo numérico não consegue abarcar.

Parâmetros Externos para Margem Desejada

Alguns deles podem ajudar a atingir uma margem de lucro satisfatória. Uma empresa industrial, comercial ou de serviços é constituída para atingir ganhos superiores aos recebidos em aplicações no mercado financeiro, especialmente em aplicações de renda fixa.

Um parâmetro básico é a remuneração da poupança governamental em nosso país, que paga 0,5% ao mês, ou 6,17% ao ano. Um outro parâmetro básico são as taxas de juros cobradas no mercado internacional, por meio das taxas interbancárias dos Estados Unidos da América e de Londres, o *prime rate* e o *Libor*, respectivamente.

No Brasil, as margens devem ser superiores seguramente às da poupança governamental, pois os negócios empresariais têm muito mais risco que a poupança e, por isso, necessitam maior remuneração. Internacionalmente, devem ser superiores às taxas interbancárias, pois elas representam o patamar mínimo de rentabilidade. Como parâmetro geral, rentabilidade entre 12% e 15% ao ano, após os impostos sobre o lucro, é considerada normal.

Margem de Lucro Genérica

Conforme já introduzimos anteriormente, a empresa pode adotar o conceito de uma mesma margem para todos os produtos. Assim sendo, como princípio de cálculo, basta verificar a rentabilidade mínima desejada para os seus investimentos próprios e utilizar essa margem dentro do *mark-up*.

Neste caso, a empresa adotará o conceito de que, em termos de rentabilidade, ela não faz distinção entre produtos ou divisões da empresa; o que ela deseja é uma margem de lucro única, de tal forma que eventuais rentabilidades maiores de um ou mais produtos cubram rentabilidades menores ou até mesmo negativas de um ou outros produtos.

Margem de Lucro por Produto e Contabilidade Divisional

Caso, porém, a empresa deseje um diferenciamento de margem de lucro para cada produto ou divisão da empresa, ela deverá ter como base os valores constantes do gerenciamento contábil setorial.

Um modo possível para apurar o diferenciamento de margens de lucro é construir um **patrimônio líquido por divisão**, ou por produto. Podemos construir esse patrimônio líquido por divisão por meio de uma relação proporcional entre os ativos colocados pela empresa à disposição dos gerentes divisionais.

Margem de Lucro por Produto x *Mark-up* por Produto

É possível uma combinação entre *mark-up* e margem de lucro por produto. Poderíamos fazer um *mark-up* diferenciado por produto até as despesas operacionais e, após isso, aplicar uma margem de lucro genérica a todos os produtos.

O inverso também seria possível, mas não recomendável, pois nos parece incoerente diferenciar a margem e não as despesas. Para determinação da diferenciação dos custos e despesas totais por produto, entendemos ser mais relevante a correta classificação das despesas do que a margem de lucro diferenciada.

Impostos sobre o Lucro e Legislação Fiscal

Quando falamos em margem de lucro estamos fazendo referência direta à rentabilidade do capital investido, por meio do indicador de margem de lucro sobre o ativo ou o patrimônio líquido, que significa, em resumo, retorno do investimento aos detentores do capital da empresa. É a remuneração do capital aplicado pelos investidores.

Estamos falando, então, da rentabilidade do capital após os impostos sobre o lucro, que deverão ser pagos pela empresa. Assim, a margem de lucro mínima deve ser recomposta em termos de margem bruta, na formação do preço de venda, de forma tal que, após a venda, os lucros sejam tributados e o resultado líquido possa fluir para os investidores.

Alíquotas Básicas e Imposto Efetivo

Um cuidado a ser tomado é não adotarmos como percentual dentro do *mark-up* as alíquotas básicas dos impostos sobre o lucro sem verificarmos o que realmente a empresa tem pago de tais impostos. Sabe-se que a legislação fiscal possui normas próprias de dedutibilidade de despesas e tributação das receitas, e tais variantes devem ser consideradas na formação da margem de lucro bruta para obtermos a margem de lucro líquida.

Esse cuidado vale também para situações especiais em que determinadas receitas não sofrem tributação total desses impostos. Aí o conceito de imposto efetivo deve ser aplicado, em vez das alíquotas básicas.

Enquadramento da Empresa na Legislação Tributária

Igualmente na linha do item anterior, a legislação tributária possibilita que a empresa se enquadre em variantes de tributação, razão pela qual a margem de lucro deve ser adaptada a tal enquadramento.

28.8 Custo Financeiro e Custo de Financiamento da Venda

É importante fazer um diferenciamento entre esses dois conceitos. Chamaremos de custo financeiro ao custo financeiro da empresa para obtenção do cálculo de preços de venda dentro das condições gerais de venda. Chamaremos de custo de financiamento da venda aos valores adicionais cobrados sobre as condições normais de venda, para financiar ao comprador prazos maiores que os já contidos no preço ofertado.

Custo Financeiro e sua Obtenção

São denominados custo financeiro para formação de preços de venda os impactos financeiros que a empresa tem decorrentes da sua estrutura de capital e estrutura de ativos e passivos monetários.

Dentro do **custo financeiro da empresa** estão contidos:

- os custos decorrentes da duração do ciclo de produção;
- os juros reais decorrentes dos financiamentos, deduzidos dos juros reais decorrentes das aplicações financeiras dos excedentes de caixa;
- as perdas monetárias sobre a manutenção habitual e necessária dos ativos monetários deduzidas dos ganhos monetários sobre a manutenção habitual dos passivos monetários.

O percentual médio de custo financeiro pode ser obtido na Demonstração de Resultados pelo sistema de correção integral, ou na Demonstração de Resultados em outras moedas.

Custo de Financiamento da Venda e sua Obtenção

Neste caso, a empresa financiará prazos adicionais aos habitualmente constantes da oferta de seus produtos a pedido do cliente. Este custo de financiamento não representa um custo financeiro interno da empresa, mas sim externo. O cliente teoricamente poderia ser financiado por entidades financeiras que não a empresa que vende o produto.

Assim, o percentual financeiro que deverá ser adicionado ao *mark-up* será um outro percentual, além do custo financeiro da empresa, e a obtenção de sua taxa estará ligada aos custos financeiros de mercado cobrados por instituições financeiras, dentro daquele momento econômico conjuntural. Retomaremos este tópico adiante no item Financiamento e Impostos das Vendas.

28.9 Determinação da Margem Desejada para o *Mark-up*

Margem ou lucratividade é um conceito de lucro sobre as vendas. Rentabilidade é um conceito de rendimento do capital investido. Assim, a margem desejada a ser aplicada nos preços de venda formados pelo custo deve ser resultante da rentabilidade desejada sobre o capital investido. Este conceito é expresso pela fórmula de análise da rentabilidade denominada de Método Dupont, que converge os elementos de lucratividade das vendas com o giro do ativo (ou Patrimônio Líquido).

O conceito de giro está associado ao de produtividade do capital empregado nas operações. Quanto maior o giro, maior será a produtividade e também o potencial de geração de lucros para os acionistas. O Método Dupont pode ser aplicado tanto ao Lucro Operacional, quanto ao Lucro Líquido, conforme apresentamos a seguir:

$$\text{Rentabilidade do Ativo} = \frac{\text{Lucro Operacional}}{\text{Ativo Operacional}}$$

Considerando os elementos do método Dupont, que decompõe a rentabilidade, temos:

$$\text{Rentabilidade do Ativo} = \text{Giro do Ativo} \times \text{Margem Operacional}$$

$$\text{Sendo Giro do Ativo} = \frac{\text{Vendas}}{\text{Ativo}} \quad \text{e}$$

$$\text{Margem Operacional} = \frac{\text{Lucro Operacional}}{\text{Vendas}}$$

Temos:

$$\text{Rentabilidade do Ativo} = \frac{\text{Vendas}}{\text{Ativo}} \times \frac{\text{Lucro Operacional}}{\text{Vendas}}$$

A mesma metodologia pode ser aplicada considerando-se unicamente a ótica do acionista, utilizando-se, em vez de Lucro Operacional, o Lucro Líquido após despesas e receitas financeiras e em vez de ativo o Patrimônio Líquido, ficando assim a fórmula:

$$\text{Rentabilidade do Patrimônio Líquido} = \frac{\text{Vendas}}{\text{Patrimônio Líquido}} \times \frac{\text{Lucro Líquido}}{\text{Vendas}}$$

No caso de utilização da rentabilidade do ativo, o Lucro Operacional deverá ser ajustado e diminuído dos impostos sobre o lucro de forma proporcional ao total obtido pela empresa e que é necessário para obter o Lucro Líquido.

Faturamento Normativo

A formação de preços de venda geralmente é elaborada com base nos **custos-padrão, custos estimados ou orçados**, buscando conseguir preços formados de condições operacionais normais da empresa. Assim, o conceito de faturamento padronizado ou faturamento normativo vem a ser um elemento importante para a construção do *mark-up* e da margem de lucro desejada.

O faturamento normativo deverá ser revisto periodicamente e recomendamos que seja feito juntamente com a revisão anual do padrão. Como já introduzimos, os percentuais constantes do *mark-up* são determinados em uma relação percentual sobre preços de venda, o que nos leva novamente ao conceito de Faturamento Normativo ou Faturamento-Padrão.

Como o processo de formação de preços de venda busca um preço de venda calculado baseado em situações de normalidade, a base para o cálculo dos percentuais de margem, despesas operacionais, custo financeiro etc. deve ser um volume de vendas que represente uma condição normal de produção e de vendas da empresa.

A formação de preços de venda não deve, de modo geral, ficar atrelada a situações conjunturais, de modo que, nos períodos de alta demanda, se busquem rentabilidades exageradas e, nos de baixa demanda, se busque adicionar percentuais de despesas decorrentes de ociosidades estruturais.

O faturamento normativo da empresa será calculado em cima de projeções orçamentárias para um ou mais períodos, calcado nas estruturas existentes e planejadas de capacidade de produção, buscando-se sempre condições normais e estáveis de operação de acordo com uma padronização.

Margem de Lucro Desejada Líquida dos Impostos sobre o Lucro

A margem a ser incorporada no *mark-up* sempre é um conceito de margem bruta, já que a formação de preços de venda com base nos custos unitários não considera no formato do cálculo os impostos sobre o lucro. Portanto, a margem a ser utilizada deve ser aquela que permita à empresa pagar os impostos a serem gerados pelo lucro e conseguir a rentabilidade líquida para a empresa e os acionistas.

Apresentamos a seguir os dois modelos de obtenção de margem desejada para incorporação no *mark-up*, de Lucro Operacional sobre os ativos e de lucro para os acionistas sobre o Patrimônio Líquido.

Os dados são os seguintes:

Balanço Patrimonial	
Empréstimos (Capital de Terceiros)	6.500.000
Patrimônio Líquido (Capital Próprio)	5.500.000
Ativo Total/Valor da Empresa	12.000.000
Faturamento Normativo	22.000.000

Determinação da Margem Desejada Considerando o Lucro Operacional

Quando o foco de criação de valor é o valor total da empresa e não exclusivamente o valor dos acionistas (do Patrimônio Líquido), a formação de preços de venda deve incorporar no *mark-up* a margem operacional desejada, que deverá remunerar todo o investimento no ativo, seja ele financiado por capital próprio ou por capital de terceiros.

Para determinação da margem a ser incorporada no *mark-up*, a administração da empresa ou os acionistas devem definir qual a rentabilidade sobre o ativo total final desejada. Para o nosso exemplo numérico, consideraremos uma rentabilidade desejada de 10% sobre o investimento e uma alíquota efetiva de impostos sobre o lucro de 30%.

Tabela 28.1 Determinação da margem operacional desejada para o *mark-up*

1	**Ativo Total da Empresa**	**12.000.000**
2	**Rentabilidade Desejada (Em %)**	**10**
3	Valor de lucro operacional a ser obtido (1 x 2)	1.200.000
4	Alíquota efetiva de impostos sobre o lucro (Em %)	30
5	Valor de lucro operacional a ser obtido antes dos impostos sobre o lucro [3 : (100% - 30%)]	1.714.286
6	**Faturamento Normativo**	**22.000.000**
7	Margem de lucro operacional a ser utilizada no *mark-up* (5 : 6) (Em %)	7,8

Neste exemplo, para que a empresa tenha uma rentabilidade líquida dos impostos sobre o lucro de 10% sobre os ativos, deverá ser incorporada no *mark-up* de cada produto uma margem desejada de 7,8%. A margem a ser incorporada no *mark-up* é menor do que a rentabilidade final a ser obtida, porque, neste exemplo, a empresa tem um giro do ativo maior do que 1, no caso, um giro de 1,8333.

$$\textbf{Rentabilidade do Ativo} = \frac{\textbf{Vendas}}{\textbf{Ativo}} \times \frac{\textbf{Lucro Operacional}}{\textbf{Vendas}}$$

Rentabilidade do Ativo (Em %) = $\frac{22.000.000}{12.000.000} \times \frac{1.714.286}{22.000.000}$

Rentabilidade do Ativo (Em %) = 1,8333 x 7,8

Rentabilidade do Ativo (Em %) = 14,3 (antes dos impostos sobre o lucro)

Rentabilidade do Ativo após Impostos sobre o Lucro (Em %)	
• Rentabilidade bruta	**14,3**
• (-) Impostos sobre o lucro – 30	**(4,3)**
Rentabilidade do Ativo após Impostos	**10,0**

Determinação da Margem Desejada Considerando o Lucro Líquido para os Acionistas

Quando o foco da criação de valor é diretamente ligado aos acionistas, pode-se construir uma margem desejada para incorporação ao *mark-up* visando apenas o capital investido pelos acionistas, que é representado na contabilidade pela figura do Patrimônio Líquido. Neste caso, quando se for construir o restante dos elementos do *mark-up*, deverá ser incorporado um percentual de *mark-up* para cobrir as despesas financeiras com o capital de terceiros.

Tabela 28.2 Determinação da margem para os acionistas desejada para o *mark-up*

1	**Patrimônio Líquido**	**5.500.000**
2	**Rentabilidade Desejada (Em %)**	**13**
3	Valor de lucro a ser obtido para os acionistas (1 x 2)	715.000
4	Alíquota efetiva de impostos sobre o lucro (Em %)	30
5	Valor de lucro para os acionistas a ser obtido antes dos impostos sobre o lucro [3 : (100% - 30%)]	1.021.429
6	**Faturamento Normativo**	**22.000.000**
7	Margem de lucro para os acionistas a ser utilizada no *mark-up* (5:6) (Em %)	4,6

Colocamos no exemplo numérico uma rentabilidade desejada para os acionistas de 13%, maior do que a rentabilidade desejada no cálculo da Tabela 28.2, que foi de 10%. O raciocínio de colocar uma taxa maior para os acionistas está no conceito de alavancagem financeira, desenvolvida no Capítulo 14, qual seja, normalmente as empresas conseguem taxas de juros menores dos empréstimos e financiamentos que permitam alavancar rentabilidade para os acionistas.

28.10 Exemplo Numérico de Formação de Preço de Venda

Para o desenvolvimento deste exemplo, adotaremos as seguintes premissas conceituais:

- Os produtos tiveram seu custo unitário calculado pelo método de Custeio por Absorção.
- A mensuração do custo unitário dos elementos de custos foi feita pela forma de custo-padrão.
- A margem desejada será direcionada aos acionistas.
- Utilizaremos o conceito de *mark-up* genérico, único para todos os produtos da empresa.

Já vimos que deveremos ter dois *mark-ups*, que serão aplicados de forma sequencial. O primeiro incorporará os percentuais-padrão de despesas operacionais, margem desejada e custo financeiro, e o segundo, os impostos sobre vendas, do qual excluiremos o IPI, para adotar o procedimento utilizado pelas empresas em nosso país.

Os elementos constantes do *mark-up* são os seguintes:

***Mark-up* I – Despesas e margem de lucro**

- Despesas administrativas.
- Despesas comerciais.
- Outras despesas operacionais (assistência técnica, engenharia).
- Custo financeiro de produção e vendas.
- Margem de lucro desejada.

***Mark-up* II – Impostos sobre venda**

- ICMS.
- PIS.
- Cofins.

Obtenção dos Percentuais de Despesas Operacionais e Custo Financeiro

Já evidenciamos como obter a margem de lucro desejada. A obtenção dos outros percentuais sobre vendas líquidas para construir o *mark-up* deve seguir os conceitos de faturamento normativo ou padrão. Devemos ter estimativas das despesas administrativas e comerciais, bem como dos custos dos financiamentos, sempre considerando um nível de atividade normal e padrão para associarmos ao faturamento normativo. Em resumo, devemos elaborar uma Demonstração de Resultados com conceito de padrão para obtermos percentuais-padrão dessas despesas.

A Tabela 28.3 apresenta esses dados, que devem ser considerados como padrão, que, associados ao faturamento normativo, fornecem médias percentuais de despesas operacionais e financeiras sobre as vendas líquidas dos impostos.

Tabela 28.3 Determinação dos percentuais médios de despesas operacionais e custo financeiro para o *mark-up*

Faturamento Normativo (Vendas Líquidas)	22.000.000	100,00%
Custos dos Produtos Vendidos	(17.600.000)	
LUCRO BRUTO	4.400.000	
Despesas Comerciais	(1.610.000)	7,3%
Despesas Administrativas	(1.190.000)	5,4%
LUCRO OPERACIONAL	1.600.000	
Despesas Financeiras	(632.000)	2,9%
LUCRO LÍQUIDO ANTES DOS IMPOSTOS	968.000	
Impostos sobre o Lucro - 30%	(290.400)	
LUCRO LÍQUIDO	677.600	

Neste exemplo numérico, verificamos que, em média, as despesas comerciais, considerando uma atividade normal da empresa, representam 7,3% das vendas, as administrativas, 5,4% das vendas líquidas e as financeiras, com os financiamentos (fontes de capital de terceiros), em média 2,9% do faturamento normativo.

Preço de Venda Calculado

A formação de preços de venda com base no custo sempre conduz ao que denominamos Preço de Venda Calculado (PVC). É o valor que a empresa deseja obter para atingir suas metas de rentabilidade e satisfazer seus proprietários.

Como já havíamos introduzido no conceito de *mark-up*, calculamos o preço de venda de cada produto em duas etapas. Em primeiro lugar, calculamos o preço de venda desejado, líquido dos impostos sobre venda, o qual denominamos Preço de Venda Calculado 1 (PVC1). Em seguida, aplicamos a segunda parte do *mark-up*, de tal forma que pudéssemos embutir os impostos sobre venda que serão cobrados do consumidor. Com isso, temos um outro preço de venda formado, bruto, que denominamos Preço de Venda Calculado 2 (PVC2).

Vamos exemplificar a construção do *mark-up* e a formação de preços de venda para **faturamento à vista**.

Construção do *Mark-up*

Primeiro passo: Somatório dos percentuais-padrão de despesas operacionais, custo financeiro e margem de lucro desejada sobre as vendas líquidas dos impostos.

	Percentual sobre Vendas
Despesas Comerciais	**7,3**
Despesas Administrativas	**5,4**
Custo Financeiro	**2,9**
Margem de Lucro desejada	**4,6**
TOTAL	**20,2**

Segundo passo: Obter a participação do custo industrial (estamos utilizando o critério de Custeio por Absorção) sobre as vendas sem impostos. Para executar essa passagem, basta tirar de 100% o total das despesas operacionais, custo financeiro e margem de lucro desejada obtidos acima. Assim:

	%
Preço de Venda sem impostos	**100,0**
(-) Despesas operacionais, custo financeiro e margem desejada	**20,2**
= Participação média do custo industrial	**79,8**

Terceiro passo: Obtenção do *Mark-up* I, o multiplicador sobre o custo industrial para chegar ao preço de venda sem impostos.

	%
Preço de Venda sem impostos (a)	**100,0**
Custo industrial de um produto (b)	**79,8**
= *Mark-up* I (a : b)	**1,25313**

Quarto passo: Identificar os percentuais dos impostos sobre as vendas para obtenção do *Mark-up* II, o multiplicador para obtenção do preço de venda com impostos.

	Percentual sobre Vendas
ICMS – Imposto sobre Circulação de Mercadorias e Serviços	18,00
PIS – Programa de Integração Social	0,65
Cofins – Contribuição Social sobre Faturamento	3,00
TOTAL	21,65

Quinto passo: Obter o quanto deve ser a venda líquida dos impostos em relação à venda tributada com os impostos sobre venda.

	%
Preço de Venda com impostos (a)	**100,00**
Impostos sobre a venda (b)	**21,65**
= Preço de Venda líquido dos impostos (a - b)	**78,35**

Sexto passo: Obter o *Mark-up* II, para construirmos um preço de venda com impostos pronto para emissão de listas de preços de venda e documentação fiscal.

	%
Preço de Venda com impostos (a)	**100,00**
Preço de Venda sem impostos (b)	**78,35**
= *Mark-up* II (a : b)	**1,27632**

Formação dos Preços de Venda dos Produtos no nosso Exemplo Numérico Integrado

Os preços de venda dos produtos de nosso exemplo numérico serão formados com base no custo por absorção de cada produto. Utilizamos os dados levantados pelo Custeio por Absorção dos Produtos A e B do Capítulo 24. Vejamos a seguir na Tabela 28.4.

Tabela 28.4 Formação de Preço de Venda sobre Custo por Absorção utilizando o conceito de *mark-up*

Estrutura de Cálculo		Produto A (R$)	Produto B (R$)
A	Custo Unitário - Método de Custeio por Absorção	1.157,36	2.118,60
B	*Mark-up* I	1,25313	1,25313
C	Preço de Venda Líquido dos Impostos (A x B)	1.450,32	2.654,88
D	*Mark-up* II	1,27632	1,27632
E	Preço de Venda Bruto com Impostos (C x D)	1.851,08	3.388,48

Comprovação dos *Mark-up* I e II

Para verificarmos a exatidão dos cálculos efetuados, podemos fazer uma comprovação numérica, partindo do preço de venda com impostos, até chegarmos ao custo industrial. Exemplificaremos com o Produto A.

Tabela 28.5 Comprovação do cálculo do *mark-up*

	Em %	Em R$
Venda de uma unidade do Produto A (a)		1.851,08
(-) Impostos sobre a venda		
ICMS	18,00	(333,19)
PIS	0,65	(12,03)
Cofins	3,00	(55,53)
Total dos impostos sobre a venda (b)	**21,65**	**(400,76)**
= Venda Líquida dos impostos = c = (a - b)		1.450,32
(-) Despesas operacionais e margem de lucro (d) (= 20,2% x R$ 1.450,32)	20,2	(292,96)
= Venda Líquida dos impostos		1.157,36

28.11 Fundamento Econômico para Gestão de Preços de Venda: O Modelo da Margem de Contribuição

A formação ou definição do preço de venda pelo valor percebido ou em cima do custo dos produtos (*target pricing* e *compound pricing*) não prescinde de um modelo de gestão contínuo para monitoramento dos preços de venda e da lucratividade total da companhia.

Desta maneira, o acompanhamento sistemático dos preços de venda de todos os produtos e o processo de redefinição dos seus preços de venda devem ser feitos utilizando-se o modelo da margem de contribuição, cujo fundamento é a associação completa das variáveis-chave da geração operacional de lucro:

- Preço de venda unitário dos produtos e serviços.
- Custos unitários variáveis dos produtos e serviços.
- Margem de contribuição unitária dos produtos e serviços.

- Volume de produção e vendas.
- Margem de contribuição total de cada produto e serviço no total do lucro da empresa.
- Custos e despesas fixos diretos aos produtos e serviços.
- Custos e despesas fixos da empresa indiretos aos produtos e serviços.
- Lucro operacional total.

A Tabela 28.6 apresenta o modelo básico para gestão de preços de venda. Nele deverão ser inseridos os preços de venda definidos por qualquer critério, para avaliação do resultado e da contribuição de cada produto ou serviço no total. Esse modelo respeita a natureza comportamental dos custos e, portanto, não dá viés ao resultado total da empresa.

Tabela 28.6 Modelo econômico para gestão de preços de venda (preços – custos – lucros – volume) (*Compound pricing – Target pricing*)

Estrutura de Resultados		**Produto A**			**Produto B**			**Produto N**		
	Volume	**Unitário - R$**	**Total**	**Volume**	**Unitário - R$**	**Total**	**Volume**	**Unitário - R$**	**Total**	**Total Geral**
Vendas	625	1.700,00	1.062.500	250	3.750,00	937.500	xxx	yy,yy	zzz,zz	2.000.000
Custo Variável	625	(900,00)	(562.500)	250	(1.962,00)	(490.500)	xxx	yy,yy	zzz,zz	(1.053.000)
Margem de Contribuição I	625	800,00	500.000	250	1.788,00	447.000	xxx	yy,yy	zzz,zz	947.000
Custos e Despesas Fixos Diretos aos Produtos			(40.000)			(110.000)			zzz,zz	(150.000)
Contribuição Total do Produto			460.000			337.000			zzz,zz	797.000
Custos e Despesas Fixos Gerais da Empresa (ou Divisão)										(410.000)
LUCRO OPERACIONAL TOTAL										**387.000**

Utilizando Sistemas de Simulação

O modelo econômico de gestão de preços de venda deve ser construído em ambiente computacional que permita a simulação. Esta é a sua grande vantagem e o seu grande potencial no processo decisório de gestão de preços. Empresas que têm poucos itens na linha de produtos poderão facilmente utilizar esse modelo em aplicativos denominados planilhas eletrônicas. As que têm milhares de produtos e algumas características e variáveis adicionais que devam ser incorporadas ao modelo poderão necessitar de recursos computacionais de maior grau de resolução. De qualquer forma, a essência do modelo não pode ser violentada, sempre respeitando os fundamentos de preços, custos e lucros unitários, volume de produção ou venda de cada produto e serviço e a incorporação das despesas e custos fixos diretos aos produtos quando forem claramente identificados.

28.12 Formação de Preços de Venda e Ciclo de Vida dos Produtos

A formação de preços de venda com base no custo total do ciclo de vida dos produtos é altamente recomendável e necessária. Esta metodologia, contudo, nunca deve ser utilizada após a decisão de desenvolver e fabricar o produto; por sua própria lógica, ela indica que o cálculo da **formação do preço de venda pelo custo total do ciclo de vida do produto deve ser feito antes da decisão de desenvolver e projetar o produto**.

O preço de venda formado por esta metodologia poderá e deverá ser aplicado, porque um produto só é desenvolvido e lançado no mercado consumidor após uma pesquisa de mercado. Em qualquer pesquisa de mercado há a projeção da demanda, pesquisa sobre aceitabilidade do produto pelo consumidor em termos de funcionalidade, qualidade, preço etc. Portanto, na pesquisa de mercado estará também sendo identificado o provável valor percebido pelo consumidor.

Desta maneira, a formação de preços de venda, considerando o custo total do ciclo de vida do produto, é uma metodologia que abarca as duas metodologias básicas de formação de preço de venda, quais sejam, com base no custo e no mercado, pelo valor percebido pelo consumidor.

A Tabela 28.7 apresenta um modelo de cálculo dentro dessa metodologia.

Tabela 28.7 Ciclo de vida e formação de preços de venda

Discriminação	Dados Unitários	Investimentos e Gastos Anuais Iniciais	Ano 1	Ano 2	Ano 3	Ano 4	Ano 5	Total
Quantidades			2.000	2.000	2.000	2.000	2.000	10.000
Materiais Diretos	112		224.000	224.000	224.000	224.000	224.000	1.120.000
MOD	50		100.000	100.000	100.000	100.000	100.00	500.000
Engenharia de Desenvolvimento	35	350.000	35.000	35.000	35.000	35.000	35.000	525.000
Engenharia de Processo	30	240.000	60.000	60.000	60.000	60.000	60.000	540.000
Pesquisa de Mercado		300.000						300.000
Publicidade			120.000	120.000	120.000	120.000	120.000	600.000
Investimento Inicial		2.000.000						2.000.000
Valor Residual		-1.000.00						-1.000.000
Rentabilidade Desejada		610.000						610.000
Soma		2.500.000	539.000	539.000	539.000	539.000	539.000	5.195.000
Custo Unitário Médio Total								519,50
Custo Unitário Médio Total		519,50						
Custos Adm./Comerciais	20%							
Divisor	0,80							
Preço de Venda (519,50:0,8)	649,37							

28.13 Aspectos Adicionais na Gestão de Preços de Venda

Comparação de Preços de Venda

O preço de venda calculado é o idealizado pela empresa. Nada impede, porém, que ela desenvolva uma lista de preços com preços diferentes dos calculados, já que o mercado é que dá a palavra final em preços de venda.

Mesmo com uma lista de preços que são ofertados ao mercado, os preços realmente obtidos podem também ser diferentes da lista. Assim, é necessário um acompanhamento constante dos três preços de venda, quais sejam:

- Preço de Venda Calculado.
- Preço de Venda de Lista.
- Preço de Venda Obtido ou Praticado.

Apresentamos a seguir um exemplo explicativo. Os preços de venda de lista são aleatórios, apenas para efeito de evidenciação comparativa. Os preços praticados são os constantes das vendas da empresa e estão na Demonstração de Resultados constante da Tabela 28.8.

Financiamento e Impostos da Venda

Outro cuidado a ser tomado é quando a empresa financia as vendas de seus produtos. Tendo em vista que a legislação fiscal determina prazos para o recolhimento dos impostos sobre vendas e que esses prazos podem ser diferentes daqueles que ela financia aos seus clientes, é fundamental um cálculo matemático para ver se não há necessidade de incrementar o custo de financiamento da venda para se ressarcir de um possível aumento da carga tributária da venda.

Tabela 28.8 Comparação de preços de venda

Produtos	Preço de Venda Calculado		Preço de Venda de Lista		Preço de Venda Praticado	
	R$	%	R$	%	R$	%
Produto A	1.851,08	100,00	1.780,00	96,16	1.700,00	91,84
Produto B	3.388,48	100,00	3.950,00	116,57	3.750,00	110,67

A ocorrência do aumento da carga tributária, caso se financie a venda em prazos diferentes dos prazos de recolhimento dos impostos, é motivada pela ocorrência da inflação e dos juros de financiamento de capital de giro.

Apresentamos a seguir um exemplo numérico, considerando os impostos sobre vendas já evidenciados anteriormente mais 5% a título de Impostos sobre Produtos Industrializados (IPI), e o ICMS não incide sobre o IPI. A suposição é de um custo financeiro mensal de 4% ao mês e que financiaremos ao cliente em 30 dias, desejando-se cobrar apenas o custo do dinheiro sobre os impostos.

O custo do dinheiro de 4% ao mês significa um custo diário de 0,13082%, calculado segundo o conceito de juro composto.

Tabela 28.9 Financiamento e impostos da venda

A – Dados	Taxa	Qtde. de Dias	Juros até o Dia [1] (em %)
Juros Diários	0,13082%		
Data da Venda: Dia 15 do Mês			
Data do Recebimento: Dia 15 do Próximo Mês		30	4,000
Recolhimento do IPI – Dia 30 do Mês da Venda		15	1,01980
Recolhimento do ICMS – Dia 3 do Próximo Mês		12	1,01581
Recolhimento do PIS – Dia 15 do Próximo Mês			
Recolhimento da Cofins – Dia 15 do Próximo Mês			

B – Cálculos	Alíquota (Em %)	Preço à Vista	Preço à Vista + 4%	Financiamento dos Impostos	Preço a Prazo[2] (R$)
Preço de Venda Unitário com Impostos (a)		3.750,00	3.900,00		3.939,62
(+) IPI – 5%	5,00	187,50	195,00	196,98	196,98
Preço de Venda com IPI		**3.937,50**	**4.095,00**		**4.136,60**
ICMS	18,00	675,00	702,00	709,13	709,13
PIS	0,65	24,38	25,35	25,35	25,61
Cofins	3,00	112,50	117,00	117,00	118,19
TOTAL (b)		**811,88**	**844,35**	**851,48**	**852,93**
Preço Líquido dos Impostos (a - b)		2.938,13	3.055,65		3.086,69

(1) Do recolhimento do imposto.
(2) Recuperando o financiamento dos impostos.

No exemplo apresentado, com um custo financeiro de 4% ao mês, financiando o cliente em 30 dias, para que a empresa consiga o ressarcimento da inflação, mais os efeitos inflacionários sobre a antecipação dos impostos, ela tem de adicionar ao preço de venda à vista 1,01016%, totalizando um multiplicador de financiamento para 30 dias de 1,05056, ou seja, mais 5,056%.

Alterações nos Preços de Venda Calculados

A formação de preços de venda deve continuadamente ser revista. As principais alterações que podem ser processadas são relacionadas com alterações nas estruturas de custos e despesas, decorrentes de eficiência ou deficiência dos processos de produção e estrutura do produto, bem como das alterações nos preços desses insumos.

Alterações pela inflação da empresa

Elas devem ser calculadas mês a mês, partindo do cálculo da inflação mensal da empresa. Basta simplesmente aplicar aos preços de venda a média dos aumentos acontecidos na estrutura de custos e despesas. É claro que a inflação da empresa é um parâmetro básico a ser aplicado sobre os custos-padrão e preços de venda formados com base neles. Outros fatores também devem ser considerados, pois nem sempre o mercado aceita facilmente alterações de preços nas diversas situações possíveis de demanda.

Os conceitos e procedimentos básicos para obtenção da inflação da empresa estão apresentados no Capítulo 29.

Alterações por mudanças estruturais nos custos e despesas

Alterações na formação dos preços de venda deverão acontecer nas revisões dos custos-padrão. Nas revisões desses custos serão captadas todas as alterações ocorridas nas estruturas dos produtos, bem como os ganhos ou perdas de eficiência no processo produtivo, que provocarão alterações nos custos reais e, consequentemente, na elaboração dos padrões.

Questões e Exercícios

1 Quando devemos formar o preço de venda por meio dos custos e o que fazer quando o preço de venda é dado pelo mercado? Em sua opinião, qual é a realidade empresarial: o preço de venda é dado pelo mercado, ou as empresas é que conseguem impor seu preço de venda?

2 Discorrer sobre as eventuais diferenças conceituais entre preço de venda formado pelo mercado e valor percebido pelo consumidor.

3 Quais os principais parâmetros externos de rentabilidade que devem ser analisados para a incorporação da margem desejada no *mark-up*?

4 Explique o que é custo financeiro e o que é custo de financiamento da venda. Quais os componentes de cada um destes elementos que fazem parte da formação de preços de venda?

5 Uma empresa pretende vender R$ 1.000.000 de determinado produto durante o ano. O capital investido no negócio é de R$ 300.000. Qual é a margem de lucro que ela deve considerar no preço de venda sem impostos se ela deseja uma rentabilidade líquida dos impostos sobre o lucro de 18% sobre o capital investido? Considere que os impostos sobre o lucro representam 50% da margem das vendas antes desses impostos.

6 Uma empresa tem os seguintes percentuais médios sobre vendas líquidas:

	%
Despesas Comerciais =	12
Despesas Administrativas =	11
Custo Financeiro =	6
Margem de Lucro =	17

Pede-se:

a) Calcular o *mark-up* para obtenção de preço de venda sem impostos.

b) Calcular o preço de venda sem impostos de um produto que tem um custo industrial de R$ 150.000.

7 Um produto deve ser vendido à vista por R$ 200,00 por unidade antes dos impostos sobre vendas.

ICMS	17%
PIS	0,65
Cofins	2,00

Pede-se:

a) Calcular o *mark-up* para incorporação dos impostos sobre o preço de venda sem impostos.

b) Calcular o preço de venda com impostos.

8 Considere os seguintes dados financeiros de uma empresa. Para simplificar, imagine que a quantidade produzida é totalmente vendida durante o ano, não formando estoques adicionais:

	Ano 1	Ano 2
Vendas Líquidas	R$ 30.000	R$ 36.992
Custo dos Produtos Vendidos	21.000	25.894
Despesas de Vendas	4.500	4.680
Despesas Administrativas	3.000	3.000
Custo Financeiro	2.400	2.520
Resultado Operacional	(900)	898
Impostos sobre o Lucro (35%)	-	-
Resultado Líquido	(900)	898
Patrimônio Líquido Inicial	25.002	24.102

A empresa tem operado nesses dois últimos anos bem abaixo de sua capacidade total de produção e vendas. As perspectivas para o próximo período – o Ano 3 – são de que a empresa conseguirá vender tudo o que produzir, dada a grande demanda esperada. A empresa está com o seu Patrimônio Líquido inicial avaliado em R$ 25.000. Ela deseja uma rentabilidade mínima de 16%, líquida dos impostos sobre o lucro. Estima-se também que apenas as despesas de vendas e o custo financeiro terão um acréscimo de 10%. As despesas administrativas continuarão fixas e considera-se o custo dos produtos vendidos totalmente variável.

Pede-se:

a) Calcular o novo faturamento (vendas líquidas).

b) Considerando que o novo faturamento esperado representará 100% da utilização da capacidade de produção e vendas, verificar qual foi a utilização percentual da capacidade nos Anos 1 e 2.

c) Calcular qual é a participação das despesas com vendas, administrativas, custo financeiro e margem bruta sobre as vendas líquidas.

9 Uma empresa vende um produto à vista por R$ 2.000,00, em que estão embutidos os seguintes impostos que são recolhidos em datas diferentes:

ICMS – 18% – Vencimento dia 1º do mês seguinte.
PIS/Cofins – 3,65% – Vencimento dia 15 do mês seguinte.
Não há IPI e os impostos são calculados sobre o valor da venda.

Partindo do pressuposto de que ela venda regularmente durante o mês, podemos assumir que as vendas ocorrem em média no dia 15 e, com isso, podemos então considerar que ela recolhe o ICMS 15 dias depois e o PIS/Cofins 30 dias depois.

Pede-se:

a) Calcular qual é de fato o valor líquido (sem impostos) obtido em cada venda, considerando um custo financeiro de 2% por quinzena e 4,04% por mês.

b) A empresa pretende oferecer duas novas modalidades de prazo de recebimento, quando o cliente poderá tanto pagar a 30 dias quanto a 60 dias, sempre em uma única parcela. Calcular qual deve ser cada um dos preços a serem oferecidos, de tal forma que a empresa obtenha o mesmo valor líquido de impostos obtido em **a**.

Capítulo 29

Inflação da Empresa, Rentabilidade de Produtos, Custo-Meta e Custos para Servir

Este capítulo destina-se a desenvolver as principais análises de custos que não foram abordadas nos capítulos anteriores. As principais análises e modelos para análise e gestão de custos e preços de venda já foram desenvolvidos nos Capítulos 24 a 28. Desenvolveremos quatro modelos de análise de gestão de custos e preços de venda:

- Inflação interna da empresa.
- Análise da lucratividade e rentabilidade de produtos.
- Modelo para obtenção do custo-meta (*target costing*).
- Custos para servir.

29.1 Inflação da Empresa

Inflação da empresa é a apuração da variação percentual média ponderada dos custos e despesas da empresa de um período para outro. É o que denominamos **inflação interna da empresa.** O conceito básico de índices de inflação são as **variações de preços** nos produtos e serviços que a empresa consome. Portanto, durante o período de apuração das inflações, não se deve, em princípio, levar em consideração o volume de consumo de recursos. O volume ou a quantidade de consumo de recursos já está incorporado dentro das cestas-padrão para cálculo dos diversos tipos de inflação da empresa.

Conforme Hummel e Taschner,

> "Não devemos esquecer que o modelo pressupõe certa estrutura de custos da empresa, e o modelo só será válido se a estrutura representar a empresa, e se suas alterações no decorrer do período não forem significativas."[1]

O Porquê da Necessidade da Inflação da Empresa

A necessidade de um número que meça com rapidez as alterações nos custos e despesas da empresa é que fundamenta o cálculo da inflação interna da companhia.

As alterações nos custos e despesas da empresa também podem ser obtidas pelo levantamento periódico dos custos dos produtos. Todavia, o procedimento de apuração dos custos reais periodicamente tende a demandar tempo considerável, enquanto a técnica de inflação da empresa tende a dar uma informação próxima da exatidão e com muito mais rapidez.

Adicionalmente, a obtenção de uma variação percentual que meça a inflação interna da companhia possibilita à empresa análises comparativas com os diversos índices existentes medidores de inflação.

Essa possibilidade de comparação com outros indicadores inflacionários propicia um posicionamento da inflação da empresa diante das inflações de caráter geral do país, bem como de caráter mais específico, como inflação do setor de atuação.

Inflação, Inflação da Empresa, Moeda, Correção Monetária e Estabilidade Monetária

O assunto inflação interna de preços (inflação da empresa) não tem sido objeto de muitos estudos nos ambientes contábil e financeiro, mesmo em períodos em que nosso país teve de conviver crônica e continuadamente com grandes índices de inflação. Desta maneira, poderíamos pensar, então, que, em um ambiente de estabilidade monetária, medir índices internos de preços é desnecessário.

Independentemente de o ambiente econômico estar com ou sem estabilidade monetária, é essencial medir a inflação da empresa. A inflação é um fenômeno natural nas economias regidas por moedas. Sendo assim, sempre haverá a possibilidade de inflação no país e, consequentemente, na empresa. Em ambientes classificados como de estabilidade monetária, a inflação, tanto do país quanto da empresa, pode ser de pequena expressão, ser até negativa (deflação), ou mesmo nem acontecer em determinados períodos. Este aspecto não é relevante.

Cada entidade econômica tem uma inflação específica, seja pessoa física ou jurídica. Eventualmente, em um ambiente de estabilidade monetária no país, uma empresa pode ter grandes aumentos de custos de seus insumos e recursos e vir a ter uma inflação interna significativa, assim como o inverso é verdadeiro.

O que não se deve é confundir inflação com correção monetária, que é um instituto artificial que o país pode adotar ou não na condução de sua política econômica.

[1] HUMMEL, Paulo Roberto Vampré e TASCHNER, Mauro Roberto Black. *Análise e decisão sobre investimentos e financiamentos*. São Paulo: Atlas, 1988, p. 134.

Não é porque se tem inflação em um país que se deva ter correção monetária. Praticamente todas as correntes da ciência econômica não a recomendam, mesmo tendo inflação. O combate à inflação tem todo um conjunto de medidas já estudado, e a principal é a sua incorporação nas taxas de juros, buscando refrear o consumo. Em linhas gerais, a inflação interna deve ser combatida, no ambiente econômico empresarial, com aumento da eficiência e produtividade.

Periodicidade do Cálculo da Inflação

Entendemos que a periodicidade do cálculo da inflação interna da empresa deva ser mensal, para que possamos acompanhar os demais cálculos de inflação existentes na economia. Seria difícil para a empresa, e provavelmente não traria benefícios adicionais relevantes, o cálculo da inflação interna em períodos menores.

O motivo disso é que a maior parte das ocorrências de custos e despesas da empresa tem variação mensal. Apenas alguns custos e despesas acompanham crescimento no nível de preços referenciados com indicadores financeiros diários, basicamente os relacionados como moeda estrangeira. Uma das despesas de maior relevância nas empresas, de um modo geral, é o gasto com o pessoal, e este, quando atualizado, tem aplicação mensal. Não há dúvida de que alguns insumos tenham variações inferiores a um mês, como os materiais. Porém, a periodicidade mensal é a que mais tem sido adotada de forma geral pelas empresas e órgãos governamentais.

Como Calcular a Inflação da Empresa

Os critérios para calcular a inflação da empresa são fundamentalmente os mesmos utilizados para o cálculo de qualquer índice medidor de inflação. Apresentamos a seguir os conceitos e procedimentos que julgamos necessários para desenvolvê-lo.

Qual inflação calcular

Vamos direcionar os procedimentos de cálculo da inflação após definirmos qual queremos calcular. Muitas delas são possíveis de se calcular internamente. Eis algumas:

- Inflação geral da empresa.
- Inflação para cada divisão da empresa.
- Inflação por linha de produto.
- Inflação por insumos.
- Inflação dos custos industriais.
- Inflação dos gastos operacionais etc.

Pelo menos duas inflações internas devem ser obtidas: a inflação geral da empresa e a inflação por linha de produtos.

Fundamentos para o cálculo da inflação

A base para o cálculo de qualquer índice de variação de preços, por ser um cálculo que considera consumos médios ponderados, é:

- Construção de cestas de participação dos itens de consumo de que se queira medir a variação média de preços.
- Seleção, por amostragem, dos itens que deverão fazer parte das cestas de consumo.
- Cotação periódica – mensal – dos preços dos insumos incluídos nas cestas de participação dos gastos.

Bases para as séries de índices de preços

Os modelos de índices de preços mais aplicados pela ciência econômica decorrem dos estudos de Laspeyres e Paasche. Para obtenção de séries de números-índices, existem também várias fórmulas, classificadas em dois tipos:

- Séries de números-índices de base fixa.
- Séries de números-índices de base móvel encadeada.

O primeiro tipo só é aplicado com as fórmulas de Laspeyres.[2] Nossa proposta neste capítulo é a adoção da base fixa no período de um ano.

Construção das "cestas" de participação dos gastos

Após a definição de quais inflações a empresa entenda devam ser calculadas, passaremos a construir os percentuais de participação dos gastos nos diversos segmentos de ocorrência dos custos e despesas operacionais.

Em outras palavras, segmentamos o custo dos produtos ou os custos e despesas da empresa nos seus diversos componentes e construímos uma participação percentual de cada insumo no total dos custos segmentados. Denominamos **cesta de participação** o número percentual de participação de cada insumo no total do segmento de gastos.

Base de custos para construção das cestas de participação

As cestas podem ser construídas com base nas diversas formas de custeamento, quais sejam:

- Custo real.
- Custo-padrão.
- Custo orçado.
- Custo estimado.

[2] PARISI, Cláudio. *Uma contribuição ao estudo de índice interno de preços sob a ótica da gestão econômica*. Tese de Doutoramento, São Paulo: FEA/USP, 1999, p. 47.

É nossa opinião que a base que deve ser utilizada é um estudo conjunto de custo-padrão dos produtos e custos orçados para o próximo período, juntamente com os critérios utilizados para formar preços de venda.

No conceito de custo-padrão, os valores a serem considerados e cotados no futuro devem ser na condição de pagamento à vista.

Quantidade de itens componentes das cestas

Dependendo da complexidade da estrutura do produto, da empresa e dos processos de fabricação, será determinada a quantidade de itens que comporão cada cesta. Se a empresa fabricar poucos produtos e estes contiverem poucos insumos e processos de fabricação, é recomendável a utilização de todos os dados de custos e/ou despesas.

Caso a empresa se caracterize por estruturas complexas, tanto de pessoal, de despesas e de produto, será necessário um processo de amostragem para selecionar os itens que comporão as diversas cestas da inflação interna. Neste ponto, deveremos utilizar técnicas de métodos quantitativos para determinação do tamanho da amostra a ser utilizada.

Periodicidade de revisão das cestas

Nossa proposta é manter as estruturas das cestas de participação por um ano, revendo-as para o início do próximo exercício. Essa revisão deverá ser feita anualmente, uma vez que o *mix* de produção e vendas poderá alterar-se significativamente de um ano para outro. Não se recomenda uma alteração de estrutura durante o ano, pois isso prejudica o conceito de inflação sobre determinada base de observação.

Uma alteração da cesta de participação no ano deverá ser feita somente se houver alguma alteração significativa, como a saída de um produto de linha que tenha grande participação nas vendas, a saída ou entrada de materiais ou insumos que também tenham participação relevante etc.

Principais Cestas de Participação a Serem Construídas

Materiais comprados

Com base na estrutura-padrão de materiais do custo dos produtos, faremos uma cesta para determinar a inflação mensal dos materiais. Essa cesta deverá ter duplo objetivo:

- Determinar a inflação de materiais por linha de produtos.
- Determinar a inflação de materiais do total da empresa.

Despesas gerais

Deverão ser observados procedimentos idênticos ao item anterior. Neste caso, dependendo da estrutura da empresa, poderá ser difícil segregar participação das despesas por linha de produto. Neste caso, faremos uma cesta única das despesas gerais da empresa, que será utilizada para todos os produtos.

Mão de obra e depreciação

De modo geral, os gastos com mão de obra apresentam uma única variação para todos os setores da empresa, razão por que não há necessidade de construir uma cesta específica para esse gasto. O mesmo acontece com os gastos de depreciação, que têm uma única variação para todos os bens depreciáveis no mês.

No caso específico de mão de obra, caso os funcionários da empresa pertençam a mais de uma entidade sindical, que apresente periodicidade diferente de variação dos salários, isso deverá ser observado. É comum que determinados produtos da empresa sejam fabricados em localidades diferentes, com bases de acordos salariais sendo negociadas com entidades sindicais diferentes e, portanto, esse aspecto deve ser considerado.

Custo dos produtos

Após determinadas as cestas dos insumos, passaremos a construir as cestas de cada produto, ou seja, calcularemos a participação percentual de cada insumo no total do custo do produto, por meio da estrutura de custo de cada produto. Para esta cesta, recomendamos a utilização dos dados do custo-padrão de cada produto.

Inflação geral da empresa

A cesta para medir a inflação geral da empresa parte da participação dos custos de cada produto no total dos custos totais da companhia. Para determinar o percentual que cada produto representa no total da inflação geral da empresa, devemos nos valer dos dados orçados de vendas e produção para o próximo exercício.

O plano orçamentário contém o *mix* dos produtos a serem fabricados e vendidos e, por meio desse *mix*, determinaremos a participação de cada um no total a ser considerado na cesta de inflação geral da empresa.

Utilização da inflação da empresa

O indicador mensal de inflação da empresa substituirá a necessidade de cálculos mensais de custo-padrão, que passarão a ser atualizados exatamente pela inflação da empresa. Portanto, tal ferramenta deverá trazer velocidade nas informações de custo para a empresa.

A seguir, damos algumas outras utilizações mais importantes:

- Atualização do custo-padrão.
- Atualização da formação de preços de venda.
- Parâmetros para aplicar aumentos na lista de preços de venda.
- Correção dos valores das peças orçamentárias do ano em curso.
- Controle das variações dos preços dos insumos.
- Controladoria de despesas.
- Parâmetros para avaliar contratos de serviços com cláusulas de reajuste.
- Possibilidade de criação de denominador monetário interno para relatórios em moeda constante.
- Atualizar os custos unitários dos materiais no sistema de compras de materiais.

Exemplo Numérico

Utilizando os dados da estrutura dos produtos e processo de fabricação mais os dados utilizados para formação do custo-padrão dos produtos por absorção, do Capítulo 24, desenvolvemos o exemplo numérico com a seguinte configuração:

- Cálculo da inflação do custo industrial (não utilizamos as despesas operacionais).
- Inflação geral da empresa, considerando a estimativa de volume de atividade-padrão utilizada para o custo-padrão.
- Inflação por produto.
- Cesta de materiais por linha de produto e geral da empresa.
- Cesta de despesas do geral da empresa.
- Índice único para mão de obra e depreciação.

Primeira etapa: construção das cestas de participação ou cestas-padrão

A título de exemplo, construímos as seguintes cestas-padrão, com base no custo-padrão dos Produtos A e B e gastos gerais da empresa, também em nível de padrão ou orçamento:

- Tabela 29.1 – Cestas de participação de materiais comprados por produto
- Tabela 29.2 – Cesta de participação de materiais comprados da empresa

A cesta de participação de materiais por produto parte da estrutura do custo unitário de cada produto. A cesta de participação de materiais da empresa necessita considerar a ponderação pela quantidade-padrão a ser produzida e vendida de cada produto.

- Tabela 29.3 – Cesta de participação de Despesas Gerais da Empresa

Esta cesta é elaborada escolhendo-se as despesas mais representativas do custo dos produtos, normalmente baseada nos dados orçados em condições de atividade normal da empresa. No nosso exemplo, estamos pressupondo que há uma utilização média geral das despesas para todos os produtos da empresa.

- Tabela 29.4 – Cesta de participação do Custo Total por Produto
- Tabela 29.5 – Cesta de participação do Custo Total da Empresa

As Tabelas 29.4 e 29.5 são os quadros principais de participação. Indicam a estrutura média de custos para cada produto da empresa, e um resumo da estrutura média de custos padronizada da empresa como um todo. Essas cestas são as principais e conclusivas para o processo de obtenção da inflação mensal da empresa e dos produtos.

Segunda etapa: coleta periódica (mensal) dos preços e variações de preços

A inflação é uma média ponderada de preços. Para tanto, mensalmente o Sistema de Informação Contábil gerencial deverá captar, processar e armazenar as variações de preços dos insumos selecionados para todas as cestas-padrão de participação. Basicamente, são dois tipos de coletas a serem feitas para os itens selecionados:

Tabela 29.1 Construção da cesta-padrão de materiais comprados por produto

Materiais Selecionados pela Amostragem	Produto A Custo Unitário	Volume Anual	Total R$	Cesta-Padrão %	Produto B Custo Unitário	Volume Anual	Total R$	Cesta-Padrão R$
Matéria-Prima A	204,00	625	127.500	85,00	600,00	250	150.000	88,24
Material Auxiliar M	36,00	625	22.500	15,00	80,00	250	20.000	11,76
Material N	xx,xx	625	zzz,zz	w,ww	xx,xx	250	zzz,zz	w,ww
TOTAL	**240,00**		**150.000**	**100,00**	**680,00**		**170.000**	**100,00**

Tabela 29.2 Construção da cesta-padrão de materiais para o total da empresa

Total dos Materiais dos Produtos A e B	Consumo Total de Materiais - R$ Produto A	Produto B	Total	Cesta-Padrão %
Matéria-Prima A	127.500	150.000	277.500	86,72
Material Auxiliar	22.500	20.000	42.500	13,28
Material N	zzz,zz	zzz,zz	zzz,zz	w,ww
TOTAL	**150.000**	**170.000**	**320.000**	**100,00**

Tabela 29.3 Construção da cesta-padrão de despesas gerais para o total da empresa

Despesas Selecionadas pela Amostragem	Total do Gasto Anual Esperado/Orçado	Cesta-Padrão %
Energia Elétrica	20.000	20,83
Telecomunicações	10.000	10,42
Despesas de Viagem	15.000	15,63
Serviços de Terceiros		0,00
• Serviço 1	5.000	5,21
• Serviço 2	6.000	6,25
• Serviço 3	8.000	8,33
Fretes	20.000	20,83
Publicidade	12.000	12,50
Despesa N	zzz,zz	w,ww
TOTAL	**96.000**	**100,00**

Tabela 29.4 Construção da cesta-padrão do custo total por produto

Insumos de Produção	Produto A				Produto B			
	Custo Unitário	Volume Anual	Total R$	Cesta-Padrão %	Custo Unitário	Volume Anual	Total R$	Cesta-Padrão %
Materiais Diretos	240,00	625	150.000	23,08	680,00	250	170.000	45,95
Mão de Obra Direta	400,00	625	250.000	38,46	400,00	250	100.000	27,03
Mão de Obra Indireta	200,00	625	125.000	19,23	200,00	250	50.000	13,51
Despesas Gerais de Fabricação	100,00	625	62.500	9,62	100,00	250	25.000	6,76
Depreciação	100,00	625	62.500	9,62	100,00	250	25.000	6,76
TOTAL	**1.040,00**		**650.000**	**100,00**	**1.480,00**		**370.000**	**100,00**

Tabela 29.5 Construção da cesta-padrão do custo total da empresa

Insumos de Produção	Consumo Total por Produtos - R$ Produto A	Produto B	Total	Cesta-Padrão %
Materiais Diretos	150.000	170.000	320.000	31,37
Mão de Obra Direta	250.000	100.000	350.000	34,31
Mão de Obra Indireta	125.000	50.000	175.000	17,16
Despesas Gerais de Fabricação	62.500	25.000	87.500	8,58
Depreciação	62.500	25.000	87.500	8,58
TOTAL	**650.000**	**370.000**	**1.020.000**	**100,00**

- Coleta das **cotações de preços** dos itens que são transacionados por unidades (materiais ou gastos pagos unitariamente). No nosso exemplo, estamos indicando que são negociados por unidades, além dos materiais, dois tipos de despesas: de viagem, que estamos simbolizando por um preço de quilômetro rodado pago aos funcionários, e de fretes, cuja cotação seria por alguma unidade de medida utilizada pela empresa.
- Coleta dos **aumentos de preços** dos itens que são utilizados por contas mensais. Basicamente, referem-se às contas a pagar das despesas, por meio de taxas ou contratos, em que não há uma unidade de consumo, e sim alterações mensais de preços.

A Tabela 29.6 evidencia a coleta de dados das variações de preços.

Há dúvidas se se deve incorporar o custo de depreciação na inflação da empresa, bem como se se deve medir sua variação de preços. Este custo foi incorporado em nosso estudo. Entendemos que a variação de preços da depreciação pode ser considerada de duas grandes maneiras:

- considerando um aumento médio do custo dos principais equipamentos e imobilizados geradores de depreciação;
- considerando um custo de oportunidade de capital. Neste caso, a adoção de uma taxa de juros pode ser utilizada.

Terceira etapa: cálculo da inflação das diversas cestas levantadas

A inflação é a resultante da multiplicação das variações de preços individuais aplicadas em cada participação específica de cada insumo. A inflação total é o somatório destas multiplicações, resultando em um percentual médio ponderado de dois índices percentuais. Esses cálculos estão representados nas Tabelas 29.7, 29.8 e 29.9.

Tabela 29.6 Inflação mensal dos insumos de produção – mês 2

Insumo de Produção	Cotações de Preços Preço Unitário Mês 1	 Preço Unitário Mês 2	Inflação - % Variação Mensal dos Preços
Matéria-Prima A	20,00	20,50	2,50
Material Auxiliar M	360,00	364,00	1,11
Material N	20,00	20,00	0,00
Energia Elétrica	-	-	11,30
Telecomunicações	-	-	0,00
Despesas de Viagem	0,80	0,86	7,50
Serviços de Terceiros			
• Serviço 1	-	-	6,00
• Serviço 2	-	-	5,00
• Serviço 3	-	-	7,50
Fretes	20,00	20,30	1,50
Publicidade	-	-	2,00
Despesa N	-	-	0,00
Salários – Mão de Obra	-	-	6,50
Depreciação	-	-	1,50

Tabela 29.7 Cálculo da inflação mensal de materiais por produto – em %

Materiais selecionados pela amostragem	Produto A Cesta-Padrão a	 Inflação do Material b	 Inflação no Produto a x b	Produto B Cesta-Padrão a	 Inflação do Material b	 Inflação no Produto a x b
Matéria-Prima A	85,00	2,50	2,12	88,24	2,50	2,21
Material Auxiliar M	15,00	1,11	0,17	11,76	1,11	0,13
Material N	w,ww	0,00	0,00	zzz,zz	0,00	0,00
TOTAL	**100,00**		**2,29**	**100,00**		**2,34**

Tabela 29.8 Cálculo da inflação mensal de materiais da empresa – em %

Materiais Selecionados pela Amostragem	Cesta-Padrão a	Empresa Inflação do Material b	Inflação na Empresa a x b
Matéria-Prima A	86,72	2,50	2,17
Material Auxiliar M	13,28	1,11	0,15
Material N	w,ww	0,00	0,00
TOTAL	**100,00**		**2,32**

Tabela 29.9 Cálculo da inflação mensal de despesas gerais da empresa – em %

Despesas Selecionadas pela Amostragem	Cesta-Padrão a	Empresa Inflação da Despesa b	Inflação na Empresa a x b
Energia Elétrica	20,83	11,30	2,35
Telecomunicações	10,42	0,00	0,00
Despesas de Viagem	15,63	7,50	1,17
Serviços de Terceiros	0,00	0,00	0,00
• Serviço 1	5,21	6,00	0,31
• Serviço 2	6,25	5,00	0,31
• Serviço 3	8,33	7,50	0,63
Fretes	20,83	1,50	0,31
Publicidade	12,50	2,00	0,25
Despesa N	w,ww	0,00	0,00
TOTAL	**100,00**		**5,34**

Finalmente, poderemos calcular a inflação dos produtos e a inflação interna total da empresa, que estão apresentadas nas Tabelas 29.10 e 29.11.

Tabela 29.10 Cálculo da inflação mensal dos produtos – em %

Insumos	Produto A			Produto B		
	Cesta-Padrão a	Inflação do Insumo b	Inflação no Produto a x b	Cesta-Padrão a	Inflação do Insumo b	Inflação no Produto a x b
Materiais Diretos	23,08	2,29	0,53	45,95	2,34	1,07
Mão de Obra Direta	38,46	6,50	2,50	27,03	6,50	1,76
Mão de Obra Indireta	19,23	6,50	1,25	13,51	6,50	0,88
Despesas Gerais de Fabricação	9,62	5,34	0,51	6,76	5,34	0,36
Depreciação	9,62	1,50	0,14	6,76	1,50	0,10
TOTAL	**100,00**		**4,94**	**100,00**		**4,17**

Tabela 29.11 Cálculo da inflação mensal da empresa – em %

Insumos de Produção	Cesta-Padrão a	Empresa Inflação do Insumo b	Inflação da Empresa a x b
Materiais Diretos	31,37	2,32	0,73
Mão de Obra Direta	34,31	6,50	2,23
Mão de Obra Indireta	17,16	6,50	1,12
Despesas Gerais de Fabricação	8,58	5,34	0,46
Depreciação	8,58	1,50	0,13
TOTAL	**100,00**		**4,66**

Com todas as variações de preços em cima das estruturas/cestas-padrão, o Produto A evidencia um aumento médio de custos de 4,94% e o B de 4,17% no mês 2. A inflação interna da empresa no mês 2 foi de 4,66%.

Convém observar que a metodologia de cálculo da inflação também considera uma sequência de cálculos. Note que a inflação de materiais do Produto A calculada na Tabela 29.7 foi de 2,29%. Esse percentual foi reintroduzido para o cálculo do custo total do Produto A na Tabela 29.10.

29.2 Análise de Rentabilidade de Produtos

Um dos temas mais complexos é a análise de rentabilidade de produtos. Contudo, este procedimento, que deve ser feito rotineiramente, é vital para o acompanhamento das atividades e dos resultados das empresas. Tendo em vista a complexidade desta análise, é importante que as conclusões extraídas dos números sejam consistentes e que as decisões sejam embasadas em dados globais, nunca unitários ou individuais.

Métodos de Custeamento dos Produtos

A base conceitual para análise de rentabilidade é o método de custeamento de produtos, ou seja, a metodologia utilizada para apuração do custo unitário dos produtos. A adoção irrestrita de um único método que não seja o adequado pode levar a decisões equivocadas e até danosas para a empresa. Os principais métodos de custeio unitário dos produtos foram apresentados no Capítulo 8 e são:

- Custeio Direto ou Variável.
- Custeio por Absorção (também denominado Custeio Tradicional).
- Custeio por Atividades (Custo ABC).
- Teoria das Restrições (Contribuição da Produção).

O Custo ABC é uma variante do conceito de Custeio por Absorção, enquanto a Teoria das Restrições é uma variante do Custeio Variável. A seguir, reapresentamos a estrutura conceitual dos quatro métodos.

Quadro 29.1 Estrutura dos principais métodos de custeio

Custeio por Absorção	Custo ABC	Custeio Direto/ Variável	Teoria das Restrições
Preço de Venda	Preço de Venda	Preço de Venda	Preço de Venda
(-) Custos	(-) Custos	(-) Custos Variáveis/Diretos	(-) Custo dos Materiais
• Materiais	• Materiais	. Materiais	
• Mão de Obra Direta	• Mão de Obra Direta	. Mão de Obra Direta	= Contribuição da Produção
• Custos Indiretos Absorvidos . Custo Indireto 1 . Custo Indireto 2 . Custo Indireto n	• Custo das Atividades . Atividade 1 . Atividade 2 . Atividade n	= Margem de Contribuição (-) Custo Fixo 1	(-) Despesas Operacionais • Mão de Obra Direta • Custo Fixo 1
		(-) Custo Fixo 2	• Custo Fixo 2
= Margem Líquida	= Margem Líquida	(-) Custo Fixo n	. Custo Fixo n
		= Margem Líquida	= Margem Líquida

Análise da Rentabilidade Unitária dos Produtos

O primeiro tipo de análise de rentabilidade que comumente é solicitado é a análise da rentabilidade **unitária** do produto. Essa análise é extremamente simples, porque, utilizado um método de apuração do custo unitário, basta analisar o custo unitário obtido com o preço de venda. Obviamente, se estamos com custos padronizados, deveríamos contrapor com preços de vendas padronizados, se estamos com custos orçados, deveríamos contrapor com preços esperados, e, se estamos com custos reais, deveríamos contrapor com preços de venda realmente obtidos.

Tabela 29.12 Análise de rentabilidade pelo conceito de custo unitário

Custo Unitário					
	Custeio por Absorção			Custo ABC	
	Produto A	Produto B		Produto A	Produto B
Preço de Venda	100,00	60,00	Preço de Venda	100,00	60,00
(-) Custos			(-) Custos		
• Materiais Diretos	28,00	22,00	• Materiais Diretos	28,00	22,00
• Mão de Obra Direta	12,00	8,00	• Mão de Obra Direta	12,00	8,00
• Custos Indiretos			• Custo das Atividades		
Absorvidos	42,00	28,00	. Preparação máquinas	21,00	3,75
CUSTO TOTAL	**82,00**	**58,00**	. Ordens receb./produção	15,20	5,70
			. Horas máquinas	28,00	13,00
			CUSTO TOTAL	**104,20**	**52,45**
Margem Operacional	R$ 18,00	2,00	Margem Operacional	(4,20)	7,55
% de Lucro	18,0	3,3	% de Lucro	-4,2	12,6

Custo Unitário					
	Custeio Direto/Variável			Teoria das Restrições	
	Produto A	Produto B		Produto A	Produto B
Preço de Venda	R$ 100,00	60,00	Preço de Venda	R$ 100,00	60,00
(-) Custos			(-) Custos		
• Materiais Diretos	28,00	22,00	• Materiais Diretos	28,00	22,00
• Mão de Obra Direta	12,00	8,00			
CUSTO TOTAL	**40,00**	**30,00**	**CUSTO TOTAL**	**28,00**	**22,00**
Margem de Contribuição	60,00	30,00	Contribuição da Produção	72,00	38,00
% de Lucro	60,0	50,0	% de Lucro	72,0	63,3

Tabela 29.13 Análise de rentabilidade pelo conceito de custo total

Custos Totais							
	Custeio por Absorção				Custo ABC		
Quantidades Anuais	5.000	20.000			5.000	20.000	
	Produto A	Produto B	Total		Produto A	Produto B	Total
Vendas	500.000	1.200.000	1.700.000	Vendas	500.000	1.200.000	1.700.000
(-) Custos				(-) Custos			
• Materiais Diretos	140.000	440.000	580.000	• Materiais Diretos	140.000	440.000	580.000
• Mão de Obra Direta	60.000	160.000	220.000	• Mão de Obra Direta	60.000	160.000	220.000
• Custos Indiretos				• Custo das Atividades	321.000	449.000	770.000
Absorvidos	210.000	560.000	770.000	. Preparação máquinas	105.000	75.000	180.000
CUSTO TOTAL	**410.000**	**1.160.000**	**1.570.000**	. Ordens receb./produção	76.000	114.000	190.000
				. Horas máquinas	140.000	260.000	400.000
				CUSTO TOTAL	**521.000**	**1.049.000**	**1.570.000**
Margem Operacional	90.000	40.000	130.000	Margem Operacional	(21.000)	151.000	130.000
% de Lucro	18,0	3,3	7,65	% de Lucro	-4,2	12,6	7,65
Participação no Total do Lucro (Em %)	69,2	30,8	100,0	Participação no Total do Lucro (Em %)	-16,1	116,1	100,0

continua

Tabela 29.13 Análise de rentabilidade pelo conceito de custo total (Continuação)

	Custos Totais						
	Custeio Direto/Variável				Teoria das Restrições		
Quantidades Anuais	**5.000**	**20.000**			**5.000**	**20.000**	
	Produto A	**Produto B**	**Total**		**Produto A**	**Produto B**	**Total**
Vendas	500.000	1.200.000	1.700.000	Vendas	500.000	1.200.000	1.700.000
(-) Custos				(-) Custos			
• Materiais Diretos	140.000	440.000	580.000	• Materiais Diretos	140.000	440.000	580.000
• Mão de Obra Direta	60.000	160.000	220.000				
CUSTO TOTAL	**200.000**	**600.000**	**800.000**	**CUSTO TOTAL**	**140.000**	**440.000**	**580.000**
Margem de Contribuição	300.000	600.000	900.000	Contribuição da Produção	360.000	760.000	1.120.000
(-) Custos Fixos	-	-	770.000	(-) Despesas Operacionais			
				• Mão de Obra Direta	-	-	220.000
				• Custos Indiretos Fixos	-	-	770.000
Margem Operacional	-	-	130.000	Margem Operacional	-	-	130.000
% de Lucro	60,0	50,0	7,65	% de Lucro	72,0	63,3	7,65
Participação no Total da Margem Contribuição (Em %)	33,3	66,7	100,0	Participação no Total da Contr. da Produção (Em %)	32,1	67,9	100,0

Partindo dos dados do custo unitário dos Produtos A e B, fica evidente que a adoção de determinado critério direcionará a decisão. Analisando os extremos, se a empresa estiver adotando o Custo ABC, o Produto A poderá ser eliminado, pois é deficitário. Inversamente, pela análise da Contribuição da Produção, o Produto A é o mais rentável e deveria continuar sendo enfatizado.

Análise da Rentabilidade Total dos Produtos

Normalmente, a análise de rentabilidade unitária é insuficiente para a tomada de decisão. O próximo passo é analisar os dados de custos unitários associados aos gastos **totais** fixos, juntamente com os volumes produzidos ou vendidos, reais ou esperados, dentro de um período de tempo, em geral um ano. Partindo do pressuposto de que o Produto A vende, em média, 5.000 unidades/ano e o B, 20.000 unidades/ano e considerando os custos fixos totais da empresa, faremos uma nova análise, agora considerando volumes anuais e gastos totais.

Com os dados dos custos totais, a análise de rentabilidade apresenta-se bastante diferente. No Custo ABC, continua o Produto A com margem negativa, prejudicando o resultado total em 16,1%. Contudo, no Custeio Variável e na Teoria das Restrições, o Produto A, que é o mais rentável unitariamente, não participa tanto do lucro total como o B, que, dado o seu volume e preço, contribui para mais de dois terços do resultado total para depois cobrir os custos fixos.

Análise da Rentabilidade dos Investimentos dos Produtos

Partindo de um pressuposto de que os diversos produtos ou divisões fabricadoras e comercializadoras de linhas de produtos exigem montantes de investimentos diferenciados para o processo produtivo e comercial, a análise de rentabilidade deve ser aprofundada, com a análise da rentabilidade dos investimentos associados aos produtos no conceito do ROI.

Em uma empresa, nem todos os investimentos (ativos) são passíveis de ser identificados diretamente com os produtos, pois existem investimentos (ativos) de utilização geral e não específica, tais como: ativos dos setores de administração, recursos humanos, manutenção, almoxarifados etc. Desta maneira, a análise da rentabilidade anual dos investimentos deve ser bem conduzida, sob pena de também induzir a decisões não adequadas.

Para esse tipo de análise, os métodos de custeio que mais têm condições de oferecer uma informação razoável são o Custeio por Absorção e o Custo ABC, pois alocam os custos indiretos. Nos demais métodos, a análise pode ser prejudicada.

Supondo que a empresa deste nosso exemplo tenha ativos, à disposição do Produto A, de R$ 300.000 e, à disposição do Produto B, de R$ 600.000, além de R$ 300.000 de ativos de uso geral, podemos efetuar uma análise de rentabilidade dos investimentos dos produtos.

Nesta análise, o Produto A pelo Custeio por Absorção apresenta ótima rentabilidade, e o B, uma rentabilidade positiva, mas fraca. No Custo ABC, o Produto B apresenta um ótima rentabilidade também.

Tabela 29.14 Análise de rentabilidade considerando os investimentos por produtos

Apuração da Rentabilidade	Produto A	Produto B	Outros	Total
Ativos à Disposição (Em R$)	300.000	600.000	300.000	1.200.000
Lucro Líquido				
• **Custeio por Absorção**	90.000	40.000	–	130.000
• ROI Anual (Em %)	30,0	6,67	–	10,83
• **Custo ABC**	(21.000)	151.000	–	130.000
• ROI anual (Em %)	-7,0	25,17	–	10,83
Margem de Contribuição				
• **Custeio Direto/Variável**	300.000	600.000	–	130.000*
• ROI Anual (Em %)	100,0	100,0	–	10,83
Contribuição da Produção				
• **Teoria das Restrições**	360.000	760.000	–	130.000*
• ROI Anual (Em %)	120,0	126,67	–	10,83

* Lucro Líquido Final após os custos fixos/despesas operacionais.

Tabela 29.15 Análise de rentabilidade considerando o ciclo de vida dos produtos

Apuração da Rentabilidade	Produto A	Produto B	Outros	Total
Ativos à Disposição (Em R$)	300.000	600.000	300.000	1.200.000
Ciclo de Vida (Em anos)	3,5	10,0	–	10,0 (1)
Lucro Líquido				
• **Custeio por Absorção**	315.000	400.000	–	1.300.000
• ROI do Projeto (Em %)	105,0	66,67	–	108,33*
• **Custo ABC**	(73.500)	1.510.000	–	1.300.000
• ROI do Projeto (Em %)	-7,0	251,67	–	108,33*
Margem de Contribuição				
• **Custeio Direto/Variável**	1.050.000	6.000.000	–	1.300.000
• ROI do Projeto (Em %)	350,0	1.000,0	–	108,33*
Contribuição da Produção				
• **Teoria das Restrições**	1.260.000	7.600.000	–	1.300.000
• ROI do Projeto (Em %)	420,0	1.266,67	–	108,33*

(1) Consideraremos 10 anos para o total, partindo do pressuposto de que o substituto do Produto A dará uma rentabilidade anual semelhante.
* Não foi considerado neste exemplo o custo do dinheiro ao longo do tempo.

Análise da Rentabilidade do Ciclo de Vida dos Produtos

Em adição ao aprofundamento da análise de rentabilidade, é necessário verificar em quanto tempo os produtos estarão disponíveis ao mercado. Todo produto tem o seu ciclo de nascimento, maturação e morte, que denominamos **ciclo de vida** dos produtos, tempo em que todos os investimentos efetuados para sua produção e comercialização sejam recuperados. Assim, grandes investimentos em produtos de ciclos de vida curtos devem ter altas taxas anuais de retorno. O oposto é válido. Produtos de longo ciclo de vida podem ter uma rentabilidade anual do investimento menor, pois durarão mais tempo e poderão recuperar o investimento em maior quantidade de anos. Esta análise é também denominada de rentabilidade do projeto.

Igualmente à análise da rentabilidade dos investimentos dos produtos, esta análise é muito prejudicada quando se utilizam os métodos de Custeio Variável e da Teoria das Restrições, sendo apenas razoável para os outros dois métodos. Saliente-se, ainda, que não necessariamente os ativos desses produtos, quando do término de seu ciclo de vida, serão inutilizados. O mais comum, ao contrário, é a continuidade de sua utilização para outros produtos, ou, como é mais frequente, para produtos similares ou substitutos dos atuais. Quando dessa ocorrência, o adequado seria refazer os cálculos, alongando o ciclo de vida, considerando os produtos substitutos, bem como adicionar aos ativos os novos investimentos para modernização ou ampliação dos ativos à disposição dos produtos.

Continuando nosso exemplo, faremos a suposição de que o Produto A tenha um ciclo de vida estimado de 3,5 anos, e o B, de 10 anos. Partindo da premissa de que essas rentabilidades anuais sejam mantidas, basta multiplicar a rentabilidade anual pelo número de anos previsto para o ciclo de vida de cada produto, dividindo o resultado pelos ativos à disposição. Em princípio, o retorno deve ser substancialmente maior do que 100%, para garantir o retorno dos investimentos.

Nesta análise, o Produto A, que tinha uma boa rentabilidade anual no método de absorção (um ROI de 30% a.a.), apresenta pouca rentabilidade de projeto, pois seu ciclo de vida é muito curto para os investimentos necessários. Por esse mesmo método, também o Produto B poderia ser descontinuado, pois sua rentabilidade é negativa (não alcançou o retorno de 100% em 10 anos). Contudo, se considerarmos as rentabilidades de projeto pelo Custeio Variável ou Teoria das Restrições, ambos os produtos são altamente rentáveis. Neste caso, para aceitar essa consideração, deve-se pressupor que os custos fixos serão permanentes e necessários para qualquer tipo de produto que a empresa vá fazer no futuro.

Com relação ao retorno final do Lucro Líquido Total, já descontados os custos e despesas operacionais fixas, 108,33% de rentabilidade de projeto é um percentual muito baixo, já que, em 10 anos, considerando, por exemplo, uma taxa mínima de 12% a.a., composta anualmente, o mínimo a ser esperado seria um retorno de 310,58%.

29.3 Custo-Meta (*Target Costing*)

O conceito de custo-meta, já introduzido no capítulo anterior, é uma concepção muito interessante, porém apresenta muitas dificuldades de aplicação prática. O conceito de custo-meta parte do pressuposto de que o mercado já assumiu um preço de venda unitário para o produto ou serviço que, em princípio, não é passível de alteração, restando para a empresa administrar seus custos operacionais para obter a rentabilidade desejada.

Tendo em vista que essa rentabilidade deve estar em linha com o custo de oportunidade dos acionistas, esta determina a margem mínima a ser conseguida em cada venda do produto ou serviço. Portanto, o custo-meta é o preço de venda de mercado diminuído da margem mínima unitária.

O custo-meta torna-se um custo-alvo, um custo objetivo. Se os custos atuais da empresa indicaram custos maiores, eles deverão ser reduzidos até atingir o custo-meta, mas se já estiverem dentro do objetivo de custo, não haverá necessidade, teórica, de buscar reduções apenas por este parâmetro.

Custo-Meta como Conceito de Custo Unitário

A fórmula teórica do custo-meta pode ser expressa da seguinte maneira:

Custo-Meta	
Preço de Venda Unitário de Mercado -	100,00
(-) Margem de Lucro Mínima Desejada	(10,00)
= Custo-Meta	90,00

Este exemplo indica que a empresa quer uma margem mínima sobre venda de 10%. Essa fórmula indica que o custo-meta é um custo unitário do produto que deve ser obtido pelo método de Custeio Integral ou ABC. Se a margem mínima desejada for uma margem bruta, então o custo-meta poderá ser obtido pelo método de Custeio por Absorção.

O custo unitário de um produto ou serviço só pode ser obtido dentro do conceito de custo médio, com rateios, distribuição ou direcionamento de custos fixos. **Portanto, para obter o custo-meta unitário, caso ele seja menor que o custo real, deverá haver um processo inverso, ou seja, *desfazimento* do rateio, distribuição ou direcionamento dos custos fixos.**

Em termos práticos, esta metodologia de desfazer alocações de custos fixos aos produtos de forma unitária, se possível, é extremamente trabalhosa, e deve ser analisada à luz do conceito da relação custo/benefício de uma informação.

Apresentamos a seguir um exemplo para evidenciar a obtenção de custo-meta. Na Tabela 29.16 apresentamos os dados de dois produtos, que estão associados a quantidades de produção e vendas. Nas duas primeiras colunas constam os custos unitários apurados pelo método de Custeio por Absorção/Integral. Nas colunas subsequentes estão evidenciados os gastos totais obtidos pela multiplicação das quantidades de cada produto pelos seus respectivos custos unitários.

Neste exemplo numérico, constatamos que o Produto A é vendido no mercado ao preço de R$ 450,00. O custo total unitário do Produto A apurado foi de R$ 461,00 por unidade de produto, resultando em uma margem negativa de R$ 11,00 ou 2,44% do preço de venda. O Produto B tem um preço de mercado de R$ 1.150,00 e um custo unitário apurado de R$ 1.031,00, evidenciando um lucro unitário de R$ 119,00 ou 10,35% do preço de venda.

Por este método de custeamento, o Produto A está dando um prejuízo total para a empresa de R$ 11.000, e o B, um lucro de R$ 59.500. A soma dos dois resultados indica um lucro total de R$ 48.500.

Margem Desejada

A margem desejada sobre preços de venda deve ser obtida em cima dos investimentos realizados e pode ser atingida conforme modelos apresentados no Capítulo 28 de gestão de preços de venda. Neste exemplo numérico, supõe-se que a empresa calculou esta margem e que o mínimo a ser buscado é uma margem de 6,5% sobre o preço de venda de cada produto. Com este dado, podemos então calcular o custo-meta dos dois produtos. Este cálculo está evidenciado na Tabela 29.17.

Descontando dos preços de venda a margem de 6,5% desejada, temos que o custo-meta do Produto A é de R$ 420,75 e do Produto B, R$ 1.075,25. Nós o denominamos Custo-Meta I, do qual deduzimos os custos variáveis de materiais diretos e comissões pagas a representantes, obtendo o Custo-Meta II.

A razão da adoção deste critério é porque sabemos que a redução de custos de insumos obtidos de terceiros, mesmo sendo possível, tem um grau de dificuldade muito maior, pois não está totalmente no domínio da empresa. Eventualmente, se os insumos obtidos de terceiros são *commodities*, cujos preços são ditados por mercado, reduções de custos sobre esses insumos são praticamente impossíveis.

Desta maneira, o conceito de custo-meta tem uma orientação interna, ou seja, deve ter como referencial básico a busca de redução de custos ocorridos dentro da empresa, que são os custos de transformação, comercialização e administração e custos financeiros.

No nosso exemplo, temos um Custo-Meta II para o Produto A de R$ 193,75 e de R$ 579,25 para o B. Este custo-meta deve ser confrontado com os custos reais internos. No nosso exemplo, são os custos de fabricação (Mão de Obra Direta – MOD), os Custos Indiretos de Fabricação (CIF), depreciação e custos administrativos.

Tabela 29.16 Custos unitários e totais dos Produtos A e B

Base: Custeio por Absorção Quantidades-Padrão	1.000	500			
	Dados Unitários		Total		
	Produto A	Produto B	Produto A	Produto B	Total
PREÇO DE VENDA	**450,00**	**1.150,00**	**450.000**	**575.000**	**1.025,000**
CUSTOS					
Materiais	200,00	450,00	200.000	225.000	425.000
MOD	90,00	200,00	90.000	100.000	190.000
Comissões	27,00	46,00	27.000	23.000	50.000
CIF/Depreciação	99,00	220,00	99.000	110.000	209.000
Administrativos	45,00	115,00	45.000	57.500	102.500
CUSTOS TOTAIS	**461,00**	**1031,00**	**461.000**	**515.500**	**976.500**
LUCRO	**(11,00)**	**119,00**	**(11.000)**	**59.500**	**48.500**
Margem (Em %)	-2,44	10,35	-2,44	10,35	4,73

Os custos unitários internos reais do Produto A somam R$ 234,00. Confrontados com o Custo-Meta II de R$ 193,75, indicam que deve haver uma redução de custo unitário de R$ 40,25, ou seja, de 17,20% dos custos internos (R$ 40,25 : R$ 234,00).

Dentro do mesmo critério, o Produto B tem um custo inferior ao Custo-Meta II, apresentando, na realidade, uma margem superior à margem mínima desejada. Pelo conceito, não haveria necessidade de redução de custos para o Produto B.

Como Cortar Custos para Atingir o Custo-Meta

O exemplo deixa clara a dificuldade real de reduzir custos por esta metodologia.

A primeira questão que se apresenta é:

- Devemos reduzir tudo o que é necessário para o Produto A, desconsiderando-se as informações do Produto B?

Tabela 29.17 Custos unitários e totais dos Produtos A e B

Base: Custeio por Absorção Quantidades-Padrão	1.000	500			
	Dados Unitários			Total	
	Produto A	Produto B	Produto A	Produto B	Total
PREÇO DE VENDA (sem impostos)	450,00	1.150,00			
(-) Margem Desejada (6,5%)	29,25	74,75			
= CUSTO-META I	420,75	1.075,25			
(-) Materiais	200,00	450,00			
(-) Comissões	27,00	46,00			
= CUSTO-META II	193.75	579,25	193.750	289.625	483.375
CUSTOS REAIS OBJETO DA META					
MOD	90,00	200,00			
CIF/Depreciação	99,00	220,00			
Administrativos	45,00	115,00			
TOTAL	234,00	535,00	234.000	267.500	501.500
META DE REDUÇÃO (Em R$)	40,25	(44,25)	40.250	(22.125)	18.125
META DE REDUÇÃO (Em %)	17,20	-8,27 *	17,20	-8,27	3,61 **

* Não há necessidade de redução. Manter a margem atual.
** Redução % de custos totais caso se deseje compensação de margens de produtos.

- Devemos reduzir dentro do Produto A apenas a diferença entre a necessidade de redução do Produto A e o superávit do B? (redução de R$ 40,25 por unidade menos R$ 44,25 de sobra do Produto B, ou redução de R$ 40.250 total do Produto A menos sobra de R$ 22.125 do B).

A segunda questão é de ordem prática e se refere a todos os custos indiretos:

- Como serão reduzidos os custos de mão de obra direta só do Produto A se a mesma mão de obra também trabalha para o Produto B?
- Como serão reduzidos os custos indiretos de fabricação se são gastos gerais ou departamentais e não específicos a nenhum produto em particular (é difícil reduzir o custo de um chefe que trabalha para dois produtos)?
- Como serão reduzidos os custos de depreciação se eventualmente o equipamento é único (veja uma empresa que trabalha por processo de produção contínua) e trabalha para todos os produtos?
- Como serão reduzidos os custos de administração se esta área trabalha de forma genérica?

Este exemplo remete-nos a um modelo de Demonstração de Resultados pelo método do Custeio Direto/Variável. A meta de redução de custos apresenta-se claramente possível quando se focalizam os custos indiretos pelo seu total.

Na Tabela 29.16 fica claro que a empresa tem de reduzir pelo menos R$ 18.125 no total de seus custos e despesas indiretas para obter a margem desejada dentro do total das operações e de todos os produtos da empresa.

Em resumo, a metodologia do custo-meta é um conceito interessante, mas, na realidade, remete-nos ao modelo de decisão do Custeio Direto/Variável para sua consecução.

29.4 Custos para Servir (*Cost to Serve*)[3]

Outro conceito e modelo de análise de custos têm sido denominado de *custos para servir* (*cost to serve*) e foca os custos específicos para atender os clientes. A premissa básica é que os clientes se diferenciam pelo tamanho de suas compras, e, portanto, o nível de serviço demandado para cada cliente é diferente.

Nesse sentido, os custos para atender os clientes podem ser diferentes e devem ser objeto de identificação e mensuração. Neste conceito, os clientes podem ser caracterizados como unidades de negócio e, em razão disso, pode-se e deve-se apurar a lucratividade por cliente. O pressuposto é que devem ser identificados somente aqueles custos relacionados com os clientes que seriam evitáveis caso o cliente não existisse.

[3] Texto inicial e quadro adaptado de MERSCHMANN, Elvira Vazquez Villamor. *Uma contribuição ao conceito de custo para servir: estudo de caso de uma indústria de alimentos*. Dissertação de Mestrado, FEA/USP, 2006.

Em princípio, o custo industrial dos produtos é o mesmo para qualquer cliente. Basicamente, a diferenciação está nos gastos administrativos, comerciais e financeiros, além dos eventuais descontos específicos para atender determinados pedidos dos clientes.

Os principais gastos e eventos que podem se relacionar diretamente com os pedidos dos clientes são:

a) Descontos comerciais;

b) Prazos de pagamento;

c) Estrutura de vendas;

d) Comissões dos vendedores;

e) Promoções nas lojas;

f) Custos de distribuição (transporte, embalagem, devoluções);

g) Custos de processamento e acompanhamento dos pedidos;

h) Pessoal alocado especificamente para determinado cliente;

i) Manutenção de estoques e armazéns etc.

O Quadro 29.2 mostra as principais características de clientes que podem ou não exigir mais ou menos custos para servir.

Quadro 29.2 Características dos clientes com alto e baixo custo para servir

Clientes com alto custo para servir	Clientes com baixo custo para servir
Pedidos de produtos customizados ou especiais	Pedidos de produtos padrão
Pedidos de pequenas quantidades	Pedidos de grandes quantidades
Demanda incerta	Demanda previsível
Entrega especializada	Entrega padrão
Necessidade de distribuição específica	Necessidades de distribuição constante
Processamento manual	Processamento eletrônico ou automatizado
Grande necessidade de suporte pré-vendas (marketing técnico, recursos de vendas)	Baixa necessidade de suporte pré-vendas (pedidos e preços padronizados)
Grande necessidade de suporte pós-vendas (instalações, treinamento, garantias, serviços locais)	Sem necessidade de suporte pós-vendas ou suporte pós-vendas padronizado
Necessidade de manutenção de estoque na empresa	Reposição contínua
Prazo de pagamento especial	Prazo de pagamento padrão

A Tabela 29.18 mostra um exemplo de análise de lucratividade por cliente dentro da metodologia de custos para servir. O exemplo mostra dois clientes analisados individualmente, enquanto os demais clientes são analisados pelo total. Nesta tabela, a receita total da empresa e os custos correspondentes, evidenciados numa demonstração do resultado, são segmentados por clientes. Em princípio, todos os clientes devem ser analisados. Nada impede, porém, que a empresa tenha alguns clientes preferenciais ou relevantes, que devem ser destacados dos demais. É de fundamental importância que a análise seja apresentada de forma consolidada dentro do modelo da demonstração de resultados e que o total de todos os clientes reflita o total dos custos e despesas da empresa no período analisado.

Tabela 29.18 Custos para Servir - Análise de Lucratividade por Cliente

	Total	Cliente 1	Cliente 2	Demais Clientes
Quantidade vendida	200.000	25.000	33.000	142.000
Prazo de pagamento - dias	30	60	90	30
Preço de venda padrão ou de lista[(1)]	50,00	50,00	50,00	50,00
Desconto concedido	0,00	4,00	3,00	0,00

continua

Tabela 29.18 Custos para Servir - Análise de Lucratividade por Cliente (Continuação)

	Total	Cliente 1	Cliente 2	Demais Clientes
Comissão de vendas	2,00	1,00	1,00	2,00
Preço de venda praticado	48,00	45,00	46,00	48,00
Custo Industrial unitário(2)	32,00	32,00	32,00	32,00
Receita líquida de vendas	**9.459.000**	**1.125.000**	**1.518.000**	**6.816.000**
Custo dos produtos vendidos	(6.400.000)	(800.000)	(1.056.000)	(4.544.000)
Lucro bruto	**3.059.000**	**325.000**	**462.000**	**2.272.000**
Margem bruta percentual	*32,3%*	*28,9%*	*30,4%*	*33,3%*
Participação no lucro bruto	*100,0%*	*10,6%*	*15,1%*	*74,3%*
Custos de distribuição/entrega	(590.000)	(60.000)	(80.000)	(450.000)
Custos de marketing	(360.000)	0	0	(360.000)
Custos de venda	(342.000)	(75.000)	(67.000)	(200.000)
Custo financeiro(3)	(136.200)	(22.500)	(45.540)	(68.160)
Lucro Comercial	**1.630.800**	**167.500**	**269.460**	**1.193.840**
Margem comercial percentual	*17,2%*	*14,9%*	*17,8%*	*17,5%*
Participação no lucro comercial	*100,0%*	*10,3%*	*16,5%*	*73,2%*
Despesas administrativas	(804.015)	0	0	0
Lucro operacional	**826.785**			

(1) Líquido dos tributos sobre a venda
(2) Custeamento por absorção
(3) Em função do prazo de pagamento - 12% ao ano
Fórmula: Receita líquida de vendas/360 dias * prazo de pagamento * 12%

No exemplo, as principais diferenças estão no prazo concedido, no desconto concedido e na comissão de vendas. Estamos partindo da premissa de que o produto (ou produtos) é o mesmo, ou seja, a fábrica produz o produto sem haver necessidade de especificação por cliente. O que difere é o relacionamento com os clientes, em função do tamanho do pedido ou do volume normalmente comercializado com eles.

Verifica-se que o preço praticado é diferente para os dois clientes do preço padrão ou de lista praticado com os demais clientes. A primeira análise de lucratividade é feita em relação ao lucro ou margem bruta. Nesta etapa, os clientes 1 e 2 têm uma margem inferior à margem média dos principais clientes, pois os descontos concedidos e a taxa maior de comissão tornam o preço praticado com esses clientes menor do que o preço obtido com os demais.

Em seguida, identificam-se os demais custos de comercialização específicos de cada cliente, deixando os demais custos comerciais gerais alocados para os demais clientes. O custo financeiro é calculado em cima dos prazos de recebimento. Como os demais clientes têm um prazo menor de recebimento, há um impacto maior de custos nos clientes 1 e 2.

Após essas alocações diretas (não deve haver rateio), verificamos que o cliente 1 apresenta uma margem comercial percentual inferior à dos demais clientes, enquanto o cliente 2 tem uma margem comercial percentual superior. Fica evidente a análise de lucratividade por cliente, pois o modelo indica que clientes devem ser estimulados e que podem representar perda parcial de lucratividade. Em nosso modelo as despesas administrativas não são distribuídas (rateadas), devendo ser reduzidas do total da margem comercial da empresa.

O exemplo apresentado trabalhou com a hipótese do custeamento dos produtos pelo método do custeio por absorção. Contudo, o ideal é estruturar este modelo de análise com o método do custeamento variável, em que os custos fixos e indiretos aos produtos devem ser alocados ao total do resultado da empresa, de forma idêntica ao feito com as despesas administrativas.

Questões e Exercícios

1 Por que calcular a inflação da empresa se tanto o governo quanto outras entidades de estudos econômicos calculam vários índices de inflação? A empresa não poderia usar essas inflações já calculadas?

2 Discorra sobre os efeitos da inflação e da produtividade para aplicação na indexação dos preços de venda da empresa.

3 Uma empresa fabrica um só produto com as seguintes características de custo. Ao lado indicamos as inflações da cada tipo de insumo em determinado mês. Calcule a inflação que houve sobre o produto.

Insumo	Custo Unitário do Insumo	Inflação do Mês (Em %)
Material	1.200,00	4
Salários	800,00	12
Despesas	500,00	5
Depreciação	700,00	2

4 Uma empresa fabrica dois produtos: **A** e **B**. Com os dados a seguir, obtidos pelo conceito de custo-padrão no mês 0, calcule a participação dos materiais em cada produto e, com os dados da produção estimada, calcule a participação percentual de cada material no total de gastos com materiais na empresa.

Dados	Produto A	Produto B
Custo-Padrão Unitário		
• Matéria-Prima 1	0,30	
• Matéria-Prima 2	0,20	
• Material de Embalagem 5	0,10	2,00
• Componente 11		4,00
• Componente 12		6,00
Quantidade de Produção	50.000	10.000

5 Com os dados a seguir, obtidos por coleta de preços nos meses 1 e 2, calcule:

a) A inflação de cada material.

b) A inflação dos materiais por produto.

c) A inflação dos materiais total da empresa ocorrida no mês 2.

Para os itens **b** e **c**, considere os dados do exercício anterior.

Materiais	Cotações – Preço à Vista	
	Mês 1	Mês 2
Matéria-Prima 1	0,32	0,40
Matéria-Prima 2	0,20	0,22
Material de Embalagem 5	1,12	1,15
Componente 11	2,00	2,25
Componente 12	6,10	6,70

6 Uma empresa consegue vender seu produto no mercado no máximo por R$ 2.000,00. Os impostos sobre venda são: 18% de ICMS, 0,65% de PIS e 3% de Cofins. A empresa deseja uma margem mínima de lucro sobre o preço de venda sem impostos de 11%. Sabendo que o seu custo total real é de R$ 1.500, em quanto percentualmente deveria ser reduzido seu custo para atingir o custo-meta?

7 Uma empresa vende dois produtos que apresentam os seguintes dados atuais para um ano de operações:

Dados Atuais	Produto A	Produto B
Preço de Venda de Mercado	50.000	80.000
Custo Integral		
• Materiais	20.000	30.000
• Mão de Obra Direta	5.000	8.000
• Custos Gerais de Fabricação	9.000	12.000
• Depreciação	6.000	8.000
• Custo Administrativo	5.000	8.000
• Custo Comercial	2.000	3.500
• Comissões sobre venda	2.500	4.000
CUSTO TOTAL	**49.500**	**73.500**
Quantidades-padrão de produção/vendas	400	275

Pede-se:

a) Calcular o custo-meta de cada produto, caso a margem de lucro desejada fosse de 8%, e quanto deverá ser a redução em valor unitário e em percentual para cada produto e para o total da empresa, computando as quantidades-padrão. Para o cálculo do custo-meta, considerar que os custos e despesas variáveis (materiais e comissões), por serem de origem externa, não têm mais possibilidades de redução; portanto, as possíveis reduções só poderão acontecer nos custos internos administrativos e de fabricação.

b) Considerando uma taxa de depreciação de 20%, qual deveria ser o desinvestimento em imobilizados para atingir a meta de redução proposta pelo custo-meta?

c) Considerando que cada funcionário de mão de obra direta custa para a empresa R$ 30.000 por ano, considerando também salários e encargos sociais, qual deveria ser a redução ou o aumento de efetivo direto para adequação às metas do custo-meta?

Capítulo 30

Política de Redução de Custos

O processo de criação de valor para o acionista decorre, obviamente, da rentabilidade advinda do lucro das operações, o qual, aritmeticamente, é simplesmente a resultante de duas variáveis: o valor da receita das vendas dos produtos e serviços, menos o custo dos recursos empregados e necessários para obtenção dessas receitas. Mais resumida e simplesmente é o valor das vendas menos os custos.

Lucro = Vendas (-) Custos

Portanto, são duas grandes vertentes operacionais para buscar maior lucro e maior valor para os acionistas: aumentar as vendas e reduzir os custos. Reduzir custos pode ser tanto reduzindo o seu valor, ou, em caso de aumento de vendas, conseguindo aumentos de custos inferiores aos aumentos verificados nas vendas.

30.1 Visão Geral

O Porquê da Busca pela Redução de Custos

Em condições absolutamente teóricas, não haveria necessidade de um processo de busca por reduzir custos. Se as empresas forem estruturadas adequadamente para oferecer produtos e serviços à comunidade, com um preço de venda que elas aceitam e havendo viabilidade econômica para gerar os produtos e serviços, os procedimentos de redução de custos seriam, teoricamente, desnecessários. Contudo, o ambiente em que se encontra o sistema empresa, além de imperfeito, contém um sem-número de variáveis, cuja grande parte, ou até a maior parte, não é de domínio completo dos gestores empresariais. Há variáveis exógenas que podem até permitir algum controle pela empresa e outras absolutamente nenhuma possibilidade de controle. Dentro da equação do lucro, a variável **vendas**, fundamentalmente, tem suas origens no **ambiente externo** da empresa e, portanto, é a variável da lucratividade de que a empresa tem a menor possibilidade de domínio. Excepcionalmente, em alguns momentos ou em certas situações específicas (produtos raros, demanda maior que possibilidade de produção, monopólios etc.), há a possibilidade de controle pela empresa do volume e valor das vendas, mas essas situações são, como já dissemos, excepcionais e não relacionadas com a maior parte dos empreendimentos empresariais.

Desta maneira, a empresa volta-se para a variável da lucratividade em que ela tem maior condição de controle e domínio, que são os **custos**, e que, de modo geral, são elementos e entidades do **ambiente interno** da empresa. Desta maneira, a redução de custos busca o maior controle possível sobre esses elementos internos, objetivando reduzir as imperfeições existentes no processo interno de geração de produtos e serviços para venda.

Por que Política de Redução de Custos

Fala-se a todo momento em redução de custos, busca-se a todo momento redução de custos, escrevem-se artigos e livros sobre redução de custos, porém, poucas metodologias de redução de custos têm-se mostrado realmente eficazes. Para que a redução de custos seja eficaz, ela deve ter um caráter de permanência e generalidade, ou seja, a redução de custos não pode ser episódica, temporária ou parcial. Nesta visão, entendemos que, para que haja eficácia na redução de custos, de caráter geral e permanente, a empresa, por meio da Controladoria, deve ter uma **política** de redução de custos. Sempre que se traduz uma ação como política, busca-se uma ação definitiva e abrangente. Portanto, redução de custos não pode ser simplesmente reduzir uma despesa, um custo, um volume, um equipamento, mas ter, toda ela, uma visão global e de longo prazo.

Assim, uma política de redução de custos deve:

- Ser ampla, genérica, abrangendo todos os aspectos da empresa.
- Ser integrada, já que uma empresa se traduz em uma sucessão de processos com objetivos finais, ou seja, um enfoque sistêmico com visão das saídas do sistema.
- Ser contínua, sob pena de se perderem ganhos já conquistados.
- Ter o comprometimento dos gestores com o processo de criação de valor para os acionistas.
- Acompanhar todos os componentes do processo de gestão.

Definição

Podemos definir política de redução de custos como o conjunto de diretrizes coordenadas pela alta administração da empresa, objetivando a redução permanente e geral de seus custos e despesas, por meio de diversos enfoques coordenados e integrados, medidas e procedimentos específicos, para obtenção de ganhos gerais de eficiência e produtividade.

O objetivo básico da política de redução de custos é o aumento do valor da empresa para os donos ou acionistas por meio do lucro. Dentro do lucro, seus componentes, receitas, custos e despesas devem ser trabalhados conjuntamente para obtenção da maior eficácia da política de redução de custos.

Esquema Geral para Condução da Política de Redução de Custos

Os principais fundamentos da Política de Redução de Custos (PRC) são generalidade, integração e permanência. Para tanto, os aspectos estratégicos e sistêmicos sobressaem-se como pilares para estruturação da PRC. A Figura 30.1 evidencia os fundamentos para a PRC.

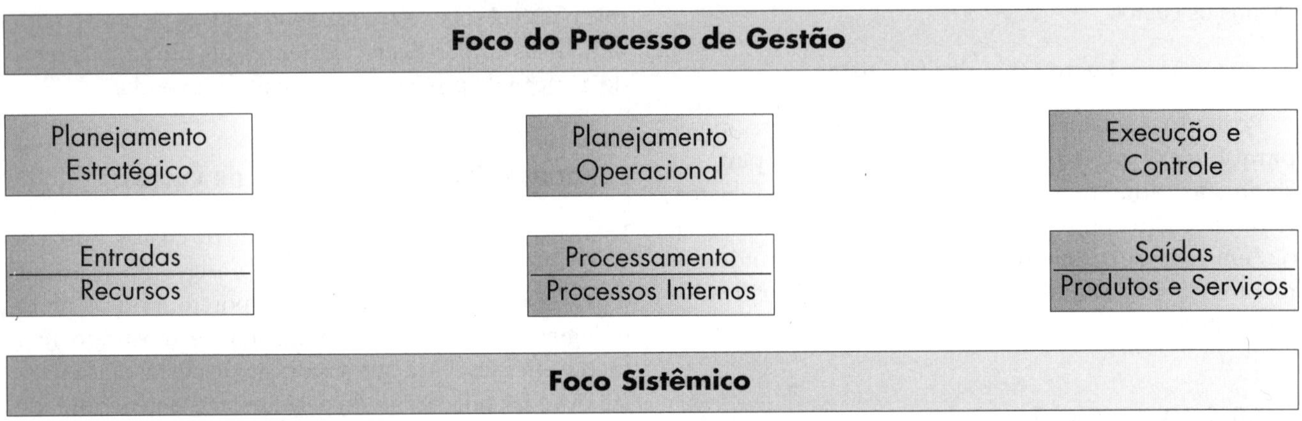

Figura 30.1 Esquema geral de política de redução de custos

Primeiramente, a PRC deve estar em linha com as fases do processo de gestão. Para que seja abrangente, permanente e contínua, suas diretrizes devem partir dos elementos de custos que são determinados por questões da estratégia. A partir daí, outras diretrizes de cunho operacional devem ser elaboradas, atingindo, finalmente, procedimentos e diretrizes para as etapas da execução e controle.

Da mesma forma, a PRC deve ser conduzida em termos sistêmicos. As diretrizes não podem ser colocadas de forma não integrada, já que a empresa é um sistema e seus componentes estão em total interação. Além do mais, pelo fato de o sistema caracterizar-se como um processo, a eficácia de uma PRC só é obtida pela saída do processo. Em outras palavras, de nada adianta reduções de custos em determinado processo se elas não forem capitalizadas e mantidas nos processos subsequentes até a saída final.

Partindo desses conceitos principais, desenvolveremos os principais enfoques, diretrizes, procedimentos, critérios, modelos e instrumentos que devem fazer parte do conjunto maior denominado **Política de Redução de Custos (PRC)**. Antes, porém, apresentaremos dois enfoques atuais de políticas de redução de custos obtidos em pesquisa bibliográfica, que se apresentam dentro de uma metodologia sistêmica e válida. Faremos algumas ressalvas do nosso entendimento e responsabilidade.

30.2 Redução Estratégica de Custos[1]

A proposta de Martin é sistêmica e centrada em quatro focos de atuação para redução de custos, que ele denomina de óticas:

- Ótica da produção de valor.
- Ótica dos processos internos.
- Ótica dos recursos.
- Ótica do financiamento.

[1] Trabalho de MARTIN, Nilton Cano. *In: Revista de contabilidade* – CRC – SP, dezembro/1999.

Fica evidente o enfoque sistêmico adotado. Segundo o autor, só é possível uma política de redução de custos permanente e duradoura, que não afete a estrutura empresarial, considerando a macrovisão das quatro óticas de atuação. Este enfoque sistêmico pode ser exemplificado conforme Figura 30.2.

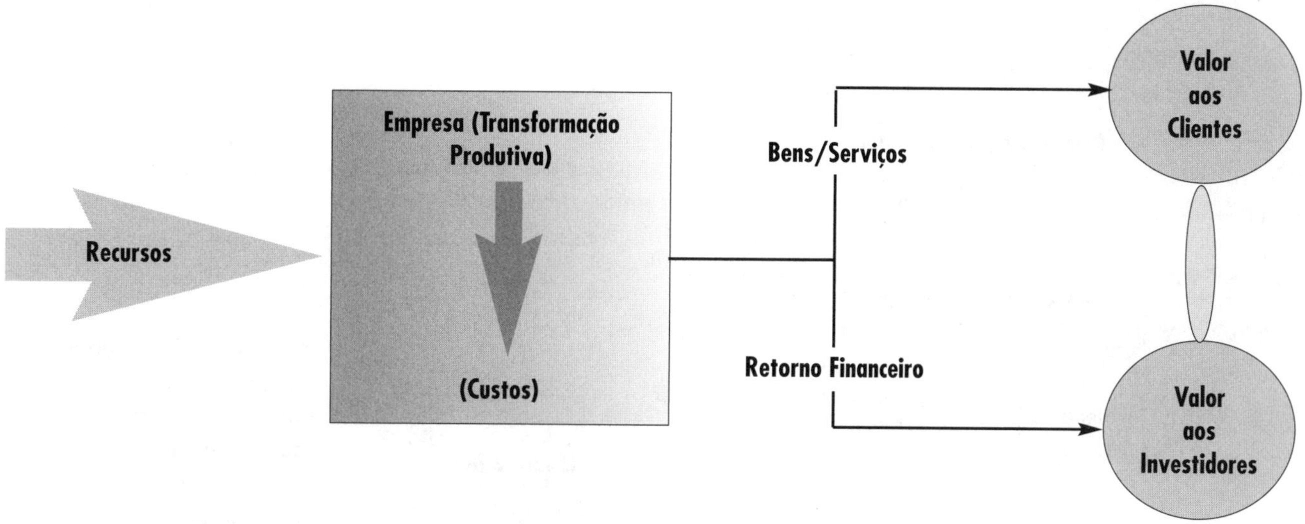

Figura 30.2 A empresa como produtora de valor

Dentro das quatro óticas desta proposta, a ótica de produção de valor pode ser questionável porque não se refere diretamente a custos, mas, na realidade, à produção de bens e serviços com maior valor agregado. Certamente, isto deve ser buscado pela empresa; contudo, não é objeto de redução de custos, e sim objeto de planejamento empresarial.

Dentro da ótica dos processos internos, Martin faz uma classificação em cinco tipos:

- Processos essenciais.
- Processos prioritários.
- Processos de suporte ou retaguarda.
- Processos compulsórios.
- Processos supérfluos.

Com base nessa classificação, define-se se o processo pode ou não ser eliminado. Os processos supérfluos são os candidatos naturais a serem eliminados.

Martin também adota o conceito de atividades que adicionam ou não valor. A atividade adiciona valor quando o cliente estaria disposto a pagar por ela. As demais deveriam ser eliminadas. Este conceito, aparentemente lógico, é uma premissa questionável, uma vez que o cliente não sabe quais atividades internas a empresa processa para produzir os bens e serviços oferecidos. Portanto, não há como saber se agrega ou não valor ao cliente.

Esses dois aspectos centram-se apenas em saber se a atividade é necessária ou não para o processo operacional. Como nenhuma empresa, dentro de uma visão racional, internaliza atividades desnecessárias, todas as atividades internas são necessárias para o processo produtivo. A questão central é uma só: elas estão sendo desenvolvidas eficientemente ou não.

Na ótica dos recursos, a ideia é saber se eles estão sendo empregados de maneira produtiva, o que é um foco correto.

A ótica do financiamento também nos parece adequada e inovadora, pois deixa claro que todo o sistema é financiado e que o tempo de processamento consome recursos. Como o próprio autor diz,

> "... os custos financeiros de uma empresa são o resultado do uso de ativos ao longo do tempo."

Portanto, é importante analisar o impacto financeiro e do tempo em todos os processos desenvolvidos pela empresa.

30.3 Tornando o Desperdício Visível[2]

Na opinião de McNair, há três quebra-cabeças que a administração tem de resolver: custo, desperdício e lucro. A autora entende que todo o processo deve ser continuadamente avaliado em termos de eficiência e redução de desperdícios.

[2] Foco do trabalho de McNAIR, C. J. *Maximizando o lucro final*. São Paulo: Makron Books, 2000.

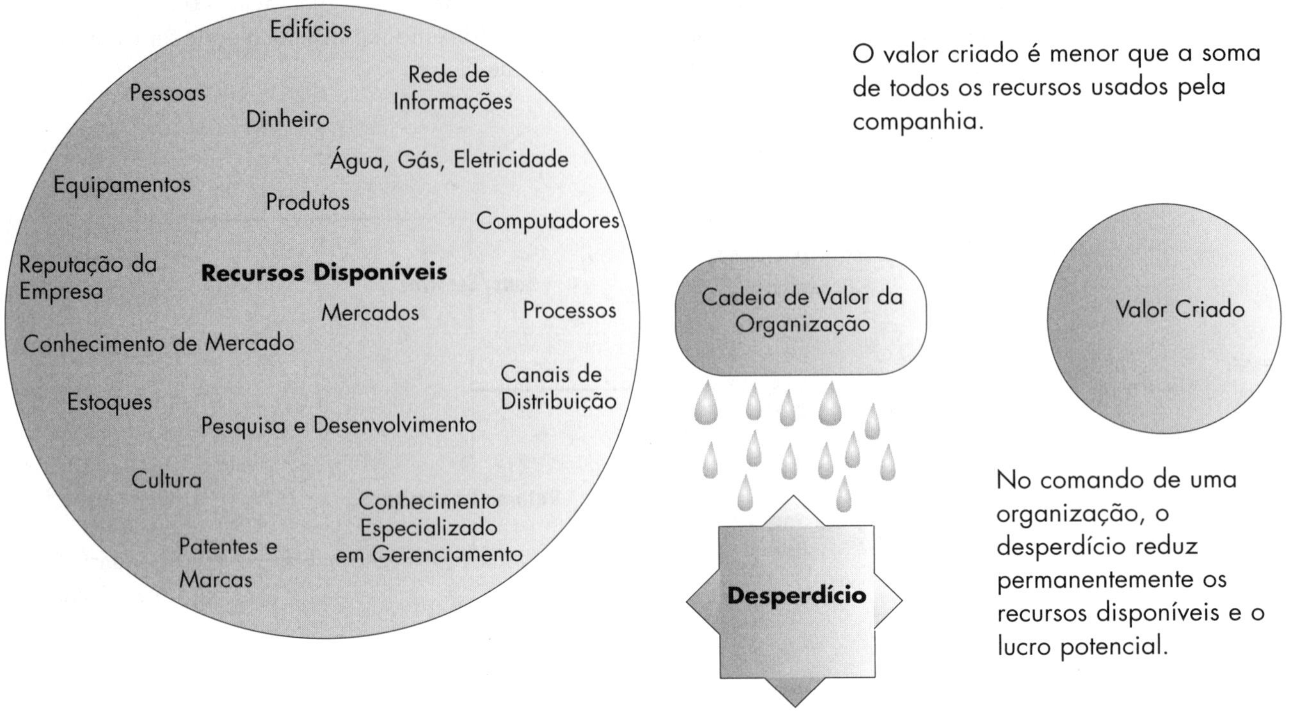

Figura 30.3 Quando o desperdício cobra seu tributo

Há também uma visão sistêmica nesta metodologia, que é apresentada pela autora na Figura 30.3.

Nesta visão, a cadeia de valor da organização significa os processos internos e o valor criado, os produtos e serviços gerados pelo sistema. Portanto, todo o foco desta metodologia centra-se na busca de desperdício em todas as cadeias produtiva, comercial e administrativa. Para a autora, o desperdício pode ser simbolizado semanticamente pela palavra **re**, ou seja, tudo que é feito de forma repetida (retrabalho, reforma, revisão etc.).

Para tanto, deve haver um sistema de medição dos desperdícios, de forma que torne visíveis todos os retrabalhos efetuados para depois eliminá-los. A linha geral de condução desta metodologia de redução de custos está ligada às técnicas tidas como oriundas do Japão, como *kaizen*, *just-in-time*, manutenção preventiva total, gerenciamento total de qualidade e sistemas flexíveis de fabricação.

30.4 Modelo de Decisão Geral para Política de Redução de Custos

No Capítulo 13 evidenciamos que a determinação da estrutura do ativo determina a estrutura de custos de uma empresa. Apresentamos naquele capítulo um modelo de árvore de decisão para determinação e análise da estrutura de ativos e custos.

Dentro deste conceito, uma política de redução de custos de forma sistêmica e considerando todo o processo de gestão deve seguir o mesmo modelo de decisão. Em resumo, o mesmo modelo de decisão para estrutura do ativo deve ser utilizado como modelo para política de redução de custos. Reproduzimos a seguir o modelo apresentado no Capítulo 13.

Esse modelo é sistêmico, pois parte da definição do produto ou serviço gerado (as saídas dos sistemas) e dos recursos necessários para a sua produção (recursos e processos internos). Nessa visão, a política de redução de custos deve ser tomada partindo de uma sequência de definição, que parte da definição do produto ou serviço, a um determinado preço, dentro de um dado volume e mercado, considerando uma tecnologia definida para o produto.

Qualquer tentativa de redução de custos sem se atentar para este fundamento estratégico não tem durabilidade, pois essas variáveis indissociáveis (produto, volume, preço, tecnologia do produto) é que determinam a sucessão de outros componentes da estrutura de custos da empresa.

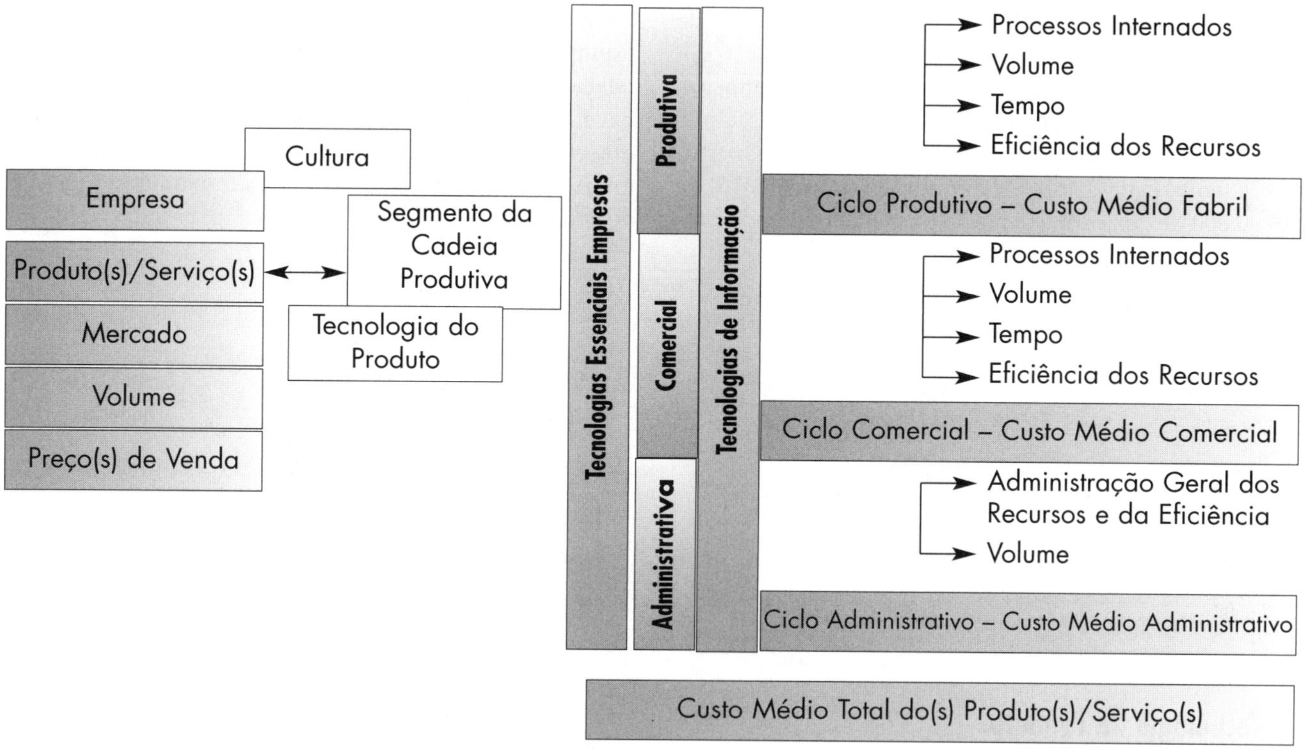

Figura 30.4 Modelo de decisão para política de redução de custos

30.5 Estruturação Hierárquica da Política de Redução de Custos (PRC)

Tendo como referencial o modelo decisório em formato de árvore de decisão apresentado na Figura 30.4, podemos construir uma política de redução de custos considerando os níveis sequenciais do processo de gestão, quais sejam: planejamento estratégico, planejamento operacional, execução e controle.

Desta maneira, uma política de redução de custos pode ser apresentada em três camadas ou níveis, quais sejam:

- Política de redução de custos em nível estratégico.
- Política de redução de custos em nível operacional.
- Política de redução de custos em nível de execução e controle.

Os procedimentos e métodos da PRC em nível estratégico são os fundamentais, e os demais níveis da PRC devem seguir uma sequência lógica. Assim, uma PRC operacional não deve nem pode se confrontar com diretrizes da PRC estratégica. Por sua vez, uma PRC de execução e controle não pode se confrontar com a PRC operacional.

Em cada nível ou camada da PRC apresenta-se uma série de conceitos, técnicas, procedimentos e diretrizes que permitem ser trabalhadas de forma coordenada, geral ou específica. Apresentaremos a seguir as principais possibilidades de PRC em cada nível, tendo como referência nosso modelo de árvore de decisão.

30.6 PRC em Nível Estratégico

Em nível estratégico, os elementos condutores de toda a PRC são: o volume (escala de produção) e a tecnologia do produto.

Escala de Produção

O volume de atividade esperado, desejado ou alcançado é o principal elemento que conduz a um patamar estável de custos. Em linhas gerais, o aumento do nível de produção, ou seja, o alargamento da escala de produção é o fator que mais contribui para reduzir o custo médio unitário de fabricação dos produtos e serviços. Esta consideração já bastante conhecida fundamenta-se na otimização do uso dos custos fixos. Uma vez que os custos fixos tendem a ser os mesmos dentro de um volume de produção ou vendas, quanto mais se produzir naquela faixa de existência de custos fixos, menor será o custo médio unitário. A Tabela 30.1 apresenta um exemplo do efeito da escala nos custos totais da empresa.

Em uma escala de produção de 1.000 unidades, o custo médio unitário seria de R$ 760,00. Se a estrutura montada com os custos fixos permite uma escala de produção de até 1.500 unidades, neste momento teremos o menor custo unitário deste intervalo relevante, que, no exemplo, seria de R$ 573,33, uma redução de custos de 24,56%.

Todavia, sabemos que os custos fixos o são em um intervalo relevante de produção. No exemplo acima, para produzir 1.600 unidades, teremos de reestruturar a empresa, o que ocasionará um aumento de R$ 90.000 de custos fixos. Neste ponto da escala de produção, o custo médio unitário volta a subir. No nosso exemplo, vai para R$ 606,25, um aumento de 5,74% em relação ao custo médio anterior. Otimizando os custos fixos deste novo intervalo relevante, poderemos obter um custo médio unitário menor até o limite do novo intervalo relevante de produção, aumentando a escala de produção para 2.000 unidades.

Tabela 30.1 Custos fixos e variáveis e escala de produção

Volume de Produção	Total de Custos Fixos	Custo Variável Unitário	Custos Totais	Custo Médio Unitário
1.000	560.000	200,00	760.000	760,00
1.500	560.000	200,00	860.000	573,33
1.600	650.000	200,00	970.000	606,25
2.000	650.000	200,00	1.050.000	525,00

Tecnologia do Produto

O outro grande fator de PRC na camada estratégica está na adoção das tecnologias essenciais e tecnologia do produto. O fator tecnologia está ligado totalmente ao fator escala de produção. Dificilmente será possível dissociar uma decisão de outra. Decide-se uma escala de produção conjuntamente com a decisão de tecnologia de produto.

Esta decisão, que já vimos também que é relacionada completamente com a decisão do preço de venda e do mercado a ser atendido, é que será o fator primordial para a escolha das demais tecnologias essenciais.

Tecnologias Essenciais

Elas decorrem da decisão de escala e tecnologia do produto e conduzem a quatro elementos estratégicos:

- Definição dos processos a serem internados.
- Volume de produção.
- Tempo dos processos.
- Grau de eficiência de recursos.

Isto quer dizer que a PRC, em nível estratégico, deve explorar a definição das tecnologias, que, por sua vez, estão ligadas a uma definição anterior, que é a escala de produção.

Reengenharia

A reengenharia, como conceito de PRC, centra-se no item **processos internados**, razão pela qual foi denominada reengenharia dos processos. No entanto, a análise de reengenharia de processos, descolada da tecnologia do produto e da escala de produção, ou seja, feita apenas focando os processos, sem se preocupar com a decisão anterior de volume e tecnologia do produto, pode alterar, interferir, cortar processos que comprometerão a estrutura básica operacional da companhia.

Tempo

A variável tempo talvez seja a que mais possibilita uma ação estratégica de PRC. Toda atividade empresarial baseia-se em executar os processos e tarefas no menor tempo possível. Portanto, uma PRC deve ser conduzida tendo como foco, além do volume, a busca do menor tempo para execução de todas as atividades e processos da empresa.

Tempo e Teoria das Restrições

Os processos demandam tempo para sua execução e, por serem processos, são desenvolvidos de forma sequencial. Portanto, a sua redução de tempo tem de ser no conjunto da cadeia dos processos. Assim, ganhos de tempo em qualquer processo não podem ser desperdiçados com interrupção do fluxo em processos posteriores. O corolário da Teoria das Restrições em relação ao tempo é claro:

- uma redução da quantidade de tempo obtida em um gargalo é um tempo ganho no processo inteiro;
- uma redução da quantidade de tempo obtida em um processo ocioso é uma miragem.

Tempo e Ciclo de Vida de Desenvolvimento do Produto

A redução do tempo do ciclo de desenvolvimento do produto é uma ação de PRC em nível estratégico. Está diretamente associada com volume, escala de produção e desenvolvimento das tecnologias de produto e tecnologias de produção e comercialização.

Eficiência dos Recursos

São gastos necessários para conseguir a maior eficiência de todo o conjunto de ações, atividades e recursos do processo operacional. É um aparente paradoxo, pois se gasta buscando-se redução de custos. Entretanto, os setores de planejamento, sistemas de informações e manutenção são vitais para buscar a máxima eficiência dos demais recursos.

Como todo recurso utilizado, os gastos com a busca da maior eficiência dos recursos também devem ser, por sua vez, eficientes.

30.7 PRC em Nível Operacional

Este nível da PRC centra-se nas etapas subsequentes às definições estratégicas. Compreende a estrutura do produto, a gestão do roteiro de fabricação, a gestão do tempo físico e, consequentemente, do aspecto financeiro.

A PRC em nível operacional trabalha com decisões do tipo:

- comprar *versus* fabricar;
- definição das atividades a serem internadas para os roteiros de produção;
- definição das atividades para eficiência dos recursos;
- gestão dos recursos financeiros necessários para os estoques e atividades.

Comprar *Versus* Fabricar: Terceirização

Esta metodologia de PRC em nível operacional já foi estudada no Capítulo 13.

Gestão do Custo das Atividades Internadas

Esta metodologia de PRC em nível operacional foi também apresentada no Capítulo 13.

Logística

A busca da logística de melhor relação econômica é uma metodologia de cunho operacional, pois envolve as diversas atividades de movimentação e transporte de materiais, produtos e serviços.

Qualidade

Consideramos a política de qualidade como um instrumento operacional de PRC, pois se aplica ao conjunto empresarial após as definições básicas da estratégia.

30.8 PRC em Nível de Execução e Controle

Neste nível, política de redução de custos significa buscar o menor custo de cada recurso e das transações de cada um deles. A PRC em nível de execução e controle situa-se nos últimos itens da árvore de decisão para redução de custos e estrutura do ativo. Trabalha diretamente com os itens dos insumos de produção, que já foram definidos pelas PRCs anteriores, a PRC estratégica e a PRC operacional. Em nível de execução e controle, só se pode discutir sobre elementos de custos já definidos e utilizáveis. Não se discute se o processo é o ideal ou não, ou se deve ser terceirizado ou não. Discute-se o menor custo do recurso já definido.

Vemos duas políticas básicas:

- A estrutura básica do custo de cada recurso (e, consequentemente, de cada transação), que denominamos de fórmula do custo.
- Análise de valor.

Fórmula do Custo

A fórmula de qualquer custo pode ser expressa por:

Custo = Preço Unitário do Recurso × Quantidade Empregada do Recurso

Como vemos, o custo é uma relação multiplicativa do custo unitário e da quantidade empregada. A busca do menor custo de cada recurso deve ser feita buscando reduzir a quantidade empregada do recurso e, ao mesmo tempo, o preço unitário de cada unidade de recurso empregada. Isto vale para qualquer recurso, seja ele mão de obra, materiais, despesas, serviços ou mesmo depreciação.

Análise de Valor

A análise de valor é uma metodologia de redução de custos que vai além da fórmula Custo = Preço Unitário × Quantidade, porque discute as funções do produto, ou seja, a essência do produto à luz de sua utilidade.

30.9 Programas e Equipes de Trabalho

Uma política de redução de custos só é possível de ser implantada e operacionalizada com o comprometimento de toda a estrutura empresarial, por meio de programas formais e equipes de trabalho. Dependendo do tipo de PRC, há necessidade de programas ou projetos estruturados dentro da hierarquia. Outros componentes da PRC devem ser levados a cabo por intermédio de equipes, normalmente interdepartamentais.

Programas e Equipes de PRC Estratégica

Enquadram-se neste nível os seguintes programas ou equipes de trabalho:

Desenvolvimento de novos produtos e redução do ciclo de criação de produtos

Equipes normalmente formadas por especialistas das áreas de marketing, engenharia de produto e de processo, compras e controladoria.

Introdução ou eliminação de produtos

Equipes geralmente formadas por especialistas das áreas de marketing e Controladoria.

Redução de desperdícios

Este tipo de PRC comumente se reveste de um programa oficial da empresa, permeando toda a organização.

Just-in-time *e teoria das restrições*

Mais do que um programa, são filosofias de administração de produção. Partem da cúpula da empresa, pois são aderentes à cultura organizacional.

Programas e Equipes de PRC Operacional

Enquadram-se neste nível os seguintes programas ou equipes de trabalho:

Qualidade ISO 9000/TQC (Qualidade Total)

Seguramente é um programa formal da empresa, em geral com um responsável hierárquico, mas que exige a participação de toda a empresa.

6 Sigma/5 S/TPM

Também se enquadram como programas gerais da empresa, objetivando aspectos gerais como: manutenção, limpeza, organização etc.

Comitê de redução de custos

Equipe interdepartamental, com objetivos de redução do custo de produtos específicos ou projetos, normalmente formada por especialistas das áreas de engenharia de produto, engenharia de fábrica, marketing, compras e Controladoria, lideradas pelo gerente responsável pelo produto ou divisão.

Programa de desenvolvimento de fornecedores (outsourcing)

Equipes de trabalho com objetivos específicos de identificar e desenvolver novos fornecedores para fornecimento de materiais e serviços. Objetiva tanto identificar fornecedores para componentes e serviços novos, como para o processo de substituição de componentes fabricados para transformar em comprados, normalmente chamado de terceirização.

As equipes são formadas basicamente por especialistas de engenharia de fábrica, de produto e lideradas por pessoal do setor de compras.

Programas e Equipes de PRC de Execução e Controle

Enquadram-se neste nível os seguintes programas ou equipes de trabalho:

Círculos de Qualidade/Kaizen

É também um programa formal da empresa, complementando os programas de Qualidade Total (TQC) e ISO 9000. No entanto, revestem-se de característica de execução e controle, pois a atuação das equipes, normalmente de um único setor, concentra-se em atividades de redução de custos de produtos e processos de sua própria área.

Análise de valor

Criam-se equipes de trabalho para atuação dentro de alguns programas, ou quando necessário. É similar aos círculos de qualidade.

Questões e Exercícios

1 Fazer uma análise sobre o ambiente interno da empresa em que trabalha ou uma outra de que tenha conhecimento e verificar quais as possibilidades de redução de custos que possam ser executadas. Após a listagem das possibilidades, tentar enquadrá-las dentro das três grandes etapas do processo de gestão.

2 Uma empresa tem tido um lucro anual da ordem de R$ 120.000, de um total de R$ 2.400.000 de vendas. O valor de mercado da empresa está avaliado em R$ 1.500.000. Considerando um custo de oportunidade de capital dos acionistas de 10% ao ano, quanto essa empresa teria de reduzir seus custos para dar a rentabilidade desejada pelos acionistas?

3 Uma nova avaliação da demanda do mercado indica que as vendas poderão aumentar 16% se o preço de venda médio dos produtos cair em 5%. Considerando que os custos variáveis da empresa estão na ordem de 60% das vendas e que os custos fixos não terão aumento por preços nem por mudança da escala de produção, nem novos investimentos serão exigidos, qual será a necessidade de redução de custos nesta nova situação?

4 A adoção de novos conceitos de administração de produção e novas tecnologias para fabricação dos produtos indica que os custos fixos da empresa poderão ser reduzidos em R$ 40.000. Os custos variáveis, por sua vez, aumentarão para 61% das vendas. Partindo dos dados obtidos no exercício 3 e considerando o mesmo valor da empresa e custo de oportunidade de capital, qual será a necessidade de redução de custos para atender a necessidade de rentabilidade dos acionistas?

PARTE VIII

AVALIAÇÃO DE DESEMPENHO E INVESTIMENTOS

Além das metodologias tradicionais de controle utilizadas pela Controladoria (controle orçamentário, gestão de custos, modelos para execução das transações), há a necessidade de um conjunto de procedimentos de avaliação de resultados e desempenho, como forma complementar de controle e tomada de decisão.

Basicamente, a avaliação de resultados está ligada à mensuração da margem de contribuição gerada pelos produtos e a avaliação de desempenho está ligada à responsabilidade de um gestor por uma área dentro da empresa, ou mesmo da empresa como um todo.

Avaliação de Resultados e de Desempenho

A avaliação de desempenho tem como objeto a segmentação da empresa em unidades administrativas organizadas dentro do subsistema formal: os setores, departamentos e divisões, que se expressam dentro da Contabilidade Gerencial ou de custos sob os conceitos de centros de custos, de resultado ou de investimento. A avaliação de resultado tem como objeto as atividades internas e as saídas do sistema empresa por meio dos seus produtos e serviços gerados no processo de transformação de recursos.

A seguir, na Figura A, apresentamos um esquema do processo geral das avaliações, extraído de Parisi e outros.[1]

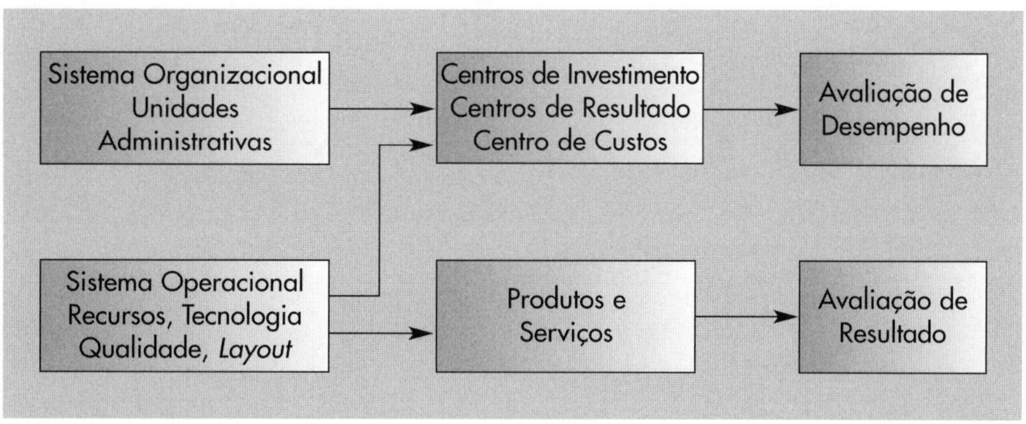

Figura A Avaliação de resultado e de desempenho

[1] PARISI, Cláudio e outros. Op. cit., p. 13.

Modelo Básico de Mensuração e a Integração com os Conceitos de Avaliação de Resultado e Avaliação de Desempenho

Os conceitos de avaliação de resultados e avaliação de desempenho podem ser visualizados na Figura B, dentro do modelo básico de mensuração, sob o conceito de margem de contribuição que apresentamos anteriormente.

Além da avaliação de resultado e desempenho, cabe também à Controladoria o desenvolvimento de modelos de decisão, mensuração e informação para avaliação de qualquer investimento da empresa, bem como do valor da própria empresa.

Adicionalmente, cabe também à Controladoria um modelo de gerenciamento de risco, que deve ser o mais abrangente possível, identificando os elementos patrimoniais sujeitos a risco, de forma que permita um monitoramento constante das variáveis envolvidas.

Esses são os temas que serão abordados nesta última parte do trabalho.

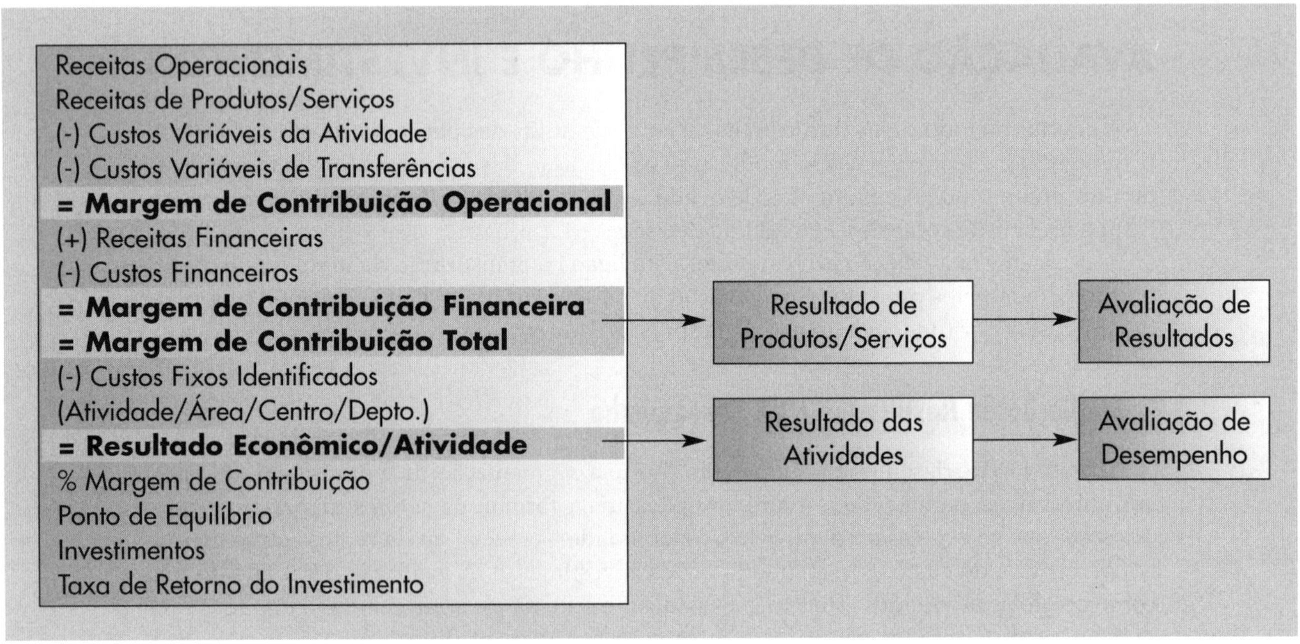

Figura B Processo de avaliação de resultados e desempenho

Capítulo 31

Avaliação Global do Resultado e Desempenho e Análise da Geração de Lucros

A metodologia clássica para avaliação do desempenho global da empresa é normalmente chamada de análise financeira ou análise de balanço. Por meio de um conjunto de procedimentos e conceitos aplicados de forma inter-relacionada, obtém-se uma série de indicadores que permitem fazer uma avaliação sobre a situação econômica e financeira da empresa e o retorno do investimento.

A visão mais comum da análise de balanço é em relação a balanços publicados. Porém, em nosso entendimento, o mais importante é a aplicação dos fundamentos da análise de balanço com os Demonstrativos Contábeis da própria empresa, objetivando um monitoramento dos resultados e desempenho dos gestores e investimentos.

Além dos indicadores e técnicas clássicas de análise de balanço, apresentaremos neste capítulo um painel para análise da geração de lucros e considerações sobre a destinação desses lucros, sob a conceituação de política de dividendos.

31.1 Análise Financeira ou de Balanço

Constitui-se em um processo de meditação sobre os Demonstrativos Contábeis, objetivando uma avaliação da situação da empresa em seus aspectos operacionais, econômicos, patrimoniais e financeiros.

A avaliação sobre a empresa tem por finalidade analisar o resultado e o desempenho da empresa, detectar os pontos fortes e fracos do processo operacional e financeiro da companhia, objetivando propor alternativas de curso futuro a serem tomadas e seguidas pelos gestores da empresa.

Nesse processo, o analista vale-se de uma série de cálculos matemáticos, traduzindo os Demonstrativos Contábeis em indicadores. Tais indicadores buscam evidenciar as características dos principais inter-relacionamentos existentes entre o Balanço Patrimonial, que apresenta uma visão estática e momentânea da empresa, e a dinâmica representada pela Demonstração de Resultados.

Os Demonstrativos Contábeis de fluxo de caixa e demonstração das origens e aplicações de recursos também devem ser utilizados para melhorar a compreensão sobre o desempenho empresarial, pois contêm elementos adicionais para o entendimento das operações da empresa.

Novos Conceitos de Avaliação e Nova Estrutura do Balanço Patrimonial

As Leis 11.638/2007 e 11.941/2009 introduziram definitivamente os padrões internacionais de contabilidade (IFRS) na legislação brasileira e na prática contábil. Os principais conceitos de avaliação introduzidos foram os seguintes:

a) *Valor justo* (fair value): todos os ativos e passivos que possam ter seu valor justo diferente do valor contábil devem ser remensurados pelo valor justo. Basicamente são dois tipos de valor justo:

   1. Valor de mercado;
   2. Valor em uso determinado pelo fluxo de caixa descontado.

   A utilização deverá ser pelo maior entre os dois valores.

   O valor justo será aplicado para diminuir os ativos ou aumentar os passivos, exceto no caso de instrumentos financeiros mantidos para negociação ou venda.

b) *Perda por desvalorização de ativos* (impairment): sempre que se identificar que um ativo (estoques, imobilizados, intangíveis, investimentos) tem seu valor contábil superior ao valor justo, deverá ser feito um lançamento, em despesa ou custo, da diferença entre o valor contábil e o valor justo, denominada de ajuste ao valor recuperável do ativo.

c) *Valor residual*: valor provável de venda de um bem imobilizado ao final do seu uso pela empresa (ao final da vida útil).

d) *Valor depreciável*: a base para a aplicação da taxa de depreciação será o valor justo do bem menos o seu valor residual.

e) *Vida útil*: quantidade de período ou unidades de produção em que se espera que o bem seja utilizado pela empresa e traga o fluxo futuro de benefícios.

f) *Tributos diferidos*: deverá ser contabilizado como despesa ou receita, em contrapartida ao ativo ou passivo, o valor dos tributos sobre o lucro (imposto de renda e contribuição social sobre o lucro), sobre as diferenças temporárias entre o lucro tributável e o lucro contábil.

g) *Ajuste a valor presente*: os créditos e obrigações pré-fixadas de longo prazo devem ser trazidos a valor presente, bem como os de curto prazo, se relevantes.

h) *Arrendamento mercantil financeiro*: os *leasings* financeiros, que se caracterizam na prática por uma compra de bem financiada, deverão ser tratados como financiamentos e sua contrapartida como imobilização do bem objeto do financiamento sob *leasing* financeiro.

A nova estrutura de apresentação do balanço patrimonial está apresentada no Quadro 31.1. Em termos objetivos, as grandes modificações de estrutura foram:

a) A introdução do Ativo Não Circulante, que passa a englobar o Realizável a Longo Prazo e o antigo Ativo Permanente;

b) A eliminação da possibilidade de ativamento de gastos para exercícios futuros, extinguindo dessa maneira o Ativo Diferido;

c) A inclusão do grupo Ativo Intangível no Ativo Não Circulante, destacando este item, que antes era classificado com o imobilizado e eventualmente no diferido;

d) A substituição da terminologia Exigível a Longo Prazo, passando a ser denominada de Passivo Não Circulante;

e) A extinção da possibilidade de novas reavaliações de imobilizados (houver uma exceção, como opção, para o balanço de abertura de 1º.01.2010);

f) A introdução da conta Ajustes de Avaliação Patrimonial para abrigar receitas e despesas que não passam por resultados em situações específicas, até a sua realização, tais como ajustes a valor justo de instrumentos financeiros para negociação ou venda e variação cambial de investimentos no exterior;

g) A introdução da Demonstração do Resultado Abrangente, que compreende a Demonstração do Resultado do Exercício mais os itens de despesas e receitas, que, por norma contábil, estão temporariamente classificados na conta Ajustes de Avaliação Patrimonial.

Quadro 31.1 Balanço Patrimonial – Nova estrutura legal

Ativo	Patrimônio Líquido
Circulante	**Circulante**
Caixa e Bancos	Empréstimos e Finaciamentos
Aplicações Financeiras	Títulos Descontados
Títulos a Receber de Clientes	Fornecedores
(-) Créditos de Liquidação Duvidosa	Salários e Encargos a Pagar
Estoques	Tributos sobre Mercadorias
Adiantamentos	Tributos sobre Lucro
Outros Créditos	Adiantamento de Clientes
Despesas do Exercício Seguinte	Dividendos e Lucros a Distribuir
Não Circulante	**Não Circulante**
Realizável a Longo Prazo	Empréstimos e Financiamentos
Títulos a Receber	Tributos Refinanciados
Títulos Mobiliários para Negociação	Mútuos de Empresas Relacionadas
Títulos Mobiliários para Venda	Receitas (-) Despesas Diferidas
Créditos com Pessoas Ligadas	
Investimentos	**Patrimônio Líquido**
Em Empresas Ligadas	Capital Social
Em Outras Empresas	(-) Ações em Tesouraria
Imobilizado	Reservas de Capital
(-) Depreciação e Exaustão Acumulada	Ajustes de Avaliação Patrimonial
Intangível	Reservas de Lucros
Gastos com Aquisição ou Geração de Marcas,	Prejuízos Acumulados
Softwares Licenciáveis, Patentes Etc.	Outros Resultados Abrangentes
e *Goodwil* Adquirido	

Em essência, as novas modificações não ensejam alterações na estrutura técnica de análise de balanço. O importante é saber que houve a incorporação de alguns novos conceitos econômicos no processo de avaliação de ativos e passivos, que, de fato, tornaram mais adequados os valores apresentados.

Especial atenção deve ser dada às contas Ajustes de Avaliação Patrimonial e Outros Resultados Abrangentes, pois são despesas e receitas que ainda não transitaram pela Demonstração de Resultados e podem alterar a análise e o entendimento de indicadores de rentabilidade e patrimoniais, em algum momento, de forma significativa.

Comparabilidade e Tendências

A análise de balanço deve ser um instrumento que possibilite o gerenciamento da informação contábil. Assim, um dos fundamentos deste modelo de análise é a criação de indicadores que permitam sempre uma análise comparativa. A comparabilidade dos dados de análise de balanço pode ser feita em vários aspectos, como:

- Comparação com períodos passados.
- Comparação com períodos orçados.
- Comparação com padrões setoriais.
- Comparação com padrões internacionais.
- Comparação com padrões internos da empresa.
- Comparação com empresas concorrentes etc.

A maneira adequada de dar um atributo de informação gerencial aos indicadores de análise de balanço é o acompanhamento tendencial. O acompanhamento dos indicadores de forma contínua (no mínimo mensal e preferencialmente de forma gráfica) possibilita apreender situações de tendência futura, dando, portanto, aos gestores uma ferramenta adicional para mudança e planejamento.

Técnicas Básicas

O ferramental tradicional da análise de balanço compõe-se de:

- Análise vertical.
- Análise horizontal.
- Indicadores econômico-financeiros.
- Avaliação final.

Análise Vertical (AV)

Denominamos de análise vertical a análise de participação percentual ou de estrutura dos elementos dos Demonstrativos Contábeis. Assume-se como 100% um determinado elemento patrimonial, que, em princípio, deve ser o mais importante, e faz-se uma relação percentual de todos os demais elementos sobre ele.

Para o Balanço Patrimonial, convencionou-se adotar como 100% o total do ativo e do passivo. Para a Demonstração de Resultados, convencionou-se adotar como 100% o valor do total da receita de vendas, líquida dos impostos, denominada legalmente de **Receita Operacional Líquida**.

A análise vertical da Demonstração de Resultados é muito mais significativa do que a do Balanço Patrimonial, pois, pelo fato de atribuir 100% à receita operacional, permite uma visão da estrutura de custos e despesas da empresa, em termos de média sobre as vendas. Esta análise deve ser explorada ao máximo, já que permite extrair informações muito úteis.

Análise Horizontal (AH)

É uma análise de crescimento (ou de variação). Tomam-se como 100% todas as contas de um determinado período e faz-se uma relação percentual em cima dos dados desse período. O novo número relativo indica o quanto o dado do período subsequente é maior ou menor que o do período anterior. Como é comum serem utilizados vários períodos, a variação sequencial e consecutiva acaba indicando uma tendência de crescimento (ou diminuição).

A análise horizontal, considerando-se a moeda corrente do país, sem expurgo dos efeitos inflacionários, é denominada análise horizontal nominal.

Análise Horizontal Real (AHR)

Como os dados dos Demonstrativos Contábeis são expressos em moeda (normalmente moeda corrente do país), há a possibilidade de utilizar uma alternativa, qual seja: identificar o crescimento ou variação de período a período, levando-se em conta a inflação da moeda de cada período.

Assim, a análise horizontal real é a análise horizontal nominal menos a inflação considerada para cada um dos períodos subsequentes. Esta técnica é totalmente recomendável quando se utilizam mais de dois períodos, ou, sempre, em caso de ambiente conjuntural com altas taxas de inflação permanentemente.

Indicadores Econômico-Financeiros

Compreende a geração de um painel básico de indicadores para complementar as análises vertical e horizontal. Estes indicadores podem ser tanto de relações entre elementos do Balanço Patrimonial, como de elementos da Demonstração de Resultados que se relacionem com o Balanço Patrimonial.

São apresentados em termos de índices, percentuais, números absolutos, dias etc., com o objetivo de facilitar ainda mais o entendimento da situação da empresa apresentada nos Demonstrativos Contábeis.

Avaliação Final

Consiste em um relatório que sumaria as conclusões obtidas na análise dos Demonstrativos Contábeis. Deve ser objetiva ao máximo e, necessariamente, conter a avaliação sobre a situação da empresa e, se possível, apresentar cursos futuros de ação.

Restrições dos Dados

De modo geral, a análise de balanço tem se fundamentado nos Demonstrativos Contábeis apresentados pela legislação comercial, os quais, elaborados conforme os princípios contábeis geralmente aceitos, incorporam as restrições de mensuração e informação que os próprios princípios apresentam. Portanto, a análise de balanço com a utilização desses demonstrativos deve ser complementada com considerações adicionais em termos de mensuração pelo valor econômico.

Desta maneira, é imprescindível que o avaliador tenha em mente que uma empresa avaliada segundo princípios de gestão econômica que considera fluxos futuros de benefícios descontados a custos de oportunidade apresentará resultados diferentes da avaliação contábil dos demonstrativos tradicionais.

Tais diferenças deverão ser consideradas quando da apresentação do relatório de avaliação final.

Exemplo Numérico – Análises Vertical e Horizontal

Nas Tabelas 31.1 e 31.2, a seguir, apresentamos um exemplo de análises horizontal e vertical do Balanço Patrimonial e da Demonstração de Resultados. Neste exemplo, não estamos desenvolvendo a análise horizontal real (descontada da inflação do nível geral de preços), uma vez que ela é coerente com uma economia de moeda estável.

As análises vertical e horizontal produzem indicadores percentuais relativos. A análise vertical do Balanço Patrimonial deve ser feita com muita cautela, para não serem tiradas conclusões errôneas ou óbvias demais. Como a base da AV do Balanço Patrimonial é o total do ativo, qualquer alteração significativa deste valor, muito diferente das operações tradicionais, pode modificar as estruturas percentuais, e sua análise pode não fornecer informações úteis e conclusivas. Como exemplos dessas alterações não costumeiras podemos citar a criação de reservas de reavaliação no Ativo Permanente com contrapartida no Patrimônio Líquido, um investimento significativo em imobilizado com entrada de capital, uma aquisição de controlada etc.

A AV da Demonstração de Resultados é extremamente significativa, pois deixa bem clara a estrutura de custos e despesas da empresa. A AH, por indicar variação

Tabela 31.1 Análises vertical e horizontal do balanço patrimonial

Elementos Patrimoniais	31.12.x0 (Em R$)	AV (Em %)	31.12.x1 (Em R$)	AV (Em %)	AH (Em %)
Ativo Circulante	**5.527.500**	**48,0**	**6.911.945**	**55,1**	**25,0**
Caixa/Bancos	1.000	0,0	1.000	0,0	0,0
Aplicações Financeiras	777.160	6,7	1.596.167	12,7	105,4
Contas a Receber de Clientes	1.650.000	14,3	2.048.604	16,3	24,2
(-) Provisão Devedores Duvidosos	(30.000)	-0,3	(43.899)	-0,3	46,3
(-) Títulos Descontados	–	0,0	–	0,0	0,0
• Contas a Receber – Líquido	1.620.000	14,1	2.004.705	16,0	23,7
Estoques:	3.124.340	27,1	3.302.972	26,3	5,7
. de materiais – bruto	1.800.000	15,6	1.788.347	14,2	-0,6
. (-) provisão retificadora	–	0,0	–	0,0	0,0
. de materiais – líquido	1.800.000	15,6	1.788.347	14,2	-0,6
. em processo	625.940	5,4	839.145	6,7	34,1
. acabados	696.000	6,0	672.679	5,4	-3,4
• Adiantamentos a Fornecedores	2.400	0,0	2.800	0,0	16,7
Impostos a Recuperar	4.500	0,0	5.800	0,0	28,9
Despesas do Exercício Seguinte	500	0,0	1.300	0,0	160,0
Ativo Não Circulante	**5.996.000**	**52,1**	**5.642.775**	**45,0**	**-0,59**
Realizável a Longo Prazo	**6.000**	**0,1**	**8.000**	**0,1**	**33,3**
Depósitos Judiciais	5.000	0,0	7.000	0,1	40,0
Incentivos Fiscais	1.000	0,0	1.000	0,0	0,0

continua

Tabela 31.1 Análises vertical e horizontal do balanço patrimonial (Continuação)

Elementos Patrimoniais	31.12.x0 (Em R$)	AV (Em %)	31.12.x1 (Em R$)	AV (Em %)	AH (Em %)
Ativo Fixo	**5.990.000**	**52,0**	**5.634.775**	**44,9**	**-5,9**
Investimentos em Controladas	200.000	1,7	230.000	1,8	15,0
• Imobilizado Bruto	–	0,0	–	0,0	0,0
• Terrenos	–	0,0	–	0,0	0,0
• Reavaliação de Terrenos	–	0,0	–	0,0	0,0
• Outros Imobilizados	8.290.000	71,9	8.987.000	71,6	8,4
• (-) Depreciação Acumulada	(2.500.000)	-21,7	(3.582.225)	-28,5	43,3
Imobilizado Líquido	5.790.000	50,2	5.404.775	43,0	-6,7
Intangível	–	0,0	–	0,0	0,0
ATIVO TOTAL	**11.523.500**	**100,0**	**12.554.719**	**100,0**	**8,9**
Passivo Circulante	**2.723.500**	**23,6**	**3.446.209**	**27,4**	**26,5**
Fornecedores	460.000	4,0	679.377	5,4	47,7
Salários e Encargos a Pagar	200.000	1,7	264.981	2,1	32,5
Contas a Pagar	100.000	0,9	120.446	1,0	20,4
Impostos a Recolher – sobre Mercadorias	460.000	4,0	475.203	3,8	3,3
Impostos a Recolher – sobre Lucros	100.000	0,9	72.028	0,6	-28,0
Adiantamento de Clientes	3.500	0,0	5.000	0,0	42,9
Empréstimos	1.200.000	10,4	1.649.124	13,1	37,4
Dividendos a Pagar	200.000	1,7	180.050	1,4	-10,0
Passivo Não Circulante	**4.800.000**	**41,7**	**4.838.435**	**38,5**	**0,8**
Financiamentos	4.800.000	41,7	4.838.435	38,5	0,8
Patrimônio Líquido	**4.000.000**	**34,7**	**4.270.075**	**34,0**	**6,8**
Capital Social	4.000.000	34,7	4.000.000	31,9	0,0
Reservas de Capital	–	0,0	–	0,0	0,0
Reservas de Reavaliação	–	0,0	–	0,0	0,0
Reservas de Lucros/Lucros Acumulados	–	0,0	–	0,0	0,0
Lucro do Período	–	0,0	270.075	2,2	0,0
PASSIVO TOTAL	**11.523.500**	**100,0**	**12.554.719**	**100,0**	**8,9**

Tabela 31.2 Análise vertical e horizontal da demonstração de resultados

Discriminação	31.12.x0 (Em R$)	AV (Em %)	31.12.x1 (Em R$)	AV (Em %)	AH (Em %)
RECEITA OPERACIONAL BRUTA II	23.787.210	127,6	23.883.989	127,6	0,4
(-) Impostos sobre Vendas IPI – ISS	–	0,0	–	0,0	0,0
RECEITA OPERACIONAL BRUTA I	23.787.210	127,6	23.883.989	127,6	0,4
(-) Impostos nas Vendas – ICMS – PIS – Cofins	(5.149.931)	-27,6	(5.170.884)	-27,6	0,4
RECEITA OPERACIONAL LÍQUIDA	**18.637.279**	**100,0**	**18.713.105**	**100,0**	**0,4**
Custo dos Produtos Vendidos	**14.707.102**	**78,9**	**15.122.900**	**80,8**	**2,8**
. Materiais Diretos	9.152.000	49,1	9.107.375	48,7	-0,5
. Materiais Indiretos	798.000	4,3	793.914	4,2	-0,5

continua

Tabela 31.2 Análise vertical e horizontal da demonstração de resultados (Continuação)

Discriminação	31.12.x0 (Em R$)	AV (Em %)	31.12.x1 (Em R$)	AV (Em %)	AH (Em %)
Consumo de Materiais Total	9.950.000	53,4	9.901.289	52,9	-0,5
Mão de Obra Direta	1.721.000	9,2	1.842.222	9,8	7,0
Mão de Obra Indireta	1.380.000	7,4	1.474.799	7,9	6,9
Despesas Gerais	940.986	5,0	1.171.915	6,3	24,5
Depreciação	905.000	4,9	922.559	4,9	1,9
(+/-) Variação dos Estoques Industriais	(189.884)	-1,0	(189.884)	-1,0	0,0
Lucro Bruto	**3.930.177**	**21,1**	**3.590.206**	**19,2**	**-8,7**
Despesas Operacionais	**1.358.678**	**7,3**	**2.444.596**	**13,1**	**79,9**
Comerciais	1.442.731	7,7	1.442.731	7,7	0,0
. Mão de Obra	150.000	0,8	163.816	0,9	9,2
. Materiais Indiretos	50.000	0,3	66.009	0,4	32,0
. Despesas	1.128.678	6,1	1.171.007	6,3	3,8
. Depreciação	28.000	0,2	28.000	0,1	0,0
. Provisão Devedores Duvidosos	2.000	0,0	13.899	0,1	594,9
Administrativas	902.000	4,8	1.001.865	5,4	11,1
. Mão de Obra	512.000	2,7	591.558	3,2	15,5
. Materiais Indiretos	50.000	0,3	58.178	0,3	16,4
. Despesas	220.000	1,2	220.463	1,2	0,2
. Depreciação	120.000	0,6	131.667	0,7	9,7
Lucro Operacional I	**1.669.499**	**9,0**	**1.145.610**	**6,1**	**-31,4**
Receitas Financeiras de Aplicações	16.800	0,1	110.257	0,6	556,3
Outras Receitas Financeiras	30.000	0,2	56.400	0,3	88,0
Despesas Financeiras com Financiamentos	(552.999)	-3,0	(590.230)	-3,2	6,7
Outras Despesas Financeiras	(90.000)	-0,5	(106.800)	-0,6	18,7
Equivalência Patrimonial	2.000	0,0	30.000	0,2	1400,0
Lucro Operacional II	**1.075.300**	**5,8**	**645.237**	**3,4**	**-40,0**
Outras Receitas e Despesas	(19.000)	-0,1	(2.200)	0,0	-88,4
. Valor de Venda de Imobilizados	1.000	0,0	800	0,0	-20,0
. (-) Valor da Baixa de Imobilizados	(20.000)	-0,1	(3.000)	0,0	-85,0
Lucro Antes dos Impostos	**1.056.300**	**5,7**	**643.037**	**3,4**	**-39,1**
Impostos sobre o Lucro	(316.890)	-1,7	(192.911)	-1,0	-39,1
Lucro Líquido depois do Imp. Renda	**739.410**	**4,0**	**450.126**	**2,4**	**-39,1**

(crescimento ou diminuição do valor do elemento patrimonial em análise), por si só já dá uma informação significativa e, além disso, deve ser enriquecida com a análise inter-relacionada das variações entre os elementos do Balanço Patrimonial que se integram com os elementos da Demonstração de Resultados. As principais inter-relações são:

Elementos da Demonstração de Resultados	Elementos do Balanço Patrimonial
Receita Operacional Bruta	Contas a Receber de Clientes Impostos a Recolher
Custo dos Produtos Vendidos	Produção em Andamento e Produtos Acabados
Consumo de Materiais	Estoques de Materiais Contas a Pagar a Fornecedores
Despesas de Pessoal	Salários e Encargos a Pagar
Despesas Gerais	Contas a Pagar
Depreciação	Imobilizado
Despesas Financeiras	Empréstimos e Financiamentos
Receitas Financeiras	Aplicações Financeiras

Assim, caso ocorra um aumento de vendas de 10%, seria admissível que Contas a Receber também aumentasse em 10%. Uma redução do consumo de materiais em 5% deveria promover uma redução do estoque de materiais na mesma magnitude, e assim sucessivamente.

Obviamente, outros fatores poderão afetar esta relação direta. Por exemplo, no caso de aumento de vendas, é possível que ele tenha sido conseguido com uma alteração da política de crédito, com mais prazo para pagamento. Neste caso, Contas a Receber de clientes provavelmente terá um aumento percentual maior que o da receita.

Um outro motivo que causa aumento da carteira de clientes, diferente do aumento de vendas, é o aumento da inadimplência. Assim, caso a empresa tenha maiores problemas com duplicatas em atraso, a carteira de clientes poderá crescer mais do que o aumento de vendas.

Na área de compras de materiais e custo dos produtos vendidos, a situação é semelhante. A redução do prazo médio de pagamento poderá diminuir a conta de fornecedores, mesmo que o consumo de materiais aumente. O inverso – um aumento do prazo de pagamento – aumentará a conta de fornecedores em percentual maior do que o consumo de materiais.

Exemplo de avaliação – AV do balanço patrimonial

O ativo apresentou uma pequena alteração estrutural, com a participação do Permanente ficando menor que a do Ativo Circulante. O valor absoluto do Ativo Fixo diminuiu em 19x1 em relação a 19x0, basicamente porque as novas aquisições de imobilizados foram em valor inferior ao total da depreciação lançada como despesa no ano.

Este fato, aliado a um aumento geral do Passivo Circulante com o aumento do endividamento financeiro e dos passivos de funcionamento, permitiu que as aplicações financeiras de 19x1 tivessem um aumento de 105,4%, aumentando sua participação no total do ativo, apesar de o lucro de 19x1 ter sido menor do que o do ano anterior. Os demais itens do Ativo Circulante também tiveram um aumento de participação na estrutura do ativo.

A estrutura do passivo evidencia apenas uma pequena mudança do perfil da dívida, pois parcela do endividamento de longo prazo foi transferida para o curto prazo.

Exemplo de avaliação – AV da demonstração de resultados

O ano de 19x0 apresenta um custo dos produtos vendidos médio de 78,9% da receita líquida, aumentando para 80,8% em 19x1. A causa foi que o pequeno aumento das vendas de um ano para outro – de 0,4% – não permitiu uma boa diluição dos custos fixos industriais, que aumentaram em valor absoluto.

As despesas operacionais, administrativas e comerciais também tiveram um aumento do valor absoluto em 19x1 e passaram a representar 13,1% da receita líquida de vendas contra 12,1% do ano anterior.

Com isso, a margem operacional, que era de 9% em 19x0, passou a 6,1% em 19x1, prejudicando o resultado da empresa. Os demais itens não tiveram alteração significativa, e o lucro líquido após os impostos, sobre as vendas líquidas, caiu de 4% em 19x0 para 2,4% em 19x1.

Exemplo de avaliação – AH do balanço patrimonial e da demonstração de resultados

As variações de crescimento de contas a receber maiores que as variações do total das vendas decorrem de ajuste de política de crédito. O mesmo acontece com as variações de fornecedores e contas a pagar, que decorrem de ajustes de prazos de pagamento.

O permanente teve uma variação negativa de 5,9%, tendo em vista que o total bruto do imobilizado aumentou 8,4%, enquanto a depreciação acumulada aumentou em 43,3%, provocando uma redução no conjunto do imobilizado de 6,7%.

No passivo, o aumento de empréstimos de curto prazo (37,4%) decorre de contabilização de juros e novos empréstimos superiores às amortizações. O aumento do Patrimônio Líquido de 6,8% se deu em virtude da retenção de lucros, resultados não-distribuídos, de R$ 270.075.

A AH da Demonstração de Resultados indica um aumento da receita de vendas de 0,4%. O custo das vendas aumentou 2,8%, uma vez que, mesmo reduzindo em 0,5% o custo do consumo de materiais, houve um aumento muito grande das despesas gerais (24,5%). Somado aos aumentos dos custos de mão de obra, ao redor de 7%, houve um aumento médio do custo dos produtos vendidos.

As despesas operacionais aumentaram na média 8,1%, pois são, na maioria, custos fixos que tiveram reajustes, principalmente mão de obra. Com isso, o Lucro Operacional caiu 31,4% e o Lucro Líquido, 39,1%. Portanto, a avaliação final é que o resultado do ano de 19x1 foi comprometido pelo pouco aumento das vendas e pelo aumento geral dos custos fixos, provocando queda de margem e rentabilidade.

Exemplo Numérico – Indicadores Econômico-Financeiros

O instrumento complementar das análises vertical e horizontal é o painel de indicadores econômico-financeiros. Na Tabela 31.3 apresentamos os principais indicadores, bem como suas fórmulas, parâmetros e conceito básico.

A análise dos indicadores financeiros deve considerar todos os aspectos conjuntamente. O analista deve assumir alguns parâmetros e dizer se a empresa está bem ou não tanto em cada um dos indicadores como no conjunto deles, e verificar, entre outras coisas:

- Os índices de liquidez estão bons ou não?
- O endividamento é aceitável?
- O giro do ativo está melhorando?
- Os prazos médios de recebimento e pagamento são normais?
- Os prazos médios de estocagem são aceitáveis para o setor? Não há excesso de estoques de forma crônica?
- O lucro gerado apresenta um grau de segurança para pagamento do serviço da dívida (juros dos financiamentos)?
- A rentabilidade do capital próprio está dentro da média do custo de oportunidade do mercado?
- Os dividendos distribuídos satisfarão os acionistas e promoverão maior valor da empresa?
- A análise geral indica empresa em crescimento e potencial de geração de lucros?

A análise de balanço deve questionar a validade dos números apresentados nos Demonstrativos Contábeis e tem também de haver segurança em todos os dados. Por exemplo:

- Foram feitas todas as provisões retificadoras para estoques obsoletos, estoques com preço de custo maior que o de mercado?
- Foram feitas todas as provisões para perdas prováveis com investimentos, depósitos em juízo, contingências fiscais e trabalhistas?
- Foi feita provisão adequada à provisão para créditos de liquidação duvidosa?
- Todos os passivos estão declarados? Há contratos de *leasing* ou avais não constantes como passivos?
- A Demonstração de Resultados não contém elementos em duplicatas? (Exemplo: considerar como vendas valores-base de intermediação).

Essas considerações têm por finalidade dar um grau de confiança maior tanto para o analista como para o usuário dos relatórios da análise de balanço.

31.2 Análise da Rentabilidade

Talvez deva ser considerada a melhor análise a ser extraída dos Demonstrativos Contábeis. Uma rentabilidade adequada continuadamente é, possivelmente, o maior indicador da sobrevivência e sucesso da empresa.

Podemos separar a análise da rentabilidade em dois grandes aspectos:

- Análise da geração da margem de lucro: Leva em conta o desempenho operacional da empresa, por meio do conceito de giro do ativo, que implica maior ou menor necessidade de margem operacional sobre as vendas.
- Análise da destinação do lucro: Leva em conta a alavancagem do capital de terceiros, para aumento da rentabilidade do capital próprio.

Método Dupont

Classicamente, a análise da geração da margem de lucro é denominada Método Dupont, pois foi disseminada por essa empresa norte-americana no início do século XX. Esta análise relaciona os dois componentes principais da geração operacional do lucro, para analisar a rentabilidade operacional:

Rentabilidade Operacional = Giro × Margem

O giro a ser considerado é o do ativo, que é a relação entre a receita de vendas e o ativo empregado para gerar essas vendas. O fundamento é que a empresa deve buscar sempre o maior giro, ou seja, a maior produtividade de seu Ativo Operacional. Quanto mais vendas a empresa conseguir com o mesmo ativo, maior a possibilidade de geração de lucros, pois vendas adicionais permitirão ganhos adicionais.

Ativo Operacional e Giro do Ativo

Na Tabela 31.3 apresentamos o giro do ativo considerando o ativo total do Balanço Patrimonial. Para uma

Tabela 31.3 Painel de indicadores econômico-financeiros

Indicadores	19x0	19x1	Fórmula	Conceito	Parâmetros
Indicadores de Capacidade de Pagamento					
Liquidez Imediata	0,29	0,46	$\frac{\text{Disponibilidades}}{\text{Passivo Circulante}}$	Capacidade de pagamento de todo passivo circulante apenas com recursos de caixa	Quanto maior, melhor
Liquidez Corrente	2,03	2,01	$\frac{\text{Ativo Circulante}}{\text{Passivo Circulante}}$	Capacidade de pagamento de dívidas de curto prazo	Acima de 1, sendo considerado normal 1,50
Liquidez Seca	0,88	1,05	$\frac{\text{Ativo Circulante (-) Estoques}}{\text{Passivo Circulante}}$	Idem liquidez corrente, excluindo os estoques por não serem facilmente realizáveis	Entre 0,60 e 0,70
Endividamento Geral	1,88	1,94	$\frac{\text{Passivo Circulante + Passivo Não Circulante}}{\text{Patrimônio Líquido}}$	Indicador de solvência ou cobertura de dívida com todos os credores	Até 1,00. Acima de 1,00 no Brasil é considerado excessivo
Endividamento Financeiro	1,50	1,52	$\frac{\text{Empréstimos e Financiamentos}}{\text{Patrimônio Líquido}}$	Indicador de solvência ou cobertura de dívida com os credores bancários	Até 1,00. Acima de 1,00 no Brasil é considerado excessivo
Índice de Cobertura de Juros	3,02	1,94	$\frac{\text{Lucro Operacional}}{\text{Juros de Financiamentos}}$	Indicador da capacidade de pagamento dos encargos com capital de terceiros	Quanto maior, melhor
Indicadores de Atividade					
Prazo Médio de Recebimento (dias)	25	31	$\frac{\text{Dupls. a Receber – Clientes * 360 Dias}}{\text{Receita Operacional Bruta}}$	Vendas médias diárias retidas em carteira, não recebidas por serem vendas a prazo	Padrão do setor ou produto, sendo normal entre 30 e 60 dias
Prazo Médio de Pagamento (dias)	17	25	$\frac{\text{Dupls. a Pagar – Fornecedores * 360 Dias}}{\text{Compras Brutas}}$	Compras médias diárias retidas em carteira, não pagas por serem compras a prazo	Padrão do setor ou produto, sendo normal ao redor de 30 dias
Prazo Médio de Estocagem de Materiais (dias) (se comércio, é estoque de mercadorias)	65	65	$\frac{\text{Estoque de Materiais * 360 Dias}}{\text{Consumo de Materiais}}$	Consumo médio diário retido em estoque. Estoque necessário para dias de produção	Quanto menor, melhor. Depende dos conceitos de estoque de segurança e administração de produção
Prazo Médio de Estocagem na Produção (dias)	15	20	$\frac{\text{Estoque de Prods. Processo * 360 Dias}}{\text{Custo dos Produtos Vendidos}}$	Representa o ciclo médio de fabricação. Custo médio da fábrica em elaboração	Quanto menor, melhor. Depende dos conceitos de estoque de segurança e administração de produção

*Utilizamos neste exemplo o consumo de materiais, pois nestes demonstrativos não há evidências claras do valor das compras brutas.

continua

Tabela 31.3 Painel de indicadores econômico-financeiros (Continuação)

Indicadores	19x0	19x1	Fórmula	Conceito	Parâmetros
Indicadores de Atividade					
Prazo Médio de Estoque Prod. Acabados (dias)	17	16	**Estoque de Prods. Acabados * 360 Dias** / Custo dos Produtos Vendidos	Representa o tempo médio de espera de produtos acabados antes da venda	Quanto menor, melhor. Depende dos conceitos de estoque de segurança e administração de vendas
Giro do Estoque – Global (vezes)	4,7	4,6	**Custo dos Produtos Vendidos** / Total dos Estoques	Representa a quantidade de vezes que a fábrica consegue gerar produtos no ano	Quanto maior, melhor. Depende dos conceitos de administração de produção e vendas
Giro do Ativo (vezes)	1,6	1,5	**Receita Operacional Líquida** / Ativo Total	É a quantidade de vezes que a empresa consegue transformar o ativo em vendas	Quanto maior, melhor. Quanto mais giro, maior possibilidade de reduzir a margem operacional
Giro do Patrimônio Líquido (vezes)	4,7	4,4	**Receita Operacional Líquida** / Patrimônio Líquido	É a quantidade de vezes que a empresa consegue transformar o capital próprio em vendas	Quanto maior, melhor. Quanto mais giro, maior possibilidade de reduzir a margem líquida
Indicadores de Rentabilidade					
Margem Operacional	5,8%	3,4%	**Lucro Operacional * 100** / Receita Operacional Líquida	Lucro operacional percentual obtido em cada venda (antes dos juros e impostos)	Setorial/produto. Quanto maior, melhor. Deve ser associado ao giro do ativo
Margem Líquida	4,0%	2,4%	**Lucro Líquido após Impostos * 100** / Receita Operacional Líquida	Lucro final percentual obtido em cada venda	Setorial/produto. Quanto maior, melhor. Deve ser associado ao giro do capital próprio
Rentabilidade do Ativo – Bruta	9,3%	5,1%	**Lucro Operacional * 100** / Ativo Total	Representa a capacidade operacional de geração de lucro antes dos impostos e juros	Setorial/produto. Quanto maior, melhor. Deve ser associado ao giro do ativo
Rentabilidade do Patrimônio Líquido	18,5%	10,5%	**Lucro Líquido Final * 100** / Patrimônio Líquido	Representa a remuneração do capital próprio. Indicador final de rentabilidade	*Libor*, *Prime Rate*, TJLP. Entre 12% e 15% é considerado bom, abaixo, fraco, e acima, ótimo

continua

Tabela 31.3 Painel de indicadores econômico-financeiros (Continuação)

Indicadores	19x0	19x1	Fórmula	Conceito	Parâmetros
Análise de Preços e Retorno de Ações					
Valor Patrimonial por Ação – R$ (Quantidade de Ações = 2.000.000)	2,00	2,14	**Patrimônio Líquido** / Quantidade de Ações do Capital	Representa o valor contábil unitário de cada ação	Não há. Cada empresa expressa seu capital social com quantidades diferentes de ações
Lucro por Ação	0,37	0,23	**Lucro Líquido Final** / Quantidade de Ações do Capital	É o lucro anual que cabe a cada ação	Deve ter uma análise de rentabilidade similar à do Patrimônio Líquido
Dividendos por Ação – R$	0,15	0,09	**Dividendos Propostos/Distribuídos** / Quantidade de Ações do Capital	É a parcela do lucro anual que será distribuída para cada ação	É base para avaliar o valor da ação no mercado, pois representa a rentabilidade "caixa" da ação
Cotação da Ação no Mercado – valor aleatório	2,80	1,40	Não há	Representa o valor que o mercado dá para a empresa	Se for superior ao valor patrimonial, o mercado vê a empresa em crescimento; se inferior, o mercado vê a empresa com a rentabilidade prejudicada
P/L – Relação Preço/Lucro (com valor de mercado)	7,57	6,22	**Valor de Mercado da Ação** / Lucro por Ação	Representa em quantos anos o investidor recupera o valor investido na ação	Para ações com maior risco, o mercado quer P/L menor, aceitando P/L maior em ações de menor risco. Ao redor de 8, é um número normal

análise adequada, convém considerarmos o conceito de Ativo Operacional, que são todos os valores investidos em ativos necessários para obter as vendas.

As principais adaptações do ativo constante do balanço tradicional para obtermos o ativo operacional são:

- Todos os passivos ligados ao capital de giro devem ser considerados como redutores do ativo.
- As aplicações financeiras devem ser consideradas redutoras do passivo de empréstimos e financiamentos.
- Os dividendos a pagar devem ser considerados redutores das aplicações financeiras.
- Ativos não operacionais devem ser desconsiderados (exemplo: investimentos em outras empresas ou em coligadas e controladas).

No nosso exemplo com os dados constantes da Tabela 31.1 teríamos:

Tabela 31.4 Ativo operacional

	31.12.x0	31.12.x1
Ativo Total	**11.523.500**	**12.554.719**
(-) Investimentos em Controladas	(200.000)	(230.000)
(-) Aplicações Financeiras	(777.160)	(1.596.167)
(-) Fornecedores	(460.000)	(679.377)
(-) Salários e Encargos a Pagar	(200.000)	(264.981)
(-) Contas a Pagar	(100.000)	(120.446)
(-) Impostos a Recolher – sobre Mercadorias	(460.000)	(475.203)
(-) Impostos a Recolher – sobre Lucros	(100.000)	(72.028)
(-) Adiantamento de Clientes	(3.500)	(5.000)
= Ativo Operacional	**9.222.840**	**9.111.517**

Com isso, podemos calcular o giro do ativo:

$$\text{Giro do Ativo Operacional} = \frac{\text{Receita Operacional Líquida}}{\text{Ativo Operacional}}$$

$$19x0 = \frac{18.637.279}{9.222.840} = 2{,}021 \text{ vezes}$$

$$19x1 = \frac{18.713.105}{9.111.517} = 2{,}054 \text{ vezes}$$

O ano de 19x1 apresentou uma pequena melhora no giro, a qual decorreu muito pouco do aumento das vendas e mais da redução do valor do Ativo Operacional. O ideal é que sempre haja aumento do valor das vendas, concomitante com redução do Ativo Operacional.

Lucro e Margem Operacionais

Considera-se Lucro Operacional o lucro das operações de compra, produção e venda dos produtos e serviços da empresa. Resultados financeiros e de outras operações não devem ser considerados como operacionais. No nosso exemplo numérico, teríamos:

Tabela 31.5 Lucro operacional

	31.12.x0	31.12.x1
Lucro Operacional II	**1.075.300**	**645.237**
(-) Receitas Financeiras de Aplicações	(16.800)	(110.257)
(+) Despesas Financeiras com Financiamentos	552.999	590.230
(-) Equivalência Patrimonial	(2.000)	(30.000)
= Lucro Operacional	**1.609.499**	**1.095.210**

Os itens Outras Receitas Financeiras e Outras Despesas Financeiras são operacionais porque se referem normalmente às despesas bancárias, CPMF, juros de clientes, descontos de fornecedores, juros a fornecedores, descontos a clientes, variações cambiais de créditos e obrigações com clientes e fornecedores etc., e não são, na realidade, relacionados com os ativos e passivos financeiros.

Com isso, podemos calcular a margem operacional:

$$\text{Margem Operacional} = \frac{\text{Lucro Operacional}}{\text{Receita Operacional Líquida}}$$

$$19x0 = \frac{1.609.499}{18.637.279} = 8{,}636\%$$

$$19x1 = \frac{1.095.210}{18.713.105} = 5{,}853\%$$

Com esses dados, vimos que houve uma grande redução da margem operacional em 19x1, decorrente de maiores custos, pois o volume de vendas não diminuiu. A empresa deve sempre buscar menos custos e maior volume de vendas para obter a maior margem operacional.

Análise da Geração da Rentabilidade Operacional

A análise da geração de lucro é igual:

$$\text{Rentabilidade Operacional} = \text{Giro} \times \text{Margem}$$

Portanto, temos o Lucro Operacional sobre Ativo Operacional:

$$19x0 = 2{,}021 \times 8{,}636\% = 17{,}45\%$$

$$19x1 = 2{,}054 \times 5{,}853\% = 12{,}02\%$$

A redução do Lucro Operacional sobre o ativo em 19x1 foi basicamente decorrente da queda da margem, e não da queda do giro.

Esses percentuais podem ser obtidos pela fórmula direta, sem os seus elementos analíticos:

$$\text{Rentabilidade Operacional} = \frac{\text{Lucro Operacional}}{\text{Ativo Operacional}}$$

$$19x0 = \frac{1.609.499}{9.222.840} = 17{,}45\%$$

$$19x1 = \frac{1.095.210}{9.111.517} = 12{,}02\%$$

Avaliação da Rentabilidade do Lucro Operacional

Para validação do percentual de lucro sobre Ativo Operacional, basta complementar a análise com a inclusão dos impostos sobre o lucro. O Lucro Operacional, deduzido do percentual médio de impostos sobre o lucro, equivale à rentabilidade do Patrimônio Líquido. Partindo do pressuposto de que uma empresa pode ser totalmente financiada com capital próprio, a rentabilidade operacional líquida dos impostos será igual à rentabilidade do Patrimônio Líquido e, portanto, avaliada com os mesmos parâmetros (*Libor*, *Prime Rate*, TJLP, custo de oportunidade de capital de mercado etc.).

No nosso exemplo, adotamos 30% de impostos sobre o lucro. Assim, teríamos:

19x0 = 17,45% (-) 30% = 12,22% (17,45% x 0,7)

19x1 = 12,02% (-) 30% = 8,41% (12,02% x 0,7)

A rentabilidade de 19x0 é normal, enquanto a rentabilidade de 19x1 é considerada fraca.

Rentabilidade do Capital de Financiamento

O segundo aspecto da rentabilidade é a destinação do lucro obtido. O Lucro Operacional deve ser suficiente para cobrir os encargos financeiros e remunerar adequadamente o capital próprio. A análise da destinação do lucro obtido é exatamente para verificar se a alavancagem financeira aconteceu, ou seja, se a tomada de capital de terceiros beneficiou os acionistas.

A análise deve identificar qual foi a remuneração média anual do capital de terceiros e a remuneração final do Patrimônio Líquido. Para tanto, é necessário identificar o valor dos tipos de capital de financiamento. O capital próprio é representado pela figura do Patrimônio Líquido; o capital de terceiros compreende os empréstimos e financiamentos de curto e longo prazos, deduzidos das aplicações financeiras. Assim, baseado em nosso exemplo numérico, podemos montar a estrutura das fontes de capital apresentada na Tabela 31.6.

Tabela 31.6 Estrutura do capital de financiamento

Fontes de Capital	31.12.x0	31.12.x1
Capital de Terceiros		
Empréstimos e Financiamentos		
• de curto prazo	1.200.000	1.649.124
• de longo prazo	4.800.000	4.838.435
(-) Aplicações Financeiras	(777.160)	(1.596.167)
SOMA	**5.222.840**	**4.891.392**
Capital Próprio		
Patrimônio Líquido	**4.000.000**	**4.270.075**
TOTAL FONTES DE CAPITAL	**9.222.840**	**9.161.467**

A diferença entre o total de fontes e o total do Ativo Operacional refere-se ao valor do investimento em controladas e dos dividendos a pagar.

Destinação do Lucro

O capital de terceiros é remunerado pelos juros. No nosso exemplo, são as despesas financeiras com financiamentos. Como consideramos as aplicações financeiras como redutoras dos empréstimos e financiamentos, para obter a rentabilidade do capital de terceiros (o custo de capital de terceiros), diminuímos das despesas financeiras as receitas obtidas pelas aplicações, resultando em despesas financeiras líquidas.

Para fins de rentabilidade, temos de diminuir das despesas financeiras líquidas a média dos impostos sobre o lucro, uma vez que elas são dedutíveis para fins de impostos sobre o lucro.

Portanto, o custo financeiro é a soma das:

- despesas financeiras com financiamentos;
- diminuídas das receitas financeiras de aplicações financeiras;
- diminuídas dos impostos sobre o lucro, sobre o líquido dos dois itens anteriores.

A remuneração do capital próprio é o lucro líquido final deduzido das despesas financeiras líquidas. Em outras palavras, os acionistas são remunerados pelo lucro residual após o custo de capital de terceiros.

Na Tabela 31.7 apresentamos os dados de nosso exemplo numérico, segundo esta conceituação.

Tabela 31.7 Destinação do lucro

Destinação do Lucro	31.12.x0	31.12.x1
Custo do Capital de Terceiros		
Despesas Financeiras com Financiamentos	552.999	590.230
(-) Receitas Financeiras de Aplicações	(16.800)	(110.257)
Soma	**536.199**	**479.973**
(-) Impostos sobre o Lucro (30%)	(160.860)	(143.992)
= Custo do Capital de Terceiros Líquido	**375.339**	**335.981**
Lucro Líquido para Acionistas		
= Lucro Líquido após Impostos	739.410	450.126
Lucro para os Acionistas	**739.410**	**450.126**

Custo do Capital de Terceiros

Com os dados obtidos nas Tabelas 31.6 e 31.7, podemos calcular a rentabilidade dos tipos de capital de financiamento. Apresentamos primeiramente o custo do capital de terceiros.

$$\text{Custo do Capital de Terceiros} = \frac{\text{Custo do Capital de Terceiros (Líquido dos Impostos)}}{\text{Capital de Terceiros}}$$

$$19x0 = \frac{R\$\ 375.339}{R\$\ 5.222.840} = 7{,}19\%$$

$$19x1 = \frac{R\$\ 335.981}{R\$\ 4.891.392} = 6{,}87\%$$

O custo do capital de terceiros teve uma pequena redução em 19x1, mantendo-se entre 6% e 7% ao ano.

Rentabilidade do Capital Próprio

Após o pagamento do custo do capital de terceiros, o lucro residual é a rentabilidade dos acionistas, donos do capital próprio.

$$\text{Rentabilidade do Capital Próprio} = \frac{\text{Lucro Líquido após Impostos}}{\text{Patrimônio Líquido}}$$

$$19x0 = \frac{R\$\ 739.410}{R\$\ 4.000.000} = 18{,}49\%$$

$$19x1 = \frac{R\$\ 450.126}{R\$\ 4.270.075} = 10{,}54\%$$

A rentabilidade de 19x0 pode ser considerada excelente, e o fato de o custo do capital de terceiros ter ficado em 7,19% significa que houve alavancagem financeira, ou seja, emprestar foi elemento incrementador de lucro para o acionista.

A rentabilidade de 19x1 é considerada razoável e seria inferior se não houvesse também alavancagem financeira, uma vez que o custo do capital de terceiros (6,87%) foi elemento de melhora na rentabilidade do acionista.

Esta análise pode ser comprovada comparando-se as três rentabilidades fundamentais: a rentabilidade líquida do Ativo Operacional, o custo do capital de terceiros e a rentabilidade do acionista, como podemos ver na Tabela 31.8.

Tabela 31.8 Análise comparativa das rentabilidades

Rentabilidade de Capital	31.12.x0 (Em %)	31.12.x1 (Em %)
Rentabilidade do Ativo Operacional Líquida dos Impostos sobre o Lucro	12,22	8,41
Custo do Capital de Terceiros Líquido dos Impostos sobre o Lucro	7,19	6,87
Rentabilidade Final do Capital Próprio	18,49	10,54

Fica evidente o fenômeno alavancagem financeira. A rentabilidade do ativo como um todo foi inferior à rentabilidade do capital próprio; significa que, pelo fato de a empresa ter um custo de capital de terceiros inferior à rentabilidade líquida do Ativo Operacional, os acionistas foram beneficiados com uma rentabilidade que é superior à do total do ativo.

31.3 EVA®[1] – *Economic Value Added* (Valor Econômico Agregado ou Adicionado)

O conceito de EVA é um conceito de custo de oportunidade, ou lucro residual, que foi retomado mais recentemente; é um conceito tradicional da teoria econômica, mas que nem sempre tem sido adotado no tempo nem em todas as empresas.

Em linhas gerais, esse conceito significa que há realmente valor adicionado à empresa, caso o Lucro Líquido após o imposto de renda seja superior a um determinado custo de oportunidade de capital. Esse custo de oportunidade de capital é considerado como o **lucro mínimo que a empresa deveria ter para remunerar adequadamente o investimento do acionista**.

Esta rentabilidade mínima do acionista equivale a um custo de oportunidade. Em outras palavras, se o acionista aplicasse seu dinheiro em outro negócio ou outra empresa, teria no mínimo aquele rendimento. Portanto, valor adicionado só pode ser considerado quando o lucro obtido pelo acionista for maior que um rendimento mínimo de mercado.

[1] ®Marca registrada de Stern Stewart & Co.

Recomenda-se a aplicação do conceito do EVA tanto à rentabilidade do acionista quanto à rentabilidade do Ativo Total. A fórmula do EVA, segundo seus criadores, é a seguinte:

$$EVA = NOPAT - C\% \ (TC)^2$$

Em que:

NOPAT = Lucro Operacional Líquido após os Impostos
C% = Custo percentual do capital
TC = Capital Total

Portanto, o EVA caracteriza-se por ser um conceito de lucro residual. Considera-se lucro, ou valor adicionado, aquele que excede a uma rentabilidade mínima sobre o investimento.

Que Custo de Oportunidade Adotar?

Não há exatamente um consenso sobre qual taxa de desconto adotar. Algumas sugestões são:

- Taxa de juros de títulos do governo norte-americano.
- *Libor* ou *Prime Rate*.
- Taxa de Juros de Longo Prazo (TJLP) no Brasil.
- Custo médio ponderado de capital da empresa.
- Custo médio ponderado de capital ajustado pelo risco da empresa.
- Custo de capital exigido/declarado pelos acionistas etc.

Quanto maior for a taxa de custo de oportunidade a ser adotada, mais difícil será para a empresa apresentar valor agregado. Portanto, este é um fator fundamental. Não vemos nenhum inconveniente em utilizar o custo de capital exigido pelos acionistas.

Qual o Valor do Capital Total (Investimento)?

Este elemento exige uma definição. Pode-se simplesmente tomar como referência o valor contábil do ativo; pode-se tomar como referência o Ativo Operacional Líquido, conforme demonstramos na Tabela 31.4; pode-se tomar como referência o valor econômico da empresa obtido por fluxos futuros de caixa descontado no início do período etc.

Como a taxa de juros, este elemento reveste-se de capital importância. Entendemos que o conceito de Ativo Operacional Líquido é um referencial significativo.

Exemplo

Tomando como base os resultados das Tabelas 31.4 e 31.5 e assumindo um custo de oportunidade exigido pelos acionistas de **12%**, teríamos a seguinte mensuração do valor econômico adicionado para os dois exercícios analisados.

Tabela 31.9 EVA - Valor Econômico Adicionado – custo de oportunidade 12% a.a.

Discriminação	31.12.x0	31.12.x1
Lucro Operacional	**1.609.499**	**1.095.210**
(-) Impostos sobre o lucro (30%)	(482.850)	(328.563)
= Lucro Operacional Líquido dos Impostos (A)	**1.126.650**	**766.647**
Ativo Operacional Líquido (B)	**9.222.840**	**9.111.517**
Custo de Oportunidade - (12% x B) (C)	**1.106.741**	**1.093.382**
VALOR ECONÔMICO ADICIONADO (D = A - C)	**19.909**	**(326.735)**
Rentabilidade Adicionada (D/B)	**0,22%**	**-3,59%**

Neste exemplo, verificamos que em 19x0 houve um valor adicionado de R$ 19.909, que representa uma rentabilidade adicionada de 0,22%. Em 19x1, não houve valor adicionado, porque a rentabilidade final foi inferior à rentabilidade mínima exigida pelo custo de oportunidade dos acionistas.

Dentro do enfoque do EVA, não houve agregação de valor, e sim **destruição de valor do acionista**. Considera-se destruição do valor do acionista quando o valor adicionado é negativo. No ano de 19x1, se o acionista tivesse investido em outro negócio, poderia ter uma rentabilidade mínima de R$ 1.093.382. Como a empresa só rendeu R$ 766.647, o acionista deixou de ter renda de R$ 326.735; portanto, sua riqueza foi parcialmente destruída. Percentualmente, o investidor perdeu 3,59% no ano em relação a um custo médio de oportunidade em outros empreendimentos.

Análise do EVA e o Acionista

Neste exemplo, consideramos para análise do EVA o Ativo Operacional Líquido, independente da forma como ele é financiado. Portanto, não consideramos a possibilidade da alavancagem financeira. Quando se quer incorporar o conceito de alavancagem financeira, o custo de oportunidade a ser adotado deverá ser, então, o custo médio ponderado de capital.

31.4 Análise de Geração de Lucros e EBITDA

Denominamos análise da geração de lucros a apresentação dos resultados em modelos específicos de decisão e

[2] EHRBAR, Al. *EVA – Valor econômico agregado*. Rio de Janeiro: Qualitymark, 1999, p. 2.

informação, de forma que se identifique os principais componentes de geração de lucro e caixa.

O foco central desta análise está em identificar os principais fatores de geração de lucro e caixa dentro da empresa, de tal forma que permita um modelo para previsão da geração de fluxos **futuros de benefícios**. Portanto, a análise da geração de lucros centra-se em obter informações, dentro de modelos de análise e decisão, que possibilitem dados para inferir a tendência futura da empresa, em termos de crescimento de lucros e fluxo de caixa.

Faremos a apresentação dos principais modelos de análise de geração de lucros, os quais podem ser apresentados de duas formas:

- partindo do lucro líquido final, subtraindo-se ou adicionando-se os elementos desejados, técnica normalmente utilizada pelos analistas externos à empresa, que têm em mãos apenas os demonstrativos publicados;
- partindo da própria Demonstração de Resultados, técnica em geral utilizada dentro da própria empresa, em que há o detalhamento necessário da Demonstração de Resultados e Balanço Patrimonial.

Lucro das Operações

Este conceito, geralmente adotado para início da demonstração das origens e aplicações dos recursos, tem como finalidade indicar de forma aproximada os itens da demonstração de lucros, que têm uma relação direta com caixa, deixando de considerar elementos de lucros, despesas e receitas claramente contábeis e que sua incorporação, na Demonstração de Resultados, decorre de necessidades econômicas e legais.

Os itens claramente **não caixa** são as depreciações do imobilizado, amortizações do diferido, resultados de equivalência em controladas e baixas do Ativo Permanente. Alguns estudiosos entendem que os juros e variações monetárias do exigível a longo prazo também devem ser excluídos. Mesmo sendo de longo prazo, esses elementos afetarão o caixa, devendo, pois, não ser excluídos. A Tabela 31.10 apresenta este conceito.

Tabela 31.10 Lucro gerado pelas operações

Discriminação	31.12.x0	31.12.x1
Lucro Líquido após Impostos e Participações	**739.410**	**450.126**
(+) Depreciações	1.053.000	1.082.225
(+/-) Equivalência Patrimonial	(2.000)	(30.000)
(+) Baixas de Permanentes	20.000	3.000
= Lucro das Operações	**1.810.410**	**1.505.351**

Em termos de resultados que afetaram ou afetarão o caixa, no ano de 19x0 a empresa teve uma geração de lucro de R$ 1.810.410, muito maior que o Lucro Líquido Contábil de R$ 739.410. Isso significa que a empresa gerou resultados para operações de caixa bem maiores que a demonstração final do lucro.

Isto é facilmente explicável porque a maior diferença de resultados está na depreciação. As despesas contábeis de depreciação decorrem de investimentos depreciáveis feitos no passado. O efeito caixa dela ocorreu, na realidade, em momentos anteriores a esta Demonstração de Resultados. Assim, neste período, os gastos de depreciação reduzem o lucro, mas não o caixa, podendo, portanto, ser adicionados ao lucro para parametrizar fluxos de caixas futuros, considerando essas fontes como de autofinanciamento, ou seja, oriundas da própria empresa.

Lucro Gerado para o Caixa

Este é um conceito mais rígido para evidenciar a geração de lucros. Parte do conceito anterior, mas excluem-se do lucro das operações as aplicações no capital de giro próprio da empresa ocorrida no período.

A exclusão do aumento do capital de giro próprio do lucro das operações parte do conceito de que, para efetivar aquele nível de atividade operacional de produção e vendas, a empresa tem de manter seus prazos médios de recebimento de clientes, de giro de estoque e prazos de pagamento de fornecedores e contas a pagar. Em outras palavras, só é possível um aumento de vendas se houver um investimento no capital de giro próprio, dentro do ciclo operacional normal da empresa.

Neste conceito, só são considerados os elementos do giro que têm relação direta com o ciclo operacional, e, portanto, a necessidade de investimento ou financiamento é recorrente e contínua. Não devem fazer parte destes demonstrativos os demais itens do giro que não tenham relação direta com o ciclo operacional.

Desta maneira, do ativo não foram consideradas as disponibilidades e aplicações financeiras, nem o realizável a longo prazo. Do passivo não foram considerados os elementos que não têm uma relação direta com o ciclo operacional, como impostos sobre o lucro, empréstimos e dividendos a pagar.

Lucro gerado para o caixa e investimentos no imobilizado

Alguns autores entendem que também devem ser considerados nesta análise de geração de lucro os investimentos feitos no Ativo Imobilizado, reduzindo o lucro gerado para o caixa. Se os investimentos em imobilizados são tipicamente para reposição e manutenção do atual nível de capacidade e negócio da empresa, entendemos válida a sua consideração. Contudo, se os investimentos em imobilizados forem para novos negócios ou incremento de nível de atividade, entendemos que

Tabela 31.11 Lucro gerado para o caixa

Discriminação	31.12.x0 (Em R$)	31.12.x0 (Em %)	31.12.x1 (Em R$)	31.12.x1 (Em %)
Lucro Líquido das Operações	**1.810.410**	**112**	**1.505.351**	**119**
(-) Aumento dos Itens do Giro do Ativo				
Clientes	320.000	20	384.705	30
Estoques	150.000	9	178.632	14
Impostos a Recuperar	500	–	1.300	–
Despesas do Exercício Seguinte	200	–	800	–
SOMA	**470.700**	**29**	**565.437**	**45**
(+) Aumento dos Itens do Giro do Passivo				
Fornecedores	200.000	12	219.377	17
Salários e Encargos a Pagar	50.000	3	64.981	5
Contas a Pagar	19.000	1	20.446	2
Impostos a Recolher sobre Mercadorias	12.000	1	15.203	1
Adiantamentos de Clientes	1.000	–	1.500	–
SOMA	**282.000**	**17**	**321.507**	**25**
= Lucro Gerado para o Caixa	**1.621.710**	**100**	**1.261.421**	**100**

Nota: Os valores do ano 19x0 de aumento do giro do ativo e passivo são aleatórios.

não devem ser considerados, pois não se relacionam com o atual período, e sim com períodos futuros e, portanto, com lucros futuros.

EBITDA – Lucro Antes dos Juros, Impostos, Depreciações e Amortizações

EBITDA – sigla em inglês de *Earnings Before Interest, Taxes, Depreciation and Amortization* – é um conceito de geração bruta operacional de lucro. Não considera resultados não operacionais e adiciona ao Lucro Operacional as depreciações e amortizações.

Em resumo, o EBITDA é o Lucro Operacional mais as depreciações e amortizações.

O objetivo da apuração do EBITDA é mensurar a capacidade operacional de geração de lucro/caixa da empresa. Adicionando os valores das depreciações e amortizações ao Lucro Operacional, criamos o conceito de Lucro Operacional Bruto, que é um indicativo fundamental para a capacidade de geração bruta de lucros e, consequentemente, de caixa.

Por não considerar os juros como elementos redutores da geração de lucro, o EBTIDA só pode ser utilizado em alguma análise de rentabilidade com o Ativo Operacional Líquido. O foco é a geração operacional de lucro, e não a geração de lucro para o acionista. Na análise do EBITDA não se levam em consideração as fontes de financiamento de capital.

Sempre convém lembrar que alguma análise de rentabilidade com EBITDA deve ser feita com muito cuidado, porque também este conceito de avaliação de geração de lucros **não leva em conta os impostos e, portanto, sempre dá uma medida de rentabilidade bruta antes dos impostos**.

A função do EBITDA é mensurar o potencial de geração de lucros, para modelos de mensuração de avaliação de empresas, com o conceito de fluxo de caixa descontado (FDC). No Capítulo 33, apresentaremos esse conceito de avaliação de empresas.

Tabela 31.12 EBITDA – Lucro Operacional Bruto e Rentabilidade de Caixa

Discriminação	31.12.x0 (Em R$)	31.12.x0 (Em %)	31.12.x1 (Em R$)	31.12.x1 (Em %)
Lucro Operacional	**1.609.499**	**60**	**1.095.210**	**50**
(+) Depreciações e Amortizações	1.053.000	40	1.082.225	50
= EBITDA	**2.662.499**	**100**	**2.177.435**	**100**
Ativo Operacional Líquido	**9.222.840**		**9.111.517**	
Rentabilidade de Caixa		**28,9**		**23,9**

Cuidados na Utilização do EBITDA

A utilização indiscriminada do modelo EBITDA para avaliação de desempenho dos negócios da empresa e dos gestores divisionais deve ser feita com muito cuidado. Sabemos que investidores externos à empresa apreciam este modelo de avaliação de geração operacional de caixa para fazer uma breve análise do potencial de geração de lucros e caixa da empresa, basicamente com o intuito de investimento (compra de ações ou mesmo aquisição parcial ou total de empresas).

Não somos contrários à essa abordagem. Contudo, algumas empresas têm utilizado esse modelo para avaliação do desempenho dos gestores divisionais, bem como da própria rentabilidade empresarial. Não somos favoráveis, fundamentalmente, a essas utilizações. Os investimentos são decididos e aprovados pelo retorno que eles proporcionarão, calculados pelos critérios de VPL – Valor Presente Líquido, ou TIR – Taxa Interna de Retorno (veja o Capítulo 33).

Portanto, o modelo de avaliação do desempenho do investimento deve ser consistente com o modelo de decisão do investimento. Portanto, o modelo adequado à avaliação do desempenho dos gestores divisionais e da empresa é o ROI – Retorno do Investimento, conforme explorados no item 31.2 – Análise de Rentabilidade. Não se justificaria decidir o investimento pelo ROI e avaliá-lo, posteriormente, pelo EBITDA.

Para que Serve o EBITDA

1. Representa a geração operacional de caixa.
2. Elimina os efeitos dos financiamentos e decisões contábeis de taxas de depreciação.
3. Serve para comparar empresas em qualquer país, podendo ser utilizado como representatividade da eficiência dentro de um determinado segmento de atividades.
4. Parâmetro para avaliação da geração futura de caixa.

Limitações

1. Por não considerar as depreciações, não faz reserva financeira para reposição dos investimentos.
2. Não dá a dimensão exata do fluxo de caixa por não considerar os encargos financeiros e muito menos o IR/CSLL, que são devidos e devem ser pagos.
3. Não considera o endividamento, partindo da premissa que os fundos são ilimitados, o que não é uma verdade para a maioria das empresas, ou seja, não considera a estrutura de capital da companhia.
4. Não considera o legado do passado, que pode ser um grande peso para o futuro da companhia.
5. Não considera as necessidades líquidas de capital de giro, decorrentes do atual volume de faturamento.
6. Os acionistas minoritários estão interessados em dividendos, que só são possíveis após a mensuração do lucro líquido.
7. Não mostra a qualidade dos lucros, pois outras ações da empresa podem conduzir a resultados positivos e negativos.
8. Pode-se estar pagando remuneração variável sobre EBITDA positivo e a empresa estar em prejuízo, aprofundando a crise financeira.

Isto posto, corrobora a nossa visão de que se deve ter cuidado na utilização do EBITDA para uso interno da empresa, reconhecendo que é muito útil para usuários externos.

Exemplo de Aplicação para Avaliação das Unidades de Negócio

O Quadro 31.1 procura evidenciar como a utilização sem os devidos cuidados pode enviesar a análise de desempenho dos gestores divisionais e eventualmente provocar injustiças de avaliação econômica e financeira, e, consequentemente, do desempenho individual de cada gestor.

Vejamos a análise do quadro por etapas:

1. Se avaliarmos inicialmente apenas o Lucro Operacional, o gestor das duas unidades de negócio teriam tido um desempenho similar;
2. Ao adicionarmos ao Lucro Operacional o valor das depreciações específicas de cada unidade de negócio, o EBITDA da Unidade de Negócio 1 passa a ser superior e, consequentemente, o desempenho de seu gestor;
3. Se utilizarmos o conceito de Margem EBITDA, o valor do EBITDA sobre o valor da Receita de Vendas, ainda assim o desempenho do gestor da Unidade 1 seria superior ao da Unidade 2;
4. Contudo, nas três análises anteriores, não foi feita a confrontação com o valor dos investimentos, os ativos de cada divisão. A depreciação tem total correlação com o valor dos investimentos; em outras palavras, cada unidade de negócio exige um valor de investimento. No exemplo, a Unidade de Negócio 1 requisitou investimentos de $ 50.000, valor muito superior aos investimentos exigidos pela Unidade de Negócio 2, e, portanto, deve ser avaliada por essa necessidade de recursos;
5. Confrontando, agora, o Lucro Operacional com o valor dos Ativos de cada divisão, fica claro que o desempenho da Unidade 2 é superior ao da Unidade 1, o que é o correto;

Quadro 31.2 Análise da EBITDA x Investimento

	Unidades de Negócio 1	2	
Receita de Vendas	100.000	30.000	
Lucro Operacional (a)	10.000	10.000	Desempenho similar
(+) Depreciações	5.000	2.000	
EBITDA (b)	15.000	12.000	Desempenho da Unidade 1 superior à Unidade 2
Margem EBITDA	15,0%	13,3%	Desempenho da Unidade 1 superior à Unidade 2
Ativos de Cada Divisão (c)	50.000	20.000	
Retorno do Investimento (a/c)	20,0%	50,0%	Desempenho da Unidade 2
Retorno do EBITDA (b/c)	30,0%	60,0%	superior à Unidade 1
Giro do Ativo	2,0	4,5	Desempenho da Unidade 2 superior à Unidade 1

6. Mesmo que confrontemos o EBITDA com o valor dos Ativos de cada divisão, ainda fica evidente que o melhor desempenho é o da Unidade 2;
7. Um dos elementos que deixam claro o melhor desempenho da Unidade 2 é o Giro do Ativo. O gestor da Unidade 2 conseguiu imprimir uma *produtividade* maior que o gestor da Unidade 1, fazendo um maior valor de receita de vendas com um valor menor de Ativos à sua disposição.

A questão central, como vimos, é a depreciação. A depreciação é uma responsabilidade do gestor de cada unidade de negócio, pois o negócio exigiu ativos à sua disposição. Assim, excluir a depreciação para avaliação da rentabilidade e do desempenho dos gestores divisionais não é correto, pois deturpa o conceito mais importante de análise de desempenho que é o retorno do investimento. A depreciação indica que os ativos da divisão estão perdendo valor, e, portanto, representa claramente uma despesa, que deve ser deduzida do lucro para avaliação do desempenho.

Análise da Variação das Receitas e Custos

As vendas constituem-se no principal elemento de qualquer atividade empresarial. Então, o monitoramento de sua tendência requer um instrumental de análise mais aprofundado. Associando às receitas das vendas os custos operacionais necessários para sua efetivação, podemos construir modelos de análise de suas variações entre dois períodos, objetivando identificar as causas das variações acontecidas.

As variações tanto de vendas como de insumos decorrem de:

- variação nos preços unitários de venda e do custo dos insumos;
- variação nas quantidades vendidas e consumidas de recursos;
- *mix* das vendas.

As variações de preços incorporam outros elementos que afetam os preços unitários, dos quais os principais são:

- Inflação do país e eventuais repasses nos preços unitários.
- Variação do câmbio, automaticamente repassada nos preços.
- Políticas de créditos.
- Taxas de juros etc.

Para a análise das variações das receitas e custos, o modelo adequado é o da margem de contribuição. Desta maneira, para instrumentalizarmos esta análise, é necessária uma reclassificação da Demonstração de Resultados, modelando-a nos conceitos de custos fixos e variáveis e margem de contribuição.

Este modelo deve ser estruturado em cima da linha de produtos da empresa, uma vez que dificilmente uma empresa comercializa um único produto; as causas das variações podem estar concentradas em um ou outro produto.

O modelo de análise da variação das receitas e custos pode ser visualizado esquematicamente, conforme mostramos na Figura 31.1. O foco é a identificação das causas da variação do lucro, por meio das causas de variação das receitas e custos.

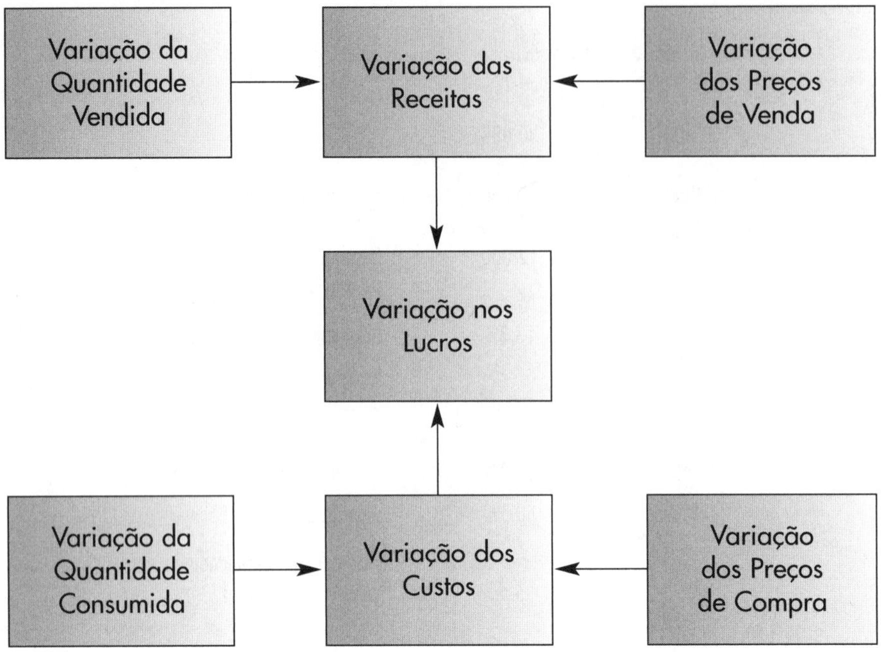

Figura 31.1 Modelo de análise de variação de receitas e custos

Tabela 31.13 Demonstrativo analítico do lucro operacional para análise das variações

Discriminação	19x1 Vendas em Unidades	19x1 Valor Unitário	19x1 Total	19x0 Vendas em Unidades	19x0 Valor Unitário	19x0 Total
Receita de Venda						
Produto X	3.290	753,01	2.477,411	3.100	770,00	2.387,000
Produto Y	2.430	662,37	1.609,547	2.500	670,00	1.675,000
Produto Z1	6.740	1.372,75	9.252,308	6.565	1.480,00	9.716,200
Produto Z2	2.500	1.601,65	4.004,120	2.604	1.340,00	3.489,360
Outros produtos	–	–	1.369,719	–	–	1.369,719
SOMA	**14.960**	**1.250,88**	**18.713.106**	**14.769**	**1.261,92**	**18.637.279**
Custos e Despesas Variáveis						
Produto X	3.290	554,25	1.823,467	3.100	540,00	1.674.000
Produto Y	2.430	480,43	1.167,452	2.500	420,00	1.050.000
Produto Z1	6.740	985,37	6.641,416	6.565	970,00	6.368.050
Produto Z2	2.500	1.258,25	3.145,619	2.604	1.290,00	3.359.160
Outros produtos	–	–	827.570	–	–	827.570
SOMA	**14.960**	**909,46**	**13.605.524**	**14.769**	**899,10**	**13.278.780**
Margem de Contribuição						
Produto X	3.290	198,77	653.945	3.100	230,00	713.000
Produto Y	2.430	181,93	442.095	2.500	250,00	625.000
Produto Z1	6.740	387,37	2.610.892	6.565	510,00	3.348.150
Produto Z2	2.500	343,40	858.501	2.604	50,00	130.200
Outros produtos	–	–	542.149	–	–	542.149
SOMA	**14.960**	**341,42**	**5.107.582**	**14.769**	**362,82**	**5.358.499**

continua

Tabela 31.13 Demonstrativo analítico do lucro operacional para análise das variações (Continuação)

Discriminação	19x1			19x0		
	Vendas em Unidades	Valor Unitário	Total	Vendas em Unidades	Valor Unitário	Total
Custos Fixos						
Mão de Obra Indireta	39	2.285,92	1.069.809	36	2.168,98	937.000
Mão de Obra Administrativa	12	4.108,04	591.558	10	4.266,67	512.000
Mão de Obra Comercial	4	3.412,83	163.816	4	3.125,00	150.000
Custos Indiretos			1.383.218			1.330.000
Despesas Administrativas			410.307			390.000
Despesas Comerciais			343.264			370.000
SOMA			**3.961.972**			**3.689.000**
Lucro Operacional			**1.145.610**			**1.669.499**

Note que o modelo incorpora os conceitos de preços unitários e quantidades vendidas dos produtos, bem como os preços unitários e quantidade consumida dos recursos de produção. Normalmente, não há dificuldades na obtenção dos dados de quantidades e preços unitários das vendas. O mesmo não se pode dizer dos custos de produção, uma vez que, em geral, há uma grande variedade de insumos diferentes com medidas específicas. Logo, a obtenção das informações quantitativas e de custos unitários dos insumos de produção nem sempre é facilmente possível de obter.

Nosso exemplo numérico foi construído com base em produtos e custos unitários, sendo possível, pois, apresentar o valor das vendas dos dois períodos analisados em termos de dados unitários e quantitativos.

Com esses dados, podemos calcular as variações percentuais de todos os valores apresentados no modelo.

Analisando a variação dos dados de receitas e custos entre os anos de 19x0 e 19x1, verificamos que o total das vendas aumentou 0,4% e os custos e despesas variáveis, 2,5%. No conjunto das receitas e custos, a margem de contribuição teve uma redução de 4,7% (veja a Tabela 31.14).

Tabela 31.14 Análise das variações

Discriminação	Variação de Quantidade		Variação de Preço		Variação Total	
	Unidades	Percentual	Unitário	Percentual	Valor	Percentual
Receita de Venda						
Produto X	190	6,1	(16,99)	-2,2	90.411	3,8
Produto Y	(70)	-2,8	(7,63)	-1,1	(65.453)	-3,9
Produto Z1	175	2,7	(107,25)	-7,2	(463.892)	-4,8
Produto Z2	(104)	-4,0	261,65	19,5	514.760	14,8
Outros produtos	–	0,0	0,00		–	0,0
SOMA	**191**	**1,3**	**(11,04)**	**-0,9**	**75.827**	**0,4**
Custos e Despesas Variáveis						
Produto X	190	6,1	14,25	2,6	149.467	8,9
Produto Y	(70)	-2,8	60,43	14,4	117.452	11,2
Produto Z1	175	2,7	15,37	1,6	273.366	4,3
Produto Z2	(104)	-4,0	(31,75)	-2,5	(213.541)	-6,4
Outros produtos	–	0,0	0,00	0,0	–	0,0
SOMA	**191**	**1,3**	**10,36**	**1,2**	**326.744**	**2,5**
Margem de Contribuição						
Produto X	190	6,1	(31,23)	-13,6	(59.055)	-8,3
Produto Y	(70)	-2,8	(68,07)	-27,2	(182.905)	-29,3
Produto Z1	175	2,7	(122,63)	-24,0	(737.258)	-22,0
Produto Z2	(104)	-4,0	293,40	586,8	728.301	559,4
Outros produtos	–	0,0	0,00	0,0	–	0,0
SOMA	**191**	**1,3**	**(21,40)**	**-5,9**	**(250.917)**	**-4,7**

continua

Tabela 31.14 Análise das variações (Continuação)

Discriminação	Variação de Quantidade		Variação de Preço		Variação Total	
	Unidades	Percentual	Unitário	Percentual	Valor	Percentual
Custos Fixos						
Mão de Obra Indireta	3	8,3	116,94	5,4	132.809	14,2
Mão de Obra Administrativa	2	20,0	(158,63)	-3,7	79.558	15,5
Mão de Obra Comercial	–	0,0	287,83	9,2	13.816	9,2
Custos Indiretos					53.218	4,0
Despesas Administrativas					20.307	5,2
Despesas Comerciais					(26.736)	-7,2
SOMA					**272.972**	**7,4**
Lucro Operacional					**(523.889)**	**-31,4**

31.5 Fluxo de Caixa Livre

O objetivo da análise do fluxo de caixa livre é dar um direcionamento básico à empresa do que ela pode dispor de caixa para futuros investimentos ou distribuição de lucros, de tal forma que não comprometa seu fluxo financeiro futuro. São duas análises básicas: da ótica da empresa como um todo e da ótica do acionista.

Neste modelo de análise, da ótica da empresa como um todo, após a dedução do lucro financeiro (EBITDA), deduz-se também a retenção no capital de giro. Após isso, deduzem-se os investimentos de capital em ativos fixos, mostrando o livro-caixa operacional para novos investimentos ou distribuição de resultados.

Neste modelo de análise de geração de lucros, a ótica é exclusivamente do acionista. Nesse sentido, o modelo de análise complementa o fluxo de caixa operacional livre, deduzindo ou adicionando as variações dos financiamentos e empréstimos, mostrando o valor de caixa disponível para decisões exclusivas dos acionistas.

31.6 Política de Dividendos

A política de dividendos caracteriza-se pelo percentual do lucro obtido que é distribuído em dinheiro aos acionistas.[3] Os dividendos, é claro, reduzem a importância dos lucros retidos e, por conseguinte, afetam a

Tabela 31.15 Fluxo de Caixa Livre Operacional

OFCF – *Operating Free Cash Flow* – Fluxo de Caixa Livre Operacional			
EBIT – Lucro Operacional	67.000		
(+) Depreciação	29.000		
= EBITDA	**96.000**		
		Saldo	
(-) Retenção no Capital de Giro Operacional		Inicial	Final
Variação dos Estoques	(78.000)	729.000	807.000
Variação de Contas a Receber Clientes	(13.000)	351.000	364.000
Variação de Fornecedores	35.000	421.000	456.000
Variação do Capital de Giro	(56.000)	659.000	715.000
= Lucro Gerado para o Caixa	**40.000**		
Investimentos de Capital (Gross Capex)	(20.000)		
Fornecedores de Ativos Fixos a Pagar	10.000		
Outros Fluxos de Caixa Não Operacionais	0		
OFCF – Fluxo de Caixa Livre Operacional	**30.000**		

[3] Denominamos genericamente acionista o detentor das ações ou cotas do capital social. Acionista é quem tem ações de empresas organizadas juridicamente sob a forma de sociedade anônima. Sócio ou cotista é aquele que é dono de cotas de empresas organizadas sob a forma de sociedade por cotas de responsabilidade limitada. Denomina-se dividendos a distribuição de lucros aos acionistas; a distribuição dos lucros aos sócios cotistas é denominada simplesmente de distribuição de lucros. Trataremos genericamente dividendos para distribuição de lucros e acionistas para os detentores do capital social.

Tabela 31.16 Fluxo de Caixa Livre para os Acionistas

Fluxo de Caixa Livre para os Acionistas			
EBIT – Lucro Operacional	67.000		
(+) Depreciação	29.000		
= EBITDA	**96.000**		
		Saldo	
(-) Retenção no Capital de Giro Operacional		Inicial	Final
Variação dos Estoques	(78.000)	729.000	807.000
Variação de Contas a Receber - Clientes	(13.000)	351.000	364.000
Variação de Fornecedores	35.000	421.000	456.000
Variação do Capital de Giro	(56.000)	659.000	715.000
= Lucro Gerado para o Caixa	**40.000**		
Investimentos de Capital (Gross Capex)	(20.000)		
Fornecedores de Ativos Fixos a Pagar	10.000		
Outros Fluxos de Caixa Não Operacionais	0		
OFCF – Fluxo de Caixa Livre Operacional	**30.000**		
(-) Amortização das Dívidas (Financiamentos)	(12.000)		
(+) Novos Financiamentos	15.000		
Fluxo de Caixa Livre para os Acionistas	**33.000**		

política de financiamento. Quanto mais lucros a empresa retiver, menor será a necessidade de recursos de terceiros para financiar os investimentos previstos.

Portanto, a política ótima de dividendos é aquela que atinge um equilíbrio entre os dividendos correntes e o crescimento futuro e maximiza o preço das ações da empresa.

Uma questão fundamental e polêmica é se a política de dividendos afeta ou não o valor das ações (o valor da empresa). Em outras palavras, a política de dividendos pode criar valor para a empresa?

Modigliani e Miller provaram que, em mercados perfeitos, a política de dividendos é irrelevante e não altera o valor da ação. Outros autores entendem que a política de dividendos é um fator que altera o valor da ação para mais ou para menos. O mercado tende a reagir positivamente dentro de uma política de dividendos fixos ou com aumento de dividendos e negativamente quando há cortes de dividendos. A política de dividendos de um percentual sobre o lucro, segundo pesquisas empíricas, também não favorece o aumento do valor da ação no mercado, porque oscila conforme o lucro e não dá tendências de estabilidade.

Sinalização para os Investidores

Os dividendos distribuídos em caixa podem ser vistos como um sinal para os investidores. Presumivelmente, empresas com boas novas de sua futura rentabilidade querem expressar isso aos investidores. Os dividendos funcionam como um atestado da confiança dos diretores no futuro da empresa e de sua lucratividade.

A importância do lucro a ser distribuído pode ser resumida nos seguintes aspectos principais:

- É uma necessidade da empresa para manter nela mesma os investimentos já efetuados pelos seus acionistas e investidores.
- É ponto fundamental para os planos estratégicos, objetivando a continuidade da empresa.
- É a informação mais importante para os acionistas e investidores para comparação com seus custos de oportunidade.

Continuidade da Empresa e Manutenção do Capital

Há dois conceitos de manutenção do capital:

- **físico ou capacidade física da empresa**, que indica que ela deve manter sempre a sua capacidade operacional, medida pelo conjunto de bens e direitos necessários às suas atividades operacionais, de forma que possa garantir a capacidade de geração de lucros; neste conceito, a empresa deve manter sempre o valor monetário a preços atualizados dos ativos necessários para suas operações;
- **financeiro**, que está ligado à atualização monetária do capital investido em termos de custo de

oportunidade ou índices gerais de preços; este conceito centra-se, então, na atualização monetária do capital investido, sem especificar os bens que a empresa deve ter em seu poder.

Esses dois conceitos podem ser visualizados de forma simples e resumida dentro de uma Demonstração de Resultados.[4] Considere que uma empresa investiu R$ 100.000 de capital, que foi imediatamente utilizado na compra de mercadorias, as quais, um ano depois, foram vendidas por R$ 150.000. O custo de reposição do inventário de mercadorias, um ano depois, é de R$ 120.000. Não houve inflação no período.

Estrutura de Resultados	Manutenção do Capital Financeiro (Em R$)	Manutenção do Capital Físico (Em R$)
Vendas	150.000	150.000
Custo das Vendas	100.000	120.000
Lucro	50.000	30.000

Neste exemplo, sob a ótica da manutenção do capital físico, o lucro a ser distribuído deveria ter como parâmetro o resultado avaliado em R$ 30.000. Se distribuir os R$ 50.000, a empresa necessitará de mais R$ 20.000 para repor sua capacidade física operacional.

Lucro que Pode Ser Distribuído

Considerando o conceito de manutenção do capital, Szuster define qual deve ser o lucro passível de distribuição: **todo o lucro não necessário à manutenção do capital pode ser distribuído.**[5]

Sob esse aspecto, a política de dividendos deverá ter como base um modelo de mensuração dos capitais físico e financeiro. O físico terá como referencial o valor dos ativos necessários para a manutenção da capacidade de geração de lucros e o financeiro terá como referencial o custo financeiro de oportunidade de mercado e inflação geral de preços. O lucro a ser distribuído será o valor da empresa que excede o valor do capital a ser mantido.

Questões e Exercícios

1 Discorra resumidamente sobre as técnicas de análise financeira de balanços (análises vertical, horizontal e indicadores), sua utilidade, objetivos e problemas.

2 Escolha três ou quatro indicadores que considera essenciais para análise de balanço. Justifique.

3 Com os demonstrativos apresentados a seguir, faça uma análise de balanço, elaborando:

a) análises vertical e horizontal do Balanço Patrimonial e Demonstração de Resultados;

b) construção dos indicadores;

c) avaliação final sobre a empresa em termos de estrutura financeira, patrimonial e rentabilidade.

Balanço Patrimonial	Ano 1	Ano 2
Ativo Circulante	**120.000**	**132.700**
Aplicações Financeiras	25.000	23.200
Contas a Receber de Clientes	43.000	61.200
Estoques	50.000	45.500
Outros Valores a Realizar	2.000	2.800
Realizável a Longo Prazo	2.000	2.400
Depósitos Judiciais	2.000	2.400
Ativo Fixo	88.000	81.900
Investimentos em Controladas	18.000	19.200
Imobilizados	150.000	162.000
(-) Depreciação Acumulada	(80.000)	(99.300)
TOTAL	**210.000**	**217.000**
Passivo Circulante	**85.300**	**85.600**
Fornecedores	10.000	11.000
Contas a Pagar	7.800	8.300
Impostos a Recolher	4.500	5.800
Dividendos a Pagar	8.000	4.000
Empréstimos	55.000	56.500
Passivo Não Circulante	**34.700**	**37.400**
Financiamentos	34.700	37.400
Patrimônio Líquido	**90.000**	**94.000**
Capital Social	68.000	68.000
Reservas	16.400	22.000
Lucros Acumulados	5.600	4.000
TOTAL	**210.000**	**217.000**
Demonstração de Resultados	**Ano 1**	**Ano 2**
Receita Operacional Bruta	320.000	347.000
(-) Impostos sobre Vendas	(35.000)	(38.000)
Receita Operacional Líquida	**285.000**	**309.000**
Custo dos Produtos Vendidos	**187.400**	**205.800**
Materiais Consumos	104.000	114.000
Depreciação	18.400	19.300
Outros Custos de Fabricação	65.000	72.500
Lucro Bruto	**97.600**	**103.200**

[4] Adaptado de HORNGREN, Charles T., SUNDEM, Gary L. e STRATTON, William O. *Introduction to management accounting.* 10ª ed., Nova Jersey: Prentice-Hall, 1996, p. 781.

[5] SZUSTER, Natan. *Análise do lucro passível de distribuição: uma abordagem reconhecendo a manutenção do capital da empresa.* São Paulo, FEA/USP, Tese de Doutoramento, 1985.

Balanço Patrimonial (Continuação)	**Ano 1**	**Ano 2**
(-) Despesas Operacionais	**67.500**	**76.700**
Com Vendas	38.400	41.700
Administrativas	29.100	35.000
Lucro Operacional I	**30.100**	**26.500**
Receitas Financeiras	2.800	2.500
Despesas Financeiras	(13.050)	(18.000)
Equivalência Patrimonial	800	1.200
Lucro Operacional II	**20.650**	**12.200**
Impostos sobre o Lucro	(7.021)	(4.148)
Lucro Líquido do Exercício	**13.629**	**8.052**

4 Considerando os mesmos Demonstrativos Contábeis do exercício anterior, elabore para os dois exercícios:

a) Análise de rentabilidade com o Método Dupont.

b) Rentabilidade do capital de financiamento.

c) Rentabilidade do capital próprio.

d) Avaliação da rentabilidade final, se é forte ou fraca.

5 Considerando os mesmos demonstrativos do exercício número 3, apure o EVA (Valor Econômico Adicionado), considerando um custo de oportunidade de capital de 12% ao ano.

6 Com os mesmos demonstrativos financeiros, elabore e comente, para os dois exercícios:

a) o lucro gerado pelas operações;

b) o lucro gerado para o caixa;

c) o EBITDA e a rentabilidade bruta de caixa.

7 Considerando:

a) que uma empresa vendeu R$ 120.000 em um período e obteve um lucro de R$ 11.000;

b) que ela tem um giro do ativo de 1,25%;

c) que a participação do capital próprio no ativo total é igual a 60%;

d) que o restante do passivo está dividido em 70% de circulante e 30% de exigível a longo prazo;

e) que essa empresa tem um índice de Liquidez Corrente de 1,5 e não tem realizável a longo prazo;

Pede-se:

a) Qual o valor do seu ativo permanente?

b) Calcular, analisar e interpretar a rentabilidade.

8 Considerando os seguintes dados de uma empresa:

a) Um ativo total de R$ 320.000;

b) Um giro do ativo de 0,80%;

c) Custos e despesas totais do período de R$ 247.000;

d) Um ativo permanente de 72% do ativo total;

e) Um exigível a longo prazo de R$ 10.000 (não tem realizável a longo prazo);

f) Um capital próprio representando 65% do ativo;

Pede-se:

a) Calcular o índice de Liquidez Corrente.

b) Calcular, analisar e interpretar a rentabilidade.

9 Os dados a seguir apresentam um detalhamento da receita e dos custos, com as quantidades e preços respectivos. Elabore um quadro de análise da variação dos custos e receitas.

Ano 1	**Produto A**	**Produto B**	**Total**
Receita Operacional Líquida	**141.000**	**144.000**	**285.000**
Quantidade	5.640	3.200	
Preço Unitário	25,00	45,00	
Custos e Despesas Variáveis	**84.600**	**96.000**	**180.600**
Quantidade	5.640	3.200	
Custo Unitário	15,00	30,00	
Margem de Contribuição	**56.400**	**48.000**	**104.400**
Custos e Despesas Fixas			74.300
Lucro Operacional			30.100

Ano 2	Produto A	Produto B	Total
Receita Operacional Líquida	**153.000**	**156.000**	**309.000**
Quantidade	6.800	3.120	
Preço Unitário	22,50	50,00	
Custos e Despesas Variáveis	**108.800**	**92.040**	**200.840**
Quantidade	6.800	3.120	
Custo Unitário	16,00	29,50	
Margem de Contribuição	**44.200**	**63.960**	**108.160**
Custos e Despesas Fixas			81.660
Lucro Operacional			26.500

Capítulo 32

Avaliação de Desempenho Setorial: Contabilidade por Responsabilidade e Unidades de Negócios

A Controladoria com enfoque em resultados tem como uma de suas premissas básicas que os gestores são responsáveis pelo lucro das atividades sob sua responsabilidade. Portanto, impõe-se naturalmente a necessidade de um subsistema contábil para o gerenciamento das diversas áreas da empresa. O foco desse gerenciamento é o conceito de gestão econômica, ou seja, baseado em resultados econômicos, lucro ou prejuízo. Consequentemente, a avaliação de desempenho setorial deve ser também parametrizada pelo lucro gerado pelas atividades sob a responsabilidade de um gestor.

Denomina-se **contabilidade divisional** ou **contabilidade por responsabilidade** o conjunto de conceitos contábeis gerenciais que permitem a identificação, mensuração, acumulação, decisão e informação dos eventos econômicos e atividades específicas para cada um dos gestores dentro da empresa.

Os fundamentos da contabilidade divisional, em linhas gerais, são os mesmos da gestão econômica do sistema empresa, só que aplicados a cada segmento particular da companhia identificado como gerador de resultados.

Desta maneira, a contabilidade divisional ou setorial expressa-se em segmentar os resultados da empresa em suas partes geradoras de resultado, apurando o resultado para cada um dos segmentos identificados e, concomitantemente, permitindo a avaliação de desempenho de cada gestor da empresa responsável pelos segmentos identificados.

32.1 Fundamentos

Avaliação de Desempenho e *Accountability*

Conceitua-se *accountability* como a responsabilidade individual ou departamental de desempenhar certa função. Essa responsabilidade pode ser determinada ou implicada por lei, regulamentos ou acordo. Assim sendo, é uma responsabilidade de prestação de contas pelos atos que lhe foram conferidos desempenhar.

Dentro da empresa, os gestores setoriais têm uma responsabilidade delegada e devem responder por ela. Em termos de gestão econômica, é responsabilidade do gestor o lucro das atividades de sua responsabilidade. A avaliação de desempenho do gestor deve ser feita, então, pela Controladoria em relação aos resultados esperados das atividades sob o comando de um gestor.

A avaliação de desempenho sob a ótica econômica implica, necessariamente:

- separar os resultados financeiros das operações, avaliando separadamente os resultados na condição de operações como se fossem transacionadas à vista dos efeitos financeiros das transações efetuadas a prazo;
- avaliar o resultado alcançado em relação aos investimentos existentes para operacionalizar as atividades sob a responsabilidade do gestor;
- considerar na avaliação de desempenho que as condições operacionais foram totalmente atendidas (prazos, qualidade, eficiência na utilização dos recursos etc.).

Contabilidade por Responsabilidade e Controlabilidade

A base para execução da Contabilidade por responsabilidade é o conceito de controlabilidade. Em princípio, só devem ser contabilizados como eventos econômicos os elementos patrimoniais para um responsável, desde que ele tenha condições e poderes para tomada de decisão sobre eles.

Só pode existir avaliação de desempenho sobre elementos e fatores de domínio do gestor. Desta maneira, critérios de rateio de despesas e receitas, distribuição ou alocação de ativos e passivos não devem compor o conjunto de elementos contábeis para gestores específicos. Só devem ser considerados os eventos e elementos patrimoniais de inteira responsabilidade do gestor.

Deve-se acompanhar, controlar e cobrar com base em responsabilidades atribuídas e definidas anteriormente pela alta administração da companhia, uma vez que a empresa só poderá exigir de seus gerentes divisionais o que se atribuiu e definiu previamente com clareza.

Motivação

Além dos aspectos puros de acompanhamento e segmentação de resultados, o ponto-chave é o elemento motivador. Todo sistema de gerenciamento contábil setorial deve privilegiar este aspecto. Um sistema que só possibilita encontrar números, mas não dá retorno aos responsáveis em termos motivacionais, perde quase toda a sua finalidade.

A questão da recompensa financeira aos gestores é um dos fatores que podem compor o conjunto de elementos motivadores, mas não necessariamente o único, ou mesmo talvez não precise existir.

Visão Setorial Multidimensional

O sistema de gerenciamento contábil setorial é muito flexível e depende totalmente da visão que a empresa tem de seus negócios e de sua estrutura organizacional. Assim, podemos fazer uma contabilidade para gerenciamento por divisões ou unidades de negócios e também por produtos ou linhas de produtos. Podemos também fazer a contabilidade setorial por atividades e/ou processos e por estabelecimentos, pontos de venda ou plantas fabris. Tudo depende de como a empresa vê e estrutura seus negócios, como quer atribuir responsabilidades e cobrar desempenho.

Além disso, é possível que a empresa desenvolva um sistema de contabilidade divisional combinando diversos aspectos setoriais, tais como: contabilidade por produtos dentro de divisões, contabilidade por atividades dentro de unidades de negócio, contabilidade por produtos por filiais de venda etc., caracterizando uma visão multidimensional dos negócios e resultados.

Em linhas gerais, podemos ter a contabilidade divisional por:

- unidades de negócios;
- divisões;
- centros de lucros;
- produtos e linha de produtos;
- atividades;
- processos fabris e comerciais;
- processos administrativos e de apoio às operações;
- filiais de venda;
- plantas fabris etc.

Momento de Atribuição da Responsabilidade

O objetivo da contabilidade setorial é avaliar o desempenho por resultados. Como o resultado é gerado no momento da fabricação dos produtos ou serviços das unidades de negócios ou atividades, a receita (e, consequentemente, o custo da receita) deve ser considerada no momento da geração do produto ou serviço.

Algumas empresas têm desenvolvido sistemas de contabilidade setorial, atribuindo a receita de cada setor apenas na venda final do produto ou serviço. Neste momento é que se fazem os lançamentos contábeis de receitas de cada setor, atividade, divisão envolvida no processo total de produção desses bens e serviços. Este critério é denominado *backflushing transfer*. Nele, cada setor que trabalhou parte do processo de produção do produto ou serviço só recebe a receita caso venda o produto/serviço final. Em outras palavras, só haverá receita se vender, mesmo que tenha sido concluído o processo produtivo. O objetivo desse critério é envolver e comprometer todos os gestores setoriais com o momento final da venda.

Este critério não é recomendado, uma vez ele não respeita a condição de controlabilidade, já que, provavelmente, o responsável pela venda não é o responsável pela produção, nem pelos processos intermediários. Neste critério, uma produção executada dentro do prazo e a contento será penalizada caso não haja, naquele período considerado, a venda ao consumidor final.

Além disso, a adoção deste critério impede a possibilidade de mensuração de cada etapa do processo produtivo, no momento em que elas ocorrem, deixando de mensurar o resultado obtido em cada atividade ou processo, restando apenas a mensuração no momento da venda.

32.2 Centros de Responsabilidade

Entendem-se por centros de responsabilidade as unidades contábeis criadas para acumulação dos dados das transações e elementos patrimoniais da empresa. De modo geral, seguem a estrutura hierárquica da companhia. A base para a acumulação das informações contábeis é o conceito de custos e receitas controláveis.

Os principais conceitos de centros de responsabilidade para acumulação das informações contábeis e contabilidade por responsabilidade são: centros de custos, de lucros e de investimentos.

Centros de Custos (Centros de Despesas, de Gastos)

Conceito antigo também denominado de departamentalização. São unidades contábeis de acumulação utilizadas para acumular os gastos por setor, atividade ou departamento. Em geral, seguem a estrutura organizacional da empresa, seguindo a configuração de responsabilidades da hierarquia.

Os centros de custos acumulam, em um primeiro momento, apenas os gastos por setor, atividade ou departamento, não havendo preocupação com possíveis receitas de cada um desses centros de responsabilidade.

Centros de Lucros (Centros de Resultados)

Evolução natural do conceito de centros de custos. São utilizados principalmente para acumular as informações contábeis das receitas das atividades, produtos e serviços. As receitas podem ser de origem externa (clientes, consumidores finais) ou interna (transferência de serviços e produtos).

Os centros de lucros focam as receitas de determinado produto ou serviço final, seja ele vendido externamente ou transferido para outro centro de lucro. Apesar de todo centro de custo produzir alguma atividade, geralmente não é necessário identificar a receita de cada centro de custo, uma vez que, via de regra, em uma empresa, vários centros de custos são organizados para elaborar um produto ou serviço.

Desta maneira, um centro de lucro congrega mais de um centro de custo. Em outras palavras, as receitas de um centro de lucro são o produto da atividade de vários centros de custos, o que pode ser visualizado na Figura 32.1.

A Figura 32.1 ilustra um centro de lucro, no caso Centro de Lucro X, que congrega três centros de custos (Centros de Custos X1, X2 e X3). As despesas de cada um desses centros são apuradas separadamente, porém, esses três centros fazem parte de um conjunto de atividades denominado Centro de Lucro X, o qual se caracteriza por gerar um produto final, no nosso exemplo o Serviço X. Portanto, a receita desse centro de lucro é o somatório das vendas do Serviço X, que pode ser vendido tanto para setores dentro da empresa, como para consumidores finais fora dela.

Somando-se os gastos dos três centros de custos, temos o total de gasto do centro de lucro. Confrontando com a receita do Serviço X, temos o resultado (lucro ou prejuízo) do Centro de Lucro X.

Centros de Investimentos ou Unidades de Negócios

A diferença entre centros de lucros e de investimentos está na autonomia que a administração central confere ao responsável pela unidade de negócio. Se essa administração delegar a responsabilidade pela decisão de investimento para o gestor, esse centro de responsabilidade será caracterizado como centro de investimento. Neste caso, o gestor, além de ser responsável pelas despesas e receitas, será também responsável e terá autonomia pelos investimentos a serem feitos na sua unidade de negócio.

Este tipo de centro de responsabilidade não é muito comum, dado que a administração central tem reservado para si a decisão de investir em todas as unidades de negócio. Eventualmente, delega ao gestor apenas decisões sobre alguns investimentos de manutenção das atuais operações. A decisão de investimento em unidades de negócios tem sido, no mais das vezes, uma decisão da administração corporativa.

Convém salientar que, mesmo nos casos em que não se caracterize claramente o centro de responsabilidade como unidade de negócio, e sim como centro de lucro, a avaliação do retorno do investimento deverá ser feita da mesma forma.

32.3 Retorno do Investimento

O resultado de um centro de lucro ou de investimento deve ser analisado sob os mesmos conceitos de análise de rentabilidade da empresa. O critério tradicional é o ROI – *Return on Investiment* (Retorno do Investimento). Como já vimos no Capítulo 31, o retorno do investimento

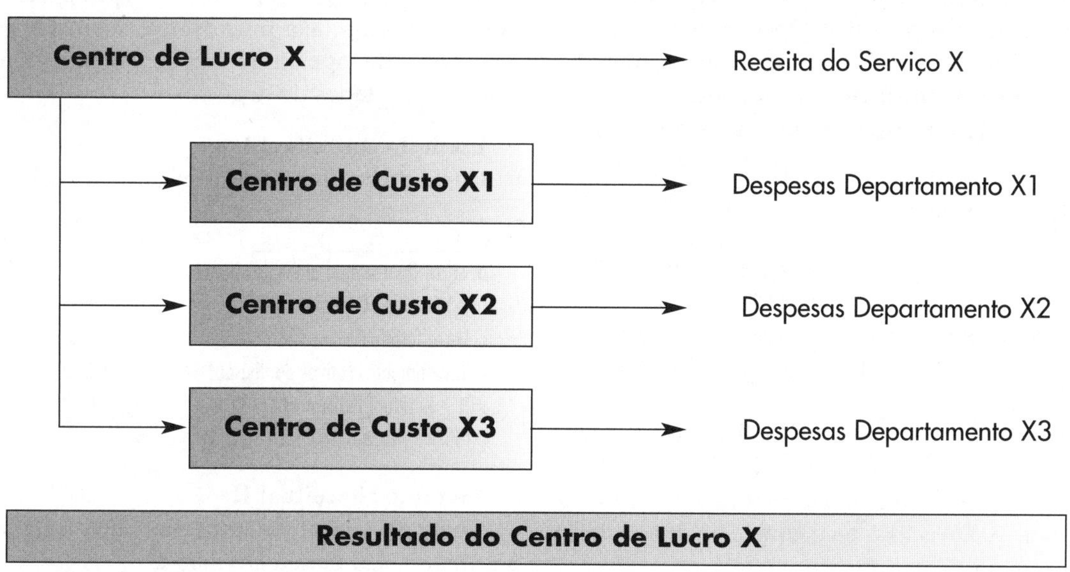

Figura 32.1 Centro de lucros e centros de custos

é o percentual obtido pelo lucro periódico (normalmente anual) em relação aos investimentos do centro de resultado.

A avaliação da rentabilidade do centro de lucro ou centro de investimento sob o conceito do ROI é um critério de avaliação de desempenho. O desempenho do gestor, avaliado pelo ROI, permite comparabilidade entre os diversos centros de resultados da empresa, sendo, pois, um critério que se caracteriza por ser imparcial e genérico.

Uma variante de avaliação de desempenho por meio do conceito de ROI é denominada **Lucro Residual**, ou ROI residual. Neste caso, considera-se como retorno do investimento apenas o lucro que exceder a um custo de capital mínimo da empresa.

ROI – *Return on Investiment* (Retorno do Investimento)

Este critério relaciona o lucro obtido pela divisão com os ativos utilizados por esta. O percentual obtido é o retorno do investimento. Em uma análise de rentabilidade setorial, devemos considerar, em princípio, apenas os dados específicos de cada divisão; os de caráter genérico – como os itens financeiros, não-operacionais ou impostos, ativos de uso geral – devem ser considerados apenas para o total da empresa. Em linhas gerais, os conceitos básicos são os seguintes:

- Como lucro, deve-se considerar o lucro **operacional** da divisão (centro de lucro ou de investimento).
- Como investimento, deve-se considerar apenas os ativos operacionais específicos da divisão, normalmente os estoques e imobilizados. Caso a contabilidade setorial tenha condições de identificar outros elementos do Ativo Operacional (contas a receber, contas a pagar), estes poderão ser considerados também como investimento, desde que a responsabilidade por essas atividades seja do gestor divisional.

Exemplo conceitual

	Divisão 1	Divisão 2
a. Lucro operacional	R$ 20.000	R$ 12.500
b. Investimentos (ativos da divisão)	90.000	50.000
ROI (a/b)	22,22%	25,00%

Neste exemplo, apesar de o valor absoluto do lucro da Divisão 1 ter sido maior, o melhor desempenho é o da Divisão 2, pois a rentabilidade sobre o investimento foi melhor. A Divisão 1 teve um lucro maior, mas também exige muito mais investimento.

Convém relembrar que esta é uma medida bruta de rentabilidade, totalmente válida dentro da empresa, mas que deve merecer ressalvas para comparação com unidades de negócio fora da empresa. Dois fatores básicos devem ser considerados para analisar essa rentabilidade de forma comparativa e definitiva em relação a investimentos fora da empresa:

- Essa rentabilidade deve ser descontada dos gastos fixos gerais da empresa, não alocados às divisões operacionais.
- Essa rentabilidade deve ser descontada dos impostos sobre o lucro.

Lucro Residual

No conceito de lucro residual considera-se lucro apenas a parcela do resultado que exceder a um predeterminado custo de capital. A empresa entende que a divisão deve gerar um lucro sempre superior ao custo de capital que foi necessário para financiar os investimentos (ativos) à disposição das divisões. Desta maneira, o custo de capital entra como uma despesa da divisão, que é subtraída do lucro antes dos impostos. O custo de capital é calculado aplicando a taxa predeterminada pela empresa sobre os investimentos da unidade.

O custo de capital a ser aplicado a cada divisão pode ser: uma taxa única para todas as divisões da empresa ou uma taxa específica para cada uma das divisões. O que leva a taxas diferentes para as diversas divisões da empresa é o risco associado a cada unidade de negócio. Se os negócios da empresa tiverem características bastante diferenciadas, provavelmente haverá riscos diferentes, podendo-se, então, adotar custo de capital diferente para cada divisão. Se os negócios tiverem características homogêneas, poderá ser utilizada uma taxa única. Em qualquer uma das situações, nada impede a adoção de uma taxa única se os acionistas assumirem um custo de oportunidade de capital idêntico para todas as unidades de negócio.

Exemplo conceitual I
Custo de capital da empresa único = 15% a.a.

	Divisão 1	Divisão 2
a. Lucro Operacional antes dos Impostos	R$ 20.000	R$ 12.500
b. (-) Custo de Capital	(13.500)*	(7.500)*
c. Lucro Residual	6.500	5.000
d. Investimentos (ativos da divisão)	90.000	50.000
ROI – Residual Percentual (c/d)	7,22	10,00

* 15% x R$ 90.000; 15% x R$ 50.000

Exemplo conceitual II
Custo de capital da empresa = 12% a.a. para a Divisão 1; 16% a.a. para a Divisão 2

	Divisão 1	Divisão 2
a. Lucro Operacional antes dos Impostos	R$ 20.000	R$ 12.500
b. (-) Custo de Capital	(10.800)*	(8.000)*
c. Lucro Residual	9.200	4.500
d. Investimentos (ativos da divisão)	90.000	50.000
ROI – Residual Percentual (c/d)	10,22	9,00

* 12% x R$ 90.000; 16% x R$ 50.000

Neste segundo exemplo, a exigência de um custo menor de capital para a Divisão 1 indica um lucro residual percentual superior ao da Divisão 2, que tem um custo de capital maior, em decorrência de o negócio ser mais arriscado.

Outros Critérios de Lucro Residual

O conceito de lucro residual é muito voltado para o enfoque do mercado financeiro. Como já vimos, centra-se, fundamentalmente, na adoção do custo de oportunidade de capital, ou custo do dinheiro. O conceito de custo de oportunidade de capital sugere que há uma oportunidade de rentabilidade mínima no mercado; assim, o resultado da empresa a ser considerado é o lucro que excede a esse custo de oportunidade, ou custo mínimo do dinheiro.

O conceito de EVA – *Economic Value Added* (Valor Econômico Adicionado ou Agregado) é um conceito de lucro residual e foi por nós abordado no Capítulo 31. Outra variação desse conceito é o critério de Banco Interno ou *Banking Center*. Neste caso, cria-se um centro de lucro virtual, que faz o papel de um banco interno que financia os investimentos das diversas unidades de negócios dentro da empresa, cobrando o custo do dinheiro para isto, ou o custo de oportunidade do acionista.

Estaremos adotando esse conceito de **banco interno** no nosso exemplo numérico que apresentaremos a seguir como um centro de lucro sob o nome de **Resultados Financeiros**.

32.4 Identificação dos Centros Geradores de Resultados

Este é o ponto principal da contabilidade divisional. A segmentação da empresa em centros geradores de resultados (centros de lucros, centros de investimentos) compreende um processo de análise da empresa como um todo, seus processos, produtos, setores etc., uma vez que a empresa não é necessariamente estruturada em divisões claramente distintas. Muitos centros geradores de resultado estão dentro de uma mesma planta, fábrica ou divisão e merecem controle contábil específico. Além disso, há centros de resultados que não apresentam uma evidenciação física clara, mas é necessário que tenham os resultados segregados, tais como: os resultados financeiros para os acionistas e os setores de apoio (manutenção, suprimentos, controle de qualidade, engenharias), administrativos (controladoria, recursos humanos, tecnologia de informação) e comerciais (marketing, atendimento ao cliente).

O processo de identificação dos centros de geradores de resultados sempre apresentará problemas de definição em relação à sua extensão. Partindo do pressuposto de que todo funcionário gera resultado e todo equipamento tem potencial de geração de serviços, seria possível estruturar um sistema de centros de resultados considerando cada um desses elementos como geradores de receitas. Contudo, sabemos que isso apresenta inúmeras dificuldades em termos de sistemas de informação.

Por outro lado, um sistema de contabilidade divisional com centros de resultados de grande agregação pode não contribuir para uma visão eficaz do desempenho setorial. Dessa maneira, há que encontrar um meio-termo entre a extrema proliferação de centros de resultados e a extrema sintetização. Além disso, deve-se sempre considerar o conceito de multidimensionalidade da visão de resultados. Como os resultados segmentados podem ser vistos por vários ângulos (processos, produtos, divisões, atividades etc.), é importante uma segmentação que não seja parcimoniosa nem exagerada em termos de quantidade de centros de resultados.

Desta maneira, é essencial uma análise que leve em conta o seguinte:

- Identificação clara dos produtos e serviços que permitam mensuração correta da receita.
- Vinculação desses produtos e serviços a uma unidade organizacional geradora de resultados.
- Vinculação da unidade organizacional a um gestor responsável.

Produtos e Serviços Produzidos Internamente

Podemos dizer que o grande potencial informativo da contabilidade divisional está em identificar os centros geradores de resultados que produzem bens e serviços internamente, transferindo-os para outros centros de resultados dentro da própria empresa.

O objetivo da mensuração desses resultados consiste na possibilidade de comparação do resultado dos produtos e serviços produzidos internamente em relação a possíveis fornecedores potenciais dos mesmos produtos e serviços que atuem fora da empresa. Essa possibilidade de comparação com preços externos caracteriza a adoção do conceito de custo de oportunidade de preço de mercado e é o ponto referencial para eventual decisão de terceirização (*outsourcing*).

Desta forma, o conceito de contabilidade divisional para atividades ou divisões que produzem e fornecem produtos e serviços dentro da própria empresa é ponto fundamental para análise de desempenho de seus responsáveis, incorporando para a gestão divisional parâmetros externos de avaliação, permitindo, tanto ao responsável pelo centro transferidor como ao responsável pelo centro recebedor do produto ou serviço produzido internamente, um referencial de valor econômico da atividade prestada e recebida.

Os produtos e serviços produzidos internamente e transferidos dentro da própria empresa podem ser identificados nos macroprocessos produtivos ou comerciais. Exemplos:

- Atividade agrícola ou pecuária fornecedora de matéria-prima para usinas de produtos finais (lavoura de cana-de-açúcar, para produção de álcool ou açúcar, criação de gado leiteiro, para produção de laticínios etc.).
- Atividades de manufatura, fornecedoras de peças e conjuntos para montagem final (fundição, que fornece para indústria de autopeças, fabricação de componentes, que fornece para montagem de veículos ou bens duráveis etc.).
- Atividades de serviços complementares, fornecedoras para produtos finais (setores de pintura, que fazem o acabamento de produtos e de embalagem e expedição, que concluem a apresentação final do produto, entre outros) etc.

Produtos e Serviços de Apoio

Internamente, há também a produção de bens e serviços de apoio às principais atividades operacionais. As unidades produtoras desses serviços também podem ser caracterizadas como centros de resultados.

Como exemplos desses serviços de apoio podemos citar os setores de:

- recursos humanos, que presta serviços de treinamento, recrutamento e seleção para as demais áreas operacionais da empresa;
- assistência técnica, que presta serviços para a área de comercialização;
- tecnologia de informação, que presta serviços para todas as áreas da empresa;
- manutenção, que pode tanto prestar serviços específicos para a área industrial como para as demais áreas da empresa;
- suprimentos, que presta serviços para todas as áreas da empresa etc.

A dificuldade de obtenção de preços de venda para esses serviços tem sido o principal argumento para a não adoção do conceito de centros de lucros para os setores de apoio. Contudo, todos esses serviços têm um preço de mercado e, portanto, podem ser objeto de contabilidade divisional.

A eventual dificuldade na obtenção de preço de mercado e, consequentemente, da mensuração da receita dessas atividades de apoio não deve ser o empecilho para não as considerar como centros de resultados. A questão principal é a relevância ou não dessas atividades no conjunto das operações da empresa. Se elas forem significativas e impactarem os resultados das demais atividades deverão ser incluídas no conjunto da contabilidade divisional da empresa, uma vez que atendem os três requisitivos fundamentais: têm serviços identificáveis, os serviços são vinculados a uma unidade organizacional e há gestor responsável pela unidade.

Centro de Lucro para Resultados Financeiros

Um conceito de contabilidade divisional deve adotar o conceito de lucro residual. Nesse sentido, é fundamental a criação de um centro de lucro para apurar os resultados financeiros para qualquer sistema de contabilidade setorial. Esse centro de lucro teria como função:

- incorporar o conceito de lucro residual ou EVA, cobrando um custo de oportunidade de capital das demais unidades de negócio ou centros de lucros de apoio, pelo investimento e utilização de seus ativos operacionais;
- separar claramente o resultado das operações das atividades operacionais dos resultados financeiros da empresa;
- visualizar o resultado dos acionistas ou investidores na empresa e a contribuição do valor adicionado de cada unidade de negócio no valor adicionado total da empresa;
- se for o caso, alocar os ativos de contas a receber e outros direitos, bem como os passivos de contas a pagar e outras obrigações para um centro de resultado em separado das unidades de negócio ou atividades de apoio, liberando a gestão das unidades de negócio apenas sobre os investimentos em estoques e imobilizados.

O centro de lucro de resultados financeiros deve ser responsável pelas despesas financeiras (com financiamentos e outras), pelas receitas financeiras (de aplicações e outras) e pelos encargos financeiros sobre compras e vendas a prazo. Deve ser responsável também pela gestão de custo de oportunidade dos acionistas e análise da rentabilidade final das unidades de negócios.

32.5 Preços de Transferência

Este conceito emerge naturalmente quando da adoção de uma contabilidade setorial. Na identificação e segmentação dos centros geradores de resultados, serão encontrados centros de resultados que prestam serviços internamente, ou produzem e transferem produtos dentro da própria empresa, ou seja, seus clientes são internos, não externos.

Assim, o ponto fundamental para apuração dos resultados dos centros que prestam serviços ou transferem produtos internamente é o preço a ser adotado para mensuração de suas receitas. A questão sempre está na mensuração das receitas, uma vez que a obtenção do valor das despesas é geralmente suprida pela contabilidade das despesas por setores ou departamentos por meio dos centros de custos.

Preço de transferência é o valor obtido pelo método de mensuração da receita dos produtos e serviços transferidos internamente. A adoção de critérios inadequados será fatal para o sistema de informação de contabilidade divisional, pois da mensuração da receita se obterá a mensuração do resultado e a consequente avaliação de desempenho dos gestores. Critérios inadequados conduzirão fatalmente ao descrédito de todo esse sistema de informação. Além da própria incorreção da mensuração dos resultados setoriais, critérios inadequados afetarão totalmente os gestores e a motivação, um dos aspectos mais importantes do Sistema de Contabilidade Setorial.

A seguir, os principais critérios para preços de transferência.

Custo Real

É um critério de preço de transferência, mas não é recomendado. Transferir produtos e serviços internamente mensurando sua receita pelo custo real não traz nenhuma vantagem informacional ou motivacional. Se a unidade transferidora puder repassar todo seu custo, ela ficará à vontade para custos maiores e indevidos. A unidade recebedora, por outro lado, fica totalmente à mercê do custo da outra unidade.

Além disso, a adoção do conceito de custo real não permite, em princípio, a obtenção de um lucro, já que o total da receita será igual ao dos gastos. Portanto, não permite uma avaliação de eficiência operacional nem eficácia em termos de lucro.

Custo-Padrão

É uma variação do preço de transferência baseado em custo, e menos problemático que o custo real, porém com a possibilidade de conter riscos semelhantes. Se os padrões forem construídos buscando realmente os custos que deveriam ser, em condições de competitividade externa, pelo menos este critério poderá medir a eficiência operacional.

Caso a unidade transferidora consiga custos ainda menores que o custo-padrão, ela apresentará um resultado. Não há muitos inconvenientes, neste critério, para a unidade recebedora.

Custo-Padrão mais Margem de Lucro

É uma variação do critério de custo-padrão, acrescentando ao custo uma margem-padrão de lucratividade, buscando aspectos adicionais de motivação. É um dos critérios mais utilizados, pois a incorporação de uma margem de lucro acrescenta o aspecto motivacional, e a unidade transferidora deverá, em princípio, apresentar essa margem-padrão de lucro como resultado global.

Preço de Mercado

É o critério mais indicado. Praticamente qualquer produto ou serviço, sejam eles intermediários ou finais, têm um preço de mercado. É o preço que seria pago caso fosse adquirido de um fornecedor externo à empresa.

Este é o critério que deve ser utilizado, pois tem todas as vantagens e nenhuma desvantagem:

- é objetivo, pois é aferido pelo mercado;
- evita discussões, pois o preço é dado por entidades externas à empresa;
- incorpora competitividade, pois dá referencial externo às atividades internas da empresa.

Preço Negociado

Quando existir algum problema grave para obtenção de preço de mercado, a alternativa poderá ser a negociação entre as partes envolvidas de um preço de transferência. Como base, poderia ser utilizado o custo-padrão.

O problema potencial está na habilidade de negociar. Se o gestor de um dos dois lados for mais hábil que o outro, poderá haver um acordo de preços que também não seja adequado à empresa.

Preço Arbitrado

Eventualmente, um produto ou serviço intermediário pode não ter preço de mercado (um produto inédito, por exemplo), ou, então, é determinação da alta administração que seja executado internamente.

Se não se conseguir o preço de transferência com nenhum dos critérios acima, a alta administração deverá arbitrar o preço e valorar as transferências.

32.6 Exemplo Numérico

A seguir, desenvolveremos, de forma resumida, um exemplo numérico que será baseado nos dados apresentados na Parte V para evidenciação do plano orçamentário. Os dados para apresentação do orçamento já foram estruturados tendo em vista a necessidade de uma contabilidade divisional e, portanto, serão aproveitados neste capítulo, adicionando outros dados e premissas necessárias para um modelo de contabilidade setorial.

Em princípio, este exemplo contempla o conceito de centros de lucros e também incorpora o centro de lucro de resultados financeiros e o conceito de lucro residual.

Identificação e Segmentação da Empresa em Centros de Lucros

O primeiro passo para a estruturação de um sistema de contabilidade divisional é a identificação dos centros geradores de resultado, para segmentação da empresa em unidades de negócios ou atividades de apoio.

Neste nosso exemplo, identificamos os seguintes centros de lucros:

- **Unidade de Negócio BU1** – É uma unidade industrial que fabrica os Produtos X e Y. A receita de sua produção será dada no momento da produção pelo preço à vista, que será entregue à unidade de Comercialização. Além de componentes comprados diretamente para sua área de montagem, a Unidade BU1 recebe da BU31, por meio de transferência interna, conjuntos para complementar a fabricação de seus produtos. Responsabiliza-se pelos seus ativos imobilizados e pelos seus estoques de materiais e produção em processo.
- **Unidade de Negócio BU2** – Unidade industrial que faz os Produtos Z1 e Z2. Igualmente à Unidade de Negócio BU1, tem sua receita no momento da produção, preço à vista, entregue à unidade de Comercialização; recebe conjuntos por transferência da Unidade de Negócios BU31. Responsabiliza-se pelos seus ativos imobilizados e pelos seus estoques de materiais e produção em processo.
- **Unidade de Negócio BU3** – Unidade de negócio essencialmente transferidora para as Unidades BU1 e BU2; efetua algumas vendas de componentes e peças de reposição diretamente para clientes externos. Responsabiliza-se pelos seus imobilizados e pelos seus estoques de materiais e produção em processo. É dividida em dois centros de lucros:
  - **Unidade de Negócio BU31** – Unidade intermediária montadora de conjuntos que serão utilizados pelas Unidades BU1 e BU2. Recebe peças da Unidade de Negócio BU32;
  - **Unidade de Negócio BU32** – Unidade que produz determinadas peças que serão utilizadas pela Unidade BU31. Portanto, toda a sua produção, exceto algumas vendas de peças de reposição a clientes, é transferida para a Unidade BU31.
- **Unidade de Negócio Comercialização** – Entendida como centro de resultado, recebe os produtos finais das Unidades BU1 e BU2 e os comercializa. Responsabiliza-se pela entrega dos produtos finais. Os investimentos de sua responsabilidade são seus ativos imobilizados e o estoque de produtos acabados.
- **Centro de Lucro Administração** – Considerada como um centro de resultado, recebe uma comissão pelo apoio a todas as unidades operacionais e é responsável pelos seus imobilizados.
- **Centro de Lucro Resultado Financeiro** – Responsável pelos ativos e passivos não alocados às demais Unidades de Negócio, bem como por todos os resultados financeiros e também pelos não operacionais. Tem como receita de transferência o custo de oportunidade do capital imputado a todos os demais centros de lucro. Indica o valor econômico adicionado aos acionistas.

A Figura 32.2 apresenta o fluxo de todas as Unidades de Negócios identificadas para nosso exemplo numérico.

Preços de Transferência

Como já vimos, para a mensuração dos produtos e serviços transferidos internamente, é necessária a adoção de preços de transferência para atribuir receitas às unidades transferidoras e custos às unidades recebedoras. Como princípio básico, o critério a ser adotado é o preço de mercado. A Tabela 32.1 apresenta os preços unitários das transferências e a receita total por Unidades de Negócios.

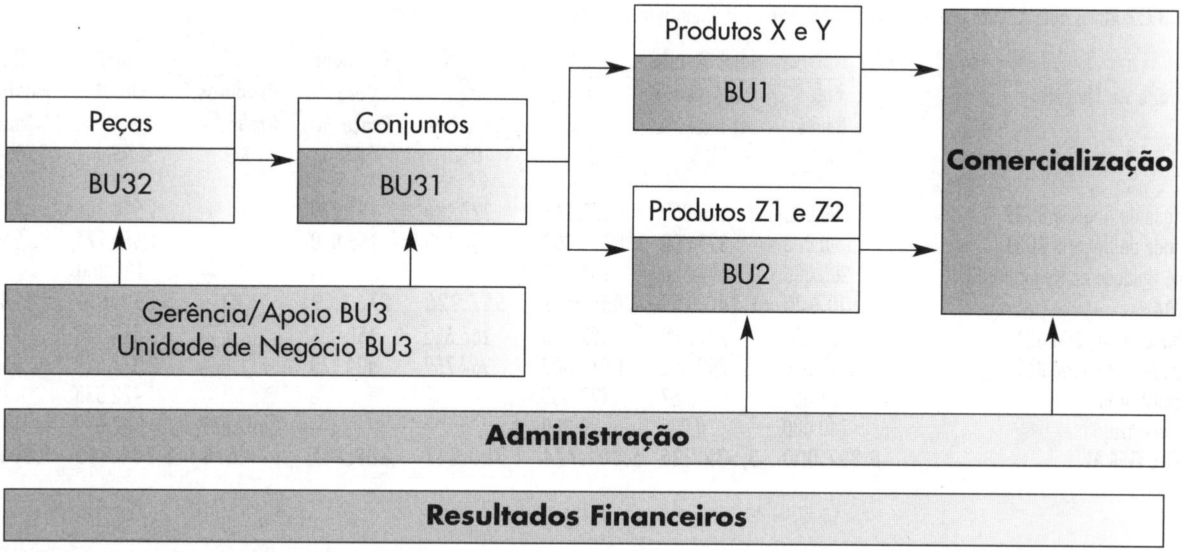

Figura 32.2 Relacionamento entre as unidades de negócios

Tabela 32.1 Receitas de transferências internas

Receitas de Transferências	Quantidades Produzidas de Produtos Finais				
	Produto X 3283	Produto Y 2463	Produto Z1 6900	Produto Z2 2353	Total 14.999
Unidade BU32 para Unidade BU31					
Preço Unitário de Transferência	138,00	90,00	158,40	158,40	
Receita Total de Transferência	453.054	221.670	1.092.960	372.715	2.140.399
Unidade BU31 para Unidade BU1					
Preço Unitário de Transferência	233,20	162,80			
Receita Total de Transferência	765.596	400.976	–	–	1.166.572
Unidade BU31 para Unidade BU2					
Preço Unitário de Transferência			442,64	442,64	
Receita Total de Transferência	–	–	3.054.216	1.041.532	4.095.748
Unidade BU1 para Comercialização					
Preço Unitário de Transferência	640,06	563,01			
Receita Total de Transferência	2.101.312	1.386.705	–	–	3.488.017
Unidade BU2 para Comercialização					
Preço Unitário de Transferência			1.166,84	1.361,40	
Receita Total de Transferência	–	–	8.051.179	3.203.380	11.254.559

Outras Transferências e Custo do Capital

Dentro de nosso exemplo numérico, consideraremos como preço de transferência dos serviços da unidade de apoio Administração uma cobrança de 3% da Receita Total de cada Unidade de Negócio como remuneração dos serviços administrativos prestados.

Para o centro de lucro Resultados Financeiros, a empresa determinou a cobrança de um custo de oportunidade de capital de 15% ao ano das Unidades de Negócio de produção e comercialização sobre os ativos à sua disposição.

Ativos à Disposição das Unidades de Negócio e Custo Financeiro Cobrado

A Tabela 32.2 apresenta um resumo dos ativos à disposição de cada Unidade de Negócio. Ao final, o cálculo do custo de oportunidade de capital, com a taxa de 15%, determinando o custo financeiro de cada unidade de negócio operacional.

Tabela 32.2 Ativos operacionais por unidade de negócio e custo financeiro cobrado

Unidade de Negócio	Imobilizado			Estoques			Total	Custo
	Valor Bruto	Depreciação Acumulada	Líquido	de Materiais	em Processo	Produtos Acabados	Geral	Financeiro Taxa -
31.12.x1	R$	R$	R$	R$	R$	R$	R$	15% a.a.
Unidade de Negócio BU32	2.000.000	820.059	1.179.941	227.196	121.229	–	1.528.366	229.255
Unidade de Negócio BU31	2.000.000	825.000	1.175.000	330.730	155.040	–	1.660.771	249.116
Apoio Unidade de Negócio BU3	200.000	95.000	105.000	–	–	–	105.000	
SOMA	**4.200.000**	**1.740.059**	**2.459.941**	**557.926**	**276.269**	–	**3.294.136**	**494.120**
Unidade de Negócio BU1	2.100.000	707.500	1.392.500	267.662	158.006	–	1.818.168	272.725
Unidade de Negócio BU2	1.750.000	740.000	1.010.000	962.759	404.870	–	2.377.629	356.644
Administração	797.000	324.667	472.333	–	–	–	472.333	70.850
Comercialização	140.000	70.000	70.000	–	–	672.679	742.679	111.402
TOTAL GERAL	**8.987.000**	**3.582.226**	**5.404.774**	**1.788.347**	**839.145**	**672.679**	**8.704.945**	**1.305.742**

Identificação dos Gastos por Unidade de Negócio e das Receitas Externas

Os gastos gerais das Unidades de Negócio e unidades de apoio são obtidos no Sistema de Informação de Contabilidade por meio das despesas por centros de custos e do consumo de materiais por unidades de negócio, não existindo nenhuma dificuldade adicional na obtenção desses dados, bastando o sistema convencional de contabilidade por departamentos ou centros de custos.

O mesmo acontece com as receitas externas, ou seja, a receita das vendas aos clientes finais. Esses dados são em geral obtidos pelo sistema de contabilidade tradicional, que, por sua vez, importa os dados do sistema de faturamento ou emissão de notas fiscais ou faturas.

Resultados por Centros de Lucros e Unidades de Negócios

A Tabela 32.3 é um modelo de informação para gestão do resultado de centros de lucros e unidades de negócio. O modelo apresenta todos os centros geradores de resultado em que foi segmentada a empresa do nosso exemplo numérico, evidenciando o conjunto das informações decorrentes das premissas e conceitos adotados para a contabilidade divisional, dos quais salientamos o seguinte:

- **Vendas externas**: São efetuadas por documentário fiscal para o cliente final da empresa.
- **Vendas internas**: Referem-se às transferências remetidas por centro de lucro ou unidade de negócio para as outras divisões. É importante salientar que toda transferência remetida necessariamente tem de ser um custo da divisão recebedora.
- **Custos recebidos em transferência**: É a contrapartida das vendas internas. Ressalte-se que o somatório das vendas internas, menos os custos recebidos em transferência, igualam-se a zero. Em outras palavras, as transferências internas não afetam o resultado total da empresa.
- **Despesas administrativas transferidas**: No nosso exemplo, adotamos o conceito de que a administração presta serviços para todas as unidades e recebe por esses serviços prestados. O quadro evidencia um débito a todas as unidades operacionais e um crédito da receita para o centro de lucro Administração.
- **Custo financeiro transferido**: É a contabilização do custo de oportunidade do capital. Todas as divisões são debitadas pelo custo financeiro sobre seus ativos e há um crédito do total para o centro de lucro virtual Resultados Financeiros.

Outros aspectos podem ser observados:

- Dentro da Unidade de Negócio BU3, há duas divisões: BU31 e BU32, e uma gerência geral para ambas. Dentro do conceito de custeio direto, não se recomenda rateio das despesas dessa gerência para as duas divisões. O total das despesas é deduzido diretamente do total do lucro das duas unidades. Portanto, somando-se o resultado das duas unidades, não se obtém diretamente o resultado total da Divisão BU3. Há de serem deduzidos os custos da gerência geral.
- O centro de lucro Resultados Financeiros tem por finalidade receber a receita do custo de oportunidade debitado às demais divisões. Recebe todas as despesas e receitas que não são da operação de produção, administração e vendas. Esse centro de lucro tem o papel de representar o resultado para o acionista.
- Os impostos sobre o lucro estão debitados apenas ao centro de lucro Resultados Financeiros. Poderia ser feita uma distribuição proporcional, válida neste caso. Contudo, a análise de rentabilidade das operações pode ser de rentabilidade bruta, sem impostos. Para tanto, o custo de oportunidade exigido também deve ser bruto, sem impostos.

Tabela 32.3 Resultado por unidade de negócio

Discriminação	Unidade de Negócio BU3			Unidade de Negócio BU1	Unidade de Negócio BU2	Comercialização	Administração	Resultados Financeiros	Total Geral
	Unidade de Negócio BU31	Unidade de Negócio BU32	Total						
Receita	**2.300.399**	**5.677.320**	**7.977.719**	**3.678.017**	**12.261.837**	**17.343.386**	**1.237.829**	**1.305.742**	**43.804.529**
. Vendas Externas	160.000	415.000	575.000	190.000	604.719	17.343.386			18.713.105
. Vendas Internas	2.140.399	5.262.320	7.402.719	3.488.017	11.657.118		1.237.829	1.305.742	25.091.424
Custos	**2.133.131**	**4.709.820**	**7.115.266**	**4.017.970**	**11.369.061**	**15.168.456**	**–**	**–**	**37.670.752**
. Recebidos em Transferência	–	2.140.399	2.140.399	1.166.572	4.095.748	15.145.135	–	–	22.547.854
. Materiais Consumidos	1.157.022	1.684.284	2.841.306	1.363.099	4.902.969	–	–	–	9.107.375
. Centros de Custos – Fábrica	1.003.195	924.566	1.927.761	1.152.973	1.980.474	–	–	–	5.061.208
. Centros de Custos – Gerência/Apoio	–	–	272.315	367.236	504.649	–	–	–	1.144.200
. Variação dos Estoques de Produção	(27.086)	(39.429)	-66.515	(31.910)	(114.779)	23.321	–	–	(189.884)
Despesas Operacionais	**69.012**	**170.320**	**239.332**	**110.341**	**367.855**	**1.963.033**	**1.001.865**	**–**	**3.682.425**
. Comerciais	–	–	–	–	–	1.442.731	–	–	1.442.731
. Administrativas	–	–	–	–	–	–	1.001.865	–	1.001.865
. Administrativas Transferidas	69.012	170.320	239.332	110.341	367.855	520.302	–	–	1.237.829
Lucro Operacional	**98.256**	**797.180**	**623.122**	**(450.294)**	**524.921**	**211.898**	**235.964**	**1.305.742**	**2.451.352**
Custo Financeiro Transferido	(229.255)	(249.116)	(494.120)*	(272.725)	(356.644)	(111.402)	(70.850)	–	(1.305.742)
Receitas Financeiras de Aplicações								110.257	110.257
Outras Receitas Financeiras								56.400	56.400
Despesas Financeiras com Financiamentos								(590.230)	(590.230)
Outras Despesas Financeiras								(106.800)	(106.800)
Equivalência Patrimonial								30.000	30.000
Resultados não Operacionais								(2.200)	(2.200)
Lucro Antes dos Impostos	**(130.998)**	**548.065**	**129.001**	**(723.019)**	**168.277**	**100.496**	**165.114**	**803.169**	**643.037**
Impostos sobre o Lucro	–	–	–	–	–	–	–	(192.911)	(192.911)
Lucro Líquido Depois do Imp. Renda	**(130.998)**	**548.065**	**129.001**	**(723.019)**	**168.277**	**100.496**	**165.114**	**610.258**	**450.126**

* Inclui R$ 15.750 específicos da área de Gerência/Apoio.

Análise da Rentabilidade Divisional

A tabela anterior já permite uma análise de rentabilidade, uma vez que todas as divisões que apresentaram resultado positivo cobriram o custo de oportunidade, ou seja, cumpriram o objetivo mínimo de rentabilidade da empresa. Como a empresa deseja sempre um valor adicionado, deve-se complementar a tabela anterior com uma análise de rentabilidade sobre os ativos, que apresentamos na Tabela 32.4.

As duas tabelas devem ser analisadas em conjunto e sugerem informações importantes, que salientamos a seguir:

- Todas as atividades que deram lucro cumpriram a meta de rentabilidade mínima. Como avaliação de desempenho, deve-se considerar, com base nisso, as unidades que apresentaram melhor remuneração percentual sobre os ativos. No nosso exemplo, foram a Unidade de Negócio BU32, com 33%, e os centros de lucros Comercialização e Administração, com 21,3% e 22,25%, respectivamente.
- A análise do resultado das divisões que deram rentabilidade negativa deve-se centrar em dois pontos: o Lucro Operacional antes do custo financeiro e o lucro final. A Unidade de Negócio BU31 deu um Lucro Operacional, mas que foi insuficiente para cobrir o custo de oportunidade do capital. Já a Unidade de Negócio BU1 teve o pior desempenho de todas as divisões, uma vez que não gerou Lucro Operacional e, portanto, sem nenhuma condição de cobrir qualquer rentabilidade mínima exigida. Dentre todas as divisões, é a que teve o pior desempenho.
- Quando se trata de divisões que foram uma divisão maior (BU31 e BU32 que formam a BU3), deve-se atentar para os custos diretos não distribuídos. Note que a rentabilidade da BU32 foi expressiva (33,05% dos ativos) e a da BU31 foi negativa em 8,6%. No conjunto, porém, deduzindo-se os custos não distribuídos, a rentabilidade total da Unidade de Negócio BU3 foi de apenas 3,9%. Em linhas gerais, o lucro obtido pela divisão BU32, além de cobrir o prejuízo da divisão BU31, cobriu também as despesas da gerência geral das duas subdivisões e ainda conseguiu apresentar uma rentabilidade que superou o custo mínimo de capital.

Tabela 32.4 Rentabilidade das unidades de negócios

Unidades de Negócio	Lucro Antes dos impostos (Em R$)	Ativos à Disposição (Em R$)	Rentabilidade %
Unidade de Negócio BU31	(130.998)	1.528.366	-8,6
Unidade de Negócio BU32	548.065	1.660.771	33,0
Gastos Fixos e Diretos Unidade BU3	(288.066)	105.000	–
Total Unidade de Negócio BU3	129.001	3.294.136	3,9
Unidade de Negócio BU1	(723.019)	1.818.168	-39,8
Unidade de Negócio BU2	168.277	2.377.629	7,1
Comercialização	100.496	742.679	13,5
Administração	165.114	472.333	35,0
SUBTOTAL	**(160.131)**	**8.704.945**	**-1,8**
Resultados Financeiros	803.169		
TOTAL GERAL	**643.037**		

Questões e Exercícios

1 Uma empresa tem duas divisões: A e B. A Divisão A transfere toda a sua produção para a B por R$ 25 por unidade, tendo custos variáveis unitários de R$ 15. A Divisão B vende toda a sua produção por R$ 100 a unidade e tem custos variáveis unitários específicos de R$ 40. Elabore uma tabela calculando as margens de contribuição de cada divisão e a margem de contribuição total (consolidada) da companhia.

2 Uma empresa tem duas divisões: A e B, tendo apresentado os seguintes dados anuais:

	Divisão A	Divisão B
Vendas	R$ 9.000.000	R$ 20.000.000
Lucro Líquido	630.000	1.800.000
Ativos à Disposição das Divisões	3.000.000	10.000.000

Pede-se:

a) Calcular o retorno sobre os investimentos (ativos) de cada divisão.

b) Fazer uma análise da rentabilidade de cada divisão.

c) Assumindo que a companhia imputa um custo financeiro mínimo para as divisões, a ser assegurado pela sua rentabilidade, de 15% a.a., calcular qual será o novo Lucro Líquido (lucro residual) após computados esses custos financeiros.

3 Com os dados das três divisões de uma empresa apresentadas a seguir:

a) Calcule e apresente em uma nova tabela os dados que faltam na seguinte Demonstração de Resultados divisionais.

b) Consolide os dados, calcule e analise a rentabilidade geral da companhia.

	Divisão A	Divisão B	Divisão C
Vendas	R$ 800.000	?	?
Lucro Líquido	72.000	?	40.000
Ativos à Disposição da Divisão	?	150.000	?
Margem de Lucro	?	4%	8%
Giro do Ativo	?	5,0	?
Rentabilidade do Ativo	15%	?	18%

4 Uma empresa tem duas divisões com os seguintes dados: normalmente, a Divisão 1 vende 75% de sua produção para a Divisão 2 por R$ 10,00 a unidade, o mesmo preço que ela vende para outros clientes.

	Divisão 1	Divisão 2
Vendas para Terceiros	R$ 15.000	R$ 200.000
Vendas para Divisão 2	45.000	0
Soma	**60.000**	**200.000**
Custos Recebidos por Transferência	0	45.000
Outros Custos Variáveis	18.600	35.000
Soma	**18.600**	**80.000**
Margem de Contribuição	41.400	120.000
Custos Fixos	22.000	80.000
Lucro Líquido	19.400	40.000

Pede-se: se a Divisão 2 pudesse comprar o produto fora da empresa por R$ 9,50 e a Divisão 1 só conseguisse colocar para clientes fora da empresa 85% de sua produção, calcule qual seria o resultado de cada divisão e o resultado geral da empresa.

5 Uma empresa apresentou os seguintes Demonstrativos Contábeis após um trimestre de operações:

Balanço Patrimonial

ATIVO CIRCULANTE		**PASSIVO CIRCULANTE**	
Disponibilidades	250.000	Fornecedores	500.000
Contas a Receber	4.000.000	Contas a Pagar	1.500.000
Estoques		Empréstimos	580.000
- Materiais	850.000		
- Acabados	1.400.000		
Permanente (Imobilizados)		**Patr. Líquido**	
Divisão A	3.000.000	Capital	6.000.000
Divisão B	700.000	Lucros Acumulados	3.000.000
Comercialização/Admin.	450.000	Lucro do Período	70.000
TOTAL	**10.650.000**	**TOTAL**	**10.650.000**

Demonstração de Resultados – Trimestre	
Vendas	
Divisão A	130.000
Divisão B	3.700.000
Custos	
Materiais Requisitados	
- Divisão A	200.000
- Divisão B	1.500.000
Departamentais	
- Divisão A	950.000
- Divisão B	550.000
Lucro Bruto	**630.000**
Despesas Adm./Comerciais	450.000
Desp. Financeiras	110.000
Lucro Líquido	**70.000**

Dados para executar a Contabilidade Divisional:

a) A empresa faz a contabilidade divisional segmentando-se em quatro centros de lucros: Divisão A, Divisão B, Divisão Administrativa/Comercial e Resultados Financeiros.

b) A Divisão A responsabiliza-se pelos seus Ativos Permanentes, pelas suas receitas e seus custos e pelo estoque de materiais.

c) A Divisão B responsabiliza-se pelos seus Ativos Permanentes, pelas suas receitas e seus custos e pelo estoque de acabados.

d) As Divisões A e B pagam à Divisão Administrativa/Comercial 14% para comercialização e administração geral sobre as vendas externas.

e) O centro de lucro Resultados Financeiros cobra 3,5% ao trimestre sobre os ativos à disposição das unidades (estoques e imobilizados), incluindo a Divisão Administrativa/Comercial.

f) A Divisão A transferiu à Divisão B no trimestre componentes no valor de R$ 880.000.

Pede-se:

a) Fazer o Demonstrativo de Resultado das divisões.

b) Verificar o retorno do investimento das Divisões A, B e Administrativa/Comercial.

6 São apresentados a seguir uma série de informações e os dados extraídos da Contabilidade Financeira da empresa em determinado mês. Para facilitar, as quantidades produzidas foram totalmente vendidas e, portanto, não há variação de estoques neste mês. A empresa utiliza o conceito de centros de lucros para fazer sua contabilidade divisional. Ela adota os conceitos de Custeio por Absorção dos departamentos de apoio da fábrica, de Prestação de Serviços comissionados para a administração e comercialização e também de Banco

Interno para apurar o lucro residual. Os centros de lucros identificados pela empresa foram os seguintes:

- Divisão A (produtora, transferidora e vendedora de componentes).
- Divisão B (montadora e vendedora do produto final).
- Comercialização.
- Administração.
- Resultados Financeiros (Banco Interno).

A – Despesas Departamentais

(Inclui mão de obra, materiais consumidos, depreciação e despesas gerais e não matéria-prima e componentes para a produção)

Divisão A - Componentes	R$	
Produção	800.000	
Pré-Montagem	500.000	
Engenharia Fábrica	200.000	
Controle de Produção	100.000	R$ 1.600.000
Depto. de Apoio		
Manutenção Geral	220.000	
Diretoria Industrial	140.000	R$ 360.000

Divisão B - Montadora		
Montagem Intermediária	300.000	
Montagem Final	200.000	
Pintura	150.000	
Contr. Produção	50.000	R$ 700.000
Adm./Com./Finanças		
Administração	400.000	
Comercialização	950.000	
Desp. Financeiras	170.000	
Receitas Financeiras	40.000	
Efeitos Monetários (Desp.)	110.000	

B - Outros Dados	Divisão A	Divisão B	Adm.	Comerc.
Requisição de Materiais	265.000	3.200.000	-	-
Vendas para Terceiros	350.000	7.600.000	-	-
Ativos à Disposição				
- Imobilizados	6.000.000	1.200.000	150.000	800.000
- Estoques	1.500.000	3.000.000	-	-

C - Dados e Informações para Executar a Contabilidade por Divisões:

a) Os componentes transferidos da Divisão A para a B foram avaliados em R$ 1.700.000.

b) A divisão de comercialização recebe comissão de 13% sobre as vendas para terceiros.

c) A divisão de administração recebe comissão de 6% sobre vendas para terceiros.

d) O departamento de manutenção é absorvido em 80% pela Divisão A e 20% pela B.

e) A Diretoria Industrial é absorvida em 50% pela Divisão A e 50% pela B.

f) O centro de lucro Resultados Financeiros cobra 1,5% sobre os ativos à disposição das divisões e se responsabiliza pelos resultados financeiros e monetários.

Capítulo 33

Avaliação de Empresas e Decisão de Investimentos

Os modelos para decisão de investimentos e mensuração do valor da empresa compreendem, fundamentalmente, as mesmas variáveis. Todos levam em consideração o valor a ser investido ou atualmente investido, os fluxos futuros de benefícios, a quantidade de tempo em que esses fluxos ocorrerão e o custo do dinheiro no tempo.

Os modelos para decisão de investimentos partem da ideia de verificar a viabilidade econômica de um investimento antes de sua implementação. Os modelos de decisão de mensuração do valor da empresa centram-se em determinar o valor de uma empresa em andamento. Como ela é fruto de um conjunto de investimentos em operação, já decididos no passado, os critérios de avaliação devem ser os mesmos. Em outras palavras, os mesmos critérios adotados para a decisão de investir devem ser utilizados para a mensuração do valor desses mesmos investimentos em operação.

Para a Controladoria, é fundamental a apuração do valor da empresa. A Controladoria tem como foco os resultados empresariais e avalia a eficácia da empresa pelos resultados periódicos obtidos. O objetivo de qualquer empreendimento é criar valor para os acionistas, valor este que é gerado pelas operações, mensurado e evidenciado contabilmente pela Demonstração de Resultados. Os resultados obtidos refletem as decisões de investimentos do passado e, consequentemente, são avaliadores do desempenho dos responsáveis pela decisão. Desta maneira, a Controladoria deve continuadamente mensurar o valor da empresa, para monitorar o processo de criação de valor e avaliação do desempenho dos investimentos.

33.1 Modelo Básico para Decisão de Investimento: Valor Presente Líquido (VPL)

Um investimento é feito no pressuposto de gerar um resultado que supere o valor investido, para compensar o risco de trocar um valor presente certo por um valor futuro com risco de sua recuperação.[1] Esse resultado excedente é a rentabilidade do investimento e é o prêmio por investir. Esse prêmio é o conceito que fundamenta a existência dos juros como pagamento pelo serviço prestado ao investidor pelo ato de emprestar dinheiro para um terceiro.

Outrossim, no mercado existem inúmeras possibilidades de investimentos e, entre elas, algumas em que não há risco, como os títulos governamentais. Portanto, o investidor tem informações das rentabilidades possíveis de inúmeros investimentos. Ao aplicar seu dinheiro, ele está diante de várias possibilidades de investimento e respectivas rentabilidades. Denominamos essas possibilidades de oportunidades de investimento.

Desta maneira, ao decidir por um investimento, o aplicador deixa de receber rentabilidades dos demais investimentos abandonados. Portanto, o grande parâmetro para o modelo de decisão do investidor é a rentabilidade dos outros investimentos, a qual denominamos de investimentos concorrentes de custo de oportunidade.

A rentabilidade dos demais investimentos determina qual será a rentabilidade que o investidor vai querer obter do investimento sob o processo de decisão. Ele pode desejar a rentabilidade média dos demais investimentos, ou mesmo superiores. Dificilmente admitirá rentabilidades inferiores à média, se bem que, em teoria, isso seria possível.

A rentabilidade desejada que será incorporada no modelo de decisão de investimentos é denominada juros remuneratórios. Em condições normais de mercado, o juro é expresso de forma anual e, nas economias estabilizadas, compreende o custo de capital mais uma taxa esperada de inflação, redundando em uma taxa única ou prefixada. Em economias com ocorrência de inflação crônica, o conceito mais utilizado é o de rendimento pós-fixado, que compreende uma taxa de juros prefixada, que se somará à inflação que acontecer no futuro.

[1] Não podemos dizer que há incerteza do retorno, por ela se caracterizar pelo total desconhecimento do futuro. No caso de um investimento, denomina-se esta lacuna de conhecimento do futuro de risco, uma vez que é possível associar probabilidades de êxito ao retorno do investimento. Ou seja, quando se faz um investimento, o investidor tem uma série de informações que lhe permitem vislumbrar algo do futuro e associar probabilidades de êxito ao seu investimento, caracterizando-se desta maneira como risco e não como incerteza.

Valor Presente Líquido

O critério de valor presente líquido é o modelo clássico para a decisão de investimentos e compreende as seguintes variáveis:

a) O valor do investimento.

b) O valor dos fluxos futuros de benefícios (caixa, lucro, dividendos, juros).

c) A quantidade de períodos em que haverá os fluxos futuros.

d) A taxa de juros desejada pelo investidor.

Exceto com relação ao item **a** (o valor do investimento), todas as demais variáveis apresentam alguma dificuldade para incorporação ao modelo decisório.

A obtenção das informações sobre o valor dos fluxos futuros depende de estudos antecipatórios das probabilidades de ocorrência de vendas, mercados, custos, inflação etc., que fatalmente conduzem a dificuldades de previsibilidade.

O mesmo acontece com a quantidade de períodos a serem utilizados no modelo. Excetuando-se casos como aplicações em renda fixa, contratos de remuneração prefixada com período certo etc., dificilmente se sabe com precisão quanto tempo o investimento produzirá fluxos futuros.

A taxa de juros sempre dependerá das expectativas de inflação, tanto do país como do exterior, bem como das taxas básicas de juros existentes no mercado, como a do banco central do país, dos títulos do tesouro norte-americano, do banco central europeu, da *Libor*, da *Prime Rate* etc.

Fundamento do VPL: O Valor do Dinheiro no Tempo

O fundamento do VPL é o custo do dinheiro no tempo. Um bem ou direito hoje têm um valor para as pessoas diferente desse mesmo bem ou direito no futuro. Essa diferença tem como base o custo do dinheiro, ou seja, sempre haverá uma possibilidade de emprestar o dinheiro, que será remunerado por uma taxa de juros. Portanto, o valor de um bem ou direito que não acompanhe o juro mínimo existente no mercado perde valor econômico.

Adicionalmente, quanto mais tempo for necessário para que haja retorno do investimento, mais riscos existem, e, portanto, a taxa de juros a ser incorporada ao modelo deve ser adequada para cobrir o risco decorrente da extensão do tempo.

Conceito do VPL: Valor Atual

Valor Presente Líquido significa descontar o valor dos fluxos futuros a determinada taxa de juros, de tal forma que esse fluxo se apresente a valores de hoje, ou ao valor atual. O valor atual dos fluxos futuros confrontado com o valor atual do investimento a ser feito indica a decisão a ser tomada:

a) Se o valor atual dos fluxos futuros for **igual ou superior** ao valor atual a ser investido, o investimento **deverá ser aceito**.

b) Se o valor atual dos fluxos futuros for **inferior** ao valor a ser investido, o **investimento não deverá** ser aceito.

Exemplo

Investimento a ser feito (Ano 0 ou T0) - R$	1.000.000
Rentabilidade Mínima Exigida (Taxa de Juros)	12%
Fluxo Futuro de Benefícios	
. Ano 1 (T1)	500.000
. Ano 2 (T2)	500.000
. Ano 3 (T3)	500.000
TOTAL	**1.500.000**

Valor Presente Líquido dos Fluxos Futuros

Ano	Fluxo Futuro A	Índice da Taxa de Desconto B	Valor Atual do Fluxo Futuro C (A:B)
1	500.000	1,12	446.429
2	500.000	1,2544	398.597
3	500.000	1,404928	335.890
	1.500.000		**1.200.916**

Pelos dados apurados no exemplo, o investimento deverá ser aceito, já que a soma do valor atual dos fluxos dos próximos três anos, descontados à taxa de 12% a.a., é de R$ 1.200.916, superior ao valor de R$ 1.000.000 a ser investido.

Note que o fluxo futuro de cada ano é diferente em termos de valor atual. O fluxo futuro do Ano 1 foi descontado pela taxa de 12% para um ano e o seu valor atual equivalente, um ano antes, é de R$ 446.429, ou seja, R$ 446.429 hoje equivalem a R$ 500.00 daqui a um ano.

O valor atual do fluxo do segundo ano equivale a preços do Ano 0 a R$ 398.597, ou seja, se aplicarmos hoje R$ 398.597 a uma taxa de 12% a.a., teríamos R$ 500.000 daqui a dois anos (R$ 398.597 x 1,12 x 1,12).

Taxa Interna de Retorno (TIR)

O modelo de decisão baseado na Taxa Interna de Retorno é uma variação do critério do VPL. Neste modelo, em vez de buscar o VPL do fluxo futuro, busca-se a taxa de juros que iguala o total dos fluxos futuros descontados a essa taxa de juros, com o valor do investimento inicial. A fórmula é a seguinte:

$$I\ (0) = \frac{FF\ (1)}{(1+i)^1} + \frac{FF\ (2)}{(1+i)^2} + \cdots\cdots + \frac{FF\ (n)}{(1+i)^n}$$

Em que:

I (0) = Investimento inicial no período 0
FF = Fluxos Futuros dos períodos 1 a n
i = taxa de juros que iguala a equação

Utilizando os dados do nosso exemplo, a taxa de juros anual que iguala o investimento ao fluxo futuro descontado é de 23,3752% a.a. Para o cálculo da TIR, utilizamos esta função no Excel, que exige que o investimento inicial esteja com sinal negativo. Este valor está na célula B2, enquanto os três fluxos futuros estão nas células B4, B5 e B6. A fórmula exigida pelo Excel para calcular a TIR com essas células é = TIR (B2 : B6). O resultado é imediato: 23,3752%, que é a taxa anual.

Utilizando essa taxa para descontar os fluxos futuros e aplicando no modelo de VPL, temos que o valor atual dos fluxos futuros, descontados a 23,752% a.a., é de R$ 1.000.000, comprovando a TIR.

Ano	A	B
1	**Taxa Interna de Retorno**	
2	Investimento a ser feito (Ano 0 ou T0) - $	(1.000.000)
3	Fluxo Futuro de Benefícios	
4	. Ano 1 (T1)	500.000
5	. Ano 2 (T2)	500.000
6	. Ano 3 (T3)	500.000
7	**TOTAL**	**1.500.000**
8	= TIR (B2 : B6)	23,3752 %

Valor Presente Líquido dos Fluxos Futuros com Taxa de 23,3752%

Ano	Fluxo Futuro A	Índice da Taxa de Desconto B	Valor Atual do Fluxo Futuro C (A:B)
1	500.000	1,233752	405.268
2	500.000	1,5221438	328.484
3	500.000	1,8779479	266.248
	1.500.000		**1.000.000**

Períodos de Retorno do Investimento (*Pay Back*)

Este critério aplicado ao conceito VPL indica em quantos períodos (normalmente anos) há o retorno do investimento inicial. É uma informação complementar ao processo decisório e, eventualmente, importante quando, além do retorno do investimento, o tempo de recuperação for importante.

No nosso exemplo, considerando a taxa de 12% a.a., o *pay back* médio é de 2,43 anos.

PAY BACK

Valor Presente Líquido dos Fluxos Futuros a 12% a.a.

Ano	Fluxo Futuro A	Índice da Taxa de Desconto B	Valor Atual do Fluxo Futuro C (A:B)	Investimento Inicial $ 1.000.000 Saldo a recuperar
1	500.000	1,12	446.429	533.571
2	500.000	1,2544	398.597	154.974
3	500.000	1,404928	355.890	
	1.500.000		**1.200.916**	

O saldo do investimento de R$ 1.000.000 só será recuperado no último e terceiro ano. Este saldo de R$ 154.974 equivale a 43% do fluxo do terceiro ano, que representam 5,2 meses.

R$ 154.974 : 355.890 x 12 meses = 5,2 meses.

Somando esse período aos dois primeiros anos, o retorno do investimento será dado em 2 anos e 5,2 meses.

33.2 Análise das Variáveis do VPL

O modelo de decisão de investimentos pelo VPL compreende quatro variáveis, quais sejam: os valores do investimento e dos fluxos futuros de benefícios, a taxa de juros para desconto dos fluxos futuros e a quantidade de períodos em que os fluxos futuros existirão. Dessas variáveis, as três primeiras merecem considerações adicionais, que faremos a seguir.

Valor do Investimento

Ele pode ser feito de várias maneiras:

- de uma só vez, no início do projeto;
- em várias parcelas, todas elas antes do início das operações que gerarão os benefícios futuros;
- em várias parcelas, sendo algumas antes do início das operações e outras já com as operações em andamento.

Em todos os casos, a aplicação do critério de VPL segue o mesmo procedimento. Todos os fluxos devem ser descontados a valor presente. Nas situações **b** e **c** todos os valores que não são do período 0, sejam de investimentos, sejam de fluxos futuros, devem ser trazidos a valor presente pela mesma taxa de desconto.

O valor do investimento compreende todos os gastos necessários para que o investimento possa render os fluxos futuros e pode compreender:

- gastos necessários para a implantação do projeto que não necessariamente sejam ativáveis pela Contabilidade, mas devam ser recuperados (despesas pré-operacionais, propaganda introdutória, benfeitorias em imóveis, despesas de instalação, juros de empréstimos na fase pré-operacional etc.);
- os gastos classificados normalmente como imobilizados pela Contabilidade (imóveis, máquinas e equipamentos);
- os gastos com intangíveis (marcas, licenças, *franchising* etc.);
- os investimentos necessários para o giro no negócio (estoques e contas a receber de clientes, menos os passivos de fornecedores e contas a pagar).

Os gastos para formar o capital de giro inicial devem ser considerados como investimento porque eles necessitarão de fontes de financiamento para formar todo o conjunto das necessidades de recursos de capital.

Valor dos Fluxos Futuros de Benefícios

Fluxo de Caixa Descontado (FCD)

A metodologia mais aceita atualmente para avaliação do fluxo futuro de benefício gerado pelas empresas é o fluxo de caixa descontado. O fluxo de caixa pode ser desenvolvido considerando dois focos: o foco específico do acionista e o foco geral da empresa, ou seja, para todos os investidores. A estrutura básica do fluxo de caixa é a seguinte:

FLUXO DE CAIXA PARA OS ACIONISTAS

Receita Operacional Líquida
(-) Custo das vendas
= Lucro Bruto
(-) Despesas Operacionais
Administrativas
Comerciais
Pesquisa e Desenvolvimento
= Lucro antes da Depreciação e Amortização (EBITDA)
(-) Depreciação e Amortização
= Lucro Operacional (EBIT)
(-) Despeasas financeiras líquidas
= Lucro antes dos impostos
(-) Tributos sobre o lucro
= Lucro Líquido
(+) Depreciação e Amortização
= Lucro Líquido Gerado para o Caixa
(-) Aquisições de investimentos, imobilizado e intángivel
(-) Variações do capital de giro
(-) Novos financiamentos
(-) Amortizações de empréstimos e financiamentos
= Fluxo de Caixa para os Acionistas

Olhando atentamente para esta estrutura de fluxo de caixa, ela representa simplesmente a estrutura de um Balanço Patrimonial projetado. Portanto, esta metodologia aparentemente diferente é uma representação linear de uma projeção da Demonstração de Resultados acoplada a uma projeção do ativo e passivo.

O que chama a atenção nesta estrutura do fluxo de caixa é o retorno da depreciação. Ela entra na parte inicial do fluxo para permitir a sua incorporação como despesa tributável e reduzir os impostos sobre o lucro. Depois retorna somando ao fluxo de caixa, já que não é uma despesa desembolsável.

O fluxo de caixa proveniente das operações é a Demonstração de Resultados com a adição das depreciações e amortizações. Portanto, é um fluxo de lucro. Os demais itens que alteram o fluxo de caixa são os do ativo e passivo, novos investimentos em permanentes e capital de giro, bem como amortizações de financiamentos. O fluxo final de caixa será descontado pela taxa de juros, conforme já introduzimos no VPL.

O fluxo de caixa para todos os investidores, também denominado fluxo de caixa da empresa, não considera as entradas de recursos de terceiros (dívidas de empréstimos e financiamentos) e, consequentemente, os juros pagos a terceiros. Tem como referência apenas o Lucro Operacional depois dos impostos. A estrutura ficaria a seguinte:

FLUXO DE CAIXA PARA A EMPRESA

Receita Operacional Líquida
(-) Custo de Vendas
= Lucro Bruto
(-) Despesas Operacionais
Administrativas
Comerciais
Pesquisa e Desenvolvimento
= Lucro antes da Depreciação e Amortização (EBITDA)
(-) Depreciação e Amortização
= Lucro Operacional (EBIT)
(-) IR/CSLL sobre o Lucro Operacional (2)
= Lucro Operacional Líquido dos Tributos sobre o Lucro
(+) Depreciação e Amortização
= Lucro Líquido Gerado para o Caixa
(-) Aquisições de investimentos, imobilizado e intángivel
(-) Variações do capital de giro
= Fluxo de Caixa para a Empresa

Valor dos Fluxos Futuros de Benefícios: Fluxos de Caixa ou Fluxos de Lucros?

Em linhas gerais, este tópico é que tem propiciado grandes discussões acadêmicas: a maior parte dos analistas de investimentos entende que o valor dos fluxos futuros deve ser fluxo de caixa em vez do fluxo de lucro (estamos deixando de lado, neste caso, os fluxos de dividendos, no caso de investimentos em ações, bem como o fluxo dos juros, no caso de investimentos em aplicações financeiras).

Teoricamente, podemos dizer que não há relevância na discussão, pois, considerando o aspecto temporal completo do investimento, todos os fluxos de lucros se converterão automaticamente em fluxos de caixa. Portanto, em teoria, não há necessidade dessa discussão.

Entretanto, este tema tem como ponto polêmico a questão da **depreciação**. Os investimentos em imobilizados podem ser depreciados. A depreciação, quando contabilizada, é uma despesa econômica sem desembolso de caixa no ato de sua contabilização. Porém, é importante ressaltar que o efeito caixa da depreciação já ocorreu por ocasião do investimento, e a sua contabilização é apenas um retardamento da apropriação na Demonstração de Resultado, para recuperação dos investimentos feitos em imobilizados, dado que, os investimentos no giro, a empresa normalmente faz pelo custo das mercadorias ou produtos vendidos. Isso pode ser verificado no exemplo sintético numérico que apresentamos a seguir.

Tabela 33.1 Fluxos de lucro × lucros de caixa

Discriminação	Ano 0 - A	Ano 0 - B	Ano 1	Ano 2 - A	Ano 2 - B
Investimento (Ativo)					
Caixa	50.000	–	20.000	40.500	60.500
Estoques	–	20.000	20.000	20.000	–
Equipamentos	–	30.000	30.000	30.000	–
(-) Depreciação Acumulada	–	–	(15.000)	(30.000)	–
ATIVO TOTAL	**50.000**	**50.000**	**55.000**	**60.500**	**60.500**
Passivo					
Patrimônio Líquido					
Capital Inicial	50.000	50.000	50.000	50.000	50.000
Lucros Acumulados	–	–	5.000	10.500	10.500
PASSIVO TOTAL	**50.000**	**50.000**	**55.000**	**60.500**	**60.500**
Demonstração de Resultados					
Vendas	–	–	100.000	100.500	
Custos Operacionais	–	–	(80.000)	(80.000)	
Depreciação	–	–	(15.000)	(15.000)	
Lucro Líquido	–	–	5.000	5.500	

Neste exemplo, o investidor aplica R$ 50.000 em uma empresa e pretende recuperar o investimento em dois anos, com uma rentabilidade mínima de 10% a.a. Portanto, ao final dos dois anos, ele deseja ter seu capital investido recuperado com um montante final de R$ 60.500 (R$ 50.000 x 1,10 (ano 1) x 1,10 (ano 2) = R$ 60.500).

Estamos considerando que todo o investimento será feito pelos acionistas, sem empréstimos de terceiros. Também não faremos a incorporação dos impostos sobre o lucro, para fins de simplificação, bem como deixaremos de considerar resultados financeiros do caixa gerado pelas operações, considerando estes juros com o total da receita. Outra premissa é que a depreciação realmente evidencia a perda de valor do equipamento. A seguir, apresentaremos a evolução do investimento e de sua recuperação financeira. Todas as transações são à vista.

No Ano 0 – momento A –, a empresa é constituída e inicialmente seu ativo consta apenas da conta caixa. Ato imediato (momento B), para possibilitar o início das operações, ela investe R$ 20.000 no giro em estoques e R$ 30.000 em imobilizados, a serem depreciados em dois anos.

No Ano 1, a empresa lucra R$ 5.000. Como despesas desembolsáveis temos R$ 80.000 de custos. A depreciação de R$ 15.000 é contabilizada, mas não gera saída de caixa. Desta maneira, há um descompasso aparente entre lucro e caixa. O lucro foi de apenas R$ 5.000 e o caixa saltou de zero para R$ 20.000. Este valor é o somatório do lucro mais a depreciação, que não foi desembolsada.

No Ano 2, a situação é similar. O lucro de R$ 5.500 mais a depreciação de R$ 15.000 (total de R$ 20.500) somam-se ao caixa anterior, que acumula R$ 40.500. Novamente, há um aparente descompasso entre lucro e caixa. O lucro acumulado é de R$ 10.500 e o caixa acumulado é de R$ 40.500, exatamente a soma do valor do lucro dos dois anos com o total da depreciação acumulada.

No Ano 2 – momento B –, demonstramos a finalização do investimento. Os equipamentos estão totalmente depreciados e, em princípio, seu valor residual é zero. Restam os estoques, que, revendidos ao preço de custo, somarão R$ 20.000, que retornarão ao caixa.

Desta maneira, ao final do período do investimento, a empresa tem R$ 60.500 em caixa, que é o capital inicial mais os R$ 10.500 de lucro que obteve nos dois anos. Portanto, os lucros transformam-se automaticamente em caixa. Em resumo, todos os fluxos de lucro se transformarão em fluxos de caixa.

Capital de Giro e Novos Investimentos no Fluxo de Caixa

A incorporação desses elementos no fluxo de caixa tem sido aceita pacificamente pela maioria dos autores de finanças. Não deixa de ser, entretanto, uma contradição com o modelo de decisão do VPL para os investimentos.

A estruturação de um negócio passa pela mensuração dos ativos necessários para sua operacionalização, tanto em termos de Ativos Fixos como de Capital de Giro. Esses ativos devem ser recuperados pelos fluxos futuros de caixa, que são, em essência, fluxos de lucros. Este critério é válido para o investimento inicial e estruturação de um novo negócio ou empresa.

Assim, nessa linha de raciocínio, os investimentos em Capital de Giro e Ativos Imobilizados dentro de um ano, em princípio, devem ser responsáveis pelos **lucros futuros** e, teoricamente, não são correlacionados com os **lucros atuais**, já que estes foram objeto de investimentos anteriores.

Portanto, a diminuição dos fluxos futuros de caixa/lucro pelos investimentos pode ser questionável para o critério de avaliação de empresas em andamento, sendo, é claro, totalmente válido para empreendimentos novos.

Valor Residual e Perpetuidade

Na montagem do fluxo futuro de benefícios deve ser considerado o valor residual de um investimento, seja ele uma ação ou a empresa, desde que o investimento tenha esta possibilidade de receita futura.

Para avaliação de empresas em andamento, o valor residual normalmente caracteriza-se por ser uma perpetuidade, a qual indica que o investimento sempre renderá aquele valor indefinidamente. O valor da renda futura (fluxo de caixa ou lucro) é considerado fixo; descontando ao custo de oportunidade, tem-se o valor residual ou o valor que gera a perpetuidade.

$$\text{Valor Residual} = \frac{\text{Valor da Perpetuidade (Renda Fixa Futura Ininterrupta)}}{\text{Taxa de Juros (Custo de Oportunidade)}}$$

Imaginando uma renda ininterrupta que será gerada por um investimento de R$ 1.100.000 e uma taxa de juros de 11%, o valor do investimento residual será de R$ 10.000.000.

$$\text{Valor Residual} = \frac{\text{R\\$ } 1.100.000}{0,11} = \text{R\\$ } 10.000.000$$

Para avaliação de empresas, há necessidade de calcular o valor residual em perpetuidade, já que é contraproducente projetar fluxos futuros de benefícios para um período muito grande de anos. Além disso, o próprio conceito de fluxo descontado faz com que os fluxos futuros, com base em determinada quantidade de períodos, não tenham representatividade em termos de valor presente.

33.3 Taxa de Juros

O conceito atualmente prevalecente é que a taxa de juros a ser utilizada para o desconto dos fluxos de benefícios futuros seja uma taxa que reflita o risco de cada empresa. Essa taxa é expressa pela seguinte equação:

RI = Taxa Livre de Risco + Beta x (Retorno de Mercado - Taxa Livre de Risco),

Em que:

RI = Retorno Esperado de um Investimento

Taxa Livre de Risco = Rentabilidade de Títulos Governamentais

Beta = Coeficiente que representa o risco específico da empresa em relação à média do mercado

Retorno de Mercado = Retorno médio esperado de determinada carteira de investimentos no mercado

Os conceitos básicos então são os seguintes:

- Considera-se como risco específico da empresa a variação de sua rentabilidade em relação à rentabilidade média de um conjunto de investimentos existentes e alternativos no mercado, que é medido pelo coeficiente beta.
- Esse risco específico deve ser adicionado ao retorno médio de mercado para incorporação no modelo de VPL e desconto dos fluxos futuros de benefícios.
- Um empreendimento deve sempre ter uma rentabilidade superior a uma taxa livre de risco.

O Beta no Modelo CAPM

O conceito de beta apresentado anteriormente surgiu dentro do modelo CAPM – *Capital Asset Pricing Model* (Modelo de Precificação de Ativos), desenvolvido nos anos 1960 pelos professores Harry Markowitz e William Sharpe, objetivando a busca de carteira eficiente de títulos, ou seja, aquela que tivesse o maior retorno e o menor risco. Esse modelo foi consagrado e é o mais utilizado pelo mercado financeiro.

Os seus conceitos podem ser estendidos para avaliação de outros investimentos e empresas, razão por que o estamos adotando, pois permite incorporar o risco específico de cada empreendimento ou empresa no modelo de VPL.

O beta representa a co-variância do retorno de um título ou investimento individual com o da carteira (mercado) dividido pela variância do retorno dessa carteira. Em outras palavras, o beta significa a reação média da rentabilidade da empresa em relação à rentabilidade média do mercado; como se entende que há total relação entre risco e retorno, se houver retornos maiores é porque há riscos maiores e vice-versa. Portanto, a reação da rentabilidade de uma empresa individual em relação à rentabilidade média do mercado indica o risco da empresa, que é medido pelo beta.

Apresentamos a seguir dois exemplos de cálculo de beta. Vejamos primeiramente um exemplo hipotético da Empresa A na Tabela 33.2.

Tabela 33.2 Exemplo de cálculo do beta – empresa A (Em %)

Ano	Retorno Empresa A RA	Retorno Médio de Mercado RM	RA - RAM	RM - RMM	(RM - RMM)²	(RA - RAM) (RM - RMM)
1	5,0	4,0	2,2	1,8	3,24	3,96
2	8,0	6,0	5,2	3,8	14,44	19,76
3	-4,0	-3,0	-6,8	-5,2	27,04	35,36
4	-7,0	-6,0	-9,8	-8,2	67,24	80,36
5	12,0	10,0	9,2	7,8	60,84	71,76
Média	2,80	2,20			172,80	211,20

$$\text{Beta} = \frac{211{,}20\%}{172{,}80\%} = 1{,}222$$

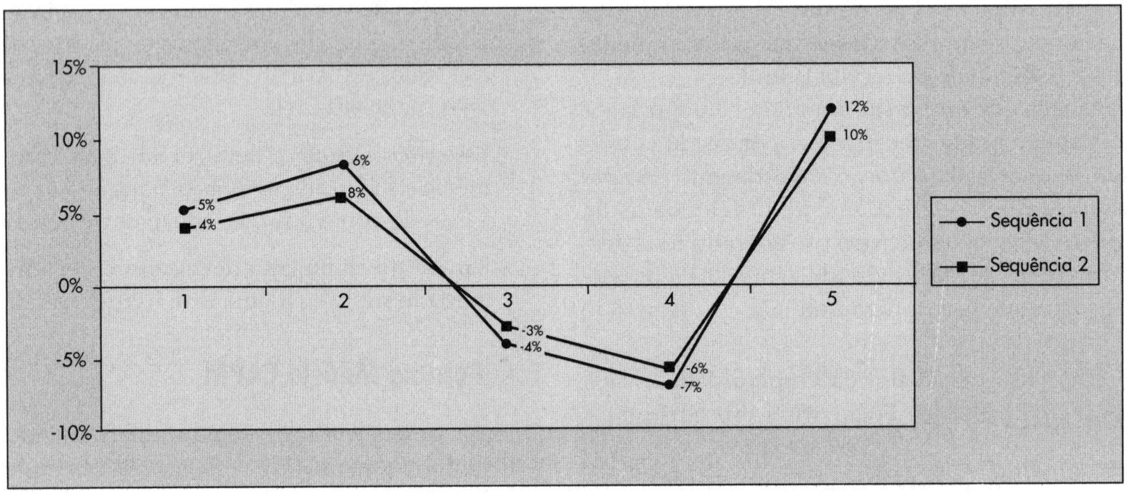

RA – Retorno da Empresa.

RAM – Retorno Médio da Empresa – Média dos períodos considerados (cinco anos no exemplo).

RM – Retorno de Mercado.

RMM – Retorno Médio de Mercado – Média dos períodos considerados (cinco anos no exemplo).

O beta da Empresa A de 1,222 significa que é uma empresa que tem uma reação sempre excedente ao mercado, tanto no aspecto positivo quanto no negativo. Em linhas gerais, podemos dizer que é uma empresa mais alavancada que a média do mercado (veja os Capítulos 15 e 16). Quando a empresa tem um beta maior que 1, isso indica que ela tem essa estrutura de negócios e, portanto, maior grau de risco que a média do mercado. Como contrapartida natural, com maiores possibilidades de lucros adicionais que a média do mercado em situação de crescimento.

O gráfico espelha bem a situação. Os retornos da empresa são maiores que os de mercado em caso de rentabilidades positivas (Anos 1, 2 e 5); as perdas são maiores que as de mercado em caso de rentabilidades negativas (Anos 3 e 4).

A Tabela 33.3 indica uma empresa de característica oposta, a Empresa hipotética B.

O beta da Empresa B é 0,752; significa que a empresa tem uma reação inferior à média do mercado, sendo mais conservadora e menos alavancada. A empresa tende a apresentar rentabilidades menores do que a média do mercado apresenta em situação positiva. Contudo, em situação negativa, os prejuízos tendem também a ser menores. O gráfico deixa bem clara esta tendência. Quando uma empresa tem um beta igual a 1, significa que ela tem uma reação igual à média do mercado.

Taxa de Juros do Acionista

As medidas de rentabilidade do mercado têm como referencial o lucro líquido da empresa por balanços publicados e, consequentemente, pela ótica dos acionistas, uma vez que os juros são abatidos em geral como despesas. Portanto, o beta reflete o risco do acionista e seu custo de oportunidade explicitado pela taxa de juros da rentabilidade final da empresa.

Tabela 33.3 Exemplo de cálculo do beta – Empresa B (Em %)

Ano	Retorno Empresa B RA	Retorno Médio de Mercado RM	RA - RAM	RM - RMM	$(RM - RMM)^2$	(RA - RAM) (RM - RMM)
1	3,0	4,0	0,2	1,8	3,24	0,36
2	5,0	6,0	2,2	3,8	14,44	8,36
3	-2,0	-3,0	-4,8	-5,2	27,04	24,96
4	-4,0	-6,0	-6.8	-8,2	67,24	55,76
5	8,0	10,0	5,2	7,8	60,84	40,56
Média	2.00	2,20			172,80	130,00

$$\text{Beta} = \frac{130{,}00\%}{172{,}80\%} = 0{,}752$$

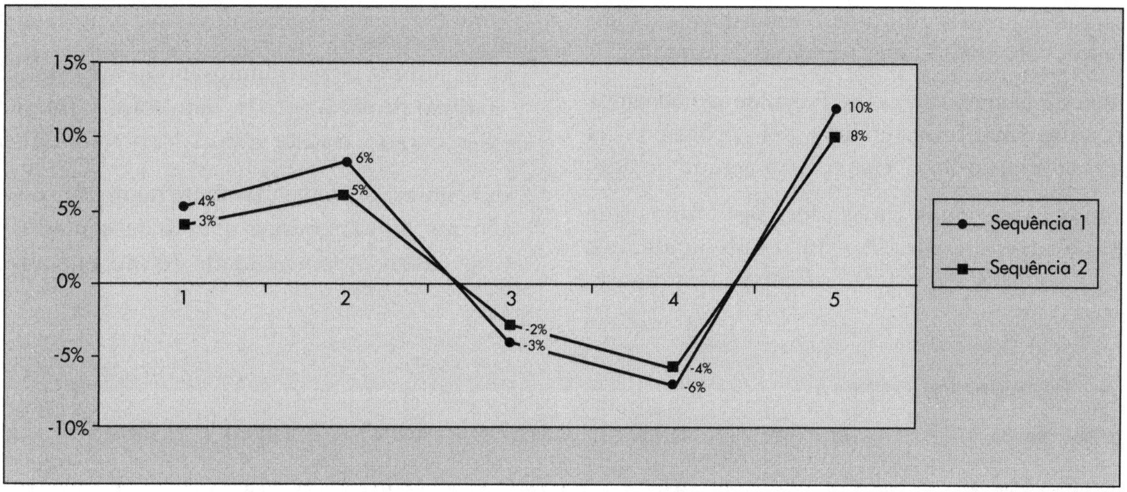

Desta maneira, para utilização no modelo do VPL, quando utilizar o fluxo de caixa do acionista, deve-se utilizar a taxa de juros dele, que pode ser obtida pela teoria do CAPM por meio do beta.

Custo Médio Ponderado de Capital

Quando se opta por trabalhar avaliação de empresas e investimentos desconsiderando-se o acionista em particular, focando no valor operacional da empresa, o conceito mais utilizado é a adoção, como taxa de juros para desconto dos fluxos futuros, do custo médio ponderado de capital (em inglês, *Weighted Average Cost of Capital – WACC*).

O custo médio ponderado de capital leva em consideração a estrutura de capital da empresa, ou seja, a participação de capital de terceiros e capital próprio no investimento total. A taxa de juros do capital de terceiros a ser considerada deve ser líquida dos impostos sobre o lucro. Vejamos um exemplo numérico.

Uma empresa tem R$ 1.000.000 de investimentos, dos quais 60% são financiados por recursos próprios e 40% por capital de terceiros, com um custo financeiro de 14% ao ano. Os impostos sobre o lucro são de 35%. O custo do capital dos acionistas, medido pelo beta, é de 12% a.a., já líquido dos impostos.

Primeiramente, calcula-se o custo do capital de terceiros líquido dos impostos:

14% x 0,75 (1 - 35%) = 10,5%

Em seguida, faz-se o cálculo ponderando a participação dos capitais na estrutura de capital da empresa em relação ao custo líquido de capital de cada tipo de recurso de capital (em %):

Capital Próprio	= 60 x 12 = 7,2
Capital de Terceiros	= 40 x 10,5 = 4,2
Custo Médio Ponderado de Capital	= 100 = 11,4

33.4 Quantidade de Períodos

Não há nenhum padrão sobre a quantidade de períodos a ser utilizada nos fluxos futuros. O mais comum é entre 5 e 10 anos. Períodos superiores a 10 anos mostram-se desnecessários, porque a taxa de desconto acumulada não incorpora grande significância ao valor presente de fluxos futuros além desse período.

33.5 Valor da Empresa

Apresentamos na Tabela 33.4 um modelo de mensuração e informação para avaliação de empresas, considerando todos os aspectos desenvolvidos neste capítulo. O modelo sugerido apresenta as seguintes características:

- Inicialmente, as principais premissas decorrentes de cenários assumidos para a quantidade de períodos futuros para obtenção dos fluxos de caixa. Assumimos um período de seis anos, partindo de informações de dados contábeis reais, que denominamos Ano-Base.
- Desenvolvemos a seguir uma Demonstração de Resultados, considerando as premissas assumidas.
- Dentro da Demonstração de Resultados incluímos as **receitas financeiras** geradas pelo próprio caixa existente no Ano-Base mais o caixa gerado no ano.
- Durante os períodos projetados, assumimos que não está havendo retirada de lucros ou dividendos pelos acionistas e, portanto, todo o caixa gerado pela empresa continua na empresa até o último período projetado.
- Finalizamos a projeção de lucros com uma projeção do Balanço Patrimonial, a qual contempla as necessidades de capital de giro para cada um dos períodos, bem como, no Ativo Permanente, constam os investimentos em imobilizados necessários para manutenção das operações projetadas. Da mesma forma, assumimos juros sobre os empréstimos, bem como amortizações para cada período.
- O balanço projetado, que inclui o lucro gerado apresentado na Demonstração de Resultados, reflete, na conta caixa, o total de caixa existente, que, ao final de cada ano projetado, é o caixa do ano anterior mais o caixa gerado no próprio ano.
- Por último, apresentamos, no item D, os cálculos e o fluxo de caixa gerado, bem como o fluxo de caixa descontado, o valor residual e o valor da empresa.
- O quadro evidencia também no item D o valor dos lucros, tanto nominais quanto descontados ao mesmo custo de oportunidade do caixa gerado.

Tabela 33.4 Avaliação da empresa – Empresa A

A Premissas – Em %	**Ano-Base**	**Ano x1**	**Ano x2**	**Ano x3**	**Ano x4**	**Ano x5**	**Ano x6**
PIB – Crescimento Estimado	1,0	4,0	6,0	5,0	5,0	5,0	5,0
Inflação/Câmbio – Estimativas	9,0	6,0	6,0	6,0	6,0	6,0	6,0
Vendas – Taxa de Crescimento	20,0	18,0	16,0	15,0	11,0	11,0	11,0
Preços de Venda – Aumento		4,0	2,0	1,0	0,0	0,0	0,0
Materiais – Participação nas Vendas	41,5	42,4	43,0	43,0	43,0	43,0	43,0
Mão de Obra Direta – Aumento Físico		0,0	0,0	5,0	3,0	3,0	3,0
Mão de Obra – Aumento Salários		6,0	9,0	9,0	9,0	9,0	9,0
Despesas Gerais – Aumento		6,0	11,0	9,0	7,0	7,0	7,0
Receita Financeira – Juros – Média Anual		16,7	14,1	12,7	10,0	8,0	8,0
Custo Financeiro – Juros Reais – Média Anual		7,1	7,5	6,0	6,0	6,0	6,0
B Demonstração de Resultados – R$ Ano-Base		**Ano x1**	**Ano x2**	**Ano x3**	**Ano x4**	**Ano x5**	**Ano x6**
Receita Operacional Líquida	**140.000**	**171.808**	**203.283**	**236.113**	**262.086**	**290.915**	**322.916**
Custo dos Produtos Vendidos	**97.335**	**113.684**	**131.325**	**149.388**	**164.580**	**181.457**	**200.206**
Materiais Diretos/Indiretos	58.100	72.847	87.412	101.529	112.697	125.094	138.854
Mão de Obra Direta	10.802	11.450	12.481	14.228	15.935	17.848	19.989
Mão de Obra Indireta	13.052	13.835	15.080	16.438	17.917	19.529	21.287
Despesas Gerais	6.531	6.923	7.684	8.376	8.962	9.590	10.261
Depreciações	8.850	8.629	8.668	8.818	9.068	9.397	9.814
Custo %	69,5	66,2	64,6	63,3	62,8	62,4	62,0
Lucro Bruto	**42.665**	**58.124**	**71.958**	**86.725**	**97.506**	**109.458**	**122.711**
Margem %	30,5	33,8	35,4	36,7	37,2	37,6	38,0
Despesas Operacionais	**33.264**	**35.277**	**38.762**	**42.259**	**45.701**	**49.422**	**53.451**
Mão de Obra	18.930	20.066	21.872	23.840	25.986	28.325	30.874
Gastos Gerais	14.173	15.023	16.676	18.177	19.449	20.811	22.267

continua

Tabela 33.4 Avaliação da empresa – Empresa A (Continuação)

B Demonstração de Resultados – R$	Ano-Base	Ano x1	Ano x2	Ano x3	Ano x4	Ano x5	Ano x6
Outras Desp./Rec. Financeiras	161	188	214	242	266	287	310
Custo %	23,8	20,5	19,1	17,9	17,4	17,0	16,6
Lucro Operacional	**9.401**	**22.847**	**33.196**	**44.467**	**51.806**	**60.036**	**69.259**
Margem %	6,7	13,3	16,3	18,8	19,8	20,6	21,4
Receitas Financeiras	8.508	3.340	3.433	4.394	4.068	4.843	6.572
Custo Financeiro	12.148	6.748	5.220	3.961	3.961	3.961	3.961
Lucro antes dos Impostos	**5.761**	**19.439**	**31.410**	**44.899**	**51.912**	**60.918**	**71.870**
Impostos sobre o Lucro (34%)	(3.764)	(6.609)	(10.679)	(15.266)	(17.650)	(22.629)	(26.438)
Outros Resultados	(1.102)	1.400	1.300	1.000	1.000	1.000	1.000
Participações Administradores (10%)	(81)	(1.281)	(1.983)	(2.757)	(3.174)	(3.536)	(4.179)
Participações Empregados (10%)	(89)	(1.423)	(2.203)	(3.063)	(3.526)	(3.929)	(4.643)
Lucro Líquido após Impostos	**904**	**11.526**	**17.845**	**24.813**	**28.562**	**31.824**	**37.610**
Margem %	0,6	6,7	8,8	10,5	10,9	10,9	11,6

C Balanço Patrimonial – R$	Ano-Base	Ano x1	Ano x2	Ano x3	Ano x4	Ano x5	Ano x6
ATIVO							
Caixa	**20.000**	**24.350**	**34.599**	**40.680**	**60.540**	**82.154**	**107.800**
Capital de Giro	**82.338**	**81.092**	**86.705**	**108.255**	**119.425**	**131.832**	**145.611**
Clientes Líquido (48 dias)	30.047	35.272	40.555	47.105	52.286	58.038	64.422
Estoques	58.354	61.127	63.804	73.103	80.748	89.239	98.668
. Materiais (90 dias)	23.911	24.811	21.853	25.382	28.174	31.273	34.713
. Processo (60 dias)	18.328	18.947	21.888	24.898	27.430	30.243	33.368
. Acabados (55 dias)	16.115	17.368	20.064	22.823	25.144	27.723	30.587
Outros Ativos	6.818	3.910	3.986	3.500	3.500	3.500	3.500
(-) Fornecedores (20 dias)	(4.193)	(7.025)	(8.745)	(5.640)	(6.261)	(6.950)	(7.714)
Contas/Salários Pagar/ Imp. Recolher (30 dias)	(6.339)	(7.180)	(7.383)	(3.253)	(3.568)	(3.914)	(4.295)
Adiantamentos de Clientes (10 dias)	(2.349)	(5.012)	(5.512)	(6.559)	(7.280)	(8.081)	(8.970)
Ativo Fixo	**81.392**	**76.963**	**73.295**	**70.477**	**68.009**	**65.811**	**63.997**
Imobilizado	81.392	81.392	76.963	73.295	70.477	68.009	65.811
(+) Novos Investimentos	–	4.200	5.000	6.000	6.600	7.200	8.000
(-) Depreciações antigas	–	(8.419)	(7.998)	(7.598)	(7.218)	(6.857)	(6.514)
(-) Depreciações novas	–	(210)	(670)	(1.220)	(1.850)	(2.540)	(3.300)
Ativo Total	**183.730**	**182.405**	**194.599**	**219.412**	**247.974**	**279.798**	**317.408**
PASSIVO							
Financiamentos	**51.514**	**38.663**	**33.012**	**33.012**	**33.012**	**33.012**	**33.012**
Patrimônio Líquido	**132.216**	**143.742**	**161.587**	**186.400**	**214.962**	**246.786**	**284.396**
Patrimônio Líquido	132.216	132.216	132.216	132.216	132.216	132.216	132.216
Lucros Acumulado	–	11.526	29.371	54.184	82.746	114.570	152.180
Passivo Total	**183.730**	**182.405**	**194.599**	**219.412**	**247.974**	**279.798**	**317.408**

D Fluxo de Caixa Descontado – R$	Ano-Base	Ano x1	Ano x2	Ano x3	Ano x4	Ano x5	Ano x6
Saldo Final de Caixa Gerado	20.000	24.350	34.599	40.680	60.540	82.154	107.800
CAIXA DO ANO GERADO	–	**4.350**	**10.248**	**6.081**	**19.860**	**21.614**	**25.646**
Custo de Oportunidade (12% a.a.)		1,00	1,120	1,25440	1,40493	1,57352	1,76234
Fluxo de Caixa Descontado		**4.350**	**9.150**	**4.848**	**14.136**	**13.736**	**14.552**
	TOTAL						
Total Fluxo de Caixa Descontado	60.773						**41.169**
Valor Residual – Perpetuidade							**100.756**
= Valor da Empresa							**141.925**
LUCROS	**TOTAL**						
Fluxo de Lucros Nominais	152.180	11.526	17.845	24.813	28.562	31.824	37.610
Fluxo de Lucros Descontados	109.135	11.526	15.933	19.781	20.330	20.225	21.341
Lucro Descontado Médio Anual	18.189						

Análise do Valor da Empresa

O somatório do fluxo de caixa descontado é R$ 60.773 (R$ 4.350 + R$ 9.150 + R$ 4.848 + R$ 14.136 + R$ 13.736 + R$ 14.552). Contudo, esse valor, neste modelo de mensuração, não deve ser considerado como o total do fluxo de caixa descontado dos seis anos. Isto porque, na Demonstração de Resultados, constam as receitas financeiras oriundas do total do caixa. Como o modelo não está contemplando nenhuma distribuição de lucros, significa que a empresa está se apropriando de receitas financeiras que poderiam ser do acionista, caso houvesse distribuição de lucros ou dividendos.

Desta maneira, o fluxo de caixa descontado dos seis anos deve ser obtido de outra forma. Toma-se o saldo final de caixa do Ano 6, descontando-o pela taxa de juros acumulada dos seis anos, reduzindo o valor obtido do saldo inicial de caixa do ano-base. Vejamos o cálculo:

Saldo Final de Caixa do Ano 6 = R$ 107.800 (A)
Taxa de Juros Acumulada de Seis Anos = 1,76234 (B)
Saldo Final de Caixa Descontado (A/B) = R$ 61.169
(-) Saldo Inicial de Caixa – Ano-Base = R$ 20.000
Fluxo Futuro de Caixa Descontado = R$ 41.169

O valor residual foi obtido por meio do conceito de perpetuidade, considerando o último fluxo de caixa gerado, ou seja, o caixa gerado no Ano 6, descontados R$ 14.552. Este valor, no entanto, deve ser ajustado tendo em vista as características deste modelo de mensuração.

Na Demonstração de Resultados constam as receitas financeiras geradas pelo próprio caixa. Partindo do pressuposto de que as receitas financeiras já poderiam ser do acionista, caso os lucros ou caixa anteriores tivessem sido distribuídos, é necessário excluir do último fluxo de caixa a receita financeira, já ajustada pela taxa de imposto de renda e descontada a valor presente. Vejamos o cálculo:

Fluxo de Caixa Descontado do Ano 6 =		R$ 14.552
Receita Financeira do Ano 6		
. Valor Nominal	R$ 6.572	
. IR – 34%	(2.234)	
. Receita Líquida de IR	R$ 4.338	
. Taxa de Desconto	1,76234	
. Receita Descontada		(2.462)
= Fluxo de Caixa Líquido Ano 6 =		R$ 12.090

Com este dado, podemos calcular o valor residual da empresa considerando o último lucro como uma perpetuidade.

Fluxo de Caixa Perpétuo	R$ 12.090
Taxa de Juros – %	12
Valor Residual (R$ 12.090 : 0,12) =	R$ 100.756

O valor da empresa é a soma dos fluxos de caixa descontados dos Anos 1 a 6, mais o valor residual assumido:

	Valor da Empresa A
Fluxo de Caixa Descontado	R$ 41.169
Valor Residual	R$ 100.756
Valor da Empresa	R$ 141.925

Critério Alternativo

A avaliação pelos lucros futuros descontados também pode ser um critério alternativo. Com os dados do nosso exemplo numérico, a Empresa A valeria R$ 109.135 pelos fluxos de lucros descontados, sem considerar nenhum valor residual.

Valor das Ações e Modelos de Desconto de Dividendos

Esses modelos são utilizados para avaliar as ações. Um modelo que denominamos geral, também utilizando o conceito de perpetuidade, é atribuir valor à empresa na pressuposição de que ela consegue lucros de forma ininterrupta.

Utilizando os mesmos dados do nosso exemplo numérico, estamos considerando como lucros ininterruptos a média dos lucros descontados dos seis anos (R$ 18.189). O valor da empresa a uma taxa de 12% a.a. seria de R$ 151.577.

Modelo de Desconto de Dividendos – Geral

Lucro Médio Anual (A)	18.189
Custo de Oportunidade (B)	12%
Valor da Empresa (A/B)	151.577

Um outro modelo muito considerado é denominado Modelo de Gordon; trabalha exclusivamente com os fluxos de dividendos futuros mais uma expectativa de crescimento da Empresa. A longo prazo, a expectativa de crescimento da empresa deverá ser próxima à expectativa de crescimento do país. Desconta-se o dividendo esperado pela taxa de juros diminuída da expectativa de crescimento, obtendo-se o valor da empresa. Considerando uma distribuição de dividendos de 50% do lucro, teríamos:

Modelo de Desconto de Dividendos – Gordon

Lucro Médio Anual (A)	18.189
Dividendos Distribuídos (B) – 50%	9.095
Custo de Oportunidade (C)	12%
Taxa de Crescimento Esperado (D)	5%
= Taxa Líquida E = (C - D)	7%
Valor da Empresa (B/E)	129.923

33.6 MVA – *Market Value Added* (Valor de Mercado Adicionado)

O conceito de valor de mercado adicionado é decorrente do conceito de EVA (Valor Econômico Adicionado), o qual mede o resultado de um período, ou seja, quanto a empresa agregou de lucro para o acionista naquele período em relação ao custo de oportunidade do mercado daquele período. O MVA mede o crescimento do valor total da empresa – ou seja, é a resultante do EVA de todos os períodos – e é o valor de mercado de uma empresa menos o valor contábil de seu capital investido.

MVA = Valor de Mercado da Empresa (-) Capital Investido

Desta forma, o MVA reflete a valorização da empresa (ou das ações da empresa, se for empresa com ações cotadas em Bolsa) menos os valores que os acionistas investiram no empreendimento. Sempre que o valor for positivo, haverá MVA. No caso da ocorrência de valor negativo, significa que houve destruição de valor do acionista, pois o valor de mercado é inferior ao valor gasto no investimento.

O aspecto fundamental para mensuração do MVA centra-se no valor do capital investido. Nem todos aceitam pacificamente o valor contábil, e a maior parte entende que o valor contábil deverá sofrer ajustes, tais como:

- Considerar como investimento as despesas com pesquisa e desenvolvimento de novos produtos.
- Ajustar amortizações de ativos intangíveis.
- Ajustar a depreciação parametrizando-a no conceito de arrendamento mercantil.
- Considerar como investimento gastos com reestruturação etc.

O valor de mercado da empresa deve refletir o valor presente dos fluxos futuros. Todavia, o valor da empresa não indica se houve valor de mercado agregado. Este só poderá ser obtido confrontando o valor da empresa com o do capital investido.

Tomando dados do exemplo anterior, poderíamos dizer que o valor de mercado agregado da Empresa A é R$ 9.709, considerando que o valor do capital investido corresponda ao patrimônio líquido inicial do ano-base. Vejamos:

Valor de Mercado Atual da Empresa	R$ 141.925
Valor do Capital Investimento (Patrimônio Líquido Inicial)	R$ 132.216
MVA	R$ 9.709

MVA e EVA em Continuidade

Em sua concepção inicial, o MVA parte do referencial do capital investido, ou seja, a soma gasta para formar o negócio. Porém, o valor de mercado da empresa, utilizado para determinar o MVA de um primeiro período, deveria ser considerado como o valor do investimento para o próximo período. Assim, o próximo MVA será uma variação da fórmula inicial, considerando o valor de mercado anterior para obter o novo MVA.

Acoplando a este cálculo também o conceito de EVA, ou seja, um custo de oportunidade, a utilização do conceito de MVA em continuidade seria:

MVA = Valor de Mercado Atual (-)
(Valor de Mercado Anterior x Custo de Oportunidade)

Nesta formulação, em que prevalece o valor econômico da empresa como base para cálculo do MVA, o conceito de MVA seria basicamente o mesmo de EVA, ou seja, o MVA de um período seria o mesmo valor do EVA do período.

MVA e Criação de Valor

O conceito de MVA é totalmente coerente com o de criação de valor para o acionista. Portanto, deve ser incorporado no modelo de Controladoria de gestão econômica, pois o foco desta metodologia é adicionar valor à empresa e ao acionista.

O conceito MVA, assim como o EVA, deve ser incorporado nos critérios de mensuração de desempenho das atividades e unidades de negócio.

Opções Reais

Este conceito de avaliação de investimentos parte da premissa de que os critérios de VPL e TIR são extremamente rígidos e não levam em consideração o andamento dos projetos após sua aprovação, por não permitir incorporar a flexibilidade na sua análise. Em contraste, o enfoque das opções reais reconhece que os investimentos contêm oportunidades para observar eventos futuros e obter informações para antes da tomada de decisões cruciais. Neste conceito, as empresas podem reformular seus programas de investimentos, assim como as incertezas são resolvidas ao longo do tempo.

Conforme Copeland,[2] a análise de opções reais leva em conta o que o VPL não considera nem consegue considerar: o valor da flexibilidade. Em um mundo de incertezas, as opções reais oferecem a flexibilidade de

[2] COPELAND, Tom. Ascensão das opções reais. *In: HSM Management*, março-abril/2002.

expandir, estender, reduzir, abandonar ou adiar um projeto em resposta a eventos imprevistos que aumentam ou diminuem o valor do projeto com o passar do tempo. Essas opções devem ser levadas em conta no início de uma análise de investimentos e durante toda a vida de um projeto.

O VPL, por outro lado, supõe que essas opções gerenciais não existem, porque considera na análise que os projetos são excludentes, além do que, no seu formato de cálculo, não leva em consideração o valor da flexibilidade de tomar decisões futuras que reduzam a incerteza.

A metodologia da utilização das opções reais apresenta-se basicamente no formato de árvore de decisão, evidenciando as possíveis alternativas ao projeto inicial e considerando-as ao longo do tempo da execução do projeto. A Figura 33.1, adaptada de Copeland, apresenta um exemplo de como a análise das opções reais pode ser conduzida para avaliar investimentos considerando opções futuras.

Opções compostas em uma inversão por etapas. No início do projeto (Ano 0), a empresa não precisa se comprometer com a totalidade do projeto; pode começar o processo de elaboração do projeto (ao custo de US$ 50 milhões) e, com o passar do tempo, coletar mais informação sobre o risco do mercado. Seis meses mais tarde, ela tem uma opção semelhante: começar o processo de pré-construção, e enquanto isso a incerteza vai se reduzindo. No final do ano, já sem flexibilidade alguma, é obrigada a escolher entre iniciar a construção ou abandonar o projeto.

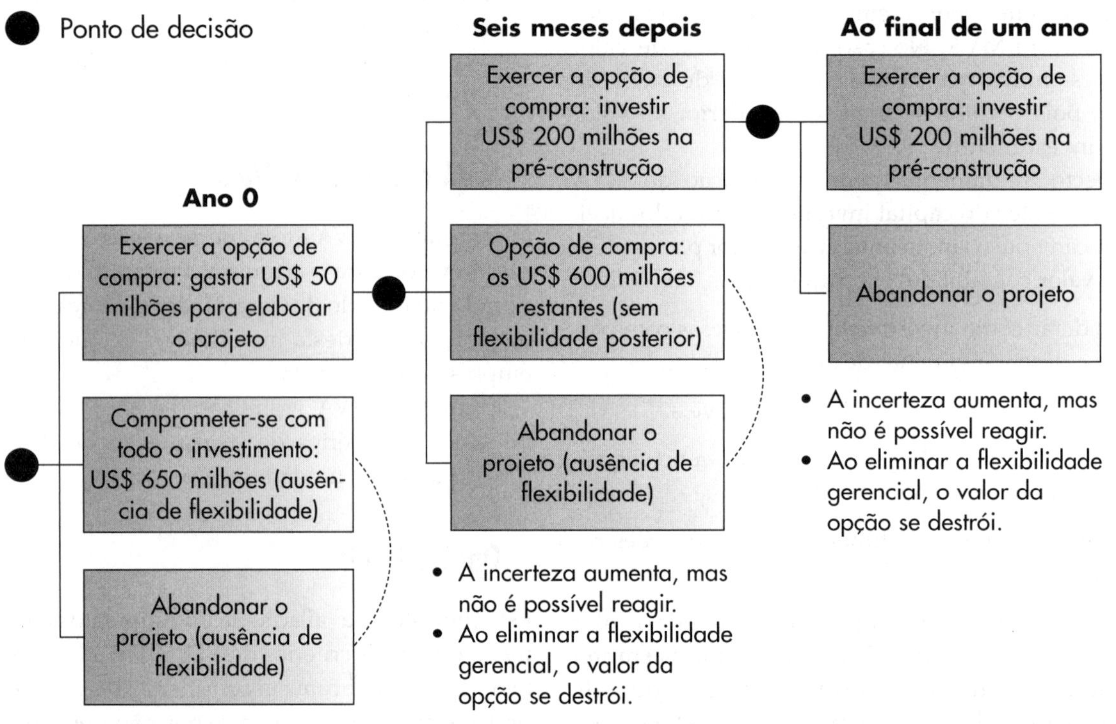

Fonte: *Valuation: Measuring and Managing The Value of Companies*, por T. Copeland, T. Koller e J. Murrin.

Figura 33.1 Opções reais na construção de uma fábrica de produtos químicos

Questões e Exercícios

1 Um investimento de R$ 2.000.000 tem um lucro estimado de 10% no primeiro ano, 15% no 2º, 25% no 3º e 22,5% nos próximos quatro anos. Calcule o *payback* pelo critério do retorno médio e pelo critério do retorno histórico.

2 Um investimento tem gastos de R$ 200.000 no período 1 e R$ 200.000 no período 2. O lucro é de 180.000 nos próximos três anos. Pede-se:

a) Desejando-se uma taxa de 10% a.a. de retorno, qual o VPL?

b) Se a taxa for de 15% a.a., qual o VPL?

c) Qual a TIR?

3 Calcule o VPL do exercício 1, considerando uma taxa de retorno de 8% a.a. e um valor residual do investimento de R$ 200.000 no último ano. Calcule também os dois novos *paybacks* com os valores descontados.

4 Considerando os dados do exercício 1, calcule a TIR desse investimento.

5 Com os dados do exercício 3 do Capítulo 31, elabore o fluxo de caixa para os acionistas e o fluxo de caixa da empresa para o ano 2.

6 Considerando os seguintes retornos anuais das Empresas A e B e a média de mercado, calcule o beta de cada uma delas.

	Retorno anual (Em %)		
Ano	**Empresa A**	**Empresa B**	**Mercado**
1	6,5	8,5	7,2
2	3,0	6,8	4,5
3	-4,0	-8,0	-5,0
4	12,0	14,0	13,0
5	9,0	13,5	12,0
6	7,2	9,1	9,0

7 Os fluxos de caixa previstos de uma empresa que está sendo avaliada para compra são os seguintes:

Ano 1	R$ 20.000
Ano 2	23.000
Ano 3	27.000
Ano 4	30.500
Ano 5	32.000

Considerando um custo de oportunidade de 11% a.a., calcule qual seria o valor da empresa pelo desconto dos fluxos de caixa. Considere também que o valor residual da empresa será obtido pela perpetuidade do último fluxo anual de caixa descontado.

8 Utilizando a média descontada dos fluxos de caixa dos anos 1 a 5 do exercício anterior e uma distribuição anual de 60% desse lucro, calcule o valor da empresa pelo modelo de Gordon, considerando um custo de oportunidade de 11% e uma taxa de crescimento esperada de 5%.

9 Considerando os dados obtidos no exercício anterior e o valor atual do capital investido de R$ 195.000, calcule o MVA da empresa neste momento.

BIBLIOGRAFIA

ACKOFF, Russel L. *Creating the Corporate Future*. John Wiley & Sons, Inc. 1981.

ANSOFF, Igor H. *Administração Estratégica*. São Paulo: Atlas, 1990.

ANTHONY, Robert N. *Contabilidade Gerencial*. São Paulo: Atlas, 1979.

ASK, Julie A. e LASETER, Timothy M. "Modelagem de custos". *In: HSM Management*, número 19, março/abril 2000.

ATKINSON, Anthony A., BANKER, Rajiv D., KAPLAN, Robert S. e YOUNG, Mark. S. *Management Accounting*. 2ª ed. Upper Saddle River, NJ: Prentice-Hall, 1997.

___________. *Contabilidade Gerencial*. São Paulo: Atlas, 2000.

BASSO, José Luiz. *Engenharia e Análise do Valor*. São Paulo: IMAM, 1991.

BENEDICTO, Gideon Carvalho de. *Contribuição ao Estudo de um Sistema de Contabilidade Gerencial para uma Gestão Eficaz das Instituições de Ensino*. Tese de Doutoramento. São Paulo: FEA/USP, 1997.

BEUREN, Ilse Maria. *Gerenciamento da Informação*. São Paulo: Atlas, 1998.

BIO, Sérgio Rodrigues. *Sistemas de informação: um enfoque gerencial*. São Paulo: Atlas, 1985.

BRAGA, Roberto. "Análise Avançada do Capital de Giro". *In: Caderno de Estudos Fipecafi* - FEA/USP, nº 3, setembro/1991.

BREALEY, Richard A. e MYERS, Stewart C. *Princípios de Finanças Empresariais*. Portugal: Mc-Graw Hill, 1992.

CATELLI, Armando. *Controladoria*. São Paulo: Atlas, 1999.

CATELLI, Armando e GUERREIRO, Reinaldo. "Gecon – Sistema de informação de gestão econômica: uma proposta para mensuração contábil do resultado das atividades empresariais". *In: Boletim do CRC-SP*, setembro/1992.

___________. "Uma Análise Crítica do Sistema "ABC – Activity Based Costing". *In: Revista Brasileira de Contabilidade*. nº 91, jan.-fev./1995.

CARVALHO, Heitor R. *ISO 9000*. Rio de Janeiro: Campus: Ernst & Young, 1996.

COCURULLO, A. *Gestão de Riscos Corporativos*. São Paulo: Audibra, 2002.

COPELAND, Tom e outros. *Avaliação de Empresas – Valuation*. São Paulo: Makron Books, 2000.

CORNACHIONE JR., Edgard Bruno. *Contribuição ao Estudo de Arquitetura de Sistemas de Informações de Gestão Econômica*. Tese de Doutoramento. FEA/USP, 1999.

CRAWFORD, Richard. *Na Era do Capital Humano*. São Paulo: Atlas, 1994.

CROZATTI, Jaime. Modelo de Gestão e Cultura Organizacional – Conceitos e Interações. *In: Caderno de Estudos Fipecafi*. nº 18, maio/agosto/1998.

CSILAGG, João Mário. *Análise do Valor*. 4ª ed. São Paulo: Atlas, 1995.

DAMODARAN, Aswath. *Avaliação de Investimentos*. Rio de Janeiro: Qualitymark Editora, 1999.

D'AMORE, Domingos e CASTRO, Adaucto de Souza. *Curso de Contabilidade*. 14ª ed. São Paulo: Saraiva, 1967.

DOLAN, Robert J. e SIMON, Hermann. *O Poder dos Preços*. São Paulo: Futura, 1998.

DRURY, Colin. *Management Accounting Handbook*. Oxford: Butterworth Heinemann, 1996.

EHRBAR, Al. *EVA – Valor Econômico Agregado*. Rio de Janeiro: Qualitymark, 1999.

FALCINI, Primo. *Avaliação Econômica de Empresas*. São Paulo: Atlas, 1992.

FIORAVANTI, Maria Antonia. *Análise da Dinâmica Financeira das Empresas: uma abordagem didática do "Modelo Fleuriet"*. Dissertação de Mestrado. Universidade Metodista de São Paulo, 1999.

FLEURIET, Michel, KEHDY, R. e BLANC, G. *A Dinâmica Financeira das Empresas Brasileiras*. BH: Fundação Dom Cabral, 1978.

FLORENTINO, A. M. *Teoria Contábil*. 5ª ed. Editora da FGV, 1988.

FRANCIA, Arthur J. e outros. *Managerial Accounting*. 9ª ed. Houston: Dame Publ., 1991.

FREZATTI, Fábio. *Gestão de Valor na Empresa*. São Paulo: Atlas, 2003.

___________. *Orçamento Empresarial*. São Paulo: Atlas, 1999.

FULLMANN, Claudiney. *Gerenciamento das Restrições*. São Paulo: IMAM, 1989.

GALESNE, Alain, FENSTERSEIFER, Jaime E. e LAMB, Roberto. *Decisões de Investimentos da Empresa*. São Paulo: Atlas, 1999.

GARRISON, Ray H. *Managerial Accounting*. 6ª ed. Homewood, IL: Richard D. Irwin Inc., 1991.

GIBSON, James L., IVANCEVICH, John M. e DONNELLY, James H. *Organizações: Comportamento, Estrutura, Processos*. São Paulo: Atlas, 1988.

GIL, Antonio de Loureiro. *Sistemas de Informações Contábil/Financeiros*. São Paulo: Atlas, 1992.

GITMAN, Lawrence J. *Princípios de Administração Financeira*. 7ª ed. São Paulo: Harbra, 1997.

GLAUTIER, M. W. E. e UNDERDOWN, B. *Accounting Theory and Practice*. Londres: Pitman, 1977.

GOLDRATT, Eliyahu e COX, Jeff. *A Meta*. São Paulo: IMAM, 1986.

GUERREIRO, Reinaldo. *A Meta da Empresa: Seu Alcance sem Mistérios*. São Paulo: Atlas, 1996.

___________. *Gestão do Lucro*. São Paulo: Atlas, 2006.

___________. *Modelo Conceitual de Sistema de Informação de Gestão Econômica: Uma Contribuição à Teoria da Comunicação da Contabilidade*. Tese de Doutoramento. São Paulo: FEA/USP, 1989.

___________. "Um Modelo de Sistema de Informação para Mensuração do Desempenho Econômico das Atividades Empresariais." *In: Caderno de Estudos Fipecafi/FEA-USP*. nº 4, março de 1992, p. 13.

___________. "Mensuração do Resultado Econômico". *In: Caderno de Estudos Fipecafi/FEA-USP*. nº 3, setembro/1991.

HAYES, Robert H. e PISANO, Gary P. "Uma Nova Estratégia Industrial Para Quem Quer Competitividade". Artigo da Harvard Business Review. *In: Revista Exame*. 13 de abril de 1994.

HECKERT, J. Brooks e WILLSON, James D. *Controllership*. 2ª ed. NY: Ronald Press, 1963.

HENDRIKSEN, Eldon S. *Accounting Theory*. 3ª ed. Homewood, Richard D. Irwin, 1977.

HERRMANN JR., Frederico. *Contabilidade Superior*. 10ª ed. São Paulo: Atlas, 1978.

HICKS, James R. *Value and Capital*. 2ª ed. Londres: Oxford University Press, 1946.

HORNGREN, Charles T. *Introdução à Contabilidade Gerencial*. 5ª ed. RJ: Prentice/Hall, 1985.

HORNGREN, Charles T., FOSTER, George e DATAR, Srikant. *Cost Accounting – A Managerial Emphasis*. 8ª ed. Englewood Cliffs, Nova Jersey: Prentice-Hall International Editions, 1994.

HORNGREN, Charles T., SUNDEM, Gary L., STRATTON, William O. *Introduction to Management Accounting*. 10ª ed. Upper Saddle River, NJ: Prentice-Hall, 1996.

HUMMEL, Paulo Roberto Vampré e TASCHNER, Mauro Roberto Black. *Análise e Decisão Sobre Investimentos e Financiamentos*. São Paulo: Atlas, 1988.

HUTCHINS, Greg. *ISO 9000*. São Paulo: Makron Books, 1994.

IACOCCA, Lee. *Uma Autobiografia*. São Paulo: Cultura, 1985.

IJIRI, Yuji. *Momentum Accounting and Triple-Entry Bookeeping: Exploring The Dynamic Structure of Accounting Measurements*. American Accounting Associaton, Studies in Accounting Research. nº 31, 1989.

INTERNATIONAL FEDERATION OF ACCOUNTANTS/ INTERNATIONAL MANAGEMENT ACCOUNTING PRACTICE STATEMENT. Management Accounting Concepts. Relatório Revisado, março de 1998.

___________. *International Management Accounting Study* nº 9 Enhancing Sharehold Wealth by Better Managing Business Risk, junho de 1999.

IUDÍCIBUS, Sérgio de. *Contabilidade Gerencial*. 4ª ed. São Paulo: Atlas, 1987, 6ª ed. 1998.

___________. "Por uma Teoria Abrangente de Contabilidade". *In: Boletim do IBRACON*. Ano XVII, nº 200, janeiro de 1995.

___________. "Conceitos econômicos e contábil de lucro: simetrias e arritmias". *Revista Brasileira de Contabilidade*, v. 24, nº 96, nov./dez. 1995.

___________. *Teoria da Contabilidade*. São Paulo: Atlas, 1980.

JOHNSON, H. Thomas e KAPLAN, Robert S. *Relevance Lost*. Boston: Harvard Business School, 1987.

JOHNSON, H. Thomas. *Relevância Recuperada - Empowerment*. São Paulo: Livraria Pioneira Editora, 1994.

JORION, Philippe. *Value at Risk*. São Paulo: BM&F, 1999.

JUCIUS, Michael J. e SCHLENDER, William E. *Introdução à Administração*. 3ª ed. São Paulo: Atlas, 1990.

KAPLAN, Robert S. e ATKINSON, Anthony A. *Advanced Management Accounting*. Englewood Cliffs, New Jersey: Prentice-Hall, 1989.

KAPLAN, Robert S. e JOHNSON, H. Thomas. *Contabilidade Gerencial*. Rio de Janeiro: Campus, 1993.

KAPLAN, Robert S. e NORTON, David P. "Using the Balanced Scorecard as a Strategic Management System". *In: Harvard Business Review*, jan./fev./1996.

___________. *A Estratégia em Ação: Balanced Scorecard*. Rio de Janeiro: Campus, 1997.

KEE, Robert. "Integrating Activity-Based Costing with the Theory of Constraints to Enhance Production – Related Decision-Making". *In: Accounting Horizons*. Vol. 9, nº 4, dezembro 1995.

KELLER, Wayne I. e FERRARA, William L. *Management accounting for profit control*. Tokyo: Kogakusha/McGraw Hill, 1966.

KENNEDY, Alison e DUGDALE, David. "Getting the most from budgeting". *Management Accounting*. Londres, v. 77, nº 2, fevereiro/1999.

KOTLER, Philip. *Administração de Marketing*. 3ª ed. São Paulo: Atlas, 1994.

LAURETTI, Lélio. *Relatório Anual*. São Paulo: Saraiva, 1998.

LAZATTI, Santiago. *RP/TD: El Proceso Decisorio*. Buenos Aires: Ediciones Macchi, 1997.

LEITNER, Peter. "Além dos Números". *HSM Management*. maio/jun. 1999.

LUCA, Márcia Martins Mendes de. *Demonstração do Valor Adicionado*. Dissertação de Mestrado. FEA/USP, 1991.

MAHER, Michael W. e DEAKIN, Edward B. *Cost Accounting*. 4ª ed. Burr Ridge, Illinois: Ricard D. Irwin Inc., 1994.

MAHONEY, William F. *Relações com Investidores*. Rio de Janeiro: IMF Editora Ltda., 1997.

MAIRA, Arun N. e BRAGAR, Joan L. "Aprender a aprender". *In: HSM Management*, nº 9, jul./ago. 1998.

MARCIAL, E. C., GRUMBACH, R. J. S. C. *Cenários Prospectivos: como Construir um Futuro Melhor*. 3ª ed. Rio de Janeiro: Editora FGV, 2005.

MARTIN, Nilton Cano. "Redução Estratégica de Custos". *In: Revista de Contabilidade - CRC-SP*, dezembro/1999.

MARTINS, Eliseu. *Contabilidade de Custos*. 5ª ed. São Paulo: Atlas, 1996.

___________. *Contribuição à avaliação do ativo intangível*. Tese de Doutorado. São Paulo: FEA/USP, 1972.

___________. O Papel do Contador Estratégico do Futuro – Controladoria e Contabilidade Estratégicas. 1º Simpósio Nacional IOB de Contabilidade. São Paulo, 19.06.1998.

MARTINS, Eliseu e ASSAF NETO, Alexandre. *Administração Financeira*. São Paulo: Atlas, 1986.

McNAIR, C. J. *Maximizando o Lucro Final*. São Paulo: Makron Books, 2000.

MINTO, Fernando. *Proposta de Metodologia para Gestão Estratégica de Custos Integrando Conceitos do Sistema de Custeio ABC e da Análise de Valor*. Dissertação de Mestrado em Engenharia de Produção. São Paulo: Universidade Metodista de Piracicaba, 1999.

MOORE, Carl e JAEDICKE, Robert K. *Managerial Accounting*. Cincinatti: South Western, 1967.

MOSIMANN, Clara Pellegrinello e outros. *Controladoria: seu papel na administração de empresas*. Florianópolis: Editora da UFSC, 1993.

NAGLE, Thomas. Preços de Venda. *In: HSM Management*. nº 21, julho-agosto/2000.

NAKAGAWA, Masayuki. *Custos para a Competitividade*. Trabalho apresentado para o Concurso de Professor Titular. São Paulo: FEA/USP, 1993.

___________. *Gestão Estratégica de Custos*. São Paulo: Atlas, 1991.

NEIVA, Raimundo Alelaf. *Valor de Mercado da Empresa*. São Paulo: Atlas, 1992.

OLINQUEVITH, José Leônidas e DE SANTI Filho, Armando. *Análise de Balanços para Controle Gerencial*. 2ª ed. São Paulo: Atlas, 1987.

OLIVEIRA, Antonio Benedito da Silva. *Contribuição à formulação de um modelo decisório para intangíveis por atividade: Uma abordagem de gestão econômica*. Tese de Doutoramento. FEA/USP, 1999.

OLIVEIRA, Djalma de Pinho Rebouças. *Sistemas, organização & métodos: Uma abordagem gerencial*. 3ª ed. São Paulo: Atlas, 1990.

OLIVEIRA, L. M., PEREZ JR., J. H. e SANTOS, C. A. S. S. *Controladoria Estratégica*. São Paulo: Atlas, 2002.

OLIVEIRA, Vânia Cristiane Sula de. *Um Estudo da Aplicabilidade do* Balanced Scorecard *numa Instituição Privada de Ensino Superior*. Dissertação de Mestrado. Americana: Centro Universitário Salesiano de São Paulo, 2005.

OSTRENGA, Michael R. e outros. *Guia da Ernst & Young para Gestão Total de Custos*. Rio de Janeiro: Record, 1993.

PADOVEZE, Clóvis Luís. *Contabilidade Gerencial*. 5ª ed. São Paulo: Atlas, 2007.

__________. *Controladoria Avançada*. São Paulo: Cengage Learning, 2005.

__________. *Manual de Contabilidade Básica*. 6ª ed. São Paulo: Atlas, 2008.

__________. *Sistemas de Informações Contábeis*. 5ª ed. São Paulo: Atlas, 2007.

__________. *Proposta de modelo conceitual para estudo e estrutura da contabilidade gerencial com enfoque em resultados*. Tese de Doutoramento. FEA/USP, 1998.

PADOVEZE, C. L. e BERTOLUCCI, R. G. *Gerenciamento do Risco Corporativo em Controladoria*. São Paulo: Cengage Learning, 2008.

PARISI, Cláudio. Uma *Contribuição ao Estudo de Índice Interno de Preços sob a Ótica da Gestão Econômica*. Tese de Doutoramento. FEA/USP, 1999.

PASSARELLI, João. "Orçamento como instrumento gerencial". *Caderno de Contabilidade*, nº 1, v. 1, maio de 1991, Departamento de Contabilidade PUC/MG.

PELEIAS, Ivam Ricardo. "Falando sobre controle interno. Temática Contábil e Balanços". *IOB – Informações Objetivas*. 1ª semana, nº 9, março de 1999.

__________. *Contribuição à formulação de um sistema de padrões e análise de sua aderência ao processo de gestão, sob a ótica do modelo Gecon*. Tese de Doutoramento. São Paulo: FEA/USP, 1999.

PELEIAS, Ivan Ricardo e outros. *O Processo de Planejamento e a Controladoria*. RBC nº 77, out./dez. 1991.

PEREIRA, Heitor José. "Os Novos Modelos de Gestão: análise e algumas práticas em empresas brasileiras". *In: Revista de Administração de Empresas Light*. São Paulo: FGV, vol. 2, nº 4, 1995.

PORTER, Michael E. *Vantagem Competitiva: Criando e Sustentando um Desempenho*. Rio de Janeiro: Campus, 1996.

PRAHALAD, C. K. "A competência essencial". *In: HSM Management*. nº 1, março-abril/1997.

QUILICI, Frediano (Coordenador). *Leituras em Administração Contábil e Financeira*. Fundação Getúlio Vargas, 1973. Capítulos 7 e 8.

RAMIREZ, Rafael. "A criação de valor na nova economia". *In: Mastering Global Business*. Caderno editado pela Gazeta Mercantil. São Paulo, 07.08.1998.

RATTNER, H. *Estudos do Futuro: Introdução à Antecipação Tecnológica e Social*. Rio de Janeiro: FGV, 1979.

RICCIO, Edson Luiz. *Uma Contribuição ao Estudo da Contabilidade como Sistema de Informação*. Tese de Doutoramento. FEA/USP, 1989.

ROSS, Stephen A., WESTERFIELD, Randolph W. e JAFFE, Jeffrey E. *Administração Financeira*. São Paulo: Atlas, 1995.

ROSSETTI, José Paschoal. *Contabilidade Social*. 7ª ed. São Paulo: Atlas, 1994.

RUCHALA, Linda V. "New, Improved, or Reengineered?" *In: Management Accounting*, USA. dezembro de 1995.

SANDRONI, Paulo. *Novo Dicionário de Economia*. 5ª ed. São Paulo: Best Seller, 1994.

SANTOS, André. R. P. *Contribuição à Estruturação de Sistemas de Informações de Controladoria Estratégica: um Estudo de Caso Exploratório em Empresas de Grande Porte*. Dissertação – Programa de Mestrado Profissional em Administração da Faculdade de Gestão e Negócios da Universidade Metodista de Piracicaba, Piracicaba, 2006.

SCHMIDT, Paulo (Org.). *Controladoria: Agregando Valor para a Empresa*. Porto Alegre: Bookman, 2002.

SIEGEL, Joel G. e SHIM, Jae K. *Dictionary of Accounting Terms*. 2ª ed. Nova York: Barron's, 1995.

SIMONSEN, Mário Henrique. *Teoria Microeconômica*. 11ª ed. Rio de Janeiro: Editora da FGV, vol. 1, 1993.

SLYWOTZKY, Adrian J. e MORRISON, David J. *A Estratégia Focada no Lucro*. Rio de Janeiro: Campus, 1998.

SOUZA, José E. R. CALIL, José F. e MONOBE, Teruo (Coords.) *Estratégia Organizacional: Teoria e Prática na Busca da Vantagem Competitiva*. Campinas: Akademica, 2006.

SPECCHIO, Silvia Regina Astorino. *Matriz de Riscos*. São Paulo: Ed. do IBCB – Instituto Brasileiro de Ciência Bancária, 1999.

STEDRY, A. C. "Getting the most from budgeting. Kennedy, Alison e Dugdale, David". *Management Accounting*. Londres, v. 77, nº 2, fevereiro/1999.

STEWART, Thomas A. *Capital Intelectual*. Rio de Janeiro: Campus, 1998.

SZUSTER, Natan. *Análise do Lucro Passível de Distribuição: Uma abordagem reconhecendo a Manutenção do Capital da Empresa*. Tese de Doutoramento. FEA/USP, 1985.

TESCHE, Carlos Henrique e outros. *Contabilidade: Ciência, Técnica ou Arte?* RBC nº 74, 1991.

THOMPSON, John L. *The CIMA Handbook of Strategic Management*. Londres: Butterworth Heinemann, 1995.

TOSTA DE SÁ, Geraldo. *Administração de Investimentos, Teoria de Carteiras e Gerenciamento do Risco*. São Paulo: Qualitymark, 1999.

VAN HORNE, James C. *Financial Management and Policy*. 11ª ed. Upper Saddle River, Nova Jersey: Prentice-Hall, 1998.

VATAN DOS SANTOS, Roberto. *Modelos de Decisão para Gestão de Preço de Venda*. Dissertação de Mestrado. São Paulo: FEA/USP, 1995.

VIANA, Cibilis da Rocha. *Teoria Geral da Contabilidade*. 3ª ed. Porto Alegre: Ed. Sulina, 1966.

WALTON, Richard E. *Tecnologia de Informação*. São Paulo: Atlas, 1994.

WARD, Keith. *Strategic Management Accounting*. Oxford: Butterworth-Heinemann, 1996.

WELSCH, Glenn A. *Orçamento Empresarial*. 4ª ed. São Paulo: Atlas, 1983.

WESTON, J. Fred e BRIGHAM, Eugene F. *Fundamentos da Administração Financeira*. 10ª ed. São Paulo: Makron Books, 2000.

WOMACK, James P. e outros. *A Máquina que Mudou o Mundo*. 13ª ed. Rio de Janeiro: Campus, 1992.

Este livro foi impresso na
LIS GRÁFICA E EDITORA LTDA.
Rua Felício Antônio Alves, 370 – Bonsucesso
CEP 07175-450 – Guarulhos – SP
Fone: (11) 3382-0777 – Fax: (11) 3382-0778
lisgrafica@lisgrafica.com.br – www.lisgrafica.com.br